Heinz Märtin

Wir müssen für die Menschheit auf unserem Planeten Vieles ändern.

Bemerkungen zur gegenwärtigen Situation auf unserer Erde bezogen auf die Klimakrise und den Corona-Virus und Vorschläge zu einer Änderung des Herrschafts- und Gesellschaftssystems.

Heinz Märtin

geboren 1948 in Friedrichroda (Thüringen), Berufsabschluss: Diplom-Ingenieurökonom. Ich bin seit 2003 als freiberuflicher Unternehmens- und Existenzgründungsberater und seit einem späteren Zeitpunkt zusätzlich als Autor und Verleger für den Verlag Gesellschaft, Wirtschaft und Leben tätig. Vor 2003 war ich nach meiner Schul- bzw. Berufsausbildung in verschieden Tätigkeiten mit betriebswirtschaftlicher Ausrichtung und u. a. als Dozent bzw. Lehrbeauftragter in Sachsen–Anhalt, Thüringen sowie in Mecklenburg–Vorpommern wirksam.

ISBN 978-3-944965-03-1

2. überarbeitete und erweiterte Auflage: Januar 2021

Verlag für Gesellschaft, Wirtschaft und Leben Bad Doberan

Herstellung: BoD - Books on Demand, Norderstedt

Inhalt

1. Einleitung

Unter Berücksichtigung der aktuellen Situation auf unserem Planeten und auch in Deutschland habe ich mich entschlossen, die ursprünglich vorgesehene Aktualisierung meines vorherigen Buchs „So kann es mit unserer Lebensweise nicht weitergehen. Unsere westliche Lebensweise erfordert dringend Kurskorrekturen für ein Weiterbestehen unseres Planeten Erde und für uns selbst als Menschen." aus berechtigten Gründen nicht mehr durchzuführen. Dies wäre durch zwischenzeitlich eingetretene Zeitereignisse, die ab Januar 2919 in nicht geringem Maße aufgetreten sind, erforderlich gewesen.

Ich halte es für erforderlich, gleich einen Teil der für notwendig gehaltenen Punkte zur Thematik dieses Buches, das ich in der 1. Auflage im September 2020 beendet hatte – beginnend ab Mitte November 2020 – zu schreiben und – im Dezember 2020 – die 2. Auflage des Buches zu beenden. Der Grund zur Erarbeitung der 2. Auflage lag u. a. in der notwendigen Aktualisierung, erforderlichen Ergänzungen und notwendigen Form- und Coververänderungen.

Zwischenzeitlich ist noch der für die Menschen hochansteckende Corona–Virus mit seinen schwerwiegenden Folgen für die gesamte Menschheit auf Grund seiner pandemischen Ausbreitung hinzugekommen. Dieser Virus macht vor Ländergrenzen keinen Halt. Wegen der hohen Gefahren, die unmittelbar für die Menschheit sowie für den Einzelnen bevorstehen können, überlagert dieses Problem zusätzlich die erheblichen Schwierigkeiten und Folgen, die durch die zunehmende Erderwärmung eintreten können. Da die möglichen Folgen alle Menschen dieses Erdballs betreffen können, kann und muss die Menschheit lernen, dass dieses schwierige Problem für uns alle besteht, ähnlich, wie die Folgen der zunehmenden Erderwärmung und andere schwerwiegende Folgen für unser Klima. Wir müssen dadurch mehr als bisher lernen, dass wir alle in einem Boot sitzen und nicht vorrangig die Interessen des Einzelnen sehen. Es braucht unbedingt einen höheren Gemeinsinn und mehr ein Denken, das vom Ich zum Wir übergeht. Auch deshalb müssen wir uns sehr umstellen und auf viele liebgewonnene Beschäftigungen, Handlungen und Gewohnheiten im Interesse des Gemeinwohls verzichten. Die Staaten sollten auch dringende Verbote, Weisungen und Unterlassungen, die durch die zunehmende Erderwärmung und durch die Pandemie in vielen Ländern der Welt erforderlich sind, treffen. Viele Menschen, die bisher vorrangig die Verwirklichung ihrer eigenen Interessen gesehen haben, werden durch die aufkommenden Gefahren für die Gesundheit auf eine mögliche Mortalität sowie auf ihre Endlichkeit verwiesen. Nach der Entstehung dieses Virus hat man viel zu lange gewartet und auf den fachlichen Rat mancher Fachexperten oft zu spät und unzureichend reagiert. Die objektiven Erfordernisse bezüglich einer Vorratshaltung wurden nicht genügend beachtet. Viele andere Länder, auch in Europa, können im Pandemiefall allein verbindlich für ihr gesamtes Gebiet die erforderlichen Maßnahmen trotz teilweise föderaler Strukturen anordnen. In Deutschland war es bisher üblich, dass die notwendigen Maßnahmen für das gesamte Bundesland nur von den einzelnen Bundesländern durch die föderalen Strukturen angeordnet wurden. In solch einer Situation, wie zu einer von der Welt-Gesundheitsorganisation (WHO) für die ganze Welt zugrunde gelegten Pandemie, geht üblicherweise für dringend erforderliche Maßnahmen wertvolle Zeit verloren. Da kann man nicht jedes Bundesland sowie jede einzelne Region eines Landes fragen, ob die Maßnahmen für sie nun angeordnet und somit für die Bürger wirksam werden. Da die Infektionen und die dadurch trotz vielfacher Vorerkrankungen sich ergebende viel schnellere Mortalität bezüglich der Folgen des Corona-Virus bisher in den einzelnen Bundesländern sehr unterschiedlich waren, war dieses Vorgehen zum damaligen Zeitpunkt richtig und zum Teil positiv bemerkbar. Die sich daraus ergebenden möglichen unterschiedlichen zeitlichen Abläufe und Maßnahmen in den einzelnen Bundesländern konnten besser beachtet werden. Dadurch konnten die einzelnen Bundesländer in Deutschland die Entscheidungen über die zeitlichen Abläufe und Maßnahmen für ihr Bundesland vorrangig allein treffen. Es entstand jedoch ein erheblicher föderaler Flickenteppich, weil die einzelnen Bundesländer wegen des unterschiedlichen Infektionsverhaltens oft verschiedene Festlegungen für ihr Bundesland getroffen haben. Für den jeweiligen Bürger der einzelnen Bundesländer war es dann oft schwer, die Übersicht zu behalten, welche konkreten Regelungen für das betreffende Bundesland bestanden bzw. bestehen. Inzwischen ist festzustellen, dass manche ostdeutsche Bundesländer, wie im besonderen Maße Sachsen, im erhöhten Maße im Gegensatz zu bisher erhöhte Infektionszahlen zu verzeichnen haben. Ein wesentlicher Grund dieser hohen Infektionszahlen in Sachsen könnte am hohen Pendelverkehr nach Tschechien und Polen liegen, da diese beiden Länder gemessen an ihrer Gesamtbevölkerung besonders hohe Infektionszahlen aufweisen und zum Teil am nicht infektionsschutzgerechten Verhalten mancher Menschen aus diesem Bundesland. Auch der Einkauf von Benzin und Diesel und auch zum Teil preiswerteren Lebensmitteln, die insbesondere ein Teil der sächsischen Bevölkerung in Tschechien und Polen gekauft hat, haben wegen der damit verbundenen hohen Kontaktanzahl mit Menschen aus diesen Ländern wegen deren relativ hohen Infektionszahlen zu besonders hohen Infektionszahlen in manchen Gebieten Sachsens, die nicht weit von den genannten Ländern entfernt lagen, für das Bundesland Sachsen geführt. Ein nicht geringer Einfluss auf die hohen Infektionszahlen des Bundeslandes Sachsen ist auch in einem gewissen Umfang im nicht infektionsschutzgerechten sorglosen Verhalten mancher Menschen aus diesem Bundesland begründet.

Der gegenwärtig sehr hohe Grad der Infizierten und leider auch der Toten durch die Pandemie verlangte jedoch ein einheitliches Vorgehen der gesamten Bundesrepublik bezüglich der Lockdown-Beschlüsse. Es darf nicht weiter wertvolle Zeit für die Durchführung dringend erforderlicher Maßnahmen verloren gehen. Notgedrungen mussten auf Grund der Corona-Infektions- und -Sterbefälle durch die Bundesregierung für alle Menschen in der Bundesrepublik Deutschland geltende notwendige Maßnahmen entschieden werden.

Andere Länder treffen trotz auch bei ihnen vorhandener föderaler Strukturen im Fall einer menschheitsbedrohenden Pandemie im Vergleich zu Deutschland teilweise oft sehr abweichende Entscheidungen. Man muss hierbei beachten, dass es bei der Realisierung der Maßnahmen auf jeden Tag ankommt.

Die Regelung, dass das Gesundheitswesen privatisiert wurde und man insbesondere nach ökonomischen Kriterien handelt, wirkt sich nicht nur in Zeiten des Corona–Virus negativ auf die betreffenden Patienten aus. Dass wichtige Erfordernisse im Gesundheitswesen und in der Pharmazie im Interesse der Kostensenkung sowie der Erreichung der Profitmaximierung nach wie vor gesehen werden, kann im Interesse der betroffenen Bürger und der wichtigen Versorgungssicherheit nicht befriedigen. Man kann nicht solche Rabattverträge für das Gesundheitswesen abschließen, dass einzig und allein Demjenigen der Auftrag gegeben wird, der am kostengünstigen das jeweilige Produkt herstellt. Gerade unter den aktuellen Gegebenheiten des Entstehens des Corona–Virus und der weltweiten Folgen fällt diese Strategie im derzeitigen Gesundheitswesen und in der Pharmazie im besonderen Maße negativ ins Gewicht. Im besonderen Maße sind diese wichtige Leistungserbringer in der Medikamentenherstellung sowie -beschaffung zu sehen. In der Nutzwertanalyse muss man viele Kriterien in der Belieferung beachten und bewerten und kann dabei nicht nur darauf setzen, wer am billigsten liefern kann. Es müssen bei der Lieferung unbedingt im besonderen Maße bei der Versorgungssicherheit bei den Medikamenten oder anderen medizinischen Produkten die anderen wichtigen Parameter der Versorgungssicherheit ebenfalls beachtet werden. Man kann deshalb nicht nur allein die Entscheidung auf Kostenbasis treffen. Die Menschen erfahren auch, was sie bisher nicht kannten, dass sich auch Probleme aus der nicht ausreichenden Aufrechterhaltung der Versorgung ergeben können. Bei Manchen führt dies auch zum Nachdenken, ob ihre bisher gewohnte Lebensweise richtig ist und nicht im Interesse Aller verändert werden muss. Die entstehenden negativen Auswirkungen auf unsere Wirtschaft und unseren Lebensstandard und die gegenwärtig angewandten Methoden des wirtschaftlichen Handelns erfordern ein dringendes Umdenken.

Unser Handeln ist vorrangig von Profitinteressen vieler wirtschaftlicher Akteure, insbesondere in den Industriestaaten der westlichen Welt geprägt. Die notwendige ausreichende Versorgungssicherheit muss trotz der gegenwärtig vorherrschenden Globalisierung unbedingt in allen Ländern gesichert werden. Unsere übergroße Globalisierung, die wir vorrangig zum Gegenstand unseres Handelns gemacht haben, gehört wegen den sich ergebenden hohen Abhängigkeiten gegenüber einzelnen Ländern in Auswertung der Corona-Problematik unbedingt auf den Prüfstand. Oft betrifft dies lebenswichtige Erzeugnisse, die für unser zukünftiges Handeln von großer Bedeutung sind.

Die Versorgungssicherheit muss durch die Schaffung dringend notwendiger Stör- bzw. Notreserven, die immer und jederzeit zur Verfügung stehen müssen, gewährleistet sein. Diese Reserven müssen unbedingt für die betreffenden Bereiche, für die eine solche Störreserve gebildet werden muss, zur Verfügung gehalten werden. Die Versorgungssicherheit ist viel wichtiger, als nur die Effektivität und Kostengründe bzw. die Wirtschaftlichkeit zu sehen.

Man weiß noch nicht, wie lange die Corona–Folgen bestehen bleiben. Es ist auch noch völlig unklar, wie lange die zweite Welle anhält und ob sich dieser für die Menschen hochansteckende Virus in einer noch höheren Dimension bestehen bleibt oder – wie in Großbritannien oder einigen anderen Ländern auf der Welt – schon Mutationen gebildet hat. Auch in Deutschland besteht gegenwärtig ein verhaltener Optimismus durch die Zertifizierung der mit ihren Corona-Impfstoffen zugelassenen Hersteller und die ab dem 27.12. 2020 für einige sehr wichtige Personengruppen beginnende Impfung. Wir müssen jedoch bei Erreichung eines erfolgreichen Verlaufs der Anwendung der betreffenden Impfstoffe davon ausgehen, dass eine mögliche Impfung von allen Denjenigen, die sich in Deutschland impfen lassen, relativ lange dauern würde. Man muss, auch weil bisher nicht genügend Impfstoff in Deutschland zur Verfügung steht, wahrscheinlich mit mindestens ca. einem Jahr rechnen, bis alle Impfwilligen in Deutschland geimpft sind.

Weil sich manche Menschen, auch in Deutschland, aus den verschiedensten Gründen nicht impfen lassen wollen und auch Vorbehalte gegenüber einer möglichen Corona-Impfung haben, ist es leider zum gegenwärtigen Zeitpunkt noch nicht klar, ob die erforderliche Durchimpfungsrate der Bevölkerung in Deutschland erreicht werden kann.

Es sind gewaltige Veränderungen, die wir heute bereits schon in vielerlei Hinsicht bezüglich der Auswirkungen des Corona-Virus merken oder die noch auf uns zukommen, schon bisher eingetreten. Wir müssen uns in unserem Verhalten, in unserer Lebensweise sowie in der Betreibung unserer Wirtschaft und in unserer gesamten Gesellschaft rechtzeitig auf die dadurch ebenfalls notwendigen Veränderungen einstellen.

Die aktuelle gegenwärtige Situation ist – bezogen auf unser Klima und die entstehende Erderwärmung – bereits zunehmend so schlimm geworden, dass im Interesse des Erhalts der Menschheit die notwendigen Sofortmaßnahmen dringend eingeleitet werden müssen. Es ist nicht ausreichend, die Maßnahmen nur auf dem Papier zu nennen, diese aber nicht oder nur unzureichend zu realisieren. Die gegenwärtigen in Deutschland und auf der ganzen Welt beschlossenen Vorschläge sowie vereinbarten Maßnahmen zum Schutz des Klimas sind in keiner Weise als ausreichend anzusehen. Sie beachten die dringenden zeitlichen Erfordernisse in völlig unzureichender Art und Weise. Wir stehen, wie allgemein bekannt, vor so einer für die Menschheit wichtigen Situation, dass wir uns ein "Weiter so" in keiner Weise mehr erlauben können.

Es bestehen eine Reihe von Kipppunkten, die, wenn wir jetzt nicht ausreichend handeln, nicht mehr zu beheben sind. Die Erderwärmung wird sich dann wesentlich über 2 Grad Celsius entwickeln. Wegen den immer mehr ansteigenden Temperaturen auf der Erde kann eine Nichtbeachtung sowie ein nicht aktives gemeinsames Handeln zu einer dann kaum noch zu verhindernden negativen Spirale führen. Die dadurch entstehenden Auswirkungen können die Menschen und auch die Tiere wahrscheinlich nicht mehr bewältigen. Sie werden auf der Erde unter solchen sich dann entwickelnden Temperaturen wohl kaum mehr auf Dauer leben können. Die Lebewesen sind auf solche sich entwickelnde Temperaturanstiege nicht eingerichtet. Eine hohe Erderwärmung und die dadurch hervorgerufenen Lebensbedingungen führen zu diesem erheblichen Problem für die Menschheit. Wir haben im Zusammenhang mit der Ansteckungsgefahr durch den Corona–Virus für die Menschen vielfältige Verbotsmaßnahmen zeitweilig festgelegt und dadurch für diese Zeit in Übereinstimmung mit den Regelungen des Grundgesetzes bestimmte Grundrechte wegen der Pandemie außer Kraft gesetzt.

Da zur Rettung des Klimas eine dringende Notwendigkeit zu einem nicht weiteren Anstieg der Erderwärmung über die wahrscheinlich objektiv unvermeidbare Größe von 1,5 bis 2,0 Grad Celsius besteht und die erforderlichen Maßnahmen relativ schnell eingeleitet werden müssen, sollte man jetzt nicht nur die angezeigten teilweisen Verzichtsmaßnahmen, sondern auch Verbotsmaßnahmen durchführen. Durch die Probleme des notwendigen durch die Folgen des Corona–Virus erforderlichen Verzichts und des dadurch nicht in dem bisherigen Maße so hohen Verbrauchs von Erzeugnissen bzw. Produkten, die CO_2 oder andere Treibstoffgase emittieren, konnte die Emittierung von Treibhausgasen gegenüber dem Stand vor dem Corona–Virus um ca. 6 Prozent weltweit reduziert werden.

Vielleicht können wir unter diesen Gegebenheiten, wenn wir nicht weiter in einem solchen Konsumüberfluss wie bisher leben, auch ggf. noch unsere klimapolitischen Zielstellungen, die wir uns bis zum Ablauf des Jahres 2020 gestellt haben, noch erfüllen. Daraus ist zu ersehen, welche Auswirkungen ein gewisser Verzicht auf die Reduzierung hat, ohne die Wirkungen der viel umfangreicher zu schaffenden Klimaneutralität zu betrachten. Es wird aber für die Klimaerfordernisse nicht ausreichen, dass wir nur diesen eventuell nur zeitweiligen Konsumverzicht durchführen.

Deshalb müssen wir alles tun, dass sich die Erderwärmung nur um 1,5 Grad bzw. höchstens um 2 Grad erhöht. Ein weiteres aktives Wirksamwerden der Kipppunkte muss verhindert werden. Um dies zu erreichen, müssen wir unbedingt unsere gegenwärtige Lebensweise gewaltig ändern.

Gemäß dem Wikipedia-Eintrag „Kippelemente im Erdklimasystem" unter dem Link https://de.wikipedia.org/wiki/Kippelemente_im_Erdklimasystem bestehen solche Kipppunkte für unsere Erde gemäß den bisher identifizierten möglichen Kippelementen darin:

"

- Abschmelzen des arktischen Meereises

- Abschmelzen des Grönländischen Eisschilds

- Abschmelzen des Westantarktischen Eisschildes

- Erlahmen der atlantischen thermohalinen Zirkulation

- Störung der Südpazifischen Klima-Osziliation und Verstärkung des El Niño-Phänomens

- Methan- und Kohlendioxidemission aus tausenden Permafrostböden

- Rückgang der Netto- Produktivität der Biosphäre"

Die Kippunkte können durch geringe äußere Einflüsse bereits wirksam werden und zum Teil zu unumkehrbaren Folgen für die Menschen und damit für unseren Planeten führen. Der bekannte Klimaforscher Hans Joachim Schellnhuber hat noch weitere Kippunkte für unseren Planeten genannt, die auch noch zusätzlich zu den bisher Genannten bestehen:

"

- Zusammenbruch des indischen Sommermonsuns

- Entwaldung des tropischen Regenwaldes

- Rückgang borealer Wälder"

Weitere potenzielle Kippelemente stellen gemäß den Ausführungen des Internet-Lexikons "Wikipedia" ebenfalls noch dar:

"

- Schwinden der tibetischen Gletscher

- Methan-Ausgasung aus den Ozeanen und aus anderen Methanhydrat-Lagerstätten

- Methan- und Kohlendioxidemissionen aus tausenden Dauerfrostböden

- Austrocknen des nordamerikanischen Südwestens

- Abschwächung der marinen Kohlenstoffpumpe

- Absterben von Korallenriffen

- Destabilisierung des Jetstreams (sowie des Monsuns) erhöht die Wahrscheinlichkeit von heftigen Fluten und Dürren

- Auflösung niedriger Schichten aus Stratocumuluswolken über dem subtropischen Meer bei CO_2–Konzentrationen um 1200 ppm“

Der aktuelle Stand des Wirkens der Kipppunkte auf unseren Planeten ist insbesondere durch die zunehmende Wirkung der steigenden Erderwärmung äußerst besorgniserregend. Wir können auf den Zuwachs der weiteren Erderwärmung nur den möglichen Einfluss nehmen, wenn wir sofort handeln und alles noch Menschenmögliche unternehmen, um das weitere Anwachsen der Erderwärmung zu verringern.

Leider haben viele Menschen auf unserem Planeten noch nicht ausreichend die sehr hohe Dringlichkeit der Verhinderung des weiteren beträchtliches Anstiegs der Erderwärmung verinnerlicht. In unser aller Interesse muss unser Ziel die Verringerung der Beeinflussung der Kipppunkte auf unsere Erde und die Beseitigung der Klimaprobleme sein. Nur so können wir dazu beitragen, dass nicht solch eine hohe Übersäuerung unserer Meere, das damit verbundene Korallenschrumpfen bzw. Korallensterben, die erhebliche Erhöhung der Meeresspiegels mit gravierenden Auswirkungen für die davon betroffenen Menschen, das erhebliche Ansteigen extremer Wetterereignisse, verbunden mit gewaltigen Stürmen und Überschwemmungen, Trockenheit und Dürre mit schwerwiegenden Auswirkungen auf unsere Versorgung, eine wesentliche Verknappung des uns zur Verfügung stehenden Wassers, eine Zunahme von Bränden und das Übertragen von Krankheiten verursachenden Viren durch Insekten und das damit verbundene Entstehen von Seuchen und Pandemien eintritt. Es werden noch mehr der bisherigen bestehenden Arten auf dem gesamten Globus verschwinden, was gewaltige negative Auswirkungen für die Biodiversität und unser planetares Gleichgewicht mit der Natur und für uns Menschen hätte.

Durch die zunehmende Erderwärmung besteht die erhebliche Gefahr des weiteren Abschmelzens des Polareises, was in einem relativ hohen Maße schon eingetreten ist und der Auflösung des ebenfalls sehr wichtigen Permafrostes unseres Planeten, die ebenfalls leider schon begonnen hat. Dadurch werden nicht nur unvorstellbar hohe Mengen des Treibhausgases Methan in die Atmosphäre gelangen, was auch zu erheblichen negativen Auswirkungen auf unsere Umwelt und die sehr wichtigen Ökosysteme führen würde. Die Höhe des Meeresspiegels würde durch die auf Grund der Abschmelzung des Eises entstehenden sehr hohen Wassermengen massiv ansteigen. Von der Erhöhung des Meeresspiegels wären viele am Wasser liegende Landstriche der Erde und somit wir Menschen erheblich betroffen. Tiere, die das Eis als wichtige Lebensgrundlage derzeit haben und auch brauchen, wie u. a. Eisbären, könnten ebenfalls kaum noch existieren und würden zunehmend aussterben.

Auch die zunehmende Verbrennung des Urwaldes, die leider besonders im Amazonas-Gebiet in Brasilien geschieht und vom derzeit amtierenden Präsidenten Jair Bolsonaro negiert wird, hat erhebliche negative Auswirkungen auf unsere Atmosphäre und die Ökosysteme auf der Welt.

Bei allen zu bewältigenden Herausforderungen in Deutschland und weltweit muss die Lösung der Klimaprobleme deshalb bei allen erforderlichen Handlungen das Primat und den Vorrang vor allen anderen notwendigen anderen Maßnahmen besitzen.

Wenn wir zur Sicherung der weiteren Existenz der Menschheit die Klimaproblematik nicht als primär ansehen, wären alle Handlungen und Maßnahmen, die wir weiter einleiten, auf Dauer sinnlos. Deshalb ist die Bewältigung der Klimakrise die allerwichtigste Handlung für uns. Darauf müssen wir uns in allen Ländern der Welt einstellen und danach mit aller Konsequenz handeln.

Bei unvoreingenommener Analyse des Einflusses des Verhaltens der Menschen auf die gegenwärtige Klimaentwicklung auf unserem Planeten kommt man aus meiner Sicht auf Grund des unterschiedlichen Verhaltens der Menschen zu folgenden Erkenntnissen:

- Relativ viele Menschen auf unserem Planeten sind so arm und haben es dadurch überhaupt sehr schwer, wegen den in so geringem Umfang zur Verfügung stehenden Lebensmitteln leben zu können. Oft müssen sie wegen der Unterernährung sterben. Diese Menschen haben im Regelfall nicht die Mittel und auch oft nicht die Kraft, ohne fremde Hilfe sowie ohne die gebotene finanzielle Unterstützung die notwendigen Maßnahmen zur Klimarettung durchzuführen.

- Eine andere Gruppe von Menschen versucht, im Rahmen ihrer vorhandenen Möglichkeiten sehr viel oder zumindest etwas für den Umweltschutz zu tun, selbst, wenn sie ihr bisheriges oft sehr komfortables Leben aus diesem Grund vielfach nicht mehr oder nicht im bisherigen Maße weiterführen können. Sie wollen ihren individuellen Beitrag dazu leisten, dass u. a. die Erderwärmung durch ihre gezeigte Verhaltensänderung im Interesse des Weiterlebens ihrer Kinder oder späterer Generationen nicht in dem bisherigen Umfang weiter ansteigt. Sie handeln dabei aktiv, um unsere Klimakrise zu vermeiden.

- Leider gehören aus meiner Sicht die meisten Menschen noch zu der Gruppe, oft aus den Industrieländern der westlichen Welt, die leider ihren oft im Verhältnis zu anderen Menschen übergroßen komfortablen Lebensstandard beibehalten will. Man will die damit verbundenen Vorteile unter allen Umständen unbedingt bewahren, ohne einen notwendigen Verzicht und die Veränderungen in ihrem Lebensstil durchzuführen. Sie ziehen keine ausreichenden Rückschlüsse auf die Erderwärmung und deren mögliche Folgen für die gesamte Menschheit. und damit auch nicht für ihre Kinder und Kindeskinder sowie für spätere Generationen. Die Einsicht zu einer anderen Haltung ist nicht oder unzureichend bei ihnen vorhanden. Oft sind sie nicht ausreichend bereit, die erforderliche andere Lebensweise für sich zu sehen. Die Beibehaltung ihres bisherigen Lebensstils ist ihnen viel wichtiger, als bei sich selbst anzufangen und ihr Verhalten im Interesse der lebensbedrohlichen möglichen Folgen für die Erderwärmung sowie überhaupt für unser Klima zu ändern.

- Eine andere Gruppe von Menschen redet, wie wichtig erforderliche Maßnahmen des Umweltschutzes gegen einen weiteren Anstieg der Erderwärmung sind. Sie sehen ein, dass wir unbedingt handeln müssen, ändern jedoch ihre eigene Lebensweise nicht, sondern behalten diese bei und begründen dies damit, dass die anderen Menschen aus anderen Ländern erst mal bei sich anfangen sollten. Sie leben wie bisher mit allen Nachteilen für die übrigen Menschen sowie des Anstiegs der Erderwärmung, da sie nicht einsehen, dass es dringend im Interesse der weiteren Bewahrung der Schöpfung erforderlich ist, auch ihre eigene Lebensweise zu ändern und einen praktischen Beitrag zur notwendigen Veränderung ihres eigenen Verhaltens zu leisten.

- Eine weitere Gruppe von Menschen glaubt nicht daran, trotz dem 99 Prozent auch der Wissenschaftler dies behaupten, dass die Ursache für die steigende Erderwärmung auf uns Menschen, unser Verhalten sowie unsere Lebensweise zurückzuführen ist. Dieses Verhalten zeigt besonders u. a. der derzeit noch führende Repräsentant der USA, Donald Trump, der von der Mehrheit der

Wähler, die bei der am 03. November 2020 stattgefundenen Präsidenten-Wahl in den USA ihre Stimme abgegeben haben, abgewählt wurde. Zum gegenwärtigen Zeitpunkt ist festzustellen, dass – trotz dem das Wahlergebnis eindeutig für Joe Biden als neuem amerikanischer Präsidenten gesprochen hat – leider eine nicht geringe Anzahl von amerikanischen Wählern noch Widerstand gegen die Ergebnisse dieser Wahl zeigen. Dies geschieht, trotz dem Joe Biden mehr als 270 Stimmen von 538 insgesamt zu vergebenden Stimmen der Wahlmänner und Wahlfrauen in den einzelnen US-Bundesstaaten auf sich vereinigt hat. Hoffentlich kann sich der neu gewählte und zukünftige Präsident der USA auch durch das Mitwirken der Mehrheit der Senatsmitglieder in den USA durchsetzen, dass der bereits zum gegenwärtigen Zeitpunkt bestehende Ausstieg der USA aus den Festlegungen der Pariser Klimakonferenz von 2015 noch verändert werden kann. Die AfD und auch manche andere Parteien anderer Länder in der westlichen Welt und Politiker sowie wenige Wissenschaftler, manche Lobbyisten und einige andere Menschen gehen davon aus, dass die Klimakrise und deren wesentliche Manifestation und die steigende Erderwärmung nicht durch menschliches Handeln beeinflusst ist. Sie vertreten die Auffassung, dass die Klimakrise nicht existiert, mit der Folge, dass sie glauben, weiterhin – auch bezogen auf die Belange der Wirtschaft – so unverändert leben und handeln zu können, wie bisher.

- Unter Berücksichtigung des gezeigten Verhaltens muss leider wohl davon ausgegangen werden, dass sich die Mehrheit der Menschen auf unserer Erde aus den unterschiedlichen Gründen nicht so verhält, wie es angesichts der drohenden weiteren Erderwärmung erforderlich wäre. Es kann und darf nicht sein, dass Diejenigen, die sich umweltbewusst für die Rettung der Menschheit sowie zum Verbleib auch zukünftiger Generationen einsetzen, durch das nicht umweltgerechte Verhalten von anderen Menschen noch darunter leiden müssen. Leider müssen, wenn die beschriebenen Einstellungen weiter so bestehen bleiben, alle Menschen die Wirkungen für die gesamte Menschheit dann spüren. Deshalb wird leider bei Vielen nicht alles für die Menschheit getan. Dieses nicht umweltgerechte Verhalten wirkt sich sehr ungünstig auf unsere Erde aus. Es wird insbesondere durch die Menschen ausgelebt, die ihre eigenen Interessen vor den Interessen der Menschheit und des Klimas mit der Konsequenz erheblich negativer Folgen stellen, ohne im ausreichenden Maße auf die anderen Menschen Rücksicht zu nehmen und sich der negativen Folgen bewusst zu sein. Diejenigen, die sich nicht so, wie es eigentlich notwendig ist, in ihrer Lebensweise verhalten und die oft auf ihre eigenen Kinder oder spätere Generationen keine Rücksicht nehmen, haben die Erfordernisse und die Zeichen der gegenwärtigen Zeit noch nicht verstanden. Ihre vielfach rücksichtslose, mangelnde Solidarität zeigende Lebensweise kann im Interesse des weiteren Bestehens der Menschheit so nicht fortgesetzt werden. Vielfach will man unbedingt, wie bisher, so weiterleben und den erzielten Wohlstand beibehalten und oftmals noch erweitern.

- Die Hauptschuld an dieser unsäglichen Entwicklung der Menschheit in ihren Handlungen gegenüber der Natur, die völlig im Widersinn zur erforderlichen ökologischen Entwicklung auf unserem Planeten steht, liegt meiner Auffassung nach vorrangig im ständigen Bestreben nach Wachstum, Erhöhung des Rohstoffverbrauchs und des Profits. Dies ist verbunden und begründet mit der ständig wachsenden Polarität zwischen Arm und Reich. Bei der Erfassung des Bruttoinlandsprodukts, das bei fast allen Ländern zur Messung der Leistung der Wirtschaftskraft und somit auch als Maßstab für das Wachstum herangezogen wird, werden auch umweltzerstörende Maßnahmen, die zu einer Erhöhung des Ausstoßes an Treibstoffgasen sowie zu anderen klimaunfreundlichen Handlungen führen, mit einbezogen.

- Obwohl unsere Ressourcen nur endlich sind und die verfügbaren Rohstoffe weltweit geringer werden, gehen wir weiter von unbegrenztem Wachstum sowie von unbegrenzt vorhandenen Rohstoffen aus. Unser Konsum soll immer höher werden. Bei den Vorstellungen, die manche Menschen, besonders in der westlichen Welt, bezüglich ihres Lebensstandards und ihrer Komfortwünsche haben, wird in keiner Weise beachtet, dass bei unserer weiter wachsenden Bevölkerung auf unserem Planeten und auch für die Mehrheit der Menschen fast aller Länder der Welt solche Wünsche nicht zu realisieren sind. Wir können auf Dauer nicht getreu der bisherigen Maxime „immer höher“ bzw. „immer schneller“ weiterleben, denn wir haben auch dazu nicht die materiellen Voraussetzungen für alle Menschen auf dieser Welt. Deshalb ist unser Wirtschaftssystem der zügellosen Marktwirtschaft, dass wir alles nur auf das jeweils vorherrschende Angebot sowie auf die Nachfrage und auf steigenden Wettbewerb richten, nicht die richtige Lebensweise für uns.

- Gerade bei unseren sehr schwerwiegenden Problemen, vor denen die Menschheit angesichts der Klimakrise steht, kann, auf Dauer gesehen, trotz der zeitweiligen wirtschaftlichen Vorteile dieser Lebensart, die Fortsetzung dieses bestehenden Wirtschaftssystems in der Art, in der es bisher betrieben wurde und wird, nicht für die Menschheit zum Maßstab für ihre Handlungen sein. Unser Wirtschaftssystem steht völlig im Gegensatz zu den ökologischen Erfordernissen, die für uns alle bestehen, wenn die Menschheit weiterleben will. Wenn wir im Einklang mit der Natur sowie den ökologischen Erfordernissen weiterleben wollen, müssen wir unser ganzes Wirtschaftssystem völlig umstellen. Es kann nicht mehr so wie bisher weiter bestehen. Wir können nicht alles nur kurzfristig und die kurzfristigen Erfolge bei allen diesen Prozessen sehen und die gebotene Langfristigkeit sowie die Endlichkeit und das erforderliche strategische Denken vermissen lassen. Die asiatischen Länder sind den westlichen Ländern auch auf Grund der Verhaltensweise der Menschen in diesem Punkt voraus. Die zunehmende Individualisierung, der Egoismus der Menschen, die auch damit verbundene Gier und die mangelnde Solidarität sind bei manchen Menschen zur typischen Lebensart geworden. Das Verantwortungsgefühl wird unzureichend auf das Wohl und Gedeih aller Menschen gerichtet. Man denkt vielfach nur an sich und nicht genügend an die anderen Menschen. Bezogen auf die Erfordernisse, die aktuell bestehen, muss man meines Erachtens sagen, dass wir offenbar tatsächlich in einer anderen Gesellschaft leben. Anders kann man das gegenwärtige Verhalten mancher Menschen nicht werten.

- Wir können in keiner Weise mit Sicherheit sagen, dass wir den gewünschten Fortschritt sowie die neuen erforderlichen technologischen Verfahren zur Produkterzeugung und die zusätzlich notwendige Rohstoffgewinnung in der erforderlichen Zeit erreichen werden. Es wird davon ausgegangen, dass wir immer und überall durch neue technische Verfahren auch die Klimakrise rechtzeitig bewältigen können. Man kann es in keiner Weise mit Bestimmtheit sagen, dass wir alle dazu notwendigen Aufgaben dafür in der uns gebotenen Zeit lösen. Wenn wir uns nur darauf verlassen, birgt dies erhebliche Risiken für die gesamte Menschheit und kann meines Erachtens nicht als ausreichendes verantwortungsbewusstes Handeln angesehen werden. Sicher sollten wir alles technologisch Mögliche mit großer Vehemenz tun und einleiten. Wir sollten jedoch zum rechtzeitigen Erreichen der Erfordernisse der Klimaneutralität eine wesentliche Verringerung der Treibstoffgasemission einleiten. Trotz aller Bemühungen zur weiteren notwendigen Verbesserung und Erhöhung der Wirksamkeit von Wissenschaft und Technik haben wir es in der Vergangenheit nicht geschafft, und wir hatten dazu mindestens 30 Jahre Zeit gehabt, die notwendige Verringerung der Treibstoffgasemission sowie die Klimaneutralität zu erreichen. Deshalb besteht, wie erwähnt, wegen den leider nicht verschiebbaren zeitlichen Erfordernissen ein hoher Grad der Unsicherheit, dass wir die damit verbundenen Aufgaben in der uns nur zur Verfügung stehenden Zeit nicht schaffen. Mit dem Planeten kann man bezüglich der Erfordernisse, die unsere Erde an uns Menschen stellt, nicht verhandeln, und dies muss man bei allen notwendigen Maßnahmen beachten.

Die jungen Menschen sind die Generation, die in einem sehr hohen Maße von den eingeleiteten Maßnahmen betroffen sind. Sie haben am ehesten das moralische Recht, der Menschheit zu sagen, dass die notwendigen Maßnahmen zu einem nicht weiteren Ansteigen der Erderwärmung über die Höhe der Temperaturerhöhung von 1,5 bzw. maximal 2 Grad Celsius sehr, sehr dringend eingeleitet werden müssen. Schon bereits

1989 wurde mir von einer Dokumentarfilmerin der DEFA (Deutsche Film AG) in meinem Beitrag in einer Diskussionsveranstaltung zum Thema „Ewige moralischen Werte", die in Berlin stattfand und im „Berliner Rundfunk“ übertragen wurde, gesagt, dass die jungen Menschen die Generation sind, die die notwendigen herangereiften Änderungen für die Menschheit schon deshalb durchführen sollen, da sie am besten die erforderlichen Zeichen der Zeit verstehen und danach handeln können.

Trotz zunehmender weltweiter Proteste, insbesondere von vielen jungen Menschen in der sehr wichtigen Bewegung „Fridays for Future", besonders vertreten durch Greta Thunberg und Luisa-Marie Neubauer und viele andere junge Menschen und der aktiven Rolle von insbesondere jungen Umweltaktivisten, hat man es insgesamt noch nicht geschafft, die Mehrheit der Menschen zu einem anderen Verhalten zu bewegen, um ausreichend gegen den weiteren Anstieg der Erderwärmung vorzugehen. Typisch für das Bestreben mancher rückwärtsgewandter einflussreicher Menschen ist, im Interesse der Beibehaltung sowie Fortsetzung der unseren Planeten schadenden oft egoistischen Lebensweise, dass man Greta Thunberg, Luisa-Marie Neubauer und andere Mitglieder der Bewegung" Fridays for Future" oder auch Umweltaktivisten noch im erheblichen Maße diffamiert. Man kann die Wahrheit in dieser Frage nicht vertragen und greift deshalb auf solche unlauteren Mittel zurück.

Auch die Erkenntnisse einer immer mehr zunehmenden Zahl von Klima-Wissenschaftlern, rechtzeitig die Handlungen zu einem nicht weiteren Anstieg der Erderwärmung einzuleiten, haben bisher leider nicht das erforderliche Gehör gefunden. Trotz vieler neuer Erkenntnisse der Wissenschaftler und vieler anderer Menschen, die alles dafür tun wollen, die Erderwärmung nicht in dem bisherigen Maße weiter steigen zu lassen, werden deren Erkenntnisse nicht genügend beachtet. Oftmals wird von den Wissenschaftlern alles getan – bezogen auf die praktische Umsetzung – um gegen die steigende Erderwärmung vorzugehen. Auch durch die führenden Vertreter der Länder werden meines Erachtens nicht in ausreichender Form die notwendigen Maßnahmen rechtzeitig festgelegt sowie durchgeführt, dass den Handlungen, durch die im hohen Maße umweltschädliche Emissionsstoffe entstehen oder entstehen können, schnell entgegengewirkt wird.

Die erforderlichen einzuleitenden Maßnahmen, sei es durch Verbote, oder einen anzuordnenden Verzicht oder einen anderen Umgang mit bestimmten Produkten, die zur steigenden Erderwärmung führen, werden manchmal nicht oder wesentlich zu spät durchgeführt.

Die ganzen Appelle, die Greta Thunberg und andere Umweltvertreter bisher an führende Organisationen und Regierungen unserer Welt gerichtet haben, werden nicht ausreichend bezüglich einer dringend notwendigen Verhaltensänderung beachtet. Manche Parteien haben es noch nicht ausreichend verstanden, dass die

Menschheit, wenn wir so weiterleben, vor dem drohenden Untergang steht und wir alles dazu beitragen müssen, durch die erforderlichen Handlungen rechtzeitig die dringend gebotenen Gegenmaßnahmen einzuleiten. Wissenschaftliche Erkenntnisse sowie die Meinung der Klima-Wissenschaftler für das Weiterleben der Menschheit werden entsprechend den dringenden Erfordernissen nicht beachtet oder ignoriert, nur, um die notwendigen Änderungen unserer Lebensweise nicht oder auch wesentlich zu spät durchzuführen, um sich weiterhin so zu verhalten, wie bisher.

Auch manche Parteien sowie andere Wählerorganisationen sehen leider, trotz aller Erfordernisse, alles zum nicht weiteren Ansteigen der Erderwärmung zu tun, ihre Wählerinteressen vordergründig und zu wenig die dringend erforderlichen Aspekte für das weitere Bestehen der Menschheit in dieser so wichtigen Frage.

Es ist, wie schon erwähnt, im Interesse des weiteren Lebens der Menschheit dringend erforderlich, die notwendigen Maßnahmen rechtzeitig einzuleiten. Wir haben nach Meinung von manchen anerkannten Klimawissenschaftlern, wenn wir nicht höher als bei 1,5 Grad Celsius Steigerung der Erderwärmung gegenüber der vorindustriellen Zeit kommen wollen, nicht mehr als acht Jahre Zeit, um die erforderlichen Handlungen durchzuführen. Auch die Zeitpunkte und der geplante Umfang, der zum Erreichen der wesentlichen CO_2–Reduzierung und der Klimaneutralität weltweit, für Europa und auch für Deutschland zugrunde gelegt wurde, sind viel zu spät. Wir können damit nicht die Erfordernisse zum nicht weiteren Anstieg der Erderwärmung um nicht mehr als 1,5 Grad Celsius Temperaturerhöhung vor der industriellen Zeit zu kommen, erreichen. Sie werden bei den gegenwärtig geltenden Zielstellungen somit nicht ausreichend beachtet. Auch die Festlegungen des Pariser Klima-Abkommens und auch der UNO muss man bezüglich der festgelegten Zeitpunkte bei allen Vorteilen der erreichten Regelungen als nicht ausreichend betrachten, weil viele der dort festgelegten Maßnahmen nicht in dem der Menschheit nur noch zur Verfügung stehenden Zeitrahmen erfolgen, um keine gravierenden Auswirkungen für die Menschheit entstehen zu lassen.

Im von mir im Januar 2019 veröffentlichten Buch über die Lebensweise wurde vorrangig eine Analyse dieser Prozesse unter Beachtung des Erkenntnisstandes aus der ersten Dekade im Januar 2019 erstellt. In der Zwischenzeit sind manche noch zu beachtende aktuelle Ereignisse eingetreten, die im genannten Buch – bezogen auf den Zeitpunkt der Erstellung – noch nicht beachtet werden konnten. Weil das bisher veröffentlichte Buch eine Analyse dieser Prozesse unter Beachtung des damaligen Erkenntnisstandes beinhaltete, werden in diesem Buch im verstärkten Maße taktische oder konkret auszuführende Handlungen aus der Sicht des Autors dieses Buches benannt bzw. vorgeschlagen. In diesem Buch wird auch eine Darstellung sowie Analyse in Ergänzung zum genannten Buch über Belange der Lebensweise aus aktueller Sicht im Weltmaßstab vorgenommen und die vorgesehenen beschlossenen

Maßnahmen in Deutschland zum Teil kritisch bewertet. Auch der bisherige Stand der politischen Ereignisse in Deutschland, insbesondere in Thüringen, sowie die erhebliche Realitätsfremdheit angesichts der gegenwärtigen aktuellen Herausforderungen haben einen schweren Schaden in der Glaubwürdigkeit eines richtigen demokratischen Verhaltens hinterlassen. Deshalb muss auch in Anbetracht dieser Ereignisse und der erheblichen Probleme, die durch die zunehmende Erderwärmung für die Menschheit entstehen, auch diese Herrschaftsform in der bisher bestehenden Form unter Beachtung der derzeitigen insbesondere globalen Erfordernisse für die Menschheit kritisch betrachtet werden. Der hohe Widerstand gegen Prozesse, die unbedingt für die Menschheit sehr schnell eingeleitet werden müssen und die bestehende Langatmigkeit der gegenwärtig ausgeübten Demokratie müssen hierbei ebenfalls beachtet werden. Die dadurch eintretenden erheblichen Probleme für die Durchsetzung dringender Handlungen und viele andere ungünstige Auswirkungen der praktischen Umsetzung der Demokratie müssen auch genannt und dabei berücksichtigt werden. Diese Herrschaftsform kann – auch angesichts der entstandenen Probleme für unsere Erde und für die Menschheit – noch nicht, wie sie gegenwärtig betrieben wird, als zeitgemäße Herrschaftsform zur Bewältigung aller komplizierten Probleme betrachtet werden. Sie muss eine echte Demokratie werden, angesichts der vielen Probleme, vor denen die Menschheit zur Zeit steht. Die Demokratie in der gegenwärtigen Form der Umsetzung, wie sie zur Zeit ausgeübt wird, hat viele Schattenseiten. Es muss deshalb eine wahrhafte Demokratie, die aus meiner Sicht unter den gegenwärtigen Gegebenheiten und aktuellen Herausforderungen, vor denen die Menschheit steht, besser geeignet ist, auf Grund des tatsächlichen Verhaltens vieler Menschen entstehen. Üblicherweise wird gesagt, dass die gegenwärtige Demokratie eine schlechte Herrschaftsform ist, aber noch die beste unter den möglichen in Frage kommenden Herrschaftsformen. Aus der Sicht des Verfassers dieses Buches sollte die Demokratie anders gestaltet werden als bisher. Man muss die Demokratie auch unter Beachtung ihrer zeitgemäßen Gegebenheiten und der aktuellen Herausforderungen in manchen Punkten anders handhaben. Wir sollten hierbei auch Erkenntnisse, die Platon schon vor über 2000 Jahren gewonnen hat und die er auch als erhebliche Kritikpunkte der damaligen Demokratie sah und die bezüglich mancher Ausführungen auch teilweise noch heute zutreffen, berücksichtigen. Aus meiner Sicht sind die vom Philosophen Karl Raimund Popper (1902 – 1994) in seiner Schrift „Die offene Gesellschaft und ihre Feinde“ vorgetragenen Argumente – bezogen auf die gegenwärtige aktuelle Zeit – nicht mehr zutreffend. Deshalb sollten wir die Herrschaftsform der Demokratie in gewisser Weise bei einigen wesentlichen Punkten anders betreiben, als bisher. Auch mit dieser Problematik wird sich im Buch unter Berücksichtigung der erarbeiteten Vorschläge beschäftigt.

Mit der unbegrenzten Freiheit und der Auslegung des Freiheitsbegriffes von Einigen und den daraus entstehenden praktischen Wirkungen muss sich ebenfalls sehr kritisch auseinandergesetzt werden. Dies betrifft vorrangig unsere Handhabung von Freiheit in der westlichen Welt und die dadurch entstehenden zunehmend wirksamen Auswüchse. Wir sollten von manchen führenden asiatischen Ländern lernen, die auf das "Wir" als Grundlage des Denkens, auch bezogen auf die Belange der Freiheit und der Demokratie setzen und nicht auf das individualistische "Ich"-Denken, das für die Demokratie vieler führender Länder der westlichen Welt typisch ist. Nicht nur zu sehr wichtigen Fragen der Lebensweise, zu den Belangen der Klimakrise, aber auch zu den derzeit stattfindenden Auswirkungen des Corona-Virus und zum Erreichen einer höheren Solidarität zwischen den Menschen sollten wir das individualistische Denken der westlichen Welt aus berechtigten Gründen in Frage stellen. Die asiatischen Länder weisen nicht nur bei der Bekämpfung des Corona-Virus und auch in vielen anderen Belangen der Lebensweise mit dieser Art der Denkweise auch im zunehmenden Maße erhebliche Vorteile für die gesamte Menschheit gegenüber der westlichen individualistischen Lebensart auf.

Auch die mangelnde Sicherheit, gerade unter den Gegebenheiten des zunehmenden Rechtsterrorismus, überhaupt des Terrorismus und deren Folgen sowie der steigenden Kriminalität sowie das Gewaltverhalten mancher Menschen führen zu erheblichen Problemen in der Gesellschaft. Die mangelnde Sicherheit führt leider manchmal dazu, dass Unbeteiligte, die in keiner Weise die entstandenen Probleme verursacht haben, zu Opfern der bis jetzt unzureichenden Bearbeitung der Gesamtheit der in diesem Zusammenhang entstehenden Prozesse werden.

Die Frage, ob der wissenschaftlich-technische Fortschritt sowie die im Rahmen der Digitalisierung eingesetzte neue Technik im vollen Umfang als Alternative und als Gegenmaßnahme zur zunehmenden Erderwärmung gesehen werden kann, wird ebenfalls in Ergänzung der bisherigen Darlegungen dazu argumentativ erörtert. Wichtig wird dabei die Frage sein, ob trotzdem der bisherige Wohlstand erhalten bleiben kann.

Es wird in diesem Buch außerdem die Frage aufgeworfen, ob unser gegenwärtig besonders in den westlichen Industriestaaten vorrangig gelebtes Gesellschaftssystem, das vorrangig auf Wachstum, den weiteren ungezügelten Raubbau an Rohstoffen, Angebot und Nachfrage auf dem Markt und den Wettbewerb setzt und die derzeit praktizierte Globalisierung unter den Bedingungen der zunehmenden Klimakrise, den Folgen des Corona-Virus und anderer noch möglicher Seuchen noch das richtige Wirtschaftssystem und die richtige Wirtschaftsmethode unter den gegenwärtigen Gegebenheiten der aktuellen Zeit ist.

In den weiteren Ausführungen wird sich auch mit den Belangen der vor einigen Jahren von Prof. Dr. Ernst Ulrich von Weizsäcker geleiteten Bundestags-Enquete-Kommission „Globalisierung der Weltwirtschaft" beschäftigt, da diese damals gewonnenen Erkenntnisse über die Globalisierung auch heute noch von Bedeutung sind.

Bei einer kapitalistischen Gesellschaftsordnung in der gegenwärtigen Form, noch dazu bei den aktuellen Problemen auf der Welt, der zunehmenden Erderwärmung und der damit verbundenen Möglichkeit des Aussterbens der Menschheit bei der Beibehaltung der bisherigen Handlungsweisen muss überprüft werden, ob der Kapitalismus die allein richtige Gesellschaftsform in der derzeitigen Art und Weise der Handhabung bleiben kann.

Wir müssen uns auch mit der Frage auseinandersetzen, ob es ausreichend ist, dass wir eine zunehmende Digitalisierung durchführen und damit trotz der erheblichen Probleme der Erderwärmung unseren bisherigen Wohlstand erhalten können.

Mit diesen und anderen aktuellen gesellschaftspolitischen Problemen und auch mit dem, was in Deutschland, bezogen auf die aktuelle Zeit, nach Meinung des Autors notwendig ist, wird sich in diesem Buch ebenfalls auseinandergesetzt. Die in diesem Buch erarbeiteten Vorschläge sollten mit dazu beitragen, unsere gegenwärtige Rolle im aktuellen Prozess und die gegenwärtigen Herausforderungen auch in alternativer Form noch eindeutiger zu erkennen und zur Diskussion über diese Prozesse, um den richtigen erforderlichen Weg zu erkennen und zu suchen, beitragen.

2. Bemerkungen zum gegenwärtigen Zustand

2.1. Aktuelle Situation und weitere Klimakonferenzen

Sowohl der bisherige, als auch der gegenwärtige Zustand in der Verhinderung der steigenden Erderwärmung ist völlig unbefriedigend. Eine Vielzahl dringend notwendiger Maßnahmen wird ignoriert, und die erforderlichen Maßnahmen werden auf den St.-Nimmerleins-Tag verschoben. Auch der gesamte andere Zustand der Welt und in Deutschland ist sehr kritisch zu sehen. Im bereits genannten ebenfalls vom Autor erarbeiteten im Januar 2019 erstmals erschienenen Buch über die Lebensweise wurden als entscheidende Probleme unserer Zeit, ohne alle Probleme vollständig aufzuführen, nachfolgende Faktoren genannt:

"
- globale ökologische Krise, bedingt durch die Klimaveränderung und eine Vielzahl damit anderer verbundener negativer Auswirkungen

- weltweit abnehmende Bodenschätze durch den zunehmenden Ressourcenverbrauch auch im Ergebnis der Wachstumspolitik

- Zunahme des Reichtums für eine Minderheit und Erhöhung der Verringerung des relativen Einkommens bei einer Mehrheit der Menschen

- bitterste Armut, Hunger und Sterben eines nicht geringen Teils der Welt durch nicht ausreichende nachhaltige Hilfe des übrigen Teils der Weltbevölkerung

- Kriege und kriegerische Auseinandersetzungen zwischen den Staaten und Völkern bzw. zwischen den betreffenden Regionen bzw. von Menschengruppen und der Gefahr eines Dritten Weltkrieges usw.

- zunehmende Digitalisierung und Globalisierung in Verbindung mit vielen dadurch entstehenden Wirkungen, wie auch die steigende Produktivität der Arbeit, die zunehmende Freisetzung an Arbeitskräften, der damit verbundenen veränderten Gestaltung eines Einkommens- bzw. Sozialsystems für die Menschen, des Erfordernisses der Bildung und Weiterbildung unter Nutzung digitaler Medien, der Unternehmensentwicklung, der Beeinflussung oder auch der Hilfe des Menschen durch das Voranschreiten der Technik, Anwachsen der Anzahl der Menschen auf unserem Globus und daraus sich ergebenden Fragen

- Probleme und Fragen der Lebensweise der Menschen in unserer Epoche und des Verhältnisses zwischen den Menschen unter Beachtung eines erforderlichen humanen Verhältnisses untereinander, das von Achtung der

Würde, der Gleichberechtigung und des solidarischen Miteinanders der Menschen geprägt ist

- Schaffung einer Unmündigkeit der Menschen gegenüber dem bestehenden Markt, dessen Hauptziel in der Renditesteigerung und Profitmaximierung besteht

- Auslieferung der Demokratie gegenüber den Gesetzen sowie der Durchschaubarkeit des Marktes bzw. der mangelnden Transparenz des Marktes

- sich wieder verstärkender Neoliberalismus auf Kosten von manchen ursprünglichen Zielstellungen der Gesellschaftsform der Sozialen Marktwirtschaft in Deutschland

- ein aufgeblähter undurchsichtiger Apparat an der Börse und die Weiterführung der sehr risikobehafteten Finanzgeschäfte, die zu einer die ganze westliche Welt und weiterer Länder treffenden erneuten Weltwirtschaftskrise mit den daraus entstehenden schwerwiegenden Folgeschäden führen können

- die bestehenden Staatsschulden in den einzelnen Ländern der Welt in unvorstellbarer Höhe ansteigen können

- der immer geringer werdenden Bodenschätze, der Folgen des Überkonsums auf die Erderwärmung usw. werden rücksichtslos auf spätere Generationen geschoben, nach der Devise: Hauptsache es geht uns jetzt gut, was nach uns kommt, ist ganz egal

- erhebliches Anwachsen des Nationalismus, wobei die Lösung sowie die Einleitung entsprechender erforderlicher Maßnahmen einen stärkeren Gemeinsinn bzw. einen wesentlich höheren Grad der Internationalisierung und des gemeinschaftlichen Vorgehens auf internationaler Ebene für den Erhalt unserer Erde, der Vermeidung von kriegerischen Konflikten und vieler anderer gemeinsamer notwendiger Handlungen verlangt

- bestehende nach wie vor schwierige Lage des Euro, insbesondere bedingt durch die eingetretenen Geburtsfehler durch die nicht rechtzeitig geschaffene politische Union

- entstandene erhebliche Terrorgefahr und die daraus sich ergebenden Folgen für die Menschheit“

Zum aktuellen Zeitpunkt der abschließenden Erarbeitung dieses weiteren Buches (Stand: Dezember 2020) können ebenfalls noch folgende aktuelle Erscheinungen u. a. genannt werden:

- weiterhin verstärkte ökologische Probleme vielfältiger Art

- noch wesentlich stärkere Benennung der Fragen der Erderwärmung, als dies bisher geschah und des nicht weiteren Anstiegs der Erderwärmung über die maximale Höhe von 1,5 bis 2,0 Grad Celsius als wichtigste Handlung für die Menschheit

- weltweites Problem des Auftretens des Corona-Virus und der Wirkungen und Folgen der Corona-Pandemie im globalen Maßstab für die Menschheit durch die mögliche Ansteckungsgefahr zwischen den Menschen

- die erheblichen Folgen der Migration und ihre Auswirkungen für die Flüchtlinge, insbesondere unter Beachtung der aktuellen Situation in Griechenland bzw. in der Türkei und in weiteren Ländern sowie die dringend erforderlichen Handlungen, um die Belange der Humanität auch in der Migration besser zu beachten

- erheblich höhere Sicherheitserfordernisse, bei denen es auch darauf ankommt, dass auch Deutschland, wie alle Länder der Welt, die erforderlichen Schlussfolgerungen in prophylaktischer Hinsicht zieht, damit die Anzahl der kriminellen Verstöße erheblich verringert wird

- die nach wie vor bestehende atomare Gefahr, die durch die Aufkündigung vorher bestehender Vereinbarungen zu deren Vermeidung auch dadurch noch höher geworden ist

Die weitere eingeleitete Entwicklung der mit viel Vorschlusslorbeeren 2015 ausgerichteten Pariser Klimakonferenz kann in keiner Weise befriedigen und hat bisher nur völlig unzureichende Ergebnisse gebracht.

Im November 2016 fand nach der Pariser Klimakonferenz 2015 in Marrakesch (Marokko) eine weitere Klimakonferenz statt. Repräsentanten aus ca. 50 Teilnehmerländern haben bei dieser Weltklimakonferenz verkündet, dass ihre Länder bis 2050 die Klimaneutralität schaffen wollen. Die Konferenz sollte einen Zwischenschritt bei den ganzen vorgesehenen ökologischen Maßnahmen zur Beseitigung der Klimakrise darstellen. Wir können mit den Ergebnissen der Weltklimakonferenz in Marrakesch ebenfalls nicht zufrieden sein. Bei der Weltklimakonferenz 2016 haben u. a. auch die Teilnehmer dieser Konferenz in Erfahrung bringen können, dass Donald Trump mit Wirkung ab dem 20. Januar 2017 neuer amerikanischer Präsident wurde. Bezüglich der wichtigen Aufgabe des nicht weiteren Anstiegs der Erderwärmung, außer, um eine Temperaturerhöhung von möglichst nur 1,5 Grad Celsius zu erreichen, wurden, wie bereits erwähnt, bis jetzt unzureichende Ergebnisse erzielt. Der Umwelt-Ökonom Prof. Dr. Raimund Schwarze hat im unter dem Link https://www.geo.de/natur/nachhaltigkeit/15197-rtkl-klimapolitik-das-sind-die-ergebnisse-von-marrakesch veröffentlichten Online-Artikel „Das sind die Ergebnisse von Marrakesch“ vom 17.11.2016 der Zeitschrift „GEO“ u. a. folgende Ergebnisse der Weltklimakonferenz 2016 von Marrakesch festgestellt:

„Das 1,5 Grad-Ziel, also eine Begrenzung der Erderwärmung um höchstens 1,5 Grad im Vergleich zu vorindustriellen Zeiten, ist nach der Entscheidung in den USA nicht mehr zu erreichen. Denn schon heute beobachten wir eine Erwärmung um 1,2 Grad. Ob wir das 2-Grad-Ziel erreichen können, hängt davon ab, ob es zu Ansteckungswirkungen in anderen Ländern und auf den Märkten kommt. Die Verhandlungen liefen glatt. Allerdings ist vieles vertagt wurden Ein Beispiel sind Ausgleichszahlungen für kleine Inselstaaten, die sich an den Anstieg des Meeresspiegels nicht anpassen können. Wer und in welcher Höhe für Verluste und Schäden aufgrund des Klimawandels aufkommt, wird (wurde) nun erst 2019 verhandelt.

Konkrete Unterstützung der Länder Afrikas.

Bei Klimaschutz und Klimaanpassung wurde erreicht durch die Initiative Frankreichs und Deutschland. Paris hat drei Milliarden zugesagt. Berlin etwa genauso viel. Und diese Zusagen wurden in konkreten Projekten mit der Afrikanischen Entwicklungsbank vereinbart, so dass es nicht bei bloßen Zusagen bleibt. Die Freiwilligkeit der Klimaschutzmaßnahmen bleibt bestehen. Es wird also weiterhin keine Sanktionen geben, wenn Ziele nicht erreicht werden. Darum kann auch ein Präsident Trump die Zusagen, die vor Paris gemacht wurden, ignorieren. Er musste dafür noch nicht einmal aus dem Klimavertrag austreten. Bei der Mittelverwendung aus dem internationalen Fonds zur Klimaanpassung gibt es eine Uneinigkeit zwischen den Entwicklungs- und den Industrieländern. 80 Prozent der Mittel laufen nach wie vor in Klimaschutzmaßnahmen. Während die Industrienationen darauf bestehen, einen Teil ihre Schutzlasten auf die Entwicklungsländer abzuwälzen, fordern die Entwicklungsländer, dass mindestens die Hälfte des Geldes in Klimaanpassungsmaßnahmen fließt, also letztlich in Entwicklungshilfe. Dies hieße aber Förderung aus öffentlichen Mitteln, während für Klimaschutz auch viel privates Kapital mobilisiert werden kann. Marokko zeigt sich sehr engagiert im Klimaschutz, baut das weltweit größte Solarkraftwerk und hat alle Rohstoffe, die es dafür braucht. Es hat eine hervorragende geopolitische Perspektive in einer anderen solaren Welt. Marokko ist in Sachen Klimaschutz für Afrika das, was Deutschland für Europa ist, ein Vorreiter. Darum wurde die Konferenz hierhergeholt. Leider hat das nicht dazu geführt, dass der Grundsatz "Klimaschutz vor Klimaanpassung" bei den Entwicklungsländern gestärkt wurde."

Die weitere Beibehaltung der Freiwilligkeit bei den dringend zu realisierenden Maßnahmen führt meines Erachtens dazu, dass sich manche Länder nicht oder unzureichend beteiligen. Im Interesse der Beeinflussung des nicht weiteren Anstiegs der Erderwärmung und der zu erwartenden negativen Folgen für die gesamte Menschheit müssten die beschlossenen sowie zu beschließenden Maßnahmen verpflichtenden Charakter haben, was leider derzeit noch nicht der Fall ist.

2017 fand in Bonn eine Weltklimakonferenz im Auftrag des Pazifik-Staates Fidschi und im Jahr 2018 in der polnischen Stadt Katowice statt. Im von mir verfassten Buch über unsere Lebensweise wurden zu den Ergebnissen und den kritischen Bemerkungen zu diesen beiden Weltklimakonferenzen bereits einige konkrete Aussagen getroffen. Deshalb werden diese Erkenntnisse an dieser Stelle nicht noch einmal wiederholt. Insgesamt gesehen, wie im genannten Buch erwähnt, können die erreichten Ergebnisse der Weltklimakonferenz, bezogen auf die Verwirklichung der vereinbarten Festlegungen des Pariser Klima-Abkommens bzw. der notwendigen ökologischen Erfordernisse zur Verringerung des Anstiegs der Erderwärmung in der maximal zugrunde gelegten Höhe in keiner Weise befriedigen.

Im Zeitraum vom 02. bis zum 15. Dezember 2019 fand in der spanischen Hauptstadt Madrid in Änderung des leider verhinderten ursprünglich vorgesehenen Gastgeberlandes Chile auf Grund der zu diesem Zeitpunkt in Chile geherrschten politischen Unruhen die für das Jahr 2019 angesetzte Weltklimakonferenz statt. Die aktuellen Berichte des Weltklimarates zeigten für alle eindrucksvoll die Gefahren, die für uns Menschen auf dem Planeten Erde bestehen, auf. Der WWF (World Wildlife Fund For Nature) als Umweltstiftung in Deutschland erwartete von der COP 25 (United Nations Framework Conventions of Climate Change, 25th Conference of the Parties) nachfolgende Fortschritte bzw. stellte nachfolgende Forderungen:

"1. Das 1,5-Grad-Ziel zu erreichen.

Im vergangenen Jahr zeigte der IPCC-Bericht (Bericht des zwischenstaatlichen Ausschusses für Klimafragen – Anmerkung des Verfassers) deutlich, welchen großen Unterschied es macht, ob sich das Klima der Erde um 1,5 Grad oder um 2 Grad Celsius erhöht. Dieser Bericht sowie die 2019 erschienenen Berichte zu Land und Ozeanen zeigten auch die verheerenden Folgen der aktuellen Emissionsentwicklung auf Mensch und Natur. Die COP 25 muss die weltweiten Bemühungen verstärken, Treibhausgase einzusparen, um die 1,5 Grad nicht zu überschreiten. Es müssten bereits jetzt die Weichen gestellt werden, damit im nächsten Jahr verbesserte nationale Klimabeiträge eingereicht werden. Länder mit der großen Verantwortung müssen in Maßnahmen investieren, die schnell und tiefgreifend Emissionen senken und finanzielle und technologische Unterstützung für die Länder mobilisieren, die dies nicht alleine können.

2. Staatliche und nichtstaatliche Akteure mobilisieren.

Um die Erderhitzung zu stoppen, sind dringende Maßnahmen aller Akteure, auch nichtstaatlicher, notwendig. Die Klimakonvention der Vereinten Nationen hat eine Reihe von Prozessen entwickelt, um die Bemühungen subnationaler und nichtstaatlicher Akteure sowie von Experten einzubeziehen und zu mobilisieren. Die Bemühungen dieser Partnerschaften und Kooperationsbeziehungen müssen weiter beschleunigt und gestärkt werden.

3. Stärkung der multilateralen Reaktion auf die Klimakrise.

Trotz der großen Fortschritte bei der Finalisierung des Regelwerkes des Pariser Klimaabkommens auf der COP 24 gab es einige wichtige Punkte, über die sich die Parteien nicht einigen konnten, darunter auch die sogenannten Marktmechanismen. Auf der COP 25 müssen die Parteien robuste Regelungen für diese aushandeln, damit das Handeln mit Emissionsrechten das Pariser Klimaschutzabkommen nicht untergräbt. Des Weiteren gilt es in der Überprüfung des Warschau-Mechanismus zu klimabedingten Schäden und Verlusten, die besonders Verletzlichen zu unterstützen und hierfür einen finanziellen Rahmen aufzubauen."

Die erreichte Entwicklung für das Klima und der wahrscheinlich leider in Frage kommende Anstieg der Erderwärmung über 1,5 Grad und die damit entstehenden Folgen für die Menschheit im Ergebnis der Weltklimakonferenz in Madrid sind völlig unbefriedigend. Die weitere zunehmende Entwicklung der Wirtschaft und somit die Erzielung von weiterem Profit war für manche Länder viel wichtiger, als die dringend notwendigen Maßnahmen für das Klima zu ergreifen. Durch die bisherigen Regierungsverhältnisse in den USA, die sich bekannterweise unter ihrem bisherigen Präsidenten aus dem Pariser Klimaabkommen verabschiedeten, konnte das dringend Erforderliche für die gesamte Menschheit nicht ausreichend geschafft werden. Es ist zu hoffen, dass die ab Januar 2021 neue Führung in den USA durch Unterstützung der USA erreicht, dass diese dann auch wieder bereit ist, die Beschlüsse des Pariser Abkommens – bezogen auf die Erderwärmung – umzusetzen sowie ihre bisherige Kündigung des Pariser Klimaschutzabkommens zurückzunehmen.

Es müsste sofort gehandelt werden, aber letztlich hat man viel zu wenig bisher getan. Die Abschlusserklärung bei der um zwei Tage verschobenen Konferenz war sehr vage und erfüllte deshalb in keiner Weise die Erwartungen dieser Konferenz und die Erfordernisse der Menschheit in dieser sehr wichtigen Frage. Es sollten in Auswertung des Pariser Klima-Abkommens Regeln für die internationale Zusammenarbeit bei Klimafragen geschlossen werden. Leider ist dies nicht erfolgt. Auch das so wichtige Erfordernis der finanziellen Unterstützung der Entwicklungsländer, was schon im Pariser Klima-Abkommen festgelegt war und für notwendige Maßnahmen dieser Länder zum nicht weiteren Anstieg der Erderwärmung dienen soll, wurde bisher nicht im ausreichenden Maße erfüllt. Auch wenn in Aussicht gestellt wurde, den Grünen Entwicklungsfonds dafür zu öffnen, erfolgten zur Geldbeschaffung über den Grünen Entwicklungsfonds ebenfalls bislang noch nicht im ausreichen Maße zum gegenwärtigen Zeitpunkt die erforderlichen Festlegungen.

Die Festlegungen zu vielen sehr wichtigen zu klärenden Klima-Erfordernissen für die Menschheit wurden auf das Jahr 2021 oder auf einen noch späteren Zeitpunkt verschoben, obwohl wir als Menschheit keine Zeit zu verlieren haben. Die bisher von einigen Ländern ergriffenen notwendigen Maßnahmen zur Sicherung der Dekarbonisierung, im Verkehrs- bzw. Fahrzeugbereich sowie zur Schaffung der Klimaneutralität erfolgen viel zu spät. Obwohl die Menschheit höchstens, wie bereits an anderer Stelle erwähnt, nur noch 8 Jahre Zeit hat, ein nicht weiteres Ansteigen der Erderwärmung über die 1,5-Grad-Celsius-Grenze hinaus zu erreichen, werden diese in zeitlicher Hinsicht nicht hinnehmbaren Beschlüsse gefasst.

Martin Kaiser, einer der beiden Geschäftsführer des Umweltschutzverbandes Greenpeace e.V., äußerte sich zu dieser Klimakonferenz:

„Diese Klimaschutzkonferenz war ein Angriff auf das Herz des Pariser Abkommens. Die zynische Gier der fossilen Industrie hat den gemeinsamen, multilateralen Kampf gegen die unübersehbare Klimakrise in ihre tiefste Krise gestürzt."

Die „taz" schrieb in ihrem Kommentar zur Klimaschutzkonferenz in Madrid, vgl. https://taz.de/Abschluss-der COP 25-in Madrid/5650544/ u. a.: „Die Klimakonferenz verrate alle Menschen, die weltweit längst unter den Folgen der Klimakrise litten und nach schnellem Fortschritt riefen. .... Zudem habe die Politik von USA-Präsident Donald Trump und des brasilianischen Staatsoberhaupts, Jair Bolsonaro, zu einer handfesten Blockade beigetragen."

Der Gipfel in Madrid sollte der Vorbereitung für die im Jahr 2020 zu schaffenden aktuellen nationalen Klima-Pläne der einzelnen Länder, die sich im Pariser Abkommen dazu verpflichtet haben, dienen.

Die bekannte Klimaaktivistin Greta Thunberg, die ebenfalls an der Weltklimakonferenz 2019 in Madrid teilnahm, hielt dort eine Rede, in der sie u. a. feststellte, wie u. a. aus dem in der „Frankfurter Rundschau“ am 11.12.2019 unter dem Link https://www.fr.de/politik/klima-neuer-schwung-madrid-13289805.htm veröffentlichten Artikel „Klima: Neuer Schwung für Madrid“ des Journalisten Christian Mihatsch auszugsweise entnommen wurde:

„Die eigentliche Gefahr sei nicht die Untätigkeit der für die Krise verantwortlichen Regierungen und Unternehmen, sondern die Tatsache. dass Politiker und Konzernchefs es so aussehen lassen, als würden sie etwas tun. Das Jahrzehnt .... wird unsere Zukunft definieren. Die Menschen brauchen jetzt unbedingt ein Zeichen der Hoffnung. Aber es gibt Hoffnung, ich habe es gesehen, aber sie kommt nicht von Regierungen und Konzernen, sondern vom Volk."

Greta Thunberg sagte mit Luisa-Marie Neubauer und anderen jungen Klimaaktivisten u. a.: „Die Klimakrise wird uns nicht nur in der Zukunft treffen, sie betrifft schon heute unzählige Menschen, die schon jetzt leiden und sterben.“

Vorher hatte Greta Thunberg bei der UN-Klimakonferenz 2019 eine sehr emotionale Rede an die dortigen Beteiligten der UN bzw. an Regierungsvertreter anderer Länder gehalten. In dieser Rede sagte sie u. a.: „Wir haben bemerkt, dass wir einige Medienaufmerksamkeit bekommen, deshalb ist es unsere moralische Pflicht, unsere Stimme Denen zu leihen, die ihre Geschichte erzählen müssen."

Der Entwicklungsminister Deutschlands, Gerd Müller, sagte in seiner Rede vor der Weltklimakonferenz in Madrid u. a.: „Der Klimawandel ist längst zur Überlebensfrage der Menschheit geworden." In diesem Zusammenhang teilte er mit, dass sein Ministerium im folgenden Jahr (2020 – Anmerkung des Verfassers) zusätzlich 500 Millionen Euro zur Unterstützung von Entwicklungsländern bereitstellen würde.

Gemäß den erfolgten Festlegungen findet die nächste Weltklimakonferenz in Glasgow (Schottland) statt. Der Zeitpunkt musste auf Grund der Corona-Pandemie mit Beschluss von Anfang April von Ende 2020 auf voraussichtlich 2021 verschoben werden. Wann diese Weltklimakonferenz tatsächlich stattfindet, muss auf Grund der weiteren Entwicklung der Corona-Pandemie noch gesondert festgelegt werden. Man darf sehr gespannt sein, ob diesmal die dringend erforderlichen Beschlüsse und die daraus erfolgenden Handlungen zur wesentlichen Verringerung eines Ausstoßes von Treibhausgasen, die zur Beseitigung der Klimakrise dringend notwendig sind, im vollen Umfang durchgeführt werden.

Jochen Flasbarth, Staatsekretär im Ministerium für Umwelt, Naturschutz und nukleare Sicherheit, sagt zur Bedeutung des Jahres 2020 auch bezogen auf die

Weltklimakonferenzen usw.: „2020 wird ein Schlüsseljahr für den Klimaschutz. Erstmals sollen dann die Mitgliedsstaaten des Pariser Klimaabkommens ihre nationalen Klimaschutzziele überprüfen und möglichst erhöhen." Wie Flasbarth feststellt, werden besonders die osteuropäischen Kohle-Staaten, wie Polen, Ungarn und Tschechien erheblichen Widerstand gegen das Erfordernis der Beendigung des Kohleabbaus leisten. Jochen Flasbarth sagt dazu: „Wir werden alle Register unserer diplomatischen Möglichkeiten ziehen müssen, um aus dieser Konstellation international besten Nutzen für den Klimaschutz zu ziehen."

Zwischenzeitlich haben alle Staaten in der EU, auch Polen und Ungarn, teils gegen hohe Zahlungen, insbesondere bezogen auf Polen, ihre Zustimmung zum Kohleabbau und zu anderen klimapolitischen Maßnahmen gegeben.

Christoph Bahls vom WWF sagt: „Wir stehen an einem Wendepunkt. Bekommen wir jetzt den europäischen "Green Deal" ernsthaft umgesetzt, kriegen wir Partnerschaften mit wichtigen Schwellenländern, wie Indien, China, Südafrika, aber auch mit Russland, zur Umsetzung dieses Abkommens?"

Vom 26.11. bis zum 02.12.2020 fand die durch das Bundesministerium für Umwelt, Naturschutz und nukleare Sicherheit und das Deutsche Institut für Urbanistik veranstaltete Kommunale Klimakonferenz 2020 nur via Film und als Online-Forum wegen den hohen Corona-Fallzahlen statt. Damit fand sie nicht, wie geplant, als kleine Präsenzveranstaltung mit Livestream, sondern in Form eines Konferenzfilms statt. In dieser kommunalen Klimakonferenz 2020 hat der Meteorologe Sven Plöger über die aktuelle Klimaentwicklung berichtet und die Parlamentarische Staatssekretärin im Bundesministerium für Umwelt, Naturschutz und nukleare Sicherheit, Rita Schwarzelühr-Sutter informierte über die Klimapolitik in Corona-Zeiten und hat zehn Wettbewerbsgewinner für besondere kommunale Leistungen für die Klimapolitik ausgezeichnet. Einen weiteren Vortrag über die Rolle der Kommunen in der Klimapolitik hielt Prof. Carsten Kühl, Leiter des Deutschen Instituts für Urbanistik. Im Vortrag von Sven Plöger wurden u. a. auch die Gefahren für die Menschheit aufgezeigt, wenn die Erderwärmung um bis zu 4 Grad Celsius weiter ansteigt und dass es dringend erforderlich ist, die notwendigen Maßnahmen zum nicht weiteren Anstieg der Erderwärmung schnellstmöglich einzuleiten. Diese für den Umweltschutz auf kommunaler Ebene wichtige Veranstaltung fand auch schon 2019 sowie in den Vorjahren als direkte Klimakonferenz statt.

Auch der ursprünglich im Zeitraum vom 13. bis 15. September 2020 in der Messestadt Leipzig vorgesehene EU-China-Gipfel, an dem auch die Repräsentanten aller EU-Länder teilnehmen sollten und bei dem die Probleme der Klimakrise ebenfalls mit angesprochen werden sollten, ist wegen dem Corona-Virus zum genannten Termin abgesagt worden. Die Veranstaltung soll zu einem späteren Zeitpunkt nachgeholt werden.

Am 12.12.2019 wurde von den Regierungsparteien auf Beschluss des Bundeskanzleramts, bestätigt vom Bundespräsidenten Frank-Walter Steinmeier und der Bundeskanzlerin Dr. Angela Merkel, das „Gesetz zur Einführung eines Bundes-Klimaschutzgesetzes und zur Änderung weiterer Vorschriften" beschlossen.

2.2. Darstellung des Bundes-Klimaschutzgesetzes

Im Bundes-Klimaschutzgesetz sind u. a. nachfolgende Bestimmungen enthalten:

Bundes-Klimaschutzgesetz (KSG)

Inhaltsübersicht

Im Klimaschutzgesetz ist im Abschnitt 1 – Allgemeine Vorschriften – zum Zweck des Gesetzes im Paragraph 1 und bei den Begriffsbestimmungen im Paragraph 2 Nachfolgendes festgelegt:

„Abschnitt 1 Allgemeine Vorschriften

§ 1 Zweck des Gesetzes

Zweck dieses Gesetzes ist es, zum Schutz der Auswirkungen des weltweiten Klimawandels die Erfüllung der nationalen Klimaziele sowie die Einhaltung der europäischen Zielvorgaben zu gewährleisten. Die ökologischen, sozialen, ökonomischen Folgen werden berücksichtigt. Grundlage bildet die Verpflichtung nach dem Übereinkommen von Paris aufgrund der Klimarahmenintervention der Vereinten Nationen, wonach der Anstieg der globalen Durchschnittstemperatur auf deutlich unter 2 Grad Celsius und möglichst auf 1,5 Grad Celsius gegenüber dem vorindustriellen Niveau zu begrenzen ist, um die Auswirkungen des weltweiten Klimawandels so gering wie möglich zu halten, sowie das Bekenntnis der Bundesrepublik Deutschland auf dem Klimagipfel der Vereinten Nationen am 23.09.2019 in New York, Treibhausgasneutralität bis 2050 als langfristiges Ziel zu verfolgen.

§ 2 Begriffsbestimmungen

Im Sinne dieses Gesetzes ist oder sind:

1. Treibhausgase: Kohlendioxid (CO_2), Methan (CH_4), Distickstoffoxide (N_2O), Schwefelhexafluorid (SF_6), Stickstofftrifluorid (NF_3) sowie teilfluorierte Kohlenwasserstoffe (HFKW) und perfluorierte Kohlenwasserstoffe (PFKW) gemäß Anhang V, Teil 2 der Europäischen Governance-Verordnung in der jeweils gültigen Fassung.

2. Treibhausgasemissionen: die anthropogene Freisetzung von Treibhausgasen in Tonnen Kohlendioxidäquivalent, wobei eine Tonne Kohlendioxidäquivalent eine Tonne Kohlendioxid oder die Menge eines anderen Treibhausgases ist, die in ihrem Potenzial zur Erwärmung der Atmosphäre einer Tonne Kohlendioxid entspricht. Das Potenzial richtet sich nach der Delegierten-Verordnung (EU) Nr. 666/2014 der Kommission vom 12. März 2014 über die grundlegenden Anforderungen an ein Inventarsystem der Union und zur Berücksichtigung von Veränderungen der Treibhausgaspotentiale und der international vereinbarten Inventarrichtlinien gemäß der Verordnung (EU) Nr. 525/2013 des Europäischen Parlaments und des Rates (ABL L 179 vom 19.06.2014, S. 26) oder nach einer aufgrund von Artikel 26, Absatz 6 Buchstabe b der Europäischen Governance-Verordnung erlassenen Nachfolgeregelung.

3. Europäische Governance-Verordnung: die Verordnung (EU) 2018/199 des Europäischen Parlaments und des Rates vom 11. Dezember 2019 über das

Governance-System für die Energieunion und für den Klimaschutz, zur Änderung der Verordnungen (EG) Nr. 666/2009 und (EG) Nr. 715/2009 des Europäischen Parlaments und des Rates, der Richtlinien 94/22/EG, 98/70/EG, 2009/31/EG, 2009/73/EG, 2010/31/EU, 2012/27/EU und 2013/30/EU des Europäischen Parlaments und des Rates, der Richtlinien 2009/119/EG und EU/2015/652 des Rates und zur Aufhebung der Verordnung (EU) Nr. 525/2013 des Europäischen Parlaments und des Rates (ABL. L 328 vom 21.12.2018, S. 1), die durch den Beschluss (EU) 2019/504, ABL. L 851 vom 27.03.2019, S. 66) geändert worden ist.

4. Europäische Klimaschutzverordnung: die Verordnung (EU) 2018/842 des europäischen Parlaments und des Rates vom 30. Mai 2018 zur Festlegung verbindlicher nationaler Jahresziele für die Reduzierung der Treibhausgasemission im Zeitraum 2021 - 2030 als Beitrag zu Klimaschutzmaßnahmen zwecks Erfüllung der Verpflichtungen aus dem Übereinkommen von Paris sowie zur Änderung der Verordnung (EU) Nr. 525/2013 (ABL. L. 156 vom 19.06.2018, S. 26);

5. Europäische Klimaberichtsverordnung: die Durchführungsverordnung (EU) Nr. 749/2014 der Kommission vom 30. Juni 2014 über die Struktur, das Format, die Verfahren die Vorlage und die Überprüfung der von den Mitgliedsstaaten gemäß der Verordnung (EU), Nr.525/2013 des Europäischen Parlaments und des Rates der gemeldeten Informationen (ABl. L. 203 vom 11.07.2014, S. 23);

6. Übereinkommen von Paris: das von den Vertragsstaaten der Klimarahmenkonvention der Vereinten Nationen, unterzeichnet mit dem Gesetz vom 28. September 2016, ratifizierte Übereinkommen von Paris vom 12. Dezember 2015 (BGBl. 2016 II, S. 1082, 1083);

7. Klimaschutzplan: die deutsche Langfriststrategie nach dem Übereinkommen von Paris und nach Artikel 15 der Europäischen Governance-Verordnung;

8. Landesnutzung, Landesnutzungsänderung und Forstwirtschaft: Der in der Anlage 1 Nummer 7 definierte Sektor Landnutzung, Landesnutzungsänderung und Forstwirtschaft, für diesen Sektor sind § 3 und die § 4, 7 und 8 nicht anzuwenden.

9. Netto–Treibhausgasneutralität: Das Gleichgewicht zwischen den anthropogenen Emissionen von Treibhausgasen aus Quellen und dem Abbau solcher Gase durch Senken“

Nachfolgend werden nicht alle Bestimmungen des Klimaschutzgesetzes im Wortlaut genannt, sondern nur wesentliche, jedoch von Allen zu beachtende Kriterien:

- Bis zum Zieljahr 2030 soll eine Minderungsquote von mindestens 55 Prozent bei der Reduzierung der Treibhausgasemissionen erreicht werden.

- Bei Erfordernis, wie eine Erhöhung der europäischen bzw. internationalen Klimaschutzziele, können diese erhöht werden.

- Es werden jährlich Minderungsziele durch die Vorgabe von Jahresemissionsmengen zur Erreichung der nationalen Klimaschutzziele für folgende Sektoren festgelegt:

  1. Energiewirtschaft
  2. Industrie
  3. Verkehr
  4. Gebäude
  5. Landwirtschaft
  6. Abfallwirtschaft und Sonstiges
  7. Landnutzung, Landnutzungsänderung und Forstwirtschaft

- Für die Einhaltung der jeweils zu reduzierenden Emissionsmenge für die einzelnen Sektoren sind die jeweils zuständigen Bundesministerien verantwortlich.

- Die festgelegten Jahresemissionsmengen bis zum Jahr 2030 sind im Klimaschutzgesetz festgelegt.

- Ab 2031 sollen die Jahresemissionsmengen, die reduziert werden sollen, ermittelt und festgeschrieben werden.

- Das Umweltbundesamt erstellt die Daten der Treibhausgasemissionen für die einzelnen Sektoren und muss bis zum 15.03. für das jeweilige Berichtsjahr die betreffenden Ist-Daten an den Expertenrat für Klimafragen benennen.

- Sollten die Emissionsdaten die erforderliche Reduzierung der Emissionsdaten nicht erreichen und eine Überschreitung der zulässigen Jahresemissionsmengen für die einzelnen Sektoren auftreten, so muss das zuständige Bundesministerium innerhalb von drei Monaten nach Vorliegen der Bewertung der Emissionsdaten durch den Expertenrat für den jeweiligen Sektor ein Sofortprogramm festlegen.

- Die Bundesregierung beschließt nach jeder Fortschreibung des Klimaschutzplans ein aktuelles Klimaschutzprogramm.

- Das Klimaschutzprogramm wird spätestens im Kalenderjahr nach Fortschreibung des Klimaschutzplans beschlossen.

- Die Bundesregierung erstellt jährlich einen aktuellen Klimaschutzbericht, der die Entwicklung der Reduzierung der Treibhausgasemissionen in den verschiedenen jeweils festgelegten Sektoren.

- Die Bundesregierung erstellt ab dem Jahr 2021 alle zwei Jahre einen Klimaschutz-Projektionsbericht nach den dafür geltenden Vorschriften.

- Aus fünf sachverständigen Personen verschiedener Disziplinen wird ein Expertenrat für Klimafragen eingerichtet. Die Bundesregierung bestimmt für die Dauer von fünf Jahren die Mitglieder des Expertenrates. Die auszuwählenden Mitglieder des Expertenrates sollten Erfahrungen aus einem der Bereiche Klimawissenschaften, Wirtschaftswissenschaften, Umweltwissenschaften sowie soziale Fragen haben.

- Zu den Aufgaben des Expertenrates für Klimafragen gehören u. a.:

  - Der Expertenrat für Klimafragen prüft die Emissionsdaten und legt der Bundesregierung und dem Deutschen Bundestag innerhalb von einem Monat nach Übersendung durch das Umweltbundesamt eine Bewertung der veröffentlichten Daten.

  - Der Bund prüft bei der Planung, Auswahl und Durchführung von Investitionen und bei der Beschaffung, wie damit jeweils zum Erreichen der Klimaschutzziele beigetragen werden kann.

  - Die einzelnen Bundesländer können für sich eigene Klimaschutzgesetze erlassen.

  - Der Bund setzt sich zum Ziel, die Bundesverwaltung bis zum Jahr 2030 klimaneutral zu organisieren. Die Klimaneutralität der Bundesverwaltung soll insbesondere durch die Einsparung von Energie, durch die effiziente Bereitstellung, Umwandlung Nutzung und Speicherung von Energien sowie durch die effiziente Nutzung erneuerbarer Energie und die Wahl möglichst klimaschonender Verkehrsmittel erreicht werden.

In der Anlage 1 des Bundes-Klimaschutzgesetzes (KSG) zu den §§ 4 und 5 ist für die einzelnen Sektoren die Beschreibung der Quellkategorien des gemeinsamen Berichtsformats (Common Reporting Formats – CRF) festgelegt:

Sektoren	Beschreibung der Quellkategorien des gemeinsamen Berichtsformats
1. Energiewirtschaft	Verbrennung von Brennstoffen in der Energiewirtschaft Pipeline-Transport (übriger Transport) Flüchtige Emissionen aus Brennstoffen
2. Industrie	Verbrennung von Brennstoffen im verarbeitenden Gewerbe und in der Bauwirtschaft Industrieprozesse und Produktverwendung CO_2-Transport und -Lagerung
3. Gebäude	Verbrennung von Brennstoffen in Handel und Behörden, Haushalten sonstige Tätigkeiten im Zusammenhang mit der Verbrennung von Brennstoffen (insbesondere in militärischen Einrichtungen)
4. Verkehr	Transport (ziviler inländischer Luftverkehr, Straßenverkehr, Schienenverkehr, inländischer Schiffsverkehr) ohne Pipeline-Transport
5. Landwirtschaft	Landwirtschaft Verbrennung von Brennstoffen in Land- und Forstwirtschaft und in der Fischerei
6. Abfallwirtschaft und Sonstiges	Abfall und Abwasser Sonstiges

7. Landnutzung, Landnutzungsänderung und Forstwirtschaft	Wald Acker Grünland Feuchtgebiete Siedlungen Holzprodukte Änderung zwischen Landnutzungskategorien

Tabelle 1: Festlegung der Beschreibung der Quellkategorien des gemeinsamen Berichtsformats (Common Reporting Formats – CRF) für die einzelnen Sektoren in der Anlage 1 des Bundes-Klimaschutzgesetzes (KSG) zu den §§ 4 und 5

In der Anlage 2 (zu § 4) des Bundes–Klimaschutzgesetzes (KSG) wurden die zulässigen Jahresemissionsmengen für die Jahre 2020–2030 für die einzelnen Sektoren festgelegt.

Nachfolgende zulässige Jahresmissionsmengen wurden für die einzelnen Sektoren in Mio. Tonnen CO_2–Äquivalent zugrunde gelegt:

Jahresemissionsmenge in Mio. Tonnen CO2-Äquivalent	**2020**	**2021**	**2022**	**2023**	**2024**	**2025**	**2026**	**2027**	**2028**	**2029**	**2030**
Energiewirtschaft	280		257								175
Industrie	186	182	177	172	168	163	158	154	149	145	140
Gebäude	118	113	108	103	99	94	89	84	80	75	70
Verkehr	150	145	139	134	128	123	117	112	106	101	95
Landwirtschaft	70	68	67	66	65	64	63	61	60	59	58
Abfallwirtschaft und Sonstiges	9	9	8	8	7	7	7	6	6	5	5

Tabelle 2: Darstellung der in der Anlage 2 (zu § 4) des Bundes-Klimaschutzgesetzes (KSG) festgelegten zulässigen Jahresemissionsmengen für die einzelnen Sektoren in Mio. Tonnen CO_2–Äquivalent

Nachfolgend werden die Jahresemissionsmengen für die einzelnen Sektoren zusätzlich auch grafisch dargestellt.

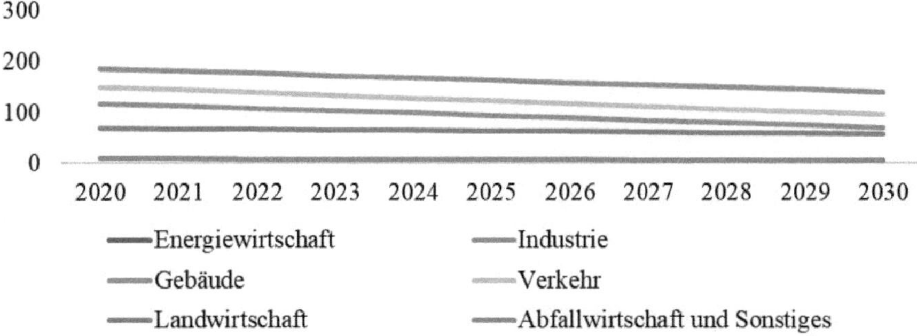

Grafik 1: Jahresemissionsmengen in Mio. Tonnen CO_2-Äquivalent von 2020 bis 2030

Es wurden Eckpunkte zur Ausgestaltung eines nationalen Emissionshandels für Wärme und Verkehr als Beschlüsse und Erklärungen im Klimaschutz festgelegt. Am 16.10.2019 wurden unter Beachtung des Klimaschutzgesetzes nachfolgende 15 Eckpunkte zur CO_2–Einsparung von der Bundesregierung für die Sektoren Energiewirtschaft, Verkehr, Gebäude und Industrie beschlossen:

1. Klimaschutz als Rahmengesetz
2. CO_2–Bepreisung außerhalb des Emissionshandels
3. Klimarisiken für den Finanzmarkt offenlegen
4. Die EEG zukunftssicher auslegen
5. Den Kohleausstieg gesetzlich verankern
6. Sofortprogramm „Grüne Fernwärmenetze"
7. Ein Gebäudeenergiegesetz mit ambitionierten Standards für Neubau und Sanierung
8. Energetische Gebäudesanierung durch steuerliche Abschreibung und einfache Zuschüsse
9. Pkw-Flottenmodernisierung durch ein Bonus-Malus-System stärken
10. Lkw-Maut ausweiten und CO_2-Schadenskosten integrieren
11. Die Mobilitätswende in Städten fördern
12. Effizienzinvestitionen in der Industrie fördern
13. Eine Quote für grünen Wasserstoff
14. Markteinführung CO_2–freier Technologien in der Industrie
15. Deutschland setzt sich in Brüssel u. a. für folgende sechs Initiativen ein

Nachfolgend erfolgt eine zusammenfassende Kurzerläuterung zu den 15 einzelnen Eckpunkten (vgl.

https://www.bmu.de/fileadmin/Daten_BMU/Download_PDF/Klimaschutz/eckpunkte_national_emissionshandel_waerme_verkehr_bf.pdf):

"1. **Klimaschutz als Rahmengesetz:**

Es wird ein Klimaschutzrahmengesetz verabschiedet, in dem rechtlich verbindliche Klimaschutzziele für 2030, 2040 und 2050 sowie jährliche Sektorenziele von 2021 bis 2030 festgehalten werden. Die Verantwortung für die Einhaltung obliegt den jeweiligen Ressorts, jeweils innerhalb der ETS– und Nicht–ETS–Sektoren sind Zielverschiebungen möglich. Zu Beginn jeder Legislaturperiode legt die Bundesregierung, falls nötig, dem Bundestag ein Maßnahme-Programm zur weiteren Zielerreichung vor. Dazu wird sie von einem vom Bundestag neu gebildeten Klimasachverständigenrat beraten, der außerdem die Fortschritte bewertet und eigene Vorschläge vorlegen kann.

2. **CO_2–Bepreisung außerhalb des Emissionshandels:**

Die Energiesteuer wird um einen CO_2–Aufschlag von 50 Euro/CO_2 auf Benzin, Diesel, Heizöl, Erdgas ergänzt. Außerdem erhalten Kohle, Öl und Gas, die außerhalb des ETS zur Strom- und Wärmeproduktion eingesetzt werden, einen CO_2–Aufschlag in Höhe des ETS–Zertifikatpreises. Die Einnahmen werden komplett rückverteilt durch eine Stromsteuersenkung, eine jährliche Pro–Kopf–Klimaprämie in Höhe von 100 Euro, Härtefallfonds und Klimasofortprogramme. Sollte in den Nicht–ETS–Sektoren das europarechtlich verbindliche jährliche Emissionsbudget nicht eingehalten werden, steigt der CO–Aufschlag um 10 bis 15 Euro und die Pro–Kopf–Klimaprämie entsprechend.

3. **Klimarisiken für den Finanzmarkt offen legen:**

Entsprechend den Empfehlungen der G 20-Task Force on Climate-related Financial Disclosures wird Klimaberichterstattung für Finanzmarktakteure verpflichtend. Dazu müssen klimarelevante Risiken in der Offenlegungspflichten integriert werden.
Die finanziellen Kennzahlen werden dabei anhand von CO_2-Schattenpreisen von 50, 100 und 200 Euro/t CO_2 berechnet.

4. Das EEG zukunftssicher aufstellen:

Um das 65-Prozent-Erneuerbare-Energie-Ziel bis 2030 zu erreichen, werden die Aufbauziele erhöht. 5 GW Solar p. a. 4 GW Wind Onshore p. a. und 20 GW Wind Offshore bis 2030. Hierfür werden Grünstrom-Verträge außerhalb des EEG ermöglicht, die EEG–Ausschreibungsmengen erhöht, der 52-GW-Solardeckel gestrichen und die Möglichkeit zur Eigenerzeugung erleichtert. Für Wind-Onshore wird zur Steigerung der Akzeptanz eine kommunale Windenergieabgabe eingeführt. Bund und Länder einigen sich zudem auf eine gemeinsame Flächenkulisse für neue Erneuerbare Energien.

5. Der Kohleausstieg gesetzlich verankern:

Der Kompromissvorschlag der Kohlekommission wird eins zu eins umgesetzt. Ein Kohleausstiegsgesetz hält dabei die Eckpfeiler des Ausstiegs fest. So verhandelt die Bundesregierung mit den Betreibern den konkreten Ausstiegspfad inklusive Kompensationen. Sollten diese Verhandlungen scheitern, setzt ein ordnungsrechtlicher altersbasierter Stilllegungspfad für Braunkohlekraftwerke ein. Außerdem beinhaltet das Gesetz ein Verbot neuer Kohlekraftwerke, das Enddatum 2038 und ein Monitoring.

6. Sofortprogramm grüne Fernwärmenetze:

Das KWK-Gesetz wird so novelliert, dass der Kohle–Gas–Switch in der KWK wirtschaftlich abgesichert wird und ein bestehendes Fernwärmenetz hin zu Niedertemperaturnetzen umgebaut werden. Zudem werden im Marktanreizprogramm der Einbezug CO_2-freier Wärmequellen in die Fernwärme und die Modernisierung der Abnahmestellen von Fernwärmekunden gefordert. In einem "Fahrplan grüne Fernwärme" legt die Bundesregierung bis 2020 ein Konzept vor, wie das KWK–Gesetz in der kommenden Legislaturperiode in ein Gesetz zur grünen Fernwärme überführt wird.

7. Ein Gebäudereinigungsgesetz mit ambitionierten Standards für Neubau und Sanierung:

Standards für Neubauten werden dem Stand der Technik angepasst. Für neue Wohngebäude gilt ab 2020 "Effizienzhaus 55" und ab 2025 "Effizienzhaus 40", für Nichtwohngebäude ab 2020 "Effizienzhaus 65" und ab 2025 "Effizienzhaus 55".
Bei Sanierung von Bestandsgebäuden gelten die Anforderungen an das heutige Neubauniveau. Steuerliche und sonstige Förderungen können auch bei verpflichtenden Sondierungen vollständig in Anspruch genommen werden.

8. Energetische Gebäudesanierung durch steuerliche Abschreibung und einfache Zuschüsse:

Ab dem 1. Januar 2020 werden energetische Sanierungen für Unternehmen und Eigenheimbesitzer steuerliche Ansätze an die Förderung erfolgt über einen Abzug von der Steuerschuld. Hohe Sanierungsniveaus und besonders nachhaltige Einzelmaßnahmen werden durch einen überproportionalen Anstieg der Förderquote und eine Premium–Förderung besonders attraktiv. Im sozialen Wohnungsbau wird eine um 50 Prozent höhere Förderquote für energetische Sanierungen eingeführt, die nicht auf die Miete umgelegt werden kann. Auch das gesetzlich geforderte Sanierungsniveau wird förderfähig.

9. Pkw–Flottenmodernisierung durch ein Bonus–Malus–System stärken:

Im Zuge einer Reform der Kfz-Besteuerung wird ein bei der Erstzulassung anzusetzendes aufkommende neutrales Bonus-Malus-System eingeführt. Pkw unter dem anfänglichen CO_2–Schwellenwert von 95 g CO_2/km erhalten einen Zuschuss, emissionsintensive Pkw einen Malus. Der Bonus bzw. Malus je Gramm CO_2 das ein Auto vom Schwellenwert abweicht, beträgt 50,- €. Reine E–Autos werden so mit ca. 5.000 € gefördert. Begleitend wird ein Sofortprogramm für eine flächendeckende und nutzerfreundliche Ladeinfrastruktur umgesetzt.

10. Lkw–Maut ausweiten und CO2-Schadenskosten integrieren:

Die bestehende Lkw–Maut wird zügig auf alle Straßen und alle Nutzfahrzeuge ab 3,5 Tonnen ausweitet. CO_2–freie Fahrzeuge werden bis mindestens 2025 bei der Maut entlastet. Zudem setzt sich die Bundesregierung bei der 2020 anstehenden Novelle der EU–Eurovignetten–Richtlinien dafür ein, dass bei den Lkw–Mautsätzen zukünftig die CO_2– Schadenskosten, die Staukosten sowie die externen Kosten der Luftschadstoffe und des Lärms vollständig einbezogen werden. Unmittelbar nach Richtlinienverabschiedung wird dies in Deutschland umgesetzt.

11. Die Mobilitätswende in Städten fördern:

Zur Finanzierung eines verbesserten Angebots bei ÖPNV, Rad- und Fußverkehr werden u. a. die Mittel aus dem Gemeindeverkehrsfinanzierungsgesetz auf 2 Mrd. Euro p. a. angehoben. Der Rechtsrahmen für klimaverträgliche, städtische Mobilität und der Handlungsrahmen der Kommunen bei der Parkraumbewirtschaftung werden angepasst, u. a. durch eine Novelle der Straßenverkehrsordnung, Streichung des Gebührendeckels für Bewohnerparkausweise und deutliches Anheben der Bußgelder für Parkverstöße. Die dadurch generierten Einnahmen und freiwerdenden Flächen werden für die Stärkung klimaverträglicher Verkehrsträger, beispielsweise den Radverkehr, genutzt.

12. Effizienzinvestitionen in der Industrie fördern:

Die steuerlichen Abschreibungsfristen für Klimaschutz–Investitionen in den Bereichen Energieeffizienz, Lastmanagement und Fuel–Switch von fossilen Brennstoffen hin zu Strom oder Abwärme werden um 5 Jahre verkürzt. Darüber hinaus werden zum 1. Januar 2021 die geltenden Ausnahmetatbestände von EEG, KWKG und Netzentgelten so geändert, dass die existenzbedrohenden Effizienz- und Flexibilitätshemmnisse (z. B. 7000–Stunden–Regel) abgebaut werden.

13. Eine Quote für grünen Wasserstoff:

Erdgashändler werden verpflichtet, ab 2021 0,5 Prozent CO_2–neutralen Wasserstoff in den Verkehr zu bringen. Die Quote steigt bis 2030 auf 10 Prozent an, wobei jeweils die Hälfte grüner Wasserstoff sein muss und die andere Hälfte blauer Wasserstoff sein kann. Zur Erfüllung dieser Quote können auch der Import aus Drittländern nach Deutschland und die Belieferung in reinen Wasserstoff–Netzen angerechnet werden. Für die Industrie gelten Ausnahmen. Es werden Nachhaltigkeitsregeln und Nachweispflichten etabliert, um die tatsächlichen CO_2–Minderungen sicherzustellen. Markteinführung CO_2–freier Technologien in der Industrie:

Das BMU–Förderprogramm „Dekarbonisierung der energieintensiven Industrie" wird 2019 auf 500 Mio. Euro aufgestockt. Ab 2021 wird ein verbindlicher Investitionsrahmen für die Markteinführung neuer CO_2–armer Technologien geschaffen. Es gibt Unternehmen einen Rechtsanspruch, dass die Kostendifferenz zwischen ihren CO_2–armer Vermeidungskosten und dem CO_2–Preis im EU–ETS gedeckt wird. Dafür legt die Bundesregierung bis Anfang 2020 einen Gesetzentwurf für die Stahl-, Zement- und Chemiebranche vor, weitere Branchen folgen bis Anfang 2022.

14. Markteinführung CO_2–freier Technologien in der Industrie:

Das BMU–Förderprogramm „Dekarbonisierung der energieintensiven Industrie" wird 2019 auf 500 Mio. Euro aufgestockt. Ab 2021 wird ein verbindlicher Investitionsrahmen für die Markteinführung neuer CO_2–armer Technologien geschaffen. Es gibt Unternehmen einen Rechtsanspruch, dass die Kostendifferenz zwischen ihren CO_2–armer Vermeidungskosten und dem CO_2–Preis im EU–ETS gedeckt wird. Dafür legt die Bundesregierung bis Anfang 2020 einen Gesetzentwurf für die Stahl-, Zement- und Chemiebranche vor, weitere Branchen folgen bis Anfang 2022.

15. Deutschland setzt sich in Brüssel u. a. für folgende sechs Initiativen ein:

- <u>EU-Beihilfe-Rahmen:</u>
  Die ab 2021 neu anstehenden EU-Beihilfeleitlinien müssen so neu formuliert werden, dass sie vollständig konsistent mit den EU–Klima– und -Energiezielen sind. Klima und Klimatechnologien müssen so förderbar sein, dass ihre CO_2–Differenzkosten gedeckt sind.

- CO$_2$–Schattenpreis:
  Alle europäischen Institutionen und Akteure an europäischen Finanzmärkten beziehen in ihre Berichte bzw. Risikoberichterstattung einen CO$_2$–Schattenpreis von 100 € pro Tonne ein.

- Lkw-Maut:
  In der Eurovignetten–Richtlinie wird eine Internationalisierung der CO$_2$–Schadenskosten eingeführt, zudem werden die anderen externen Kosten ebenfalls vollständig internationalisiert.

- EU–Wasserstoffquote:
  Aufnahme einer Wasserstoffquote in die 2020 anstehende Novelle der EU–Gasrichtlinie. In ganz Europa sollen 2030 zehn Prozent des Gasabsatzes aus Wasserstoff stammen.

- EU–Budget:
  Das EU–Budget 2021–2027 priorisiert die Umsetzung der EU–2030–Klima– und Energieziele u. a. durch Finanzierung von Flaggschiffinitiativen und Fokussierung der Regionalisierungsmittel.

- Klimaziel und Emissionshandel 2030:
  Auf der Glasgower Klimakonferenz Ende 2020 erhöht die EU ihr 2030-Klimaziel auf 50 Prozent, wobei ein Teil aus Nicht–EU–Staaten kommen kann. Anschließend Novelle der EU–Emissionshandelsrichtlinie mit Anpassung des Cap."

Die festgelegten Klimaziele sind zwar anspruchsvoller und konkreter als bisherige Klimaschutzziele, erfüllen jedoch in keiner Weise auch unter Beachtung der nur noch zur Verfügung stehenden Zeit die dringend notwendigen Erfordernisse für Deutschland und auch nach meiner Einschätzung für die Menschheit insgesamt.

Auf Grund der inzwischen eingetretenen weltweiten Corona-Pandemie konnte der ursprünglich für Ende 2020 vorgesehene Klima-Gipfel in Glasgow nicht stattfinden und muss zu einem späteren Zeitpunkt nachgeholt werden.

Im Gliederungspunkt 3 nehme ich zu einigen aus meiner Sicht nicht ausreichend gelösten Problemen auch in Bezug auf die zeitliche Abfolge des von der Bundesregierung im Oktober 2019 beschlossenen Klimaschutzgesetzes Stellung. Es muss jedoch positiv erwähnt werden, dass es trotz früherer Widerstände den dazu beauftragten Verantwortlichen sowie den dafür zuständigen Regierungsmitgliedern erstmals gelungen ist, ein Klimaschutzgesetz für Deutschland zu erarbeiten. Dabei ist wichtig, dass der Klimaschutzbericht bereits 2021 und nicht erst 2023 erstellt wird.

Bei der Erarbeitung des Klimaschutzberichts sollten wichtige Klimaschutzerfordernisse unbedingt beachtet werden. Damit muss auch die Fortschreibung des Klimaschutzgesetzes zu einem früheren Zeitpunkt erfolgen. Die im Klimaschutzgesetz enthaltenen Einsparmengen in der Treibstoffgasemission reichen nicht aus. Wie bereits erwähnt, muss die Reduzierung der Treibstoffgasemission viel früher und in einer viel höheren Menge erreicht werden. Aus meiner Sicht ist es viel zu spät, wenn lt. dem 2019 verabschiedeten Klimaschutzgesetz erst 2031 neue Reduzierungen der Treibstoffgas-Emissionen festgelegt werden.

3. Vorstellungen der Änderung unserer Verhaltensweise

3.1. Bemerkungen zur Situation in der Klima- und Corona-Krise, zu Belangen der früheren Globalisierung und Erläuterung von Kostenvorteilen

Leider ist es eine Tatsache, dass die Mehrheit der Menschen, zumindest in den Industriestaaten der westlichen Welt, sich viel zu wenig um die Klimakrise kümmert. Man denkt, immer so weiter im Konsum und in einem hohen Komfort leben zu können. Es wird oft gehandelt, ohne im persönlichen Verhalten der Menschen die ausreichende Rücksicht auf die Klimakrise und die steigende Erderwärmung zu nehmen. Man denkt, man braucht sich nicht zu ändern. Eine notwendige Verhaltensänderung in der Lebensweise gilt nach Meinung mancher Menschen nicht für sie. Die Rücksichtnahme wegen des Fakts, dass die gesamte Menschheit an den Folgen des unbegrenzten Konsums und der dadurch mit entstehenden Erderwärmung zu leiden hat, fehlt leider bei manchen Menschen völlig. Die noch lebenden Menschen und besonders unsere eigenen Kinder und spätere Generationen müssen ebenfalls unter diesem eigensüchtigen Verhalten leiden. Die eigenen Interessen werden bei den Betreffenden vor den Interessen der Gemeinschaft gestellt. Eigentlich haben wir im Durchschnitt der Menschen in den Industriestaaten der westlichen Welt einen mehr als ausreichenden Lebensstandard und brauchen nicht immer mehr und damit einen immer größeren Konsum. Die Anzahl unserer Reisen, insbesondere durch das Fliegen, wird ständig erhöht. Viele andere typische Komforthandlungen in unserem Verhalten sollten wir im Interesse des nicht weiteren Anstiegs der Erderwärmung reduzieren. Bei unserem durchschnittlichen Lebensstandard in den westlichen Industrienationen brauchen wir das quantitative Wachstum nicht weiter zu erhöhen. Im weiteren Wachstum und in der damit verbundenen Erhöhung des BIP (Bruttoinlandsprodukts) sind auch die zunehmenden Leistungen in den Treibhausgasen mit enthalten, wie auch Maja Göpel in ihrem aktuellen Buch „Unsere Welt neu denken. Eine Einladung" erwähnt. Sie führt in ihrem Buch auch an, was allgemein bekannt ist, dass bei vielen Produkten, die wir üblicherweise benötigen, schon eine Sättigung bei vielen Menschen in der Bevölkerung erreicht wird. Es ist auch nach ihrer Auffassung nicht notwendig, neue Produkte der gleichen Art zu produzieren. Wir brauchen nicht auf diese Weise das Bruttoinlandsprodukt durch steigendes Wachstum immer weiter zu erhöhen. Wir sollten zufriedener sein und den Konsum nicht immer weiter ansteigen lassen. Eigentlich sollten wir uns gegenteilig verhalten und auch vor Verboten und dringend erforderlichen einschneidenden Maßnahmen, die für den nicht weiteren Anstieg der Erderwärmung erforderlich sind, nicht zurückschrecken.

Im nach einem Text von Fred Gertz (1934 – 2009) komponierten und gesungenen Lied „Reichtum der Welt“ von Holger Biege (1952 – 2018), das bereits in den 1970er Jahren entstanden ist, geht es zum einen um die zunehmende Umweltzerstörung und zum anderen um die Hoffnung der Bewahrung der Vielfalt unseres Planeten. Der Vollständigkeit halber wird dieser Text nachfolgend zitiert:

„Reichtum der Welt

Groß ist der Reichtum der Welt heute noch.
Und unsere Erde bleibt unser Stern.

Wenn auch die Menschheit heut schon
nach andren Sternen greift,
bleibt die Erde der eine Stern
wo alles wächst und reift.

Gibt es den Reichtum der Welt morgen noch
oder ist vieles davon schon hin?

Die Luft, die uns erst leben lässt,
hüllt den Erdball ein.
Soll für alle die nach uns kommen
Sie schon vergiftet sein?

Gibt es den Reichtum der Welt morgen noch?
Oder ist vieles davon schon hin?

Das Land und auch die Ozeane
können sich nicht wehr'n.
Ihre Schätze soll'n späteren
auch so wie uns gehör'n

Gehört der Reichtum der Welt allen schon?
Oder bleibt vielen nicht viel versagt?“

Um die Ziele des Pariser Klimaschutz-Abkommens von 2015 bezüglich des maximalen Anstiegs der Erderwärmung um 1,5 Grad Celsius zu erreichen, muss u. a. auch weltweit der gesamte Kohleabbau bzw. die vollständige Dekarbonisierung bis 2028 geschafft werden. Es kann nicht sein, dass sich Deutschland noch rühmt, dass hierzulande der Kohleabbau erst bis 2038 abgeschlossen ist. Darauf sind die Festlegungen der Kohlekommission in Deutschland ausgerichtet. Wenn wir weltweit den Kohleabbau bis 2028 schaffen müssen, um die Festlegungen des Pariser Klima-Abkommens der maximalen Erderwärmung um 1,5 Grad Celsius noch einhalten zu können, kann es nicht sein, dass Deutschland diese für die Menschheit wichtige Aufgabenstellung erst bis 2038 schaffen will. Wir sollten, weil andere Länder bis jetzt nicht die erforderlichen Maßnahmen beschlossen haben, nicht noch stolz darauf sein, dass Deutschland als erstes Land der Welt ein Strukturabkommen auf diesem Gebiet beschlossen hat.

Wegen des noch bestehenden Rückstands anderer Länder im Weltmaßstab kann es nicht akzeptiert werden, dass Deutschland im Interesse des nicht weiteren Ansteigens der Erderwärmung nicht mit gutem Bespiel vorangeht, um sogar vor 2028 den Abbau der Nutzung von Rohbraunkohle zu erreichen. Damit kann die Zielstellung der Dekarbonisierung nicht geschafft werden. Auch die Zielstellungen der UNO, der EU und der Bundesrepublik Deutschland, die weltweit erforderliche vollständige Klimaneutralität aller erzeugten Produkte bis 2050 zu erreichen, ist viel zu spät. Wir müssen jetzt handeln und unsere Lebensweise gewaltig zum Positiven ändern. Um die Erderwärmung nicht weiter ins Unermessliche zu steigern, ist es noch mehr erforderlich, in unserer Verhaltenseinstellung vom Ich zum Wir zu kommen. Dabei sollten wir im erheblichen Maße noch vorhandene Egoismen überwinden. Es wird von Vielen noch zu sehr der Individualität gefrönt sowie zu sehr der eigene Vorteil gesehen. Die gegenwärtige Corona–Krise und die sich daraus ergebenden Erfordernisse für das dadurch notwendige Verhalten der Menschen zeigen, dass wir nur gemeinsam handeln können. Wir sollten hierbei nicht vorrangig unsere Wünsche als Individuum sehen. Dass wir nicht ausreichend die Belange Aller sehen, zeigt sich an vielen Faktoren unseres Handelns. Das konnte man in der Corona–Krise, besonders in den leider in der Vergangenheit stattgefundenen verstärkten Hamsterkäufen und anderen vorrangig ich–bezogenen Handlungen sehen. Negativ fällt dabei auf, dass relativ viele Menschen ihre eigenen Interessen vor den Interessen der Gemeinschaft stellen und bei ihnen somit eine mangelnde Solidarität besteht.

Auch gegenwärtig erkennen wir in der Corona–Krise, dass unsere bisher üblichen Regularien des Marktes bezüglich des Angebots und der Nachfrage nicht in allen Fällen aufgehen. Zum Beispiel wurden trotz des unbedingten Erfordernisses der Bereitstellung der Atemschutzmasken, die sonst ca. 40 Cent pro Stück kosten, diese vor einiger Zeit zu einem wesentlich höheren Preis angeboten. Sie wurden damals zu 40,- € und mehr je Stück mit der Begründung der erhöhten Nachfrage zum Kauf angeboten. Rigorose Geschäftemacher, denen der persönliche Profit über Alles ging, nutzten die weltweite Situation der Menschen aus und beriefen sich bei der Preisbildung auf die große Nachfrage nach diesem Artikel. Obwohl die Kosten pro Stück zur Herstellung dieser Artikel wahrscheinlich wesentlich unter 1,- € liegen, wurde ein solcher Preis damals zugrunde gelegt. Die politischen und gesundheitspolitischen Anforderungen und die Erfordernisse des Vermögens sowie der bestehenden Kaufkraft der Menschen werden von den Profiteuren schändlichst ausgenutzt, nur, um eigene wirtschaftliche Vorteile zu erzielen. Man nahm in keiner

Weise die gebotene menschliche Rücksicht auf die Mehrheit der Menschen, die sich nicht so teure Atemschutzmasken leisten konnten. Es wurde rigoros, ohne die gebotene menschliche Rücksicht in dieser aktuellen misslichen Lage für die Menschheit zu nehmen, so gehandelt. Politische sowie gebotene moralische, menschliche Erfordernisse galten für Diejenigen nicht. Hauptsache war, erheblichen Profit zu erzielen. Weil man auf die gesellschaftlichen Notwendigkeiten keinerlei Rücksicht nehmen muss, um solche unredlichen Profite zu erzielen, kann dieses derzeit bestehende Wirtschafts- und Gesellschaftssystem in der gegenwärtigen Form der Betreibung nicht die Zukunft für die Menschheit sein. In der Zeit der Corona-Krise sowie unter den Gegebenheiten der Klimakrise verdeutlicht sich dies im besonderen Maße. Wir müssen uns anders verhalten, wenn wir als Menschheit auf unserem Planeten trotz steigender Erderwärmung überleben wollen. So wie bisher kann es nicht weitergehen. Obwohl der Corona-Virus weltweit wirksam war und ist und somit auch vor Grenzen keinen Halt macht, hat man gerade in den Zeiten des Wirksamwerdens des Corona-Virus die nationalen Grenzen wesentlich verstärkt errichtet und schottete sich vor anderen Ländern ab und begründet dies damit, keine neuen Infektionsketten schaffen zu wollen. Diese Handhabung finde ich streitbar, und die Bevölkerung von manchen anderen Ländern lehnte diese Handhabung oftmals mit Entschiedenheit ab. Bei einer weltweiten Pandemie wird nicht nur der EU und anderen in Frage kommenden vergleichbaren Erdteilbewegungen und Ländern dadurch oft ein Bärendienst „geleistet". Diese gezeigte nationale Abschottung kann in keiner Weise angesichts weltweiter Probleme richtig sein. Dies führt als Gegensatz zu den Erfordernissen der Menschheit bezüglich einer stärkeren internationalen Zusammenarbeit bei weltweiten Problemen zu einem verstärkten Wiedererstarken des Nationalismus. Es kann nicht sein – und dies trifft nicht nur für die Menschen, sondern auch für ganze Nationen zu – dass wir unsere individuellen Wünsche vor den weltweiten Erfordernissen für unseren ganzen Planeten stellen. Wir können die schwierigen vor der gesamten Menschheit stehenden Probleme nur gemeinsam lösen. Dies ist aber nur möglich, wenn führende Menschen mit notwendiger Sachkenntnis und erforderlicher moralischer und humanistischer Integrität, deren Verhalten uneigennützig ist, im Interesse der gesamten Menschheit an der Spitze solcher Bewegungen stehen und in Regierungsverantwortung kommen. Es ist erforderlich, dass nicht nur von Denjenigen ihr Handeln in Wort und Tat übereinstimmt.

Wir müssen von einer solchen Globalisierung abkommen, die in erster Linie nur auf der Grundlage von erzieltem Profit und Wachstum bei endlichen Rohstoffen gerichtet ist. Hierbei dürfen nicht in erster Linie ökonomische sowie gewinnorientierte Gesichtspunkte eine Rolle spielen. Viel mehr, als dies bisher der Fall ist, kommt es darauf an, die Endlichkeit auch vieler Prozesse im Zusammenhang mit der Globalisierung zu beachten. Die Erfordernisse der Vermeidung einer zu großen Abhängigkeit der Globalisierung sollten als Schattenseite besser begriffen werden. Es kann nicht sein, dass wir unsere Abhängigkeit voneinander so erhöhen, dass ein

Produkt oder ein Erzeugnis, was Alle brauchen, aus Gewinnmaximierungsgründen fast nur noch von einem Land hergestellt wird. Bei wirtschaftlichem Ausfall der Erzeugung, Produktion oder Dienstleistung kann das jeweilige Gesundheitsgut nicht mehr für die ganze Welt und somit für alle Menschen zur Verfügung stehen. Dies gilt insbesondere für Tabletten mit bestimmten Wirkstoffen gegen bestimmte Krankheiten, die aus Kostengründen für viele Pharmakonzerne der Welt ausschließlich fast nur noch in China sowie Indien hergestellt werden.

Im am 12.03.2003 im Internet unter dem Link https://de.qantara.de/inhalt/interview-viele-der-heutigen-globalisierungsakteure-halten-ungleichheit-fur-eine-tugend erschienenen Interview der Journalisten Hans Monath und Annette Rollmann mit dem Titel „Viele der heutigen Globalisierungsakteure halten Ungleichheit für eine Tugend", das bereits in der Zeitung „Das Parlament" Nr. 3 – 4 vom 19.01.2001 erschienen ist, hat Prof. Dr. Ernst Ulrich von Weizsäcker, der von 1999 bis 2002 Vorsitzender der Enquete-Kommission „Globalisierung" war, u. a. gesagt, dass das Zeitalter der Globalisierung erst mit der Ausbreitung der Kommunikationstechnologie zu Beginn der 1990er Jahre begann.

Außerdem stellte er zur Globalisierung fest: „Die Globalisierung gilt als Phänomen, dem zumindest in einer so entwickelten Gesellschaft wie der Bundesrepublik niemand entkommen kann."

Die Frage, ob die Globalisierung sein Leben verändert habe, beantwortete Prof. Dr. von Weizsäcker so: „Alle Entwicklungen vor dem Beginn der 90-er Jahre verdienen den Terminus Globalisierung nicht. Die Globalisierung begann, als sich die modernen Kommunikationstechniken explosiv über die ganze Erde ausbreiteten und als sich die ideologischen Systeme aufzulösen begannen. Am Anfang, so zwischen 1990 und 1992, stand die globale Umweltverantwortung und die Hoffnung auf Friedensdividenden. Doch bald hat dieses globale und gleichzeitig verantwortungsvolle Thema niemanden mehr interessiert. Es gab einen Paradigmenwechsel. Desillusionierung machte sich breit. Bis 1992 hatten wir den Wiedervereinigungsboom, der dann zu Ende ging. Schließlich stiegen die Arbeitslosenzahlen rasant. Die gemütlichen 80er Jahre waren mit einem Schlag vorbei. Es bildete sich die Erkenntnis, dass man nicht mehr national parlamentarisch autonom, sondern von den Weltfinanzmärkten abhängig ist. Zum Beispiel von Fidelity. Das ist der größte Finanzanleger der Welt - mit schätzungsweise 800 Milliarden Dollar Anlagevermögen, mit Einfluss und Aufsichtsräten in der ganzen Welt. Der erzählt der koreanischen, deutschen, italienischen und kanadischen Wirtschaft, welche Renditeerwartungen heute gelten."

Auf die Frage: „Eine bittere Erkenntnis. Das heißt, in der Welt fällen Andere die Entscheidungen, als die klassischen Nationalstaaten, die wir noch aus

Politiklehrbüchern kennen?“ antwortete Prof. Dr. von Weizsäcker: „Nationale Parlamente sind nur noch eingeschränkt in der Lage, sozialen Ausgleich zu schaffen. Die seit Einführung der Einkommenssteuer geltende Regel, dass die Reichen prozentual mehr Steuern zahlen als die Mittelreichen und als die Armen, ist seit 1990 gebrochen. Die Reichen haben seither prozentual weniger Steuern gezahlt als die Normalverdiener. Wir haben eine Verlagerung des Steueraufkommens vom Vermögen und Kapital zu Arbeit und Konsum. Das ist das Phänomen. Das Kapital ist mobil. Arbeit und Konsum sind nicht mobil. Es wird äußerst schwierig, das Kapital zu besteuern. Fast das Einzige, was man da noch machen kann, ist das, was die Österreicher angefangen haben und wir wohl nachmachen werden, die Abgeltungssteuer.“

Die im gleichen Interview aufgeworfene Frage „Bis vor zehn Jahren hatte das Kapital politische Interessen, heute hat es nur noch Kapitalinteressen. Gibt es keine Gegenmacht?“ beantwortete Prof. Dr. von Weizsäcker wie folgt: „Bis 1990 war der Staat, war die Wählerschaft das wichtigste Gegengewicht. Neuerdings entwickelt sich eine neue, eine dritte Akteursgruppe, das ist die Zivilgesellschaft. Sie ist extrem uneinheitlich. Sie verbindet ein gerütteltes Maß Skepsis gegenüber der Privatwirtschaft, aber auch ein gerütteltes Maß Skepsis gegenüber den Staatsbürokratien.“

Auf die Frage: „Wer genau ist denn die Zivilgesellschaft?“ entgegnete Prof. Dr. von Weizsäcker: „So genau ist sie nicht definiert, Sie umfasst alte und neue Gruppen, die Gewerkschaften und das Rote Kreuz, Umweltgruppen, wie WWF, Greenpeace und Friends of the Earth. Es sind menschenrechtlich orientierte Gruppen, wie Amnesty International oder Médicins sans frontiéres (Ärzte ohne Grenzen – Anm. des Verfassers). Dann natürlich die Scientific Community. Es gibt einen International Council of Scientific Unions, und die sind inzwischen ein mächtiger Mitspieler. Auch der Weltrat der Kirchen, die katholischen Kirchen, die christlichen Werke, aber auch islamische Gruppen sowie ungezählte Dritte-Welt-Gruppen. In den USA und Europa gibt es die meisten zivilgesellschaftlichen Gruppen. Aber seit etwa 1990 sprießen sie auch in Osteuropa und der Dritten Welt massenhaft aus dem Boden.“

Gefragt, ob er Angst vor der Globalisierung habe, antwortete Prof. Dr. von Weizsäcker wie folgt: „Nein, ich habe keine Angst. Aber ich bin nicht blind. Manches von der schonungslosen Analyse habe ich von Hans Olaf Henkel, dem (2000 – Anm. des Verfassers) gerade ausgeschiedenen Chef des Bundesverbandes der Deutschen Industrie, gelernt. Er hat genau gesehen, dass der Wettbewerb der Systeme abgelöst wird durch den Wettbewerb der Standorte. Und dass dies die Auflösung der Konsensgesellschaft zur Folge hat.“

In der Fortsetzung des Beitrages zum damaligen Stand der Globalisierung wurden nachfolgende weitere Fragen an Prof. Dr. von Weizsäcker gestellt: „Und was ist die Schlussfolgerung daraus? Wie kann eine Lösung aussehen, die die Tatsachen, dass der Wettbewerb der Standorte besteht, also die Globalisierung im vollen Gang ist, nicht leugnet und trotzdem die Wiederherstellung der Konsensgesellschaft zum Ziel hat?" Prof. Dr. von Weizsäcker hat auf diese Anfragen, wie folgt geantwortet: „Das ist genau die Frage. Und genau diese Antwort, also eine zivilisationsphilosophische Antwort, möchte ich am Ende der Enquete-Kommission geben können. Wie schafft man es, dass das Kapital nicht nur im Sinn des Profils denkt und agiert, sondern auch im Sinn der Moral und wieder einen Konsens herstellt. Eine andere Frage in diesem Beitrag ist: „Das jüngste Beispiel internationaler Politik bezüglich eines ökologischen Ziels, die Konferenz von Den Haag (die 6. Weltklimakonferenz in Den Haag vom 13. Bis 24. November 2000 – Anm. des Verfassers), stimmt einen ja nicht sehr optimistisch."

Prof. Dr. von Weizsäcker gab folgende Antwort darauf: „Das ist leider richtig. Auf einen Karikatur-Nenner gebracht: der American way of life steht dem Klimaschutz entgegen. Es kann Jahrzehnte dauern, bis dieser Konflikt gelöst ist. Im Zentrum der Lösung steht für mich die revolutionäre Verbesserung der Energieeffizienz. Wenn die um einen Faktor vier zunimmt, können wir den weltweiten Wohlstand verdoppeln und zugleich Klimaschutz und den Ausstieg aus der Kernenergie betreiben. Erneuerbare Energiequellen können auffüllen, was dann noch nötig ist."

Außerdem führte er an: „Die Industrie, die Banken und viele Ökonomen behaupten, die Dritte Welt sei auf der Hauptgewinnerseite der Globalisierung, abzulesen am wachsenden Durchschnittswohlstand der Schwellenländer und vieler Entwicklungsländer. Das Verrückte ist nur, dass in der gleichen Zeit, wo die Dritte Welt große Wachstumsraten hat, die Zahl der Verhungernden, der politisch Verfolgten, der in absoluter Armut Lebenden eher zunimmt und nicht etwa abnimmt, insbesondere in Afrika. Die Zahl der Millionäre und Milliardäre wächst weltweit viel rascher als das Pro-Kopf-Einkommen. Die Ungleichheit hat zugenommen. Eine wichtige Erkenntnis verdanken wir dem Ökonomie-Nobelpreisträger Amartya Sen. In Ländern mit Demokratie gibt es praktisch keine Verelendung."

Im genannten Beitrag wurde u. a. ausgeführt: „Die Leute, die die Entscheidungen treffen, lösen sich immer weiter von ihren ethisch geprägten nationalen Mustern. Sie sind ungebundener, freier in ihren Entscheidungen und können weniger kontrolliert werden."

Prof. Dr. von Weizsäcker gab darauf folgende Antwort: „Freiheit von Ethik, Freiheit von kulturellen Bindungen – was ist das für eine trostlose Freiheit? Eine Form, die kulturelle Bindung wieder zu betonen, ist die „Globalisierung". Das heißt also, indem man die Globalisierung erlebt und mitmacht, gibt es gleichzeitig wieder eine Rückbesinnung auf die Provinz. Und das ist ein Angebot für das verunsicherte Gemüt. „Laptop und Lederhosen“ lautet Edmund Stoibers Slogan. Die Lederhose steht für das Heimelige. Da kann es dann zum Image gehören, dass ein bayrischer Topmanager einen bayrischen Tonfall hat. Diese Bindung an eine lokale Kultur ist inzwischen längst ein Verkaufsargument geworden.“

Weiter wird von Prof. Dr. von Weizsäcker im Beitrag zur Globalisierung zur Frage bzw. Feststellung „Die Globalisierung ist nicht nur die Globalisierung der Wirtschaft.“ gesagt: „Da hängen vor allem Menschen dran, die ständig umziehen. Was heißt das für das Kulturerbe von einzelnen Regionen, Ländern und Nationen? Gibt es am Ende nur noch eine gleichförmige Mc World?“ ausgeführt: „Das ist ganz eindeutig in Gefahr. Aber es ist nicht das Thema der Enquete- Kommission. Bei der UNESCO redet man darüber sehr intensiv. Auch Professor Klaus Töpfer hat schon mehrfach betont, dass sich das Verschwinden von Sprache und auch Kulturen ein ökologisches Problem ist, dass damit auch Biodiversität den Bach runter geht. Dass Hirse oder Kartoffeln von bestimmten lokalen Eigenschaften nur im Rahmen einer lokalen Kultur Überlebenschancen haben und von einer McDonald´s-Kultur einfach weggepustet werden."

Selbst, wenn diese Ausführungen von Prof. Dr. Ernst Ulrich von Weizsäcker, der von 1999 bis 2002 Vorsitzender der Enquete-Kommission „Globalisierung der Weltwirtschaft" war, schon bereits nahezu 20 Jahre her sind und deshalb nicht mehr in dem Maße dem derzeitigen aktuellen Stand entsprechen, haben diese grundlegenden Aussagen zur Globalisierung auch heute noch Gültigkeit.

Nachfolgend werden die vorliegenden Grundgedanken von Adam Smith und David Ricardo, die der derzeitigen ebenfalls angewandten Verfahrensweise entsprechen, zur Begründung der Marktwirtschaft bzw. von Angebot und Nachfrage beschrieben:

Der schottische National-Ökonom, Moralphilosoph und Aufklärer Adam Smith (1723 – 1790) entwickelte in seinem 1776 erschienenen Buch „An Inquiry into the Nature and Causes of the Wealth of Nations“ (auf Deutsch: „Wohlstand der Nationen“) die auch heute noch geltende klassische Außenhandelstheorie des „absoluten Kostenvorteils“, die davon ausgeht, dass Außenhandel und internationale Arbeitsteilung allen beteiligten Ländern Vorteile bringen und erläuterte dies damit, dass jedes Land sich auf die Produktion von Gütern spezialisiert, die es am kostengünstigsten herstellen kann, bei denen es also einen absoluten Kostenvorteil besitzt.

Im Internet-Lexikon Wikipedia wird dieser auf der Theorie von Adam Smith beruhende absolute Kostenvorteil am Beispiel von Frankreich und Irland erklärt (siehe Link: https://de.wikipedia.org/wiki/Absoluter_Kostenvorteil):

„Irland ist in der Lage, eine Einheit Kleidung in 10 Stunden herzustellen. Frankreich benötigt dafür 20 Stunden. Im Gegenzug stellt Frankreich in 10 Stunden eine Einheit Kohle her, wofür Irland 20 Stunden benötigt. Frankreich besitzt also einen absoluten Kostenvorteil bei der Produktion von Kohle und Irland bei Kleidung. ... Bei einem Arbeitseinsatz von 60 Stunden könnte jedes Land bei Selbstversorgung je zwei Einheiten Kleidung und Kohle herstellen. Insgesamt wären also vier Einheiten Kohle und vier Einheiten Kleidung vorhanden. Spezialisierte sich Irland aber auf die Produktion von Kleidung, könnte es 6 Einheiten herstellen, Frankreich bei entsprechender Spezialisierung 6 Einheiten Kohle. Kommt es nun zum Außenhandel und tauschen beide Länder 3 Einheiten Kleidung gegen 3 Einheiten Kohle, so hätte jedes Land nach dem Außenhandel 3 Einheiten Kleidung und 3 Einheiten Kohle. Das entspricht einer Steigerung von 50 % gegenüber der Selbstversorgung, womit deutlich wird, dass die Spezialisierung verbunden mit Außenhandel jedem Land Vorteile bringt."

Der von Adam Smith entwickelte „absolute Kostenvorteil" setzt jedoch den Verzicht auf Zölle voraus, damit die Bevölkerung beider Länder am durch diese Methode steigenden Wohlstand teilhaben kann. Der Nachteil dieser Theorie besteht darin, dass sie nur funktioniert, wenn zwei Länder mit wechselseitigen absoluten Kostenvorteilen miteinander Handel treiben. Länder ohne ein Gut mit einem absoluten Kostenvorteil könnten nach dieser Theorie am Außenhandel gar nicht teilnehmen.

Der derzeitige noch bis zum 16. Januar 2021 amtierende amerikanische Präsident Donald Trump erhebt entgegen den Auffassungen der WHO (World Health Organization – Weltgesundheitsorganisation) wieder Zölle auf Produkte bzw. Leistungen einzelner Länder."

Der englische Ökonom David Ricardo (1772 – 1823) erweiterte Adam Smiths Theorie des „absoluten Kostenvorteils" um den „komparativen Kostenvorteil", also den „vergleichenden Kostenvorteil", der besagt, dass auch Länder ohne absolutem Kostenvorteil für ein Gut am Außenhandel teilnehmen sollten. David Ricardos Theorie des „vergleichenden Kostenvorteils" geht davon aus, dass auch Länder am Außenhandel teilnehmen sollten, die absolute Kostennachteile gegenüber anderen Ländern aufweisen und dass die Teilnahme am Außenhandel für die Länder mit absoluten Kostennachteilen auch dann Kostenvorteile bringen können, wenn das andere Land über Kostenvorteile verfügt. Grenzüberschreitender Handel trägt zur Wohlfahrt für beide Länder, die miteinander Handel treiben bei. Der komparative

Kostenvorteil eines Landes besteht in der Produktion eines bestimmten Gutes zu geringen Alternativkosten (Opportunitätskosten). Dieses Modell von David Ricardo ist auch ein vereinfacht dargestelltes Modell von Freihandel zwischen beteiligten Ländern.

Nachfolgend wird dieses Modell unter dem Link https://de.wikipedia.org/wiki/Komparativer_Kostenvorteil an einem Beispiel erläutert:

„Die Theorie des komparativen Kostenvorteils besagt, dass die Vorteilhaftigkeit des Handels zwischen zwei Ländern nicht von den absoluten Produktionskosten abhängt, sondern von den relativen Kosten der produzierten Güter zueinander. Grundsätzlich ist demnach der Handel zwischen zwei Ländern immer vorteilhaft, wenn bei beiden Handelspartnern unterschiedliche Produktionskostenstrukturen existieren, d. h., wenn das eine Land für ein produziertes Gut auf weniger Einheiten eines anderen Gutes verzichten muss als das andere Land (niedrigere Opportunitätskosten). In diesem Fall sollte jedes Land sich auf das Gut spezialisieren, das es relativ (komparativ) günstiger herstellen kann. Somit sind nach der Theorie internationaler Handel und internationale Arbeitsteilung selbst für solche Länder von Vorteil, die alle Güter zu niedrigeren Kosten erzeugen können als das Ausland. In der Realität lässt sich dies vor allem auf Handelsbeziehungen zwischen hoch und niedrig industrialisierten Ländern anwenden.“

Bei den damaligen Überlegungen der beiden anerkannten Ökonomen wurden jedoch die erheblichen Probleme der nicht ausreichenden Versorgungssicherheit und weitere Probleme einer zunehmenden Globalisierung nicht beachtet. Gerade unter den Bedingungen der Folgen des Corona-Virus, unter denen wir in der Vergangenheit im besonderen Maße litten und zum Teil noch heute leiden, ist diese zu berücksichtigende Angelegenheit von großer Bedeutung.

In Bezug auf die derzeit weltweit vorherrschende Corona–Krise kann man für die Produktion von dringend benötigten Erzeugnissen diese Erzeugnisse wegen den gestiegenen Kosten nur mit einem höheren Preis liefern. Dies trifft bzw. traf in der Vergangenheit u. a. zum damaligen Zeitpunkt auf Atemschutz-Masken, die vorrangig in China angefertigt wurden, wegen der zahlreich vorhandenen und preiswerten menschlichen Arbeitskraft und dem unter normalen Umständen billig verfügbaren Rohstoff Baumwolle zu.

Man darf nicht, weil die Atemschutzmasken billig herzustellen sind, nur auf ein Land setzen, nur weil es den absoluten Kostenvorteil bei der Herstellung dieses Produkts gegenüber anderen Ländern aufweist.

Dieser Profitgedanke vernichtet die Menschheit. Dies hat insbesondere der gegenwärtig noch agierende Präsident der USA, obwohl dieses Land inzwischen aktuell die meisten Corona-Infizierten und -Toten auch auf Grund verheerender Mängel seines Gesundheitssystems aufweist, immer noch nicht verstanden. Er setzt getreu des amerikanischen Gedanken-Urübels „When I help you: What is in for me? („Wenn ich dir helfe: Was springt für mich dabei heraus?") auf die Losung: „Du willst eine Dienstleistung? Also zahle auch dafür, immer noch drauf!"

Gerade in den USA, aber auch in Kanada, den Ländern Mittel- und Südamerikas (insbesondere jeweils Indianer), Afrikas (z. B. Pygmäen), Asiens, in Australien (hier: Aborigines), Neuseeland (Maoris), den Ländern der Südsee, aber auch in Skandinavien (Sami), Mittel- und Osteuropa (hier speziell bei den Sinti und Roma) und Russland (z. B. Sami, Nenzen und Ewenken) sowie auf Grönland (Innuit), wo jeweils indigene Völker leben, kommt noch eine entscheidende Gefahr dazu. Diese besteht in der möglichen Ausrottung ganzer indigener Völker auf Grund mangelnder gesundheitlicher Abwehrkräfte wegen der grundlegenden Vorenthaltung gesundheitlicher Standards, insbesondere in der Vergangenheit. In Roma–Siedlungen mit schlechten hygienischen, sozialen, wirtschaftlichen und Gesundheitsbedingungen, insbesondere im Osten der Slowakei, werden zunehmend mit Hilfe der Armee Roma-Familien auf Corona getestet. Stellt sich ein Test als positiv heraus, werden sie in derzeit auf Grund von gesundheitsvorsorgebedingten Schulschließungen mit verbundenem derzeitigen Unterrichts- und Prüfungsausfall (Stand: April 2020) leer stehende Schulgebäude gebracht. Man begründet es damit, dass eine Selbstisolation dieser Menschen auf Grund der vorhandenen Wohnbedingungen nicht möglich sei.

Gerade, weil sich die Pharma-Konzerne immer mehr aus der Entwicklung neuer Medikamente zurück ziehen und die Produktion von Medikamenten in Billiglohn-Ländern konzentrieren, verbunden mit dem Aufkommen von so genannten Internet-Apotheken (z. B. DocMorris), besteht eine große Gefahr für einen riesigen gesundheitlichen Schaden für die gesamte Menschheit. Dies kann damit begründet werden, weil viele Medikamente nicht mehr wirksam anschlagen, wie beispielsweise bei Antibiotika, um Viren wirksam zu bekämpfen. Die Ursachen des nicht wirksamen Anstiegs von Antibiotika liegt auch im Einsatz von Antibiotika für Tiere, der vorrangig aus Profitinteressen erfolgt und im bisher übergroßen Einsatz von Antibiotika begründet, wo er nicht notwendig war.

Wir müssen hierbei anders handeln, denn wir sind für das Entstehen weiterer Krisen für die Menschheit nicht gewappnet. Eine wichtige Aufgabe besteht für die Menschheit darin, die Versorgungssicherheit, wie bereits erwähnt, möglichst immer und überall für alle Menschen des Planeten zu sichern. Um dies zu erreichen, steht bei der gegenwärtigen Entwicklung im Weltmaßstab besonders bei den unterentwickelten Ländern, in denen manche Menschen oft noch Hunger leiden oder wegen der unzureichenden Versorgung sowie Verteilung noch sterben müssen, Einiges noch an gemeinnützigeren Handlungen bevor. Diese Handlungen können wir nur weltweit durchführen und nicht, wie es gegenwärtig leider oft noch der Fall ist, überwiegend nationalistisch sowie individualistisch.

3.2. Erste Einschätzung zur notwendigen gesellschaftlichen und wirtschaftlichen Entwicklung

In seinem sehr interessanten und meines Erachtens sehr bedeutenden Buch „Quantenwirtschaft: Was kommt nach der Digitalisierung?“ schlägt der norwegische Wirtschaftsphilosoph Anders Indset eine weiterentwickelte Kreislaufwirtschaft zur Lösung vieler Probleme auf unserer Erde vor, die eine sehr wichtige Wirkung gegen die steigende Erderwärmung bringen würde. Bei diesem Vorschlag geht er weiterhin von einer kapitalistischen Gesellschaftsordnung aus, aber von einem völlig anderen Kapitalismus im Gegensatz zum derzeit vorherrschenden Turbo-Kapitalismus. Er bezeichnet die Ökonomie, die diesem möglichen Gesellschaftsmodell zugrunde liegt, als eine „Wir-Ökonomie" bzw. als „Quantenwirtschaft“.

Dieses Wirtschaftssystem beachtet die Endlichkeit der Rohstoffe und beinhaltet das bisherige Erfordernis eines quantitativen Wachstums in der bisherigen von vielen Ländern, u. a. von Deutschland, gewählten Wirtschaftsmethode nicht mehr.

Indset hat eine grundlegende Veränderung seines Gesellschafts- und Wirtschaftsmodells u. a. dahingehend vorgenommen, dass man die ausgewählten Erzeugnisse sowie Produkte nur gegen Entgelt mieten und nicht mehr besitzen und als Eigentum erwerben kann. Der Hersteller sowie Produzent des betreffenden Erzeugnisses kann nach der erfolgten Vermietung entsprechend des zu schaffenden gesetzlichen Erfordernisses das Produkt wieder zurücknehmen und damit im Sinne des Kreislauf-Prinzips wieder verwenden. Dadurch soll im Gegensatz zu bisher eine verstärkte Reparatur und eine erneute Wiedernutzung unter Berücksichtigung der jeweiligen konkreten Erfordernisse erfolgen. Durch diese vorgeschlagene Maßnahme wird bei der erforderlichen richtigen Anwendung eine erhebliche Ressourcenverbrauchseinsparung erreicht. Durch eine andere Art und bei unbedingter Notwendigkeit einer Verpackung wird eine nicht geringe Einsparung an Gütern bzw. Produkten erzielt. Müllberge fallen geringer aus, und wir tragen dadurch wesentlich dazu bei, dass wir nicht in unserem Müll ersticken müssen.

Ein wichtiges Erfordernis der Kreislaufwirtschaft und der Ressourceneinsparung besteht auch in der Festlegung der real vertretbaren Lebenserhaltungszeiten von Gütern und Produkten. Dadurch werden Lebenserhaltungszeiten nicht mehr im Interesse der Erhöhung des Konsums und des damit verbundenen Anstiegs der Wachstumszahlen künstlich verringert.

Die Kreislaufwirtschaft und deren weitere Vervollkommnung sowie die damit verbundenen Rechts- und Wirtschafts-Erfordernisse müssen auch im Interesse des nicht weiteren Anstiegs der Erderwärmung schnellstens begonnen werden. In diesem Zusammenhang muss auch unser ganzes Wirtschafts- und Rechtssystem verändert werden, und diese Veränderung sollte spätestens ab 2022, besonders wegen den ökologischen Erfordernissen, erfolgen. In der Zwischenzeit bis dahin und auch während der Wirksamkeit sollten wir im Interesse der erforderlichen Treibhausgasemissionsreduzierung unser bisher übliches Wachstumsbestreben gewaltig verändern. Durch Verschärfung der Gesetze und die gebotenen Einsparmaßnahmen zu Lasten des Konsums kann unser Ressourcenverbrauch in nicht geringem Umfang reduziert werden. Die erforderlichen Maßnahmen der Kreislaufwirtschaft müssen, wie erwähnt, mit den notwendigen Gesetzesänderungen, der Änderung der Verhaltensweisen und dem in Frage kommenden gebotenen Verzicht einher gehen. Dies muss aus meiner Sicht unbedingt bald passieren, um die gewaltigen Aufgaben, vor denen die Menschheit gerade zur Vermeidung des weiteren Anstiegs der Erderwärmung steht, in der bisherigen Dimension, zu erfüllen.

Die Vorschläge der EU bzw. des niederländischen EU-Abgeordneten Frans Timmermans zur Kreislaufwirtschaft werden für das Erfordernis einer schnellen veränderten Klimapolitik als noch nicht ausreichend angesehen. Aus meiner Sicht wird zu sehr nur auf die Belange einer besseren Abfallwirtschaft und einer längeren Nutzbarkeit bzw. einer längeren Nutzungsdauer von erzeugten Gütern Einfluss genommen. Es wird meines Wissens hierbei auf die von Anders Inset vorgeschlagene Form einer Betreibung der Wirtschaft auf Mietbasis von den dafür in Frage kommenden Gütern nicht hingewiesen. Durch die von Anders Indset vorgeschlagene Wirtschaftsmethodenbetreibung kann die Herstellung von Neuartikeln und damit der Verbrauch der zur Herstellung dieser Neuartikel notwendigen Rohstoffe im Interesse des Klimaschutzes erheblich verringert werden. Eigentum kann dadurch wesentlich reduziert werden, weil die in Frage kommenden Güter nicht mehr erworben, sondern nur noch gemietet werden können. Es kann sehr viel dadurch zur Einsparung der CO_2-Emission getan werden. Damit kann wesentlich auf die Einhaltung von Zielstellungen zur Erreichung eines Anstiegs der Erderwärmung von nur 1,5 Grad Celsius vor der Temperatur der vorindustriellen Zeit Einfluss genommen werden. Durch diese im Interesse des Klimas notwendige Änderung der Eigentumsverhältnisse kann erheblich dazu beigetragen werden, dass auf eine wesentliche Reduzierung der CO_2-Emission Einfluss genommen werden kann. Es wird ebenfalls als nicht ausreichend angesehen, dass eine Veränderung in dieser Form der Kreislaufwirtschaft nur in der angestrebten Beseitigung der Wegwerfgesellschaft erfolgt, um in der erforderlichen Schnelligkeit die dringenden Erfordernisse des Klimas zu erfüllen. Dies kann nicht als ausreichend angesehen werden. Wir können die lineare Wirtschaftsmethode, verbunden mit einer zunehmenden Steigerung des wirtschaftlichen Wachstums, deshalb nicht mehr so weiter betreiben, da meines Erachtens diese Wirtschaftsmethode diametral den Problemen der Verringerung der Erderwärmung entgegen wirkt. Deshalb müssen wir schnellstens unsere Wirtschaftsmethode ändern, da wir so nicht genügend weiterkommen und damit viel zu spät die klimapolitischen Ziele für Deutschland und noch mehr in globaler Hinsicht erreichen können.

Es ist sicherlich gut und notwendig gewesen, dass im Konflikt zwischen Sozialismus und Marktwirtschaft es damals wichtig war, den Kapitalismus nicht mehr im neoliberalen Sinne fortzusetzen und eine soziale Marktwirtschaft zu schaffen und auch zu tolerieren, um die sozialen Aspekte der Marktwirtschaft mit zum Tragen zu bringen. Leider ist festzustellen, dass wir im gegenwärtigen Kapitalismus noch immer viele neoliberale Züge haben.

In Deutschland ist die Gesellschaftsform der Sozialen Marktwirtschaft wesentlich besser gelungen als in manchen westlichen Ländern, die ebenfalls die Herrschaftsform der Demokratie betreiben. Es ist bezeichnend, dass diese westlichen Länder, die nicht genügende soziale Maßnahmen im Interesse vieler Menschen dieser Länder einleiten, oft die anteilig höchste Zahl an Corona-Infizierten und Toten in Folge der Auswirkungen des Corona-Virus haben. Mit dem Niedergang des Sozialismus in manchen Ländern der Welt, die bisher den Sozialismus betrieben haben, hat sich die Globalisierung, besonders in einigen führenden Ländern der westlichen Welt, zunehmend unsozial gezeigt, um ein Höchstmaß an Profiten zu erzielen. Die Sozialtransfers wurden im Interesse des Profits immer mehr reduziert, um eine sehr hohe Kapitalrendite zu erreichen. Das war und ist für die gegenwärtige Globalisierung typisch und leider bisher zumindest seit 1990 systemimmanent. Das mangelnde soziale Verhalten bzw. die nicht ausreichend vorhandenen sozialen Standards, beispielsweise in der Fleischindustrie in Deutschland und viele andere Verstöße im Sozialverhalten, besonders in den erheblichen Unterschieden in den Vermögens- und Eigentumsverhältnissen, haben sich besonders negativ im bisherigen Verlauf der Corona-Krise für die davon betroffenen Menschen ausgewirkt.

In dieser Form können wir die Globalisierung nicht weiter betreiben, denn mit dieser Form der Globalisierung werden die steigende Erderwärmung und auch die Folgen und Probleme, die das Corona-Virus für die gesamte Menschheit gebracht hat, wesentlich mit verursacht. Bei aller Notwendigkeit einer Weiterführung der Globalisierung, unter anderem für den weltweiten Handel, muss die Globalisierung anders als bisher betrieben werden.

Weil in Zukunft auch im Interesse der Beseitigung der Klimakrise anders gehandelt werden muss, muss eine ganz andere Position zum Wachstum, zur Entwicklung des Bruttosozialprodukts, zur erheblich notwendigen Einsparung endlicher Rohstoffe, zu einer schnelleren Klimaneutralität und einer wesentlichen Reduzierung der CO_2-Emission eingenommen werden. Dazu kann auch im erheblichen Maße das persönliche Handeln der Menschen beitragen.

Auch die erhebliche Veränderung des Umfangs und der Notwendigkeit einzelner Wirtschaftsbranchen und die sinkende Nachfrage nach einzelnen Produkten und Leistungen, auch durch die Wirkungen des Corona-Virus und deren Folgen, die Probleme der steigenden Erderwärmung sowie die gesellschaftliche Entwicklung werden dazu beitragen, dass die Struktur unserer Wirtschaft sich dadurch anders entwickeln wird und auch entwickeln muss.

3.3. Einschätzungen zur Erfüllung der Vorhaben des Klimaschutz-Gesetzes und mögliche Einflussnahme auf eine geringere Treibstoffgasemission

Nachfolgend wird auf die Beschlüsse des Klimagesetzes für Deutschland eingegangen, ob die erfolgten Beschlüsse aus der Sicht des Autors dieses Buches als richtig und ausreichend betrachtet werden können.

Das Klimaschutzgesetz kann zwar als erster Schritt gewertet werden, ist aber aus meiner Sicht in keiner Weise ausreichend, um die vor uns stehenden Herausforderungen der möglichen Beseitigung einer weiteren Erderwärmung über die festgelegten Grenzen rechtzeitig erfüllen zu können. Selbst, wenn es uns gelingen sollte, unsere nunmehr festgelegten Ziele für die betreffenden nächsten Jahre in der Senkung des Emissionsverbrauchs zu erreichen, ist dies aus mindestens zwei wesentlichen Gründen zur rechtzeitigen Beseitigung der Klimakrise auf unserem Planeten nicht ausreichend.

Zum einen reicht es für die Menschheit des gesamten Planeten nicht aus, wenn wir nur nationale Emissionssparziele und nicht auch Emissionssparziele der anderen Länder der Welt und somit globale Zielstellungen festlegen. Es muss deshalb unbedingt abgesichert werden, dass die festzulegenden Emissionsschutzziele und die Klimaerfordernisse global erfüllt werden. Wenn ein Land allein, trotz der Vorbildwirkung für andere Länder auf diesem sehr wichtigen Gebiet für die Zukunft der Menschheit, sich selbst Ziele setzt und möglichst erfüllt, reicht es deshalb nicht aus. Die anderen Länder der Welt müssen sich deshalb auch Ziele in der gebotenen Zeit stellen und diese dann unbedingt erfüllen. Nur so können wir dadurch im Weltmaßstab bzw. international die notwendigen Ziele zu einem nicht weiteren Anstieg der Erderwärmung erfüllen.

Als zweiter Grund ist zu nennen, dass die nationalen Zielstellungen für die Klimaentwicklung, u. a. der vollständige Abbau des Braukohlebergbaus als Strukturmaßnahme bis spätestens 2038 und das Erreichen einer Klimaneutralität bis 2050, wie erwähnt, in keiner Weise ausreichen. Dieser Zeitpunkt ist, wie schon erwähnt, viel zu spät, um die Zielstellungen des nicht weiteren Anstiegs der Erderwärmung um 1,5 Grad Celsius zu erfüllen. Um dieses Ziel des Nichterreichens der Erderwärmung über 1,5 Grad Celsius noch zu schaffen und dass die Erderwärmung mit dramatischen Folgen für die Menschheit nicht noch höher eintritt, müssen wir die erforderlichen Maßnahmen spätestens in acht Jahren, also 2028, weltweit abgeschlossen haben. Diesen erforderlichen Zeitpunkt sagen, wie schon erwähnt, führende Klimaforscher voraus. Nur so können die dann in Frage kommenden Ziele in der erheblichen Senkung der Emittierung der Treibstoffgase noch erreicht werden.

Die gegenwärtigen Zielstellungen der Bundesrepublik Deutschland erfüllen dadurch die für die Bundesregierung in Form des Klimaschutzgesetzes in Deutschland wichtigen Erfordernisse in nicht ausreichendem Maße. Auch international auf der Welt und für die notwendige Wirkung für den gesamten Planeten und unsere globale Umwelt können die gegenwärtigen – auch internationalen – Zielstellungen in keiner Weise befriedigen. Es wurden zwar Zielstellungen im Klimaschutzgesetz in Deutschland für alle in Frage kommenden Sektoren in der Anlage 2 des Klimaschutzgesetzes zugrunde gelegt, aber für viele Bereiche sind die konkreten Maßnahmen, die in Frage kommen sollen, bisher nicht ausreichend konkret. Sie wurden nicht im erforderlichen Umfang festgelegt, und dies muss zum gegenwärtigen Stand als erheblicher Mangel angesehen werden.

Die Bepreisung außerhalb des Emissionshandels zur Sicherung einer Reduzierung der Emission der Treibstoffgase erachte ich als den nicht allein ausreichenden Weg für Deutschland und auch für viele andere Länder der Welt. Damit kann unter den derzeit vorhandenen Gegebenheiten nicht die gewohnte Lenkungswirkung zur Erreichung einer Reduzierung der Treibstoffgasemission sowie der CO_2–Emission erreicht werden. Dies ist auch durch die relativ hohen durchschnittlichen Einkommen bzw. Vermögen eines Teils der Menschen begründet. Diejenigen, die wegen der Beibehaltung ihrer bisherigen Lebens- und Konsumgewohnheiten weiterhin Treibstoffgase und damit den CO_2–Verbrauch in Anspruch nehmen, werden weiterhin dem Treibstoffgasverbrauch frönen und dadurch aus meiner Sicht viel zu viele Treibstoffgase in die Umwelt emittieren. Leider ist anzunehmen, dass ein großer Teil der Bevölkerung sich die eintretende Preiserhöhung, zumindest in Deutschland, erlauben kann und es nicht oder nicht ausreichend zur angestrebten Lenkungswirkung kommt.

Diejenigen, die sich die Preiserhöhung bei weiterhin benötigten Produkten, bei deren Herstellung oder Verbrauch CO_2 oder andere Treibstoffgase enthalten sind, nicht leisten können, haben verständlicherweise nicht geringe Probleme. Dies trifft besonders auf Diejenigen zu, die auch für sie noch notwendige logistische Leistungen im besonderen Maße oft in ländlichen Gebieten benötigen, um zu ihrem Arbeitsort zu kommen. Die Folge kann sein, dass notwendige Arbeitsorte nicht mehr erreicht werden können, da es oft an Verbindungen des öffentlichen Personennahverkehrs von den ländlichen Heimat- zu den Arbeitsplatzorten mangelt und auch dadurch manche Arbeitsplätze verloren gehen.

Einen weiteren Grund, dass es nicht ausreichend ist, nur auf die Erhöhung der Bepreisung zu setzen, sehe ich auch darin, dass durch die umfassende Anwendung des Prinzips, dass Angebot und Nachfrage entscheidend für die Preisbildung sind, auch erhebliche Nachfrageeinbrüche möglich sind. Derzeit ist es durch die Folgen des Corona-Virus, insbesondere bei den Ölpreisen unter den derzeitigen

Gegebenheiten sehr schwierig, das Anliegen der Lenkungsfunktion, durch Preise Einfluss auf den CO_2-Verbrauch zu nehmen, umzusetzen.

Sicher müssen wir schnellstens, um wegen den objektiven Erfordernissen klimaneutral zu werden, die in diesem Zusammenhang erforderlichen Maßnahmen einleiten.

Auf Grund der bestehenden und genannten vorherrschenden erheblichen Unterschiede beim Vermögen und auch im Einkommen kann, wie erwähnt, eine Preiserhöhung für CO_2, um dadurch eine Treibhausstoffgasreduzierung zu erreichen, nicht als ausreichender richtiger Weg angesehen werden. Allein wegen diesen genannten Faktoren und der bestehenden Dringlichkeit müssen in Anbetracht der notwendigen Vermeidung des weiteren Anstiegs der Erderwärmung die für die Menschheit erforderlichen Maßnahmen zur Reduzierung der Treibhausstoffemission in der gebotenen Schnelligkeit auch unter Beachtung einer anderen Form des Einflusses durchgeführt werden.

Wir dürfen deshalb aus meiner Sicht, um diese Zielstellung zu erreichen, nicht nur die für eine Marktwirtschaft üblichen Wege gehen. Deshalb dürfen wir unser Augenmerk nicht nur auf das Angebot und die Nachfrage und die sich daraus ergebenden Auswirkungen auf den Preis richten. Bei der bestehenden Notwendigkeit, Bedeutung und den Problemen, die für die Menschheit entstehen, müssen wir meines Erachtens auch zusätzlich auf andere Mechanismen setzen, um die Zielstellungen in dieser wichtigen Angelegenheit zu erreichen. Deshalb müssen wir, um die CO_2–Treibhausgas-Mengen, die wir unbedingt in den betreffenden Jahren für die Welt und für jedes Land nicht überschreiten dürfen, diese Mengen konkret auf die mögliche Höhe des durchschnittlichen Verbrauchs festlegen und in Anbetracht der Klimakrise den notwendigen CO_2-Treibhausgas-Verbrauch für jeden Einzelnen vorgeben. Wenn Jeder den gleichen durchschnittlichen Verbrauch aufweist, kommt, wie erwähnt, das bestehende erhebliche unterschiedliche Vermögen bzw. Einkommen zur Erreichung der dringend notwendigen Verringerung des Treibstoffgasverbrauchs nicht wie bisher zum Ausdruck. Nur so kann die allerwichtigste Maßnahme für die Menschheit, auch, wenn dieses Verfahren nicht den bisherigen Prinzipien der Marktwirtschaft entspricht und planwirtschaftliche Züge aufweist, auf den CO_2-Verbrauch bei Treibstoffen entscheidend Einfluss nehmen.

Ich halte es deshalb für richtig, dass jeder Bürger in Deutschland und anderen in Frage kommenden Ländern eine Vorgabe für den maximalen Treibstoffgasverbrauch anstatt eine Preisvorgabe bekommt.

Für Unternehmen und unter Berücksichtigung der jeweiligen Branche muss ebenfalls eine Vorgabe festgelegt werden, die dann von keinem Bürger bzw. keiner

Einrichtung überschritten werden darf. Wir kommen nicht umhin, dass wir unseren Verbrauch von entstehenden Treibstoffengasen limitieren müssen. Diese Vorgabe darf nicht als Einschränkung der Freiheit gesehen werden, sondern man muss sie als dringende ökologische Notwendigkeit, als eine Art „ökologischen Imperativ", ansehen.

Den Zertifikationshandel, der ebenfalls als ein gutes und mögliches Mittel zur Reduzierung der CO_2-Emission von Manchen angesehen wird, halte ich aus vielen Gründen ebenfalls nicht für ausreichend. Zum Zertifikationshandel wurde von mir u. a. in meinem Buch zur Analyse der Lebensweise im Januar 2019 geschrieben:

" ....

....

Die angewandte Praxis der Zertifikationsherausgabe bzw. des Handels mit betreffenden Zertifikaten hat sich bisher in keiner Weise bewährt und muss in der derzeitigen angewandten Form als eine "Alibi-Veranstaltung" und als ein "Alibi-Vorgehen" bezüglich einer Vermeidung der Klimakrise angesehen werden. Folgende Gründe, die diese Auffassung (aus meiner Sicht) belegen, können hierbei genannt werden:

- Bisher hat die gesamte Zertifikationsvergabe nicht zur beabsichtigen entscheidenden Verringerung der Treibhausgase geführt.

- Der Preis für den Erwerb der Zertifikate ist offenbar nicht ausreichend, denn die betreffenden Unternehmen sind in der Lage, die Zertifikate zu kaufen und somit in nicht geringem Maße weiter zur Verschmutzung mit all den sich daraus ergebenden Folgen beizutragen.

- Der Wert bzw. der Preis der herausgegebenen und die Höhe des Zertifikatspreises trägt in unzureichendem Maße den Erfordernissen des Pariser Klimaschutzabkommens sowie überhaupt den Erfordernissen der Klimakrise bezüglich des dringend notwendigen Handelns Rechnung.

- Es muss deshalb eine erhebliche Begrenzung der Emission vorgenommen werden.

- Bei der Herausgabe der Anzahl und des Wertes der Zertifikate wurden im erheblichen Maße Fehlprognosen erstellt, in deren Folge sogar ein Überschuss an Zertifikaten in Europa vorgelegen hat. Dadurch wurde entgegen den Erfordernissen der Klimakrise die Kohleherstellung gegenüber der etwas umweltfreundlicheren Anwendung bzw. Verwendung von Erdöl bevorzugt."

Aus meiner Sicht muss, wenn man noch vorübergehend Zertifikate verwenden will, man den Preis der Zertifikate erheblich erhöhen und darf die Zertifikate nur in wesentlich geringerer Anzahl herausgegeben. Mit dem Erhalt von Zertifikaten wird nichts oder kaum etwas für das Erreichen der Klimaneutralität und zu wenig und nicht in der richtigen Art und Weise für die dringend notwendige Maßnahme der erheblichen CO_2-Reduzierung im Interesse des Klimas getan. Noch immer können Unternehmen in Form der Vergabe von Zertifikaten ihre Verschmutzung letztlich genehmigt bekommen. Man sollte keine Genehmigungen für Zertifikate mehr verteilen, und man tut auf diese Weise viel zu wenig gegen die weiter drohende Erderwärmung. Für mich ist die Vergabe von Zertifikaten ein moderner Ablasshandel und kann nicht das richtige Rezept sein, um gegen die Klimakrise schnell und zielstrebig vorzugehen.

Die aktuell bestehende wohl wichtigste primär zu sehende Situation verlangt ein anderes Handeln, als es bisher üblich war. Dies ist erforderlich, um in der gebotenen Schnelligkeit die erforderliche Klimaneutralität schrittweise zu erreichen. Überhaupt bedarf es unbedingt eines Sofortprogramms, um die notwendigen zeitlichen Zielstellungen im Klimaschutz noch erreichen zu können. Die Beschlüsse des Klimaschutzgesetzes in Deutschland sind diesbezüglich nicht weitgehend und beachten, wie erwähnt, die zeitlichen Erfordernisse zu wenig und weisen aus meiner Sicht nicht die gebotene ausreichende Konkretheit auf. Wenn wir unseren Wohlstand in der bisherigen Form im Weltmaßstab weiter bewahren oder verbessern wollen, können wir nicht, wie bereits beschrieben, die Klimaneutralität erst bis 2050 schaffen. Dies ist viel zu spät, um einen weiteren erheblichen Anstieg der Erderwärmung noch zu verhindern. Dies wird damit begründet, dass weltweit noch 80 Prozent unserer Energieträger auf der Nutzung von fossilen Brennstoffen beruhen. Es besteht derzeit noch solch eine hohe Abhängigkeit von den fossilen Brennstoffen, die so nicht bleiben darf.

In vielen Ländern, wie beispielsweise in China, Indien und manchen anderen Ländern dieser Welt, besonders in den unterentwickelten Ländern, ist, um ein besseres Einkommen für die dortigen Menschen zu erzielen, ein Wachstum der Industrie noch zeitweilig erforderlich. Dies ist erforderlich, um die bisherige Existenz der dortigen Bevölkerung in erheblicher differenzierter Form für die einzelnen Länder dieser Welt dort zu sichern.

Es kann und darf nicht sein, dass wir wegen der bisher zugrunde gelegten zunehmenden Industrialisierung unseren CO_2–Ausstoß weltweit in der absoluten Menge weiter erhöhen. Wir müssen beachten, dass wir uns angesichts der drohenden weiteren Erderwärmung unsere Art der bisherigen Lebensweise nicht weiter erlauben können. Auch die bisherigen Ergebnisse der Digitalisierung können derzeit noch nicht als ausreichend angesehen werden. Dadurch kann gegenwärtig noch nicht der durch die notwendige Reduktion der CO_2–Emission und den erforderlichen wesentlichen Rückgang des ökologischen Fußabdrucks verbundene Wohlstandsverlust kompensiert werden. Deshalb ist es wahrscheinlich unumgänglich, nicht nur, dass wir unser Wachstum erheblich reduzieren müssen, sondern unseren Wohlstand in der bisherigen Form weltweit ebenfalls vorerst nicht erreichen. Der Wohlstand bzw. auch unser Lebensstandard wird zumindest zeitweilig zurück gehen müssen. Darauf müssen wir uns weltweit einstellen und die erforderliche Solidarität auch für alle Menschen auf der Welt in unseren Handlungen zeigen. Viele Menschen handeln bezüglich der notwendigen Maßnahmen nur, wenn unmittelbar die Gefahr besteht und das jeweilige Ereignis eintritt, und auch deshalb hat man – aus langfristiger Sicht gesehen – bisher nur unzureichend auf Krisen reagiert, ähnlich wie dies bei der Corona-Krise in manchen Ländern erfolgt ist, in denen Manche dachten, die ungezügelte Freiheit wieder genießen zu können.

Man handelt nicht ausreichend, trotz dem die Erderwärmung ständig wächst und uns unmittelbar bevorsteht, hinsichtlich der unbedingt erforderlichen Maßnahmen. Deshalb müssen wir unser Verhalten ändern, wenn wir die erforderlichen dringenden Maßnahmen zur Rettung unseres Planeten noch rechtzeitig einleiten wollen. Durch vielfältige Maßnahmen können wir Einfluss nehmen, um eine höhere und schnellere Klimaneutralität zu erreichen.

Unter Klimaneutralität versteht man laut den Aussagen im Internet-Lexikon Wikipedia (siehe Link: https://de.wikipedia.org/wiki/Klimaneutralität) Folgendes:

"........................... Handlungen und Prozesse, die keine Treibhausgasemissionen verursachen oder deren Emissionen vollständig kompensiert werden können und keine das Klima beeinflussende Wirkungen darstellen, werden vereinfacht als klimaneutral oder treibhausgasneutral bezeichnet. .... Klimaneutralität ist zu unterscheiden von Emissionsfreiheit, bei der keine Treibhausgasemissionen auftreten, also auch nicht kompensiert werden braucht."

Um entschieden Einfluss zu nehmen und eine höhere bzw. schnellere Klimaneutralität zu erreichen, müssen wir als Ausgangspunkt den ökologischen Fußabdruck reduzieren. Egal, ob als Unternehmen oder als Privatperson muss zur Erhöhung der Klimaneutralität der CO_2-Klimafußabdruck bzw. überhaupt der ökologische Fußabdruck verringert werden. Um die Voraussetzungen zur Senkung des ökologischen Fußabdrucks zu sichern, muss dieser zum aktuellen Stand vor Einführung der notwendigen Maßnahmen der Klimaneutralität konkret ermittelt werden.

Wir müssen dann konkret die notwendigen Handlungen ableiten, um rechtzeitig einzuwirken, um die entsprechende Verringerung der Treibstoffgasemission und dadurch eine höhere bzw. ausreichende Klimaneutralität zu erreichen. Privatpersonen können zum Beispiel insbesondere u. a. durch nachfolgende Maßnahmen ihrer persönlichen Lebensweise einen positiven Einfluss auf eine bessere Klimaneutralität nehmen und dazu beitragen, wesentlich unter dem derzeit in Deutschland noch durchschnittlichen persönlichen Fußabdruck von 12,36 Tonnen CO_2 zu kommen (Grundlage: WWF-Klimarechner WWF Deutschland).

Man kann diese CO_2-Reduzierung u. a. bei folgenden Schwerpunkten erreichen:

bezogen auf die Ernährungsweise, dass wir bei den Gesamteinkäufen besonders

- Obst und Gemüse essen,
- wenig Milch- und Milchprodukte, wie Joghurt, Käse. Butter oder Sahne essen,
- wenige Eier oder Lebensmittel verwenden, die Eier enthalten, wie Pfannkuchen, Desserts, Mayonnaise usw.)
- vorrangig in der Ernährung von pflanzlichen Grundnahrungsmitteln Bio- und regionale Produkte verwenden und unnötige Lebensmittelabfälle vermeiden,
- wesentlichen Wert auf Label-Produkte (Bio, MSC, Fairtrade) beim Einkauf legen,
- keine Lebensmittel wegwerfen und Lebensmittel nicht verderben lassen,
- Nahrungsmittel, die Fleisch oder Fisch enthalten, wie beispielsweise Spaghetti, Bolognese, Brötchen, Lachs) weniger essen

bezogen auf die Lebensweise bzw. die Lebensführung:

- wenn möglich, wenig oder sogar, wenn gegeben, keine Kilometer mit Auto oder Motorrad zurücklegen,
- wenn dies möglich ist, vorrangige Nutzung von öffentlichen Verkehrsmitteln (Eisenbahn, Bus, Straßenbahn, U-Bahn), wenn es der Berufsverkehr erfordert bzw. persönliche Reisen durchgeführt werden
- möglichst überhaupt nicht oder nur in erheblich geringem Maße beruflich oder privat bei unbedingter Notwendigkeit mit dem Flugzeug reisen und statt dessen die dazu bestehenden Möglichkeiten, die uns die Technik anbietet, wie Videokonferenzen, verstärkt zu nutzen

- möglichst nicht mehr oder wenn in keiner Weise zu verhindern, mit einem Kreuzfahrtschiff fahren

bezogen auf die Beheizung:

- sehr energiesparend heizen, unter anderem mit einer Elektroheizung auf der Grundlage des Erfordernisses der unbedingten Nutzung von in Frage kommenden regenerativen Energien, Gas mit Solartherme, Wärmepumpe usw.

- energetisch vollsanierte und Niedrigenergiehäuser in der Gebäudenutzung verwenden

- Die zu bewohnende Wohnung bzw. das zu bewohnende Haus sollte nur eine Quadratmeterzahl in vertretbarer Höhe aufweisen.

- Beim genutzten Gebäude im betreffenden Haushalt sollte man auf eine mögliche Erhöhung der Personenanzahl zur Senkung der anteiligen Nutzung der Raumerwärmung, wenn dies gegeben und möglich ist, zur Senkung der anteiligen Kosten von Haushaltskosten je Person achten.

- Bei der Heizungstemperatur sollte man möglichst auf eine nicht zu hohe bzw. möglichst geringe Raumtemperatur achten.

- Nach Möglichkeit sollte einem Mehr-Familien-Haus der Vorzug vor einem Ein-Familien-Haus gegeben werden.

- Man sollte, wenn dies möglich ist, bei der Beleuchtung bzw. der Wahl der Haushaltsgeräte (Kühl-, Gefrierschrank, Waschmaschine, Geschirrspüler, Wäschetrockner) bei der zu wählenden Effizienzklasse auf die Effizienzklasse A++ und besser achten, damit ein möglichst geringer Energieverbrauch erreicht wird.

- Bei der Nutzung von Kühlgeräten sollte man darauf Wert legen, dass man nicht mehrere Kühlschränke bzw. Tiefkühlgeräte nutzt, sondern, wenn dies möglich bzw. gegeben ist, dass man einen Kühlschrank mit kleinem Gefrierfach oder eine Kühlgefrierkombi mit Tiefkühler nutzt, damit die Kosten und damit die CO_2–Emission möglichst gering sind.

- Zur Verringerung des Ausstoßes der CO_2–Emission sollte man die Wäsche vorrangig auf der Wäscheleine oder auf dem Wäscheständer trocknen.

- Die Unterhaltungselektronik, das Heimbüro, der Telefon- und Faxverkehr usw. sollte im Interesse der Verringerung des CO_2–Treibhausgasanstiegs auf ein Minimum unter Beachtung der Erfordernisse betrieben werden. Unter den gegenwärtigen Bedingungen des Corona–Virus, bei dem sich verständlicherweise ein höherer Bedarf an Unterhaltungselektronik ergibt, ist eine Ausnahmesituation zu beachten, da diese Ausnahmesituation einen höheren Bedarf an Unterhaltungselektronik mit sich bringt.

- Der Trinkwasser-, Abwasser-, Stromverbrauch, die Müllverbrennung und der Abtransport von Recyclingstoffen, wie Zeitungen und Kartons, sollte bezüglich der unbedingten Erfordernisse sich auf einem Minimum im Interesse der Verringerung des CO_2–Verbrauchs bewegen. In diesem Zusammenhang sollte auch die entstehende CO_2–Treibhausgasentwicklung durch Maßnahmen der Werbeindustrie, überhaupt der Werbung, als sehr kritisch angesehen werden.

bezogen auf den Konsum allgemein

- **monatliche Ausgaben für Kleider und Schuhe**

  Wir sollten den Konsumverbrauch von Kleidern und Schuhen, deren Produktion eine CO_2–Emission bewirkt, im erheblichen Maß deshalb reduzieren. Um dies zu erreichen, ist eine erhebliche Veränderung unseres Anspruchsdenkens hierbei notwendig. Wir müssen und dürfen nicht solch eine erhebliche Zahl an Kleidern und Schuhen besitzen, um die erforderliche wesentliche Verringerung des CO_2–Ausstoßes zu erreichen. Auch die Angewohnheit, Mode aus Online-Katalogen in mehreren Größen zu bestellen, in der Hoffnung, dass eine Größe passt und die nicht passenden Größen zurück zu schicken, müssen wir ablegen. Wir müssen auch deshalb unser Verhalten zur Mode gewaltig ändern, damit wir im Interesse des weiteren Bestehens der Menschheit unseren Verbrauch an CO_2–Emissionen gewaltig reduzieren. Außerdem muss darauf Wert gelegt werden, Mode aus nachwachsenden Rohstoffen zu produzieren. Dies darf jedoch nicht dazu führen, dass diese Rohstoffe an wichtigeren Stellen, z. B. zur Herstellung von Nahrungsmitteln, fehlen. Außerdem müssen die Produktionsbedingungen in Bezug auf die Einhaltung von Gesundheits-, Sozial- und vor allem Umweltstandards überwacht werden. Auch Bezieher geringerer Einkommen, die ihre Bekleidung in Billig-Märkten beziehen, sollten bei der Auswahl der Kleidung neben der Qualität auch auf die Herkunft der Ware achten. Bei Herkunftsbezeichnungen aus bestimmten Ländern der Erde, z. B. Pakistan oder Afghanistan, muss möglicherweise leider davon ausgegangen werden, dass diese Produkte wahrscheinlich durch Kinderarbeit produziert wurden. Die Einführung von Mechanismen der Wirtschaft des Teilens, der sogenannten „Sharing

Economy“, ist, sofern die Qualität der Kleidung dieses Nutzungsmodell zulässt, auch auf die mehrfache Benutzung von Kleidung durch Teilen, anzuwenden. Dies ist ebenfalls eine wichtige Maßnahme, um zum Beispiel gebrauchte Kleidung, die jedoch noch in einem qualitativ guten Zustand ist, in einem „An- & Verkauf (A & V) bzw. heutzutage neudeutsch „Second Hand“-Laden, also einem Laden, der mit Produkten aus „zweiter Hand“ handelt, preiswert zu erwerben. Somit können die Transportwege zum Kunden und die damit verbundenen auch CO_2-basierten Kosten verringert werden. Diese Methode ist nicht neu, sondern war bereits auch in Ostdeutschland weit vor der politischen Wende 1989 in den damaligen „An- & Verkauf“-Läden, in denen auch weitere Waren „aus zweiter Hand“ gehandelt wurden, fester Bestandteil der Verkaufskultur.

Die Notwendigkeit einer „Wirtschaft des Teilens“, die heutzutage als „neu“ verkauft wird, bestand bereits nach 1945 insbesondere auf dem Gebiet der ostdeutschen Bundesländer und hatte vielfältige Gründe:

- das schwere Los der „Trümmerfrauen“ in Deutschland, insbesondere in den ostdeutschen Bundesländern, die es, bis auf in einigen stark zerstörten Städten in Westdeutschland, wie in Aachen, in dieser hohen Anzahl in Westdeutschland so nicht in dem Maße gab

- der von 1948 bis 1952 wirksame Marshall-Plan, benannt nach dem von 1947 bis 1949 amtierenden amerikanischen Außenminister George C. Marshall, offiziell European Recovery Program (ERP) – Europäisches Wiederaufbau-Programm, der u. a. durch die Einführung der in den USA gedruckten und ab dem 18.06.1948 in den westdeutschen Besatzungszonen und ab dem 20.06.1948 in den Westsektoren Berlins eingeführten D-Mark dazu führte, dass es mit der Wirtschaft der Bundesrepublik und West-Berlins schneller aufwärts ging. Der Marshall-Plan wurde jedoch zum Beispiel für Finnland, aber auch für Ostdeutschland von Josef Wissarionowitsch Stalin (1878 – 1953) abgelehnt und dafür als Alternative 1949 in Moskau der „Rat für Gegenseitige Wirtschaftshilfe“ (RGW) gegründet. Dem RGW gehörten die damaligen sozialistischen Länder an, unter anderem auch die am 07.10.1949 gegründete DDR, also der heutige Ostteil Deutschlands.

- Mangel an männlichen Arbeitskräften nach Ende des Zweiten Weltkriegs insbesondere in Ostdeutschland auf Grund der Verwundungen und der relativ langen Kriegsgefangenschaft, vorrangig in sowjetischen Kriegsgefangenenlagern wegen der erst spätestens 1956 erfolgten Heimkehr sowie auch von Deportationen aus der sowjetischen Besatzungszone und jungen DDR. Oft wurden sie in sowjetische Gulags auf Grund von

Beschuldigungen, Verbrechen gegen die bestehende Ordnung begangen zu haben, über viele Jahre in die Gefangenschaft geschickt.

- mangelnde Konsummöglichkeiten, auch bedingt durch die zu beseitigenden Schäden des Zweiten Weltkriegs, die Umstrukturierung der Landwirtschaft von selbständigen Bauern zu Mitgliedern von staatlichen Landwirtschaftlichen Produktionsgenossenschaften, die 1952 eingeleitet und deren Einleitung 1960 weitestgehend abgeschlossen war, die Reparationsleistungen an die Sowjetunion, die Verstaatlichung von Unternehmen und Vertreibung von selbständigen Unternehmern

- geschlechterunabhängige Bescheidenheit und Genügsamkeit vieler Menschen im Osten Deutschlands, auch bedingt durch die persönlichen und wirtschaftlichen Erfahrungen nach der Wiedervereinigung Deutschlands ab dem 03.10.1990. Leider war damit verbunden, dass viele Regionen Ostdeutschlands deindustrialisiert und altbewährte Infrastrukturen sowohl in sozial-, als auch in gesundheits-, bildungs- und wirtschaftspolitischer Hinsicht wurden.

- stärker ausgeprägter Zusammenhalt, der sich nach der Deutschen Einheit insbesondere in der jüngeren Generation den Gepflogenheiten des Westens angeglichen hat und leider oft zurück gegangen ist. Dies hat auch mit zu der bisher nicht ausreichenden Solidarität geführt. Es bleibt zu wünschen, dass im Ergebnis der leider erfolgten negativen Auswirkungen und Folgen des Zusammenhalts die Solidarität der Menschen, speziell auch im gemeinsamen Deutschland und – soweit zutreffend – auch weltweit wesentlich höher als bisher wird. Vielleicht – und dies ist teilweise festzustellen – haben die Folgen des Corona-Virus auch zu einer etwas höheren Solidarität, als bisher gezeigt wurde und auch im gesamten wiedervereinigten Deutschland üblich war, beigetragen.

Ob sich die in relativem Wohlstand aufgewachsenen Vertreter der sogenannten Jugend-„Generation Z“, der „Zoomer-Generation“, also der ab dem Jahr 2000 Geborenen, an diese bis zur politischen Wende weitestgehend praktizierten Normen und Werte halten werden, bleibt trotzdem abzuwarten.

- **monatliche Ausgaben für Freizeit und Kultur (u. a. für Haustiere, Fitnessstudio-Abos, Zeitschriften, Kino, Unterhaltungselektronik und Abos, Hobby etc.)**

Auch bei diesen Erzeugnissen, wenn deren Produktion Treibstoffgase emittieren lässt, müssen wir unseren Konsum auch bei den angegebenen Freizeit- und

Kulturangeboten und bei anderen, nicht erwähnten Produkten auf diesem Gebiet erheblich im Interesse der notwendigen Minimierung der Emission des CO_2–Ausstoßes senken. Wir müssen auch hier beachten, dass beispielsweise eine zunehmende Anwendung der Unterhaltungselektronik, auch unter Beachtung der steigenden Menge an Unterhaltungselektronik, zu einer Erhöhung des CO_2-Verbrauchs führt, was nicht im Sinne der Notwendigkeiten des Klimas ist. Deshalb müssen wir den CO_2-Verbrauch beim Gebrauch der Haushaltselektronik senken, wenn die Haushaltselektronik nicht baldmöglichst klimaneutral produziert wird.

- **monatliche Ausgaben für Möbel und Haushaltsgeräte**

Auch für den Konsum von Möbeln und Haushaltsgeräten trifft das bisher Gesagte, im Interesse der dringend notwendigen Verringerung des CO_2–Ausstoßes eine Minimierung des Aufwands zur Produktion dieser Erzeugnisse zu erreichen, zu. Bei Möbeln wäre es zum Beispiel sehr günstig, wenn man bereits hergestellte Möbel wiederverwendet, wie zum Beispiel beim Möbelhersteller Portas und trotzdem die Möbel in der Gestaltung nach den bestehenden Wünschen verändert werden. Man bräuchte für dieses bereits verwendete und nicht mehr anzuschaffende Holz zur Herstellung von Möbeln, wenn man das bisherige Holz auf diese Art und Weise weiter nutzt, dafür kein neues Holz abzuholzen. Man könnte die Baumfällung deshalb erheblich reduzieren und in sehr positivem Maße für das Klima handeln. Auch die Haushaltsgeräte sollen nicht ständig bezüglich der individuellen Wünsche immer wieder neu gekauft, sondern, wenn diese zum Beispiel defekt sind, repariert, anstatt auf Wunsch neu gekauft werden. Auch hier müssen wir im Interesse der Minimierung der weiteren Treibhausgasemission und des nicht weiteren Anstiegs der Erderwärmung unser Anspruchsdenken erheblich reduzieren.

- **monatliche Ausgaben für Essen in Restaurants, Kantinen und zum Mitnehmen sowie für auswärtige Übernachtungen**

Wenn bei diesen Dienstleistungen nicht die erforderliche Klimaneutralität erreicht werden kann, muss auch bei diesen angebotenen Leistungen der Verbrauch wesentlich reduziert werden, um dadurch insgesamt gesehen den Treibhausgasausstoß zu verringern. Auch könnte man sich von einigen bisherigen Essensgewohnheiten trennen und nicht mehr in einem solchen hohen Maß Fleisch essen, wie es gegenwärtig auch in Deutschland zu verzeichnen ist. Wir sollten prüfen, ob wir in der Lage sind, im Interesse des Klimas in manchen Punkten uns anders zu ernähren bzw. zu leben.

Bei Konsumgütern, wie Kosmetik, Hygieneprodukte, Medikamente sowie Bildungsangeboten ist der Verbrauch durch den Einzelnen sehr unterschiedlich, weil es auf die jeweiligen individuellen Erfordernisse ankommt. Falls eine Klimaneutralität bei der Kosmetik oder bei Kosmetikprodukten nicht oder nicht genügend entsprechend der Erfordernisse erreicht werden kann, ist eine Minimierung der CO_2–Treibstoffgasemission und die damit verbundene Aufwandsreduzierung für Kosmetikleistungen bzw. Kosmetikprodukte erforderlich, zumal diese Leistungen nicht unbedingt lebensnotwendig sind. Die Hygieneprodukte und die Medikamente werden unbedingt benötigt und sind dadurch lebensnotwendig, aber trotzdem müssen wir auch bei diesen Erzeugnissen und Produkten in der Herstellung alles versuchen, den Treibstoffemissionsverbrauch zu senken. Es ist sehr wichtig, dass wir alles dafür tun, um unsere Bildung durch die Nutzung der in Frage kommenden Bildungsangebote zu erhöhen. Trotzdem müssen wir auch hier alles versuchen, um bei diesen Leistungen den CO_2–Treibstoffgasverbrauch zu minimieren.

- **Wohnungs- und Häuserbau bezüglich des allgemeinen Konsums**

Auch bei einem notwendigen Häuserbau, den wir durch die zunehmende Asphaltierung aus ökologischen Gründen auch wegen der dadurch sinkender Nutzfläche nicht unbedingt als positiv werten müssen, der aber allein durch die weiter steigende Weltbevölkerung objektiv erforderlich ist, kommt es auch hier darauf an, durch vielfältige Maßnahmen zur Minimierung des Wohnungs- und Häuserbedarfs sowie der Höhe bzw. des Umfangs unserer genutzten Wohnfläche dazu beitragen, den dafür benötigten Treibstoffgasausstoß zu verringern. Wir brauchen oftmals nicht so hohen Wohnbedarf und sollten im Interesse der nicht wie bisher steigenden Erderwärmung auch unsere nicht immer gerechtfertigten Ansprüche hierbei senken.

- **öffentliche Dienstleistungen im Rahmen des Konsumverbrauchs**

Zu den öffentlichen Dienstleistungen gehören u. a. das Gesundheitswesen sowie die allgemeine Infrastruktur und weitere Leistungen, die entsprechend den individuellen Erfordernissen und der Notwendigkeit erbracht werden. Auch bei den öffentlichen Dienstleistungen müssen wir alles dafür tun, dass die Treibstoffgasemission reduziert wird, um die Aufgaben, die die Klimaprobleme für die Menschheit erfordern, erfüllen zu können. Unser Gesundheitswesen müssen wir auch unter Berücksichtigung der gewonnenen Erkenntnisse durch den Corona–Virus, wie schon erwähnt, wesentlich verändern.

Ganz lässt sich die Emission des Treibstoffverbrauchs für Unternehmen nicht verhindern. Nicht alle Erzeugnisse oder Produkte bzw. Dienstleistungen lassen sich völlig emissionsfrei herstellen, denn sonst könnten viele Konsumgüter überhaupt nicht mehr hergestellt werden. Manche für die Menschen lebensnotwendige wichtige Konsumgüter stünden nicht mehr zur Verfügung. Klimaneutralität können wir aber dann erreichen, wenn wir die möglichen CO_2–Emissionen für das Entstehen von Treibhausgas nicht mehr wirksam werden lassen. Um die notwendige Überprüfung des Erreichens der Klimaneutralität gewährleisten zu können, müssen wir alle unternehmerisch hergestellten Erzeugnisse sowie Produkte oder Dienstleistungen in Teilprozesse untergliedern.

Ähnlich, wie die erforderlichen Maßnahmen, die dazu dienen, den notwendigen geringen persönlichen Fußabdruck zu erreichen, muss man alles tun, alle Teilprozesse der unternehmerischen Leistungen so zu gestalten, dass möglichst kein Treibstoffgas emittiert wird. Die möglichen Maßnahmen der unbedingt erforderlichen Reduzierung des persönlichen Fußabdrucks sind bei den zu erstellenden bzw. bereits erstellten unternehmerischen Leistungen zu berücksichtigen. Bei manchen noch angebotenen Leistungen ist zu beachten, dass nach gegenwärtigem Stand der wissenschaftlichen Forschung bestimmte Erzeugnisse oder Produkte und Dienstleistungen einen relativ hohen Anteil in der CO_2–Emission von Treibstoffgasen aufweisen. Deshalb muss im Interesse des nicht weiteren Anstiegs der Erderwärmung über die maximalen Höhen von 1,5 bis 2,0 Grad Celsius überlegt und müssen die notwendigen Maßnahmen vollzogen bzw. eingeleitet werden. Die Herstellung solcher Erzeugnisse sowie Produkte, die gegenwärtig in der Herstellung noch einen erheblichen Anteil der Treibstoffgase emittieren lassen, könnte dadurch erheblich reduziert werden. Dabei muss beachtet werden, dass dies im Interesse des Nicht-Anstiegs der Erderwärmung unbedingt erforderlich ist. Die nicht lebensnotwendigen Leistungen und Maßnahmen sollten zur wesentlichen Verringerung des Treibstoffausstoßes möglichst vorläufig nicht oder nicht in dem bisherigen Maße realisiert werden.

Nachfolgend wird auf bestimmte im Klimaschutzgesetz enthaltene Maßnahmen eingegangen, inwieweit diese erfüllt sind und ob sie als ausreichend betrachtet werden können:

Ein großer Teil der CO_2-Emissionen entsteht durch die hohe Anzahl an Lieferketten für das jeweilige Erzeugnis bzw. Produkt. Der faire Handel und die Regionalität spielen hierbei eine große Rolle. Leider ist immer mehr festzustellen, dass die Ausbeutung und die damit zur Anwendung kommenden sehr geringen Löhne für die hierbei eingesetzten Arbeitnehmerinnen bzw. Arbeitnehmer aus anderen Staaten typisch sind. Die Nachhaltigkeit der Herstellung und im Handel spielt dabei eine untergeordnete Rolle, ebenfalls eine Folge der gegenwärtigen Globalisierung. Wir müssen deshalb auch unbedingt den schon erarbeitenden Entwurf des Lieferkettengesetzes als Gesetz verwirklichen und auch umsetzen. Bei der Bestimmung einer Klimaneutralität müssen, wie erwähnt, alle Prozesse der Herstellung und des Handels Beachtung finden. Dazu gehört, dass außer der Herstellung auch die gesamte Distribution, Weiterverarbeitung und Verpackung zur Erreichung der erforderlichen Klimaneutralität eine erhebliche Rolle dabei spielen muss. Man erreicht die Klimaneutralität, wenn alle Treibhausgas-Emissionen erheblich reduziert werden. Wenn möglich, sollten sie, soweit dies möglich ist, gar nicht mehr entstehen und ausgeglichen gestaltet werden. Das Umweltbundesamt sagt zur Erreichung einer Klimaneutralität bzw. zum wichtigen Erfordernis, wie wir klimafreundlicher leben können und zu Klimagasemissionen im Konsumbereich u. a., wie nachfolgend aus den betreffenden auszugsweise zitierten Aussagen, die dem Link https://www.umweltbundesamt.de/themen/klimaqneutral-leben-im-alltag entnommen wurden, hervor geht:

„Klimaschutz ist wichtig, und Klimaschutz hat Eile. Eine klimaneutrale Gesellschaft ist kein abstraktes Ziel; sondern wird unser Leben in einzelnen Bereichen grundlegend verändern. Immer mehr Menschen setzen einzelne Bausteine bereits voraus um und engagieren sich für ein klimaneutrales Leben in Deutschland. .... In den Bereichen Bauen und Wohnen, Mobilität und Ernährung entstehen besonders viele Treibhausgase. Hier können besonders viele Emissionen vermieden werden:

Mobilität: Die wichtigsten Stellschrauben sind die Zahl der Fernreisen, die zurückgelegten Autokilometer und der Kraftstoffverbrauch des Autos (bzw. der Autos).

Wohnen: Hier kommt es vor allem auf die Größe der Wohnfläche und den Dämmstandard in Bezug auf den Heizenergieverbrauch an.

Zur Klimagasemission im Konsumbereich ist, wie im Artikel „Klimaneutral leben im Alltag“ des Umweltbundesamtes unter dem Link https://www.umweltbundesamt.de/themen/klimaneutral-leben-im-alltag enthalten, zu bemerken:

„Im Durchschnitt entfallen 21 Prozent der Treibhausgasemissionen auf den Bereich Heizen und Strom, 21 Prozent auf Mobilität und 15 Prozent auf Ernährung. Der restliche Konsum schlägt mit 37 Prozent zu Buche, die öffentliche Verwaltung mit sechs Prozent. Im Einzelfall gibt es aber große Abweichungen vom durchschnittlichen CO_2–Ausstoß. So kann beispielsweise tägliches Pendeln mit dem Auto oder schon eine Flugreise pro Jahr die Emission in die Höhe schrauben.

Wohnen auf weniger Wohnfläche und in einem Passivhaus senkt dagegen den persönlichen CO_2-Ausstoß deutlich. Die Beispiele zeigen: Es gibt große individuelle Handlungsspielräume. Was wirklich zählt, sind die Grundsatzentscheidungen rund um die Themen Verkehr, Heizung, Fleischkonsum und Haushaltgroßgeräte ...."

Nachfolgend wird noch – ergänzend zu den bisherigen Ausführungen – auf manche bestimmte im Klimaschutzgesetz enthaltene Maßnahmen, inwieweit diese erfüllt sind und ob diese als ausreichend betrachtet werden können, aus meiner Sicht gesehen eingegangen.

Zu den Regelungen des Klimaschutzgesetzes als Rahmengesetz muss gesagt werden, dass es, wie bereits angeführt, viel zu spät ist, wenn bis zum Jahr 2050 Sektorenziele festgelegt werden. Wie erwähnt, müssen die Ziele laut dem veränderten Klimaschutzgesetz bereits bis spätestens 2028 geschafft werden, wenn wir die Erderwärmung auf nur 1,5 Grad Celsius wirkungsvoll begrenzen wollen. Deshalb muss der Maßnahmeplan auch berücksichtigen, dass die erforderlichen klimapolitischen Ziele bereits bis 2028 erfüllt werden. Es müssen deshalb viel schneller die notwendigen Klima-Fortschritte erreicht werden.

Es wird als nicht ausreichend betrachtet, außer der vorgesehenen Erhöhung der Bepreisung von Benzin, Diesel, Heizöl und Erdgas dann nur einen CO_2–Aufschlag in Höhe des ETS-Zertifikationspreises zu erheben, selbst, wenn man die Absicht verfolgt, die Einnahmen, die aus der Erhöhung der Bepreisung entstehen, komplett zurück zu verteilen. In diesem Zusammenhang eine Stromsteuersenkung und eine jährliche Pro-Kopf-Klimaprämie in Höhe von 100,- € zusätzlich verteilen zu wollen und einen Härtefallfonds und Klimasofortprogramme einzuführen, wird durch diese Maßnahmen nicht ausreichend sein. Damit kann der notwendige regulierende Einfluss entsprechend der bestehenden zeitlichen und sonstigen Erfordernisse nicht ausreichend erreicht werden.

Auch muss bemerkt werden, dass es noch zu keiner Strompreissenkung gekommen ist. Gegenwärtig ist zu verzeichnen, dass sich sogar die Strompreise erhöhen. Deshalb muss auf diesem Gebiet noch viel geschafft werden.

Man muss, wie erwähnt, höhere Zielstellungen angesichts des so erheblichen zeitlichen Drucks haben und kann nicht nur auf die Bepreisung und Zertifikate als Allheilmittel setzen, wenn dazu nicht die genannten erforderlichen Voraussetzungen bestehen. Auch die weitere Festlegung im beschlossenen Klimaschutzgesetz, dass, wenn das europarechtlich verbindliche jährliche Emissionsschutzbudget nicht eingehalten wird, dann der CO_2-Aufschlag um 10 bis 15 Euro erhöht wird und diese Maßnahme dann die Pro–Kopf–Klimaprämie entsprechend verändert wird, halte ich aufgrund der gewaltigen Herausforderungen, die vor der Menschheit angesichts der steigenden Erderwärmung stehen, auch nicht für ausreichend.

Die dringend erforderliche Klimaberichterstattung soll für alle Finanzmarktakteure verpflichtend eingeführt werden. Angesichts der Wirkung, die leider noch Finanzmarktakteure auf unsere Weltwirtschaft zu Lasten der Realwirtschaft haben, ist es dringend erforderlich, dass diesen Akteuren Offenbarungspflichten im Rahmen der vorzunehmenden Finanzberichterstattung per Gesetz vollumfänglich auferlegt werden.

Beim Sofortprogramm „Grüne Fernwärmenetze" ist u. a. als positiv zu werten, dass Marktanreize zum Einbezug CO_2–freier Wärmequellen geschaffen werden und zukünftig die Modernisierung der Abnahmestellen von Fernwärmekunden durchgeführt werden soll. Es bleibt diesbezüglich abzuwarten, was das noch anzufertigende Konzept der Bundesregierung "Fahrplan grüne Fernwärme" für konkrete Maßnahmen enthält und wie das KWK–Gesetz in die kommende Legislaturperiode überführt werden soll.

Bei den im Interesse der Verringerung der CO_2–Emission zu errichtenden Effizienzhäusern als Wohngebäude sind für die jeweiligen Effizienzhausarten Vorgaben im Primärenergiebedarf, zum maximal zulässigen Transmissionswärmeverlust und zum zugrunde zu legenden maximalen Kredit sowie zur Zuschusshöhe je Wohnungseinheit festzulegen. Gegenüber dem unsanierten Zustand des jeweiligen zu sanierenden bereits bestehenden Wohngebäudes sollen durch die konkreten Festlegungen zur Wärmedämmung, Anwendung der Haustechnik und möglichen Anwendung der erneuerbaren Energien Energieeinsparungen von über 60 Prozent erreicht werden. Ab 2020 soll das "Effizienzhaus 55" und ab 2025 das „Effizienzhaus 40" für Neubauten, und für Nichtwohngebäude soll ab 2020 das "Effizienzhaus 65" und ab 2025 das "Effizienzhaus 55" gelten.

Seit dem 01.01.2020 werden steuerliche Anreize zur Förderung mit der Zielstellung des Abzugs von Steuerschuld zur Erreichung eines hohen Sanierungsniveaus und zur Erreichung von hohen energetischen Sanierungen, verbunden mit der damit erforderlichen Reduzierung der Treibstoffgasemission, wirksam. Weiterhin soll im sozialen Wohnungsbau eine um 50 Prozent höhere Förderquote für energetische Sanierungen erfolgen, die nicht auf die Miete umgelegt wird. Diese vorgesehenen Maßnahmen und die Förderfähigkeit des gesetzlichen Sanierungsniveaus werden ebenfalls als positive Maßnahmen im Umweltschutz zur Lösung der Klimakrise beitragen.

Alle Pkw, die einen CO_2–Schwellenwert von 95 g CO_2/km einhalten oder unterschreiten, können durch die Anwendung der günstigen Pkw-Flottenmodernisierung in der Kfz-Besteuerung vom Bonus-Malus-System profitieren. Damit soll durch die mögliche Senkung durch Vergabe eines Zuschusses für die Emissionseinsparung an Treibstoffgasen ebenfalls zur CO_2-Reduzierung beigetragen werden. Weil im Rahmen der EU der durchschnittliche CO_2–Schwellenwert für Neuwagen im Jahr 2017 noch bei 118,5 Gramm lag, gilt ab 2020 die hohe Zielstellung des Rückgangs der CO_2–Treibhausgas–Emission als EU–weite Vorgabe.

Im Artikel „CO_2–Grenzwert – EU setzt Vorgaben für Pkw" (vgl. https://www.vcd.org/themen/auto-umwelt/co2-grenzwert/) wurde u. a. geschrieben:

„.......................... Nun wurden die Vorgaben für die Weiterführung der CO_2–Grenzwertregelung bis 2030 beschlossen. Konkret beinhaltet der Beschluss folgende Elemente:

- Der CO_2–Ausstoß von Neuwagen soll bis 2025 um 15 %, bis 2030 um 37,5 % verringert werden.

- Ein Anreizmechanismus soll den Absatz von emissionsfreien/-armen Fahrzeugen (i. d. R. Elektroautos) ankurbeln: Verkaufen Hersteller 2025 mehr als 15 %, in 2030 mehr als 35 % solcher Fahrzeuge, werden im Gegenzug ihre CO_2–Vorgaben abgeschwächt.

- Die tatsächlichen CO_2–Emissionen sollen im Rahmen der Marktüberwachung mittels Verbrauchsmessgeräten in den Fahrzeugen erfasst und jährlich für jeden Hersteller veröffentlicht werden."

Die o. g. Vorgaben müssen angesichts der lebensbedrohlichen Lage durch die weitere Temperatur–Erhöhung für die Erderwärmung durch die Treibhausgas-Emissionen noch wesentlich erhöht und der notwendige CO_2–Ausstieg, wie erwähnt, spätestens bis 2028 erreicht werden.

Es ist jedoch im Interesse des nicht weiteren Anstiegs der Erderwärmung nicht ausreichend, dass nur der Schwellenwert je neuem Fahrzeug auf Richtwerte des CO_2–Ausstoßes für die betreffenden Zeiträume limitiert wird. Leider wird weiterhin so eine hohe Stückzahl an Fahrzeugen auf der Basis der Anwendung von Vergaserkraftstoffen produziert, was in keiner Weise zur Senkung der Treibstoffgasemission beiträgt. Dadurch kann es sein, dass, wenn nicht ein Umdenken bei den Kundinnen und Kunden hin zum Kauf eines umweltgerecht produzierten und fahrenden Fahrzeugs eintritt, wir leider durch eine steigende Anzahl nicht–CO_2–freier Pkw absolut noch einen höheren CO_2–Emissionsausstoß erzielen.

Deshalb dürfen wir in naher Zukunft, spätestens ab 2028, nur noch CO_2–freie Pkw, wie beispielsweise Elektroautos oder auf Wasserstoff-Verbrauch-Basis produzierte Pkw, nutzen. Die Herstellung darf nur auf Basis der Anwendung erneuerbarer sowie CO_2–freier Energien erfolgen. Es kann im Sinne des Umweltschutzes bzw. zur notwendigen Senkung der Treibstoffgasemission nicht sein, wie von der Autoindustrie bisher vorgeschlagen wurde, dass die mit Vergaserkraftstoff hergestellten Pkw noch gefördert werden. Die Autoindustrie, die die Zeit im Interesse einer hohen Profitrealisierung „verschlafen" hat, solche Autos rechtzeitig herzustellen, die nicht mehr auf Vergaserkraftstoff-Basis hergestellt werden, kann wegen ihres nicht rechtzeitigen umweltgerechten Verhaltens nicht noch gefördert werden. Auch die Leistung, die mögliche Kilometerzahl und vieles Andere entspricht bei den aktuell hergestellten Elektroautos noch nicht ausreichend den Forderungen sowie Wünschen der Verbraucher. Auch die Möglichkeiten der Infrastruktur für Elektroautos entsprechen ebenfalls in keiner Weise den Erfordernissen für eine Elektro-Pkw-Nutzung durch die Verbraucher. Bis dahin muss man auch in der Praxis anwendungsbereite Konzepte zur Fortbewegung von Lkw, Flugzeugen und Schiffen auf Basis erneuerbarer Energien entwickelt und umgesetzt haben. Im Interesse des nicht weiteren Anstiegs der Erderwärmung über 1,5 Grad Celsius dürfen wir noch funktionsfähige Fahrzeuge mit CO_2–Ausstoß nicht mehr nutzen, sondern müssen diese aussondern oder sie alternativ, sofern bei den jeweiligen Modellen möglich, rechtzeitig bis spätestens 2028 auf CO_2–freie Pkw umrüsten. Durch die weitere im Klimaschutzgesetz enthaltene Maßnahme, dass man pro Gramm CO_2, von dem ein Auto vom Schwellenwert positiv abweicht, 50 Euro ausgezahlt bekommt, kann sicherlich in gewisser Weise eine Förderung und Einflussnahme auf eine CO_2–Einsparung erreicht werden. Diese Regelung kann jedoch aus den genannten Gründen nicht für die Zukunft gelten, denn es müssen die genannten anderen Maßnahmen wegen der Klimaerfordernisse unbedingt rechtzeitig eingeleitet werden. Dass die Anschaffung der Elektroautos gefördert werden soll, muss, wie erwähnt, als richtig und gut gewertet werden. Eine Förderung von auf Vergaserkraftstoff betriebenen Fahrzeugen kann in keiner Weise mit den dringend durchzuführenden Maßnahmen zur Reduzierung des CO_2-Ausstoßes in Einklang gebracht werden. Dies kann auch nicht mit den wirtschaftlichen Folgen für die Autoindustrie durch den Corona-Virus begründet werden, da es – bezogen auf die Zielstellung des Umweltschutzes für die Belange der Menschheit – aus meiner Sicht völlig kontraproduktiv wäre.

Für die Lkw–Nutzung soll, um eine Verringerung der CO_2–Emission zu erreichen, die Lkw–Maut–Inanspruchnahme auf allen Straßen und alle Nutzfahrzeuge ab 3,5 Tonnen ausgeweitet werden. Alle CO_2–freien Fahrzeuge sollen ab 2025 von einer Maut befreit werden. Ich halte es, wie für die Pkw vorgeschlagen wird, für erforderlich, dass ab 2028 nur noch Nutzfahrzeuge eingesetzt werden, die ab diesem Zeitpunkt keine CO_2–Emission mehr aufweisen. Außerdem müssen aus meiner Sicht auch Nutzfahrzeuge bis zu einem Gesamtgewicht von bis zu 3,5 Tonnen in diese

Maßnahme einbezogen werden. Um alle Nutzfahrzeuge weltweit bis spätesten 2028 wegen des Klimaerfordernisses ohne CO_2–Emission zu betreiben, ist noch sehr viel zu tun. Ab 2028 dürfen alle weltweit neu angeschafften Nutzfahrzeuge keinen CO_2–Emissions–Verbrauch mehr aufweisen und müssen solche Nutzfahrzeuge, die noch CO_2 verbrauchen, bis dahin, soweit dies möglich ist, entsprechend umgerüstet werden. Um dies zu schaffen, werden noch sehr große Probleme, auch unter Beachtung der weiteren Sicherung der Versorgung, eintreten. Es ist deshalb, trotz aller derzeitigen Fortschritte, nicht ausreichend und zu spät, dass die Bundesregierung erst in diesem Jahr (2020 – Anmerkung des Verfassers) in der noch ausstehenden Novelle die EU-Eurovignetten-Richtlinie so regeln will, dass in die Lkw-Mautsätze zukünftig auch die CO_2–Schadenskosten, die Staukosten sowie die externen Kosten der Luftschadstoffe und der sich ergebende Lärm mit einbezogen werden sollen. Es ist auch unbedingt zu erwähnen, dass noch immer viel mehr als bisher Güter über die Straße über Lkw-Speditionen anstatt über die Schiene transportiert bzw. vertrieben werden. Es war aus meiner Sicht völlig falsch, dass viele Güter, trotz dem sie früher über die Schiene transportiert wurden, fast nur noch über Lkw vertrieben wurden. Das hat sich auch klimapolitisch auf den Transport der Güter sehr negativ ausgewirkt. Aber es entstand auch dadurch eine überfrachtete Nutzung der Straßen und – damit verbunden – eine relativ hohe Unfallgefahr für alle Verkehrsteilnehmer auf der Straße. Wenn man dann unter diesen Bedingungen noch keine Geschwindigkeitsbegrenzung einführt, kann man dies nicht nur aus klimapolitischen Gründen nicht mehr verstehen. Es ist eindeutig, dass eine höhere Geschwindigkeit zu einem höheren Spritverbrauch und dann zu einen höheren CO_2–Ausstoß führt. Weil man sich schnell alle Wünsche erfüllen möchte und die Schnelligkeit der Belieferung und damit die Erfüllung der Marktwünsche immer vorrangig sehen will, handelt man so kurzfristig und letztlich egoistisch. Die dringenden Umwelterfordernisse unseres Planeten und die Erfordernisse für das weitere Bestehen der Menschheit müssen immer den Vorrang haben. Kurzzeitiger Profit und Nutzung einer unbegrenzten Freiheit wird viel wichtiger angesehen als das erforderliche strategische Verhalten, was eigentlich für ein vernunftgerechtes Verhalten der Menschheit notwendig ist.

Es werden, wie es im Buch bereits zum damaligen Stand erwähnt wurde, viel zu viele mit Vergaserkraftstoff betriebene Fahrzeuge produziert bzw. verkauft. Die Klimaprobleme, die selbst bei Einhaltung und Unterschreitung der Normwerte der EU für Fahrzeuge erreicht werden, führen durch die hohe Anzahl an Fahrzeugen im Weltmaßstab dazu, dass eine hohe CO_2-Emission im Gesamtvolumen für die Menschheit entsteht und allein auch dadurch erhebliche Belastungen und negative Klimawirkungen eintreten. Wir müssen deshalb unbedingt von der hohen Anzahl nicht klimaneutral betriebener Fahrzeuge im Interesse des Klimas wegkommen. Obwohl es dringend erforderlich wäre, werden die Wachstumserfordernisse der Autoindustrie vorrangig hierbei gesehen und nicht die Erfordernisse, dass rechtzeitig im ausreichenden Maße etwas gegen die steigende Erderwärmung getan werden muss. Die Zielstellung besteht jedoch in vielen Ländern der Welt darin, dass man möglichst viele Fahrzeuge produzieren und vertreiben will und die Auswirkungen auf das Klima vielen Menschen egal sind. Man müsste so schnell wie möglich von einem hohen vergaserbetriebenen Fahrzeugbestand herunterkommen. An diesem hohen Bestand an vergaserbetriebenen Fahrzeugen haben wegen des hohen Lebensstandards der Bevölkerung die führenden Staaten der westlichen Welt, bezogen auf den hohen Fahrzeugbestand pro Kopf, einen nicht geringen Anteil. Allein in Deutschland ist der Fahrzeugbestand zum 01.01.2020 gegenüber dem gleichen Zeitraum des Vorjahres um ca. eine weitere Million angestiegen. Der Fahrzeugbestand, einschließlich Kfz-Anhänger, beträgt in Deutschland inzwischen 65,8 Millionen Fahrzeuge. Wie 2019 hat das Segment der SUV die höchsten Steigerungsraten, die zwischenzeitlich bereits 19 Prozent betragen.

Der Prozentsatz der Elektrofahrzeuge, die nur einen sehr, sehr geringen Anteil von 0,2 Prozent am gesamten Fahrzeugbestand aufweisen, ist, weil einige Hersteller aus klimapolitischen Gründen vorrangig Elektroautos zwischenzeitlich herstellen, derzeit auf 0,5 Prozent des gesamten Fahrzeugbestandes angestiegen. Um den maximalen Anstieg der Erderwärmung um 1,5 Grad Celsius zu schaffen, müssten wir im Ergebnis einer Studie unseren Fahrzeugbestand – bezogen auf die betriebenen Fahrzeuge – um die Hälfte verringern. Auch darin sieht man, dass unsere gegenwärtige Wirtschaftsmethode, die nur auf Wachstumssteigerung einen entscheidenden Wert legt, auch unter Berücksichtigung der Erfordernisse der Klimakrise falsch bzw. nicht anwendbar ist.

Ich habe lange Zeit in einem Zementwerk in der damaligen DDR gearbeitet, und wir haben früher alle Zement-Transporte nur über die Schiene, letztlich durch Ganzzüge, befördert. Wir haben damals 32 Millionen DDR-Mark für die erforderlichen Investitionen für die Anschlussbahnbetreibung für viele Jahre bis 1990 ausgegeben. Im Ergebnis der Vereinigung Deutschlands wurde die Entscheidung damals von den nunmehr zuständigen Verantwortlichen getroffen, dass für alle benötigten Transporte wegen der Schnelligkeit der Belieferung nur noch über Lkw abzuwickeln waren. Die Klimaerfordernisse spielten keine Rolle mehr. Der Markt hatte den Vorrang. Die Investitionen, die dann für die Straßen- bzw. Anschlussbahnnutzung erfolgten, waren dadurch wegen den aus meiner Sicht nicht langfristig gesehenen Umwelt- und Menschheitserfordernisse sinnlos und letztlich umsonst ausgegeben.

Um alle anstehenden logistischen Erfordernisse für die Bevölkerung und die zum Einsatz kommenden Fahrzeuge, wie Omnibusse, Straßenbahnen, S- und U-Bahnen, Eisenbahnen usw. zu beachten, muss im Interesse des nicht weiteren Anstiegs der Erderwärmung über die maximale Höhe von 1,5 Grad Celsius hinaus dringend eine Mobilitätswende, insbesondere in den Städten eingeleitet werden. Es muss in diesem

Zusammenhang allein aus den Klimaerfordernissen heraus dringend das ÖPNV-Angebot erhöht und durch eine engere Taktung verbessert werden. Um dies zu erreichen, haben die Kommunen und die Verkehrsbetriebe zukünftig wesentlich höhere Aufgaben zu erfüllen. Zur erforderlichen Verbesserung der klimaverträglichen Angebote haben der Radverkehr und die in diesem Zusammenhang erforderlichen Betreibungserfordernisse bereits gegenwärtig und zukünftig eine zunehmende Bedeutung. Die vorgesehenen Mobilitätserfordernisse beinhalten u. a.:

- die Mittel zur Gemeindefinanzierung sollen auf 2 Mrd. Euro p. a. angehoben werden

- Erstellung einer Novelle der Straßenverkehrsordnung

- Streichung des Gebührendeckels für Bewohnerparkausweise

- deutliche Bußgelderhöhung, insbesondere für die Menschen, die sich nicht umweltverträglich verhalten. Die dadurch erzielten Einnahmen und frei werdenden Mittel werden für die Stärkung klimavertraglicher Verkehrsträger genutzt.

Man sollte bezüglich der besseren Wirksamkeit des ÖPNV und der damit verbundenen wesentlichen Einsparung der CO_2–Emission und des höheren Anteils der Menschen, der den ÖPNV nutzt, auf das Auto – insbesondere auch im städtischen Verkehr – verzichten.

Obwohl oft bei Vielen noch ein Auto vorhanden ist, kann man sich ein Beispiel an den Niederlanden, der Schweiz und auch an den skandinavischen Ländern nehmen. Eine hohe Reduzierung der CO_2–Emission könnte erreicht werden, wenn man, ähnlich, wie dies Luxemburg mit Wirkung ab dem 01.03.2020 landesweit eingeführt hat, mit bestimmten öffentlichen Personen-Nahverkehrsmitteln kostenlos fahren kann. Dadurch könnte man im regionalen städtischen Bereich auf die Nutzung des Autos verzichten, weil die angebotene logistische Leistung dann kostenlos wäre und man dadurch zu einer erheblichen CO_2–Emissionseinsparung beitragen würde. Die Voraussetzungen dazu sollte man, wenn die gewaltigen wirtschaftlichen negativen Folgen der Corona-Krise wieder beseitigt bzw. kompensiert sind, durch eine Änderung des Haushaltsplans und die erforderliche Umverteilung einer höheren steuerlichen Belastung der Reichen in Deutschland und in anderen Ländern, in denen diese erhebliche Polarität zwischen Arm und Reich noch zutrifft, erreichen. Die Einführung einer Reduzierung des Mehrwertsteuersatzes in Deutschland, um erste Voraussetzungen zu einer höheren Bahnnutzung und damit zur CO_2–Reduzierung auf diese Art und Weise beizutragen, ist ein erster Schritt in die richtige Richtung, aber kann auch nur als ein solcher gewertet werden. Es sollte auch geprüft werden, ob durch noch weitere Investitionen des Staates bzw. der Kommunen über den erwähnten Bereich im kommunalen Bereich von 2 Mrd. Euro hinaus durch die Schaffung weiterer Erfordernisse wirkungsvoll zur Erhöhung der Nutzung des ÖPNV und somit zur CO_2–Emissions–Reduzierung beigetragen wird. Man sollte auch im ÖPNV bei den Investitionen vorrangig darauf achten, dass die erforderlichen zum Einsatz kommenden Fahrzeuge CO_2–frei fahren und somit vorrangig Elektroautos oder andere CO_2–freie Fahrzeuge, wie unter anderem auf Wasserstoffbasis produzierte Fahrzeuge oder andere geeignete CO_2–freie Fahrzeuge einsetzen. Wegen des zu erwartenden Anstiegs der ÖPNV-Teilnehmer muss diese Erhöhung der Nutzer im jeweiligen regionalen Bereich bei den durchzuführenden erforderlichen – einschließlich den Investitionen und anderen in diesem Zusammenhang notwendigen – Maßnahmen beachtet und umgesetzt werden. Es war in Deutschland und auch in vielen anderen Ländern der Welt völlig falsch, dass man viele bisherige Fahrtstrecken im ÖPNV und insbesondere in anderen Fragen der Verkehrsnutzung, vorrangig auch Fahrtstrecken mit der Eisenbahn, im Interesse der Wirtschaftlichkeit und somit auch im Interesse der Beibehaltung bzw. sogar der Erhöhung des Profits, besonders im ländlichen Raum entfallen lassen hat. Dies ist nicht nur für den notwendigen Transport der betroffenen Menschen im ländlichen Raum, besonders für die Älteren ein erheblicher Nachteil und kommt einer Nichtachtung der betroffenen Menschen im ländlichen Raum gleich. Man muss beachten, dass die Älteren aus den verschiedensten Gründen entweder kein Fahrzeug besitzen oder aus gesundheitlichen oder aus Altersgründen kein Auto mehr fahren können oder dürfen. Durch diesen Wegfall von Fahrtstrecken besteht das damit verbundene Erfordernis, dass diese Menschen, die im ländlichen Raum arbeiten, wegen des sonst oft nicht möglichen Nutzung von wegfallenden Fahrtstrecken ein Auto nutzen müssen. Nur so können sie noch zur Arbeit und zu anderen Orten kommen, weil oft keine andere Alternative besteht. Die Mehrheit der auf dem Land lebenden Menschen verfügen über kein Elektroauto bzw. kein anderes verfügbares CO_2-freies Fahrzeug. Außerdem ist das Netz an Elektro-Tankstellen auf dem Land dünn gesät. Trotz dem einige Faktoren bzw. Parameter sich zwischenzeitlich etwas verbessert haben, kann man in keiner Weise mit den bisher erreichten Ergebnissen bezüglich des derzeit erzielten Niveaus CO_2–freier Fahrzeuge einverstanden sein. Aufgrund der genannten zwingenden Klima-Erfordernisse kann das bisherige Ergebnis des ÖPNV bzw. der Angebote an möglichen Fahrtstrecken durch die anderen in Frage kommenden Verkehrsträger und deren Verantwortliche, insbesondere auch der Deutschen Bahn sowie des Bundesministeriums für Verkehr und digitale Infrastruktur (BMVI) in keiner Weise für die Bevölkerung in den ländlichen Regionen befriedigen. Auch für die Autobesitzer, die im ländlichen Raum wohnen, ist es erforderlich, dass sie sich bis 2028 CO_2–freie Fahrzeuge unbedingt anschaffen bzw. die bisher genutzten Fahrzeuge auf CO_2–Freiheit, wenn möglich, umgerüstet werden.

Die Deutsche Post setzt bereits von ihr selbst produzierte klimafreundliche Elektro-Transporter, sogenannte „Streetscooter", beim Transport von Briefen, Büchern,

Paketen und sonstigen Waren ein. Aus diesem Grund kaufte die Deutsche Post bereits 2012 die 2010 in Aachen gegründete Streetscooter GmbH und kooperiert seitdem mit Instituten der Rheinisch-Westfälischen Technischen Hochschule (RWTH) Aachen. Inzwischen ist die Deutsche Post der führende Hersteller von Elektro–Transportern in Deutschland.

Die bereits 1868 gegründete heutige mittelständische Firmengruppe Ferdinand Schultz Nachfolger mit Haupt–Unternehmenssitz in Rostock ist Pionier beim Vertrieb von Elektro-Transportern in Mecklenburg-Vorpommern (siehe auch den am 25.01.2019 in der „Ostsee-Zeitung“ aus Rostock (S. 14) erschienenen Artikel „Rostock wird Verkaufszentrum für E-Transporter“ von André Wornowski). Leider lässt die geringe Reichweite von derzeit 80 Kilometern noch sehr zu wünschen übrig. Im gleichen Artikel wird jedoch auch auf die derzeit bestehenden Mängel eingegangen:

„Offen ist derweil noch, wie die Batterien der Transporter nach dem Gebrauch entsorgt werden können. Die Lithium-Ionen-Akkus, (die aus Rohstoffgründen wegen den schwierigen Abbaubedingungen dieser Rohstoffe und nicht zuletzt wegen der vorherrschenden Kinderarbeit und der gesundheitlichen Probleme beim Abbau auch schon deshalb nicht als Dauerlösung in Frage kommen sollten) müssen mindestens sechs Jahre halten, um eine Wirtschaftlichkeit zu erreichen. An einem Recycling-System wird mit den Herstellern gearbeitet.“

Unabhängig von den Klimaproblemen, sondern insbesondere aus Gesundheits- und Versorgungsgründen, kann die bisherige insbesondere seit der Wiedervereinigung in Deutschland stiefmütterliche Behandlung der im ländlichen Raum lebenden Menschen nicht weiter so erfolgen wie bisher. Vorrangig in kleineren Orten sind diese Menschen aus Gewinn- bzw. Profitgründen von der Gesundheits-, Kultur-, Nahrungsmittel- und Infrastrukturversorgung abgeschnitten und somit abgehängt. Dies trifft leider nicht nur auf Deutschland, sondern auch auf viele andere Länder dieser Welt zu. Der Profitgedanke wird immer noch viel höher angesehen, als dringende zwingende menschliche Erfordernisse im ländlichen Raum. Die erhebliche Benachteiligung des ländlichen Raums kann schon aus Gerechtigkeitsgründen und auch zur Erreichung der notwendigen vergleichbaren Arbeits- und Lebensbedingungen nicht mehr weitergeführt und hingenommen werden. Viele Menschen, die dort keinen Arzt in ihrer Nähe haben, müssen lange Fahrten zum zuständigen Arzt auf sich nehmen und können im ungünstigen Fall durch diese Benachteiligung überhaupt keinen Arzt aufsuchen. So darf es in unserem Gesundheitswesen in Deutschland und in vielen anderen Ländern der Welt, bei den dort noch ungünstigeren Ausgangsbedingungen im Gesundheitswesen, nicht weiter gehandhabt werden. Es kann, wie auch beim Corona–Virus in vielen Ländern der Welt eingetreten, zu schlimmen Auswirkungen für die Menschheit führen, wenn man seitens der Verantwortlichen mit in Kauf nimmt, dass Menschen sterben können, anstatt die Krankenhäuser finanziell zu unterstützen. Es müssen unbedingt die notwendigen Beschaffungen durchgeführt werden können, um Menschenleben zu retten. Die zunehmende Ökonomisierung des Gesundheitswesens mit allen daraus sich ergebenden negativen Auswirkungen für die Menschen bzw. die Patienten darf man so, wie bisher und bereits erwähnt wurde, nicht weiterführen. Das sind nur ein Teil der vielfältigen Lehren, die aus der Corona–Pandemie, bezogen auf ihre Wirkung und ihre Folgen, gezogen werden müssen. Es ist deshalb dringend erforderlich, unser Gesundheitswesen in Deutschland und auch in vielen betreffenden anderen Ländern der Welt nicht mehr auf dieser Basis zu betreiben und in erster Linie auf die Patienteninteressen zu richten. Auch die Versorgung und die völlig ungenügenden Versorgungsmöglichkeiten der Bevölkerung im ländlichen Raum, die bereits genannt wurden, sollten den bereits erwähnten Lebensbereichen dienen und nicht vorrangig den Profitinteressen. Die Versorgungsmöglichkeiten müssen unbedingt den Erfordernissen der dort lebenden Bevölkerung angepasst werden. Die gegenwärtige Verfahrensweise, dass auf diese Art und Weise die ländliche Bevölkerung gegenüber der städtischen Bevölkerung erheblich benachteiligt wird, hat auch nicht geringe politische Wirkungen in Deutschland und auch in manchen anderen betroffenen Ländern.

Es wurde darauf hingewiesen, dass die steuerlichen Abschreibungen, die dem Klimaschutz dienen werden, in den Bereichen Energieeffizienz, Lastmanagement und Fuel Switch von fossilen Brennstoffen hin zu Strom oder Abwärme um weitere 5 Jahre verkürzt wurden. Man sollte unter Berücksichtigung der Dringlichkeit des nicht weiteren Anstiegs der Erderwärmung um maximal 1,5 Grad Celsius zum einen die steuerliche Abschreibung bezüglich der noch zu beachtenden Klimaerfordernisse noch erweitern und möglichst noch erhöhen. Nur so können die gewaltigen notwendigen Zielstellungen für die Menschheit erreicht werden.

Als positiv muss gewertet werden, dass wegen der sehr guten Wirkung des grünen Wasserstoffs die Erdgas–Händler ab 2021 verpflichtet werden, 0,5 Prozent CO_2–neutralen Wasserstoff in den Verkehr zu bringen. Die Quote kann nicht erst bis 2030 um weitere 10 Prozent steigen, wenn zum einen die Zielstellung darin bestehen muss, diesen Wert bis 2028 zu erreichen, und eine Quote von 10 Prozent muss unter den erforderlichen Gegebenheiten der Menschheit um wesentlich über 10 Prozent in der genannten Zeit gesteigert werden. Nach derzeitigem Stand sollen für die Industrie weiterhin Ausnahmen gelten. Auch für die Industrie können bis spätestens 2028 keine Ausnahmen mehr gelten. Die entstehenden Erfordernisse zum notwendigen CO_2–Emissionsausstieg müssen auch für die Industrie gelten, denn die Erfordernisse des Planeten gelten für Alle, und es darf deshalb keine Ausnahmen für die genannte Zeit geben. Die Markteinführung CO_2–freier Technologien in der Industrie bezüglich der Festlegungen im BMU-Förderprogramm „Dekarbonisierung der energieintensiven Industrie“ und der in diesem Zusammenhang festgelegte ab 2021 zu schaffende verbindliche Investitionsrahmen für die Markteinführung neuer CO_2–armer Technologien muss auf die notwendigen veränderten zeitlichen Erfordernisse zur Durchführung dieser Maßnahmen gerichtet sein. Die erforderlichen Festlegungen für weitere Branchen, außer für die Stahl-, Zement- und Chemiebranche, sollten wegen der knappen Zeit, die uns als Menschheit noch zur Verfügung steht, nicht erst Anfang 2022, sondern deshalb schon spätestens Anfang 2021 getroffen werden.

Die für die EU und somit auch für Deutschland geltenden betreffenden Festlegungen, zum Beispiel zur Umsetzung der Klima- und Energieziele bzw. zum Emissionshandel, können nicht erst zum Zeitpunkt 2030 erfolgen, sondern alle durch die EU zu treffenden Regelungen müssen beim Beschluss der Einleitung von Maßnahmen die zeitlichen Erfordernisse beachten, dass die Erderwärmung nicht über 1,5 Grad Celsius ansteigt. Deshalb muss erreicht werden, dass bis spätestens 2028 alle Maßnahmen erfüllt werden, die zum nicht weiteren Anstieg der Erderwärmung beitragen.

Es muss noch viel zur Beseitigung der Klimakrise getan werden, und das gegenwärtige bisher beschlossene Klimaschutzgesetz und manche der darin festgelegten Maßnahmen müssen zeitlich und inhaltlich alle Erfordernisse, die im Interesse des weiteren Erhalts der Menschheit notwendig sind, unbedingt beachten.

Auch ist dringend für die Land- und Forstwirtschaft und für alle anderen Bereiche, für die noch keine konkreten Maßnahmen, so wie mir bekannt ist, getroffen wurden, erforderlich, bezüglich der vor uns stehenden gewaltigen Probleme unbedingt zum frühestmöglichen Zeitpunkt im Jahr 2021 entsprechende Maßnahmen zu beschließen.

Auch die E-Schifffahrt wird ein zunehmendes Thema sein. Bereits Ende 2017 wurde in Stralsund in Mecklenburg-Vorpommern die geräuschlose und ohne eine rußige Rauchfahne auskommende erste Elektro-Auto-Fähre der Welt, die in Kooperation von den Stralsunder Stahlbaufirmen Formstaal und Ostseestaal auf dem Strelasund getestet.

Im am 02.11.2017 in den „Norddeutschen Neuesten Nachrichten“ aus Rostock durch den Journalisten Thomas Schwandt veröffentlichten Artikel „E-Mobilität kommt aufs Wasser“ wird zu dieser Welt-Neuheit wie folgt berichtet:

„... Der 28 Meter lange und 8,90 Meter breite Schiffsneubau ist die weltweit erste vollelektrische Autofähre für die Binnenschifffahrt und schippert völlig lärm- und emissionsfrei übers Wasser. ....
Gebaut worden ist die neuartige Autofähre von den ... Stahlbauunternehmen Formstaal/Ostseestaal. Diese haben sich im Schatten der großen Schiffbauhalle der „MV-Werften“ in den letzten Jahren zu einem eigenständigen und sehr spezialisierten

Schiffbauer entwickelt. Die erste vollelektrische Autofähre ist mittlerweile das zehnte Elektro-Solarschiff-Projekt, das von Formstaal/Ostseestaal realisiert worden ist. Dem Schiffbau waren die beiden Spezialfirmen stets sehr nahe. Als im Jahr 2000 zunächst das Unternehmen Ostseestaal in einer neu errichteten Produktionshalle mit der 3D-Kaltverformung von Stahlblechen startete, wurden in der Nachbarschaft auf der Stralsunder Volkswerft noch zahlreich Containerfrachter und Spezialschiffe für die Offshore-Industrie gebaut. Die Volkswerft war neben anderen Werften einer der wichtigsten Abnehmer der dreidimensional verformten Bleche von Ostseestaal. Doch spätestens mit Ausbruch der schweren Wirtschafts- und Finanzkrise 2008/2009 und schwindenden Aufträgen in der Werftindustrie begann Ostseestaal, sich verstärkt auf andere Geschäftsfelder zu konzentrieren. So wurde ergänzend zum Produktionsprofil am Stralsunder Standort die Firma Formstaal gegründet. Diese fertigt aus den verformten 3D-Blechen hochwertige und komplexe Schweißkonstruktionen, etwa für extravagant gestaltete Gebäudefassaden, für die Luftfahrtindustrie, den Bereich regenerativer Energien und den Schiffbau andernorts. Als sich vor einigen Jahren ein Trend in der Schifffahrt hin zu alternativen Antrieben abzeichnete und die Regeln für Schiffsemissionen verschärft wurden, lotete das Management von Formstaal/Ostseestaal die Chancen aus, mit dem Bau von Elektro-Solarschiffen ein völlig neues Geschäftsfeld zu erschließen. Der Fokus richtete sich auf die Berufsschifffahrt auf Binnen- und in Küstengewässern. „In diesem Bereich existiert ein hoher Bestand an veralteten Schiffen, der kurz- und mittelfristig erneuert werden muss“, begründet Ingo Schillinger, Senior Sales Manager bei Formstaal/Ostseestaal und betont zugleich: „An Neubauten werden hohe Anforderungen in punkto Sicherheit und Umweltschutz gestellt. Das zwingt zu innovativen Lösungen beim Antrieb und in der Konstruktion, um Elektro-Solarschiffe auch wirtschaftlich betreiben zu können.“ Das könnte ein Grund dafür sein, „warum sich niemand vorher konsequent mit dem Thema beschäftigt hat,“ mutmaßt Formstaal-Geschäftsführer Dr. Thomas Kühmstedt. .... Die bis dato von beiden Firmen gebauten Elektro-Solarschiffe, darunter Fahrgastschiffe und Fähren, die unter anderem auf den Berliner Gewässern und in der Autostadt Wolfsburg verkehren, zeichnen eine extreme Leichtbauweise und energieverbrauchsoptimierte Komponenten aus. Die Stralsunder Konstrukteure setzen vorrangig Aluminium ein, optimieren die Schiffskörper und reduzieren den Energieverbrauch zum Beispiel durch LED-Leuchten. .... Die Fahrgastschiffe werden ausschließlich mit Solarenergie und Batteriestrom betrieben. In den Sommermonaten ist es möglich, den Tagesbetrieb der Schiffe bis zu 100 Prozent mit solarer Energie zu bestreiten. In der Dämmerung liefern die Lithium-Polymerbatterien den Strom für die Antriebsmotoren. Die Batterien werden mit solarer Energie gespeist. Zur Sicherheit ist eine stationäre Aufladung vorgesehen.“

Durch den Einsatz dieser in Stralsund gebauten vollelektrischen Autofähre setzt die Mosel-Gemeinde Oberbillig im rheinland-pfälzischen Landkreis Trier-Saarburg in

Sachen umweltgerechter Fährverkehr weltweit Maßstäbe. Die zunehmende Digitalisierung eröffnet auch neuen Geschäftsfeldern Entstehungs- und Zukunftschancen. Zu diesen neuen Geschäftsfeldern gehören auch selbst fahrende Schiffe. „Wasser hat zumindest einen großen Vorteil: Es gibt weniger Verkehr als auf den Straßen und die Reaktionszeiten sind meist länger“, sagt Dr. Pierre C. Sames, Leiter der Abteilung Technologie und Forschung bei der norwegischen Klassifikationsgesellschaft DNV GL. Norwegen ist nicht nur bei der Elektromobilität, sondern auch bei der autonomen Schifffahrt Vorreiter. Auch Finnland, Dänemark und Singapur beschäftigen sich mit der autonomen Schifffahrt sehr intensiv.

Wie im in der November-Ausgabe 2018 der Mitglieder-Zeitschrift „WIR – Wirtschaft in Rostock“ der Industrie- und Handelskammer zu Rostock veröffentlichten Artikel von Nikos Späth, „Schiffe ohne Kapitän – Ist das die Zukunft der Schifffahrt?“ dargestellt wurde, „könnten nach Ansicht von DNV GL im Vergleich zum Landtransport vor allem Kosten und Energie eingespart werden. Je mehr Warenströme sich auf das Wasser verschieben, desto geringer die Instandhaltungskosten auf den Straßen und auch die Luftverschmutzung wird gesenkt. Wenn die Kommandobrücke an Bord überflüssig wird, spart ein autonomes Schiff auch Gewicht ein und gewinnt zugleich an Frachtraum. Zugleich sinkt der Wartungsbedarf. Primäres Einsatzgebiet ... sind Küstengewässer.“

In der im Oktober 2020 veröffentlichten Studie des Wuppertal Instituts für Klima, Umwelt, Energie zum Thema: „Wie Deutschland bis 2035 CO_2-neutral werden kann" der Autoren Dr. Georg Kobiela, Dr. Sascha Samadi, Jenny Kurwan, Annika Tönjes, Prof. Dr.-Ing. Manfred Fischedick, Thorsten Koska, Prof. Dr. Stefan Lechtenböhmer, Dr. Steven März und Dietmar Schüwer unter dem Link https://wupperinst.org/a/wi/a/s/ad/5169 werden mögliche Eckpunkte aus der Sicht dieses Instituts vorgeschlagen, um nur eine Temperaturerhöhung um 1,5 Grad Celsius in der Erderwärmung gegenüber der vorindustriellen Zeit zu erreichen. Aus dieser Studie bzw. den Eckpunkten wird nachfolgend auszugsweise berichtet.

„Um einen angemessenen Beitrag für das Erreichen der 1,5 Grad-Grenze leisten zu können, wird Deutschland bis etwa 2035 auf ein klimaneutrales Energiesystem umstellen müssen. Die Forscher des Wuppertal Instituts für Klima, Umwelt, Energie haben in der im Oktober 2020 veröffentlichten Studie „CO_2-neutral bis 2035: Eckpunkte eines deutschen Beitrags zur Einhaltung der 1,5 Grad-Grenze" untersucht, welche Transformationsschritte und -geschwindigkeiten notwendig sind, um dieses Ziel zu erreichen. Die Studie, die das Forscherteam mit finanzieller Unterstützung der GLS-Bank für „Fridays for Future Deutschland“ erarbeitet hat, stellten sie im Oktober 2020 in Berlin während einer Pressekonferenz vor. Ergebnis der Studie: Ein klimaneutrales Energiesystem bis 2035 ist zwar sehr ambitioniert, aber grundsätzlich

machbar, sofern alle aus heutiger Sicht möglichen Strategien gebündelt werden. Das im vergangenen Jahr beschlossene Klimaschutzgesetz der Bundesregierung sieht vor, dass Deutschland bis 2050 treibhausgasneutral wird. Dies ist allerdings nicht vereinbar mit einer Begrenzung der Erderwärmung auf 1,5 Grad Celsius. Der Sachverständigenrat für Umweltfragen (SRU) geht davon aus, dass in Deutschland CO_2-Neutralität schon bis etwa 2035 erreicht werden muss, wenn ein angemessener Beitrag zum globalen 1,5-Grad-Ziel geleistet werden soll. Die über CO_2 hinausgehenden Treibhausgasemissionen müssen danach ebenfalls sehr schnell sinken. Der SRU legt dabei zugrunde, dass die Pro-Kopf-Emissionen weltweit gleich verteilt werden und Deutschland keinen überproportionalen Anteil beanspruchen darf. Doch wie lässt sich dieses Ziel noch rechtzeitig erreichen. Hierzu versucht die Studie Diskussionsimpulse zu geben. Um eine Chance zu haben, die Erderwärmung auf 1,5 Grad Celsius zu beschränken, müssten die deutschen Emissionen insbesondere in den kommenden fünf Jahren - und damit vor allem in der nächsten Legislaturperiode dramatisch gesenkt werden. ....
Um das 1,5 Grad-Budget einzuhalten, sind unter der Voraussetzung weltweit gleicher Pro- Kopf-Emissionen CO_2-Minderungen von mindestens minus 60 Prozent bis 2025 und mindestens minus 85 Prozent bis 2030 (jeweils gegenüber 1990) erforderlich. Denn entscheidend dafür, die Risiken und Auswirkungen des Klimawandels erheblich verringern zu können, sind die kumulierten Emissionen. Eine gleichmäßige lineare Minderung bis 2035 ist dafür aber nicht ausreichend.

Die Sektoren Energiewirtschaft, Industrie, Verkehr und Gebäude im Fokus

In ihrer Studie untersuchten die Forscher des Wuppertal Instituts für Klima, Umwelt, Energie auf der Basis bestehender Energieszenarien und weitergehender Überlegungen, wie sich CO_2-Neutralität besonders in den Sektoren Energiewirtschaft, Industrie, Verkehr und Gebäude bereits 2035 umsetzen ließe. Dafür sind aus ihrer Sicht unter anderem folgende Maßnahmen erforderlich:

In der Energiewirtschaft müssen die Ausbauziele der Bundesregierung von Wind- und Solarenergie insgesamt mindestens 25 Gigawatt pro Jahr betragen - mehr als eine Verdopplung gegenüber den aktuellen Zielen der Regierung:

- Insbesondere der Ausbau der Windenergie an Land (Onshore) müsse in Schwung gebracht werden - hier sind nach Ansicht der Forscher mindestens 7 oder besser 10 Gigawatt pro Jahr erforderlich.

- Für ein CO_2-neutrales Energiesystem ist Wasserstoff - unter anderem für die Industrieanlagen in den kommenden zehn Jahren das Ende ihrer vorgesehenen Lebensdauer.

- Diese Anlagen müssen durch klimaverträgliche neue Prozesse ersetzt werden, zudem müssen bestehende Anlagen bis 2035 auf nicht-fossile Technologien umgestellt werden, sofern sie weiter im Betrieb bleiben sollen.

- Zusätzlich muss ein Wasserstoff-Pipeline-Netz innerhalb weniger Jahre errichtet werden, da Wasserstoff für viele Industriebereiche den zentralen Schlüssel für die Umrüstung darstellt.

- Damit die klimaneutralen Schlüsseltechnologien einen Preisvorteil gegenüber den konventionellen CO_2-intensiven Technologien erreichen, muss der CO_2-Preis schon kurzfristig deutlich ansteigen.

- Zum Schutz gegen die Verlagerung von CO_2-Emissionen und zur Aufrechterhaltung der Wettbewerbsfähigkeit der deutschen Industrie ist ein effektiver "Carbon-Leakage-Schutz" notwendig. Es sind also Maßnahmen erforderlich, die vermeiden, dass CO_2-intensive Produktionsverfahren in Länder mit weniger strengen Klimaschutzvorgaben verlagert werden. Zentrale Elemente dafür können Instrumente wie Carbon Contracts for Difference, die zielorientiert Preisdifferenzen überwinden helfen, im Verbund mit Produkt- beziehungsweise Klimaabgaben sein.

  „Auch wenn möglicherweise noch Unsicherheiten über eine langfristig beste Lösung bestehen, muss der Aufbau der Infrastruktur für eine klimaneutrale Industrie schon heute beginnen. Andernfalls reicht die Zeit für den Umbau gegebenenfalls nicht aus. Daher müssen jetzt Entscheidungen getroffen werden und die Umsetzung sehr schnell beginnen, betont Dr. Georg Kobiela, ebenfalls Mitautor der Studie und wissenschaftlicher Mitarbeiter in der Abteilung Zukünftige Energie. "

Es sind u. a. in dieser Hinsicht erforderlich:

- konsequente Maßnahmen zur Verkehrsvermeidung und -verlagerung

- beschleunigte Einführung alternativer Antriebe, vor allem Elektro-Pkw

- signifikant höhere CO_2-Preise auf fossile Kraftstoffe als zentrales Anreizelement

- Parallel dazu: Abschaffung klimaschädlicher Subventionen, wie Steuerbefreiung von Flugbenzin, Dieselprivileg, Dienstwagenprivileg, Subventionen für Regionalflughäfen, bevorzugte Investitionen in Straßenbau und statt dessen beschleunigter Ausbau von öffentlichem Verkehr, Rad- und Fußinfrastruktur.

- Im Gebäudebereich ist eine massive und nie dagewesene Steigerung der energetischen Sanierungsrate auf eine Höhe von etwa 4 Prozent pro Jahr notwendig - aktuell liegt die Rate bei lediglich rund 1 Prozent.

- Für die Steigerung der energetischen Sanierungsrate ist ein umfassender Maßnahmenmix notwendig, der etwa von einer verpflichtenden Sanierung beim Immobilienverkauf oder -erbe über eine wirkungsvolle CO_2-Bepreisung bis hin zu einer Ausbildungs- und Qualifizierungsoffensive im Handwerk und beschleunigter Einführung innovativer Verfahren, wie industrieller Vorfertigung von Sanierungselementen reicht.

- Heute liegt der Anteil an installierten fossilen Heizungen noch bei fast 80 Prozent, mit der Zielsetzung CO_2-Neutralität müsste schon kurzfristig eine Trendumkehr erfolgen. Spätestens in der nächsten Legislaturperiode müsste die Entscheidung getroffen werden, dass keine neuen fossile Heizungen mehr installiert werden dürfen. Statt dessen sollte der Fokus bei neu eingebauten Heizungen zukünftig auf Wärmepumpen liegen, betont Prof. Dr.-Ing. Manfred Fischedick."

Aus diesen Ausführungen wird verdeutlicht, dass das Klimaschutzgesetz der Bundesregierung in Deutschland nicht sichert, dass das 1,5 Grad-Celsius-Ziel in der maximalen Erderwärmung erreicht wird. Durch dieses Klimaschutzgesetz wird hingenommen, dass sich die Erderwärmung über 1,5 Grad Celsius entwickeln wird. Die weitere Erhöhung der Erderwärmung über 1,5 Grad Celsius gegenüber der Temperatur der vorindustriellen Zeit hat schwerwiegende Auswirkungen, wie zum Teil schon beschrieben, auf die Höhe des Meeresspiegels, auf Starkregen, auf vielfältige noch erheblich stärkere Wetterunbilden, auf das Entstehen von Bränden, aber auch die notwendige Erhöhung der umweltbedingten Fluktuation von Menschen und die damit sich auch ergebende notwendige Erhöhung der Anzahl der umweltbedingten Flüchtlinge. Deshalb muss das Klimaschutzgesetz der Bundesrepublik wesentlich höhere Zielstellungen aufweisen und muss viel schneller die notwendigen Maßnahmen zur Erreichung des 1,5 Grad-Ziels getroffen werden. Auch die Zielstellungen der UNO, der EU und der Bundesrepublik Deutschland, dass eine Klimaneutralität erst 2050 erreicht wird, ist, wie erwähnt, viel zu spät für die Menschheit zur Erreichung des 1,5-Grad-Ziels und muss viel eher gesichert werden. Da diese Zielstellungen der Erreichung einer Klimaneutralität erst im Jahr 2050 auch dem Pariser Klimaschutz-Abkommen entsprechen, ist zu diesem Zeitpunkt auch die zeitliche Zielstellung des Pariser Abkommens viel zu spät, um das 1,5 Grad-Ziel noch zu erreichen.

In Anbetracht der großen Gefahren für die Menschheit, dass durch die Wirksamkeit und die Gefahren des Eintretens der Kipppunkte unumkehrbare Tatbestände zur

Zerstörung unseres Klimas und unserer Umwelt geschaffen werden, wird es nach meiner Auffassung für wichtig gehalten, dass nicht erst 2035 die Klimaneutralität erreicht wird und die Beschlüsse des Klimaschutzgesetzes weiterhin viel zu spät umgesetzt werden und nicht die für die Menschheit notwendigen Zielstellungen enthalten. Deshalb bin ich weiterhin der Auffassung, dass bis 2028 alle Maßnahmen und Erfordernisse des Umweltschutzes in der entscheidenden Reduzierung der CO_2-Emission geschafft werden müssen. Nur so können wir rechtzeitig noch eine intakte Umwelt schaffen.

Im nächsten Kapitel nehme ich zu den Problemen der Freiheit Stellung. Gerade unter den derzeitigen Gegebenheiten der Corona–Krise und noch mehr unter Berücksichtigung der leider weiter steigenden Erderwärmung und ihrer Folgen für die Menschheit haben die Probleme der Freiheit, gerade wegen des derzeitigen Verhaltens einiger Menschen, einen besonderen Stellenwert. Oft werden besonders von den Auswirkungen des Corona-Virus betroffene Gebiete von den zentralen und lokalen Regierungsverantwortlichen nicht ausreichende erforderliche Maßnahmen gegen den Corona-Virus zum Schutz der Gesundheit der Menschen ergriffen. Meines Erachtens werden zu sehr die individuellen Wünsche und zu wenig die gemeinsamen wichtigen Handlungserfordernisse für das von uns allen gewünschte Weiterleben und das weitere Bestehen der Menschheit gesehen und in den Vordergrund gestellt. Weil das Verhalten von uns Menschen stark von unserem Freiheitsverhalten abhängig ist, sollten wir noch stärker, als bisher und bezogen auf die sehr schwierigen bestehenden aktuellen Herausforderungen zur Freiheit diese Tatsache in unseren Handlungen beachten.

4. Grundlegende Bemerkungen zur Freiheit und zum Freiheitsverhalten

4.1. Allgemeine Bemerkungen zur Freiheit und zum Freiheitsverhalten

Gemäß dem Internet-Lexikon Wikipedia (siehe Link: https://de.wikipedia.org/wiki/Freiheit) wird unter Freiheit (lateinisch: libertas) "in der Regel die Möglichkeit verstanden, ohne Zwang zwischen unterschiedlichen Möglichkeiten auszuwählen und entscheiden zu können. Der Begriff benennt in Philosophie, Theologie und Recht der Moderne allgemein einen Zustand der Autonomie eines Subjekts."

Um uns in gesellschaftlicher fortschrittlicher Richtung im Sinne einer humanistischen Freiheit so zu verhalten, müsste erreicht werden, dass jedes Subjekt, speziell der Mensch, sich so verhält, dass es – bezogen auf den Menschen – er keine Nachteile für die Menschheit zulässt bzw. wichtige Erfordernisse zum weiteren Bestehen der Menschheit beachtet. Bei der Freiheit kann sich der Mensch unter Nutzung seiner zur Verfügung stehenden Variationsmöglichkeit im Sinne der möglichen freien Entscheidung so verhalten, wie er es für notwendig erachtet.

Wenn sich alle Menschen auch individuell so verhalten und so verhalten würden, dass sie die Erfordernisse des „Kategorischen Imperativs" im Sinne Immanuel Kants in ihrem Freiheitsverhalten unter Beachtung der Notwendigkeit eines gebotenen vernünftigen Handelns berücksichtigen würden, bräuchte es uns um die tatsächliche praktische Anwendung der Freiheit nicht bange sein. Wenn die aktuellen Notwendigkeiten der Menschheit im Sinne eines globalen vernünftigen Verhaltens besser beachtet würden, wäre es nicht erforderlich, dass man sich sicher nicht in dem Maße, wie es leider gegenwärtig erforderlich ist, kritisch über das mangelnde, oft nicht ausreichende Freiheitsverhalten mancher Menschen äußern müsste. Es ist eine objektive Tatsache, dass einige Menschen sich in ihrem tatsächlichen Freiheitsverhalten nicht so verhalten, wie es die Menschheit für ihr weiteres Bestehen für die Gegenwart und Zukunft und die planetaren Erfordernisse unbedingt benötigt. Das Individuum kann im Sinne der Anwendung der Freiheit entscheiden, was es in seinem individuellen Verhalten selbst für richtig ansieht. Das vernünftige Handeln sollte jedoch bei der konkreten Anwendung der Freiheit unbedingt Beachtung finden. Immanuel Kant hat sich darüber wie folgt aus der Sicht seiner Zeit geäußert: „Niemand kann mich zwingen, auf seine Art (wie er sich das Wohlsein anderer Menschen denkt) glücklich zu sein, sondern ein Jeder darf seine Glückseligkeit auf dem Wege suchen, welcher ihm selbst gut dünkt, wenn er nur der Freiheit Anderer, einem ähnlichen Zwecke nachzustreben, die mit der Freiheit von Jedermann nach einem möglichen allgemeinen Gesetze zusammen bestehen kann, (die Rechte des Andern) nicht Abbruch tut."

Das heißt nichts Anderes, als dass er sich bei seinem konkreten ausgeübten freiheitlichen Handeln nicht im Widerspruch zu einem freiheitlichen Handeln eines Anderen bewegt. Wie schon bemerkt, ist es erforderlich und wird auch von Immanuel Kant mit Nachdruck festgestellt, dass Freiheit ein vernünftiges Handeln erfordert und nur durch Vernunft möglich ist. Kant äußert sich im Zusammenhang mit seinen Darlegungen zum „Kategorischen Imperativ" zu den Belangen der Freiheit sinngemäß u. a. wie folgt: „Ohne Vernunft folgt der Mensch seinen Trieben wie ein Tier. Kraft seiner Vernunft ist der Mensch in der Lage, das Gute zu erkennen und sein eigenes Verhalten daran pflichtgemäß auszurichten.“

Da nach Kant nur der sich bewusst pflichtgemäß, also moralisch verhaltende Mensch frei ist, sind „freies Handeln" und „moralisches Handeln" bei Kant ebenso Synonyme wie der „freie Wille“ und der „gute Wille“. Der Freiheitsbegriff Kants macht Freiheit und Pflicht zu Synonymen. Nur die pflichtgemäße Entscheidung ist auch eine freie Entscheidung und umgekehrt. Damit schließt Kants Freiheitsbegriff reine Lustentscheidung vollständig aus dem Freiheitsbegriff aus. Die Freiheit zu tun, was man will, ist genau das Gegenteil davon, zu tun, wozu man Lust verspürt, weil die Lust den Menschen genau von der eigenen Freiheitsentfaltung abhält. Zudem benötigt der Freiheitsbegriff nach Kant keine Wahlfreiheit, weil es nicht darauf ankommt, dass verschiedene Möglichkeiten zur Auswahl stehen. Auch wenn nur eine Handlungsoption besteht, ist der Mensch frei, so lange er die Wahrnehmung dieser Option kraft seiner Vernunft als richtig (gut) erkannt hat." (siehe die Definition des Begriffs „Freiheit“ im Internet-Lexikon Wikipedia unter dem Link: https://de.wikipedia.org/wiki/Freiheit).

Leider beachten eine nicht geringe Zahl von Menschen diese Erfordernisse der Freiheit nicht und handeln vorrangig nach ihren individuellen Interessen, um ein hohes persönliches Wohl- oder Lustempfinden zu erreichen. Auf die notwendigen Erfordernisse der Vernunft, die zu freiheitlichem Handeln, wie erwähnt, dazu gehört, wird oft nicht die erforderliche Rücksicht genommen. Auch für die Bedürfnisse anderer Menschen sowie für ihre Freiheitsvorstellungen wird oft kein ausreichendes adäquates Verhalten gezeigt. Es gibt leider auch Menschen, die Freiheit so verstehen, dass sie nicht nur keinerlei Rücksicht auf Andere nehmen, sondern sich auch noch aggressiv, manchmal sogar mit Gewalt gegenüber Anderen benehmen und dies als mögliches freiheitliches Handeln für sich zutreffend ansehen. Leider haben Manche völlig verzerrte Auffassungen und individuelle Verhaltensweisen zur Freiheit. Manche betrachten ein freiheitliches Handeln für sich derart, dass sie unter dem Deckmantel der Freiheit nur persönliche Vorteile durch ihre oftmals egoistischen und oft auch rücksichtslosen Handlungen haben wollen. Das oft ungenügende

Freiheitsverhalten führt auch nicht nur zu erheblichen Problemen für die die gesamte Gesellschaft, sondern auch zur mangelnden Solidarität, zu Mobbing, zu völlig unzureichender Humanität und zu weiteren negativen Verhaltensweisen. Darunter leiden oft Menschen, die sich richtig im Sinne des Freiheitsverhaltens verhalten oder auf Missstände im Freiheitsverhalten hinweisen. Sie werden von Denjenigen, die Freiheitserfordernisse über Alles stellen, noch manchmal gewalttätig angegriffen, in schlimmster Weise behandelt, und es wird auch im Rahmen des aggressiven Verhaltens unter Umständen auch vor kriminellen Handlungen, einschließlich Mord, nicht zurück geschreckt. Bestimmte Grundrechte können durch das kritikwürdige Freiheitsverhalten Einzelner in der Gesellschaft oft nicht mehr im erforderlichen Maße realisiert werden. Das Recht auf Leben und körperliche Unversehrtheit kann durch ein Fehlverhalten – bezogen auf die Belange der Freiheit – ebenfalls für Einzelne in der praktischen Anwendung zu Problemen führen. Gegen Diejenigen, die in ihrem Freiheitsverhalten für Andere erhebliche Schwierigkeiten bei der Durchsetzung der Freiheit schaffen, muss unbedingt konsequent durchgesetzt werden, dass die betreffenden Leute, die sich in ihrem Freiheitsverhalten unter Umständen nicht richtig verhalten, dass nicht Andere durch ihr Fehlverhalten negativ beeinflusst werden. Deshalb ist es erforderlich, durch die notwendige Sicherheit das notwendige Freiheitsverhalten und die Sicherung der Grundrechte gerade auch für die Bürger unseres Staates durchzusetzen, die eine richtige Auffassung zur Freiheit haben und sich freiheitsliebend, verbunden mit dem erforderlichen Humanismus, verhalten.

4.2. Bemerkungen zu Sicherheitserfordernissen

Leider werden zu viele kriminelle Delikte begangen, trotz dem wir uns als Gemeinschaft so freiheitsliebend auch in Deutschland verhalten wollen und der Freiheit einen hohen Stellenwert beimessen. Wie ich schon in meinem Buch zur Lebensweise beschrieben habe, ist das Gewaltverhalten in Deutschland und auch in manchen anderen Ländern der Welt immer noch relativ hoch. Es müssten nicht nur zur Durchsetzung der Freiheit auch für Diejenigen, die keine Gewalttaten ausüben und sich richtigerweise freiheitliebend auch zu Anderen verhalten, die Sicherheitsinteressen von diesen Menschen viel stärker als bisher beachtet werden. Auch die Aufklärungsrate von Straftaten muss erheblich verbessert werden, denn sie ist – aus meiner Sicht gesehen – viel zu niedrig. Man kann sich nicht dafür noch auszeichnen wollen, dass die Aufklärungsrate gegenüber dem Vorjahr verbessert wurde. In vielen Bereichen der Aufklärung liegt sie noch bei 50 Prozent und teilweise noch darunter. In der DDR lag die Aufklärungsrate vergleichsweise wesentlich über 90 Prozent, und dies sollte wieder zum anzustrebenden Maßstab werden. Die Unterschiede in der Aufklärung zwischen dem damals bestehenden System in der DDR und des höheren Anteils an den Verbrechen sowie der Kriminalität zur heutigen Zeit liegen auch mit daran, dass Manche unter Freiheit verstehen, dass sie diese zügellos ausleben können. An die Sicherheit und an die Freiheit des Anderen wird dabei oft nicht gedacht, und es werden vorrangig die eigenen individuellen Interessen dabei vertreten. Es werden dadurch unschuldige Menschen, die sich in ihrem Freiheitsverhalten richtig verhalten, Opfer von Straftaten, weil Einige die Freiheitserfordernisse in keiner Weise beachten. Damit Diejenigen, die Gewalt ausüben und das notwendige Freiheitsverhalten überhaupt nicht beachten, merken, dass sie falsch gehandelt haben, müssen wir bei der Festlegung des Strafmaßes strikter handeln. Wir müssen in diesem Zusammenhang auch die Sicherung der notwendigen Prophylaxe bei solchen gewalttätigen Handlungen sehen. Nur so können wir die notwendige prophylaktische Wirkung erreichen. Da die Gewalt weiterhin besteht und in einigen Gewaltbereichen sogar noch ansteigt, ist unser Verhalten hierzu, aus meiner Sicht, nicht ausreichend. Dies kann u. a. am zunehmenden Terrorismus als eine entstehende wachsende Gefahr für alle Menschen und die daraus ergebenden Erfordernisse zu Belangen der Sicherheit verdeutlicht werden. Wir haben nicht nur die Probleme des zunehmenden Rechtsterrorismus, sondern auch Bestandteile der Kriminalität, die ebenfalls nicht gering sind. Um die erforderliche Freiheit zu erhalten, muss die Sicherheit, gerade auch unter den gegenwärtigen Gegebenheiten, erhebliche Bedeutung haben. Es kann nicht sein, und so hat man manchmal das Empfinden, dass bei Manchen die Fragen des Datenschutzes vor den äußerst wichtigen Angelegenheiten der Sicherheit gehen.

Man sieht das teilweise übertriebene Bemühen nach Datenschutz auch darin, dass die Belange des Datenschutzes oft eine höhere Bedeutung haben, als andere wichtige Belange des Grundgesetzes gegenüber der notwendigen Sicherheit.

Im besonderen Maße macht sich diese Feststellung bei der gegenwärtigen Pandemie bemerkbar. Der übertriebene Datenschutz ist oftmals ein Hindernis bei der Suche nach Infektionsketten und vielen anderen wichtigen Belangen der Menschheit. Andere Länder, die nicht so einen – aus meiner Sicht – übertriebenen Datenschutz betreiben und wesentlich geringere und vereinfachtere Datenschutzbestimmungen haben, können oft wirkungsvoller und besser Infektionsketten konkret verfolgen. Wir weisen primär, trotz der bedrohlichen Lage durch die Pandemie auf der Welt, insbesondere auch in Deutschland, auf bisher bestehende Datenschutzbestimmungen hin. Offenbar haben manche Menschen noch immer nicht die Tragweite der Pandemie verstanden. Es geht um Leben und Tod von Menschen, und wir befanden (oder befinden uns noch) in einer absoluten Notsituation. Es kann nicht sein, dass Bestimmungen des Datenschutzes dann unter diesen bestehenden Gegebenheiten noch den Vorrang haben. Erfordernisse, wie die Pandemie, haben – meines Erachtens – allein, um Menschenleben zu retten und damit aus ethischen und humanistischen Gründen eindeutig den Vorrang vor den Belangen des Datenschutzes in solch einer schweren Situation. Dies haben auch manche Vertreter aus einigen Parteien bis heute nicht verstanden, denn sonst könnten sie nicht gerade in der jetzigen Situation immer so vordergründig auf die Belange des Datenschutzes verweisen. Beide Belange prallen dann entsprechend ihrer verschiedenen Auffassungen ziemlich aufeinander, da verschiedene Interessenlagen oft bestehen. Sicherlich muss man beide Bereiche, wenn möglich, in Übereinstimmung bringen und dabei beachten. Angesichts der gegenwärtigen Situation der Pandemie haben – aus meiner Sichtweise gesehen – die Belange und Folgen des Corona-Virus eindeutig den Vorrang und das Primat vor den Datenschutzbelangen. Deshalb muss immer generell geprüft werden, wenn sich einzelne Fragen antagonistisch gegenüber stehen, welcher Bereich den Vorrang sowie das Primat hat. Ich vertrete die Auffassung, dass, wenn eine Entscheidung in Einzelfragen getroffen werden muss, um Menschheitserfordernisse und die wichtigsten Grundrechte zu sichern, der jeweilige Mensch sowie die Erreichung und Wahrung der Sicherheit vor manchen Belangen des Datenschutzes das Primat haben muss. Dies sollte auch bei der Festlegung der Verhältnismäßigkeit vom Grundsatz her beachtet werden, nicht nur unter den gegenwärtigen Belangen der Pandemie.

Es muss zur Gewährleistung der erforderlichen Sicherheit mehr Polizei, insbesondere in der praktischen Arbeit, unmittelbar vor Ort vertreten sein. Nur so können die erforderlichen Polizeiaufgaben in der operativen Arbeit erfüllt werden. Neben der Sicherung der erforderlichen Ausstattung für die Polizei muss auch gewährleistet werden, dass mögliche Straftäter durch Installation der erforderlichen Kameras an den jeweiligen besonders stark frequentierten Orten und durch die erforderlichen

Maßnahmen der Gesichtserkennung möglichst schnell gefunden werden können. Es ist auch nicht zu verstehen, dass man in einer Zeit, in der immer noch – nach meiner Auffassung – eine in keiner Weise ausreichende Aufklärungsrate besteht, Maßnahmen teilweise viel zu spät und oft nicht in der den realen Erfordernissen zur Erreichung einer relativ hohen Aufklärung notwendigen Intensität durchgeführt werden. Als richtig und unbedingt notwendig erachte ich die ab dem 01.01.2020 bestehende Pflicht, dass auf der Grundlage von geltenden EU-Verordnungen ein Gesetz wirksam wird, dass auch jeder Bürger, der in Deutschland einen Personalausweis besitzt, auch die erforderlichen Fingerabdrücke zu seiner Person bei der Beantragung eines Personalausweises beim zuständigen Ordnungsamt hinterlegen muss. Bisher geltende Regelungen gingen diesbezüglich noch von einer freiwilligen Entscheidung eines jeden Bürgers aus, der in Deutschland einen Personalausweis besitzt oder einen Personalausweis beantragen muss. Diese Bestimmungen bestanden zum damaligen Zeitpunkt der Erstellung meines Buches über die Lebensweise noch. Selbst, wenn Datenschützer sich dagegen aussprechen und diese aktuell geltenden Bestimmungen als einen Eingriff in ihre Grundrechte betrachten, halte ich die Abnahme von persönlichen Fingerabdrücken bei der Beantragung eines persönlichen Personalausweises oder Reisepasses für unbedingt erforderlich. Angesichts der real bestehenden Gefahren und auch der Möglichkeit der weltweiten Vernetzung halte ich diese prophylaktische Maßnahme für die notwendige vorbeugende Gefahrenabwehr für richtig. Bei unseren Datenschutzbestimmungen und manchmal leider auch bei den Grundrechten müssen wir die aktuelle Gefahr für alle Bürger sehen und können uns nicht auf völlig realitätsfremde Bestimmungen berufen. Auch hier sollten wir als erforderliches Primat die bestehende Gefahr bei der erforderlichen zu treffenden Entscheidung konkret sehen. Wir können uns meines Erachtens nicht auf unsere oft stark theoretisierende verabsolutierte Auffassung im Datenschutz und auch nicht auf bestimmte damit verbundene Auffassungen der Verwirklichung der Grundrechte immer und überall berufen, wenn sie zu den realen Erfordernissen des Lebens – überhaupt der Realität – diametral entgegenstehen.

Auch damit schaffen wir mangelnde Voraussetzungen für eine Freiheit auch im Sinne des wichtigsten Gesetzes in Deutschland, des Grundgesetzes. Dazu gehören u. a. Artikel 1 (1) GG: „Die Würde des Menschen ist unantastbar. Sie zu achten und zu schützen ist Verpflichtung aller staatlichen Gewalt." und auch des Artikels 2 (1) GG: „Jeder hat das Recht auf die freie Entfaltung seiner Persönlichkeit, soweit er nicht die Rechte anderer verletzt und nicht gegen die verfassungsmäßige Ordnung oder das Sittengesetz verstößt." oder Artikel 2 (2) GG: „Jeder hat das Recht auf Leben und körperliche Unversehrtheit. Die Freiheit der Person ist unverletzlich. In diese Rechte darf nur auf Grund eines Gesetzes eingegriffen werden."

Wenn wir hierbei nicht die dringenden Erfordernisse der Sicherheit sehen, können wir auch nicht die Erfordernisse des Grundgesetzes und der Freiheit verwirklichen.

Auch Dieses müssen wir alles sehen und können uns nicht, wie ein bockiges Kind, absolut nur immer auf Datenschutz und auf Persönlichkeitsrechte berufen. Oft genügen diese nicht den Erfordernissen der aktuellen Zeit und beachten auch nicht immer ausreichend den erheblichen Anstieg der Gefahren.

So werden wir auch den Erfordernissen eines dialektischen objektiven Denkens, das auch für die Durchsetzung der Belange der Freiheit eine nicht zu unterschätzende Rolle spielt, oft nicht gerecht. Auch unter diesen Gesichtspunkten und der bestehenden objektiven Notwendigkeit, die erforderlichen Belange der Sicherheit zu erfüllen, müssen wir das dringende Erfordernis der dafür in Frage kommenden Polizeigesetze weltweit und auch in Deutschland sehen. Damit Unbefugte keinen Datenzugriff haben, müssen wir alle erforderlichen Maßnahmen und Handlungen einleiten, dass nicht anonymisierte Daten aus kommerziellen Gründen weitergegeben und verkauft werden. Man sollte nicht per Gesetz solche Möglichkeiten eröffnen, sondern gegen Datenmissbrauch erhebliche Strafen verhängen und wirksam werden lassen.

4.3. Die wachsende Rolle des Staates und notwendige weitere Erfordernisse unter den speziellen Gegebenheiten des Corona-Virus

Deshalb muss auch aus diesen Gesichtspunkten und vielen anderen noch zu beachtenden Belangen, besonders in der heutigen aktuellen sehr problembehafteten Zeit, nicht nur in der Gegenwart, sondern auch in Zukunft die Rolle des Staates weiter wachsen. Der Staat muss zunehmend mehr Bedeutung haben. Auch aus diesem Grund kann eine Überbewertung der persönlichen, individuellen Interessen und ein Rückgang der Rolle und Bedeutung des Staates nicht richtig sein und muss meines Erachtens unbedingt verändert werden. Eine Privatisierung von Aufgaben, die dem Staat auch zur Sicherung des Gemeinwohls und der wichtigen öffentlichen Versorgung zukommen, darf nicht mehr erfolgen, da dieses Erfordernis dem Staat im Interesse der Menschen obliegen muss.

Nicht alle wichtigen Erfordernisse der Menschheit kann der Markt und die damit verbundene primäre Denkweise bezüglich der verabsolutierenden Betrachtung der Bedeutung von Angebot und Nachfrage weltweit in den betreffenden Ländern allein regeln. Auch hier müssen Grenzen in der Marktregulierung gesetzt werden.

Die Probleme des Gesundheitswesens weltweit und nicht nur in Deutschland, bezogen auf die Belange der Corona-Krise sowie des Corona-Virus, haben uns dies eindeutig vor Augen geführt. Dass leider manche Menschen erheblich mit deren Folgen konfrontiert waren oder im schlimmsten Fall den Tod erleiden mussten, wurde uns in diesem Zusammenhang ebenfalls sehr erschreckend verdeutlicht. Da auch diese Belange unsere Aller Freiheit tangieren, müssen daraus unbedingt die richtigen Schlussfolgerungen bezüglich der anzuwendenden Maßnahmen gezogen werden. Dies trifft nicht nur auf die Belange des Corona-Virus, sondern auch im besonderen Maße auf die Belange der immer noch bestehenden realen Gefahr der weiteren Erhöhung der Erderwärmung, nicht nur auf die Ökologie, sondern auch auf andere Bereiche zu.

Leider führen, wie schon erwähnt, auch die großen Unterschiede, die im Vermögen weltweit und auch bezogen auf Deutschland gegenwärtig vorherrschen, nicht nur zu einem weiteren Bestehen bzw. sogar zu einem weiteren Anstieg der Polarität zwischen „Arm und Reich". Dadurch werden die Voraussetzungen geschaffen, dass die schlimmen, speziellen Folgen der Armut weiter bestehen oder sich bei Einzelnen sogar erhöhen.

Das hat nicht nur negative Auswirkungen auf die Demokratie, sondern auch auf die Freiheit. Im „Tagesspiegel“ vom 24.08.2016 werden dazu von Nils Heisterhagen und Fedor Ruhose insbesondere zu den Belangen der Freiheit in Deutschland sehr kritische Worte geführt, die nachfolgend in einem bestimmten Umfang aus dem Artikel „Deutschland ist eine Feudalgesellschaft - Die Freiheit für alle in Deutschland in der Krise. Die Herkunft bestimmt - wie in der Feudalgesellschaft - die Aufstiegschancen der Bürger" (siehe Link: https://causa.tagesspiegel.de/gesellschaft/gibt-es-eine-krise-der-freiheit/deutschland-ist-eine-feudalgesellschaft.html) auszugsweise zitiert werden:

„Nach dem Zweiten Weltkrieg sollte für alle mal Schluss sein mit totalitären Regimen. Freiheit durch Demokratie und Marktwirtschaft war das Ziel und die Verpflichtung. Mit dieser Verbindung sollte nicht nur "Wohlstand für alle" - wie Ludwig Erhard sagte - sondern auch Freiheit für alle entstehen. Die "Freiheit für alle“ ist aber heute in Gefahr.

Die deutsche Gesellschaft wird zunehmend undurchlässiger. Sie zersplittert in Milieus, die glauben, in Konkurrenz zum Wohlstand zueinander zu stehen - neue Ängste, neue Wut, neue Gräben entstanden und entstehen so, besonders in Teilen der Mittelschicht und in den Milieus, die von einer liberalen Öffentlichkeit fast abfällig als "Unterprivilegierte" und "Abgehängte" bezeichnet werden. Was sind die Ursachen dieser Entwicklung - und was muss die Antwort darauf sein? Mit Freiheit für alle war nicht immer nur lediglich die Freiheit von der Willkür Anderer gemeint. Öffentliche Sicherheit, wirtschaftliche Handlungsfreiheit und Rechtsstaatlichkeit - als "Liberty" könnte man dies zusammenfassen - war nur ein Teil des Versprechens. Der andere Teil des Versprechens war eben der "Wohlstand für alle", also die substanzielle Freiheit - die man "Freedom" nennen könnte und damit sind soziale Sicherheit und faire Aufstiegschancen gemeint.

Das Wirtschaftswunder und die nachfolgende Bildungsexpansion versprachen diese doppelte Freiheit. Das Versprechen schien aufzugehen. Sicherheit und Freiheit schienen zu verschmelzen zu einer Einheit der substanziellen Freiheit - einer Freiheit für alle. Gute wirtschaftliche Entwicklung und der Sozialstaat machten es möglich. In den späten 1970er und beginnenden 1980er Jahren geriet dann das Projekt in Gefahr. Weltwirtschaftskrisen, Turbulenzen des keynesianischen Wirtschaftsmodells und die zunehmende Globalisierung ließen einen Schatten auf den Traum der Deutschen fallen, der bis dahin gut zu funktionieren schien. Die Antwort darauf war aber nicht die Anpassung des eingeschlagenen Wegs, sondern vielmehr ein Bruch. Anfang der 1980er Jahre setzte sich mit dem Neoliberalismus - zunächst als geldpolitische Idee des Monetarismus, dann als Staats- und Sozialphilosophie - eine verengte Freiheitsbewegung durch, die suggerierte, dass der eigentliche Kern der Möglichkeit der "Freiheit für alle" darin liege, die Liberty gegen die Eingriffe des (Sozial-)Staates zu verteidigen. Freedom sollte damit aus dem Aufgabengebiet des Staates getilgt werden. Das Versprechen der "Freiheit für alle" war somit preisgegeben worden und das mit der diffusen Begründung, dass jene "Freiheit für alle" schon entstehen würde - gewiss brauche man dafür Geduld - wenn die Liberty nur groß genug sei und man einfach den freien Markt arbeiten ließe. Steuersenkungen wurden seitdem durchgesetzt (auch und gerade von sozialdemokratischen Regierungen) und soziale Sicherungsnetze teilweise gekappt. Nicht alles war falsch an der propagierten individuellen Verantwortung für sein eigenes Lebensglück. Schließlich ist diese Idee der individuellen Verantwortung Teil des Kapitalismus - und die deutsche Soziale Marktwirtschaft beinhaltete von Anfang an auch das liberale Versprechen, dass Aufstieg durch Leistung möglich sein sollte.

Doch dies wird zunehmend zu einem leeren Versprechen. Die soziale Durchlässigkeit ist gering in Deutschland, wie Forscher des Deutschen Instituts für Wirtschaftsforschung herausgefunden haben. Sie schreiben, dass 40 Prozent der Ungleichheit im individuellen Arbeitseinkommen durch den Familienhintergrund zu erklären sei. Beim Bildungserfolg liege der Erklärungsbeitrag der Herkunft sogar über 50 Prozent. Die Aufstiegsmobilität ist so bedroht und das gesellschaftsstabilisierende Versprechen der "Freiheit für alle" ist in Gefahr. Dies ist aber sehr zentral für die sozioökonomische Legitimation liberaler Gesellschaften. Denn soziale Sicherheit als Versprechen auf Grundsicherung ist eben nur ein Teil des Versprechens der substanziellen Freiheit. Die faire Chance auf Erfolg auf dem Arbeitsmarkt ist der andere Teil des Versprechens. Indem man das Versprechen der "Freiheit für alle" also dadurch fallen ließ, indem der Sozialstaat - insbesondere das Bildungssystem, - deutlich weniger in der Lage ist, soziale Durchlässigkeit zu unterstützen, erzeugte man neue Unsicherheit und eine quasi neofeudale Gesellschaft, in der die Herkunft mehr und mehr über die Lebenschancen eines Menschen entscheidet. Gewiss kann man in Deutschland noch aufsteigen, aber es ist sehr viel schwerer geworden und viel seltener. Neue Ängste und Wut entstanden und entstehen so, die es in Deutschland lange nicht gab. Ausgrenzungen und Abkopplungen fanden und finden statt. Die Noch-Mittelschicht hat Angst vor dem Abstieg - und festigt im Abstiegskampf um die beste Bildung die Ungleichheit.

Irgendwie scheint das Gefühl der ängstigen Unsicherheit, die zunächst durch die Erosion des Sozialstaates geschaffen wurde, nun all diejenigen erreicht zu haben, die nicht genug Kapital besitzen, um sich dem Wettbewerb auf dem Arbeitsmarkt zu entziehen und ihren Kindern große Vorteile im Bildungskampf zu verschaffen. Privilegien und den eigenen Status zu verteidigen, ist so eher das neue Leitmotiv geworden. Die Antwort auf diese neue Unsicherheit ist nicht die Stärkung der "Freiheit für alle", sondern die Verteidigung der eigenen Freiheit gegen Gruppen, von denen man glaubt, dass sie diese eigene Freiheit gefährden. Gerade weil die Unsicherheit sich verselbständigt hat, ist man weniger bereit, etwas abzugeben, um die soziale Sicherheit und die Startchancen der Kinder derer zu erhöhen, die gefühlt unter einem stehen.

Diese nachvollziehbare Reaktion macht die gesellschaftliche Verunsicherung aber noch größer. Denn je mehr versucht wird, die eigene gewonnene Freiheit für sich und für die eigenen Kinder zu erhalten, desto mehr steigt die soziale Immobilität und verfestigt sich die soziale Unsicherheit ganzer Milieus. Und beides verträgt eine liberale Gesellschaft nicht auf Dauer. Denn es sorgt für Frust und für Widerstand gegen das ganze System von größeren sozialen Gruppen - so eine Querfront gegen das System bildet sich ja gerade langsam.

Die deutsche Gesellschaft ist höchst verunsichert. Die Spaltung der deutschen liberalen Gesellschaft ist eine akute Gefahr geworden und vor allem kein dystopisches Drohgebäre von notorischen Mahnern und Pessimisten mehr. Abgrenzung zu der nächst unteren Schicht ist eines der Kernmerkmale der deutschen liberalen Gesellschaft anno 2016. Das Paradox, dass die gehobene Mittelschicht viele Flüchtlinge im Sommer 2015 warm und herzlich begrüßte, Kleider und Spielzeug spendete, ist dabei eigentlich kein Paradox. Denn gegenüber den Flüchtlingen fühlt sich die gehobene Mittelschicht nicht gezwungen, sich abzugrenzen. Sie fühlt sich noch nicht bedroht - im Gegensatz zu einer Noch-Minderheit in der Mittelschicht. Diese Noch-Minderheit sucht zunehmend - von Abstiegsangst ausgelöst - die Abgrenzung zu anderen religiösen und ethnischen Gruppen und betreibt die Ausgrenzung dieser Gruppen als Akt der Selbstverteidigung. Der Flüchtlingshumanismus der Mittelschicht ist nicht zu verwechseln mit echter Sozialstaatlichkeit. Noch ist der Großteil der Mittelschicht in Deutschland durch einen klaren Humanismus geprägt - selbst dann - wenn einige Sorge vor Leichtfertigkeit in der Flüchtlingspolitik haben. Aber dieser Humanismus muss nicht unbedingt eine sozialstaatliche Dimension haben - und dies ist neu in der bundesrepublikanischen Geschichte Deutschlands. Denn hätte es eine ambitionierte Diskussion über Steuererhöhungen für die gehobene Mittelschicht gegeben, wäre die politische Stimmung innerhalb dieser Gruppe wahrscheinlich klar ablehnend - und das von Anfang an. Humanismus, Weltoffenheit, Integrations- und Einwanderungsbefürwortung bedeutet noch nicht links zu sein in Deutschland. Angela Merkel hat dafür einen liberalen Konservatismus entwickelt, der genau diese Ideale vertritt, jedoch fiskal- und sozialpolitisch zugleich keineswegs progressiv geworden ist. Man kann von einem menschenrechtssensiblen Konservatismus sprechen, der in Deutschland unter der Führung der Konservativen Angela Merkel zu einem breiten Konsens wurde - auch wenn er nun von der AfD und Teilen der Union, insbesondere der CSU, konterkariert wird. Aber die Sozialpolitik inklusive der Bildungspolitik sowie die Steuerpolitik sind unter Merkel eben nicht sozialdemokratisiert worden. Der Topos der Sozialdemokratisierung der Union stimmt einfach nicht. Denn in diesen Fragen ist die Union immer noch die alte Union.

Das humanistische Narrativ ist also weitestgehend Konsens in Deutschland- auch wenn es von rechts nun wieder attackiert wird. Solidarität gibt es. Aber diese Solidarität ist auf erstaunliche Weise sozialpolitisch leer. Sobald die Solidarität steuerpolitisch transformiert werden soll, ist die konservative Verteidigungshaltung, die sich schleichend eingestellt hat, eher stärker als dem bundesrepublikanischen Ideal der "Freiheit für alle" gerecht zu werden. Der Status Quo des Sozialstaates wird mehrheitlich akzeptiert. Reform und Verbesserung ist momentan in der Mittelschicht mehrheitlich scheinbar nicht gewünscht. Die Oberschicht muss den Rückzug aus der sozialen Verantwortung aufgeben, sozial und steuerpolitisch.

Diese konservative Verteidigungshaltung der Mittelschicht ist verständlich. Denn sie hat den Eindruck, dass sie die Steuerlast zunehmend alleine tragen soll. In ihren Augen verfügt die Oberschicht über Wege und Mittel, der hohen Besteuerung zu entgehen - durch Steuerflucht zum Beispiel, wie im Fall der Panama Papers deutlich wird. Die Mittelschicht ist zunehmend belastet. Und alleine will sie für die "Freiheit für alle" nicht mehr die Verantwortung tragen. Daher ist es so wichtig, dass die Oberschicht ihren Rückzug aus der sozialen Verantwortung aufgibt und sich für eine sozialdemokratische Reform des Sozialstaates einsetzt und dafür ihren finanziellen Anteil leisten will. Das große Problem ist die konservative Verteidigungshaltung der Eliten. Substanzielle Freiheit nur für Einige, aber Unsicherheit für viele, wird in einer Demokratie nicht auf Dauer funktionieren Freiheit ohne soziale Sicherung und faire Lebenschancen für so gut wie alle kann man nicht lange aufrechterhalten.

Daher ist es wichtig, dass ein Umdenken stattfindet. Aber was tun? Freiheit braucht einen Befähigungsstaat, der sozialversicherungspflichtigen Arbeit fördert. Es braucht vor allem einen Befähigungsstaat, der in einem immer komplexer werdenden Arbeitsmarkt und durch die Digitalisierung sich schnell wandelt den Arbeitsmarkt die nötige Qualifizierungsoffensive organisiert. Faire Lebenschancen für jeden zu formen, beginnt dabei in der Schule, soll aber ein lebenslanges Recht auf Qualifizierungsunterstützung implizieren. Der Staat muss Unterstützung bieten, er muss Förderung bieten. Und er sollte die Förderung so bieten, dass viele Bürger nicht anfangen zu glauben, dass sie ohnehin immer Abgehängte sein werden. Der Befähigungsstaat ist ein Teil der Antwort auf die Krise der Freiheit.

Ein anderer Teil sind die realen Perspektiven auf dem Arbeitsmarkt. Wenn viele Akademiker etwa keine adäquaten Stellen finden, ist eine Qualifizierungsoffensive unvollendet. Wer einen Hochschulabschluss macht, sollte nicht mit 35 Jahren noch in einer WG leben müssen, weil er sich nur von Projekt zu Projekt hangelt. Wenn die Arbeit der Zukunft von immer mehr - dem Prekariat und der Arbeitgeberwillkür ausgesetzten Solo-Selbstständigen bestritten wird, dann ist das genauso falsch für Deutschland, wenn Deutschland es jetzt verpasst, eine neue Bildungsexpansion zu organisieren. Es braucht wieder mehr unbefristeter sozialversicherungspflichtige

Stellen, ein neues sozialstaatliches Absicherungssystem für die Solo-Selbständigen, die es trotzdem noch geben wird und endlich weitere bessere Löhne. Das betriebswirtschaftliche „race to the bottom“ bei den Personalkosten, die Auswüchse bei der Leiharbeit und dem Outsourcing durch Werkverträge müssen ein Ende haben. Für letzteres sind vor allem die Sozialpartner in der Pflicht zu pragmatischen Lösungen zu kommen, mit denen beide Seiten leben können, die aber eine deutliche Verbesserung zum Status quo darstellen. Der Staat muss allerdings beim Mindestlohn auch stets anpassungsfähig nach oben sein - wenn die Situation es erfordert. Denn wenn sogar Akademiker das Erlebnis der Subalternität machen müssen, dann ist die Krise der Freiheit an ihrem Höhepunkt angelangt.

Der Staat muss den Menschen also Perspektiven schaffen, aber auch soziale Sicherheit bieten. Sowas nannte man in Deutschland auch mal "Soziale Marktwirtschaft". Der Staat war immer ein wesentlicher Bestandteil dieser Sozialen Marktwirtschaft. Und seine Investitionen wurden auch mal als Investitionen in die Freiheit angesehen - bevor der Neoliberalismus kam. Und so ergibt sich also, dass die Antwort auf die Krise der Freiheit - die maßgeblich der Neoliberalismus induziert hat - sehr stark mit einem starken Staat zu tun hat, der nicht nur für die innere Sicherheit, sondern vielmehr auch für die soziale Sicherheit und die Lebenschancen jedes Einzelnen seine Mitverantwortung anerkennt. ...."

4.4. Weitere Anforderungen an die Freiheit, Grenzen der Freiheit und mangelndes Freiheitsverhalten einiger Menschen in unserer Gesellschaft

Die Gewährung einer schrankenlosen Freiheit, die in vielen Industriestaaten, u. a. auch insbesondere in den USA, in Deutschland und in manchen Ländern als vorrangiges übliches Modell in Frage kommt und als solches auch aus Sicht des einzelnen Individuums angesehen wird, halte ich – auch in Wertung aktueller Ereignisse – für nicht mehr zeitgemäß. Auch dadurch können nicht die Erfordernisse der gegenwärtigen Zeit erfüllt werden. Die grenzen- bzw. schrankenlose individuelle Freiheit wird leider manchmal von denjenigen Menschen, die sich dies auf Grund ihrer Einkünfte oder ihres Vermögens erlauben können, in nicht geringer Anzahl genutzt. Leider wird auch bei Manchen die auf Kosten der Freiheit der Andersdenkenden in Anspruch genommene individuelle Freiheit nicht im Interesse Aller verwirklicht. Manche beachten nicht, dass Vernunft unbedingt zur Wahrnehmung der Freiheit gehört, wie dies schon der bekannte Philosoph Immanuel Kant sagte. Wie schon bemerkt, sollten von den Menschen, die die Voraussetzungen dafür besitzen, die Erfordernisse dieses „Kategorischen Imperativs“, wie ihn Kant verstand, viel stärker, als bisher unbedingt beachtet werden. Immanuel Kant hat in seinem Werk „Grundlegung zur Metaphysik der Sitten" das aus seiner Sicht erforderliche richtige moralische Verhalten, das auch für das notwendige Freiheitsverhalten eine ganz wichtige Rolle für die Wahrnehmung des Einzelnen spielt, beschrieben. Der „Kategorische Imperativ" sagt gemäß dem Anliegen von Immanuel Kant in der zugrunde gelegenen Fassung Folgendes:

„Handle nur nach derjenigen Maxime, durch die du zugleich wollen kannst, dass es ein allgemeines Gesetz werde." (Zitiert nach Werksausgabe, Herausgabe: Wilhelm Weischedel, Frankfurt a. M., Suhrkamp-Verlag (Bd. VII, S. 51).

Kant geht davon aus, dass man nur die Vernunft und die Freiheit verwirklichen kann, wenn man pflichtgemäß handelt. Das pflichtgemäße Verhalten wird leider von manchen Menschen nicht ausreichend ausgeübt. Die objektive Situation in Deutschland und in manchen anderen Ländern der Welt ist in dieser Beziehung in keiner Weise zufriedenstellend. Kant stellte deshalb fest, dass der Mensch ein Wesen ist, dessen „Wille nicht völlig der Vernunft gemäß ist." („Grundlegung zur Metaphysik der Sitten“, S. 41).

Trotz dem manche Menschen nicht immer Neigungen besitzen, die für die Verwirklichung des „Kategorischen Imperativs" sowie des von Kant genannten „Allgemeinen Gesetzes" erforderlich sind, muss ihr notwendiges Verhalten einen Soll–Charakter oder ein Gebot darstellen. Zu den Soll- und Gebotsforderungen für alle in Frage kommenden Menschen gehören auch die Erfordernisse der Moral und der Sittlichkeit. Freiheit verlangt ein verantwortungsbewusstes Handeln aller Menschen, das in einem hohem Maße die Vernunft, Moral und Sittlichkeit beinhaltet. Auch bekannte Persönlichkeiten der Vergangenheit haben sich ähnlich bei ihren Anforderungen oder in ihren Bemerkungen zu Belangen der Freiheit geäußert:

Johann Gottfried Seume (1763- 1810)	„Die wahre Freiheit ist nichts anderes als Gerechtigkeit."
Rudolf Ludwig Carl Virchow (1821 – 1902):	„Die Freiheit ist nicht die Willkür, beliebig zu handeln, sondern die Fähigkeit, vernünftig zu handeln."
Karl Theodor Jaspers (1883 – 1969):	„Es darf keine Freiheit geben zur Zerstörung der Freiheit."
Johann Gottfried Seume:	„Wo die Freiheit ist, gibt es keine Privilegien."
Matthias Claudius (1740 – 1815):	„Niemand ist frei, der nicht selbst über sich Herr ist."
Fjodor Michailowitsch Dostojewski (1821 – 1881):	„In der heutigen Welt hält man Zügellosigkeit für Freiheit."
Matthias Claudius:	„Die Freiheit besteht darin, dass man alles tun kann, was einem anderen nicht schadet."
Lew Nikolajewitsch Graf Tolstoi (1828 – 1910):	„Der Mensch ist nur dann unfrei, wenn er wider seine vernünftige Natur handelt."
Jean-Jacques Rousseau (1712 – 1778):	„Bilden wir uns nicht ein, wir könnten unsere Freiheit bewahren und auf die Sitten verzichten, durch die wir sie uns erworben haben."
Hannah Ahrendt (1906 – 1975):	„Freiheit ist immer nur die Freiheit des Andersdenkenden."

Auch Rosa Luxemburg (1871 – 1919), die gemeinsam mit Karl Liebknecht (1871 – 1919), dem zweiten Sohn des Mitbegründers der Sozialdemokratischen Partei Deutschlands, Wilhelm Liebknecht (1826 – 1900), am 15. Januar 1919 ermordete Führerin der aus der SPD abgespaltenen, 1916 gegründeten Spartakus-Gruppe, hat sich ähnlich wie Hannah Ahrendt geäußert. Jedoch ist das Zitat von Rosa Luxemburg im allgemeinen Gedächtnis der Menschen stärker verankert.

Es gibt keine absolute Freiheit, und wir müssen die Erfordernisse der Freiheit erfüllen. Allein aus Ressourcengesichtspunkten und aus mangelnder Gerechtigkeit, durch die bereits erwähnte erhebliche Polarität zwischen Arm und Reich und auch wegen ebenfalls bestehenden erheblichen Mängeln im Freiheitsverhalten muss es Beschränkungen der Freiheit geben. Es ist somit nicht möglich, Freiheit so zu verstehen, dass man alles so machen kann, wie es den bestehenden Wünschen und Neigungen entspricht.

Deshalb muss es Grenzen der Freiheit geben, um die erforderlichen Beschränkungen und Einschränkungen aufzuzeigen, insbesondere auch für Diejenigen, die die Erfordernisse der Freiheit unzureichend beachten. Hierbei ist zu berücksichtigen, dass manche Menschen auf der Welt die notwendigen Ausgangsvoraussetzungen gar nicht besitzen, um ein freies Verhalten zu ermöglichen. Dazu gehören unter anderem Arme, Hungernde, Obdachlose und manche andere Menschen auf der Welt, die durch die mangelnde Gerechtigkeit erheblich in ihrer Freiheit eingeschränkt sind.

Im am 08.04.2013 unter dem Link https://philosophie-indebate.de/361/grenzen-der-freiheit/ veröffentlichen Schwerpunktbeitrag zu den Grenzen der Freiheit, die größtenteils noch auch für die Gegenwart bzw. für die Zukunft Aktualität besitzen, hat die Autorin Annemarie Pieper Wichtiges geschrieben:

„Werfen wir zunächst einen Blick auf unser Alltagsverständnis. Wenn wir für uns Freiheit beanspruchen, so verlangen wir damit, dass jeder tun und lassen kann, was ihm beliebt, sofern und solange er dadurch die Freiheit anderer nicht oder jedenfalls in keiner unzumutbaren Weise beeinträchtigt. Die Freiheit des laisser faire ist daher jene Vorstellung von Freiheit, die wir auf Anhieb mit dem Wort Freiheit assoziieren. Entsprechend halten wir eine totale Unabhängigkeit in materieller Hinsicht für das Allerwünschenwerteste, weil wir glauben, dann völlige Wahlfreiheit zu haben und uns jeden Wunsch erfüllen zu können. Freiheit bedeutet in diesem Verständnis einerseits Befreiung von der Mühsal des Gelderwerbs durch Arbeit und damit Freiheit von unzähligen anstrengenden Verrichtungen und Verantwortlichkeiten, welche die Ausübung eines Brotberufs mit sich bringt. Andersweits eröffnet sich all denjenigen, die sich die Freiheit des laisser faire erlauben können, ein unerschöpfliches Reservoir an Möglichkeiten, ihre Freiheit zu nutzen, ja sie können sich selbst die Freiheit nehmen, nichts zu tun. ....

Voraussetzung (für die Freiheit) wäre allerdings ein Schlaraffenland mit unerschöpflichen Ressourcen. Bei Licht besehen ist dieser Traum von der großen Freiheit jedoch alles andere als ein wünschenswertes Szenario. Vermutlich würde die Erde nicht einmal zwei Menschen verkraften, die grenzenlos frei sind, ohne sich gegenseitig ins Gehege zu kommen. Vollends unmöglich wird der Gedanke der Willkür im Hinblick auf die Milliarden Menschen, die heute die Weltbevölkerung bilden. Ein Krieg aller gegen alle wäre das Resultat, weil bedenkenlos ausgerottet wird, wer der eigenen Freiheit im Wege steht. ....

Für aufgeklärte Menschen ist ohne Weiteres einsichtig, dass man jedem Mitglied der Gemeinschaft ebenso viel Freiheit zugemessen muss, wie man für sich selber fordert. Jeder hat das Recht auf die gleiche Freiheit, und wo immer Freiheit eingeschränkt wird, muss dies um der größeren Freiheit aller Willen geschehen. Dies bedarf der ausdrücklichen Zustimmung der Gemeinschaft. ....
....

Die Selbstbegrenzung der Freiheit aus Freiheit und um der Freiheit Aller willen findet ihren Niederschlag in den Normen der Moral und des Rechts, die in Form ungeschriebener oder geschriebener Gesetze menschlicher Handeln an Regeln binden und damit die Gesamtheit möglicher Freiheiten im Hinblick auf den legitimen Freiheitsanspruch jedes Individuums einschränken. Nur im Horizont dieser Selbsteinschränkung des freien Könnens durch selbst gesetzte Grenzen kann sich die dem Menschen angemessene Freiheit entfalten. ....
....

Der Begriff der Willkür im Sinne einer totalen, unumschränkten Freiheit ist ein Grenzbegriff, der dazu dient, die menschliche Freiheit als eine Freiheit zu bestimmen, die sich selbst Grenzen setzt, nicht um die Freiheit aufzuheben, sondern um mehr Freiheit zu ermöglichen. Grenzenlose Freiheit ist unmenschlich. Dies meint auch Dostojewski, wenn er in „Die Dämonen" schreibt: „Ausgehend von schrankenloser Freiheit ende ich in unumschränkten Despotismus." ....

Die von den Menschen erkämpfte Freiheit hat Grenzen - an der Freiheit der anderen. Absolute Freiheit ist für Camus eine maßlose Freiheit, eine Freiheit, die kein Maß anerkennt und damit in den Nihilismus führt. Der Nihilismus mündet in den Grundsatz: Alles ist erlaubt. Dieses Alles ist erlaubt´ ist der Leitspruch der reinen Willkür, einer Freiheit, die sich nicht an der Freiheit der anderen begrenzt und die über viele Jahrhunderte erkämpfte Freiheit zunichte macht. Grenzenlosigkeit im Sinne von Maßlosigkeit ist also keineswegs erstrebenswert. Zwar wünschen wir uns oft eine grenzenlose Liebe, ein grenzenloses Wachstum der Wirtschaft oder ein Glück ohne Ende. Aber aus der Erfahrung wissen wir nicht nur, dass es dergleichen

für ein endloses Wesen nicht gibt, sondern begreifen bei genauerem Nachdenken auch, dass Grenzenlosigkeit nicht einmal wünschenswert ist. ....
....

Was den Menschen als menschliches Wesen auszeichnet, ist gerade die Fähigkeit sich selbst Grenzen zu setzen, nicht, weil er Grenzen besonders liebt, sondern, weil ihm im Setzen von Grenzen seine Freiheit bewusst wird. ....

Wenn wir nicht als Feinde miteinander umgehen wollen, sondern als Individuen, die sich gegenseitig respektieren, brauchen wir Regeln, an denen wir unsere Willensbildungsprozesse und Handlungen ausrichten. ... Moralische Normen und Rechtsgesetze sind solche Regeln, die die Freiheit aller einschränken, jedoch gerade nicht um die Freiheit aufzuheben, sondern um allen so viel Freiraum wie möglich zu geben. Die Freiheit des einen hat ihre Grenzen an der Freiheit der anderen, denen ich eben so viel Freiheit einräumen muss, wie ich für mich fordere. ....
....
....
....

Die Menschenrechte werden, wie wir wissen, de facto nicht überall in der Welt in gleicher Weise respektiert, im Gegenteil: Die von Amnesty International dokumentierten unzähligen Menschenrechtsverletzungen, die tagtäglich in der ganzen Welt passieren, bilden nur die Spitze eines Eisbergs, und die Brutalität, mit welcher Menschen andere Menschen ihre Verachtung spüren lassen, weckt Zweifel an der Verbindlichkeit der Menschenrechte. ....
....

Es gibt viele Gründe, warum wir durch Normverletzungen immer wieder die Grenze übertreten, die wir uns selbst gezogen haben: Trägheit, Bequemlichkeit, Egoismus, Rachsucht, Neid usw. nennen nur einige davon. Aber dadurch wird nicht die Geltungskraft der übertretenen Normen außer Kraft gesetzt. Wir disqualifizieren im Gegenteil uns selbst und unser humanes Selbstverständnis durch Handlungen von denen wir bei Licht besehen nicht wollen können, dass sie ausgeführt werden, eben weil wir damit einen falschen Gebrauch von unserer Freiheit machen, der die humanen Grundlagen unserer Gemeinschaft zerrüttet. ....
....

Normverletzungen und Tabubrüche als unerlaubte Grenzüberschreitungen im zwischenmenschlichen Bereich rufen das Gewissen auf den Plan. Das Gewissen erhebt nicht nur seine Stimme, sondern es beißt geradezu (Gewissensbisse), wenn wir etwas planen oder getan haben, das gegen die Regeln verstößt, die anzuerkennen wir gelernt haben. Das Gewissen ist somit der Grenzwächter über unser menschliches

Verhalten, der uns ständig daran erinnert, dass unser Handeln nicht beliebig ist, sondern sich dort, wo unsere eigene Freiheit oder die unserer Mitmenschen auf dem Spiel steht. an Umgangsformen und Pflichten gebunden ist, die ein einvernehmliches Miteinander ermöglichen.

Das Gewissen als die richterliche Instanz in uns mahnt uns, die Menschen, mit denen wir es zu tun haben, als gleichberechtigte und gleichwertige Personen zu behandeln an deren Rechte unsere Wünsche ihre Grenzen haben. ....
....

Doch als mündige Menschen sind wir dazu aufgerufen, uns unser eigenes Urteil zu bilden, das heißt unsere Vorurteile zu überdenken, die einer falschen verengten Grenzziehung Vorschub leisten, was auf jene Geisteshaltung hinausläuft, die wir als Borniertheit zu bezeichnen pflegen. ....
....

Freiheit ist keine Naturanlage, keine Eigenschaft des Menschen, die er von Geburt an mitbringt. Freiheit ist in allen Lebensbereichen eine durch Proteste und Revolutionen erkämpfte Unabhängigkeit von äußeren Zwängen. Niemand ist anders frei, als indem er mit sich selbst, mit seinen Mitmenschen und der Natur auseinandersetzt, allerdings nicht, um Sieger zu sein und sich zum Herrn über sich selbst, die Mitmenschen, die Natur aufzuschwingen. ....
....
....

Freiheit im eigentlichen Sinn beruht auf Anerkennung der Eigenrechte des Körpers, der Mitmenschen, der Natur. Anerkennung respektiert eine Grenze der Freiheit, ein Maß, das jegliche Gewaltanwendung verbietet und dazu nötigt, über Gleichberechtigung nachzudenken. Freiheit ist kein Privileg für die Mächtigen, Freiheit ist ein moralisches Prinzip, das dazu auffordert, allem Lebendigen den Freiraum zuzugestehen, den es für seine spezifische Selbstentfaltung braucht. Anerkennung spaltet nicht mehr in ein feindliches Oben und Unten, sondern setzt auf eine friedliche Koexistenz von Verschiedenen, aber Gleichberechtigten.
....
....
....
....
....
....
....

Wir haben uns mit Hilfe der Technik die Erde wahrlich Untertan gemacht und dabei das ökologische Gleichgewicht empfindlich gestört. Die Herrschaft des Menschen über die Natur hat ihm Freiheit und Unabhängigkeit auf Kosten der Natur gebracht, um den Preis, dass die vier lebensnotwendigen Elemente Wasser, Luft, Feuer und Erde aus den Fugen geraten sind. Ob sich der zerstörerische Prozess noch umkehren lässt, ist eine offene Frage. Aber in jedem Fall ist ein Umdenken nötig, dass eine neue kosmische Allianz zwischen Mensch und Natur zum Ziel hat, deren Eigengesetzlichkeit es wieder stärker zu respektieren gilt. ....

Albert Camus sagt in seinem Essay „Der Mensch in der Revolte": „Absolute Freiheit ist mörderisch, sie tritt die Würde des Menschen mit Füßen. Geteilte Freiheit hingegen erkennt im Mitmenschen ein gleichberechtigtes Wesen an, mit dem man solidarisch ist. Die Revolte, so Camus, setzt „der Unterdrückung eine Grenze, jenseits welcher die allen Menschen gemeinsame Würde beginnt." ....
....

Im Bereich des Handelns hingegen kann ich nicht ohne Weiteres den als den besten erkannten Weg einschlagen. Die Einschränkung des Handlungsspielraumes durch andere Menschen sowie durch außermenschliche Konstellationen und Faktoren werden in der Regel gemäß .... dem Herrschafts-Knechtschaft-Paradigma als eine Form der Macht aufgefasst, wobei die handelnde Person sich als unterlegen erfährt. ... Durch ein mächtiges Geschick oder einflussreichere Menschen wird sie daran gehindert, die Handlung auszuführen, die ihren eigenen freien Willensentschluss auf die bestmögliche Weise umsetzt. Eine andere Form der Einschränkung von Handlungsfreiheit liegt vor, wenn jemand - wiederum durch Menschen oder die Umstände – dazu gezwungen wird, eine Handlung auszuführen, die er nicht gewollt hat. In dem Fall wird man also nicht durch Fremdeinwirkung daran gehindert, etwas zu tun, was man will, sondern ist gezwungen, etwas zu tun, was man nicht will. Eine Erpressung zum Beispiel ist eine solche unfreiwillige Handlung, die zu unterlassen einem nicht frei steht. Man wird zum Erfüllungsgehilfen eines anderen, der diktiert, was man zu tun hat.
....
....
....

Uneingeschränkte Willkürfreiheit im Sinne beliebigen Tun- und Lassenkönnens hätte unmenschliche Konsequenzen. Sofern der Mensch als Individuum unter anderen Individuen lebt, muss er, um seine individuellen Ziele verwirklichen zu können, die Zielsetzungen der anderen Individuen respektieren und seine eigenen Wünsche nicht erst auf der Handlungsebene sondern bereits auf der Willensebene entsprechend einschränken. ....

....

....

Beim Menschen hingegen unterstellen wir, anders als beim Tier, dass er aufgrund seines Selbstbewusstseins eine Vorstellung von Freiheit hat, der gemäß er sein Handeln nicht als bloße Reaktion auf bestimmte Reize versteht oder als Umsetzung vorgegebener Ziele, sondern als tätige Verwirklichung eigener Absichten. Handeln heißt für den Menschen, seinen Willen durchzusetzen, aber eben nicht naturwüchsig mit den Mitteln des Kampfes, der physischen Kraft der Gewalt, sondern mit jenen Mitteln durch die er sich als Mensch definiert und gegen das Tier abgrenzt mit den Mitteln von Verstand und Vernunft. Die praktische Vernunft ist es, die dem einzelnen Einschränkungen seiner Freiheit gebietet, um der Freiheit aller willen. Dieses Gebot einer Einschränkung der Handlungsfreiheit und damit verbunden der prinzipiellen Bereitschaft alle möglichen Handlungen auf genau jene zu reduzieren, welche mit der Freiheit der anderen verträglich sind, ist ohne weiteres einsichtig, nachdem man das Prinzip der Willkürfreiheit als ein menschenunwürdiges Prinzip durchschaut hat, da es zum Kampf aller gegen alle führt und damit der Gewalt normative Verbindlichkeit zuspricht. Das Autonomieprinzip indessen fordert auf der Basis der praktischen Vernunft gleiche Freiheit für alle und nötigt das Individuum, nicht nur seine Handlungsfreiheit, sondern auch die seine Handlungsfreiheit begründende Willensfreiheit so einzuschränken, dass die eigenen Zielsetzungen die berechtigten Ansprüche anderer Individuen nicht negieren. Die ersten drei Kategorien von Einschränkungen der Handlungsfreiheit –

1. Man kann nicht tun, was man will.
2. Man muss tun, was man nicht will.
3. Man ist fixiert auf ein Tun ("Sklave seiner Triebe") –

stellen Formen von Heteronomie dar, einer Fremdbestimmung, die in den ersten beiden Fällen nicht selbst gewählt oder herbeigeführt wurde, wohl aber im dritten Fall. ...."

Leider wurden und teilweise werden u. a. die wichtigen genannten Erfordernisse der Grenzen der Freiheit von einer nicht geringen Zahl von Bürgern nicht eingehalten. Manche Menschen denken nur an sich, handeln teilweise egoistisch und beachten nicht ausreichend die Erfordernisse der Grenzen der Freiheit und verhalten sich damit oft kontrovers gegenüber Menschen, die sich nach den Erfordernissen der Freiheit richten. Wegen der unzureichenden Beachtung der Belange der Freiheit von Denjenigen, die die Notwendigkeiten der Freiheit nicht ausreichend berücksichtigen und die oft mit ihrem völlig übersteigerten Individualismus sich manchmal so verhalten, als wenn sie einen Ego–Trip ausleben müssen, müssen die Erfordernisse der Gesellschaft sowie der Gemeinschaft stärker als bisher berücksichtigt werden.

Manche beachten die dabei bestehenden Erfordernisse in völlig unzureichender Weise. Dadurch werden die Grenzen der Freiheit in keiner Weise berücksichtigt. In meinem im Januar 2019 veröffentlichten, bereits genannten Buch über die Belange der Lebensweise wurde u. a. von mir damals geschrieben, was auch bei der Einhaltung der Belange der Demokratie und der Freiheit in der derzeit ausgeübten Form Beachtung finden sollte:

"Hierbei besteht, offenbar auch im Interesse der .... steigenden Individualität ....
weiterhin ein Erfordernis, dass von den Individuen nicht nur die Gesetze eines Landes einzuhalten sind, sondern es bedarf auch eines notwendigen moralischen Verhaltens der einzeln Individuen, wenn die Gesellschaft weiter bestehen will. Es kann nicht sein, dass in einer propagierten demokratischen Gesellschaft nicht nur das Verhalten Einzelner, die dieses moralisches Erfordernis nicht einhalten bzw. bei der Wahrnehmung ihrer individuellen Lebensweise unzureichend beachten und chaotische, teils anarchische Verhältnisse durch das Fehlverhalten Einzelner insbesondere in moralischer Hinsicht auftreten. Es muss an dieser Stelle erwähnt werden, dass wir im mehrheitlichen Verhalten der Menschen auch insbesondere in unserer westlichen Welt und auch in Deutschland noch meilenweit von der Verwirklichung des .... „Kategorischen Imperativs" von Immanuel Kant entfernt sind. ....
....

Wenn die psychischen Schäden der Menschen in der westlichen Welt so zunehmen, wie können wir dann auf ein Modell des grenzenlosen Individualismus setzen. ....

Wenn relativ viele Menschen offenbar auch mit ihren Lebensproblemen bzw. den Wirkungen ihres Umfelds, insbesondere bezogen auf ihr Leben im beruflichen Alltag oder auch in der Arbeitslosigkeit, nicht mehr klarkommen, setzen wir offenbar auf falsche gesellschaftliche Strategien. Wir müssen uns im gesellschaftlichen Sinne den Vorwurf gelten lassen, dass nicht alles getan wird, dass die Betroffenen auch mehr die Chance als bisher haben, auch zeitweilig Glück und Zufriedenheit in ihrem Leben zu finden. Das gegenwärtige Wertesystem und das Verhalten mancher Menschen müssen auch im Zusammenhang mit den Belangen der Freiheit gesehen werden.“

Im bereits erwähnten von mir verfassten Buch über die Analyse der Lebensweise vom Januar 2019 wurde damals aus meiner Sicht zu den Problemen des Wertesystems und des Verhaltens u. a. geschrieben:

„Mit einem solchen im Übermaß betriebenen Individualismus bzw. einem gesteigerten Ego bzw. eigensüchtigen Verhalten, das durch eine nicht mehr vertretbare Vorteilssuche für uns selbst, auch in Verbindung mit dem (bisher) bestehenden Konsumwahn, der durch ein nicht mehr so hinnehmbares rücksichtsloses Verhalten gegenüber späteren Generationen sowie der Umwelt, nicht mehr vertretbaren Ressourcenverbrauch und durch einen nicht ausreichenden Gemeinsinn gekennzeichnet ist, ist es meines Erachtens nicht mehr möglich, unsere Welt weiter zu erhalten. Es bestehen nach Auffassung des Verfassers dieses Buches eine Reihe wesentlicher Defizite im westlichen Wertesystem bzw. in der Art zu leben bzw. in der Lebensführung. Dies äußert sich u.a. in:

1. mangelndem Gemeinsinn, verbunden mit einer zu hohen Individualität bzw. einer zu großen Verwirklichung eigener Interessen bzw. einem zu großen Ich-Selbstbezug

2. mangelnder Gleichheit, Zulassen eines zu großen Gefälles zwischen den Menschen, insbesondere von Arm und Reich

3. nicht ausreichender bzw. mangelnder Solidarität, Brüderlichkeit und Menschlichkeit

4. mangelnder Authentizität, da das Handeln vorrangig von äußeren Werten bestimmt wird und nicht genügend innere Werte hierbei Beachtung finden und von Vielen dadurch ein schauspielerhaftes Verhalten an den Tag gelegt wird, um diesen "In-" oder auch Mainstreamerfordernissen Genüge zu tun

5. nicht ausreichender Empathiefähigkeit durch die Überbetonung des Ichs und des Äußeren und anderer Verursachungsfaktoren

6. der ungenügenden Erkenntnis der Grenzen der Freiheit durch eine nicht geringe Anzahl von Menschen und deren Handlungen um das Ausleben der Freiheit für sich auf Kosten der Unfreiheit zu erzwingen

7. den sehr negativen Auswirkungen des übertriebenen Konsums und Profitstrebens

8. den ungenügend vorhandenen Voraussetzungen für eine ausreichende tatsächliche Demokratie durch die teilweise vehementen Unterschiede in den Eigentums- bzw. in den Einkommens- und Vermögensverhältnisses, überhaupt durch die zunehmende Ungleichheit in der Gesellschaft, der zu geringen Anzahl tatsächlich bewusster Staatsbürger und eine Reihe anderer Faktoren.

9. dem Bedürfnis einer unbedingten Änderung der ständigen Einflussnahme auf das Selbstbewusstsein und das Selbstwertgefühl der Menschen ihnen das Gefühl der Unmündigkeit zu geben und damit auf ihren Marketinginteressen oder deren wichtigen Bestandteil der Werbung, nahezu unbehindert einfließen zu lassen.

Wir sollten viel mehr den "Kategorischen Imperativ" des Philosophen Immanuel Kant (1724 – 1804) verwirklichen, der von mündigen, nicht beeinflussbaren Menschen ausgeht und bei der Verwirklichung des "Kategorischen Imperativs" auch die Aufwands- und damit verbundenen Ressourcenkriterien auch aus ökologischer Sicht berücksichtigen.

....

....

Es ist in unserer heutigen Zeit typisch, dass bei einer Vielzahl von Menschen ein offenbar (bisher) ständig zunehmendes Primat der materiellen Interessen vor den geistigen Interessen festzustellen ist und eine große Anzahl von Menschen für das menschliche Leben nicht natürliche Wertorientierungen besitzt."

Leider ist, wie schon erwähnt, zu verzeichnen, dass bisher manche Menschen, nicht nur in Deutschland, sich in ihrem Verhalten nicht so benommen haben bzw. benehmen und nicht das beachten, was in einem Freiheitsverhalten berücksichtigt werden sollte. Wir können uns keine solche Freiheit in unserem praktischen Freiheitsverhalten erlauben, dass Andere nicht in Freiheit sowie gemäß ihres Freiheitsverhaltens leben können, was leider eine nicht geringe Zahl von Bürgern unter Freiheit verstehen. Manche Menschen haben sich bisher nicht ausreichend geändert, und es ist wahrscheinlich anzunehmen, dass sie sich weiterhin so verhalten.

Offenbar haben Manche, auch Vertreter von bestimmten Parteien, noch nicht verstanden, dass es so wie bisher – bezogen auf die Belange der Freiheit – in den gleichen Anforderungen an die Freiheit nicht weitergehen kann, was Manche unter Wahrnehmung ihrer Freiheit verstehen und dass sie sich manchmal in keiner Weise so verhalten, wie es die Freiheit verlangt.

Deshalb müssen wir das Verhalten auch dieser Menschen sehen, die sich bisher in keiner Weise so verhalten, dass ihr oft rüpelhaftes Verhalten nicht als freiheitsliebend bezeichnet werden kann, sondern auch eine erhebliche Gefahr durch ihr Fehlverhalten besteht, dass Andere nicht in Freiheit leben können. Die möglichen Maßnahmen über eine verstärkte Sicherheit mit Einbezug aller erforderlichen Einflussmöglichkeiten ein gegenteiliges Verhalten zu erreichen, dass eine echte Freiheit und das mögliche Freiheitsverhalten ermöglicht, konnte bisher in keiner Weise erreicht werden. Man wundert sich immer, dass manche Menschen so wenig Rücksicht auf Andere nehmen. Unsere derzeitigen Maßnahmen, ob im Recht und deren Wahrnehmung im Strafmaß sowie die gebotenen Möglichkeiten der Polizei, u. a. bei Vergehen gegen geltende Bestimmungen oder bei einem gewalttätigen Verhalten, sind in keiner Weise ausreichend. Unsere Bestimmungen sowie auch die Umsetzung geltender Regelungen, um ein ausreichendes Freiheitsverhalten zu erreichen und damit die Freiheit für alle zu sichern, können nicht befriedigen. Auch die Kriminalität ist immer noch viel zu hoch und ein Zeichen, dass – immer noch relativ gesehen – eine nicht ausreichende Anzahl von Menschen sich nicht freiheitskonform verhält. Oft ist die Kapazität der möglichen Plätze in Justizvollzugsanstalten nicht mehr ausreichend. Es werden u. a. auch aus diesem Grund wegen fehlender Kapazität staatsanwaltschaftliche Ermittlungsverfahren aus meiner Sicht zu schnell beendet bzw. abgeschlossen. Um das notwendige Freiheitsverhalten für alle Bürger auch bei den erhöhten Erfordernissen durch die Folgen des Corona-Virus und die Vermeidung des weiteren erhöhten Anstiegs der Erderwärmung zu sichern, können wir nicht davon ausgehen, dass wir so die Freiheit, wie bisher üblich, ausleben können. Auch die Online-Reaktionen sowie Beiträge im Internet und das damit verbundene Verhalten einer nicht geringen Anzahl von Menschen im Netz sind manchmal nicht mehr hinnehmbar. Was in einigen Kommentaren an Hass, an Aufrufen zu Kriminalitätshandlungen oder auch zu Morddrohungen oder anderen aggressiven Bemerkungen mancher Internet-Nutzer deutlich wird, zeigt, dass wir so nicht weitermachen können, wie wir bisher die Freiheit sowie die Freiheitserfordernisse handhaben.

Nachfolgend werden einige Beispiele aus meinem im Januar 2019 erschienenen genannten Buch auszugsweise zitiert, die ausdrücken, dass eine nicht geringe Anzahl von Menschen, u. a. auch in Deutschland, sich nicht so, wie es eigentlich sein müsste, sondern oft rüpelhaft und in keiner Weise freiheitsliebend, um dies sehr verhalten auszudrücken, verhält. Damit können Andere, die sich richtig in ihrem Freiheitsverhalten bewegen, sich oft nicht freiheitsgerecht verhalten und müssen die Grenzen der Freiheit vielfach im erheblichen Maße dadurch spüren.

„Von den anzustrebenden Regeln der „Goldenen Moral“, die im humanistischen Sinne im Umgang zwischen den Menschen gelten sollten, haben wir uns im zunehmenden Maße weg bewegt, und dieses bei einer nicht geringen Anzahl von Menschen in gesellschaftlicher Hinsicht nicht mehr hinnehmbare Verhalten hat sich offenbar weiter im negativen Sinne verstärkt. Ein bestimmter Anteil von Menschen in unserer Gesellschaft weist ein rücksichtsloses Verhalten gegenüber den Mitmenschen auf, benimmt sich unsozial, rüpelhaft und auch aggressiv gegenüber anderen Menschen und zerstört durch Vandalismus öffentliche Einrichtungen.

Wo liegen die Ursachen eines solchen unsozialen Verhaltens in einem im Verhältnis zu anderen Ländern relativ reichen Land, wie der Bundesrepublik Deutschland, mit einer (bisher) geringen Arbeitslosigkeit?

In seinem bereits in der 3. Auflage im September 2012 erschienenen Buch „Die Rüpel-Republik. Warum sind wir so unsozial?“ schreibt der Journalist und Buchautor Jörg Schindler, wie aus dem Einband des Buches und auch auf der letzten Seite des betreffenden Einbandes hervorgeht:

„Der Regelbruch ist zum Regelfall geworden. Wo man hinkommt, die Rüpel sind schon da: im Kino, dass sie zusehends mit ihrem Wohnzimmer verwechseln, wo sie in jede Szene kommentieren, wo sie kommen und sehen, wie es ihnen beliebt. Im Straßenverkehr, wo rote Ampeln, Zebra– und Fahrradstreifen offenbar nichts Anderes mehr sind als Design-Elemente im öffentlichen Raum, weil auch dort nur noch derjenige Recht hat, der das Faustrecht für sich beansprucht. Beim Sport, in der Schule, in der Nachbarschaft, im Internet, überall ist der Regelbruch zum Regelfall geworden. Ja mehr noch als Querulant gilt mittlerweile nicht mehr Derjenige, der unter grober Missachtung von Anstand und Fairness jede Grenze überschreitet, sondern Derjenige, der die Einhaltung der Regeln anmahnt. Wir leben in einer Rüpel-Republik. Wie sind wir nur dahin gekommen?"

Auf der abschließenden Seite des Deckblattes führt der Autor Jörg Schindler in Verbindung mit dem Verlag auf: „Dieses Buch ist aus Wut entstanden. Rüpel, Ignoranten, Sozial-Allergiker. Was hat uns so unsozial werden lassen? Wo führt es hin, wenn jeder nur noch tut, was er für richtig hält und was zwar ihm nutzt, aber anderen schadet? Und wieso wehren wir uns nicht dagegen? Jörg Schindler tritt eine überfällige Debatte über unsere immer rücksichtslosere Gesellschaft los und entwickelt Ideen und Lösungsansätze. Es wird Zeit für Veränderungen."

In meinem im Januar 2019 erschienenen bereits erwähnten Buch wird zum problematischen Verhalten der Menschen bei den Belangen der Lebensweise wie folgt auszugsweise per Zitat von mir ausgesagt:

„Solch ein Verhalten, das wir leider oft auch in unserem täglichen Leben hinnehmen müssen und dass, wenn wir etwas dagegen tun wollen, wir besonders bei sehr aggressiven Rüpeln für unser Eintreten für soziale Gerechtigkeit und für Mitmenschlichkeit unter Umständen noch mit dem Leben bezahlen oder gesundheitliche Probleme erleiden müssen, stellt leider einen nicht hinweg zu leugnenden dekadenten desolaten Zustand in unserer Gesellschaft dar. Leider ist bei Manchen in unserer Gesellschaft dieses Verhalten kaum einzudämmen, sondern es steigt offenbar noch an. Dieses Verhalten ist ein Zeichen für den Niedergang und der Verkommenheit von bestehenden Verhaltensweisen von Menschen in unserer Gesellschaft.

Diesen geschilderten realen Verhältnissen gegenüber sind wir offenbar machtlos, und es bestehen schon chaotische bzw. anarchistische Zustände bzw. Verhaltensweisen, denen wir ausgesetzt sind. Offenbar treten diese Auswüchse an Rüpelhaftigkeit und Gewalttätigkeit trotz unserer Demokratie und unserer damit verbundenen Handhabung und auch unserer bestehenden Gesetze, die von der Mehrheit der Juristen als ausreichend angesehen werden, auf. ....
....

Aus meiner Sichtweise stellen die Hauptursachen solcher rüpelhafter Erscheinungen und auch Gewalttätigkeiten in den Verhaltensweisen die bestehenden derzeitigen gesellschaftlichen Verhältnisse dar und nehmen aus meiner Sicht auf die Gegebenheiten unserer heutigen Zeit und die Belange unseres Wertesystems keine Rücksicht.

Auch die nicht ausreichende Verwirklichung zwischen Wort und Tat und einige unzureichende Tatbestände in der Verwirklichung unserer Demokratie und die nicht ausreichende Setzung von notwendigen Grenzen von bestimmten Erscheinungen, wie beispielweise bei der Freiheit, wirken hierbei mit.

Eine Vielzahl von nicht richtigen Verhaltensweisen im Umgang mit solchen Menschen, die gewalttätig oder rüpelhaft in ihrem Auftreten sind oder ggf. noch werden, sei es im Elternhaus, in der Schule, in der beruflichen Ausbildung, ist ebenfalls in einer nicht ausreichenden Herantragung von positiven Leitbildern begründet.

Speziell gegenüber den Menschen wird ein Überangebot an negativen Erscheinungen, wie Kriminalität, mit all ihren daraus beim Einzelnen sich ergebenden Belangen wirksam.

Im bestehenden Verkaufsangebot sind im Übermaß aggressive Spiele, die regelrecht zu einer Aggressivität bzw. einem möglichen späteren kriminellen Verhalten oder zu einer hohen Bereitschaft an kriegerischen Auseinandersetzungen auch im wahren Leben und zu Vandalismus verführen.

………………………………………………………………………………………
………………………………………………………………………………………
………………………………………………………………………………………

Die verantwortlichen Lehrplangestalter und –umsetzer sollten sich hinterfragen, was in dieser Hinsicht in unserer Gesellschaft auch in Deutschland falsch bzw. verkehrt läuft, dass sich im Ergebnis der schulischen und außerschulischen Tätigkeit so viele junge Menschen kaum eigenständige individuelle Überzeugungen erarbeitet haben, die sie davon abhalten, sich aus Gründen in diesem speziellen Fall falsch verstandener „Teamfähigkeit“ dem Gruppenzwang unterzuordnen und sich wie Schwankende im Leben zu verhalten. ……………………………………………………..
………………………………………………………………………………………

Trotz der auch geschilderten gesellschaftlichen Ursachen, der falschen Leitbilder vieler Jugendlicher, die u. a. auch aus der westlichen Lebensweise resultieren sowie der Suche nach Anerkennung auch in ihren Gangs durch leider auch zutreffendes kriminelles und aggressives Verhalten gegenüber anderen Menschen, auch gegenüber

Ausländern, werden solchen jungen Menschen nicht rechtzeitig die Grenzen ihres Handelns aufgezeigt.

Denn das chaotische Verhalten Einzelner, die auf diesem Gebiet sehr negativ auffallen, führt zu nicht mehr hinnehmbarem Verhalten und stößt nicht nur an die Grenzen der Freiheit, sondern auch an die Grenzen der Demokratie.

Solch ein leider vielfach .... gezeigtes Verhalten muss als zutiefst undemokratisch angesehen werden, denn eine Demokratie setzt das Handeln bewusster Staatsbürger voraus, und leider ist dies hier nicht der Fall.

Bei Menschen, die die Gesetze der Demokratie mit Füßen treten, wie dies leider in einigen Fällen von aggressivem Verhalten auch von Jugendlichen gegenüber Mitbürgern, die anderen Menschen, u. a. auch bedrohten Ausländern, helfen wollen und diese Hilfe mit ihrem Leben bzw. mit schweren Gesundheitsschäden bezahlen mussten, gezeigt wird, kann man dieses Verhalten nicht hinnehmen. ....

Der Werteverfall .... sei deutlich geworden und hat in seiner Intensität den bis dato unbekannten Generationskonflikt zur Folge gehabt. Beispielhaft nannte die Professorin für Kommunikationswissenschaft, Elisabeth Noelle-Neumann (1916 – 2010), die Abnahme der Bindung der Menschen an Religion und Kirche, die schwindende Akzeptanz der Beschränkung individueller Freiheiten durch Normen, Hierarchien oder Autoritäten, den Bedeutungsverlust traditioneller Tugenden wie Höflichkeit, gutes Benehmen, Pünktlichkeit, Ordentlichkeit, Sauberkeit, Sparsamkeit, die Ablösung der bürgerlichen Leistungsethik durch zunehmende Freizeitorientierung und die Abnahme von Gemeinschaftssinn und Bindungsfähigkeit der Menschen, sich in erprobten Formen im Gemeinwesen zu engagieren. In dieser Entwicklung sah sie eine Gefahr für die pluralistische Gesellschaft. ....

Elisabeth Noelle-Neumann sagte voraus, dass das Vordringen von Selbstentfaltungswerten auf Kosten traditioneller bürgerlicher Pflichten (Preußische Tugenden) gesellschaftliche Auflösungserscheinungen zur Folge haben werde. ....

Es scheint sich auch hier die Aussage des französischen Philosophen und Erziehers Jean Jacques Rousseau (1712 – 1778) zu bestätigen, zu deren Erkenntnis er nach analytischer Wertung der Erscheinungen bereits in der damaligen Zeit im 18. Jahrhundert kam, dass mit zunehmender Zivilisation eine Verrohung der menschlichen Sitten insbesondere durch die Abkehr von der Natur bzw. vom natürlichen Verhalten erfolgt. Offenbar hat diese grundlegende Aussage von Rousseau auch heute noch nicht an Bedeutung verloren, weil trotz steigender

Zivilisation leider eine ständig zunehmende Verrohung der Sitten und eine Abkehr vom natürlichen Verhalten, das uns Menschen auszeichnen sollte, zu beobachten ist.“

Leider benehmen sich, wie bemerkt, manche Menschen nicht so, wie es für ein Freiheitsverhalten eigentlich erforderlich ist. In unserem gegenwärtigen Gesellschaftssystem wird zu wenig getan, dass ein nicht den Erfordernissen entsprechendes Freiheitsverhalten prophylaktisch rechtzeitig verhindert wird. Man versucht auch zu wenig, und man findet leider manchmal kein Gehör, um Werte zu vermitteln. Die fehlende sowie nicht ausreichende Vermittlung von Werten zeigt sich u.a. auch besonders im Verhalten Einiger sowie deren Bemerkungen im Internet. Es wird von vielen Stellen versucht, einen positiven Einfluss zu nehmen, ein besseres Wertesystem bei den Betroffenen zu erreichen, aber die bisher bei Einigen erreichten Ergebnisse sind in keiner Weise zufriedenstellend, trotz dem Vieles auf diesem Gebiet von Vertretern der jeweiligen Religion, von vielen humanistisch orientierten Verbänden sowie Vereinen, von politischen Parteien, von speziellen Personen, die humanistische Werte-Positionen vertreten und nicht zuletzt von den betreffenden Lehrern, wie Ethik-Lehrern usw., vermittelt werden.

Es werden durch ein nicht richtiges Freiheitsverhalten mancher Menschen, die in keiner Weise die Grenzen der Freiheit beachten, noch zu Opfern. Es wird von Denjenigen nicht beachtet, dass Opfer im Regelfall dadurch entstehen, weil Manche ein Freiheitsverhalten an den Tag legen, das den Erfordernissen der Freiheit nicht entspricht. Solange es noch Menschen gibt, die die Grenzen der Freiheit nicht oder völlig unzureichend beachten, und leider sind dies Manche auch in unserer Gesellschaft, auch in Deutschland, können wir die bisherigen Vorstellungen von nahezu unbegrenzter individueller Freiheit in der bisherigen Art und Weise so nicht weiterführen, wie es eine Vielzahl von Menschen wünschen. Jedes durch das nicht richtige Freiheitsverhalten Einzelner entstehende Opfer ist eines zu viel. Wir können, wenn wir ein ethisches, moralisches, humanitäres Verhalten in der Gesellschaft verlangen – und dies sollten wir im Interesse Aller tun – diese leider bestehende Gegebenheit nicht ignorieren. Meines Erachtens können wir so nicht handeln. Wir bringen zum Ausdruck und verhalten uns so, dass unsere Gesellschaft und die Menschen immer zivilisierter werden oder dass wir eine zunehmende Zivilisation haben bzw. die Zivilisation weiter zunimmt. Die bereits genannten Erkenntnisse von Rousseau, der, wie erwähnt, bereits im 18. Jahrhundert diese Erkenntnisse schriftlich geäußert hat, spüren wir leider im Verhalten einiger unserer Zeitgenossen durch die bestehende nicht ausreichende Rücksichtnahme. Oft bilden in unserer gesamten Gesellschaft nicht akzeptierbare individuelle Verhaltensweisen, die immer stärker, mehr oder weniger „ausgelebt" werden, dafür den Ausgangspunkt.

Dies zeigt sich u. a. darin, wie Manche sich gegenüber den für die jeweilige Angelegenheit des öffentlichen Dienstes Verantwortlichen, Rettungswagenfahrern,

Rettungskräften, Pflegern und Ärzten, Omnibusfahrern, in U- und S- Bahnen, bei der Eisenbahn oder im Autoverkehr verhalten. Manche machen aus ihrem Auto ein Rennauto oder führen illegale Rennfahrten und viele andere kritikwürdige Handlungen durch. Diejenigen nehmen keine Rücksicht auf Betroffene, Verantwortliche, Mitfahrer. Man kann hiervor nicht die Augen verschließen und letztlich so tun, dass dies alles nicht besteht und man sich dies alles nur einbildet. Auch dies muss alles beachtet werden, wenn man immer nach mehr Freiheit ruft und Freiheit über Alles sieht. Wir müssen alle Dinge nach der objektiv vorhandenen Realität in der Gesellschaft und bei den Menschen sehen und dürfen dabei nicht unreale Wünsche haben, die nicht mit der praktischen Realität übereinstimmen. Das rüpelhafte Verhalten von Jugendlichen sowie jungen Menschen tritt oft bei Denjenigen ein, die über keine akademische Ausbildung verfügen bzw. nicht die ausreichende Bildung oder Charakterstärke besitzen. Die Mitglieder der Fridays for future-Bewegung, die sich für die Belange dieser Umweltbewegung und damit für das Klima sehr wirkungsvoll einsetzen, verhalten sich in keiner Weise so rüpelhaft und gehören ebenfalls wie manche Andere nicht zu diesen undisziplinierten Menschen.

Auch die weltweit zunehmende Anzahl von Amokläufen und der damit verbundene Waffenbesitz zeigt, dass wir die unbegrenzte Freiheit, speziell auch des Waffenbesitzes, nicht weiter ausleben dürfen. Wir sollten den Waffenbesitz weltweit erheblich einschränken. Auch müssen wir, um die notwendige Prophylaxe zu sichern, davon ausgehen, dass auch bisher unbescholtene Bürger, die einen Waffenschein besitzen, plötzlich Amokläufe begehen oder andere verbrecherische Handlungen mit ihrer Waffe ausführen können. Selbst, wenn das bisher für sie nicht in Frage kam: Sie könnten aber ihr Verhalten, u. a. auch bei entstehenden psychischen oder anderen gesundheitlichen Belastungen oder aus anderen Gründen ändern, was ebenfalls berücksichtigt werden muss. Durch den Waffenbesitz könnten sie eine Waffe auch einsetzen, wenn sie es wollen oder aus ihrer Sicht für richtig empfinden. Dadurch können Menschen verletzt werden oder versterben. Wir können in keinem Fall das menschliche Verhalten, auch von Waffenbesitzern, voraussehen. Deshalb ist es meines Erachtens auch richtig, dass wir den Wünschen nach Waffenbesitz, wenn die Voraussetzungen laut gegenwärtig geltenden Gesetzen gegeben sind, nicht immer Rechnung tragen. Aus prophylaktischer Sicht sollte eine Waffe, von bestimmten ausgewählten unbedingt notwendigen Waffenbesitzern abgesehen, niemals bei den Waffenbesitzern verbleiben. Man sollte die Waffe nur zur jeweiligen genehmigten Handlung verwenden, zum Beispiel in Schützenvereinen. Nach erfolgter genehmigter Handlung sind die betreffende Waffe und die Munition wieder abzugeben und in der betreffenden Waffenkammer nach erfolgter Prüfung zu deponieren. Es muss dadurch abgesichert werden, dass, von ausgewählten Ausnahmen abgesehen, Niemand privat eine Waffe auf Dauer tragen kann und darf. Diese freiheitsbeschränkende Maßnahme wird von mir im Interesse Aller und zur Vermeidung möglicher Opfer vorgeschlagen und entspricht zur Sicherung der Vorsichtsgründe auch der Verfahrensweise, die zu diesen Belangen auch früher in der damaligen DDR bereits existierte und vom Waffenbesitzberechtigten eingehalten werden musste.

Auch in der Böllerei, die im Regelfall zu Silvester eine Rolle bei Vielen spielt, zeigt sich oft, dass kein rücksichtsvolles Verhalten mit der Maßgabe der Freiheitsnutzung gegenüber anderen Menschen gezeigt wird. In der Ausgabe 53/2020 der Zeitschrift "Der Spiegel" vom 24.12.2020 wird unter der Überschrift „Silvester ohne Sprengstofforgie“ u. a. dazu geschrieben:

"Die Deutschen haben ein ähnlich verqueres Verhältnis zu Feuerwerkskörpern, wie die Amerikaner zu ihren Schusswaffen. Soll der Gebrauch eingeschränkt werden, geht es gleich um das große Ganze: um Freiheit, Selbstbestimmung, Demokratie. Als etwa das Land Niedersachsen im Rahmen des aktuellen Corona-Schutdowns für den diesjährigen Jahreswechsel auch das Böllern verbot, reichte ein Knaller- und Raketen-Fan beim Oberverwaltungsgericht in Lüneburg einen "Normenkontrolleilantrag" dagegen ein - und bekam noch recht: Die Landesregierung habe nicht hinreichend dargelegt, dass ein umfassendes Feuerwerksverbot dem Infektionsschutz diene. Der Böller-Bann wurde deshalb vorläufig aufgehoben. Dabei spricht nicht nur die erhöhte Infektionsgefahr dagegen, mit Freunden die Kracher krachen zu lassen.

Haustiere rasten aus, Feinstaub verpestet die Luft. Und an keinem anderen Tag des Jahres verletzen sich so viele Menschen: Finger werden abgetrennt, Augen nehmen Schaden – böllern bis der Arzt kommt.

Wer einmal im Ausland gelebt hat, etwa in Kalifornien oder in Australien, weiß, dass es vollkommen irre ist, was hierzulande in den ersten Stunden eines jeden neuen Jahres abgeht - anderswo ist eine solche millionenfache Sprengstofforgie so undenkbar, wie mit Tempo 200 über die Autobahn zu rasen.

Ob sich die Deutschen (trotz des Verbots) wenigsten in diesem Jahr zügeln, ist ungewiss. Fans von Feuerwerkskörpern stehen in ihrer Renitenz Tempolimitgegnern und Gesichtsmaskenverweigerern in nichts nach. Jetzt erst recht, könnte die Devise lauten. Querdenken heißt in diesem Jahr vermutlich auch einfach zu böllern - einfach aus Trotz und weil angeblich die Freiheit in Gefahr ist. Dabei wäre Corona eine Chance, endlich einmal hier den Jahreswechsel friedlich genießen zu können. "

Die Freiheit wird von Manchen aus meiner Sicht überhöht gesehen. Dies drückt sich zum Beispiel darin aus, dass die Freiheit auch aus Sicht von manchen Wissenschaftlern und anderen Personen einen höheren Stellenwert hat als die Gesundheit.

Gerade unter den konkreten Gegebenheiten des Corona-Virus, der Gefahr unserer Endlichkeit durch ein frühzeitigeres Sterben, u. a. durch die Folgen des Corona-Virus und den damit verbundenen möglichen erheblichen gesundheitlichen Folgen für den Einzelnen sollten wir in dieser Frage aus meiner Sicht anders denken. Wir sollten hierbei beachten, dass die meisten Menschen nicht frühzeitig sterben wollen und das Primat so sehen, dass die Gesundheit vor der Freiheit steht. Wir sollten weltweit alles tun, dass nicht so viele Menschen an den Folgen des Corona-Virus sterben. Bei den hoffentlich, ggf. noch im Jahr 2020 für Manche noch vielleicht zur Verfügung stehenden Corona-Impfungen ist eindeutig zu erkennen, dass wir auch im Interesse der weiteren Gesundheit Beschränkungen von unserer bisher lieb gewordenen Freiheit hinnehmen müssen. Wir können unsere bisherigen Vorstellungen zur Freiheit nicht unbegrenzt umsetzen und müssen manche der lieb gewonnenen Freiheiten im Interesse Aller bezüglich der Sicherung des Gemeinwohls einschränken.

Zum Corona-Virus und zu den damit verbundenen Wirkungen, Wertungen und auch sich ergebenden Erfordernissen, u. a. auch zu den Belangen der Lebensweise, den damit verbunden Freiheitserfordernissen, zur Notwendigkeit der Entschleunigung, die uns dazu führen sollte, Manches in der Globalisierung der Gegenwart kritischer zu sehen, sind auch die Aussagen von Prof. Dr. Fritz Reheis aus seinem Buch „Die Resonanzstrategie. Warum wir Nachhaltigkeit neu denken müssen“, das bis zum 31.03.2020 ausgearbeitet wurde, enthalten, die nachfolgend auszugsweise zitiert werden, als wichtig für uns Alle anzusehen:

„Zur Zeit scheint die Wissenschaft zu regieren. Virologen sagen uns, wie lange wir uns noch gedulden müssen, Ökonomen, was die Krise kostet und wie sie bezahlt wird. Auch Sozialwissenschaftler sind gefragt, wenn es um die Folgen der Einschränkung des Lebensraumes, um die ungleiche Betroffenheit der Menschen, die Rückkehr der Staatsautorität und die Notwendigkeit der Ausdehnung des Zeithorizonts staatlichen Handelns, auch im Hinblick auf zukünftige Viren, geht. Der Soziologe Hartmut Rosa sieht in der gegenwärtigen "erzwungenen Entschleunigung" sogar die Chance, dass uns die Nähe wieder wichtiger wird, die Beziehungen zu Menschen. Rosa nennt dies eine "Resonanzhaltung." Ausgeblendet bleibt in vielen aktuellen Wortmeldungen aus der Wissenschaft leider der Zusammenhang der Corona-Krise mit anderen Krisen, die uns die Globalisierung in den letzten Jahrzehnten beschert hat. Das war nach Fukushima 2011 noch anders, als der deutsche Soziologe Ulrich Beck, weltweit bekannt geworden durch sein im Jahr der Tschernobyl-Katastrophe, 1986, erschienenes Buch „Risikogesellschaft" von einem „grusligen Wettbewerb der Großrisiken" sprach. Beck erinnerte damals an die durch einen Hurrikan verursachte Überflutung von New Orleans und die Finanzkrise, aber auch den Rinderwahn und die Schweinegrippe (siehe den vom Journalisten Andreas Zielcke am 14.03.2011 in der „Süddeutsche Zeitung“ veröffentlichten Artikel „Risikoforscher Ulrich Beck: „Ein strategisch inszenierter Irrtum“). Er hätte mit guten Gründen auch die zigtausend Hitzetoden von 2003 in Europa und die Millionen Hungertoten jedes Jahr ergänzen können. Beck führte diese Krisen auf eine Form der „Modernisierung" der Welt zurück, bei der etwas schief läuft, weil sie sich selbst nicht begreift. Heute sind es neben der Corona-Krise die Klima- und Flüchtlings-Krise, die uns zu schaffen machen. Vor allen drei Krisen wird seit Jahrzehnten gewarnt, alle drei Krisen spitzen sich gelegentlich urplötzlich zu, alle drei Krisen beeinflussen sich wechselseitig und zwar nicht nur positiv (wie bei der virusbedingten Erholungspause für das Klima). Die Krisen haben vor allem das Potenzial, sich wechselseitig zu verstärken. Denken wir nur daran, dass Virus- und Flüchtlings-Krise vermutlich bald miteinander unheilvoll verschmelzen werden, wenn das Virus Flüchtlingslager und -unterkünfte erfasst haben wird. Oder an die von Experten prognostizierten und viel gefährlicheren Viren, die aus auftauenden Gletschern und Permafrostböden demnächst freigesetzt werden könnten. Bemerkenswert ist, dass Aufmerksamkeit, Verantwortung und Maßnahmen zur Krisenbewältigung bisher bei allen drei Krisen wie auf einen Verschiebebahnhof je nach aktueller Zuspitzung hin und her geschoben werden. Soll dieser Verschiebebahnhof transparent gemacht werden, müssen wir nach dem inneren Zusammenhang dieser Krisen fragen, danach, was es genau ist, was bei der Modernisierung der Welt bisher nicht begriffen wurde. Hartmut Rosa liefert mit „erzwungener Entschleunigung" und seiner Hoffnung auf die Ausbildung einer „Resonanzhaltung" die richtigen Stichworte. Alle drei Krisen sind ja tatsächlich keine Meteoriteneinschläge, sondern verdanken sich dem verhängnisvollen Zusammenwirken natürlicher und menschengemachter Faktoren, die viel mit einem zerstörerischen Umgang mit Zeit und gestörter Resonanz zu tun haben. In der Corona-Krise zeigt allein schon die flehentliche Bitte der Regierenden, doch bitte so vernünftig und geduldig zu sein, sich und andere nicht anzustecken, dass es ernste Resonanzprobleme zwischen Staat und Gesellschaft und auch innerhalb der Gesellschaft gibt. Und wenn gegenwärtig alle Aufmerksamkeit auf die Exponentialkurven der Infektionen gerichtet ist, weil niemand mit diesem Kontrollverlust auf Dauer leben kann, handelt es sich um eine ernste Resonanzstörung zur Natur, zur Gestalt eines winzigen Virus. Diese Störung geht nicht nur auf die globale Turbo-Mobilität und die Lebens- und Ernährungsgewohnheiten in Schwellenländern zurück, sondern letztlich auf die fortwährende Einengung des Lebensraums der Tiere, der das Überspringen des Virus erst ermöglicht hat." Jetzt, nachdem der rasende Globalisierungszug nahezu zum Stillstand gekommen ist und die Spaßgesellschaft im globalen Norden pausieren müssen, stellen sich zwei Grundsatzfragen in aller Schärfe. Was treibt die Globalisierung eigentlich so an? Und gibt es zu dieser Art der Globalisierung überhaupt eine Alternative? Diese übergreifenden Fragen sind unausweichlich, um zu klären, was in der bisherigen globalen Modernisierung noch nicht richtig begriffen worden ist. Zur ersten Frage können wir uns bewusst machen, dass sich der Mensch erst seit wenigen Generationen der Logik von Markt, Geld und Kapital anvertraut hat.

Wir könnten feststellen, wie sehr sich die Exponentialkurven der Dynamik des Geldes und die von Viren - wie auch Bakterien, Tumorzellen, Metastasen oder des Insektensterbens - ähneln. Wir könnten klar erkennen, warum exponentielle Veränderungen so gefährlich sind. Und wir könnten uns an den griechischen Philosophen Aristoteles erinnern, der bereits vor über 2000 Jahren wusste, dass Geld niemals Selbstzweck, sondern immer nur Mittel im Leben sein durfte. Das Problem einer durch Markt, Geld und Kapital angetriebenen Globalisierung ist die Formel "Zeit ist Geld". Sie stürzt den Globus in einem gnadenlosen Konkurrenzkampf um die möglichst schnelle Verwandlung aller natürlichen und menschlichen Ressourcen in Geld. Dieser Kampf um Zeiteinsparung und Temposteigerung, der notwendigerweise mit einer fahrlässigen Verkürzung des Zeithorizonts einhergeht, führt auch in der gegenwärtigen Krise dazu, dass jeder Akteur mit möglichst wenig Ballast für Gesundheits-, Klima- und Armutsprävention unterwegs sein und so spät, wie möglich, abbremsen will, auch um so früh wie möglich wieder durchstarten zu können. Alles konsequent just-in-time. Nicht von ungefähr stammen ja auch viele der tödlichen globalen Risiken aus Ländern, die als Nachzügler der Industrialisierung noch mit aller Macht auf den rasenden Globalisierungszug aufspringen wollten und deshalb besonders risikoaffin sind. Gehen wir auf der Suche nach Leitplanken für eine alternative Globalisierung in Gedanken doch einmal nicht vom Geld, sondern von der Zeit aus. Sie ist älter und universeller als das Geld. Stellen wir die Frage, welche Geschwindigkeit der Globalisierung eigentlich angemessen ist. Welches Veränderungstempo verkraftet die natürliche Umwelt, die soziale Umwelt und der einzelne Mensch? Versuchen wir es statt mit der Formel "Zeit ist Geld" mit der Formel „Zeit ist Leben", also mit einer "zeitökologischen" Perspektive. Dann geht es nicht darum, ob sich etwas rechnet, sondern, ob Ereignisse und Prozesse auch zeitlich zueinander passen. Im Kern geht es um Synchronisation genauer: um Resonanz. Was neu entsteht, muss immer im "Einklang" kommen mit dem, was bereits vorhanden ist Man könnte auch sagen, das Neue muss mit dem Alten schwingen. Schwingungen sind periodische Auf- und Abwärtsbewegung, die letztlich auf Kreisläufen beruhen. Planeten und Elektronen, Ebbe und Flut, Aus- und Einatmen haben ein solches zyklisch- schwingendes Bewegungsmuster. Schwingungen sind die Basis des Resonanzgeschehens. Eigentlich weiß jeder, wie stark auch wir Menschen auf Resonanz angewiesen sind: in Bezug auf die natürliche Umwelt, die soziale Mitwelt, und die eigene Innenwelt. Wenn wir die Natur pfleglich behandeln, erwarten wir einen sicheren Raum zum Leben und dass sie uns gut ernährt. Wenn wir uns anderen Menschen mitteilen, erwarten wir, verstanden zu werden, wenn wir uns anstrengen, Anerkennung, wenn wir lieben, Gegenliebe. Und wenn wir eine Entscheidung treffen und entsprechend handeln, wollen wir hinterher mit uns im Reinen sein, soll es sich "stimmig“ anfühlen. Immer soll etwas zurückkommen, wenn wir etwas angestoßen haben. Ob das aber geschieht, ist nie ganz sicher. ....
....

Aufgrund dieser wahrhaft fundamentalen Resonanz ist der Mensch, mehr als jede andere Spezies, auf das ständige Lernen angewiesen, aber auch dazu befähigt - ein beispielloses Resonanzpotential, das uns Mut machen könnte. Wo Resonanzen trotz allen Bemühens um Synchronisation ausbleiben, drohen böse Überraschungen, in uns selbst, wenn wir etwa aufgrund dauerhafter Überforderung ausbrennen, im sozialen Miteinander, wenn diejenigen, die dauerhaft nicht gehört und beteiligt werden, plötzlich ausrasten. Und in der Umwelt, wenn die dauerhaft geschundene Natur "zurückschlägt" - durch Hochwasser und Trockenheit, Unfruchtbarkeit, Artenschwund und eben auch durch Viren. Wenn wir den Lebensraum von Tieren zu sehr einengen, uns gegen die von ihnen ausgehenden Gefahren zu wenig schützen und diese Gefahren obendrein zu schnell in alle Welt verbreiten, "zeigt" die Natur der Spaßgesellschaft, dass der Spaß zu Ende ist. Was in den drei Krisen "zurückschlägt", ist also nicht die Natur selbst, wie Manche uns immer noch weismachen wollen. Vielmehr unser fehlgeleiteter Umgang mit ihr: bei der Corona-Krise die Zurückdrängung des Lebensraumes der Tiere, bei der Klima-Krise die Plünderung der Kohlenstofflager, bei der Flüchtlings-Krise das Zulassen und Fördern von Lebensbedingungen im globalen Süden, die Menschen millionenfach bei uns Schutz und neue Lebensgrundlagen suchen lassen. Fehlgeleitet wird der Umgang mit Natur und Mitmensch durch eine geldgetriebene Globalisierung, die Räume systematisch ausdehnt und verdichtet, Zeiten und Zeithorizonte systematisch verkürzt - und dabei jedes Maß verloren hat. Resonanz als Mit- und Wiederschwingen ist die Grundlage jener Rhythmen, die die Welt zusammenhalten und das Leben tragen, sagt der Molekularbiologe Friedrich Cramer. Resonanzbeziehungen sind so ziemlich das Gegenteil von exponentiellen Prozessen: Resonanz zielt auf das Zurückkommen, auf die Wiederkehr des Ähnlichen. Exponentialität bedeutet: Entfernung (mit wachsender Geschwindigkeit), zielt ab auf die Auflösung von Ordnung. Nur Resonanz kann für relative Stabilität sorgen. Und das tut sie, trotz aller evolutionären Neuerungen, seit Milliarden Jahren. Für die Zukunft der Globalisierung brauchen wir eine Art von Resonanzstrategie. Sie müsste dafür sorgen, dass Rhythmen und Kreisläufe respektiert werden, die die Beziehungen des Menschen zu sich selbst, zu anderen und zur Natur bestimmen. Nur Kreisläufe sind nachhaltig, Durchläufe nicht (exponentielle Veränderungen sind potenziell tödlich). Prinzipien wie Reflexivität, Reziprozität und Regenerativität könnten konkretisieren, wie Resonanz in Bezug auf Innenwelt, Mitwelt und Umwelt ermöglicht werden kann. Klar müsste auf alle Fälle sein: Der Mensch hat kein angeborenes Recht, seinen eigenen Lebensraum immer mehr auszudehnen, Treibhausgase bleiben in die Atmosphäre zu blasen. Mitmenschen fast ohne Gegenleistung für sich arbeiten zu lassen und sich bei all dem auf ökonomische "Sach"zwänge zu berufen, die er tatsächlich selbst geschaffen hat. (Der Mensch hat aber sehr wohl ein angeborenes Recht auf Arbeit, von der er leben kann, als "zivilisatorisches Minimum", wie Oskar Negt treffend feststellt). Eine Resonanzstrategie müsste vor allem klare Prioritäten für das menschliche Wirtschaften setzen: Die Finanzwirtschaft dient der Realwirtschaft, die

Realwirtschaft dem Menschen, mit all seinen wirklichen Bedürfnissen und wirklichen Fähigkeiten - nicht umgekehrt. Statt in atemberaubender Geschwindigkeit ständig Neues hervorzubringen und Bedürfnisse und (Zusammen)-Leben der Menschen hektisch daran anzupassen, sollten wir uns in Zukunft mehr um die Grundlagen des Lebens, des guten Lebens für alle kümmern: um eine "Ethik des Genug", einschließlich der Vorbeugung gegen Gefahren, die die Natur mit sich bringt, und erst recht gegen jene, die wir selbst erzeugen. Eine Resonanzstrategie erfordert nichts Geringeres als die Umkehrung der bisher herrschenden Verhältnisse von Geld und Zeit, das uns immer mehr in die Sackgasse führt. Wenn in der gegenwärtigen Krise nicht mehr die Banken, sondern Betriebe und Arbeitnehmer im Gesundheits- und Pflegesektor als "systemrelevant" gelten würden, wäre das ein erster Schritt." (Fritz Reheis vom 29.03.2020)

Der Corona-Virus brachte und bringt in manchen Belangen eine nie dagewesene Flut von Einschränkungen mit sich: u. a. Kontaktverbote, Abstandsgebote, Einreisebeschränkungen, die Schließung von Schulen, Kitas, Gastronomie usw. und das Verbot der Durchführung von Gottesdiensten sowie harte Sanktionen bei Verstößen - ist das alles wirklich rechtmäßig oder hat der Staat die Grenzen der Verhältnismäßigkeit schon überschritten? Was gilt für die um sich greifende Maskenpflicht? Erste Gerichte stellen sich dagegen. Zur Bekämpfung der Corona-Pandemie hat der Staat in kürzester Zeit eine ungeheure Zahl von Beschränkungen der Freiheitsrechte der Bürger verfügt und einen gewissen Shutdown des gesellschaftlichen und öffentlichen Lebens in die Wege geleitet und zwischenzeitlich eine Ergänzung sowie Konkretisierung des Infektionsschutzgesetzes im Zeitraum der zweiten Welle der Wirkungen des Corona-Virus beschlossen. Verstöße werden mit zum Teil harten Bußgeldern oder sogar als Straftat geahndet, Sanktionen bei Verstößen gegen das Infektionsschutzgesetz. Darf der Staat das alles, oder hat er die Grenze des rechtlich Zulässigen und Zumutbaren bereits überschritten? Was gilt für die Masken?

Man sollte auch bei den zu treffenden Entscheidungen mit beachten, dass das unterschiedliche Infektionsverhalten in den einzelnen Bundesländern sehr differenziert ist. In diesem Zusammenhang sollte auf das unterschiedliche Impfverhalten in den neuen und den alten Bundesländern hingewiesen werden. Von 1950 bis 1990 bestand für alle in der DDR Geborenen eine Pflichtschutzimpfung, u. a. für die Tuberkulose-Pflichtschutzimpfung, die eine erheblich höhere Widerstandskraft auch gegen Lungenentzündung darstellte. Gegenüber den in der DDR bestandenen 18 Pflichtschutz-Impfungen für Säuglinge bzw. Kinder wurden in den alten Bundesländern und West-Berlin im Gegensatz dazu nur mit Ausnahme der Pocken-Schutzimpfung und inzwischen im wiedervereinigten Deutschland nunmehr auch in den alten Bundesländern die Masern-Impfungen in gewisser Weise als zum Teil eventuelle Pflichtimpfung durchgeführt. Auf Grund der bestehenden

Freiwilligkeit haben Viele diese Impfung in den alten Bundesländern nicht durchführen lassen. Aus meiner Sicht muss dies auch bei Belangen der Freiheit gerade in Zeiten des Corona-Virus ebenfalls mit beachtet werden, obwohl die Meinungen bzw. Auffassungen in dieser Frage sehr unterschiedlich sind.

Der Artikel 2 (2) des Grundgesetzes lautet wie folgt: „Jeder hat das Recht auf Leben und körperliche Unversehrtheit. Die Freiheit der Person ist unverletzlich. In diese Rechte darf nur auf Grund eines Gesetzes eingegriffen werden". Das aktuell geltende und angewandte Gesetz stellt das Infektionsschutzgesetz dar. Es wird zugrunde gelegt, dass der Staat in dieser Ausnahmesituation nur in Grundrechte eingreifen darf, wenn die getroffenen oder zu treffenden Maßnahmen verhältnismäßig sind. Aus Gründen der Vernunft muss eingesehen werden, dass zur Bekämpfung der als Pandemie klassifizierten weltweiten Seuche gemäß den Bestimmungen des genannten Artikels 2 (2) des Grundgesetzes in bestehende Grundrechte durch gesetzliche Bestimmungen eingegriffen werden kann. Insofern muss festgestellt werden. dass die Bundesregierung im Interesse Aller und in Verwirklichung des Artikels 2 (2) des Grundgesetzes gehandelt hat.

Inwieweit die Verhältnismäßigkeit bei den Einschränkungen eingehalten wurde bzw. wird, haben, wenn ein Gerichtsantrag vorliegt, gemäß den geltenden Bestimmungen ordentliche Gerichte auf Grund des Rechtsweges zu entscheiden. Sicherlich kann die Verhältnismäßigkeit von Maßnahmen, besonders, wenn föderale bestehende Gegebenheiten bei den einzelnen Bundesländern eine Rolle spielen, sehr unterschiedlich sein und sollte deshalb von Gerichten geprüft und entschieden werden. Auch unter Berücksichtigung der Anzahl von durch das Corona-Virus Infizierten sowie von Toten in Folge des Corona-Virus – auch bezogen auf die Intensität und Unterschiedlichkeit der einzelnen Bundesländer Deutschlands – sollte so verfahren werden. Es ist nicht einfach, weil die Wirtschaftlichkeit einiger Branchen davon erheblich abhängt und damit eine relativ hohe Befindlichkeit für den betroffenen Einzelnen sowie das Unternehmen besteht, dass man bei nach wie vor noch bestehender relativ hoher Intensität des Corona-Virus über zeitweilige Beschränkungen der Grundrechte in manchen Fragen eine unterschiedliche Meinung hat. Über den Zeitpunkt, wann bestimmte Beschränkungen der Grundrechte wieder aufgehoben werden, bestehen oft sehr verschiedene Auffassungen. Hierzu muss in Anbetracht der noch vorhandenen Wirkungen des Corona-Virus durch die betreffenden und dazu berufenen Entscheidungsträger, auch unter Beachtung vielfältiger anderer Faktoren der Entscheidungsfindung, eine richtige und angemessene Festlegung getroffen werden. Die erforderlichen und notwendigen Beschränkungen der Freiheit und der bestehenden Grundrechte waren bisher für viele Menschen nicht einfach und ungewohnt, weil Viele immer und überall auf ihre Freiheitrechte hingewiesen haben.

Angesichts der Auswirkungen der Klimakrise bzw. der Erderwärmung mit wahrscheinlich wesentlich schlimmeren Auswirkungen für betroffene Menschen aus einzelnen besonders betroffenen Regionen und für die ganze Menschheit, die entstehen können, müssen wir unser Verhalten auch auf diese Erfordernisse ausrichten.

Es kann auch passieren, dass wir bei einem weiteren Anstieg der Erderwärmung noch mit weiteren und noch schlimmeren Seuchen für uns Menschen rechnen müssen, die ebenfalls eine globale Ansteckungsgefahr auslösen können.

Wir müssen auch beachten, dass viele Menschen viel zu wenig für die notwendige erhebliche Verringerung der Treibstoffgasemission tun und ihr individuelles Verhalten bzw. ihre Lebensweise nicht oder kaum geändert haben. Diejenigen sind oft nach gegenwärtigem Stand dafür nicht bereit und bewahren lieber ihren bisherigen, aus meiner Sicht übertriebenen, oft nicht nachhaltigen Konsum aus persönlichen, individuellen Gründen bei. Sie beachten dabei oft nicht ausreichend die Erfordernisse aller Menschen bzw. der gesamten Menschheit. Es muss nochmals darauf hingewiesen werden, dass eine nicht geringe Anzahl von Menschen die Grenzen der Freiheit in ihrem individuellen tatsächlichen Verhalten – auch bezogen auf die Gefahren für die Menschheit, die sich aus der steigenden Erderwärmung ergeben – unbeachtet lässt und damit die geltenden Grenzen der Freiheit auch in dieser wichtigen Frage für die weitere Existenz der Menschheit nicht beachtet.

Aus allen diesen Gründen können wir uns nicht auf die bisher übliche Freiheit ohne notwendige Gesetze berufen und uns darauf ausruhen. Auch notwendige Einschränkungen der bisher gewohnten Freiheit durch ebenfalls notwendige Verbote, Gebote und Verzichte können wir meines Erachtens nicht umgehen und müssen lernen, Freiheit angesichts von Notwendigkeiten für die gesamte Menschheit anders zu sehen. Wir müssen unter Berücksichtigung der neuen Herausforderungen unser gesamtes Wirtschafts- und Gesellschaftssystem und auch die Belange der in diesem Zusammenhang wirksamen Freiheit neu und anders als bisher gewohnt definieren und verstehen.

5. Was wir im Interesse des Erhalts der Menschheit in der Demokratie tun können, um Manches anders zu gestalten

5.1. Bemerkungen zum Zusammenhang von Freiheit und Belangen der Demokratie

Freiheit in der möglichen Form kann nur gelingen, wenn wir alle Entscheidungen primär sowie in erster Linie aus der Sicht der Vernunft im Interesse Aller und nicht vorrangig die persönliche Befindlichkeit und individuellen Interessen sehen. Dabei sollten wir eine realistische Problembewältigung im gesamten Weltmaßstab unter den erheblichen schwerwiegenden Anforderungen der Corona-Krise und der großen Gefahr der Temperaturerhöhung der Erde mit dramatischen Folgen für die Menschheit beachten. Viel wichtiger, so ist oft die Realität, sei für viele Menschen in dieser schwerwiegenden Situation vorrangig die Aufrechterhaltung der persönlichen Freiheit. Oft wird nicht den aktuellen Erfordernissen durch die Folgen des Corona-Virus und der zunehmenden Erderwärmung im ausreichenden Maße die gebührende Bedeutung beigemessen. Der sehr starke Ruf nach der möglichst schnellen Erlangung der Freiheit, so habe ich den Eindruck, unterliegt nicht vorrangig der Vernunft, was aus meiner Sicht immer das Primat bei allen Handlungen haben sollte, sondern den vielfach vorrangig gesehenen individuellen Befindlichkeiten und Wünschen. Der Urlaubswunsch, das Reisen und andere Bequemlichkeiten des Lebens, die man bisher vorrangig bezogen auf Deutschland in der alten Bundesrepublik und nunmehr im gemeinsamen Deutschland genossen hat, haben bei vielen Menschen den unbedingten Vorrang als reale Erfordernisse der gegenwärtigen Gegebenheiten unter den konkreten Bedingungen des Corona-Virus.

Die gebotenen vernünftigen Maßnahmen in den Zeiten der Wirkung des Corona-Virus stehen im Vordergrund, und der zunehmende Anstieg der Erderwärmung mit weiteren erheblichen Folgen geraten dadurch vielfach in den Hintergrund. Man will so schnell wie möglich Freiheit haben und sie genießen, ohne die gegenwärtigen Kontakteingrenzungen zu beachten. Um dies zu erreichen, können wir uns derzeit, wie es Anton Hofreiter bezeichnet, die „Formen der vulgären Freiheit" nicht erlauben. Die derzeitigen vorrangig genannten Gründe, warum in erster Linie demonstriert wird, indem u. a. Verschwörungstheorien und völlig unreale Aussagen bezüglich der Impfpflicht verbreitet werden, zeigen auf, ob überhaupt bei den auf den Demonstrationen vorgetragenen Gründen eine ausreichende Vernunft als Grundlage für freiheitliches Handeln besteht.

Auch bei der Verringerung und Beseitigung der Folgen des Corona-Virus müssen wir auch schnellstens die gebotenen Maßnahmen zum möglichst nicht weiteren Anstieg der Erderwärmung ergreifen. Dazu sollten wir unserer Verhalten so ausrichten, dass nicht Grundzüge der vulgären Freiheit für unser notwendiges Verhalten, gegen die weitere Erderwärmung alles Erdenkliche zu tun, typisch sind. Um Freiheit zu erreichen, passt ein Zwang bzw. passen Zwangshaltungen nicht so gut dazu, denn beide Ziele widersprechen sich. Die Bedingungen des Corona-Virus und das Ziel der Erreichung des nicht weiteren lebensbedrohlichen Anstiegs der Erderwärmung verlangen Ein- bzw. Beschränkungen und eine noch größere Rolle des Staates. Der Staat muss viel stärker, als bisher, ein höheres Gewaltmonopol gegen die zunehmende Kriminalität und den weiterhin bestehenden Terrorismus und aus vielen anderen Gründen wahrnehmen. Diese notwendige Entwicklung steht der bisherigen Rolle und unseren Vorstellungen von Freiheit oft diametral entgegen.

Wir müssen diese weltweit für unseren Planeten bestehenden Erfordernisse beachten und unsere Strategie und Taktik unbedingt darauf einrichten. Es existiert ein großer Zusammenhang zwischen Freiheit und der Demokratie. Bei der Freiheit beruft man sich auf die Herrschaftsform der Demokratie. Da sich die Rolle und die Handhabung der Freiheit unter den genannten veränderten Anforderungen aus meiner Sicht nicht nur unter den Bedingungen und den Folgen des Corona-Virus sich anders gestalten muss, hat diese zukünftig notwendige Handhabung der Freiheit auch Auswirkungen auf die Gestaltung der Herrschaftsform der Demokratie.

5.2. Aktuelle Erscheinungen in der Demokratie

Noch dazu muss beachtet werden, dass die gegenwärtige Handhabung der Demokratie viele Mängel aufweist und die Verfahrensweise der Demokratie unter dem zwingenden Gesichtspunkt, dass die dazu erforderlichen Maßnahmen sehr schnell realisiert werden müssen, unbedingt überdacht werden muss. Dies ist insbesondere deshalb notwendig, da Manches in der Demokratie entgegen den bisherigen Vorstellungen und Idealen der Herrschaftsform der Demokratie verläuft. Wichtige zeitliche Abläufe durch die ansteigende Erderwärmung und die speziellen Gegebenheiten, die durch das Corona-Virus ebenfalls zwingend erforderlich sind, müssen noch mehr, als bisher geschehen, beachtet werden.

Demokratie besteht nicht nur aus Volksherrschaft und dass damit die Mehrheit über die Minderheit bei der Demokratie entscheidet und die Beschlüsse auf der Basis des Mehrheitsprinzips durchgeführt werden. Demokratie als Herrschaftsform verlangt auch in der gegenwärtigen Form ein Höchstmaß an Debattenkultur, an der sich alle Bürger eines Landes beteiligen können und dann die beste Lösung gefunden werden kann. Leider ist es auch gegenwärtig nicht möglich, dieses Ideal der Demokratie in vielen Sachfragen umzusetzen. Auch die Debattenkultur hat nicht nur das Problem, dass sehr viel Zeit verloren gehen kann. Diese haben wir angesichts des Anstiegs der Erderwärmung und mancher anderer Faktoren nicht in dem gewünschten Maße, um zu allen Fragen die beste Lösung nach Diskussion aller Beteiligten zu finden. Die erforderliche Debattenkultur findet oft nur auf der Basis des jeweiligen Parlaments der einzelnen Länder statt. Bei dieser Debattenkultur können Abgeordnete in der Demokratie ihre Meinung zum jeweiligen Sachverhalt, auch als Opposition, vortragen. Aber da auch hier das Mehrheitsprinzip bei der Anwendung der parlamentarischen Demokratie gilt und Abgeordnete ihre Entscheidung kaum nach ihrem Gewissen fällen können, kann diese Handhabung im Interesse der Belange der Menschen nicht ausreichend befriedigen. Oft treffen sie dann unter Berücksichtigung des leider vorherrschenden Fraktionszwangs ihrer Partei ihre Entscheidung bezüglich ihrer Stimme zum jeweiligen Sachverhalt. Gerade unter den speziellen Gegebenheiten der aktuellen Zeit und der schwerwiegenden Erfordernisse, die für die Menschen auch durch die Probleme der Klimakrise entstehen, muss man wohl anders als bisher denken.

Dadurch werden manchmal Entscheidungen vom jeweiligen Parlament wegen den bestehenden Macht- und Stimmenverhältnissen einzelner Parteien getroffen, zu denen oftmals nicht nur einzelne Vertreter der Opposition, sondern die jeweilige oppositionelle Partei, aber auch die Mehrheit der Bevölkerung zu einer vom Parlament und in Deutschland vom Bundestag getroffenen Entscheidung eine völlig andere Meinung zum jeweiligen Sachverhalt hat.

Es werden dadurch manche Entscheidungen getroffen, die nicht von der Mehrheit der Menschen des jeweiligen Volkes sowie des Landes getragen werden. Die Demokratie verlangt, dass nicht Einzelne unbegrenzt ihre Macht ausüben können. Deshalb ist auch eine wichtige Aufgabe der Demokratie, die Machteinflüsse einzudämmen. Ziel der Demokratie ist es, solche Entscheidungen zu treffen, die möglichst von allen Bürgern in der Gesellschaft oder zumindest von der Mehrheit des jeweiligen Volkes unter den Bedingungen der Demokratie getragen werden können.

Diese zu treffenden Sachentscheidungen verlangen vielfach Kompromisse, um möglichst eine sachgerechte Entscheidung unter Beachtung der Erfordernisse der Demokratie zu treffen. Um diese Kompromisse bei Sachentscheidungen im Sinne der Erreichung einer demokratischen Entscheidung zu treffen, wird es – bezogen auf die unterschiedlichen Interessen einzelner Bürger sowie der einzelnen Schichten der Gesellschaft – zum jeweiligen Sachverhalt zu nicht einfachen Problemen kommen. Um ein Höchstmaß an Objektivität bei den zu treffenden Entscheidungen zu erreichen und auch im Interesse einer besseren Demokratie, verlangt es nach keiner Fortsetzung der Kurzfristigkeit, sondern nach einer Langfristigkeit bei allen Handlungen sowie zu treffenden Sachentscheidungen. Nur so können wir ein Herrschaftssystem, das den Erfordernissen unserer aktuellen gesellschaftlichen Entwicklung Rechnung trägt, gestalten.

Wir müssen hierbei ein höheres Maß an Objektivität in dieser Beziehung erreichen. Die zu treffende jeweilige Entscheidung in der Meinungsbildung sollte hierbei nicht immer nach den stimmenmäßig stärksten Parteien ausgerichtet sein. Dabei sollten wir bei allen Erfordernissen nicht die Befindlichkeit und die Wünsche sowie Gewohnheiten des Einzelnen sehen, sondern immer bei allen Handlungen in der Gesellschaft die erforderliche Objektivität walten lassen.

Erhebliche Probleme der gegenwärtigen Demokratie wirken sich unter den aktuellen vorherrschenden Gegebenheiten und Erfordernissen, bezogen auf die steigende Erderwärmung und die Corona- Krise, um die derzeit wichtigsten zu Aufgaben der Menschheit zu lösen, sehr ungünstig aus.

Aus nachfolgender Übersicht, die auszugsweise aus meinem Buch im Januar 2019 erschienenen Buch zur Analyse der Lebensweise entnommen wurde, wird nachfolgend zitiert:

"

- Die Demokratie ist wegen der Kompliziertheit unserer Zeit, den wichtigsten Anliegen der Menschheit, wie u. a. den Klimaerfordernissen, nicht mehr im ausreichenden Maße geeignet, auf die Herausforderungen unserer Zeit schnell zu reagieren. Dies trifft für solche wichtigen herangereiften Umweltprobleme, für den Katastrophenschutz, die Katastrophenbeseitigung oder andere wichtige Entscheidungen, vor denen die Menschheit aktuell und auch zukünftig steht, zu. Dies liegt insbesondere an der großen Zeitdauer, bis eine Entscheidung getroffen werden kann, unter Beachtung der bestehenden Einspruchsmöglichkeiten, die laut einer demokratischen Rechtsordnung bzw. demokratischen Gesetzen bestehen, um zufriedenstellende ausreichende Lösungsansätze zu bieten. Diese Herrschaftsform ist für die Belange unserer Zeit bezüglich ihrer tatsächlichen Anwendung bei den Verhaltensmustern einiger Menschen nicht mehr ausreichend geeignet, um die Erfordernisse unserer aktuellen Zeit schnell treffen zu können. Dies liegt u. a. daran, dass wir .... in nicht ausreichendem Maße bewusste Staatsbürger haben und das derjenigen Mehrheitswillen nicht unbedingt den dringenden Erfordernissen unserer Zeit entspricht. Auch in der Prognose für 2052 wurde vom Club of Rome bzw. von Randers auf die Unbeweglichkeit der Herrschaftsform der (bisherigen) Demokratie, um wichtige Menschheitsfragen zu lösen bzw. die dazu erforderlichen Entscheidungen rechtzeitig zu treffen, hingewiesen.

- Das weitere ungebremste Streben nach Wachstum und Erhöhung unseres Lebensstandards und des damit verbundenen ungezügelten Konsumismus in der westlichen Welt müssen die erforderlichen angezeigten Maßnahmen durchgesetzt bzw. umgesetzt werden. Dies ist in erster Linie wichtig, um einen weiteren Verbleib des Menschen oder der Zukunft der Menschheit auch für spätere Generationen noch zu sichern und die bestehende Herrschaftsform durch eine Herrschaftsform ersetzt werden, die eher geeignet ist, die Herausforderungen, die an die Menschheit gestellt werden, zu bewältigen.

- Unter Beachtung der aus meiner Sicht bestehenden Mängel in der Auslegung des Freiheitsbegriffs sowie der Wahrnehmung der Freiheit im praktischen Handeln bedeutet eine unbegrenzte Wahrnehmung der Freiheit durch ein Individuum eine Beschränkung der Wahrnehmung der Freiheit für Andere. Deshalb sollte zu einer richtigen Wahrnehmung der Freiheit unbedingt, wie Immanuel Kant sagte, die Vernunft dazu gehören.

- Manche verstehen leider unter Demokratie oder demokratischem Handeln – und dies ist leider auch für viele Menschen ....typisch, dass sie die Freiheit zu absolut sehen, ohne die erforderliche Rücksicht auf die Anderen zu nehmen. Sie tragen somit zum Entstehen eines mangelnden Gemeinwohls durch ihr egoistisches Handeln wesentlich bei. Diese Tatsache ist leider kein Einzelfall, sondern durch den übergroßen Selbstbezug auf das eigene „Ich" leider typisch für eine Vielzahl von Menschen, besonders in der Herrschaftsform der Demokratie geworden. Dies führt zu erheblichen Problemen in einer Demokratie sowie einer demokratischen Gesellschaft.

- Viel zu wenige Menschen in unserer Gesellschaft haben sich das gesellschaftlich notwendige Verhalten, wie dies im "Kategorischen Imperativ" von Immanuel Kant zum Ausdruck kommt, zu eigen gemacht, der sinngemäß besagt, dass man so handeln soll als Mensch, dass ein ewiges moralisches Gesetz daraus abgeleitet werden kann. Der Mensch im Allgemeinen erfüllt zu wenig sowohl die Erfordernisse dieses wichtigen Leitsatzes als auch (dieser Vorstellungen) der Demokratie.

- Viel zu wenige Menschen zeigen derzeit ein Verhalten, das durch ein humanistisches und solidarisches Verhalten gekennzeichnet ist, sondern leider ist bei einer nicht geringen Zahl von Menschen das egoistische unsolidarische, nur auf das eigene Individuum gerichtetes Verhalten zu erkennen. Viele Menschen haben auch diesbezüglich nicht die Erfordernisse der Demokratie bezüglich ihres eigenen Verhaltens erreicht.

- Die Demokratie setzt in der überwiegenden Anzahl das Vorhandensein von bewussten Staatsbürgern voraus. Leider ist das selten gegeben und in der Bundesrepublik Deutschland derzeit nicht der Fall sowie meiner Einschätzung nach nicht in der ausreichenden Anzahl zutreffend.

- Zu dieser bewussten Staatsbürgerschaft gehört auch das Einhalten der Gesetze des Staates. Auch dies ist leider bei Einigen in keiner Weise ausgeprägt, auch in der Bundesrepublik Deutschland, wie leider das gegenwärtige Verhalten einer bestimmten Anzahl von Bürgern dies schonungslos aufzeigt (u. a. zunehmende Anzahl von Kriminellen, zum Teil rüpelhaftes egoistisches inhumanes und unsolidarisches Verhalten gegenüber den Mitmenschen).

- Nicht immer ist die Mehrheitsentscheidung, die Entscheidung des Volkes, die richtige sachgerechte Entscheidung für die Gegenwart oder auch für die Zukunft.

- Es ist nicht im ausreichenden Maße die gerade zu einer Demokratie erforderliche Transparenz vorhanden.

- Weil leider auch die philosophische Grundrichtung des Nihilismus stark verbreitet ist, verhält sich nach Auffassung des Verfassers der überwiegende Teil der Menschheit nihilistisch oder trägt zum nihilistischen Verhalten, was leider in der Aktualität oft vorkommt, bei.

- Die erforderliche Langfristigkeit des in die Zukunft gerichteten Denkens, der Planung, der Strategie erfolgt nicht ausreichend, sondern ähnlich, wie bei der Unternehmensbewertung bei den Aktien, hat leider das kurzzeitige Denken sowie die kurzfristige Planung gerade in der Herrschaftsform der Demokratie einen höheren Stellenwert.

- Um diese gerade für sachgerechte in die Zukunft gerichteten Entscheidungen zu treffen, ist dieses kurzzeitige Denken völlig unangebracht und kann die Qualität der zu treffenden Entscheidungen sehr negativ beeinflussen.

- Öffentliche staatliche bzw. ins kommunale Eigentum gehörende Einrichtungen werden privatisiert, und somit wird den Interessen Aller und dem Volk sowie der Verwirklichung der Demokratie entgegen gearbeitet. Es wird damit und auch durch vielfältige andere Handlungen eine zunehmende Privatisierung des Staates vorgenommen. Hierbei wird, um kurzfristige Liquiditätserfordernisse in den Kommunen zu sichern, in Kauf genommen, dass die Bürger im Ergebnis der Privatisierung oft mehr bezahlen müssen, weil der Renditegedanke bei den privaten Unternehmen viel stärker verfolgt wird, als dies bei kommunalen oder genossenschaftlichem Eigentum der Fall ist. Dies wird beispielsweise durch Mietpreiserhöhungen sowie überhaupt durch Privatisierungen belegt. Es wird auch hier zu wenig langfristig und zukunftsträchtig gedacht und gehandelt, und die Erfordernisse der Demokratie gegenüber den Bürgern des (jeweiligen) Ortes bleiben dabei oft auf der Strecke.

- Bestimmte Kontrollpflichten des Staates werden im Interesse privater Unternehmer letztlich nicht oder nur unzureichend wahrgenommen. (siehe u. a. die entsprechenden Entscheider der hessischen Landesregierung, die erfolgreiche Finanzkontrolleure bzw. Beamte der Finanzämter, weil diese die Kontrollaufgaben unbeeinflusst und erfolgreich wahrgenommen haben, für psychisch krank erklärt und in den vorzeitigen Ruhestand geschickt haben). Es könnten diesbezüglich viele Beispiele in der Lebensmittelherstellung bzw. auch im Pflegebereich genannt werden, wo zum Teil angekündigte Kontrollen von den Erfordernissen bei einer Kontrolle erheblich abweichen und in nicht ausreichendem Maße eine tatsächliche Kontrolle auch im Interesse der Bevölkerung für deren Schutz bzw. auch der Verwirklichung der Demokratie erfolgt.

- Die elektronischen Medien, dazu gehört auch im hohen Maße das Internet, (bringen) wegen der Vielzahl der sich dadurch ergebenden realen Möglichkeiten eine nicht geringe Gefahr für die Demokratie.

- Wenn die .... Vermögens-Eigentumsverhältnisse dies nicht widerspiegeln und diese Verhältnisse sich immer mehr zu Gunsten der Reichen auf dem Globus, insbesondere auch in der westlichen Welt und auch in der Bundesrepublik Deutschland entwickeln und seitens der Betreffenden sowie vieler Regierungen kann man nicht im ausreichenden Maße von einer Demokratie oder Volksherrschaft sprechen. Auch von der Bundesregierung wird kaum etwas getan, diese zunehmende Ungleichheit zu beseitigen.

- Im praktischen Handeln wird der Neoliberalismus fortgesetzt bzw. weitergeführt, ... und deshalb sind die Voraussetzungen für eine tatsächliche Demokratie nur unzureichend gegeben.

- Wenn eine demokratische Entscheidung nicht auf Gewissensbasis des Einzelnen beruht, sondern die Entscheidungen von Fraktionen (nur) vorrangig eine Rolle spielen, sind die Voraussetzungen für eine wahrhafte Demokratie und eine demokratische Entscheidung, die auf der Meinung des Volkes beruht, nicht ausreichend gegeben.

- Die ständig zunehmende Anzahl der Lobbyisten in der EU oder gegenüber dem Bundestag hat bereits dazu geführt oder führt weiterhin im verstärkten Maße dazu, dass ständig gegen demokratische Grundwerte verstoßen wird. Dies wird damit begründet, weil die Interessen der Lobbyunternehmen sowie der betreffenden Lobby-Einrichtungen nicht mit den Interessen einer demokratischen Gesellschaft übereinstimmen.

- Die ständig wachsende Ansiedlung der Lobby-Vertreter bei den politischen Entscheidungsgremien und auch die zunehmende Verflechtung mit der Politik stellen die Demokratie völlig in Frage und müssen mit als "Totengräber" der Demokratie angesehen werden.

- Lobbyisten lässt man .... eine zunehmende Rolle spielen. Dies äußert sich u. a. darin, dass sie bei der Gesetz- oder Meinungsbildung in der Gesellschaft eine wichtige Rolle spielen und manche Gesetze das Meinungsbild oder die Interessen der betreffenden Gemeinschaften und nicht die des Volkes und auch nicht demokratische Interessen umfassend widerspiegeln.

- Durch die Beauftragung von großen Rechtsanwalts- und großen Unternehmensberatungsgesellschaften für die verschiedensten Aufgaben durch den Staat wird immer mehr staatliches Eigentum und damit auch Eigentum des Volkes in Privateigentum überführt, und auch darin zeigt sich ein Verstoß gegen demokratische Erfordernisse.

- .... die Gewaltbereitschaft, die Aggressivität, die Radikalität, das rüpelhafte Verhalten, die Respektlosigkeit, die mangelnde Menschlichkeit bestimmter sozialer Gruppen (nimmt) so zu, dass eine ernste Gefahr für die übrigen Menschen, die nicht so sind, entsteht, Opfer von diesen Gruppen zu sein.

- Diese Gruppen betreffen nicht nur Hooligans, Neonazis, rechtsradikale Skinheads und andere zutreffende Gruppen, sondern sind in der Gesellschaft in vielerlei Hinsicht stark verbreitet und äußern sich nicht nur in politischen oder sonstigen Auseinandersetzungen, in Straßenschlachten und anderen Ausschreitungen. Sie zeigen gegenwärtig auch eine neue Dimension auf, dass im zunehmenden Maße auch außer der Polizei andere Ordnungshüter des Staates von deren Handlungen betroffen sind.

- Dies betrifft auch andere Beamte, Mitarbeiter des öffentlichen Dienstes und auch Freiwillige, wie beispielsweise Mitarbeiter der Freiwilligen Feuerwehr oder Ehrenämtler. die ebenfalls mit angegriffen werden. Es ist schon keine Seltenheit mehr, dass Ärzte, Krankenpfleger, Krankenschwestern, Krankenwagenfahrer oder andere in Frage kommendes medizinisches Personal angegriffen wird. Hilfeleistungen an Unfallopfern oder andere medizinische Hilfsleistungen werden nicht oder kaum und wesentlich verspätet durchgeführt. Durch sogenannte „Gaffer" wird in dieser schlimmen Situation für die Betroffenen respektlos noch zur Unzeit durch Fotografieren gehindert, die gebotenen medizinischen Hilfeleistungen zu erbringen.

- Diese Menschen, die sich so negativ verhalten und auch zum Teil durch ihre negativen Handlungen den Staat treffen wollen, können schon allein wegen ihrer Handlungen nicht als Demokraten, sondern müssen aus meiner Sicht als Chaoten bezeichnet werden. Ihr Verhalten hat sich schon völlig von einer Demokratie abgewandt. Sie dulden keine Demokratie oder Volksherrschaft und wollen damit zur gesellschaftlichen Unordnung bzw. zur Nichtbeachtung der Gesetze und somit zur Gesetzlosigkeit beitragen.

- Leider nimmt die Anzahl dieser Menschen in unserer Gesellschaft weiter zu, deren Verhalten als anarchistisch, aber nicht als demokratisch bezeichnet werden kann. Sie leben nicht in der besagten Demokratie, sondern in der Anarchie. Für sie ist die Herrschaftsform der Anarchie und nicht der Demokratie zutreffend. Wahrscheinlich liegt ihr Verhalten neben einer Vielzahl anderer Ursachen auch darin begründet, in einer nicht richtigen Interpretation sowie der Umsetzung in ihrem Handeln, bezogen auf den Freiheitsbegriff, der für sie maßgebend ist.

- Damit nicht Bürger unseres Staates zu Opfern von Gewalttätern werden, muss prophylaktisch alles getan werden, damit dies, was leider gegenwärtig oft passiert, möglichst nicht mehr eintritt. Zu diesen prophylaktischen

Maßnahmen gehören aus meiner Sicht auch eine schärfere Strafgesetzgebung und ein viel besserer Schutz möglicher Opfer.

- Dazu gehört ein viel umfangreicheres und besseres Sicherheitssystem, dass die Sicherheitskräfte, viel mehr, als dies gegenwärtig der Fall ist, nicht nach der kriminellen Handlung, sondern bereits prophylaktisch vor Ort sind. ……………………………..…………………………………………… ………….. Unsere gesamte Rechtsordnung und die diesbezüglich geltenden Gesetze und auch manche Bestimmungen des gegenwärtigen Datenschutzes müssen auf den Prüfstand, da es nicht weiter so geht, dass Unschuldige oder Mutige, die gegen diese Chaoten oder auch Kriminelle vorgehen, um diese Zustände zu beseitigen oder Angegriffenen helfen wollen, wegen erheblichen Mängeln in der Prophylaxe noch zu Opfern werden müssen. Dies ist daraus zu erkennen, weil bei manchen Bestimmungen das mögliche Entstehen von Opfern und deren Verhinderung nach Meinung des Verfassers dieses Buches nicht die hierzu genügende Rolle beigemessen wird.

- Dass diese tatsächlichen Gegebenheiten gegen unsere Demokratieanwendung gerichtet sind, zeigen auch hierbei die Grenzen unseres Gesellschafts- und Herrschaftssystems, der Demokratie, auf. Die Ursachen dieses Verhaltens der Gewalttäter liegen auch in der Unzufriedenheit der Betreffenden als Folgewirkung unseres Gesellschaftssystems und auch des angewandten Herrschaftssystems bezogen auf die praktische Handhabung. Auch im Umfeld der Betreffenden, ihrer nicht ausreichenden Erziehung und ihrer bisherigen Lebensabläufe und auch durch andere Faktoren ist dies begründet.

- Gegen diese Anarchisten bzw. Chaoten müssen wir die geeigneten Mittel und Wege finden, dass diese nicht zum Schaden des Volkes und damit zu Lasten der Demokratie, ihre nicht hinnehmbaren Handlungen fortsetzen.

- Diese Gewaltverbrecher sowie Kriminellen können in keiner Weise im sokratischen Sinne als bewusste Staatsbürger bezeichnet werden. Sie gehören jedoch auch zum Volk und sind damit auch ………………… wahlberechtigt. Auch bestehen … u. a. aus diesen Gründen, bezogen auf die gegenwärtigen nicht ausreichenden Handlungen in Deutschland, hierbei erhebliche Probleme bezogen auf die Demokratie. ……………………………………………………………

usw."

5.3. Bemerkungen zur Demokratie in der Antike in Griechenland und kritische Bemerkungen Platons zur Demokratie in der damaligen Zeit

Trotz der vielen genannten aktuellen Probleme in der Verwirklichung sowie Umsetzung der Demokratie hat die Demokratie im alten Griechenland erheblich in der Qualität gegenüber der Demokratie in der Gegenwart in Deutschland oder bestimmten anderen Ländern Nachteile gehabt. Diese Nachteile der Demokratie im alten antiken Griechenland bestanden u. a. darin:

- Man konnte nicht im ausreichenden Maße von Volksherrschaft bzw. einer realen Demokratie sprechen, denn nur ca. 10 Prozent aller Menschen in Athen haben die Voraussetzungen als demokratischer Bürger erfüllt. Nur sie besaßen ein Stimmrecht in der Demokratie.

- Die Frauen, die Kinder und weitere nicht stimmberechtigte Bürger, die Metöken, die keinen Bürger-Status besaßen, die oft als Fremdarbeiter tätig waren und die relativ hohe Anzahl von Sklaven erfüllten ebenfalls nicht die Voraussetzungen, um Stimmrechte in der Demokratie zu besitzen.

- Erforderliche Entscheidungen in der Demokratie wurden oft nur von den wenigen Stimmberechtigten in der Demokratie nicht in der Volksversammlung, sondern per Losverfahren getroffen. Dies betraf auch Entscheidungen für Wahlberechtigte sowie für Richter. Manchmal wurden auch die jeweiligen zeitweiligen Verantwortlichen in der Demokratie, die so genannten Strategen, auf Basis von Losentscheidungen bestimmt.

- Über das so genannte „Scherbengericht“ wurden Verbannungen ausgesprochen, und manchmal wurden auch Bürger den Beschlüssen des Scherbengerichts unterworfen, die oft nicht ausreichende Gründe für eine zeitweilige oder dauernde Verbannung besaßen.

- In der antiken Demokratie wurden auch Todesurteile beschlossen bzw. vollstreckt.

....usw.

Nachfolgend wird ausgeführt, was der griechische Philosoph Platon bezogen auf die Herrschaftsform der Demokratie in der damaligen Zeit vor über 2000 Jahren als Mangel der Demokratie aus seiner Sicht erkannt hat. Sicher hat er bei seinem sehr negativen Eindruck zur Herrschaftsform der Demokratie in der Antike u. a. auch das von ihn und vielen Anderen nicht verstandene und für falsch angesehene Todesurteil gegenüber seinem früheren Lehrer Sokrates im Auge gehabt. Sokrates war wegen seines Verhaltens und auch seines Wissens sehr beliebt. Platon war einer der Schüler von Sokrates und hat, wie wahrscheinlich alle seine Schüler, Sokrates wegen seiner Lebensart und auch wegen seines Wesens sehr geschätzt. Sokrates wurde damals, wie allgemein bekannt ist, zu der betreffenden Zeit, in der er wirkte, als der weiseste Mann von ganz Athen angesehen, und trotzdem war er sehr bescheiden, was u. a. in seinem bekannten Spruch „Ich weiß, dass ich nichts weiß." zum Ausdruck kam. Man hat ihm damals zwei Gründe für das Todesurteil gegen ihn genannt, die darin bestanden, dass er die Götter nicht achten und die Jugend verderben würde. Beide aus der Luft gegriffene Gründe trafen in keiner Weise auf Sokrates zu. Weil er die Gesetze, die in der Demokratie getroffen wurden, wenn sie auch falsch waren, achtete, wurde das Todesurteil gegen ihn dadurch vollstreckt. Er hat, wie viele Andere, unter diesem Fehlurteil sehr gelitten. Auch in diesem Urteil, das gegen Sokrates in der Herrschaftsform der Demokratie getroffen wurde, sind ebenfalls Gründe zu sehen, dass Platon die Herrschaftsform der Demokratie nicht als positiv ansah. Sie kam für ihn in keiner Weise als Herrschaftsform auch u. a. deshalb in Frage.

Außer dieser persönlichen Begegnung mit der Demokratie und seinem sich dadurch ergebendem subjektivem Empfinden hatte er, aus seiner Sicht gesehen, vielfältige aus seiner damaligen Sicht objektive Gründe, die gegen die damalige Demokratie sprachen, die in gewisser Weise auch bei der derzeitig gehandhabten Demokratie noch teilweise leider zutreffend sind.

Seine Hauptkritikgründe bestanden darin, dass die gleichen Rechte für Jedermann galten. Er fand die für die Herrschaftsform der Demokratie bei zu treffenden Entscheidungen zugrunde zu legende Mehrheitsentscheidung sowie den Mehrheitswillen deshalb nicht richtig. Man beachtet bei der Demokratie zu wenig nach seiner Meinung in nicht ausreichender Form, dass ein unterschiedlicher Kenntnis- und Wissenstand oder ein unterschiedlicher Einsichts- und Verhaltensstand bei den Menschen besteht. Man geht deshalb bei der Demokratie davon aus, da jede Stimme eines Einzelnen für die Demokratie in Frage kommenden Person genau die gleiche Wertigkeit bei einer Wahl oder einer anderen zu treffenden Entscheidung hat. Dies ist aus seiner Sicht in keiner Weise so, und wegen der absoluten Gleichstellung hat er u. a. auch deshalb nicht geringe Kritik gegen die Grundansicht der Demokratie geführt. Weitere Gründe seiner Kritik an der Demokratie lagen in Folgendem:

Es existiert ein Übermaß an individueller Freiheit, und dadurch werden Nachteile zu Lasten der Öffentlichkeit bzw. des Gemeinwesens des Staates wirksam. Im Beitrag zu Platons Ideenlehre, vgl. Ausführungen zur Staatslehre im Internet-Lexikon Wikipedia unter dem Link http://platon-heute.de/staatstheorie.htm, wird diesbezüglich u. a. ausgeführt:

„Es besteht eine "Teilhabe unvernünftiger eigennütziger Personen".

Hans Joachim Krämer führt in seiner Abhandlung "Das Problem der Philosophenherrschaft“ bei Platon aus, dass Platon die Auffassung hatte, „dass die Massen unfähig sind, sich selbst zu regieren und dass sie darum geführt werden müssen. Aus ihrer politischen und geistigen Unmündigkeit folgt der Verlust der Autonomie, der Denk- und Handlungsfreiheit und aller Bildungsmöglichkeiten sowie die unkontrollierte Einengung und Überwachung der gesamten Lebensführung.“

In Platons Kritik an der Demokratie, vgl. https://freidenker.cc/platons_demokratiekritik, wird diesbezüglich u. a. aufgeführt:

„Und genau hier trifft Platon einen wunden Punkt der athenischen Demokratie. Denn den Athenern ging es darum, "dass jeder Bürger sein politisches Recht nicht nur haben, sondern es auch ausüben können soll." (Bleicken, S. 464). Doch der Realisierung der Gleichheit aller Bürger standen unüberwindbare Hindernisse im Wege. „Denn die Vorstellung, dass alle Bürger zugleich entscheiden, raten und urteilen sollen, wäre nur zu realisieren gewesen, wenn alle zugleich mit ihrer Mündigkeit ökonomisch unabhängig gestellt worden wären.“ (ebd. S. 464).“

Im Beitrag „Populisten: Schon Platon hat vor ihnen gewarnt - und gewusst, was Demokraten am meisten bedroht“ des Journalisten Christoph Riedweg in der „Neuen Zürcher Zeitung“ vom 29.08.2019, vgl. https://www.nzz.ch/feuilleton/populisten-schon-platon-hat-vor-ihnen-gewarnt-ld.1503063, wird Folgendes dargelegt:

„In einer Zeit wie der heutigem, in der die Demokraten selbst in ihren historischen Kernländern von innen heraus gefährdet scheinen, ist nicht zuletzt Platons idealtypische Analyse der Ursachen, die zur Instabilität und Verfall bestehender politischer Ordnungen führen, von mitunter beklemmender Aktualität. Während der Sokrates-Schüler für den Übergang von der Oligarchie zur Demokratie zügellose Gier nach Reichtum und "schamloses Wirtschaften", welches zahlreiche Bürger in den Ruin führe, als wichtigste Triebkräfte benennt und damit eine Kapitalismuskritik avant la lettre vorlegt, trägt die Demokratie laut Platon mit einer übersteigerten Vorstellung von "egalité", die "gleichermaßen Gleichen wie Ungleichen eine Art Gleichheit zuteile, den Keim für den Umsturz in eine Tyrannis in sich.

Platon zeichnet für die Demokratie seiner Zeit das Bild eines extremen Individualismus, der allein lustgesteuert ist und sich um jede Art von Recht und Gesetz regelrecht foutiert. An die Stelle von Scham und Mäßigung treten zunehmend Frevelmut und Ausschweifung, "liberté" wird mit Anarchie verwechselt, Verschwendung mit Pracht, Tapferkeit mit Unverschämtheit. Und lassen schlechte politische "Vorsteher" das Verlangen nach Freiheit über das gebotene Maß hinauswachsen, so produziert dies, wie wir heute sagen würden, Wutbürger, welche die vernünftige Elite als "verrucht und oligarchisch" beschimpfen und lediglich Politiker mögen, die sich symbiotisch mit ihnen verschmelzen. Nicht nur im Staat gerät in der Folge laut Platon die Ordnung gänzlich aus den Fugen, sondern ebenso in der Gesellschaft und Familie, wo unter Verkehrung der Verhältnisse die Eltern vor den Kindern und die Lehrer vor den Schülern Angst haben, wo die Senioren nach Art der Jungen herumalbern - um ja nicht "unangenehm und herrisch" zu erscheinen – und wo die Unterschiede nicht nur zwischen Herren und Sklaven, sondern genauso zwischen den Geschlechtern verschwimmen. ....

....

....

Eine solcherart übertriebene Freiheit, die jedes Gesetz als unzulässige Beschneidung empfindet, löst gemäß Platon den Umschlag in eine ebenso übermäßige Sklaverei aus.

....

....

....

....

Diese Unersättlichkeit, das Immer-mehr-haben-Wollen (*plenoxia*), welches Kallikles im Dialog "Gorgias" als Naturrecht des Stärkeren positiv für sich in Anspruch nimmt, stellt für Platon das moralische Grundübel schlechthin dar, im politischen ebenso wie im individuellen Bereich. Entsprechend eindringlich fordert der platonische Sokrates dazu auf, vor jeder politischen Betätigung zunächst bei sich selbst zu beginnen und seine eigenen Lüste und Begierden beherrschen zu lernen. So nüchtern Aristoteles in seinen gesellschaftspolitischen Analysen oft sein mag, auch für ihn steht außer Frage, dass die sittliche Erziehung noch viel wichtiger ist als jeder Vermögensausgleich: "Denn viel eher muss man die Begierden ausgleichen als den Besitz, doch dies ist nicht möglich, wenn die Bürger nicht hinreichend von den Gesetzen erzogen werden."

Soviel scheint klar: Gerade in der gegenwärtigen Phase des Umbruchs und wachsender Orientierungslosigkeit dürfte es besonders lohnend sein, wieder etwas genauer auf das gesellschaftspolitische Denken der Antike zu hören. Trotz der zeitlichen und kulturellen Distanz scheint es bis heute kaum etwas von seinem kritischen Reflexpotential verloren zu haben."

Im Internet-Lexikon Wikipedia wird zur Thematik „Politeia“ unter https//de.wikepedia.org/wiki/Politeia zu Platons damaliger Auffassung zum Untergang der Demokratie geschrieben:

„Als letztes Stadium geht aus der Demokratie die Tyrannenherrschaft hervor. Das Hauptmerkmal der demokratischen Gesinnung, der unbeschränkte Freiheitswille, wird dem Demokraten letztlich zum Verhängnis, da sich die Freiheit zur Anarchie steigert. Der demokratische Bürger ist nicht gewillt, eine Autorität über sich anzuerkennen. Die Regierenden schmeicheln dem Volk. Niemand ist bereit, sich unterzuordnen. Ausländer sind den Stadtbürgern gleichberechtigt, Kinder gehorchen nicht, respektieren weder Eltern noch Lehrer, und sogar Pferde und Esel schreiten frei und stolz einher und erwarten, dass man ihnen aus dem Weg geht. Dieser Zustand der höchsten Freiheit schlägt schließlich in die härteste Knechtschaft um. Den Ausgangspunkt der Wende bildet der Gegensatz zwischen Armen und Reichen, der weiterhin besteht, aber nun nicht mehr, wie in der Oligarchie, von der herrschenden Doktrin legitimiert wird. Die Vermögensunterschiede stehen im Gegensatz zum demokratischen Gleichheitsdenken. Die Masse der relativ Armen ist sich ihrer Macht im demokratischen Staat bewusst. Gerne folgt sie einem Agitator, der einer Umverteilung des Reichtums folgt, die Reichen einer oligarchischen Gesinnung beschuldigt und entschlossene Anhänger um sich schart. Dadurch sehen sich die Besitzenden bedroht, sie beginnen tatsächlich, oligarchische Neigungen zu entwickeln und trachten dem Agitator nach dem Leben. Dieser lässt sich nun zu seinem Schutz vom Volk eine Leibwache bewilligen, womit er sich eine Machtbasis verschafft. Die Reichen fliehen oder werden umgebracht. Der Weg zur Alleinherrschaft des Agitators, der nun zum Tyrannen wird, ist frei."

In den Schlussbemerkungen bezüglich Platons Kritik an der Demokratie, vgl. https://freidenker.cc/platons_demokratiekritik/1, wird u. a. aufgeführt:

„.................................... (Die) Kritik Platons an der Demokratie hat gezeigt, dass (diese Kritik) von grundsätzlicher Natur war. Nicht zuletzt deshalb, weil er zwei Wesensmerkmale der Demokratie, die Freiheit und Gleichheit entschieden ablehnte. Für ihn war die Mehrheit des Volkes aufgrund mangelnder Bildung nicht sachverständig genug, um komplexe Entscheidungen treffen zu können. Anstatt dessen sah er nur eine Minderheit im Volk, nämlich nach seinen ethisch-sittlichen Vorstellungen gebildete Aristokraten, dazu in der Lage, kraft ihrer Weisheit bzw. Vernunft zu herrschen. Während die Masse des Volkes nach Lust und Laune über bestimmte Sachverhalte entscheide, würden die Philosophen dies ob ihres ausgeprägten Sachverstandes erst nach eingehender Abwägung und Überprüfung aller Argumente unter Maßgabe der Vernunft tun. Platon erschien die Demokratie mit ihren durch Los vergebenen Ämtern, wo die Freiheit für jeden Bürger darin bestände, in beliebiger Art und Weise heute für dieses und morgen für jenes zu stimmen, als unberechenbar und im höchsten Maße instabil. Daher meinte er, dass die seiner Ansicht nach aus der Oligarchie hervorgehende Demokratie notwendigerweise in die Tyrannis führe. Den die Freiheit, machen zu können, was man will, bewirke laut Platon einen Sittenverfall der Gesellschaft und pure Willkür, die von der Gier nach Macht besessene Demagogen, die Platon im metaphorischen Sinne als Drohnen bezeichnete, dazu ausnutzen würden, das Volk in ihrem Sinne zu verführen und sie dazu zu bringen, nach einem starken, einem Volksführer zu rufen.“

Platon hat die frühere Gesellschaftsform in der untergegangenen Stadt im Mittelmeer, die Atlantis genannt und von ihm beschrieben wird, als tyrannische Gesellschaftsform bezeichnet, die dadurch entstand, dass bei den Menschen in Atlantis eine ungezügelte Freiheit bestand und der Egoismus und die mangelnde Solidarität der Menschen in Atlantis den Vorrang hatte. Man war sehr weit in der technischen Entwicklung für die damalige Zeit in Atlantis und den anderen Staaten dadurch erheblich überlegen.

Platon hat das Verhalten der Menschen in Atlantis als Hauptgrund für den Untergang von Atlantis gesehen.

5.4. Gesichtspunkte Platons und Zusammenhänge der Demokratie in unserer heutigen Zeit

Einige der Ausführungen, die vor über 2000 Jahren in Griechenland in der Herrschaftsform der Demokratie im Stadtstaat Athen eingetreten und von Platon aus der damaligen Sicht analysiert worden sind, müssen aus heutiger Sicht als ein Nachteil der damaligen Demokratie angesehen werden. Es ist festzustellen, dass einige der Äußerungen von Platon über die Demokratie in Athen, die, wie erwähnt, vor über 2000 Jahren getroffen wurden, auch leider heute noch in Deutschland in der Herrschaftsform der Demokratie in gewisser Weise auftreten. Auch in Deutschland bestehen heute noch Demokratie-Mängel. Die unterschiedlichen Eigentumsverhältnisse, die hohe Polarität zwischen Arm und Reich, haben sich gegenüber den damaligen Verhältnissen der Demokratie im Stadtstaat Athen in der Bundesrepublik und in manchen anderen Ländern noch erhöht. Bei so hohen Polaritäten zwischen Arm und Reich sind die Grundvoraussetzungen für die Anwendung der Herrschaftsform der Demokratie nicht im ausreichenden Maße gegeben. Die erheblichen Mängel der übergroßen individuellen Freiheiten haben deshalb nicht geringe negative Auswirkungen auf die Demokratie der Gegenwart. Die zum Teil erheblichen Auswüchse im Vermögen bei Einigen sind nicht nur in Deutschland, sondern auch in manchen anderen Ländern der Welt typisch und wirken sich auf die Herrschaftsform der Demokratie sehr negativ aus. Beim Verhalten mancher Menschen, ob im so genannten sozialen Netzwerk, der relativ hohen Gewaltbereitschaft, der Aggression, der Rüpelhaftigkeit im Benehmen usw. muss das Wesensmerkmal einer vorhandenen sowie bestehenden Gleichheit erheblich in Frage gestellt werden. Er lehnt deshalb auch solche Herrschaftsformen, wie die Demokratie, Oligarchie, Tyrannei ab, weil diese die Begierde, nach seiner Meinung, als wichtiges Motiv des Handelns beinhalten. Mit der Auffassung von Platon, dass er die Herrschaftsform der Demokratie mit solchen Herrschaftsformern, wie der Oligarchie und der Tyrannei gleichsetzt, kann man sich natürlich nicht einverstanden erklären.

Deshalb wird nachfolgend der so genannte „Idealstaat“ von Platon, trotz dem er dieses Staatenmodell vor über 2000 Jahren entworfen hat und erhebliche Kritik wegen der bestehenden Totalität erwachsen ist, bezogen auf das Grundanliegen, Merkmale und Besonderheiten dieses Staatenmodells beschrieben.

Vor der Beschreibung des Staatenmodells von Platon ist zu bemerken, dass der marxistische Philosoph Helmut Seidel (1929 – 2007) das Modell des Staates von Platon interessant fand. Er war der Auffassung. dass es auf die heutigen Erfordernisse der Gegenwart – bezogen auf eine mögliche Anwendung – nicht unbedingt von vornherein abgelehnt werden sollte. Unter dem Begriff „Herrschaftsmodell“ muss beachtet werden, dass das Erfordernis der unbedingten wirkungsvollen und rechtzeitigen Einflussnahme auf die zunehmende Erderwärmung sowie auch die

Folgen des Corona-Virus und die Gefahr, noch weitere Seuchen zu bekommen, auch hier unvoreingenommen beachtet werden muss. Die leider oft vorherrschende zügellose Freiheit, die Nichtbeachtung ökologischer Erfordernisse, die Nichteinhaltung von Notwendigkeiten der Infektionsschutzgesetzgebung, auch im Verhalten untereinander, die zunehmende Urbanisierung und deren Folgen sowie die erheblichen sozialen Verwerfungen zwischen den Menschen haben die auftretende gegenwärtige Pandemie des Corona-Virus mit befördert. Man hat zu wenig aus schweren Seuchen bzw. Pandemien, die die Menschheit betroffen haben, wie die Pest, die Pocken, den Typhus, der Spanischen Grippe oder aus anderen schwerwiegenden Infektionskrankheiten gelernt. Unser Verhalten, insbesondere in erheblichen Verstößen im Umgang mit der Natur, des immer höheren Einflusses auf Arten und der damit verbundenen Zerstörung von Arten und die steigende Erderwärmung tragen ebenfalls mit dazu bei, dass es, wie in der Vergangenheit der Menschheit, zu erheblichen Seuchen und sogar zu Pandemien wahrscheinlich kommen wird. Wir müssen deshalb damit rechnen, dass das Corona-Virus nur die Vorstufe für weitere mögliche Viruserkrankungen für wahrscheinliche Seuchen und auch Pandemien im globalen Maßstab darstellt.

Wir können einen gewissen Einfluss auf das Entstehen von Pandemien nehmen, wenn wir unser Verhalten im gesamten gesellschaftlichen Maßstab zum Besseren ändern. Es ist anzunehmen, dass wir in Auswertung des Corona-Virus auf vielen Gebieten uns anders verhalten und die Mängel unseres gegenwärtigen Gesellschaftssystems erkennen. Die zunehmende Ungleichheit, das zu geringe Miteinander, auch für die Rechte des Anderen, die mangelnde Solidarität und viele andere Ungerechtigkeiten, die besonders in den führenden individualistisch geprägten westlichen Ländern typisch sind, müssen – und hoffentlich tritt dies ein – geändert werden. In den genannten Ländern und leider auch in anderen Ländern wird Vieles sehr unsozial betrieben, und wegen dieses mangelnden Sozialverhaltens und damit verbundenen erheblichen Mängeln und unzureichenden Maßnahmen im Gesundheitswesen haben diese Länder, auch in Relation zu den Einwohnern, den höchsten Anteil an Infizierten und leider auch an Toten durch die Folgen des Corona-Virus. Deshalb müssen auch zu Zeiten des Entstehens von lebensbedrohlichen Pandemien, wie es zur Zeit das Corona-Virus und auch die Erderwärmung darstellt, andere Anforderungen an eine Demokratie gestellt werden, als es sonst für eine Demokratie üblich ist. Der bekannte Wirtschaftswissenschaftler und Globalisierungskritiker Amartya Sen sagte zur Demokratie der Gegenwart, dass, wenn wir eine funktionierende Demokratie hätten, es nicht zu einer Hungersnot kommen würde. Diese Aussage von Amartya Sen schrieb die „Frankfurter Allgemeine“ am 26. Oktober 2020 in einem Wirtschaftsblog zum Thema „Das Virus liebt die Freiheit“, der unter dem Link https://blogs.faz.net/fazit/2020/10/26/das-virus-liebt-die-freiheit veröffentlicht wurde. Viele andere schon angegebene und noch zu nennende Gründe zeigen ebenfalls auf, dass wir noch keine gut funktionierende Demokratie haben.

Von der Menschheit wird nicht nur ein anderes Verhalten zu einer unbegrenzten Freiheit verlangt. In diesem Zusammenhang muss unserer gesamtes Herrschafts-, Gesellschafts- und Wirtschaftsmodell diesen gewaltigen Herausforderungen für die Menschheit Rechnung tragen. Dazu werden von mir in diesem Buch auch, wie erwähnt, Vorschläge erarbeitet.

5.5. Erläuterung des Platonschen Staatenmodells und der Rolle der drei Stände

An dieser Stelle wird, wie erwähnt, in diesem Zusammenhang das Platonsche Staatenmodell – bezogen auf die Inhalte und Gesichtspunkte – unter Berücksichtigung, dass dieses Modell vor über 2000 Jahren entwickelt wurde, in Grundzügen beschrieben. In einigen Gegebenheiten entspricht es nicht mehr den heutigen Ausgangsbedingungen. Insbesondere zur Rolle der Frauen und der Kinder entsprechen die Vorschläge von Platon in keiner Weise den ethischen Erfordernissen für die betreffenden Geschlechter und auch in manchen anderen Erfordernissen so nicht mehr den Ausgangsvoraussetzungen der Menschen der Gegenwart. Es werden nachfolgend Grundzüge dargestellt, um dadurch die notwendigen Analyseerfordernisse ableiten zu können:

Das Staatenmodell, das Platon damals vorgeschlagen hat, geht nicht von der Herrschaftsform der Demokratie aus, sondern sein Staatenmodell kann der Aristokratie zugeordnet werden. Man könnte den Staat auch als Philosophenstaat bezeichnen. Diese Herrschaftsform, die im Platonschen Staatenmodell enthalten ist, trägt den Namen Timokratie. Diese drei Stände bilden die Ausgangsbasis für dieses Staatenmodell:

- die Arbeiter bzw. Erwerbstätigen

- die Custoden bzw. Wächter

- die Philosophen

Bevor diese drei Stände und die Rolle der Frauen und Kinder in diesem Staatenmodell erläutert und die Grundzüge der drei Stände der Gesellschaft beschrieben werden, wird nachfolgend etwas mehr über dieses Staatenmodell ausgesagt.

Man geht bei diesem Staatenmodell davon aus, dass nicht mehr so große Eigentumsunterschiede wie gegenwärtig in der Gesellschaft bestehen, da sie sich, wie erwähnt, sehr schädlich auf die Herrschaftsform der Demokratie auswirken. Die Mitglieder des Standes der Philosophen und der Custoden bzw. Wächter besitzen kein Eigentum und bekommen nur einen finanziellen Ausgleich, um ihren Lebensunterhalt zu finanzieren. Die Mittel, die für den Lebensunterhalt gezahlt werden, fallen keineswegs so üppig aus, wie sie heute beispielsweise für Vorstände, Geschäftsführer, leitende Angestellte, manche Beamte und Angestellte gezahlt werden und schaffen auch dadurch keine finanzielle Grundlage mehr für den für diese genannten Stände nach diesem Staatenmodell zugrunde gelegten Eigentumserwerb.

Der Stand der Arbeiter kann jedoch auch noch Eigentum erhalten bzw. erwerben. Allerdings fällt beim genannten Stand dessen Eigentum natürlich wesentlich geringer aus gegenüber bisherigen sowie gegenwärtigen Ausgangsprämissen. Er geht davon aus, dass diese Staatsform Glück für Alle und Gerechtigkeit mit sich bringt.

Die Staatsführung beruht darauf, dass nur einige Wenige den Staat leiten bzw. führen. Es sollen die so genannten Philosophen sein. Diese sollten deshalb als Führer des Staates ausgewählt werden, weil sie bezüglich ihres ethischen, humanistischen Verhaltens, ihres Wissens und Könnens, ihrer Erfahrungen, ihres Mutes beispielgebend sind. Deshalb sollten sie auch die Leitung und Lenkung des Staates übernehmen, weil sie möglichst so handeln, dass Wort und Tat in größtmöglicher Übereinstimmung stehen. Für diese sehr wichtige Rolle für Alle bei der Staatsführung haben die Philosophen, wenn sie dazu befähigt sind, besonders gute Voraussetzungen. Sie sollen die entscheidende Rolle bei der Leitung und Lenkung des Staates haben. Er wollte damit erreichen, dass nur die Besten und Befähigtsten den Staat leiten.

Im Beitrag „Platon und die Ideenlehre“ wird u. a. zu Platons Staatstheorie gesagt, vgl. http://platon-heute.de/staatstheorie.html:

„Das ideale Gemeinwesen hat den Zweck, die Idee des Guten zum Bürger dazu erziehen. Die Polis ist der Raum, in dem ethisches Leben im Kosmos und in der Seele soll auch im Idealstaat eine (Harmonie) werden. Zwischen dem Individuum und dem Staat besteht eine Gerechtigkeit als geordnetes Selbstverhältnis in der Seele (........) (bzw.) der Entsprechung im geordneten Selbstverhältnis der Polis. Alle Bürger .... (erreichen) das Wohl, indem sie sich in das Ganze harmonisch einfügen und ihm dienen. .... Gerechtigkeit soll das Strukturprinzip des Gemeinwesens sein."

In seinen Ausführungen zur Politeia gemäß dem Link https://freidenker.cc/platons_demokratiekritik wird u. a. erwähnt:

„Seinen Überlegungen lag im Wesentlichen die Frage zugrunde, was Gerechtigkeit ist. Die Klärung dieser Frage sah er als Grundlage jeder Staatlichkeit und damit auch des Idealstaates an, den er in der Politeia zu entwickeln versuchte. Platon kam schließlich zu der Erkenntnis, dass „jeder einzelne (.........) eine von allen Aufgaben des Staates durchführen (sollte), wozu sich seine Naturanlage am besten eignet."

(……………) Gerechtigkeit bedeutet für ihn, dass „jeder seine Aufgabe vollende und nicht alles Mögliche betreibe (……………………..........).

Die natürlichen Anlagen eines Menschen bestimmen damit für Platon auch, wer einen Staat zu regieren habe. Diese Rolle sprach er, wie erwähnt, den Philosophen zu. Er verlangte, dass „die Philosophen in den Staaten Könige werden oder die Könige (...) und Herrscher echte und gute Philosophen (.........) und in einer zusammenfallenden politischen Macht und Philosophie (...........) und (...........) die Vielzahl derer, die sich heute auf Grund ihrer Anlage nur der einen der zwei Aufgaben widmen, mit Gewalt davon ferngehalten wird (………………).

Dass es sich bei der Politeia um eine Utopie handelt, verdeutlichen die .... Vorstellungen Platons zum Philosophenkönig sehr deutlich. Denn in der Geschichte hat es bis dato noch keinen Regenten in Platons Sinne gegeben und ob es diesen in Zukunft jemals geben wird, ist ebenso fraglich. Um es mit Kant zu sagen: „Dass Könige philosophieren oder Philosophen Könige würden, ist nicht zu erwarten, aber auch nicht zu wünschen; weil der Besitz der Gewalt das freie Urteil der Vernunft unvermeidlich verdirbt. Dass aber Könige oder königliche (sich selbst nach Gleichheitsgesetzen beherrschende) Völker die Klasse der Philosophen nicht schwinden oder verstummen, sondern öffentlich sprechen lassen, ist beiden zur Beleuchtung ihres Geschäfts unentbehrlich." (…………………………). In der Forschung ist es umstritten, ob Platon an die Verwirklichung seiner Idee zum Philosophenkönig geglaubt hat oder aber nur der Realität ein Ideal entgegensetzen wollte. Zumindest ist es belegt, dass die Politeia vor allem aus Platons Unzufriedenheit mit den politischen Zuständen in Athen seiner Zeit entstand und in sich geschlossene Ideale und Werte aufweist - was alles Merkmale für eine Utopie sind. Platons Missbehagen über die politische Ordnung der athenischen Demokratie äußert sich dann vor allem in einer klaren Demokratie-Kritik. ………………………………………………………"

Vereinfacht und zusammenfassend wird über die drei Stände gesprochen, die im Platonschen Staatenmodell enthalten sind. Alle, die nicht als Philosoph oder Wächter eingesetzt wurden oder eingesetzt werden können, gehören zu einer Schicht der Arbeiter sowie arbeitenden Menschen bzw. auch Unternehmer. Bezogen auf die gegenwärtige Situation wären dies insbesondere Arbeiter, Bauern und Angestellte der verschiedensten Berufe, die nicht den Wächtern zugeordnet werden können. Es kämen dann u. a. in Frage: gewerbliche Unternehmer, in der Landwirtschaft tätige Unternehmer, freiberufliche Unternehmer, Studenten und Auszubildende, Schüler, Kinder, Rentner, einschließlich Erwerbsminderungsrentner, wie Pensionäre, Pflegebedürftige, sich nicht mehr im Arbeitsleben befindende Behinderte und zeitweise in Reha-Einrichtungen aufhaltende Kranke, Arbeitslose, die Arbeitslosengeld 1 oder Arbeitslosengeld 2 beziehen oder Menschen, die kein

Erwerbseinkommen erzielen und auf die Grundsicherung angewiesen sind, die Obdachlosen und noch andere in Frage kommende Personengruppen. Vom Umfang her gehören zu diesem Stand, wenn man diese Standesgliederung gemäß dem Platonschen Staatenmodell vornimmt, die meisten Menschen in der Gesellschaft. Der Stand der Erwerbstätigen zeichnet sich durch Besonnenheit in seinem Handeln als besonders typische Tugend aus.

Unter Berücksichtigung des jeweiligen Bedarfs und der vorhandenen Kenntnisse und der Ausbildung sowie auch der Erziehung werden dazu Befähigte und Diejenigen, die die zutreffenden anderen Anforderungen nach dem platonischen Staatenmodell erfüllen, in den Ständen des Wächters oder Philosophen zum Einsatz kommen können.

Zum Stand der Custoden bzw. Wächter gehören nach dem Platonschen Staatenmodell für die speziellen Belange der heutigen Zeit in Deutschland u. a. an: die Beamten in den verschiedensten Wächtertätigkeiten, wie Mitarbeiter der Bundeswehr, Zollbeamte, Polizisten, Justizbevollmächtigte, Richter, Staatanwälte, andere in der Strafverfolgung Beschäftigte, Rechtsanwälte, deren Tätigkeit der Wächtertätigkeit entspricht, Dozenten, Lehrer, Erzieher, Kindergärtner, Betreuer, Sozialhelfer, Wissenschaftler, sonstige im öffentlichen Dienst Beschäftigte sowie Mitarbeiter in öffentlichen Institutionen, Mitarbeiter von Kammern, noch nicht genannte Beamte und sonstige Arbeitskräfte mit Wächterfunktion.

Im Internet-Lexikon Wikipedia werden die Tätigkeiten der Wächter unter dem Link https://de. wikipedia.org/wiki/Politeia wie folgt beschrieben:

„Sokrates nennt die Berufskämpfer, die für die äußere Sicherheit benötigt werden, "Wächter", da sie den Staat bewachen. Dank ihrer militärischen Schlagkraft sind sie sehr machtvoll. Der Gedanke diese Macht zur Unterdrückung der eigenen Zivilbevölkerung zu missbrauchen ist für sie naheliegend. Daher sind besondere Maßnahmen zu treffen, die dieser Gefahr vorbeugen und somit Gerechtigkeit ermöglichen. Krieger müssen von Berufs wegen mutig sein, doch für den Umgang mit der eigenen Bevölkerung benötigen sie zusätzlich eine andere, entgegengesetzte Eigenschaft, die Sanftmut. Die gleichzeitige Entwicklung beider Qualitäten erfordert eine sorgfältige, auf Charakterbildung abzielende Erziehung. In einem optimal eingerichteten Staat ist die Erziehung der Wächter somit eine wichtige Aufgabe (.........). Die Erziehung bezweckt die bestmögliche Ausbildung körperlicher und geistiger Fähigkeiten. Der körperlichen Ertüchtigung dient die Gymnastik, der geistigen Entwicklung die musische Bildung (Mußenkunst), die Dichtung, Lied und Tanz umfasst. Die Dichtung als zentrales Element herkömmlicher Erziehung ist ein besonders wichtiges Thema. Bei der pädagogischen Funktion der Dichtung in der griechischen Gesellschaft geht es nicht um unterhaltsame Beschäftigung mit ansprechenden gestalteten literarischen Fiktionen. ....

....

....

....

Die Dichter belehren unter anderem über die Götter, die Entstehung der Welt, die Ordnung des Kosmos, die Pflichten der Menschen und vorbildliches Verhalten. Ihre Auffassungen über Tüchtigkeit und Tugenden, Ruhm und Schande, Ehrenhaftes und Unehrenhaftes, Recht und Unrecht prägen das allgemein herrschende Welt- und Menschenbild, die Wertordnung der Gesellschaft und die gängigen Moralvorstellungen. Das beginnt mit den Mythen, die Mütter und Ammen den kleinen Kindern erzählen. ....

....

....

Sokrates ist der Überzeugung, dass die Götter ausschließlich gut seien und niemals etwas Schlechtes von ihnen ausgehen könne. Dies müsste man den Kindern von Anfang an beibringen, um ihnen eine konstruktive Wertordnung zu vermitteln.

....

....

....

Anschließend wendet sich Sokrates der Musik zu. ....

....

Rhythmus und Tonart dringen am tiefsten in das Innere der Seele ein und ergreifen sie am stärksten, daher gebührt ihrer Auswahl besondere Aufmerksamkeit der Erzieher. Die musische Erziehung muss die Liebe zum Schönen fördern, wobei Schönheit im ästhetischen und zugleich im ethischen Sinne gemeint ist. Ein weiteres Thema ist die Ertüchtigung und Gesunderhaltung des Körpers. Ihr dient unter anderem der Gymnastik, bei der man sich aber vor Einseitigkeit zu hüten hat, sie soll nicht auf Kosten der Bildung betrieben werden. Übertriebene Sorge um den Körper ist verfehlt, denn alles, was man für ihn übernimmt, geschieht letztlich um der Seele wegen. Wenn für Körper und Seele schlecht gesorgt wird, werden viele Richter und Ärzte benötigt, juristische Schliche sollen die Übeltäter vor den Folgen ihrer Taten bewahren und die Heilkunst soll die gesundheitliche Folgen eines schlechten Lebenswandels beheben. In einem gut organisierten Staat muss solchen Verfallserscheinungen vorgebeugt werden. Eine Kernfrage jeder Verfassungstheorie lautet, wem die Regierung anvertraut werden soll. Dafür kommen nach Sokrates‘ Überzeugung nur erprobte Personen in Betracht, die ihre Eignung, vor allem ihre Charakterfestigkeit, über einen langen Zeitraum erwiesen haben. Dazu gehört insbesondere, dass sie sich aus Überzeugung mit den Staatsinteressen identifizieren und begeistert für das Staatswohl eintreten. ....

....

....

Anschließend skizziert Sokrates die asketische Lebensweise der Wächter, denen Privatbesitz über das Lebensnotwendige hinaus versagt sein soll. Adeimantos befürchtet, dass die Wächter ein unglückliches Leben führen müssen, wenn ihre Tätigkeit nicht honoriert wird und sie weit ärmer sind als die Erwerbstätigen, die rangmäßig unter ihnen stehen. Dagegen macht Sokrates geltend, es gehe nicht um das Wohl eines einzelnen Standes, sondern um das aller Bürger. Außerdem sei sowohl Reichtum als auch Armut der beruflichen Leistung abträglich daher sei beides aus dem Leben der Wächter fernzuhalten. Neben den militärischen üben die Wächter auch polizeiliche Funktionen aus. Eine ihrer Hauptaufgaben ist die Wahrung der optimierten Stabilität, sowohl hinsichtlich der demographischen Verhältnisse – die Bürgerschaft soll konstant eine optimale Größe einhalten – als auch auf kulturpolitischem Gebiet, wo es darauf ankommt, schädliche Neuerungen vorzubeugen. Eine übermäßige Reglementierung des Lebens der Bürger durch gesetzliche Vorschriften hält Sokrates aber für unzweckmäßig. ....

....

....

....

Die Tapferkeit ist das besondere Merkmal der Wächter, sie zeigt sich in der unbeirrbaren Beharrlichkeit, mit dem dieser Stand seine Aufgaben erfüllt. "

Als dritter und als ranghöchster Stand kommen die Philosophen in Frage, die regieren müssen und die notwendigen Entscheidungen zum Wohle des Staates treffen. Für diese Tätigkeit kommen nach Platon nur geeignete Menschen in Frage, die das notwendige Wissen und Können, die Ausbildung und die Erfahrung – auch bezogen auf ihr Alter – besitzen. Er legt fest, dass sie deshalb mindestens 50 Jahre alt sein müssen, um die erforderlichen Voraussetzungen zu besitzen. Sie sollen auch moralisch vorbildlich sein und sich auch im hohen Maße durch ein vorbildliches ethisches und humanistisches Verhalten auszeichnen. Ihr ganzes Verhalten sollte möglichst dadurch gekennzeichnet sein, dass Wort und Tat in einem sehr hohen Maß übereinstimmen und sie die erforderliche Authentizität in ihrem Verhalten widerspiegeln. Sie müssen in der Lage sein, für ihr jeweiliges Volk oder für ihr in Frage kommendes Land oder, wenn dies zutrifft, für die gesamte Menschheit die notwendigen, oft schwierigen Entscheidungen zu treffen. Dies ist keine leichte Aufgabenstellung, die an die Philosophen gemäß dem Platonschen Staatenmodell gestellt werden, und es verlangt deshalb ein Höchstmaß an Verantwortlichkeit, Disziplin und nicht zuletzt das erforderliche Wissen, Können und die Erfahrung, um diese Aufgabe zum Wohle Aller mit dem richtig zu entscheidenden Handeln in einer hohen Qualität zu erfüllen.

Im Internetlexikon Wikipedia werden Hinweise über die Herrschaft der Philosophen und ihre Legitimation über die Ausbildung des Philosophenherrschers gegeben, die nachfolgend auszugsweise zitiert werden, vgl. https://de.wikipedia.org/wiki/Politeia:

" ....
....
....

Eine Voraussetzung ist nach Sokrates‘ Ansicht unumgänglich für die Umwandlung eines bereits existierenden Staates in einen idealen Staat: Philosophisches Wissen und Befehlsgewalt müssen vereint werden. Dies kann auf zwei Wegen geschehen: Entweder nehmen Philosophen die Herrschaft oder die bereits regierenden Machthaber werden echte und gründliche Philosophen. Wenn keines von beiden geschieht, wird das Elend der gewohnten Verhältnisse niemals enden.
....
....

Der Philosoph (wörtlich: Weisheitsliebende) ist dadurch charakterisiert, dass er die Weisheit nicht nur bruchstückhaft, sondern ganz begehrt. Sein Wissendurst richtet sich nicht auf beliebige Fakten, sondern auf die philosophisch relevante Wahrheit. Diese will er möglichst in ihrer Gesamtheit "anschauen." Beispielweise gilt sein Interesse nicht einzelnen schönen Dingen, sondern er konzentriert es auf die Natur des Schönen, das "Schöne“ selbst. Das Schöne schlechthin ist für ihn keine bloße Abstraktion, sondern eine objektiv existierende erkennbare Realität. Deren "Schau" ist Erkenntnis im eigentlichen Sinn, sie verhält sich zum Erfassen einzelner schöner Dinge wie ein Urteilen im Wachzustand zu Reaktionen eines Träumenden auf die Eindrücke, die er im Traum empfängt. Es handelt sich hier um den Gegensatz von Wissen und Meinen. Das Meinen bestimmt Sokrates als ein Mittelding zwischen Wissen und Nichtwissen. Das Wissen der Philosophen bezieht sich auf das Seiende, auf die Wirklichkeit, während der Nichtphilosoph ein Meinender ist, der seine Aufmerksamkeit einem halbdunklen Zwischenbereich zwischen dem, was ist und dem, was nicht ist, zuwendet. Philosoph ist Derjenige, der das Einfache, überzeitlich Seiende, das sich niemals ändert erfassen kann. Nichtphilosophen hingegen befassen sich nur mit der Mannigfaltigkeit der veränderlichen Einzeldinge. Da ihnen das Allgemeingültige unzugänglich ist, sind sie orientierungslos. Auf dem Gebiet der Staatskunst – der Wissenschaft von der Staatslenkung – ist somit der Philosoph der, der stets das gedankliche Muster des Idealstaates im Blick hat, um sein Handeln in der politischen Praxis konsequent danach auszurichten. Da das Ziel der Praxis eine möglichst gute Annäherung an das Ideal ist, kann somit niemand anders als ein Philosoph befähigt sein, einen optimal eingerichteten Staat zu regieren und dauerhaft im besten Zustand zu erhalten. Die Frage ist hier nur, ob der Philosoph neben seiner Überlegenheit im Theoretischen auch die erforderliche politische Befähigung mitbringt. Sokrates bejaht dies. Dabei macht er geltend, beim Philosophen sei das Weisheitsstreben, das seiner natürlichen Veranlagung entspreche, unauflöslich mit den notwendigerweise dazugehörenden Charaktermerkmalen verbunden: Wahrheitsliebe, Besonnenheit, Großzügigkeit, Furchtlosigkeit, Bescheidenheit, Umgänglichkeit, Gerechtigkeit und Fähigkeit zum Maßhalten. Außerdem verfügen Philosophen über ein gutes Gedächtnis, denn wenn sie vergesslich wären, könnten sie

sich so einer anspruchsvollen Tätigkeit nicht mit Freude und Erfolg widmen. Daher sind sie fähig und vertrauenswürdig, man kann ihnen den Staat unbesorgt anvertrauen. Den Hintergrund dieser Behauptungen bildet das platonische Philosophieverständnis. Philosophie erschöpft sich nicht im Nachdenken, sie ist keine bloß intellektuelle Betätigung, sondern immer auch eine Lebensweise. Adeimantos kann zwar gegen den Gedankengang des Sokrates nichts einwenden, verweist aber auf gegenteilige empirische Beobachtungen: Philosophen werden entweder als Scharlatane oder als anständige, aber verschrobene und untüchtige Menschen wahrgenommen. Für diesen Sachverhalt nennt Sokrates zwei Gründe: erstens die Inkompetenz der Menge und der unwissenden Machthaber, die den Wert der Philosophie nicht zu würdigen wüssten, und zweitens das Auftreten von Scheinphilosophen, die Schwätzer seien und die Philosophie in Verruf brächten. Damit meint er die Sophisten, gegen Entgelt unterrichtende Wanderlehrer, die er für unseriöse Verführer hält. Sophistische Mentalität sieht er als Ergebnis einer schlechten Erziehung und eines durch ungünstige Einflüsse fehlgeleiteten Weisheitsstrebens. Die großen Verführer und Übeltäter seien hochbetagt, sie hätten unter förderlichen Bedingungen Philosophen werden können, seien aber auf Abwege geraten. Im Rahmen der bestehenden Verfassungen sei keine Besserung der Verhältnisse in Sicht. Dennoch ist Sokrates hinsichtlich der Möglichkeit eines Umschwunges optimistisch. Er hält es für möglich, dass Söhne von regierenden Herrschern philosophisch veranlagt seien und nach ihrer Machtübernahme willens und fähig seien, eine Verfassungsreform im erwünschten Sinne durchzuführen. Die einzigartige Sonderstellung der Philosophen beruht für Sokrates darauf, dass sie ihre Gedanken auf das Göttliche und Wohlgeordnete richten und es bewundern und nachahmen, wodurch sie selbst diese Beschaffenheit annehmen, soweit das einem Menschen möglich ist. ....
....

Geeignet sind nur philosophisch veranlagte Angehörige des Wächterstandes, die Scharfsinn, geistige Beweglichkeit und Lernbereitschaft mit charakterlicher Zuverlässigkeit verbinden. (Es) gibt aber noch ein höheres übergeordnetes Wissen, dass sie erlangen müssen, um sich für ihre Regierungstätigkeit zu qualifizieren. Sokrates nennt es "das höchste Lehrstück. Es geht um die Erkenntnis der "Idee des Guten". Das "Gute selbst" – das metaphysische Prinzip des schlechthin Guten – soll erfasst werden. Daraus kann dann das Verständnis von allem, was die Tugenden und die Tüchtigkeit betrifft, abgeleitet werden. Die Bedeutung des Wissens vom Guten ist schon daraus ersichtlich, dass jede Seele nach dem Guten strebt und um seinetwillen alle ihre Taten vollbringt, wenngleich dies gewöhnlich aus Unwissenheit auf verfehlte Weise geschieht. Bei einzelnen Gütern, wie dem Gerechten und Schönen, geben sich viele mit dem bloßen Anschein zufrieden, das Gute hingegen wird immer als solches begehrt, ein scheinbares Gutes kann niemand befriedigen. Dieses Erkenntnisobjekt ist allen anderen übergeordnet, denn erst seine Erfassung verschafft dem Denker den Maßstab für alles Übrige. Nur die Einsicht in das allgemeine Gute erschließt ein korrektes Verständnis der einzelnen guten Dinge und befähigt zu deren richtigem Gebrauch. Die Annäherung an die Idee des Guten ist die größte aller Herausforderungen. ....

....

So ist in der geistigen Welt das Gute die Quelle von Wahrheit und Wissen. Wie die Sonne die einzelnen Dinge bescheint und damit sichtbar macht, so strahlt die Idee des Guten gleichsam ein "Licht" aus, das die für die Objekte geistiger Erkenntnis für die Seele wahrnehmbar macht. Diese geistige Sonne verleiht den Denkobjekten nicht nur ihre Erkennbarkeit, sondern auch ihr Dasein und ihr Wesen (Ousia). Alle Inhalte des Denkens, darunter auch die Tugenden, verdanken der Idee des Guten ihre Existenz.

....

....

....

....

Das Höhlengleichnis soll den Sinn und die Notwendigkeit des philosophischen Bildungswegs, der als Befreiungsprozess dargestellt wird, illustrieren. Der Weg gleicht dem Aufstieg aus einer unterirdischen Höhle, die für die sinnlich wahrnehmbare Welt der vergänglichen Dinge steht, zum Tageslicht, das heißt, zum rein geistigen Bereich des unwandelbaren Seins, zum Reich der Ideen. Die Menschheit befindet sich in der Höhle der Unwissenheit, in der die Wirklichkeit nur schattenhaft wahrgenommen werden kann. Es ist aber grundsätzlich möglich, die Höhle zu verlassen und zur Erdoberfläche emporzusteigen. Dort können die Dinge so erfasst werden, wie sie wirklich sind: Man kann sogar die Sonne - die Idee des Guten - erblicken. Wenn man dies erreicht hat, kann man mit dem neu erlangten Wissen freiwillig wieder hinabsteigen, um den Anderen den Ausweg zu zeigen. Der Aufstieg aus der Höhle versinnbildlicht die Aneignung philosophischer Bildung. Sokrates betont, dass dieser Vorgang nicht darin besteht, dass gleichsam Blinden die Sehkraft verliehen wird. Über die "Sehkraft" verfügt Jeder bereits. Erforderlich ist nur, dass sich die ganze Seele samt ihrem "Auge" "umwendet." Im Gleichnis bedeutet das, dass sie erst unter kundiger Anleitung den Ausgang der Höhle findet, dann den steilen Gang betritt, der nach oben führt und sich schließlich an den Glanz des Tageslichtes gewöhnt. ....

....

....

....

Eine Gegenleistung hat er von den Höhlenbewohnern nicht zu erwarten, denn sie haben nichts zu bieten, was für ihn einen Wert darstellen könnte. Daher ist die Rückkehr für ihn überhaupt nicht attraktiv. So verhält es sich auch mit einem guten – das heißt, philosophisch gebildeten Staatsmann: Er drängt sich nicht nach einer Führungsaufgabe, denn er weiß, dass sie ihm nichts einbringt. Vielmehr muss er überredet werden, Regierungsverantwortung zu übernehmen und den Bürgern damit einen Gefallen zu tun. Die Ausbildung der Herrscher umfasst zunächst das normale

Erziehungsprogramm des Wächterstandes, also musische Bildung und Gymnastik. Über diese Wächterausbildung hinaus benötigen sie (die Philosophen) für ihre künftige Regierungstätigkeit Schulung auf weiteren Wissensgebieten. Auf die Einzelheiten geht Sokrates nun ein. Erforderlich sind Kenntnisse in Arithmetik, Geometrie (Planimetrie und Stereometrie), Astronomie und musikalischer Harmonielehre. Diese Fächer gehören zur philosophischen Propädeutik, da die Beschäftigung mit ihnen das Denken herausfordert. Im Rahmen der Philosophieausbildung sind sie allerdings nicht auf die oberflächliche, pragmatische Weise zu studieren, die im gängigen Unterricht üblich ist und nur auf einzelne empirische Gegebenheiten abzielt. Vielmehr muss ein vertieftes Verständnis der jeweiligen theoretischen Grundlage erlangt werden, damit das Fachwissen unter philosophischen Gesichtspunkten nutzbar wird. Man erkennt dann die Gemeinsamkeit und Verwandtschaft der Fächer und übt sich im dialektischen Denken, dem methodischen Vorgehen nach den Gesetzen der Logik. Die Dialektik ist das letzte Lehrfach des philosophischen Bildungsweges. Sie ist die hohe Kunst, mit der philosophische Probleme bewältigt werden. Ein gut geschulter Dialektiker kann allein durch logische Folgerungen, ohne Abstützung auf die immer täuschende Empirie, zur Wahrheit vordringen. Er erfasst die wahre Natur der Dinge, die dem Empiriker unzugänglich bleibt. Unter Denen, welche die propädeutische Ausbildung erhalten haben, soll eine Vorauswahl Derjenigen, die sich für die dialektische Schulung eignen, getroffen werden. Ihnen wird dann ab dem zwanzigsten Lebensjahr philosophischer Unterricht erteilt. Nach Vollendung des dreißigsten Lebensjahres findet unter dieser Elite eine weitere Auslese der Tüchtigsten statt. Diese absolvieren ein fünfjähriges vertieftes Philosophiestudium. ....
In den folgenden fünfzehn Jahren haben sie sich in wichtigen staatlichen Ämtern zu bewähren und ihre Führungsqualitäten zu erproben. Erst als Fünfzigjährige, die sich sowohl im tätigen Leben, als auch in der Wissenschaft bewährt haben, sind sie qualifiziert, die Idee des Guten zu erfassen und fortan der Regierung anzugehören."

Die Weisheit soll die Grundtugend des Philosophen sein. Nur die Fähigsten und Besten und für diese Aufgabe in Frage kommenden Wahrheitssuchenden der Gerechtigkeit Verpflichteten können nach Auffassung Platons Regierungsverantwortung übernehmen. Diese Tätigkeit ist nicht vergleichbar mit einem König und somit auch nicht erblich. Wie schon erwähnt, besitzt der Philosoph im Staatenmodell von Platon, genauso wie Diejenigen, die zum Stand der Wächter gehören, kein Einkommen. Deshalb dürfen sie keinen Privatbesitz haben. Die Philosophen bekommen nach diesem Staatenmodell nur Mittel für ihren eigenen Lebensunterhalt. Nicht erworbener Reichtum oder Vermögen oder sonstige Arten von Vergünstigungen aufgrund der vorhandenen finanziellen Mittel sind nicht entscheidend, sondern das einzige Kriterium für die Rolle jedes Einzelnen in diesem Staatenmodell ist die Sachkenntnis und die damit im Zusammenhang stehenden Faktoren. Die Philosophen und auch die zum Stand der Wächter Gehörenden unterliegen einer Reihe von Beschränkungen, nicht nur bezogen auf den Stand der Erwerbstätigen. Zu den Beschränkungen gehört auch, dass sie nicht heiraten und keine Familie für sich haben dürfen. Sie sollen ihre ganze Kraft auf die Tätigkeit als Philosoph auf die Regierungswahrnehmung richten und nicht durch Eigentumsfragen sowie dann eventuell entstehende Probleme im privaten Bereich nicht von dieser wichtigen verantwortungsvollen Tätigkeit abgelenkt oder beeinflusst werden. Wichtig ist, dass jeder Bürger des Staates im Platonschen Staatenmodell eine Aufgabe hat und die Zuordnung im gesamten Staat durch die Abgrenzung der Aufgabenstellung der drei Stände festgelegt ist. Durch die sich damit ergebenden guten organisatorischen Voraussetzungen kann ein Höchstmaß an Gemeinsamkeit erreicht werden. Für das sehr wichtige Ziel dieses von Platon erarbeiteten Staatenmodells, dass die Bürger des Staates Glück empfinden, bestehen ebenfalls gute Voraussetzungen. Im Staatenmodell von Platon haben im Gegensatz zu der in der Antike in Griechenland, auch in der Herrschaftsform der Demokratie, in dem sie kein Wahlrecht bzw. kein Stimmrecht besaßen, auch Frauen dieses Wahl- und Stimmrecht. Platons Bestreben bestand auch darin, dass, wenn eine Frau die entsprechenden Befähigungen bzw. Sachkenntnis hat, sie ebenfalls alle Rollen im Staat ausüben kann und kein Unterschied zwischen Männern und Frauen hierbei gemacht wird. Insofern war das Platonsche Staatenmodell im Vergleich zur bisherigen Rolle von Frauen im antiken Griechenland revolutionär, die, wie erwähnt, bis dato darin bestand, dass die Frauen nicht an Volksversammlungen und dadurch auch nicht an einer Wahl teilnehmen durften und auch kein politisches Amt bekleiden konnten. Durch die Möglichkeit, bei entsprechender Voraussetzung alle Rollen im Staat wahrnehmen zu können, wie es im Platonschen Staatenmodell enthalten ist, hätten die Frauen auch Bildungsmöglichkeiten wahrnehmen können, die ihnen in der damaligen Zeit der Antike in Griechenland vorenthalten wurden.

Bezüglich der Kinder hatte Platon Vorstellungen in seinem Staatenmodell, dass alle Kinder den Eltern entzogen werden und sich Erzieher um das geborene Kind kümmern müssen. Dadurch sollten die Kinder keinerlei Bindungen zu ihren Eltern sowie ihren Verwandten haben. Um die Sorge der Kinder sollen sich dann nur die dafür verantwortlichen Behörden kümmern, und somit fallen alle damit verbundenen Betreuungsaufgaben dem Staat zu. Diese vorgesehene Handhabung kann in keiner Weise als gut angesehen werden, denn zum einen kennen die Kinder ihre Eltern nicht und zum anderen haben sie auch dadurch keinerlei Kontakt zu ihnen.

Obwohl es sich beim Platonschen Staatenmodell ggf. wahrscheinlich um eine Utopie handelt, wird es noch heute als sogenannter Idealstaat bezeichnet. Manche sagen auch, dass er die von ihm theoretisch entwickelte Staatsform bei der damaligen Regierung in Syrakus vorgeschlagen und, soweit dies möglich war, praktisch ausprobiert hat. Dabei soll er auf den entschiedenen Widerstand der in Syrakus Regierenden gestoßen sein. In diesem Zusammenhang wird auch erwähnt, dass, wenn er nicht Unterstützung bekommen hätte, wahrscheinlich auch dafür beinahe Sklave geworden wäre. Er hat auch, so sagen es bestimmte Quellen, vorgeschlagen, sein Staatsmodell in seiner Akademie praktisch anzuwenden. In dieser Form, wie Platon sie vorgeschlagen hat, ist somit wahrscheinlich nie eine Staatsführung praktisch durchgeführt worden. Es wird auch in der Literatur gesagt, dass Platon von seinem Staatenmodell als er älter war, etwas abgegangen ist, da er auch gewisse Zweifel hegte, dass ein Mensch in der Lage sei, alle Anforderungen an den oder die regierenden Philosophen erfüllen zu können und des persönlichen Vorteils wegen dann nach einer gewissen Zeit eventuell korrupt werden würden. Deshalb kam auch die Überlegung in dieser Sache bezüglich der Staatsführung hinzu, dass ein herrschender Philosoph nur eine bestimmte Zeit, ähnlich, wie das später bei der Solidarność-Bewegung in Polen zugrunde gelegt wurde, der jeweilige Regierende bzw. die Regierenden nur eine gewisse Zeit im Amt bleiben konnte.

5.6. Die gesellschaftlichen Gegebenheiten und Belange unserer aktuellen Zeit in Verbindung mit dem Platonschen "Ideal-Staat"

Das Platonsche Staatenmodell ist, obwohl es vor über 2000 Jahren erarbeitet wurde und vieles in der Staatsführung, auch in der Herrschaftsform der Demokratie, völlig anders gehandhabt wird, immer noch sehr interessant. Gerade bei den aktuellen Problemen der gesellschaftlichen Entwicklung und angesichts der gewaltigen Herausforderungen für die Menschheit in der Gegenwart müssen wir uns deshalb mit dem Platonschen Staatenmodell beschäftigen.

Man kann dem bekannten Philosophen Karl Popper, wie erwähnt, nicht in allen Punkten in vollem Umfang zustimmen, was er in seinem Buch über „Die offene Gesellschaft und ihre Feinde" geschrieben hat. Es werden in seiner Veröffentlichung nur einseitig Gesichtspunkte der Marktwirtschaft vorrangig gesehen und andere Vorstellungen und mögliche alternative Meinungen kaum akzeptiert. Die Auffassungen in diesem Buch gegen die Meinungen von Platon, Marx und auch Hegel (1770 – 1831) sind streitbar. Die gegenwärtigen aktuellen Erfordernisse der Menschheit, wie die Probleme der Klimakrise, werden aus meiner Sicht nicht in ausreichender Art beachtet und konnten auch in der Zeit, in der das Buch erarbeitet wurde, noch nicht berücksichtigt werden.

Das Platonsche Staatenmodell wurde, wie schon erwähnt, als Idealstaat bezeichnet. Sicher kann Manches nicht verwirklicht werden und ist in einigen vorgeschlagenen Verfahrensweisen auch nicht realisierbar. Bezogen auf die Aktualität des Lebens und der gegenwärtigen konkreten Entwicklung auf der Welt und in den einzelnen Ländern müssen wir uns auch mit Fragen der Gestaltung und Wahl unserer Herrschaftsform auseinandersetzen.

Da unsere gegenwärtige globale Entwicklung unter Berücksichtigung der Erfordernisse der Treibstoffgasreduzierung für das weitere Überleben der Menschheit auf unserem Planeten angesichts der aktuellen Auswirkungen und Folgen und auch der Erscheinungen des Corona-Virus sehr kritisch gesehen werden muss, müssen wir gangbare Lösungsvorschläge unterbreiten. Denn so wie bisher kann es nicht weitergehen.

Es stehen deshalb auch manche neue Herausforderungen an unser gegenwärtig ausgeübtes Gesellschafts-, Wirtschafts- und Herrschaftssystem in völlig neuer Dimension an. In der theoretischen Konzeption des so genannten „Utopie-" oder auch „Ideal-Staates" von Platon wurden seine Vorstellungen relativ konkret und sehr umfangreich beschrieben. Man muss dabei berücksichtigen, dass, wie bereits erwähnt, vor über 2000 Jahren diese theoretische Staatsform bzw. das Platonsche Staatenmodell geschaffen wurde und eine relativ lange Epoche in der Menschheitsgeschichte in der Zwischenzeit vergangen ist.

Diese ausführliche Beschreibung des Platonschen Staatenmodells erfolgte auch deshalb, um die dadurch abzuleitenden Rückschlüsse zu ziehen oder Grundzüge dieses Staatenmodells auch für Diejenigen zu beschreiben, die das Platonsche Staatenmodell bisher nicht oder nur Teile davon kannten. Damit die erforderlichen Ausgangsvoraussetzungen für die analytischen und auch darauf folgenden Vorschläge taktischer Art erfüllt werden können, war es deshalb nötig, das Platonsche Staatenmodell ausführlich vorzustellen und deshalb umfangreiche Zitate aufzuführen.

Die Herrschaftsform der Demokratie kann unter den bestehenden konkreten Gegebenheiten und den gewaltigen bestehenden aktuellen Herausforderungen für das Weiterbestehen der Menschheit meines Erachtens nicht in allen Punkten so bleiben, wie sie bisher betrieben wurde.

In diesem Buch wurden im Gliederungspunkt 5 einige der aktuellen Probleme der Demokratie und meiner Auffassung nach nicht ausreichende Handhabungen in der Gegenwart, bezogen auf Deutschland, beschrieben.

Wegen der ernsten Probleme und Mängel in der Anwendung der Demokratie haben sich leider eine zunehmende Anzahl von Menschen von dieser Herrschaftsform – bezogen auf die angewandte Praxis – in manchen Ländern abgewandt. Auch bezogen auf Ostdeutschland ist die Anzahl der Menschen, die die Demokratie in der gegenwärtig vorherrschenden Form nicht favorisieren, relativ hoch. Man wünscht sich einen starken Staat, Einen, der sagt, was zu tun ist und der gerecht ist und die Belange aller berücksichtigt. Der nicht die hohen Unterschiede im Vermögen und im Einkommen zulässt und auch – bezogen auf das gemeinsame Deutschland – die Belange Ostdeutschlands würdigt. Der nicht, wie bisher, weiter Benachteiligungen für Ostdeutsche in der Form, wie das immer noch trotz über 30 Jahre Einheit geschieht, zulässt. Auch die Medien müssen sich gewaltig ändern und mehr gesamtdeutsch handeln und nicht die Belange Westdeutschlands bevorzugt behandeln. Der Ministerpräsident von Sachsen-Anhalt, Dr. Reiner Haseloff, sagt auch aus meiner Sicht berechtigt, dass der öffentlich-rechtliche staatliche Fernsehfunk bzw. die öffentlich-rechtlichen staatlichen Rundfunkanstalten in Form ihrer Hauptvertreter, der ARD und des ZDF, noch immer noch Westsender geblieben sind und viel zu wenig ostdeutsche Belange hierbei berücksichtigt werden, trotz dem wir schon so lange als gemeinsames Deutschland zusammenleben.

Auch in Anbetracht der vorherrschenden Situation der Klimakrise und vieler anderer sehr wichtiger zu treffender Entscheidungen in den gegenwärtigen Krisen wird ein "Retter" für die Belange der Menschen gesucht, der ausgesprochen sozial, humanistisch, objektiv und nicht parteiisch handelt und keine Bevorzugung auch bestimmter Landstriche zulässt.

Auch dies ist ein Grund, ernsthaft darüber nachzudenken, diese Herrschaftsform in einigen wichtigen Punkten bezüglich möglicher Alternativen für die Demokratie zu beachten. Die bereits erwähnten entscheidenden Hauptprobleme der konkreten Anwendung und der Mängel der Demokratie in Deutschland und wahrscheinlich auch in manchen anderen Ländern, die die Herrschaftsform der Demokratie anwenden, sehe ich in folgenden Schwerpunkten:

- völlig ungleiche Vermögens- und Einkommensverhältnisse und dadurch noch steigende Polarität zwischen Arm und Reich und die sich daraus ergebenden erheblichen negativen Auswirkungen für eine richtige Anwendung der Herrschaftsform der Demokratie

- vorhandene ungezügelte individuelle Freiheit, die oft auf Kosten der Andersdenkenden geht. Zu wenig Beachtung der Vernunft im freiheitlichen Handeln und eine nicht ausreichende Beachtung der Grenzen der Freiheit. Leider ist dadurch zu verzeichnen, dass die Gewaltbereitschaft, auch in Form krimineller Handlungen und die Aggression sowie Rüpelhaftigkeit im Verhalten sehr hoch ist und es schon so weit geht, dass unbescholtene Menschen Opfer dieser völlig unzureichenden Entwicklung geworden sind.

- Unterstellung, dass alle Menschen sich genauso verhalten, was in keinster Weise so ist. Dies zeigt sich sowohl an den beschriebenen Erscheinungen, im Verhalten sowie den Äußerungen im Netz, in der leider im erheblichen Maße unterschiedlichen Einsicht im konkreten Handeln, als auch in den erheblichen Unterschieden in den Bildungsbemühungen. Alle diese und einer Reihe weiterer noch zu nennender Faktoren zeigen, dass wir leider die gewünschte Gleichheit in der Gesellschaft nicht haben und die Gesellschaft in vielen Belangen sich immer mehr spaltet. Es besteht deshalb leider – und meines Erachtens ist dies noch angewachsen – eine zunehmende Ungleichheit in der Gesellschaft. Die sich daraus ergebenden Erfordernisse und die daraus zu ziehenden Schlussfolgerungen müssen wir unbedingt beachten.

- Das zu lange Zögern bei dringend erforderlichen Handlungen können wir uns durch die steigende Erderwärmung und die dann entstehenden Folgen für die Menschheit bezüglich der Folgen des Corona-Virus und auf vielen anderen Gebieten, auch in der Wirtschaft und in anderen Bereichen, nicht mehr erlauben. Wir wollen nicht noch weiter gegenüber anderen Ländern und somit weltweit zurück stehen. Es besteht ein dringendes Erfordernis, die anstehenden Entscheidungen und Arbeiten zu erledigen. Bisher haben wir erheblich zu lange Zeit dabei in Anspruch genommen. Es kommt darauf an, diese Zeit wesentlich zu verringern. Auch die übergroße Bürokratie in Deutschland trägt zu diesen langen Erscheinungen bei.

- Die lange Zeit, die vergeht, bis Entscheidungen zu dringenden Handlungen im ökologischen Bereich getroffen werden, können wir uns nicht mehr erlauben. Man kann sich keinen weiteren Aufschub auf Grund der Notwendigkeit der Sicherung des weiteren Überlebens der Menschheit erlauben. Die in Deutschland gehandhabte Rechtsprechung und die bei Anwendung der Demokratie in der derzeitigen eintretenden Form entstehenden Umsetzungsverzögerungen können nicht mehr so wie bisher hingenommen werden.

- Das Verhalten einiger Vereinigungen in Deutschland zielt auf die Vertretung vorrangig eigener Interessen dieser Gemeinschaften ab. Dringend erforderliche Belange im Klimaschutz zum Erhalt der Menschheit werden in diesen Vereinigungen in nicht ausreichendem Maße verfolgt und wahrgenommen, und einige Interessen, u. a. auch Wählerinteressen, gehen auch in dieser wichtigen Frage vor die so wichtigen Belange Aller.

- Es wird auch nicht auf schnell einzuleitende Maßnahmen in deren Arbeit hingewirkt. Deshalb besteht auch im Interesse der Menschheit ein Erfordernis der Veränderung dieser Prozesse.

- Es sind unbedingt noch weitere Maßnahmen bei einer Fortsetzung der Demokratie erforderlich, denn die parlamentarische Demokratie hat eine erhebliche Schattenseite, die von einer nicht geringen Zahl von Menschen recht ungerecht empfunden wird.

In Platons Ausführungen in der Politeia wird u. a., wie bereits angeführt, dargestellt, dass die Demokratie unter den damaligen Verhältnissen in Griechenland in der Antike insbesondere deshalb eine ungünstige Herrschaftsform darstellte und erhebliche Mängel aufwies. Deshalb kann er die Anwendung dieser Herrschaftsform, wie erwähnt, nicht empfehlen. Wie bereits im Buch beschrieben, sind besonders zwei Wesensmerkmale genannt worden, wie ebenfalls bereits erwähnt, die sich sehr ungünstig auf diese Herrschaftsform der Demokratie auswirken. Diese zwei Wesensmerkmale bilden, wie schon bemerkt, das Übermaß an individueller Freiheit, und dadurch werden erhebliche Nachteile für die Öffentlichkeit und das Gemeinwesen wirksam. Das zweite entscheidende Wesensmerkmal für den Mangel der Demokratie sieht er, wie beschrieben, in der Gleichheit, die in Wirklichkeit nicht besteht, wie Platon feststellt.

Er fand es, wie erwähnt, nicht richtig, dass die gleichen Rechte für alle bei dieser Herrschaftsform gelten, da die Menschen einen unterschiedlichen Kenntnis- und Wissensstand, einen unterschiedlichen Einsichts- und Verhaltensstand haben und deshalb es nicht richtig ist, dass die Mehrheitsentscheidung bzw. der Mehrheitswillen trotzdem zugrunde gelegt wird.

Die von Platon festgestellten zwei wesentlichsten Merkmale der Demokratie, die von ihm erheblich kritisiert werden, herrschen meines Erachtens noch heute in nun auch gemeinsamen Deutschland und sicher auch in anderen Ländern vor, die die Herrschaftsform der Demokratie betreiben. Deshalb muss man die Herrschaftsform der Demokratie anders betreiben, damit diese Nachteile der gegenwärtigen Demokratie, deren nachteilige Folgen bereits in diesem Buch beschrieben wurden, nicht mehr in dem Maße, wie bisher, wirksam werden.

Auch bei der Anwendung der Perestroika und Glasnost in der Sowjetunion unter Michail Sergejewitsch Gorbatschow sind die Mängel der Demokratie der Gegenwart, die schon Platon festgestellt hatte, unter diesen beschriebenen konkreten Gegebenheiten aus meiner Sicht sehr deutlich zum Tragen gekommen. Deshalb muss die persönliche Umsetzung der Demokratie durch manche Bürger der Sowjetunion und was sie für sich abgleitet haben, im Nachhinein kritisch gesehen werden, trotz dem viele Menschen auf der Welt, auch in Deutschland und insbesondere in der damaligen DDR, wozu ich auch gehörte, sich mehr Perestroika und Glasnost oder mehr Freiheit und Demokratie wünschten und mit den Zielstellungen Gorbatschows sehr einverstanden waren.

Allein auf Grund ihrer historischen Entwicklung und sowohl den kulturellen, als auch religiösen Unterschieden zwischen den Menschen in den einzelnen Teilrepubliken der ehemaligen Sowjetunion, in der Mentalität der städtischen und ländlichen Bevölkerung, kann die ehemalige Sowjetunion, auch trotz Einführung von Glasnost und Perestroika ab 1985 durch Michail Sergejewitsch Gorbatschow, nicht mit einer Demokratie im Platonschen Sinne und mit einer westlichen Demokratie verglichen werden. Die Demokratie setzte damals auch die Anwendung von Glasnost und Perestroika in der Sowjetunion voraus. Erschwerend kommt in den Nachfolgestaaten der ehemaligen Sowjetunion dazu, dass Umwälzungen immer „von oben“ eingeleitet wurden, niemals „von unten“. Das traf auch auf die Einführung von Glasnost und Perestroika zu. Die einfachen Menschen waren auch geistig für die anstehenden Umwälzungen noch nicht bereit, da ihnen jahrzehnte-, wenn nicht sogar jahrhundertelang „eingeimpft“ wurde, die Entscheidungen der Obrigkeit zu befolgen, ohne Eigeninitiative zu entwickeln. Deshalb versuchten sie die damit verbunden

Änderungen sowie Neuerungen zu ihrem bisherigen Verhalten oftmals zu ignorieren, was zu negativen Folgen für die damalige Sowjetunion führte und aus meiner Sicht auch zu deren Untergang beigetragen hat.

Auch in Afghanistan oder in politisch ähnlich funktionierenden Ländern kann es allein aus historischen Gründen und des bisherigen Vorherrschens von Diktaturen nicht richtig sein, dass unter allen Umständen eine Demokratie nach bisheriger westlicher Denkart eingeführt werden soll.

Die Mängel der Demokratie nach bisheriger westlicher Lesart sind unter Berücksichtigung der Verhaltens einzelner Menschen in der Freiheit und der damit verbundenen Nichtbeachtung ihrer Grenzen nicht mehr vertretbar. Das zügellose sehr eigensüchtige Verhalten einer leider nicht geringen Zahl von Menschen in unserer Gesellschaft darf so wie bisher im Interesse aller Menschen nicht mehr erfolgen.

Auch durch die Nichtbeachtung der Tatsache, dass nicht alle Menschen gleich sind und dies in anderen erheblichen negativen Verhaltensweisen zu bemerken ist, entstehen Probleme in der Verwirklichung der Demokratie. Dies macht sich besonders bemerkbar in der Form, wie wir die Demokratie gegenwärtig betreiben. Die erheblichen Herausforderungen, die an uns angesichts der drohenden weiteren Erderwärmung und einiger anderer Faktoren gestellt werden, die ein schnelleres Handeln, als Viele in der Gesellschaft bereit sind, machen es erforderlich, dass Einiges in der Handhabung der Demokratie unbedingt anders geregelt werden muss.

5.7. Vorschläge zur Veränderung der Herrschaftsform der Demokratie und zu damit im Zusammenhang stehenden Erfordernissen

Deshalb werden nachfolgend einige Vorschläge bzw. Denkanstöße erarbeitet, wie die Herrschaftsform der Demokratie in manchen Punkten meiner Auffassung nach neu und anders gestaltet und betrieben werden kann. Damit wir diese und andere erhebliche Mängel der Demokratie, die bereits Platon vor über 2000 Jahren in gewisser Weise festgestellt hat und die auch leider, meiner Meinung nach, noch heute in der Gegenwart zum Teil noch bestehen, besser im Interesse dringender Notwendigkeiten gelöst werden, wurde ein Vorschlag bzw. ein Denkanstoß zur Veränderung unserer Herrschaftsform der Demokratie für Deutschland erarbeitet. Bezüglich einer Neugestaltung der Demokratie aus meiner Sichtweise wurde dabei versucht, einige Grundzüge des Platonschen Staatenmodells wegen den aktuellen Erfordernissen mit zu beachten.

Zu diesem Zweck muss sich deshalb aus meiner Sicht Einiges in unserer Gesellschafts-, Wirtschafts-, aber auch in der Herrschaftsform der Demokratie verändern, und wir müssen in diesem Zusammenhang meines Erachtens Manches ganz anders machen. Nachfolgend werden aus meiner Sicht Ursachen zu einer anderen vorgeschlagenen Gestaltung der Herrschaftsform der Demokratie genannt und Denkanstöße und Ansatzpunkte dazu erarbeitet.

- Da leider ein nicht geringer Anteil der Bevölkerung die individuelle Freiheit mit nicht genügender Vernunft in Verbindung setzt und die persönlichen Interessen oft sehr weit von den Interessen der Gemeinschaft sowie der Öffentlichkeit abweicht, müssen wir allein aus diesem Grund Einiges in dieser Herrschaftsform der Demokratie anders gestalten, da die staatlichen Erfordernissen und der nicht in der Praxis vorhandenen Gleichheit der Menschen dies erfordern.

- Ein weiterer Grund der notwendigen Änderung an der Herrschaftsform der bislang ausgeübten Demokratie liegt auch darin, dass in nicht ausreichender Anzahl bewusste Staatsbürger vorhanden sind. Das bisher immer zugrunde gelegte Mehrheitsprinzip unter der Maßgabe, dass jedes wahlberechtigte Mitglied der Gesellschaft das gleiche Stimmrecht bei Wahlentscheidungen oder anderen zu treffenden wichtigen Entscheidungen hat, ist aus meiner Sicht nicht richtig. Es entspricht nicht der Realität, da leider eine nicht geringe Zahl von Menschen den Erfordernissen der Demokratie und der Freiheit nicht ausreichend durch ihre gezeigten Verhaltensweisen entsprechen.

- In der Praxis ist es natürlich nicht ausreichend möglich, das Stimmrecht zu quantifizieren. Deshalb wird folgender Vorschlag unterbreitet: Wahlhandlungen oder andere zu treffende wichtige Entscheidungen in der Demokratie, speziell in Deutschland, werden, wie das bisher weitgehend in Deutschland schon erfolgt, nicht durch Volksentscheide durchgeführt. Statt dessen wird die Wahl durch bestimmte ausgewählte Delegierte aus den einzelnen Bundesländern in ähnlicher Form wie in der Bundesversammlung durchgeführt. Als Delegierte sollten von den einzelnen Bundesländern anerkannte und gewürdigte Persönlichkeiten der einzelnen Bundesländer in Relation zur Bevölkerung in Frage kommen. Die auszuwählenden Persönlichkeiten sollten die Voraussetzungen besitzen, dass sie als bewusste Staatsbürger eingeordnet werden können und die notwendigen moralisch, ethischen Erfordernisse und entsprechende Kenntnisse sowie das notwendige Wissen mitbringen. Sie sollen die Interessen der Gemeinschaft vertreten und befähigt sein, Delegierte für die durchzuführende Wahl zu werden.

- Nur in noch genau festzulegenden Handlungen sollten die Bestimmungen des Mehrheitswahlrechts mit gleichem Stimmenanteil gelten.

- Da es aus den verschiedensten Gründen derzeit nicht möglich ist, einen "Philosophen" mit den von Platon erarbeiteten Anforderungen und der Prägung als Regierungsverantwortlichen in Deutschland zu bestimmen, schlage ich vor, dass der gewählte oder zu wählende Bundespräsident diese Funktion des Regierungsverantwortlichen ausübt. Die Befugnisse und die Vollmachten des Bundespräsidenten würden sich dann gewaltig ändern müssen. Es werden sehr hohe Anforderungen an die Wahrnehmung der entscheidenden Tätigkeit der Regierung bezogen auf die Integrität, das moralische und ethische Verhalten, das Wissen und Können und die Erfahrungen in Regierungsverantwortung an die auszuwählende Person als Bundespräsident gestellt.

- Es werden nur Personen und nicht mehr Parteien gewählt. Die Personen, die zur Wahl stehen, müssen zu diesem Zweck namentlich ausgewählt werden. Ausgewählte Personen sollten sich in der Öffentlichkeit schon positiv hervorgetan haben, die erforderlichen Kenntnisse, die notwendigen Fähigkeiten und Voraussetzungen für die auszuwählende Regierungsverantwortung sowie die auszuwählende Tätigkeit besitzen. Eine wichtige Rolle bei der festzulegenden Auswahl und für die Wahl sollte die Charakterbildung des Betreffenden und das Wissen und Können bilden, dass möglichst dabei Wort und Tat in Übereinstimmung gebracht werden kann und ein uneigennütziges Verhalten in der Regierungsverantwortung zum Wohl des betreffenden Staates und bei der jeweiligen konkreten Verantwortung in allen Handlungen als Person im Interesse der Menschheit erfolgt.

- Die föderale Struktur der einzelnen Bundesländer sollte auf manchen Gebieten beibehalten werden, aber ein anderer Zuschnitt unter Beachtung der Sinnhaftigkeit einzelner föderaler Strukturen sowie unter Berücksichtigung der betreffenden Erfordernisse erfolgen. Die Wahl des Regierungsverantwortlichen für die einzelnen Bundesländer im Rahmen von föderalen Strukturen sollte auch auf der Basis einer Wahl durch auszuwählende Delegierte der einzelnen Bundesländer für die die gleichen Anforderungen, wie für die Delegierten des Bundes gelten und auf dieser Basis erfolgen. Die Entscheidungen des fungierenden Bundespräsidenten haben einen höheren Stellenwert, als die der Regierungsverantwortlichen der einzelnen Bundesländer. Er kann damit vorgesehene Entscheidungen der Regierungsverantwortlichen der Bundesländer im Bedarfsfall entsprechend den Erfordernissen damit verändern und aufheben. Die Entscheidungen des Bundes haben damit bei Notwendigkeit immer den Vorrang und sind von den jeweiligen Bundesländern zu beachten.

- Da der Bundespräsident eine völlig andere Struktur und wesentlich höhere Vollmachten im Interesse der Erfordernisse der Gesellschaft besitzt, brauchen wir entsprechend dem erfolgten Vorschlag die Funktion des Bundeskanzlers und die betreffenden Minister der Bundesregierung nicht mehr. Dies wird damit begründet, da die Arbeiten und Befugnisse des Bundeskanzlers auf den Bundespräsidenten und seine dafür zum Einsatz kommenden Verantwortlichen für die einzelnen in Frage kommenden Bereiche übergehen werden. Der Bundespräsident ist auch immer der Vorsitzende des Bundesrats. Er kann, falls er verhindert ist, zeitweilige Stellvertreter benennen, die auch die an den Bundespräsidenten gestellten Anforderungen erfüllen sollten. Damit wird erreicht, dass der Bundespräsident nicht nur, wie bisher, vorrangig Repräsentationsaufgaben hat, sondern ganz konkret für alle Belange der Gesellschaft eine Regierungsverantwortung im Sinne des "Philosophen" gemäß den Anregungen im Platonschen Staatenmodell erfüllen müsste. Damit können Überschneidungen vermieden und eine klarere Zuordnung festgelegt werden. Es können auch im Interesse des nicht weiteren Anstiegs der Erderwärmung sowie anderer wichtiger Befugnisse Vollmachten und Erfordernisse für Deutschland die notwendigen Entscheidungen entsprechend zu den jeweiligen Sachverhalten schneller getroffen werden. Um diese Aufgaben in einer hohen Qualität erfüllen zu können und die Voraussetzungen für die zu treffenden Entscheidungen zu sichern, müssen befähigte Personen, den Bundespräsidenten bei den zu treffenden Entscheidungen gewissenhaft beraten. In Frage kommende Wissenschaftler und auch andere befähigte Personen mit hohem Wissen und Können, einem hohen moralischen und ethischen Bewusstsein und in einer hohen Qualität sollten die erforderlichen Funktionen besetzen.

- Der Stellenwert und die Rolle der Wissenschaft bzw. der Wissenschaftler und anderer befähigter Personen soll damit erheblich wachsen, und ihre Auffassung muss wesentlich mehr beachtet werden, als dies derzeit der Fall ist. Gegenwärtig ist zu verzeichnen, dass einzelne befähigte Wissenschaftler und andere befähigte Personen oder auch oppositionelle Parteien wenig Einfluss auf wichtige Entscheidungen in der Gesellschaft haben. Man kann dadurch bei der Erarbeitung von zeitnahen praktikablen Lösungen für die Probleme der Erderwärmung, die menschheitsbedrohend sind, viel zeitgemäßer und wahrscheinlich auch in einer höheren Qualität wichtige Entscheidungen treffen. Dies muss unbedingt deshalb erfolgen, da der Menschheit nur noch wenig Zeit zur Lösung der dringenden Sachfragen zur Verfügung steht.

- Der Bundespräsident und die anderen Gewählten werden nur auf Zeit gewählt, um einige mögliche Korruptionsgefahr möglichst zu vermeiden. Es wird deshalb vorgeschlagen, dass eine Wahlzeit für die Betreffenden, einschließlich des gewählten Bundespräsidenten sowie der Ministerpräsidenten für die einzelnen Bundesländer, nur fünf Jahre besteht. Eine Wiederwahl von gleichen bisher gewählten Personen wird ausgeschlossen.

- Leider sehen auch relativ viele Parteien in erster Linie die Belange ihrer Wählerschaft bzw. die eigenen Partei-Interessen als meines Erachtens höher an, als wichtige Belange für die Menschheit. Auch die Erfordernisse der nicht steigenden Erderwärmung oder andere zu treffende wichtige Maßnahmen für die Menschheit, die möglichst sehr schnell und in einer hohen Qualität getroffen werden, müssen umgesetzt werden. Parteiinteressen dürfen deshalb keinen Vorrang bei den zu treffenden Sachentscheidungen mehr besitzen.

- Deshalb sollten die Parteien nicht mehr die Rolle und Bedeutung bezüglich der Wahrnehmung der Regierungsverantwortung, im Bund und auch bei den Ländern haben, wie bisher. Der derzeitige Bundestag sowie der jeweilige Landtag und das betreffende Parlament soll nicht mehr dem Streit der Parteien dienen. Entscheidungen werden heute, wie erwähnt, im Bundestag und im Landtag nach dem Mehrheitsprinzip erfolgen. Die Partei, die die Mehrheit im Bundestag sowie im Landtag hat, kann dann, wenn das Stimmrecht für die betreffende Fraktion oder die jeweilige Partei spricht, bisher die Entscheidung in der jeweiligen Sache treffen, wie es in der parlamentarischen Demokratie üblich ist. Dadurch, dass bei fast allen Maßnahmen der Fraktionszwang gilt und deshalb nicht immer nach dem Gewissen des Einzelnen entschieden wird, werden oft Entscheidungen in den Gremien der Regierung des Bundes und der Länder getroffen, die viele Menschen der Gesellschaft ganz anders sehen, Aber es besteht ein unzureichender Einfluss, um eine objektivere Entscheidung zu treffen, da die Machtverhältnisse und die Wünsche bestimmter

Entscheidungsträger in der Gesellschaft auch für die Meinung und das Verhalten von Parteien eine große Rolle spielen. Deshalb sollten nach meiner Auffassung für den Bundestag sowie den Landtag die Parlamente, die dann wahrscheinlich einen anderen Namen haben, nicht mehr Parteien bezüglich der zu treffenden Entscheidung wirksam sein. Es sollten anerkannte Personen, die die genannten Ausgangserfordernisse erfüllen und deren Gewissen und Auffassungen eine Rolle spielt und nicht mehr Parteiinteressen dabei verfolgen, als Verantwortliche für die Leitung und Lenkung des Staates gewählt werden.

- Auch hier sollten bei der Auswahl der Betreffenden die Regelungen, die für die Auswahl des Bundespräsidenten und der jeweiligen Ministerpräsidenten gelten, angewandt werden. Die Parlamente beschäftigen sich mit der jeweils anstehenden Problematik als Bundestagsabgeordnete, um die beste Lösung zu finden, ohne einen Parteieneinfluss dabei zu haben. Die dann gewonnene Lösung in der jeweiligen Sachangelegenheit trägt Empfehlungscharakter und kann dann vom Bundespräsidenten sowie Ministerpräsidenten abschließend entschieden und festgelegt werden. Es kann dadurch eine viel höhere Objektivität in der Entscheidungsfindung in der jeweiligen Sache erfolgen. Nur, wenn eine vorgesehene Entscheidung, die für die ganze Bundesrepublik getroffen wird, völlig im Gegensatz zu den föderalen Gegebenheiten steht und der Bundespräsident dazu seine Zustimmung nach eingehender Überprüfung und unter Beachtung einer bestehenden ausreichenden Objektivität gibt, kann, wie erwähnt, eine Sonderregelung für das jeweilige Bundesland in diesem Fall bei vorhandener Berechtigung vom Bundespräsidenten getroffen werden. Die zu beschließenden Gesetze gelten für alle Bundesländer der gesamten Bundesrepublik.

- Die auszuwählenden Personen, die zum bisherigen Bundestag, zu den Landtagen, Kreistagen usw. delegiert werden, führen – bezogen auf die jeweilige Sache – Debatten mit der Zielstellung, die beste Lösung in der jeweiligen Angelegenheit im Interesse des Gemeinwohls und nicht, wie bisher, nur im Interesse der derzeit in Regierungsverantwortung stehenden Parteien zu treffen.

- Um die bestehenden erheblichen Vermögens- sowie Einkommensunterschiede schrittweise zu verringern, wird vorgeschlagen, dass nur ein maximales Monatsentgelt in Form des Gehalts, des Lohns, der Pension oder der Rente möglich ist und erlaubt wird, das maximal das Fünffache der durchschnittlichen Bruttoeinkommens-der Bevölkerung beträgt. Auch im Interesse der Vollendung der sozialen Marktwirtschaft sollten in dieser Herrschaftsform keine Dividenden oder Vergütungen, wie Boni, Tantiemen oder ähnliche Vergünstigen, mehr gezahlt werden. Diese Regelung soll für alle Vorstände, Geschäftsführer, leitenden Angestellten, Beamte, Pensionäre, Rentner, alle anderen Angestellten, Arbeiter, Bauern und andere Betreffende in dieser Gesellschaft, die nicht als Unternehmer oder Freiberufler tätig sind, gelten.

- Die Einflussnahme und die Rolle des Staates müssen aus vielerlei Gründen gestärkt werden.

Die entsprechenden erforderlichen Gesetze sowie sonstigen Rechtsbestimmungen bedürfen entsprechender notwendiger Änderungen der Artikel 21, 29 (insbesondere zu den Belangen des Volksentscheides), 52 bis 55, 58, 62 bis 69, 72 bis 74, 76 bis 78, 80, 80a und 81, 84, 114, 143b, und die Änderungen weiterer Artikel des Grundgesetzes müssen in diesem Zusammenhang erfolgen.

Man könnte diese vorgeschlagenen Änderungen der Bestimmungen des Grundgesetzes auf der Grundlage der vorgeschlagenen Grundsätze, die im Abschnitt 5.7. enthalten sind, gemäß den Bestimmungen des Artikels 146 regeln.

Im Artikel 146 ist geregelt:

„Dieses Grundgesetz, das nach Vollendung der Einheit und Freiheit für das gesamte deutsche Volk gilt, verliert seine Gültigkeit an dem Tage, an dem eine Verfassung in Kraft tritt, die von dem deutschen Volke in freier Entscheidung beschlossen worden ist."

Da die Verfassung noch nicht wirksam ist, obwohl die Vollendung der Einheit und Freiheit für das gesamte deutsche Volk schon seit dem Beitritt der DDR zur Bundesrepublik Deutschland zum 03.10.1990 und nunmehr schon über 30 Jahre vollzogen wurde, müsste man das Grundgesetz ändern und für das gesamte Deutschland eine Verfassung bilden. Es sollte in diesem Zusammenhang mit den erfolgten Vorschlägen zur Veränderung der Herrschaftsform der Demokratie Beachtung finden und die besten Lösungen für das gemeinsame Deutschland in diesem Zusammenhang getroffen werden und nicht nur einseitig die getroffenen Festlegungen der alten Bundesrepublik vor der Vereinigung zugrunde gelegt werden. Bei der zu bildenden Verfassung sollten auch gute Seiten in der Sache aus der früheren DDR, die für das gemeinsame Deutschland angewandt werden können, beachtet werden.

Die Vollziehung der unbedingt erforderlichen Gewalt ist durchzusetzen, damit die Kriminalität, Aggressivität, Rüpelhaftigkeit oder andere ähnliche Handlungen nicht nur geahndet, sondern nach Möglichkeit verhindert werden. Andere prophylaktische Maßnahmen sind rechtzeitig einzuleiten. Gegen Diejenigen, die die Grenzen der

Freiheit durch zügellose individuelle Freiheit, die zu Lasten der Freiheit der Andersdenkenden bzw. der Anderen geht, überschreiten, sind die gebotenen Maßnahmen mit voller Konsequenz einzuleiten sowie durchzusetzen. Wir können nicht immer und überall davon ausgehen, dass in jedem Fall die Freiheit immer auf Freiwilligkeit beruht. Man muss sich auch manchmal bei der Freiheit anders verhalten, wenn wir alle anstehenden Aufgaben gewissenhaft erfüllen wollen.

Leider richten sich nicht alle nach den bestehenden Erfordernissen. Deshalb kommen wir nicht umhin, auch Verbote, Unterlassungen, zeitweilige Beschränkungen zu erlassen und durchzusetzen oder manchmal auch Pflichterfordernisse auch in einer Demokratie zum Wohle Aller umzusetzen. Auch dies sollten wir gerade unter den eingetretenen Gegebenheiten des Corona-Virus und der bestehenden Probleme der steigenden Erderwärmung aus meiner Sicht beachten. Das gilt auch für nicht mehr hinzunehmende Maßnahmen im Netz, die von Einzelnen hierbei gezeigt werden. Im Interesse des rechtzeitigen Erkennens von geplanten Straftaten, terroristischen Taten oder sonstigen Gewalttaten und zu deren möglicher Vereitelung sind auch erforderliche vorbereitende Sicherheitsmaßnahmen durchzuführen. Diesbezüglich sind konkrete Regelungen zu treffen bzw. Gesetze zu beschließen, die die Belange der erforderlichen Sicherheit und der Freiheit beachten.

Es wird vorgeschlagen, Lobbyismus-Maßnahmen zu unterbinden, da das Hauptmotiv des Lobbyismus darin besteht, Einfluss auszuüben, damit dringend für das Wohl der gesamten Gesellschaft erforderliche Maßnahmen oft dadurch verhindert werden sollen, weil die Interessen bestimmter Lobbyisten oftmals den Vorrang haben.

Die Einspruchsmöglichkeit beispielsweise zur Verhinderung für den Erhalt dringend erforderlicher ökologischer Maßnahmen für die Interessen der gesamten Menschheit, wie das weitere Verhindern einer steigenden Erderwärmung sollte unbedingt nicht mehr in der bisherigen Form bestehen. Die Notwendigkeit der unbedingten schnellstmöglichen Umsetzung der erforderlichen Maßnahmen verlangen von unserer Gesellschaft im Interesse des Weiterbestehens der Menschheit und der gemeinschaftlichen Erfordernisse auch zu diesen Belangen eine andere Herangehensweise gegenüber den gegenwärtigen Regelungen und Handlungen.

Die Digitalisierung muss nicht nur zunehmend Einfluss auf unsere Gesellschaft nehmen, sondern auch die Bürokratisierung muss erheblich zurück gehen, und es müssen im Rahmen des so genannten „E-Governments“ Behörden- und administrative Gesundheitsdienstleistungen in verstärktem Maß online angeboten werden. Bereits bestehende Personen-Unterlagen sollen, sofern erforderlich und der Sachverhalt der jeweiligen Person zugehörig ist, mit anderen Unterlagen der gleichen Person verknüpft werden. Damit kann der Bearbeitungsaufwand für weitere notwendige Angaben bei von den Einzelnen auszufüllenden Vordrucken erheblich verringert werden. Zur Optimierung von Verfahrensabläufen und zu einer damit verbundenen wirtschaftlichen Zeit- und Kostenoptimierung sollten Genehmigungsverfahren beschleunigt werden. Hierbei sollte sich Deutschland an vielen anderen Ländern der Welt, zum Beispiel an den skandinavischen Ländern Nordeuropas und an der ehemaligen Sowjetrepublik Estland, ein Beispiel nehmen. Wir müssen vielmehr bei allen Planungen und Handlungen die Belange der Langfristigkeit des in die Zukunft gerichteten Handelns beachten. Es darf nicht in dem Maße, wie bisher, dem kurzfristigen Denken gefrönt werden, das alle Handlungen und die Qualität der zu treffenden Entscheidungen sehr negativ beeinflussen kann. Auch hierbei haben wir zum aktuellen Zeitpunkt sehr deutlich gemerkt, dass wir in Deutschland erhebliche Rückstände in der Digitalisierung besonders gegenüber manchen anderen Ländern der Welt aufweisen. Auch auf diesem Gebiet kann es in Deutschland als rohstoffarmen Land nicht so weiter gehen.

Wie digitale Behörden-Dienstleistungen im Rahmen des „E-Government" funktionieren, wird ansatzweise am Beispiel der im Rahmen des „Hitler-Stalin-Pakts" gemeinsam mit den Staaten Lettland und Litauen 1940 von der Sowjetunion annektierten und 1991 ebenfalls u. a. gemeinsam mit Lettland und Litauen von der Sowjetunion wieder unabhängig gewordenen nordosteuropäischen baltischen Republik Estland nachfolgend dargestellt. Im im „Versicherungsmagazin" am 28.05.2019 unter dem Link https://www.versicherungsmagazin.de/rubriken/branche/estland-schoene-neue-welt-2355947.html erschienenen Artikel „Estland: Schöne neue Welt?" vom Autor Bernhard Rudolf werden digitale Behördendienstleistungen beschrieben.

„In Estland wird Digitalisierung längst gelebt. Denn nach dem Zusammenbruch der Sowjetunion musste das baltische Land als unabhängiger Staat bei Null beginnen. Problem: Es gab zu wenig Menschen, um eine funktionierende Bürokratie aus dem Stand aufzubauen. Da auch nicht viel Geld vorhanden war, setzte man ganz auf Digitalisierung.

……………………………………………………………………………………

Estland gilt als einer der erfolgreichsten und komplett digitalisierten Staaten in Europa. Gewählt wird dort in der Regel via Internet. Das Internet gilt in Estland als soziales Grundrecht in der estnischen Verfassung. Als nördlichster der drei baltischen Staaten grenzt Estland im Süden an Lettland, im Osten an Russland und sonst an die Ostsee. Der seit 1991 unabhängige Staat ist Mitglied der Vereinten Nationen, seit 2004 der EU. Estland ist zudem Mitglied des Europarats, der NATO sowie der OSZE, seit 2010 der OECD und seit 2011 der Eurozone. Das Land hat gut 1,3 Millionen Einwohner, in der Hauptstadt Tallinn leben etwa 400.000 Menschen. Alle Bewohner Estlands haben Zugriff auf eine elektronische ID-Card.

99 Prozent der staatlichen Dienstleistungen seien online verfügbar, es gebe eine 99-prozentige Abdeckung mit 4-G-Internet. Im ganzen Land gibt es WLAN-Zugangspunkte zum Internet, mit denen die bewohnten Flächen abgedeckt werden. Eine digitale Unterschrift gilt als rechtsverbindlich. Auch bietet Estland seit Ende Januar 2015 Bürgern vieler Staaten eine so genannte E-Residency an. Die E-Residenten werden allerdings keine Bürger oder Bewohner Estlands und erhalten dadurch auch keine Aufenthaltserlaubnis, EU-Visa oder das Recht zu wählen, sondern lediglich eine digitale Identität. Diese ermöglicht unter anderem neben der Erstellung von digitalen Signaturen das Verschlüsseln von Dokumenten oder der Einreichung einer Steuererklärung. Übrigens dauert die (elektronische) Gründung eines Unternehmens in Estland weniger als eine halbe Stunde. Verträge werden in aller Regel online abgeschlossen.

Wer glaubt, dass alle persönliche Daten in Estland auf der Strecke bleiben, der irrt. So schützt der Staat seine Bürger beispielsweise nach dem „Once-Only-Prinzip“. Das besagt, dass nur bestimmte Behörden nach bestimmten Daten fragen dürfen. So darf nur zum Beispiel das Einwohnermeldeamt nach der Adresse der Bürger fragen. Der Bürger erfährt genau, wer wann welche Daten über ihn abgefragt hat. Ausnahmen sind der Geheimdienst und in manchen Fällen die Polizei, wenn Fluchtgefahr gegeben ist. Die schöne neue digitale Welt wird in Estland gelebt. Die Vorteile überwiegen bei weitem die möglichen Schattenseiten.“

Öffentliche Einrichtungen dürfen nicht weiter privatisiert werden und müssen in staatliches sowie kommunales Eigentum zurückgeführt werden. Dies betrifft u. a. das Gesundheitswesen, auch unter den gewonnenen Erkenntnissen der Corona-Krise, die Wasser- und Abwasser-Versorgung, die Strom- und Wärmeenergieversorgung, die Entsorgung, die Eisenbahnen, die U-Bahn, S-Bahnen, weiteren notwendigen öffentlichen Verkehr, öffentliche als Mietwohnung genutzte Räume usw.

Die Kontrollpflichten des Staates müssen durch öffentliche Institutionen sowie Unternehmen in einer wesentlich höheren Qualität erfolgen und dürfen nicht privaten Unternehmen übertragen werden.

Sicherlich könnten noch manche Vorschläge unterbreitet werden, die Herrschaftsform nach den neuen Herausforderungen der gesellschaftlichen Entwicklung anders zu gestalten, aber im Rahmen der Behandlung dieser Thematik soll es bei den Vorschlägen zu einer Neuordnung der Demokratie belassen werden. Wenn diese eingeführt werden sollten, sind weitere erforderliche konkrete Regelungen in der jeweiligen Sache zu erarbeiten bzw. zu treffen.

Eine Änderung der Grundrechte ist nicht erforderlich, da auch bei einer Neugestaltung der Demokratie auf der Grundlage der erarbeiteten Vorschläge bezüglich der Ausführungen zur Herrschaftsform die im Grundgesetz enthaltenen Grundrechte weiter bestehen können, bis eine Verfassung für das gemeinsame Deutschland beschlossen werden kann. Die Verfassung sollte jedoch wichtige Gesetze des Grundgesetzes mit beinhalten.

6. Erforderliche Änderung unseres Wachstums, Rohstoff-, Verbrauchs- und gesellschaftlichen Verhaltens

6.1. Kurzbemerkungen zu unserer gegenwärtigen Lebensweise in Verbindung mit Wachstums- und Ressourcenerfordernissen

Nicht nur wegen den Folgen des Corona-Virus für unsere aktuelle Zeit, sondern wegen den Folgen der steigenden Erderwärmung und einem ständig verringerten Rohstoffvorkommen müssen wir unser bisheriges Verhalten bezüglich des Wachstums, des Rohstoffverbrauchs und mancher anderer derzeitiger Vorgehensweisen in unserer Gesellschaft unbedingt ändern. Auch mit den Erfahrungen des Corona-Virus tut es uns grundsätzlich gut, wenn wir unser Verhalten in vielen Sachverhalten, die uns früher besonders wichtig waren, neu gestalten. Wir merken, dass wir Manches, was wir meinen, immer zu benötigen, nicht unbedingt brauchen. Die Einschränkungen, die bezüglich der Belieferung von bestimmten Gütern bestanden, haben uns aufgezeigt, dass nicht alles unbedingt notwendig ist, was wir vielfach denken immer zu brauchen. Wir können unseren Lebensstil, unsere Lebensweise bei Bedarf oder bei Erfordernis auch ändern. Uns ist nicht nur unsere Endlichkeit stärker als bisher bewusst geworden, sondern, dass wir auch vieles einschränken und trotzdem leben können. Dabei können wir auch Glück und viel stärker als bisher auch Solidarität für die Belange anderer Menschen empfinden, die sich ggf. noch in einer schwierigeren Lage als wir befinden. Es wurde uns noch eindrucksvoller als bisher verdeutlicht, dass wir Menschen uns gegenseitig benötigen. Denn unser menschliches Verhalten kann nicht in erster Linie nur in einem völlig übersteigerten Individualismus, wie es bei Manchen bisher bestand, liegen, ohne die gebotene Rücksicht auf Andere zu nehmen. Da wir auch ohne den manchmal aus meiner Sicht übertriebenen durchschnittlichen Konsumbedarf leben können, müssen wir uns die Frage stellen, ob wir das alles brauchen, wie bisher. Wir sollten nachdenken, ob wir generell unseren Konsumbedarf auf dieser Welt nicht durchschnittlich einschränken. Auch die Wirkungen des Corona-Virus und die auch dadurch sich ergebenden Folgen auf die Nachfrage und die Kaufkraft und dass auch aus wirtschaftlichen Gründen bisherige Lebensgewohnheiten nicht oder in dem Maße wie bisher beibehalten werden können, werden auch dazu auch führen, dass wir in einer anderen Welt als bisher leben. Sicherlich sind die Wirkungen des Corona-Virus für uns Alle erheblich, aber die Verletzlichkeit unseres Wirtschafts- und Gesellschaftssystems wurde uns dadurch eindeutig vor Augen geführt.

Die Folgen des Corona-Virus, insbesondere die wirtschaftlichen Folgen, werden auch aus meiner Sicht zu einem Rückgang des durchschnittlichen Lebensstandards bzw. des materiellen Wohlstands führen. Falls nicht durch eine CO_2–arme Digitalisierung das Gegenteil erreicht wird, wird es leider damit verbunden sein, dass es, wie erwähnt, nicht möglich ist, 2020 und 2021 und auch eventuell in den Folgejahren unseren bisher erreichten materiellen Wohlstand zu bewahren. Den Wohlstand nur auf materielle Dinge auszurichten und auf dieser Ebene auszubauen, kann nicht unsere Devise sein. Immer mehr zu haben, immer mehr zu schaffen, immer schneller, immer weiter, immer höher, kann nicht der richtiger Weg für das wichtige Glücksempfinden für uns Menschen sein. Vielmehr kommt die emotionale Seite in Form eines emotionalen Wohlstands dazu, viel stärker, als wir das wahrhaben wollen. Deshalb können wir auch oft genauso gut oder vielfach noch besser Glück empfinden, wenn wir weniger materiellen Wohlstand besitzen und mehr für andere Menschen tun.

Dies sollte nicht nur für unsere Verwandtschaft und Bekanntschaft und für uns selber, sondern auch für andere Menschen, die unsere Hilfe und Unterstützung benötigen, gelten. Wichtig für uns Menschen ist nicht nur unsere verfügbare Zeit mit für uns bequemen, oft persönlichen Handlungen zu verbringen, die wir für uns und unsere Familie einsetzen. Wir sollten uns auch für wichtige Erfordernisse unserer Zeit sowie der Gegenwart entsprechend den realen für uns bestehenden Möglichkeiten einsetzen. Dazu gehört auch, alles dafür zu tun, dass wir kein weiteres ungehindertes Anwachsen der Temperatur über die leider nicht mehr vermeidbare Höhe von 1,5 Grad Celsius gegenüber den vorindustriellen Zeit hinaus erreichen. Darauf sollten wir unser Hauptaugenmerk richten, denn es ist die wichtigste Aufgabe der zukünftigen Entwicklung für uns Menschen.

Von der Erreichung dieser wichtigen Zielstellung für uns Menschen hängt ab, ob manche Menschen in ihrer Heimat und wir als Menschheit auf unserem Planeten weiter leben können.

Weil ein nicht geringer Teil der Menschheit, wie schon bemerkt, eine relative hohe CO_2–Emission verursacht, sollten wir unser bisheriges Verhalten im individuellen Bereich sehr kritisch sehen. Wir sollten alles Mögliche unternehmen, um unseren ökologischen Fußabdruck sowie unseren persönlichen CO_2-Ausstoß durch unser Handeln wesentlich reduzieren und dabei möglichst das für die Menschheit vertretbare Normalmaß erreichen. Natürlich ist es für den Planeten nicht ausreichend, wenn wir nur individuell unseren Fußabdruck senken. Trotz unseres Nachfragerückgangs und zum Teil anderer Einsichten bei Einzelnen in der Lebensweise ist der CO_2-Gehalt des Planeten in der Atmosphäre weiter angestiegen.

Es bedarf noch sehr großer Anstrengungen, dass die Länder der Welt, die an einem sehr hohen CO_2-Ausstoß beteiligt sind, ihre Herstellung von Gütern sowie ihre Dienstleistungen CO_2-arm gestalten, um unsere bisherigen weltweit geltenden Ziele nicht nur zu erreichen, sondern wesentlich zu überbieten, denn unsere gegenwärtigen

Zielstellungen reichen nicht aus, um das 1,5 Grad-Ziel Temperaturerhöhung für die Erderwärmung zu erreichen.

Wir müssen, wie schon bemerkt, uns so einrichten und umstellen sowie, wenn dies erforderlich ist, so reduzieren, dass wir unseren CO_2–Ausstoß gewaltig senken. Es muss deshalb sehr schnell alles unternommen werden, dass wir Menschen in allen in Frage kommenden Ländern der Erde diese für das weitere Bestehen der Menschen auf unserer Erde wichtige Zielstellung erreichen. Nationale Egoismen einzelner Länder und dass man sich ggf. so verhält, dass ein das betreffende Land und die Menschen dieses Landes nichts angehen, ist eine völlig inhumane Reaktion gegen andere Mitglieder der Weltgemeinschaft.

Natürlich müssen die wegen ihrer Bevölkerungszahl, dem Umfang ihrer Wirtschaft und der Art ihrer Produktion leistungsstarken Länder voran gehen, um die dringend erforderlichen Maßnahmen in der Senkung der CO_2-Emission zu erreichen.

Zu den Haupt-CO_2-Emissionsausstoß-Ländern gehören u. a. China, die USA, Japan, Deutschland, Großbritannien, Frankreich, Indien, Italien, Brasilien, Kanada, Russland, um die – bezogen auf die Wirtschaftskraft – stärksten Länder der Welt zu nennen.

Man muss neben der Einsparung bzw. sogar Nicht-mehr-Herstellung von Gütern, die in einem hohen Maß zur CO_2–Emissionsausstoß beitragen und nicht durch neue Technologien sowie technische Verfahren umgerüstet oder verändert werden können, erreichen, dass möglichst eine hohe Anzahl von Gütern und Dienstleistungen recht schnell auf erfolgsneutrale Art und Weise betrieben werden kann. Alle Unternehmen, Institute und ähnlichen Einrichtungen müssen wegen der relativ geringen Zeit, die den Menschen zur Verfügung steht, deshalb recht schnell die Klimaneutralität für ihre Produkte erreichen und nicht erst, wie erwähnt, 2050, wie u. a. von der EU und Deutschland wesentlich verspätet vorgesehen ist. Von sehr großer Wichtigkeit für das Erreichen der Gesamtzielstellung zur wesentlichen Reduzierung des CO_2-Treibstoffgasausstoßes ist unbedingt, dass ein – auf die Wirtschaftskraft und leider auch der Umweltbelastung bezogen – sehr wichtiges Land, wie die USA, ihre CO_2-Emission wesentlich verringern müssen. Durch den noch bis Januar 2021 amtierenden amerikanischen Präsidenten, Donald Trump, seit dem 20.01.2017 bisher erklärten Rücktritt von den Festlegungen und vertraglichen Abstimmungen des 2015 vereinbarten Pariser Klima-Abkommens muss erreicht werden, dass vom neuen amerikanischen Präsidenten Joe Biden die Kündigung so schnell wie möglich wieder zurück genommen werden kann. Allein durch die dringend notwendigen Maßnahmen zu einem nicht weiteren Anstieg der Erderwärmung über die maximale Toleranzgrenze von 1,5 Grad Celsius in der uns nur noch zur Verfügung stehenden Zeit müssen wir erwirken, dass nicht erhebliche negativen Folgen für die Menschheit entstehen. Wegen der nicht ausreichenden Kompensationszeit durch die Ergebnisse der Digitalisierung auf Grund des geringen Zeitpunkts der uns nur noch zur Verfügung stehenden Zeit müssen wir allein schon deshalb nicht nur mit der bereits erwähnten zeitweiligen Senkung des erzielbaren durchschnittlichen weltweiten Wohlstands, sondern auch, wie erwähnt, mit einem durchschnittlichen weltweiten Rückgang des Wachstums – unabhängig von den aktuellen Auswirkungen der Corona-Krise – rechnen. Alle diese Gründe machen es im Interesse des Klimas, speziell der Erderwärmung, neben den anderen Faktoren notwendig, dass wir eine Senkung des Wachstums und auch eine Wohlstandssenkung nur – bezogen auf die materielle Seite – erzielen werden, da eingeschätzt wird, dass wir nicht schnell genug die notwendigen Ertragssteigerungen aus dem Prozess der Digitalisierung erreichen. Derzeit gehen wir davon aus, dass es zur Wahrung und Erhöhung unseres Lebensstandards, der auf der Basis der Anwendung des Bruttoinlandsprodukts ermittelt wird, immer notwendig ist, dass eine Wachstumssteigerung in dieser Kennziffer erzielt wird.

6.2. Erhebliche Nachteile unserer gegenwärtigen Messung des Bruttosozialprodukts

Gemäß den Festlegungen des Statistischen Bundesamts Wiesbaden wird in Deutschland, wie nachfolgend auszugsweise zitiert wird, die Kennziffer „Bruttoinlandsprodukt“ wie folgt definiert:

„Das Bruttoinlandsprodukt (BIP) ist ein Maß für die wirtschaftliche Leistung einer Volkswirtschaft in einem bestimmten Zeitraum. Es misst den Wert der im Inland hergestellten Waren und Dienstleistungen (Wertschöpfung), soweit diese nicht als Vorleistungen für die Produktion anderer Waren und Dienstleistungen verwendet werden. Das Bruttoinlandsprodukt (BIP) wird in jeweiligen Preisen und preisbereinigt (Deflationierung mit jährlich wechselnden Vorjahrespreisen und Verkettung) errechnet. Auf Vorjahrespreisbasis wird die „reale" Wirtschaftsentwicklung im Zeitablauf frei von Preiseinflüssen dargestellt. Die Veränderungsrate des preisbereinigten Inlandsproduktes (BIP) dient als Messgröße für das Wirtschaftswachstum der Volkswirtschaften. Das Bruttoinlandsprodukt (BIP) ist damit die wichtigste Größe der volkswirtschaftlichen Gesamtrechnungen. ....
....“

Es werden somit alle Produktionsergebnisse sowie Produktionswerte in die Ermittlung über die Bruttowertschöpfung in das Bruttoinlandsprodukt einbezogen. Dabei wird nicht gefragt, ob die Produktionsleistung wirtschaftlich sinnvoll ist oder damit beispielsweise eine Zerstörung der Umwelt erreicht wird sowie die Produktionsleistung sich völlig im Gegensatz zu einer weiteren Vermeidung des Anstiegs der Erderwärmung verhält. Solche und andere mögliche zerstörerische Leistungen, die ggf. hergestellt werden, sollten bei der Ermittlung des Bruttoinlandsprodukts nicht mit einbezogen werden. Aus diesem Grund kann auf diese Weise diese Art der Ermittlung eines Bruttoinlandsprodukts nicht befriedigen. Wenn u. a. unter Berücksichtigung solcher Belange Wachstum erreicht oder erzeugt wird, ist diese Wachstumserzielung abzulehnen, da es nicht den Zielen der Ethik und den ökologischen Erfordernissen entspricht.

Oft erfolgt die Wachstumssteigerung nicht klimaneutral und die produzierten Güter und erbrachten Dienstleistungen sind noch nicht klimaneutral produziert worden. Dadurch wird mit einer höheren CO_2-Emission und oft auch einem höheren Rohstoffbedarf die Produkt- bzw. Leistungserzeugung erbracht. Die Verbesserung der ökologisch erforderlichen Richtwerte für die Herstellung von Gütern und Dienstleistungen ist noch nicht in ausreichender Form gegeben. Eine Wachstumssteigerung kann somit durch eine hohe Rohstoffinanspruchnahme sowie durch eine hohe CO_2-Emission begründet sein.

Das Bruttoinlandsprodukt resultiert aus der absoluten Menge der produzierten bzw. hergestellten Leistung und dem zugrunde gelegten Basispreis der Erzeugniseinheit. Es wird somit in ähnlicher Weise wie die industrielle Warenproduktion im Sozialismus berechnet.

Auf Grund der Nachteile dieser Berechnungsmethode, bei der keinerlei qualitative Gesichtspunkte eine Rolle spielten, sollte diese Berechnungsmethode wegen den schon in den 1960er und 1970er Jahren in der DDR genannten Kritiken an dieser Kennziffer unter der damaligen Regierung von Walter Ulbricht (1893 – 1973) in der DDR bereits nicht mehr verwendet werden. Leonid Iljitsch Breschnew (1906 – 1982), der damalige sowjetische Staatsführer, hat aber verlangt, im Interesse der Beibehaltung der absoluten Massenideologie die bisher zugrunde gelegte Kennziffer der Warenproduktion beizubehalten.

Aus den betreffenden, bereits erwähnten Gründen des wahrscheinlich weiteren Anstiegs der Erderwärmung sollte diese Kennziffer nicht mehr verwendet werden. Dies kann auch dadurch begründet werden, da nicht so schnell, wie erforderlich, durch das ebenfalls bereits genannte Rohstoffproblem klimaneutrale Produkte hergestellt werden können. Bei dieser Kennziffer ist auch die Möglichkeit gegeben, dass nicht dem notwendigen Klimaproblem dienende und andere nicht sinnvolle und diametral zur Notwendigkeit entgegengesetzte Güter und Leistungen bereit gestellt werden könnten. Manche weitere Gründe führen zu den genannten Problemen, dass kein quantitatives Wachstum in herkömmlicher Form mehr vorherrschen und meines Erachtens sogar in den westlichen und wirtschaftlich führenden Ländern verringert werden sollte.

Eine Wachstumserhöhung des betreffenden Bruttoinlandsprodukts (BIP) kann es nur zeitweilig in Ländern geben, in denen dazu wegen ihrer Wirtschaftskraft und des dortigen vergleichsweise geringen BIPs und der dadurch hervor gerufenen Armut und den damit verbundenen vorherrschenden Problemen eine Notwendigkeit besteht.

Außerdem sollten die weltweiten Auswirkungen des Corona-Virus auf den Bedarf, die Kaufkraft und das Kaufverhalten der Bevölkerung, die sich verändernden wirtschaftlichen Erfordernisse und die aktuelle Globalisierung berücksichtigt werden.

Bei all den genannten Problemen ist es für mich nicht verständlich, dass von vielen Regierungen der Länder der Welt weiterhin auf die Erzielung von quantitativem Wachstum gesetzt und auch noch bei den erheblichen genannten Mängeln dieser Kennziffer das jeweilige Bruttoinlandsprodukt eingesetzt wird. Wir sollten in dieser Frage unser gegenwärtiges Verhalten insbesondere auch im Interesse der weiteren dringenden Erfordernisse der notwendigen Maßnahmen zur Beseitigung der weiteren

Erderwärmung auf unserem Planeten unbedingt schnellstens ändern und auch von der linearen Wirtschaftsmethode, der mit der Erhöhung des quantitativen Wachstums verbundenen Nutzung von bereits mehr als gesättigten Gütern, von der künstlichen Materialermüdung, den sehr geringen Nutzungs- und Lebenshaltungszeiten, die erheblich erhöht werden könnten und vom Wegwerfen und vielen anderen negativen Erscheinungen, die mit dem unbedingten quantitativen Wachstumszuwachs verbunden sind, unbedingt abkommen.

6.3. Kritische Bemerkungen zur Wachstumsproblematik unter Beachtung der Erfordernisse der Verringerung der Treibstoffgasemission

Zur Wachstumsproblematik wurde ebenfalls in meinem bereits genannten Buch über die Lebensweise Nachfolgendes zur Wachstumsproblematik geschrieben, obwohl zu diesem Zeitpunkt im Januar 2019 noch kein Corona-Virus auftrat:

„Wegen der hohen, über das vertretbare Maß erfolgten Inanspruchnahme der Natur und Umwelt durch die westlichen Länder, insbesondere bedingt durch die hohe Wachstumspolitik sowie auch durch die Wirkungen der Industrialisierung, den hohen Verbrauch von endlichen Ressourcen, die sich in der hohen Inanspruchnahme beim ökologischen Fußabdruck ausdrücken, ist auch aus ökologischer Sicht die weitere Erhöhung des Wachstums, wie wir es gestalten, in keiner Weise als richtig anzusehen.

Deshalb ist es wichtig, dass die Staatsziele in der westlichen Welt so schnell wie möglich mindestens kein Wachstum bzw. ggf. ein Minuswachstum beinhalten, um die erhebliche bisher durch die Beibehaltung der Wachstumspolitik eingetretene Überschreitung des ökologischen Fußabdrucks abzubauen.

Die erforderlichen in diesem Zusammenhang durchzuführenden Veränderungen müssen – abgeleitet aus dieser Tatsache - sowohl in gesellschafts-, als auch wirtschaftspolitischer Hinsicht bei allen sich daraus ergebenden Erfordernissen erfolgen. In den betreffenden Schwellenländern mit einem noch relativ geringen ökologischen Fußabdruck, dessen Höhe wesentlich unter dem ökologischen Fußabdruck westlicher Länder liegt, ist noch zeitweilig wegen ihrer bestehenden Rückstände in der Entwicklung ein Wachstum zuzulassen.

Noch mehr ist dieses wichtige Erfordernis der Wachstumssteigerung auf die stark unterentwickelten Länder dieser Welt anzuwenden, insbesondere bei den betreffenden Staaten Afrikas, Indien oder auch bestimmten Staaten Südamerikas.

Ziel sollte es sein, ein bestimmtes Normativ an geeigneten Vorgaben, wie beispielsweise dem berechtigten ökologischen Fußabdruck, der uns nicht auf Kosten der Natur oder späterer Generationen der Menschheit leben lässt, der Wachstums- oder Nicht-Wachstumspolitik oder auch bei Erfordernis einer negativen Wachstumspolitik zugrunde zu legen. Das setzt eine zunehmende Internationalisierung der Politik und eine Veränderung der derzeitigen nationalen Politik und viele andere Erfordernisse und eine zunehmende Solidarität der Menschen und der Achtung der Würde aller Menschen auf dem Globus voraus.

Gerade in den unterentwickelten Staaten muss zur Beseitigung von Armut, Hunger und frühzeitigem Sterben die erforderliche nachhaltige Hilfe geleistet werden.

Sowohl eine Ausbeutung anderer Staaten und der dort lebenden Menschen, als auch das Vorteilsstreben gegenüber den betreffenden Staaten bzw. den Menschen dieser Völker sollte nicht mehr erfolgen und der Vergangenheit angehören.

Durch eine zunehmende vom Lebensniveau vergleichbare Welt wird auch zumindest die ökonomische Ursache der Flüchtlingsbewegung entzogen, die insbesondere durch die Ungleichheit auf der Welt durch die mangelnde Nachhaltigkeit bzw. durch Ausbeutung, durch die mangelnde Solidarität sowie durch das Vorhandensein von egoistischen Grundhaltungen entsteht. Unter Berücksichtigung dieser Gründe, die die Menschen insbesondere in der westlichen Welt selbst durch ihre Lebensweise, ihren zügellosen Konsum sowie durch die Anwendung von solchen Niedrigpreisen mit geschaffen haben, ist die in diesem Zusammenhang bisher gezeigte Haltung nicht zu verstehen. Diese Niedrigpreise reichen für die Menschen aus den Entwicklungsländern, die diese jeweiligen betreffenden Produkte durch mühevolle Arbeit herstellen, kaum zum Leben und entstehen nur durch Ausbeutung dieser Menschen. Aus diesem Grund ist, wie bereits erwähnt, die durch mangelnde Menschlichkeit und Solidarität gezeigte Haltung von Menschen in der Bundesrepublik Deutschland und in anderen westlichen Ländern sowie in manchen anderen europäischen Ländern und auch Ländern auf anderen Kontinenten nicht zu verstehen. Dies zeigt auch auf, dass eine nicht geringe Zahl vom Menschen insbesondere in der westlichen Welt ihre eigenen Egoismen vor den Bedürfnissen von armen Menschen stellen. Durch eine höhere Wertschätzung der armen Menschen in den Entwicklungsländern und der von ihnen hergestellten Produkte durch Bezahlung eines höheren Preises in den Ländern der westlichen Welt, damit die Menschen in den Entwicklungsländern am Wohlstand ebenfalls teilhaben können, werden günstigere Voraussetzungen zu einer Vermeidung der ökologischen Krise geschaffen. Es werden auch wesentlich bessere Ausgangsbedingungen erreicht, dass möglichst keine Kriege zwischen den Völkern mehr entstehen, deren Ursachen vorrangig auf dem ökonomische Ungleichgewicht, den unterschiedlichen materiellen Ressourcen, aber auch der unterschiedliche Religion, dass sich eine Religion über die andere Religion erhebt, beruhen.

...."

Unsere Konsumwünsche waren aus der Sicht der Belange der Menschheit, um eine Verringerung des CO_2-Ausstoßes und in diesem Zusammenhang die deshalb notwendige Wachstumsreduzierung zu erreichen, vor dem Corona-Virus viel zu hoch. Das Wachstum sollte auch die klimapolitische Notwendigkeit beachten, dass der Grad der Erderwärmung nicht über 1,5 Grad Celsius erhöht wird und deshalb weiter sinken und sich auf Null oder sogar im Minusbereich bei den führenden Wirtschaftsnationen entwickeln, wenn nicht in sehr kurzer Zeit eine Klimaneutralität erreicht werden kann. Ausführungen, dass ein Minuswachstum im quantitativen Wachstum eine Rezession darstellt, sollten wir angesichts der gravierenden Auswirkungen einer steigenden Erderwärmung für die Menschheit nicht negativ beurteilen.

Die notwendigen Maßnahmen für den Klimaschutz verlangen angesichts der wohl für einige Jahre nicht erreichbaren umfassenden Klimaneutralität schon allein im Interesse des Klimas und der in diesem Zusammenhang bestehenden Erfordernisse der Menschheit eine nicht geringe Abschwungphase im Wachstum. Durch die Wirkungen und Folgen des Corona-Virus wird sich, wie bereits erwähnt, das Wachstum wegen der wirtschaftlichen Folgen erheblich reduzieren, allein schon wegen der nicht geringen Zeiträume von eingetretenen Produktions- und Leistungsausfällen. Die bereits beschriebene zu erwartende sinkende Nachfrage aus vielen Faktoren aus der gesellschaftlichen und wirtschaftlichen Entwicklung, u. a. auch wegen den Auswirkungen auf die durchschnittliche Kaufkraft der Bevölkerung, die gegenwärtig vorherrscht, wird zu den Auswirkungen beitragen. Wegen den Problemen bei der Verhinderung der Erderwärmung, wenn wir weiterhin die bisherigen aus meiner Sicht nicht richtigen Methoden verfolgen und aus den Auswirkungen des Corona-Virus müssen wir die damit im Zusammenhang stehende Problematik neu überdenken und in manchen Punkten auf die Erfordernisse der aktuellen Zeit ausrichten. Auch – bezogen auf die Wirtschaft und letztlich, damit auch auf die Gesellschaft und die Umweltbelange – sind die notwendigen Lehren zu ziehen.

6.4. Bemerkungen zur Ressourcen- und Rohstoffsituation und Notwendigkeit der Veränderung von deren Nutzung

Wir schaffen es nicht, so schnell nachwachsende Rohstoffe, wie wir im Weltmaßstab benötigen, zu erzeugen. Unser Rohstoffbedarf ist wegen des hohen Konsums im Weltmaßstab viel zu hoch, und es werden in nicht ausreichendem Maß Grenzen gesetzt, diesem hohen Verbrauch entgegenzuwirken. Wenn wir die Entwicklung so fortsetzen, haben wir bestimmte Rohstoffe überhaupt nicht mehr oder nur noch in so geringen Mengen zur Verfügung, so dass wir in nicht ausreichendem Umfang die erforderlichen Maßnahmen, für die wir Rohstoffe benötigen, umsetzen können. Wir müssen uns auch in der zukünftig Wirtschaftspolitik auf die bestehende Rohstoffsituation einstellen und auch im besonderen Maße die Belange des möglichen weiteren Anstiegs der Temperatur bei der Erderwärmung beachten.

Allein wegen den Erfordernissen der Dekarbonisierung und auch bei manchen Rohstoffen müssen wir aus zwingenden Notwendigkeiten der Klimakrise erheblich die bisherige Produktion dieser Rohstoffe dringend reduzieren sowie abbauen. Die Festlegung der Strukturkommission in Deutschland, wie erwähnt, die speziell für Deutschland davon ausgeht, dass bis zum Jahr 2038 der vollständige Abbau der Braunkohle erfolgt, kann in keiner Weise bezüglich der zeitlichen Erfordernisse befriedigen. Wir können uns nicht erlauben, wenn wir die Erderwärmung über 1,5 Grad Celsius mit dramatischen Folgen für die Menschheit verhindern wollen, dass in Deutschland erst 2038 der vollständige Abbau der Braunkohle erfolgen soll. Wir haben, wie schon erwähnt und berechnet wurde, bis zu 8 Jahren, also spätestens bis 2028, nur noch weltweit Zeit, die erforderlichen Gegenmaßnahmen durchzuführen, die geboten sind. Der vollständige Abbau der Dekarbonisierung muss bis dahin weltweit erfolgen. Die aktuell vorgesehene Errichtung eines Steinkohlekraftwerks ist unter den gegenwärtigen Gegebenheiten und Erfordernissen, um unser Klima noch zu retten, als ein Schlag gegen die erforderlichen Belange der Menschheit zu werten. Anscheinend geht die Erzielung von Profit Menschheitsinteressen immer noch voraus.

Viele andere Länder der Welt haben noch gar nichts bzw. viel zu wenig für die klimapolitischen weltweiten Erfordernisse zur dringend notwendigen Reduzierung der CO_2-Emission eingeleitet. Um dies zu schaffen, müssen auch durch die UNO und besonders auf den bisher nur jährlich stattfindenden Weltklimakonferenzen viel größere und rechtzeitigere Anforderungen gestellt werden.

Um dies weltweit – bezogen auf die Klimaerfordernisse – zu erreichen, ist es dringend erforderlich, nicht nur einmal pro Jahr eine Weltklimakonferenz durchzuführen, sondern die Weltklimakonferenzen mindestens halbjährlich durchzuführen. Es ist natürlich nicht ausreichend, mehr Weltklimakonferenzen durchzuführen, wenn nicht tragfähige handlungsorientierte Beschlüsse weltweit getroffen werden, an die sich alle beteiligten Länder auf der gesamten Erde sich mit Konsequenz halten müssen. Es besteht eine absolute Notwendigkeit, Maßnahmen zum Abbau bestimmter Rohstoffe, die zu einem hohen Anteil zur CO_2-Emission beitragen, frühzeitiger zu ergreifen. Dazu sind auf der ganzen Welt die notwendigen Voraussetzungen zu sichern, dass trotz der durchschnittlichen Reduzierung des Lebensstandards auf unseren Planeten durch bessere Verteilung des Vermögens nicht manche Menschen auf dieser Welt Hunger leiden oder vor Hunger sterben müssen. Dazu ist es dringend erforderlich, wegen der notwendigen erheblich schnelleren Durchführung der notwendigen Maßnahmen zum Abbau bestimmter Rohstoffe das Energieproblem nicht nur für Deutschland, sondern weltweit zu lösen. Dies ist ein sehr wichtiger Auftrag für die gesamte Menschheit, um die notwendigen Energieerfordernisse für alle Menschen zu erfüllen. Wir dürfen nicht in erster Linie dabei persönliche vor den notwendigen Interessen für die gesamte Menschheit sehen. Insofern kann das unverantwortliche Verhalten, was vorrangig auf individuellen sowie persönlichen Interessen Einzelner beruht, dass durch Maßnahmen und Bewegungen, die durch unsere Rechtsordnung gedeckt sind, in einigen Regionen Deutschlands in keiner Weise befriedigen.

Es sollte alles dringend getan werden, um notwendige Energiemaßnahmen, insbesondere bei den so wichtigen regenerativen Energien durchzusetzen. Zum Beispiel bei der notwendigen Installation von Windenergieanlagen ist es nicht zu verstehen, dass man dem Druck einzelner Menschen, vorrangig um Wählerstimmen zu erzielen, nachgibt. Es ist unverständlich, dass, vorrangig, wie erwähnt, beeinflusst von vermeintlichen Wählerinteressen einzelner Parteien, die Abstandsregelung von zu errichtenden Windenergieanlagen ursprünglich auf 1.000 Meter in Deutschland erhöht hat. Damit könnten wichtige Notwendigkeiten bezüglich des geplanten Einsatzes der Energieversorgung mit regenerativen Energien, speziell der Windenergie, nicht erfüllt werden. Somit würden auch die Zielstellungen, die dringend wegen der Klimakrise für Deutschland erforderlich sind, mit den bisher geplanten Energieversorgungsmaßnahmen und die Energieversorgung nach den zwingend durch die Klimaprobleme notwendigen Anteilen an CO_2-freien Emissionen nicht erfüllt werden. Für das Bundesland Bayern wurden bundeslandesspezifisch noch höhere Abstandsregeln für die Installation von neuen Windenergieanalagen gemäß der 2014 getroffenen Regelung festgelegt. Damit sind die Voraussetzungen für die Installation auch für Bayern dringend notwendiger neuer Windenergieanlagen wesentlich verringert worden. Dadurch steht das Verhalten mancher Parteien ziemlich im Gegensatz zu den dringenden Erfordernissen, die Erderwärmung nicht über 1,5 Grad Celsius steigen zu lassen. Es konnte durch den wirksamen Druck einiger Länder und auch von bestimmten einzelnen Parteien zwischenzeitlich erreicht werden, dass jedes Bundesland alleine die Abstandsregelung für die Errichtung von Windenergieanlagen festlegen kann. Dies kann als Erfolg gewertet werden.

Wir können es in keiner Weise als richtig und gut ansehen, nur die Interessen bestimmter Wählerschaften zu erfüllen, was noch von bestimmten Parteien aktiv durch ihr Handeln oder durch Gesetze unterstützt wird und keine langfristige, den Klimaerfordernissen entsprechende Strategie im Interesse der gesamten Menschheit und speziell auch für Deutschland zu haben.

Es kann und darf nicht mehr so sein, dass wir immer weiter produzieren und konsumieren, wozu uns die gegenwärtig ausgeübte kapitalistische Gesellschaftsordnung einlädt. Bis jetzt ist es so üblich, dass ein hoher Profit sowie eine hohe Rendite durch die beteiligten Unternehmen den jeweiligen Unternehmensleitungen zufließt und dass immer mehr Rohstoffe dazu benötigt werden. Auch auf diesem Gebiet müssen unbedingt Grenzen des limitierten Rohstoffverbrauchs im Interesse der zukünftig benötigten Rohstoffversorgung und nicht zuletzt wegen der Klimaerfordernisse eingehalten werden. In meinem bereits erwähnten Buch über Belange der Lebensweise wurde vor der ab März 2020 in Deutschland wirksamen Corona-Pandemie im Januar 2019 Nachfolgendes zum Ressourcenverbrauch bei endlichen Rohstoffen erwähnt:

„Der Ressourcenverbrauch im Weltmaßstab, wozu die westliche Welt den wesentlichsten Anteil durch ihren relativ hohen Lebensstandard und den damit verbundenen hohen Konsum beiträgt, kann unter Beachtung der Endlichkeit der Rohstoffe und Bodenschätze nicht so weiter betrieben werden, wie es gegenwärtig der Fall ist, um auch spätere Generationen der Menschheit auch noch Rohstoffe und Bodenschätze zur Nutzung zu hinterlassen. Selbst, wenn im Ergebnis von manchen noch nicht voraussehbaren technologischen Neuerungen evtl. bestimmte andere Rohstoffe dafür in Frage kommen, werden doch noch viele von den gegenwärtig noch vorhandenen endlichen Rohstoffen und Bodenschätze weiterhin zur Herstellung gebraucht. Auch, wenn noch weitere Rohstoffe bzw. Bodenschätze gegenüber den bisher bekannten Vorkommen gefunden würden, sind viele wichtige Rohstoffe nur noch im begrenzten Umfang auf unserem Globus vorhanden.

Die Abbaubedingungen dieser Rohstoffe sind zum Teil aufwendiger geworden, und durch die zu erwartende zunehmende Knappheit werden sie immer teurer werden. Dies war sowohl für die Staaten und Länder dieser Welt, als auch für die einzelnen Haushalte mit erheblichen Mehrkosten verbunden. Einer zunehmenden Anzahl von Menschen wird es wegen ihrer Einkünfte nicht mehr möglich sein, die betreffenden Mehrausgaben zu tätigen bzw. die entsprechenden Mittel dafür aufzubringen.
....
....

Der Wohlstand wächst weltweit schnell an, und die neue Mittelschicht in Asien, Südamerika und Afrika erwartet ein ähnliches Konsumniveau, wie es heute in den USA, Deutschland oder (beispielsweise) Frankreich zu finden ist. Laut (damaliger) UN-Prognose dürfte sich der Ressourcenverbrauch deshalb bis 2030 noch einmal mehr als verdoppeln auf dann 186 Milliarden Tonnen. Parallel zum Wohlstandsniveau wächst die Weltbevölkerung auch in absoluten Zahlen auf voraussichtlich neun Milliarden Menschen zur Mitte des Jahrhunderts.
....
....
Der mauretanische Politiker Ibrahim Thiaw, der von 2013 bis 2018 Direktor des Umwelt-Programms der Vereinten Nationen (United Nations Environment Program - UNEP) war, sagt, es müsse sich aber auch das Verbraucherverhalten ändern.

Im gleichen Buch wird weiterhin aufgeführt und aus diesem auszugsweise zitiert:

„Es ist schwer, dass die Menschen ihr Verhalten ändern, ohne ihre gesamte Lebensweise zu ändern. Versuche, über den Preis, über die Steuern und auch die Anwendung rohstoffarmer Technologien für die Rohstoffeinsparung mit positiven Wirkungen durch den Einsatz von 3 D-Druckern oder der anderen Möglichkeiten im Prozess der Digitalisierung reichen trotz ihrer positiven Wirkungen auf den gegenwärtigen Rohstoffverbrauch nicht aus, um tatsächlich solch eine Rohstoffvereinbarung zu erreichen, die dringend erforderlich ist.

Dies ist begründet durch den hohen Verbrauch der Menschen, das Anwachsen der Weltbevölkerung und der verständlichen höheren Ansprüche der Menschen in den unterentwickelten Staaten, also Ländern, wo ein sehr geringer Verbrauch durch die Armut oder durch die mangelnde Entwicklung dieser betreffenden Staaten und Länder eingetreten ist.

Deshalb können wir, um die notwendigen Ressourcen für uns Menschen, unsere Kinder und Kindeskinder oder auch für spätere Generationen noch zu haben, dies in erster Linie nur erreichen, wenn wir unseren Verbrauch an Ressourcen bzw. unseren Konsum reduzieren. Wir müssen eine solche Lebensweise erreichen, um dabei zu verhindern, dass durch unseren hohen Verbrauch die erforderlichen Ressourcen nicht mehr genügend vorhanden sind und andere Menschen aus unterentwickelten Ländern durch die hohe Ressourceninanspruchnahme, insbesondere von uns Menschen in der westlichen Welt, im erheblichen Maße eingeschränkt leben, weil ihnen diese Ressourcen nicht zur Verfügung stehen. In der kapitalistischen Gesellschaftsordnung und auch in der speziellen Form der kapitalistischen Gesellschaft, in der Gesellschaftsform der Sozialen Marktwirtschaft und überhaupt bei allen Marktwirtschaften ist durch die nicht ausreichende Begrenzung des

Ressourcenverbrauchs durch unsere Lebensweise eine ungezügelte Entwicklung des Konsums zu verzeichnen. ....

....

Mit der Produktionsweise in einer kapitalistischen Gesellschaftsordnung ist verbunden, dass es Jedem frei steht, durch die Unternehmensbildung oder durch Konsum in dem Maße, wie er oder das Unternehmen es braucht bzw. die Wettbewerbsbedingungen es erfordern, ... begrenzte endliche Ressourcen in Anspruch zu nehmen. Der Ressourcenverbrauch stößt dadurch an seine Grenzen. ....
Die Art des kapitalistischen Produzierens .... stellt sich dann in Frage, ob diese Gesellschaftsordnung noch die Richtige ist, aus diesem Dilemma herauszukommen. ....

....

....

Durch den Begriff und die bestehende Möglichkeit des Freiheitsbegriffes bzw. dessen Anwendung in der Praxis ist die unbegrenzte Nutzung .... der materiellen endlichen Ressourcen möglich.

Es ist unerhört wichtig und ein globales Erfordernis, ... den Verbrauch bzw. den Konsum in den hoch entwickelten Ländern der westlichen Welt erheblich einzuschränken. Es ist eine Lebensweise zu erreichen, die für unsere gemeinsame Erde und auch für uns selber viel richtiger und zum Erreichen von Zufriedenheit viel wirksamer und artgerechter ist, als die Lebensweise, ... die wir gegenwärtig an den Tag legen. Wir müssen uns angesichts der globalen Herausforderungen im erheblichen Maße rechtzeitig Gedanken machen, dies zu erreichen. Das gegenwärtige für uns Altgewohnte und alles, was diesem wichtigen Ziel des Erfordernisses der Menschheit bzw. von uns als Menschen dagegen steht, müssen wir in Frage stellen und neue Lösungen suchen und finden, sei es auch, wenn es nicht mehr das ungesunde (quantitative) Wachstum, das Bemühen um die ständige Erhöhung des Lebensstandards und die damit verbundene ständige Verbrauchssteigerung unserer Ansprüche durch die Erhöhung unseres Konsums und die damit verbundene wesentlich überhöhte Inanspruchnahme materieller endlicher Ressourcen ist."

Nachfolgend wird aus dem Hintergrundpapier von Österreich zum internationalen Thinktank Global Footprint Network mit Sitz in Oakland (Kalifornien) zum Earth Overshoot Day 2017 (auf Deutsch auch als "Weltüberlastungstag", "Ökoschuldentag" oder „Erdüberlastungstag“ bekannt - Anmerkung des Verfassers) zur Unterstreichung des wesentlichen überhöhten Ressourcenverbrauchs durch uns Menschen auszugsweise zitiert:

„Am 2. August 2017 (nunmehr – bezogen auf das Jahr 2020 – am 22.08.2020 als derzeitiger Erdüberlastungstag – siehe https://www.overshootday.org/ - Anmerkung des Verfassers) hat die Menschheit das gesamte Potential zu globalen Umweltleistungen verbraucht, die für ein Jahr zur Verfügung stehen würden. Für den Rest des Jahres zehren wir von den Vorräten der Zukunft und vernichten dabei unwiederbringliches Naturkapital. Absurderweise läuten keine globalen Alarmglocken, kein statistisches Amt warnt die Regierungschefs, kein G 20-Ökonom schlägt vor, leiser zu treten und Österreichs Regierende überlegen ernsthaft, weiteres Wachstum als Staatserklärung zu erklären! Tatsächlich würde uns ein neues Staatsziel wohltun: „Ein gutes Leben für alle, ermöglicht mit einem jeweils fairen Ressourcen-Anteil der Welt. Das wäre - genau genommen - nur eine verfassungsmäßige Verankerung der Goldenen Regel, global gedacht, Ökologischer kategorischer Imperativ). Unsere Freiheit, einen beliebigen ressourcenintensiven Lebensstil zu wählen, endet dort, wo sie die Freiheit anderer Erdenbürger bescheidet, ein menschenwürdiges Leben, zu leben oder überhaupt zu überleben!“

....
....
....

„Mit global verallgemeinerbaren Lebens- und Wirtschaftsweisen agiert Europa als Vorreiter für eine friedliche und lebensfreundliche Welt für Alle. Solche Visionen mögen in Anbetracht von kleinlicher Neuwahl-Polemik, Flüchtlingskrise, Brexit und politischer Eskapaden á la Erdogan und Trump völlig unrealistisch erscheinen und als utopisch abgetan werden. Und doch, ohne das gemeinsame Ziel, mit einer Erde auszukommen zu wollen, kann es zu keiner friedlichen Entwicklung kommen. Das Erreichen der SDGs (Sustainable Development Goals - Ziele für nachhaltige Entwicklung - Anmerkung des Verfassers) braucht neben ökonomischer Fairness auch ökologische Balance. Ohne friedliche Koexistenz von Mensch und Natur bleibt auch der Frieden zwischen den Menschen gefährdet. Für Österreich erfordert das Ziel eines globalen fairen Wirtschaftens eine Reduktion der Klimagas-Emission von heute über 13 Tonnen auf unter 2 Tonnen pro Kopf (- 85 %) und zugleich eine Reduktion des ökologischen Fußabdrucks von heute 6,1 gha pro Kopf auf etwa 1,2 gha (- 80 %). Beides ist möglich und wird die Lebensqualität der allermeisten Menschen sogar erhöhen. Allerdings erfordert das gute Leben mit einem kleinen Fußabdruck massive Änderungen in der Art und Weise, wie wir wirtschaften."

Nachfolgend wird aus meinem Buch zum Problem der Lebensweise auszugsweise zitiert:

„Dieses genannte Hintergrundpapier, was speziell für Österreich erarbeitet wurde und die Auswirkungen für Österreich quantifizierbar darstellt, zeigt auf, welche gewaltigen Einsparungen bzw. Reduktion notwendig sind, um in Übereinstimmung mit der Natur zu leben und Menschheitsinteressen auch für die Zukunft der Gattung Mensch auf unserer Erde zu ermöglichen.

In ähnlichem Umfang, speziell unter Beachtung der jeweiligen Inanspruchnahme dieser Länder, muss auch der Abbau bzw. die Reduktion des Verbrauchs auch in den anderen Ländern der westlichen Welt erfolgen. Dies zeigt auf, vor welchen gewaltigen Aufgaben die Menschheit steht und, wie erwähnt, ist hierbei zu beachten, dass in einer Reihe von Schwellenländern und noch viel mehr bei den unterentwickelten Staaten sowie Ländern der ökologische Fußabdruck und der Verbrauch bzw. der Konsum sich noch nicht so entwickelt hat, wie in der westlichen Welt. Auch diese Tastsache muss bei den vor der Menschheit stehenden gewaltigen Aufgaben berücksichtigt werden. Nicht nur bei den angezeigten unbedingt erforderlichen Aufgaben, die wegen des Klimawandels schon längere Zeit vor der Menschheit und mit noch viel größeren Herausforderungen gegenwärtig und in Zukunft stehen, sondern auch bei der Festlegung der Staatsziele sind die daraus sich ergebenden Erfordernisse zu beachten. ....
....

Um ein weiteres Leben auf dem Globus zu erhalten, müssen wir mit aller sich daraus ableitenden Konsequenz und Schärfe diese Probleme angehen. Es kann nicht mehr sein, dass diese ökologischen Erfordernisse (bei einem von Politik und Wirtschaft ohne ausreichende Beachtung der zeitlichen Erfordernisse und der dadurch weiter steigenden Erderwärmung mit möglichen erheblichen negativen Folgen für die Menschheit verabschiedeten Klimaschutzgesetz für Deutschland) nicht ausreichend beachtet werden wegen des kurzzeitigen Denkens, ...
das vorrangig auf Wahlerfolge bestimmter in Frage kommender Parteien ausgelegt ist und aus Machtfragen dies nicht ausreichend beachtet oder verdrängt oder das zeitgerechte Anpacken dieser Probleme in keiner Weise den zeitlichen Erfordernissen entspricht. So kann man leider Manche und leider noch den überwiegenden Teil der Wähler gewinnen, weil ein großer Teil der Menschen, besonders in der westlichen Welt, die erforderliche veränderte Lebensweise noch nicht genügend verinnerlicht hat und dem ständig übertriebenen Konsum frönt und es sich offenbar fast alles (bisher) in der Welt nur um Konsum und um Oberflächlichkeiten des Lebens dreht. Man sollte beachten, dass eine veränderte Lebensweise gegenüber der gegenwärtigen vorrangig in der westlichen Welt üblichen Lebensweise ein großer Beitrag wäre, um die Gegenwarts- und Zukunftsfragen der Menschheit besser zu lösen. ....
....
....

Die Leugnung der Klimaprobleme, wie sie leider vom führenden Repräsentanten der USA - Trump - und anderen einflussreichen Leuten aus den USA und auch von Leuten aus der Politik und Wirtschaft anderer Länder erfolgt, die leider die Menschheit und ihr Verhalten negativ beeinflusst, kann so wegen des (bisher) übermäßigen Konsums, ... insbesondere verursacht durch die nicht artgerechte Lebensweise, in keiner Weise mehr hingenommen werden. Auch wenn von (bestimmten) Parteien und zum Teil auch von Vertretern der Wirtschaft diese Auffassung zu einem bestimmten Anteil vertreten wird, halte ich (diese Haltung) angesichts der erheblichen Probleme, die die Menschen durch ihr Verhalten erheblich beeinflusst, aktuell durch die Klimakrise in keiner Weise (für) vertretbar. ....

Weil viele ökologische Kosten von den einzelnen Staaten bzw. Ländern getragen werden müssen, aber diese, wie auch andere bisher im Preis für die Rohstoffe nicht enthaltene Kosten tatsächlich anfallen, müssen (diese Kosten) unbedingt bei der Preisermittlung mit einbezogen werden. Letztlich (müssen diese Kosten) auch von den Steuerzahlern mit gezahlt werden und zur Vermeidung der Verschwendung dieser endlichen Bodenschätze bzw. Rohstoffe sowie zur Erreichung eines sparsamen Verbrauchs sollten zusätzliche, bisher im Preis nicht enthaltene Kostenfakturen, die insbesondere ökologische Kosten darstellen, (Beachtung finden). Der daraus entstehende erhöhte Preis entspricht damit den Kostenfaktoren. Auch der Staat sollte diese durch ihn in der verschiedensten Form bisher zu zahlenden vorrangig ökologischen Kosten den betreffenden Unternehmen verursachungsgerecht in Rechnung stellen. ....

Ein sehr wichtiger Weg für unser Wirtschaften, zur Ressourceneinsparung und zu einer besseren Erreichung von Voraussetzungen zur weiteren Einsparung der CO_2-Emission sollte in der Anwendung der Kreislaufwirtschaft gesehen werden. Es könnten damit positive Aspekte zur Vermeidung einer weiter steigenden Erderwärmung geschaffen werden. Damit verbunden würde eine wesentlichen Erhöhung der Nachhaltigkeit erreicht werden können. Es würde zu einem Wegkommen von der leider noch gegenwärtig bestehenden Realität der Wegwerfgesellschaft kommen und zur damit bestehenden Möglichkeit eines nachhaltigeren reduzierten Konsums und zu einer besseren Beachtung des tatsächlichen Bedarfs.

Es würde dann eine andere Form in der Wirtschaft und somit auch in der Gesellschaft angewandt werden können, die auch ziemlich im Gegensatz zur gegenwärtigen Form des Wirtschaftens stünde.

Im Gliederungspunkt 7 dieses Buches wird auch dazu Stellung genommen.

Auf Grund der derzeitigen und zukünftigen Klima-Erfordernisse muss der bislang relativ unbeachtete Umweltaspekt bei der Anwendung der Kreislaufwirtschaft global einfließen.

7. Bemerkungen zur notwendigen Änderungen unseres Gesellschafts- und Wirtschaftssystems

7.1. Bestimmte Mängel unseres gegenwärtigen Wirtschaftssystems

In Anbetracht vielfältiger Gründe ist es erforderlich, dass sich unser Wirtschafts- und Gesellschaftssystem ändern muss. Gründe sehe ich insbesondere darin:

- erhebliche Mängel des gegenwärtig praktizierten linearen Wirtschaftssystems, das die Wegwerfwirtschaft zulässt und auf ständige Wachstumswirtschaft ausgerichtet ist. Die gegenwärtige Wirtschaftsmethode ist in keiner Weise ressourcenschonend und nachhaltig, und es wird zur Verschwendung von Gütern und zum Raubbau von Rohstoffen regelrecht eingeladen. In diesem Zusammenhang ist eine Änderung der Prämissen sowie Ermittlung bzw. Änderung der bisher genutzten Kennziffer des Bruttosozialprodukts erforderlich.

- Nicht-Herstellung bzw. im Umfang wesentlich geringere Herstellung von Gütern und Leistungen, die im jeweiligen Land in ausreichender bzw. gesättigter Form für die Bevölkerung vorhanden sind.

- Erfordernis der zu erreichenden wesentlichen Reduzierung der produzierten sowie durch Leistungen erbrachten und vertriebenen Güter zur Erreichung einer wesentlichen Verringerung des CO_2-Emissionsausstoßes sowie zur Vermeidung eines weiteren Anstiegs der Erderwärmung. Dadurch entstehen erhebliche negative Folgen für die Menschheit, da wir in den nächsten Jahren nicht sofort die erforderliche Klimaneutralität aller Güter erreichen können

- notwendige Beachtung der möglichen erheblichen Nachteile der Versorgungssicherheit durch die Folgen der zunehmende Globalisierung und der damit verbundenen einseitigen Betrachtung wirtschaftlicher Güter und Kostengründe bei der Herstellung oft lebensnotwendiger Produkte. Die Mängel und Probleme der gegenwärtigen Globalisierung müssen im Interesse der Menschheit behoben werden, besonders auch die teilweise Nicht-Beachtung der Erfordernisse einer komplexen Nutzwertanalyse bei der Lieferung von Gütern.

- Auswirkungen der auf Grund der Corona-Krise veränderten Nachfrage nach einzelnen bisher hergestellten Gütern sowie auf den Bedarf und die Absicherung der Versorgung mit lebensnotwendigen Gütern. In Auswertung der mit der erheblichen Reduzierung der CO_2-Emission notwendigen und sich zwangsläufig ergebenden Erfordernisse ist eine stärkere Nutzung von modernen Kommunikationsmitteln sowie eine zunehmende Digitalisierung erforderlich. Die notwendige Reduzierung der CO_2-Emissionen muss sich auch in der daraus resultierenden Beachtung der Erfordernisse für die Erzeugnisherstellung und Leistungserstellung widerspiegeln.

- Erreichung einer wesentlich früher, stärker und mit hoher Intensität zu erreichenden Klimaneutralität, als die gegenwärtigen Zielstellungen des Klima-Abkommens von Paris, der UNO, der EU, Deutschlands und vieler anderer Länder auf der Welt beinhalten.

- Sicherung der insbesondere aus Klimaerfordernissen sich verändernden Strukturerfordernisse der Energiewirtschaft

- Vermeidung des ständig erhöhten Anteils an nicht mehr verwendeten Abfällen und erhebliche Reduzierung der Verbrennung von Abfällen und verstärkte Nutzung dieser Güter als Sekundärrohstoffe zur möglichen Wiederverwendung im Wirtschaftskreislauf

- Einführung einer solchen Kreislaufwirtschaft, die den Namen einer Kreislaufwirtschaft verdient, für alle Produkte und Leistungen und nicht nur eine einseitige Kreiskaufwirtschaft, die nur die Belange der Abfallwirtschaft enthält.

7.2. Betrachtungen zur sozialen Marktwirtschaft im gemeinsamen Deutschland, Darstellung von bestimmten Merkmalen der DDR und Vergleich beider Gesellschaftssysteme

Bisherige Gesellschaftsordnungen, auch der Sozialismus, beruhten auf dem Prinzip einer ständigen Wachstumssteigerung, um unseren Lebensstandard zu erhöhen, um dadurch besser leben zu können.

Wenn auch die erreichten Wirtschaftsergebnisse in den Gesellschaftsordnungen Kapitalismus und Sozialismus noch äußerst unterschiedlich waren, beruhten sie auf dem genannten gleichen Prinzip. Deshalb kann die Gesellschaftsordnung des Sozialismus auch in Anbetracht der Dringlichkeit der Maßnahmen in der Klimakrise, wie auch der Kapitalismus in der bisher betriebenen absoluten Form, nicht die Lösung für die Menschheit in der gegenwärtigen komplizierten Zeit sein.

Es sollte eine Mischform gewählt werden, bei der die zweifellos vorhandenen Vorzüge beider Systeme sowie Gesellschaftsordnungen zur Geltung kommen.

Wir Menschen müssen andere Ziele haben und die Erreichung einer Nachhaltigkeit für die Umwelt sowie der Natur, und das Abkommen von ständiger quantitativer Wachstumserhöhung muss deshalb als zeitgerecht angesichts der gewaltigen Herausforderungen der aktuellen Zeit angesehen werden.

Die gegenwärtige Zeit verlangt deshalb eine andere notwendige Herangehensweise in Deutschland und in anderen Ländern der Welt in gesellschaftlicher und auch in wirtschaftlicher Hinsicht. Wir können den Kapitalismus, trotz aller wirtschaftlichen Erfolge, unter den Gesichtspunkten der dringend notwendigen Nachhaltigkeit und des unbedingten Erfordernisses der Einhaltung des 1,5 Grad-Ziels in der Erderwärmung und weiterer Gründe so wie bisher nicht weiter betreiben. Auch die derzeitige Form der Sozialen Marktwirtschaft kann so, wie sie bisher betrieben wird und da sie auch in hohem Maße vom Grundprinzip sowie von der Zielstellung auf einer Erhöhung des quantitativen Wachstums beruht, ebenfalls nicht weiter in der gleichen Form betrieben werden. Deshalb muss die bisherige Soziale Marktwirtschaft an die aktuellen Erfordernisse angepasst werden, die für die Menschen und deren weiteren Erhalt erforderlich sind. In den Aussagen zur Wirtschaftsordnung, zur Globalisierung, überhaupt zur Gesellschaftsordnung, werden erste Denkanstöße sowie Ansatzpunkte für die zukünftige Arbeit im Ergebnis der erfolgten analytischen Betrachtungen aus meiner Sichtweise gegeben.
Unter Berücksichtigung der leider vorherrschenden Tatsache, dass gerade sehr viele junge Menschen und auch manche Menschen aus der alten Bundesrepublik viel zu wenig von den bestehenden Bestimmungen sowie Handhabungen in der früheren

DDR unter den Bedingungen des Sozialismus im Vergleich zur gegenwärtigen Verfahrensweise im gemeinsamen Deutschland wissen, werden nachfolgend einige Faktoren und wichtige Prämissen der gesellschaftlichen Entwicklung im gemeinsamen Deutschland und in der früheren DDR beschrieben.

Leider wurden und werden in der Schulbildung auch im gemeinsamen Deutschland die Belange der DDR meines Erachtens nur einseitig, nur bezogen auf bestimmte Prämissen erwähnt. Oft spielten und spielen dabei nur negative Handhabungen in der früheren DDR eine Rolle und nicht auch Regelungen, die anders und teilweise auch in manchen Faktoren besser waren als Verfahrensweisen im gemeinsamen Deutschland.

Da ich nahezu 41 Jahre in der früheren DDR gelebt habe und über 30 Jahre auch im gemeinsamen Deutschland, in erster Linie in der Wirtschaft, gearbeitet habe, habe ich aus meiner Sicht einige Voraussetzungen, in gewisser Weise einen objektiveren Systemvergleich zu treffen. Deshalb müssen wir auch gute Belange der früheren DDR sehen und nicht alles nur negativ betrachten. Bei der Suche nach einem besseren gemeinsamen Deutschland, das den Herausforderungen der heutigen Zeit Rechnung trägt, sollten ebenfalls Erfahrungen, die in der früheren DDR – dem ebenfalls damaligen anderen deutschen Staat vom 07.10.1949 bis zum 02.10.1990 – gemacht wurden, berücksichtigt werden. Es sollten jedoch hierbei aktuelle neue Erfordernisse der gegenwärtigen Zeit mit einbezogen werden. Nur so können wir bei der Bildung eines besseren gemeinsamen Deutschlands sowie bei der notwendigen Erarbeitung einer Verfassung für das vereinigte Deutschland diese Erfahrungen ebenfalls mit beachten.

Wenn wir in dieser Richtung eine gemeinsame Lösung finden wollen, müssen wir zu bestimmten ausgewählten Faktoren eine Aussage über unterschiedliche Handhabungen im gemeinsamen nunmehr bereits über 30 Jahre vereinigten Deutschland und der früheren DDR treffen.

Nachfolgend erfolgt, wie erwähnt, eine möglichst objektive Gegenüberstellung, bezogen auf ausgewählte Faktoren, bezogen auf die damalige DDR und das gemeinsame Deutschland.

Die Unterschiede beider Gesellschaftsordnungen lagen u. a. in erster Linie in nachfolgenden Faktoren:

Faktor	Sozialismus in der DDR	Kapitalismus in der BRD
Abitur	Bei entsprechenden Vorleistungen hatte man mehrere Möglichkeiten, sein Abitur zu erwerben: - Delegierung an eine Schule, jedoch bereits ab der 3. Klasse, die zum einen Abitur (im Rahmen der Erweiterten Oberschule (EOS), die dem heutigen Gymnasium entspricht) und zum anderen bereits ab der 3. Klasse im Rahmen so genannter „R-Klassen" erweiterten Russisch-Unterricht anbot. Diese Schulen waren auch spezialisiert, z. B. auf naturwissenschaftliche Fächer, Kunst und Musik, Fremdsprachen usw., d. h., die Schülerinnen und Schüler erhielten intensiveren Unterricht in den entsprechenden Spezial-Ausrichtungen der jeweiligen Schulen. - Delegierung an eine Erweiterte Oberschule ab der 9. Klasse entsprechend der Vorleistungen Das Abitur wurde in allen ostdeutschen Bundesländern sowie in Ost-Berlin (bildeten bis zum 02. Oktober 1990 die DDR) übergangsweise bis zum Schul-	Durch Bildungsreformen der 1960er und 1970er Jahre verbesserte sich die Möglichkeit für Arbeiterkinder und auch insbesondere für Mädchen, das Abitur ablegen zu können. Der Grund, warum in der alten Bundesrepublik auf 13 Schuljahre bis zum Abitur Wert gelegt wurde, bestand darin, dass der Erlass vom 30.11.1936 aus der NS-Zeit, die in der Weimarer Republik eingeführten 13 Schuljahre bis zum Abitur auf 12 Jahre zu verkürzen, um schneller Offiziersanwärter für die Wehrmacht zur Verfügung zu haben, als Missbrauch der Jugend empfunden wurde. Deshalb führte man 1951 in der alten Bundesrepublik das Abitur nach 13 Jahren wieder ein. Die DDR hielt an den 12 Jahren bis zum Abitur mit Sonnabend-Unterricht aus dem Grund fest, dass man das Abitur effizienter gestalten konnte. Nach der Wende führten die ostdeutschen Bundesländer Brandenburg (mit dem Schuljahr 1992 / 1993), Sachsen-Anhalt (1998) und Mecklenburg-

jahr 1990/1991 nach zentralen Vorgaben und mit gleichem Inhalt in allen ostdeutschen Bundesländern und Ost-Berlin im Rahmen eines fünfstufigen Zensuren-Systems abgelegt. Somit hatten alle Schülerinnen und Schüler Ostdeutschlands die gleichen Abitur-Prüfungsbedingungen. Dies änderte sich ab dem Schuljahr 1991/1992, als auch die ostdeutschen Bundesländer und Ost-Berlin und somit auch das ostdeutsche Bildungssystem in bundesrepublikanische föderale Strukturen überführt wurden.

In der früheren DDR musste man im Leistungsdurchschnitt der Noten bei mindestens 2,1 liegen, um das Abitur ablegen zu können. Manche Schüler hatten, trotz dem sie diesen Leistungsdurchschnitt erreichten, aus ungerechtfertigten Gründen keine Möglichkeit, über die Erweiterte Oberschule das Abitur abzulegen. Darüber wird noch an anderer Stelle berichtet.

Vorpommern (2001) das dreizehnte Schuljahr bis zum Abitur auf Grund der hohen Wochenstunden-Vorgaben der Kultusminister-Konferenz (KMK) ebenfalls zwischenzeitlich ein.

2003 führten – außer in Sachsen und Thüringen, wo das aus DDR-Zeiten bekannte Abitur nach 12 Schuljahren beibehalten wurde – alle anderen ostdeutschen sowie alle westdeutschen Bundesländer das Abitur nach 12 Schuljahren (wieder) ein, mit Ausnahme von Rheinland-Pfalz, wo das Abitur nach 12 Jahren nur an 19 Ganztags-Schulen möglich ist (Stand 2016).

Nach jetzigem Stand sind Abitur-Abschlüsse nach 12 Schuljahren letztmalig möglich:

- in Niedersachsen 2019, da ab dem Schuljahr 2015/2016 eine Rückkehr zum Abitur nach 13 Schuljahren (G9) für alle Schülerinnen Schüler ab der damaligen Klassenstufe 8 und darunter durch das niedersächsische Kultusministerium beschlossen wurde

		- in Bayern 2024, da durch das bayerische Kultusministerium eine Rückkehr zum Abitur nach 13 Jahren (G9) für die Schülerinnen und Schüler ab den 5. und 6. Klassen ab dem Schuljahr 2018/2019 und ab dem Schuljahr 2019/2020 für die Schülerinnen und Schüler ab den 5. Klassen beschlossen wurde - in Nordrhein-Westfalen (bis auf 3 Gymnasien) und Schleswig-Holstein ab 2025, da durch beide Kultusministerien eine Rückkehr zum Abitur nach 13 Jahren für die Schülerinnen und Schüler der jeweiligen 6. Klassen und darunter ab dem Schuljahr 2019/2020 beschlossen wurde
Arbeiter- und Bauern-Fakultät	Diese Einrichtungen, die am 01.10.1949 nach und nach an insgesamt 10 Standorten in der am 07.10.1949 gegründeten Deutschen Demokratischen Republik in Ostdeutschland ihren Betrieb aufnahmen (Ost-Berlin, Dresden, Freiberg, Greifswald, Halle (Saale), Jena, Karl-Marx-Stadt (heißt seit 1990 wieder Chemnitz), Leipzig, Rostock und	In der Bundesrepublik gab und gibt es auch heute keine vergleichbaren Einrichtungen.

	Zwickau), sollten vorrangig Kindern aus Arbeiter-Familien die Möglichkeit eröffnen, innerhalb von drei Jahren ein Abitur abzulegen. Es gab gesellschaftswissenschaftliche, mathematisch-naturwissenschaftliche und medizinisch-landwirtschaftliche Fachrichtungen. Auf Grund entsprechender Förderrichtlinien konnte der Anteil von Arbeiter- und Bauern-Kindern, die an einer Erweiterten Oberschule ihr Abitur ablegten, im Laufe der Jahre erhöht werden, so dass von 1962 bis 1966 bis auf die Arbeiter- und Bauern-Fakultäten an der Martin-Luther-Universität Halle (Saale) – heute Martin-Luther-Universität Halle-Wittenberg – und an der Bergakademie Freiberg (Sachsen), die bis 1989 bestanden, alle Arbeiter- und Bauern-Fakultäten nach und nach wieder geschlossen wurden. Die Arbeiter- und Bauern-Fakultät Freiberg diente der Vorbereitung auf gesellschaftswissenschaftliche, technische sowie mathematisch-naturwissenschaftliche Studiengänge. In Halle wurde man als einziger Arbeiter- und Bauern-Fakultät auch auf ein Auslandsstudium vorbereitet.	
Arbeitslosigkeit	In der DDR gab es in der Regel keine Arbeitslosen, denn alle Beschäftigten bekamen Arbeit, und es bestand in der DDR	In der alten Bundesländern gab es bis zum 02.10.1990 und seit der Wiedervereinigung Deutschlands ab

gemäß Artikel 24 der Verfassung der DDR vom 06.04.1968 Arbeitspflicht, die mit dem materiellen Recht auf Arbeit eine Einheit bildete. Jeder Bürger der DDR, der physisch und psychisch in der Lage war, einer Arbeit nachzugehen, war hierzu auch verpflichtet. Tat er dies nicht, hatte er auch kein Anrecht auf Sozialunterstützung und konnte gemäß § 249 Abs. 1 des Strafgesetzbuchs der DDR mit bis zu 5 Jahren Freiheitsentzug bestraft werden. Als Strafmaß konnte auch nach § 34 des Strafgesetzbuchs der DDR die „Bewährung in der sozialistischen Produktion“ verhängt werden. Dieser Paragraph berechtigte die Staatsorgane der DDR auch dazu, festzulegen, dass Bürgerinnen und Bürger, die nach diesem Paragraphen der „Arbeitsbummelei“ bezichtigt wurden, das Betreten bestimmter Orte, z. B. Ost-Berlin, gesetzlich untersagt werden konnte. Schutz vor dem Zugriff des Staates DDR bot lediglich die Gewährung des Kirchenasyls.

Die auf Kreisebene angesiedelten Ämter für Arbeit (hießen auf Bezirksebene und in Ost-Berlin Ämter für Arbeit und Löhne) hatten neben statistischen Funktionen auch die Aufgabe der strategischen Planung des Fachkräftebedarfs und die Vermittlung von Ar- dem 03.10.1990 kein Recht und keine Pflicht zur Arbeit. Falls man eine Arbeit bzw. ein Arbeitsverhältnis abschließen kann, bekommt man eine Arbeit, wenn man Arbeitnehmer ist. Für seine Tätigkeit bekommt man ein Gehalt oder Lohn entsprechend der jeweiligen Gegebenheiten. Die Einkommenszahlung in der Bundesrepublik war bis zum 02.10.1990 und ist auch seit dem 03.10.1990 im wiedervereinigten Deutschland wesentlich höher als der damalige zu vergleichende Betrag in der DDR.

	beitskräften für die Durchführung von staatlich vorgegebenen Schwerpunktvorhaben, z. B. bei Produktionsumstellungen, Neuansiedlungen oder Betriebserweiterungen. Zur Ausführung dieser Aufgaben wurden diese Ämter verpflichtet, für die jeweiligen Betroffenen eine Arbeit zu suchen, ihnen diese zuzuweisen und sie entsprechend in diese Arbeit einzuweisen. Ausnahmen von dieser Regelung gab es für Frauen, wenn sie Kinder bekamen oder für Kranke, Behinderte oder für Rentner. Dadurch gab es in der DDR weder Arbeitslosigkeit, noch Obdachlosigkeit und jeder hatte dadurch ein festes gesichertes Einkommen, auch wenn dieses Einkommen für beschäftigte Bürgerinnen und Bürger der DDR wesentlich geringer ausfiel, als das Einkommen der Bürgerinnen und Bürger im bis zum 02.10.1990 existierenden damaligen Teil der Bundesrepublik und in Westberlin.	
Berufsausbildung mit Abitur	Seit 1959 eröffnete die DDR die Möglichkeit, innerhalb von drei Jahren sowohl die allgemeine Hochschulreife (Abitur) und eine Berufsausbildung mit einem Facharbeiterbrief zu verbinden. Hierzu trat am 02.12.1959 das „Gesetz über die sozialistische	Seit dem Schuljahr 2017/2018 gibt es als Pilotjahr das BerufsAbitur, derzeit in den Bundesländern Baden-Württemberg, Bayern, Berlin, Hamburg, Hessen, Niedersachsen, Nordrhein-Westfalen, Rheinland-Pfalz und

Entwicklung des Schulwesens in der DDR“ in Kraft.

Die Berufsausbildung mit Abitur diente vor allem der besseren Vorbereitung, um insbesondere technische Studiengänge, die technisches Vorwissen erforderten, schneller und erfolgreicher abschließen zu können.

Die begehrten Plätze für die Berufsausbildung mit Abitur ergingen nur an ca. 5 Prozent der Schülerinnen und Schüler eines Jahrgangs. Über den Zugang zur Berufsausbildung mit Abitur entschieden allein der Trägerbetrieb bzw. die jeweilige Berufsschule. Viele Berufe konnten in wenigen Lehrbetrieben erlernt werden, und so wurden Jugendliche aus der gesamten DDR zu diesen Betrieben delegiert. Die Unterbringung erfolgte in Lehrlingswohnheimen (vergleichbar mit heutigen Internaten).

Die kombinierte Ausbildung aus der jeweiligen Berufsausbildung und der Verknüpfung mit den Anforderungen der Erweiterten Oberschule (EOS) an das Abitur wurde in Spezialklassen großer Betriebe durchgeführt. Die Anforderungen an die Auszubildenden waren noch höher, als an die EOS-Schüler, da in kurzer Zeit das Wissen und Können aus den Anforderungen an das Abitur und an die jeweilige Berufsausbildung Sachsen.

Im Rahmen seiner Initiative „Höhere Berufsbildung“ hat der Zentralverband des Deutschen Handwerks (ZDH) gemeinsam mit der Kultusminister-Konferenz (KMK) ein Konzept zur Realisierung eines doppelqualifizierenden Bildungsgangs „BerufsAbitur“ erarbeitet, der jedoch in den einzelnen bislang teilnehmenden Bundesländern unterschiedlich umgesetzt wird.

Mit diesem Abschluss kann man zwischen 1 und 1,5 Jahre sparen und es wird kein vorgeschriebener Bildungsweg festgelegt.

Man kann darauf aufbauend Abschlüsse z. B. als „Meister“ (entspricht Stufe 6 des Deutschen Qualifikationsrahmens, wie ein Bachelor im Studium), „Geprüfte/r Fachwirt/in“ und Betriebswirt/in im Handwerk“ (HwO – entspricht Stufe 7 des Deutschen Qualifikationsrahmens, wie auch der Master im Studium) erwerben.

Es gibt drei unterschiedliche Modelle:

a) <u>Duale</u>

gleichzeitig erworben werden musste.
Die Lehrlinge erhielten ein monatliches Ausbildungsentgelt, das sich in den drei Jahren der Ausbildung steigerte. Zusätzlich konnten Leistungsprämien erworben werden.
Die zentralen schriftlichen Abschlussprüfungen waren bei der Berufsausbildung mit Abitur sowohl mit denen der Erweiterten Oberschule, als auch mit denen der sonst in der Regel jeweils zweijährigen Berufsausbildung in dem entsprechenden Beruf identisch. Der fachpraktische Teil war verkürzt.
Musik, Kunsterziehung und Astronomie fielen bei der Berufsausbildung mit Abitur weg. Auf Grund der gedrosselten Stundenzahlen musste viel Unterrichtsstoff der EOS im Eigenstudium sich angeeignet werden. Je nach Berufsausbildung wurde entweder der Geographie- oder der Biologie-Unterricht (jeweils 63 Unterrichtsstunden auf die 3 Jahre verteilt) verstärkt.
Im Gegensatz zur EOS gab es bei der Berufsausbildung mit Abitur keinen Sonnabend-Unterricht. Berufsschüler, die zusätzlich Abitur ablegten, waren an die Ferienpläne der DDR nicht gebunden. Es bestand lediglich ein Jahresurlaubsanspruch von 24 Tagen. Den Rest verbrachten die Jugendlichen

Fachoberschule:

Es erfolgt eine 4-jährige Ausbildung. Nach zwei Jahren erwirbt man die Fachhochschulreife. Das 13. Schuljahr des Abiturs wird auf die Jahrgangsstufen 3 und 4 gestreckt. Zum Erwerb der allgemeinen Hochschulreife besteht die Pflicht, im Rahmen von 320 Unterrichtsstunden eine zweite Fremdsprache zu lernen. Die Organisation der Umsetzung dieser Pflicht obliegt den einzelnen Bundesländern auf lokaler Ebene. Um eine Berufsschulklassenstärke zu erreichen, ist hierbei eine Mindestanzahl von Schülern zu gewährleisten.
Bei dieser Variante sind die Stundenzahlen wie folgt aufgeteilt:

1. Berufsschuljahr:
   - 320 Unterrichtsstunden an der Berufsschule
   - 620 Unterrichtsstunden an der Fachoberschule
   - Restzeit im Betrieb

2. Berufsschuljahr:
   - 280 Unterrichtsstunden an der Berufsschule
   - 620 Unterrichtsstunden an der Fach-

im Betrieb. Es gab 260 berufspraktische Tage pro Jahr. Hinzu kamen die vormilitärische Ausbildung für männliche und die Sanitäter-Ausbildung für weibliche Schüler, die eine Berufsausbildung mit Abitur absolvierten, über die am 07.10.1952 in Form einer Körperschaft des öffentlichen Rechts gegründete und zunächst dem Ministerium des Innern und ab 1968 dem Ministerium für Nationale Verteidigung unterstellte und im Frühjahr 1990 aufgelöste Gesellschaft für Sport und Technik.
Durch die wissenschaftlich-praktische Tätigkeit konnte sich die Berufsausbildung mit Abitur von einer herkömmlichen Berufsausbildung qualitativ abheben.
Die Berufsausbildung mit Abitur war auch für das sich anschließende Studium vorteilhaft, da das Studium auf Grund verkürzter Praktika wegen der bereits vorliegenden Berufspraxis auf Grund der Berufsausbildung verkürzt werden konnte.

oberschule
- Restzeit im Betrieb
- Erwerb der Fachhochschulreife nach Ende des 2. Schuljahres

3. Berufsschuljahr:
   - 280 Unterrichtsstunden an der Berufsschule
   - 600 Unterrichtsstunden an der Fachoberschule
   - Restzeit im Betrieb

4. Berufsschuljahr:
   - 140 Unterrichtsstunden an der Berufsschule
   - 600 Unterrichtsstunden an der Fachoberschule
   - Berufsabschlussprüfung und Erwerb der Allgemeinen Hochschulreife
   - Restzeit im Betrieb

b) Einmündung in die Berufsoberschule

Diese Variante ist „berufsübergreifend" und erfordert seitens der teilnehmenden Bundesländer und Kommunen eine flexiblere Organisation. Im Anschluss an die duale Ausbildung, während der durch zusätzlichen Fachunterricht auch die Fach-

hochschulreife erworben wird, ein Übergang in die Abschlussklasse der Berufsoberschule statt und führt damit zur allgemeinen Hochschulreife.
Bei dieser Variante sind die Stundenzahlen wie folgt aufgeteilt:

1. Berufsschuljahr:
   - 480 Unterrichtsstunden an der Berufsschule
   - Restzeit im Betrieb

2. Berufsschuljahr:
   - 480 Unterrichtsstunden an der Berufsschule
   - Restzeit im Betrieb

3. Berufsschuljahr:
   - 480 Unterrichtsstunden an der Berufsschule
   - 560 Unterrichtsstunden an der Fachoberschule in den 3 Berufsschuljahren im Rahmen insgesamt im Rahmen des integrativen Erwerbs der Fachhochschulreife sowie Berufsabschlussprüfung
   - Restzeit im Betrieb

4. Schuljahr:
   - 1200 Unterrichtsstunden in Klasse 2

der Berufsoberschule

- Erwerb der Allgemeinen Hochschulreife

c) Integratives Modell am Beruflichen Gymnasium

Hier werden die duale Berufsausbildung und die gymnasiale Oberstufe an einem Beruflichen Gymnasium miteinander verknüpft.

1. Schuljahr:
- 36 bis 37 Unterrichtsstunden/Woche

2. bis 4. Berufsschuljahr als Auszubildender:
- Berufsausbildung in 3 Jahren an 1,5 Tagen/Woche (1.440 Unterrichtsstunden) und 7 Wochen/Jahr (840 Unterrichtsstunden) in den Schulferien inkl. einem 120 Unterrichtsstunden umfassenden „Betrieblichen Seminarkurs" und einem auf 6 Unterrichtsstunden/Woche jeweils in den Berufsschulausbildungsstufen 2 bis 4

		angelegten berufsbezogenem Pflichtfach bei jeweils 27 Unterrichtsstunden/ Woche insgesamt in den Berufsschulausbildungsstufen 2 bis 4
Eigentumsverhältnisse	Bis auf einige vom Staat gestattete Privatunternehmen (bis maximal 10 Mitarbeiterinnen bzw. Mitarbeiter wurden den Privatunternehmen gestattet) bestanden meistens Staatsunternehmen in der Form von Volkseigenen Betrieben (VEB), auch auf Grund der letzten groß angelegten Verstaatlichungswelle von Privatunternehmen in der DDR 1972. Privatunternehmer konnten in der Regel in den vorherigen Betrieben, die bei den Enteignungswellen in Volkseigene Betriebe umgewandelt wurden, weiterarbeiten, teilweise auch in Führungspositionen, z. B. als Betriebsleiter und diese Betriebe unter gesamtbundesrepublikanischen Gesellschaftsverhältnissen von der ab 1990 tätigen Treuhand wieder zurückkaufen. Darüber hinaus bestanden Produktionsgenossenschaften (PGH), Konsumgenossenschaften, Betriebe mit Zugehörigkeit zur bereits 1948 vor der DDR gegründeten Handelsorganisation (HO) und volkseigene Güter (VEG) in der Landwirtschaft. Eigentum für die Mitarbeiter	Ein Großteil der Unternehmen befindet sich in Privatbesitz. Es besteht teilweise eine staatliche Beteiligung an Privatbetrieben (zum Beispiel im Aufsichtsrat des Volkswagen-Konzerns in Wolfsburg (Bundesland Niedersachsen)). Es besteht eine parteiparitätische Beteiligung in Aufsichtsratsgremien staatlicher Rundfunk- und Fernsehanstalten (ARD mit ihren regionalen 3. Programmen und Spartenprogrammen (jeweils Hörfunk und Fernsehen), ZDF mit seinen Spartenkanälen und den Beteiligungen am deutsch-französischen Kultursender arte und am gemeinsam mit dem österreichischen Rundfunk und Fernsehen ORF und dem Schweizer Fernsehen betriebenen Fernsehsender 3sat). Privatbesitz ist für alle möglich. Es existiert ein relativ

	vom VEB, VEG oder in der PGH war nur im Privatbesitz möglich. Durchschnittlich gesehen war nur geringes Privateigentum der Beschäftigten von volkseigenen Betrieben auf Grund der Bezahlung möglich.	kleiner Anteil an staatlichen kommunalen Unternehmen. In der Bundesrepublik existiert ein geringer Anteil an Unternehmen (z. B. Volks- und Raiffeisenbanken) und Institutionen im genossenschaftlichen Besitz. Es existiert ein höheres Vermögen der durchschnittlichen Bürger der alten Bundesländer im Vergleich zu den durchschnittlichen Bürgern aus den neuen Bundesländern aus den genannten sowie weiteren Produktivitäts- und Einkommensgründen.
Einkommen	Das Bruttoeinkommen war in der DDR wesentlich geringer als in der BRD. Die Preise für lebensnotwendige Produkte und Dienstleistungen sowie die Sozialbeiträge waren in der DDR ebenfalls weit geringer, was neben anderen Faktoren beim Vergleich der tatsächlich einer Familie verbliebenen Mittel ebenfalls mit berücksichtigt werden muss. Ein weiterer zu beachtender Aspekt ist, das zum Ende der 1980er Jahre in der damaligen DDR ca. 91 Prozent der Frauen sich in einem Arbeitsverhältnis befanden und somit einer Familie im Regelfall zwei Einkommen zur Verfügung standen.	Das Bruttoeinkommen in der alten BRD war und ist im heutigen wiedervereinigten Deutschland höher als in der DDR. Die Preise für lebensnotwendige Produkte und Dienstleistungen sowie Sozialbeiträge waren und sind heute höher. Vorteile des BRD-Bruttoeinkommens: - qualitativ höheres Bruttoeinkommen - geringere Preise für manche Industriewaren - höhere Auswahl an Lebensmitteln und Industriewaren - höherer und besserer

	Das durchschnittliche Bruttoeinkommen wurde in der DDR schrittweise bezogen auf die Verhältnisse in der früheren DDR zeitweilig relativ erhöht: 1949: 290,- M 1955: 432,- M 1960: 555,- M 1965: 633,- M 1970: 755,- M 1975: 889,- M 1980: 1.021,- M 1985: 1.130,- M 1989: 1.300,- M Vorteile des DDR-Brutto-einkommens: - wesentlich geringere Steuern - Wesentlich geringere Beitrags-Kosten für Sozialversicherung - wesentlich geringere Preise für Dienstleistungen und bestimmte Lebensmittel - wesentlich geringere Preise für Mieten und Mietnebenkosten - wesentlich geringere Preise für kulturelle und soziale Leistungen - kaum privat zu tätigende Ausgaben für Bildungsleistungen - geringere Privatausgaben durch die Unterstützung der Kultur- und Sozialfonds der großen Betriebe für Urlaubsreisen in der DDR und ins sozialistische Ausland	Versorgungsgrad - Möglichkeiten der Reisen in westliche Länder, die für DDR-Bürger bis zum Fall der Berliner Mauer am 09.11.1989 bzw. der Bildung einer gemeinsamen Wirtschafts-, Währungs- und Sozialunion am 01.07.1990 zwischen der DDR und der BRD bzw. Wiedervereinigung Deutschlands am 03.10.1990 nicht bzw. aus finanziellen Gründen in der Regel nicht möglich waren und – damit verbunden – ein höheres Freizeit- und Urlaubsangebot - höherer Grad der Freiheitsnutzung
Freiheit	Freiheit war in der DDR die „Einsicht in die Notwendig-	In der alten Bundesrepublik und in West-

keit“ definiert und auch so gehandhabt.
Nachfolgend werden die Unterschiede der Freiheit zwischen der früheren DDR und der alten Bundesrepublik bzw. ab dem 03.10.1990 des gemeinsamen Deutschlands insbesondere im unterschiedlichen Impfverhalten am Beispiel u. a. der Tuberkulose-Schutzimpfung bzw. an anderen Pflicht-Schutzimpfungen aufgezeigt.
In der DDR waren bis zu ihrem politischen Ende am 02.10.1990 18 unterschiedliche Impfungen Pflicht. Dadurch konnten viele Krankheiten eingedämmt bzw. ausgerottet werden und wurden viele Geimpfte in gewissem Umfang widerstandsfähiger bzw. zum Teil auch immun.
Deshalb wäre es in der Bundesrepublik notwendig gewesen und ist meines Erachtens auch jetzt zu beachten, dass eine Pflichtimpfung zur prophylaktischen Vermeidung von ggf. sonst entstehenden Krankheiten durchgeführt wird. Dies sollte auch im Zusammenhang mit einer Ansteckungsgefahr und der Freiheit der Anderen bei einer nur freiwilligen Impfung beachtet werden.
Die Tuberkulose-Schutz-Pflichtimpfung, die für alle in der DDR ab 1950 Geborenen eine Pflichtimpfung neben vielen anderen Pflicht- Berlin hatte die Freiheit bis zum 02.10.1990 eine wesentlich höhere Bedeutung als in der DDR. Dieses Verhaltensmodell wurde nach der Wiedervereinigung auch auf das Gebiet der ehemaligen DDR ausgedehnt. Es gibt nahezu keine Beschränkungen.
Die verheerenden Folgen der durch den gestiegenen und weiterhin anwachsenden Wohlstand ab den 1990er Jahren nicht nur im gemeinsamen Deutschland, sondern in vielen westlich orientierten Ländern der Welt entstandenen „Spaß-Gesellschaft“, die sich in einer egoistischen und verantwortungslosen Verhaltensweise von der Kindheit und Jugend angefangen bis hin zum Alter immer mehr bemerkbar machen, stehen sinnbildlich für die Verhaltensweisen in der derzeitigen Corona-Krise, insbesondere bei geringer gebildeten und jüngeren Menschen.
Beschränkungen werden nur eingeleitet, wenn diese durch das Grundgesetz oder damit verbundene Gesetze gedeckt sind. Damit werden im Interesse der Einhaltung der Freiheit kaum Beschränkungen

impfungen darstellte, erhöht auch nach Meinung bestimmter Virologen die Widerstandskraft und ggf. sogar zum Teil auch eine Immunität gegen die Folgen der Corona-Virus.
In der DDR wurden bei der Freiheit bzw. dem Begriff der Freiheit somit andere Gesichtspunkte als in der alten Bundesrepublik bzw. dem ab dem 03.10.1990 gemeinsamen Deutschland beachtet.
Trotzdem konnte man nach meiner Auffassung auch in der DDR in manchen Belangen sich auch in gewisser Weise frei verhalten. Die Verfassung schrieb jedoch gewisse Pflichthandlungen vor, die als eine Einschränkung bestimmter Freiheiten gewertet werden können. bzw. müssen. Man hatte sich aber in der DDR an bestimmte Pflichthandlungen schon gewöhnt, so dass sie gar nicht so im Gegensatz zu den Bürgern in der alten Bundesrepublik als Freiheitseinschränkungen von Manchen in der DDR in genereller Hinsicht empfunden wurden. Die Reisefreiheit und manche andere Freiheiten haben in der DDR aber viele Menschen vermisst.
oder Gebote und Verbote festgelegt. Durch die Folgen der Corona-Pandemie bestanden lange Zeit auch für das gemeinsame Deutschland erhebliche Beschränkungen, die immer noch im gewissen Umfang dadurch auch noch bestehen.
Bestimmte Maßnahmen werden vorrangig im Interesse der Einhaltung der Freiheit nur auf Freiwilligkeit und nicht als Pflichtmaßnahme festgelegt. Speziell beim Impfen war die Pockenimpfung die einzige Pflichtimpfung in der alten Bundesrepublik und ist im gemeinsamen Deutschland nunmehr neben der Pockenimpfung zusätzlich auch in gewisser Weise als sonstiges Besuchsverbot von bzw. Arbeitsverbot in Kinderkrippen und Kindergärten die Masernimpfung nur die einzige Pflichtimpfung.
Meines Erachtens haben die Folgen des Corona-Virus aufgezeigt, dass es wirklich wichtig ist, im Interesse der Vermeidung bestimmter Krankheiten oder im Interesse anderer Notwendigkeiten, nicht generell gegen Beschränkungen aufzutreten, weil Manche dies als Ein-

		griff in ihre Freiheit betrachten. Unsere Vernunft wird hierbei überhaupt nicht beachtet, obwohl sie dringend als Bestandteil der Freiheit zu sehen ist. Man nimmt sogar im Namen der Freiheit durch die mögliche Ansteckungsgefahr in Kauf, dass man durch mangelndes unvernünftiges Verhalten, das dem erforderlichen objektiven Handeln in keiner Weise entspricht, die Freiheit Anderer bedroht. Wenn man sich so verhält und trotzdem immer nach Freiheit ruft, kommt dieses Benehmen nahezu einem bockigen Kind gleich.
Freizeitgestaltung für Jugendliche	In der damaligen DDR wurde relativ viel zur Erhöhung des Freizeitgestaltungsangebots für Jugendliche, Schüler bzw. Kinder getan. Das hat sich oft sehr positiv auf die Erziehung, Charakterbildung, Solidarität und auch auf die gezeigte Disziplin der jungen Menschen ausgewirkt. Dadurch hatten die jungen Menschen ein Höchstmaß an Beschäftigungsmöglichkeiten. Es gab deshalb im Grunde kein Bedürfnis bei den jungen Menschen in der früheren DDR an Drogen, Rauschgiften oder Ähnlichem, wie dies leider in vielen Ländern der Welt, auch im	Freizeitgestaltung für Jugendliche erfolgt in der Bundesrepublik durch Träger der Jugendhilfe. Ferienlager werden in der Regel durch christliche Organisationen in unterschiedlicher Form während der Schulferien angeboten. Durch den Deutschen Jugendherbergsverband werden von den jeweiligen Landesverbänden sogenannte „Kinder-“, „Jugend-“ bzw. „Familien-Freizeiten“ mit unterschiedlichen Themen und Veranstaltungen angebo-

gemeinsamen Deutschland vorkommt. Zu den Angeboten, die jungen Menschen in der damaligen DDR unterbreitet wurden, gehörten u. a.:

- vielfältige Möglichkeiten der Feriengestaltung in der damaligen DDR und im damaligen sozialistischen Ausland durch entsprechende Ferieneinrichtungen, wie Kinderferienlager, Ferienspiele (3 Wochen kosteten 8,25 DDR-Mark Essengeld, die Ausgaben für Freizeitgestaltung waren gering) usw.
- Freizeiteinrichtungen in verschiedensten Formen für Kinder, Schüler und Jugendliche
- Sporttätigkeiten in verschiedensten Sportarten in den entsprechenden Sporteinrichtungen
- verschiedenste Freizeitmöglichkeiten an Nachmittagen nach der Schule, vergleichbar mit an manchen Schulen gebildeten Ganztagsschulen
- Kindereisenbahnen und andere kulturelle Angebote für junge Menschen
- Ringklubs für Theaterbesuche, Konzertbesuche und andere kulturelle Veranstaltungen
- vielfältige Veranstaltungen im Rahmen der Jugendweihe bzw. der Kommunion und Konfirmation
- Ausstellungen, Hobbyvorten.

Auch Pfadfinder-Lager werden angeboten.

Diese Freizeitgestaltungen werden durch die unterschiedlichen Träger im In- und Ausland angeboten.

	stellungen, Quizwettbewerbe - verschiedene Angebote in den Jugendklubs - verschiedene Arten der Solidaritätsveranstaltungen - Hilfe für ältere und behinderte Menschen in verschiedenster Form (z. B. „Timur-Hilfe“ in Anlehnung an die Hilfeleistungen, die im Jugendbuch „Timur und sein Trupp“ von Arkadi Gaidar (1904 – 1941) beschrieben wurden) - Sekundärrohstoff-Sammlungen, bei denen sich die Kinder und Jugendlichen in den Annahmestellen auch Geld verdienen können - Teilnahme an Jugendfestspielen im nationalen und internationalen Rahmen u. ä.	
Freizeitgestaltung der Erwachsenen	Auch für Erwachsene gab es eine Vielzahl von Feriengestaltungsmaßnahmen außerhalb der Maßnahmen der Urlaubsgestaltung, die gesondert beschrieben werden. Dazu gehörten u. a. in der damaligen DDR: - Betriebsfestspiele - verschiedenste Brigade-Veranstaltungen - Ringveranstaltungen zur Teilnahme an Kultur-Veranstaltungen, wie Theater-, Konzertbesuche usw. - touristische Besuche von kulturellen Einrichtungen in anderen Orten der jeweili-	In großen Unternehmen finden auch gemeinsame Aktivitäten in unterschiedlichen Bereichen statt. Sonst ist es in erster Linie Privatsache, wie man als Erwachsener seine Freizeit verbringt.

gen Abteilungsbereiche der Großbetriebe

- gemeinsame Ausflüge in der Region bzw. in andere Orte der jeweiligen Betriebsabteilungen von Großbetrieben
- verschiedenste Bildungs- und Quizwettbewerbe
- Buchlesungen für die Abteilungsbereiche von Großbetrieben
- verschiedene Sportwettkämpfe für die Abteilungsbereiche der Großbetriebe
- individuelle Aktivitäten für die Familie oder den Einzelnen

Gesundheitswesen

Das Gesundheitswesen wurde in vielfältiger Form in der damaligen DDR ausgestaltet. Einen wichtigen Schwerpunkt bildeten die Polikliniken, die eine ortsnahe interdisziplinäre ärztliche Betreuung für die betroffenen Patienten und alle Bürger gewährleisteten. Nur wenige Ärzte hatten eine eigene Arztpraxis. Die Mehrheit der Ärzte arbeitete in den Polikliniken.
In der DDR standen oft nicht in ausreichender Anzahl moderne Geräte und andere Stoffe im Gesundheitswesen zur Verfügung.
Trotzdem wurden sehr viele gute Maßnahmen im DDR-Gesundheitswesen durchgeführt. Es war staatlich. Krankenkassen gab es nicht. Die Gesundheitskosten wurden im

In der alten Bundesrepublik gab und im wiedervereinigten Deutschland gibt es im Regelfall Ärztehäuser an Stelle von Polikliniken. Die Ärzte in diesen Ärztehäusern rechnen individuell ihre Leistungen mit den jeweiligen Krankenkassen ab und müssen somit oft Unternehmer werden, da ökonomische Gesichtspunkte ihrer Tätigkeit leider eine Rolle spielen müssen. Dies kann sich auch auf die Patienten auswirken. Neben der gesetzlichen Versicherung der Krankenkassen, die 90 Prozent der Bevölkerung nutzen, kann man sich auch nur bzw. zu einem bestimmten Anteil privat krankenversichern. Privat

	Rahmen der Staatlichen Versicherung der DDR abgedeckt. Das Gesundheitswesen war nicht von Ökonomisierung geprägt, sondern Jeder hatte die gleichen Rechte im Gesundheitswesen, und dadurch stand der Patient immer im Vordergrund. Für die gesamte Sozialversicherung brauchten monatlich nur 60,- DDR-Mark bezahlt werden. Mit dieser Beitragszahlung von monatlich 60,- DDR Mark hatte man neben der Gesundheitsvorsorge gleichzeitig die Rentenvorsorge bzw. die Unfallvorsorge versichert. Deshalb brauchte man auf privater Basis in der damaligen DDR keine zusätzlichen Zahlungen für die Gesundheitsversorgung tätigen.	krankenversichert sind ca. 10 Prozent der Bevölkerung. Leider ist festzustellen, dass aus kommerziellen Gründen Privatversicherte oft Vorteile in verschiedenster Form gegenüber gesetzlich Krankenversicherten. Deshalb wird oft von der Zwei-Klassen-Medizin gesprochen. Wie bereits erwähnt, werden über das Gesundheitswesen Impfungen – bis auf die Pocken-Impfung auch in der alten Bundesrepublik und seit einigen Jahren auch die Masern-Impfung im gemeinsamen Deutschland – in der alten Bundesrepublik und seit dem 03.10.1990 im wiedervereinigten Deutschland auf freiwilliger Basis durchgeführt. Die Geräteausstattung war in der alten Bundesrepublik und ist heute im gemeinsamen Deutschland besser und moderner, als sie es in der DDR war.
Herrschaftssystem	Im Sozialismus wurde in der damaligen DDR die „Diktatur des Proletariats“ unter Führung der jeweiligen sozialistischen bzw. kommunistischen Partei angewandt. Seit dem Zwangs-Vereinigungsparteitag von der Kommunistischen Partei Deutsch-	Im Kapitalismus wird, speziell in Deutschland, wie in manchen Ländern, insbesondere in den westlichen Ländern das Herrschaftssystem der Demokratie, vorrangig die parlamentarische Demokratie angewandt.

	lands (KPD) und der Sozialdemokratischen Partei Deutschlands (SPD) am 21. und 22.04.1946 in der damaligen Sowjetischen Besatzungszone (SBZ) in Ost-Berlin zur Sozialistischen Einheitspartei Deutschlands (SED), der am 07.10.1990 erfolgten Gründung der Deutschen Demokratischen Republik (DDR) bis zur ersten und letzten freien Volkskammerwahl in der DDR am 18.03.1990 und Einsetzung der ersten und letzten frei gewählten DDR-Regierung im April 1990 übte die SED als kommunistische Partei in Ostdeutschland auch unter ihrem im Dezember 1989 geänderten Namen SED-PDS (PDS steht für „Partei des Demokratischen Sozialismus) diese Führungsrolle damals aus.	
Hort	Die ab Mitte der 1970er Jahre auf Grund der erhöhten Nachfrage ausgebaute kostenlose Hortbetreuung schuf einen Übergang von der Ganztagsbetreuung in den Kindergärten zum Schulalltag. Schüler der ersten bis vierten Klasse konnten vor und nach Unterrichtsbeginn durch schulpädagogisch ausgebildete Fachkräfte betreut werden, auch bei den Hausaufgaben. Die Horte waren von 6 bis 17 Uhr geöffnet. Im Hort bestanden vielfältige Möglichkeiten der Freizeitgestaltung.	Horte in der aus der DDR-Zeit bekannten Form existieren im gemeinsamen Deutschland nicht. Diese Aufgaben übernehmen Tagesmütter bzw. Tagesväter.

Kinderkrippe

1955 konnte in der DDR nur für fast jedes zehnte Kind ein Kinderkrippenplatz angeboten werden. Das Angebot an Kinderkrippenplätzen hat sich in den Folgejahren erheblich erhöht. In den 1980er Jahren bekamen acht von zehn Kindern in der DDR einen Kinderkrippenplatz. Der Kinderbetreuungsschlüssel pro Erzieherin lag bei 1 : 6. Ein Kinderkrippenplatz kostete in der DDR 25 Mark. Außerdem mussten 1,70 Mark/Tag für Mittagessen entrichtet werden.

Bis 1989 wurde in der DDR das dichteste Netz an Kinderkrippen in Europa entwickelt.

Gab es 1955 nur 194 Kinderkrippen mit 4774 Plätzen, waren es 1989 7707 Einrichtungen mit 348.058 Plätzen, die 80 Prozent der unter 3jährigen Kinder aufnehmen konnten.

Die Kinderkrippen unterstanden dem Ministerium für Gesundheitswesen der DDR.

Die Kinderbetreuungseinrichtungen (Kinderkrippen, Kindergärten bzw. Kinderkombinationen) waren staatliche (86 Prozent), betriebliche (12 Prozent) oder kirchliche Einrichtungen (2 Prozent).

Dadurch konnten auch günstige Voraussetzungen zu einem hohen Beschäftigungsgrad von Frauen in der damaligen DDR gesichert werden. Der Beschäftigungsgrad von Frauen lag 1989 in der damaligen DDR

In der Bundesrepublik mussten und im gemeinsamen Deutschland müssen sich Eltern um die Unterbringung in eine „Kindertagesstätte“ (Kita) – eine starre Abgrenzung zwischen Krippe und Kindergarten gab und gibt es nicht – selbst kümmern. Es wurde in der alten BRD und wird im heutigen gemeinsamen Deutschland eher zur Halbtages-Betreuung tendiert. Die Mitarbeit der Eltern ist ausdrücklich erwünscht.

Mit der „Verordnung für Tageseinrichtungen für Kinder“ wurden Kinderbetreuungsstätten der DDR aus dem Bildungsbereich heraus genommen und – wie auch in der Bundesrepublik und West-Berlin bis dahin üblich – nunmehr auch hier der Kinder- und Jugendhilfe zugeordnet.

Im wiedervereinigten Deutschland hat die Betreuung in Kindertagesstätten vier unterschiedliche Funktionen:

- eine immer bedeutendere Betreuungsfunktion unter dem Hintergrund der besseren Vereinbarkeit von Familie und Beruf
- Erziehungsfunktion (Erlernen sozialer Normen in der Gruppe)

	bei ca. 90 Prozent. Die hohe Beschäftigungsquote der Frauen trug neben vielen anderen Faktoren zur geringeren Abhängigkeit der Frauen von Ehemännern und zu einer höheren Existenzsicherung und Gleichberechtigung bei.	- Bildungsfunktion (Erhöhung der Chancengleichheit und Förderung der Inklusion) - familien- und bevölkerungspolitische Funktion, die im Hinblick auf die Entwicklung der Geburtenraten zu sehen ist In den westdeutschen Bundesländern wurde die Kinderbetreuung durch die Festschreibung eines Anspruchs auf einen Kinderbetreuungsplatz 1996 und 2013 ausgebaut. In den ostdeutschen Bundesländern wurden insbesondere zwischen 1990 und 2001 viele Kinderbetreuungsplätze insbesondere durch das Wegbrechen der großen Betriebe, die selbst Kinderbetreuungsstätten unterhielten, auch durch den Geburtenknick in den ostdeutschen Bundesländern ab 1990 abgebaut.
Kindergarten	Die Kindergärten unterstanden dem Ministerium für Volksbildung der DDR, genauso wie die Schulen und Hochschuleinrichtungen. In den Kindergärten mussten pro Mittagessen 0,35 M bezahlt werden. Neben Spielen im Kindergarten	Seit Einführung des Anrechts auf einen Kinderbetreuungsplatz in ganz Deutschland gibt es auch in den ostdeutschen Bundesländern Probleme, dieses Anrecht gesetzlich umzusetzen, da viele Kinderbetreuungsstätten nach der

	standen auch Ausflüge auf dem Programm, um die Kinder praktisch an Vorschulbildung heranzuführen und auch schon auf den späteren Schulunterricht spielerisch vorzubereiten.	Wende in Ostdeutschland geschlossen wurden. Die Elternbeiträge sind kommunal und pro Bundesland unterschiedlich.
Kinderkombination	In diesen Häusern waren Kinderkrippen und Kindergärten gemeinsam untergebracht mit dem Vorteil, dass Kinder über Jahre in der gewohnten Umgebung betreut werden konnten.	Eine Kinderkombination gibt es im gemeinsamen Deutschland nicht.
Miete	Die Grundmiete und die Mietnebenkosten waren ebenfalls sehr gering und lagen beispielsweise bei einer 5-Raum-Wohnung in einer Neubauwohnung nur bei 110,00 DDR-Mark/Monat. Die Mietpreise der Wohnung wurden im Regelfall subventioniert. Für die Altbauwohnungen lagen die monatlichen Mietpreise noch wesentlich geringer als bei Neubauwohnungen in der DDR. Die Folge war, dass wegen zu geringer Mietpreise die Eigentümer bzw. Vermieter die Kosten für ihre Häuser oft nicht mehr bezahlen konnten und ihre Häuser leider oft aus finanziellen Gründen aufgeben mussten. Dazu kam noch das materielle Problem, dass vielfach die benötigten notwendigen Baumaterialien bzw. die erforderlichen Kapazitäten an fremden Baureparaturleistungen nicht zur Verfügung ge-	Trotz teilweise sozialem Wohnungsbaus in der alten Bundesrepublik und West-Berlin, insbesondere bis zum 02.10.1990, waren die Mieten in der damaligen Bundesrepublik und in West-Berlin auch auf Grund der höheren Bevölkerungsdichte wesentlich höher als in der DDR, weil es keine einheitliche Preisregelung pro Quadratmeter gab und auch im wiedervereinigten Deutschland nicht gibt. Von Vielen wird festgestellt, dass die Mieten im Durchschnitt viel zu hoch sind und Manche die Mieten nicht mehr bezahlen können bzw. auch in Anbetracht des nicht ausreichenden Angebots nur schwer oder besonders im städtischen Bereich oftmals keine Wohnung be-

	stellt werden konnten, da diese nicht verfügbar waren bzw. oft nicht rechtzeitig zur Verfügung gestellt werden konnten.	kommen. Ein wesentlicher Grund der nicht mehr vertretbaren Erhöhung des Mietpreises im städtischen Bereich liegt insbesondere in der wesentlichen Erhöhung des Quadratmeterpreises. Manche Bundesländer haben nicht in dem hohen Maße den zur Miete angebotenen Wohnraum privatisiert und Diejenigen, die ihren zur Miete angebotenen Wohnraum in kommunalen oder genossenschaftlichen und ähnlichen Eigentumsformen belassen haben, können wesentlich günstigere Preise für Mieten anbieten. Arbeits- und Obdachlosigkeit konnte in den alten Bundesländern und in West-Berlin bis zum 02.10.1990 und kann nunmehr seit dem 03.10.1990 auch im gemeinsamen Deutschland entstehen.
Produktpreise	Die in der DDR angewandten Preise wurden vom Staat festgelegt und waren, mit Ausnahme von Industriewaren, gegenüber den Preisen in der alten Bundesrepublik oft niedriger als im gemeinsamen Deutschland bzw. der alten BRD. Es gab bei den Produkten keine Mehrwertsteuer, sondern es gab Endverbraucherpreise (EVP). Deshalb konnte ein Einkom-	Die Erzeugnis- und Dienstleistungspreise waren in der alten Bundesrepublik und West-Berlin bis zum 02.10.1990 bei manchen Erzeugnissen, auch unter Beachtung der gezahlten Löhne und Gehälter, als in der DDR. Daran hat sich seit dem 03.10.1990 im wiedervereinigten Deutschland

	mensvergleich nur unter Beachtung dieser Gegebenheiten erfolgen. Man muss jedoch beachten, dass für manche Güter bzw. Leistungen in der DDR verstärkt Subventionen gezahlt wurden, was sich auch bei den betreffenden angewandten Preisen in der DDR widerspiegelt.	nichts geändert. Die Preisbildung kann von den Unternehmen unter Beachtung der Erfordernisse des Wettbewerbs bzw. von Angebot und Nachfrage frei vereinbart bzw. realisiert werden. Eine Festlegung der Preise durch den Staat besteht nicht und erfolgt nur in Ausnahmefällen.
Sozialversicherung	Für alle Arten der Sozialversicherung (Renten-, Krankenversicherung, Unfallversicherung) brauchte vom Entgeltempfänger nur ein monatlicher Betrag von 60,00 DDR-Mark gezahlt werden, falls er diesen Betrag nicht durch eine Mitgliedschaft in der Freiwilligen Zusatz-Rentenversicherung (FZR) (war ab einem Verdienst von 600,00 DDR-Mark/Monat aufwärts möglich) aufstocken wollte. Auch die zu entrichtenden Steuern waren sehr gering.	Auch bei der bis auf die Pflege-Versicherung paritätischen Zahlung der Sozialversicherungsbeiträge von Arbeitnehmerinnen und Arbeitnehmern auf der einen und von Arbeitgebern auf der anderen Seite ist im Vergleich zur Sozialversicherung der DDR festzustellen, dass wesentlich höhere Beiträge gezahlt werden müssen, was jedoch auch an den wesentlich höheren Löhnen und Gehältern liegt. Dies war bis zum 02.10.1990, als es die Pflegeversicherung noch nicht gab, in der alten Bundesrepublik und in West-Berlin schon bereits ebenfalls der Fall.
Studium	Neben der Zensuren-Auslese fand auch eine Auslese der Studenten nach der Herkunft statt. Kinder aus Arbeiter- und Bauern-Familien wurden	Es gibt Numerus-Clausus-relevante und Numerus-Clausus-freie Studiengänge. Bei Numerus-Clausus-Studiengängen zählt die

bevorzugt. Söhne und Töchter von Eltern, die selbst aus Arbeiter- oder Bauernfamilien stammten, sich jedoch selbst zu Akademikern in der DDR qualifizieren konnten, konnten ggf. nur über Umwege studieren.

Es gab seit den 1960er Jahren vier Möglichkeiten, in der DDR ein Studium aufzunehmen: ein Direktstudium (von 75 bis 80 Prozent der Studenten genutzt), ein Fern-, Abend- oder Forschungsstudium. Ein Fern- oder Abendstudium war nur per Delegierung oder mit Einwilligung des Betriebes möglich.

Ein vertiefendes Forschungsstudium schloss sich nach dem ersten Studienabschluss an, dauerte weitere zwei bis drei Jahre und endete mit einer Dissertation. Forschungsstudenten wurden teilweise auch in den Lehrbetrieb einbezogen und erzielten ein Stipendium von 300 bis 400 DDR-Mark. Ein Forschungsstudium diente der schnellen Überführung der Absolventen in die Wissenschaft.

Studienpläne waren verbindlich. Prüfungen mussten in jedem Semester abgelegt werden. Ähnlich wie in der Sowjetunion und heute zum Beispiel in Russland mussten männliche Studenten in der DDR zum mehrwöchigen Armeedienst und Frauen zur mehrwöchigen Zivil-Verteidigung (ZV). Von dieser grundsätzlichen Abschluss-Note, danach entscheiden „Warte-Semester".

Teilweise können Hochschulen und Universitäten inzwischen selbst entscheiden, welche Studierenden sie aufnehmen wollen.

Je nach Studien-Ordnung und vorheriger Berufserfahrung der Studierenden vor Aufnahme des Studiums müssen bis zum Ende des 4. Fachsemesters Vorpraktika in einer festgeschriebenen Wochenhöhe absolviert werden, teilweise auch mit der Studienordnung entsprechenden Schwerpunkten.

Je nach Studiengang ist darüber hinaus ein Praxis-Semester zu absolvieren. Dies kann auch im Ausland absolviert werden, insbesondere bei international ausgerichteten Studiengängen. Bei international ausgerichteten Studiengängen ist teilweise auch ein Pflicht-Semester an einer ausländischen Partner-Hochschule Pflicht.

Neben den Pflicht-Fächern können auch noch Zusatz-Wahlpflicht-Fächer (sogenannte „Electives"), die teilweise Bestandteil des Studiums sind und teil-

Regelung konnte bei einigen Studienrichtungen in der DDR mit der Zeit abgewichen werden, wenn man eine vormilitärische Ausbildung absolvierte. Ab 1964 bot die DDR als einziges sozialistisches Land weltweit – wahrscheinlich auch auf Grund der ab 1962 in der alten Bundesrepublik bestehenden Möglichkeit des Zivildienstes (Bewohner West-Berlins waren von der Wehrpflicht bis zur Wiedervereinigung am 03.10.1990 von der Wehrpflicht ausgenommen) – bei vorliegen-den Vorbehalten oder aus Gewissensgründen gegen den regulären Grundwehrdienst bei der Nationalen Volksarmee der DDR (NVA) die Möglichkeit, Bausoldat zu werden.

Ab 1981 erhielten alle Studenten ein elternunabhängiges einheitliches Grundstipendium von 250 DDR-Mark (Zeit-Soldaten: 350 DDR-Mark) und waren beitragsfrei krankenversichert. Studenten in Ost-Berlin bekamen 15 DDR-Mark Berlin-Zulage.

Es gab Sonderregelungen für Verheiratete, Studierende mit Kind oder auch Absolventen eines dreijährigen Wehrdienstes (hierzu konnten 1982 freiwillig auch Frauen eingezogen werden).

Ab dem 3. Semester konnten besonderes leistungsstarke Studentinnen und Studenten weise ebenfalls belegt werden müssen, belegt werden.

Neben dem BAFöG können noch zusätzliche Förderprogramme (z. B. ERASMUS+), z. B. für Auslandssemester, zusätzlich in Anspruch genommen werden.

Man muss sich spätestens nach Vollendung des 25. Lebensjahres selbst krankenversichern. Dies kann bis zur Vollendung des 25. Lebensjahres noch über die Eltern kostenfrei erfolgen.

Neben dem elternunabhängigen BAFöG gibt es auch elternabhängiges BAFöG, das man beantragen kann, wenn man inklusive einer Berufsausbildung und Berufserfahrung noch sechs Jahre zusammenbekommen hat. Hierbei wird das Elterneinkommen zwei Jahre zurückgerechnet von dem Jahr an, in dem die Studierenden BAFöG beantragen. Verdienen die Eltern zuviel, gibt es kein BAFöG. Das BAFöG muss maximal in der Höhe von 10.000 Euro innerhalb von 20 Jahren ab 5 Jahre nach Ende des Studiums zurück gezahlt werden.

Der gleichzeitige Bezug von BAFöG und ALG 1 bzw. ALG 2 schließen sich zusätzlich ein Leistungsstipendium erhalten. Es gab auch in der DDR Studenten-Rabatte (z. B. für Kultur).

In den Semesterferien mussten Studentinnen und Studenten entweder in der Landwirtschaft, im Bergbau oder anderen Wirtschaftszweigen in der DDR mitarbeiten. Hierfür gab es ab 1967 zwischen 60 und 150 DDR-Mark zusätzlich/Monat.

Absolventen von Studiengängen wurden staatlicherseits an Betriebe empfohlen. Man musste sich als Absolvent in der Regel nicht selbst bewerben.

Die vorhergehende in einigen Fachrichtungen erforderliche oder zum Teil bei einigen Studiendisziplinen festgelegte praktische Berufsausbildung vor Aufnahme des Studiums hat sich bezüglich des Erfolgs bei den Prüfungen bzw. der späteren Tätigkeit vielfach erfolgreich ausgezahlt. Diesbezüglich hat sich ein Fernstudium für Diejenigen, die ein Fernstudium absolvieren konnten bzw. die zu einem Fernstudium delegiert wurden, oft recht positiv für das Ergebnis des Studiums, durch die praktische Tätigkeiten ausgewirkt. Ein Fernstudium wurde in der DDR im Gegensatz zum gemeinsamen Deutschland in allen Studieneinrichtungen angeboten. Nach der erfolgreichen Absolvierung des Studiums hat man damals in der DDR immer einen Arbeitsplatz aus.

Bei Nebenjobs muss man aufpassen, dass man pro Monat nicht zuviel dazu verdient, da die Einkünfte nach Abzug einer Pauschale sonst auf das BAFöG angerechnet werden.

Spätestens mit Beantragung von BAFöG ab dem 5. Semester müssen Leistungsnachweise erbracht werden, da sonst die weitere Zahlung von BAFöG durch das zuständige Amt für Ausbildungsförderung verweigert werden kann.

Bei der Anrechnung von Auslandssemestern müssen die Inhalte mit den Inhalten der einheimischen Hochschule abgeglichen werden. Man kann auch Auslands-BAFöG beantragen. Hierfür gibt es BAFöG-Stellen, die für bestimmte Länder zuständig sind.

Es gibt auch inzwischen Qualitäts-Siegel wie „Familienfreundliche Hochschule“. Deshalb bemühen sich auch immer mehr Hochschulen, Studium und Familie gleichzeitig zu ermöglichen und den Studierenden hierbei Hilfestellungen zu geben.

Studierende haben – bei entsprechendem Nachweis

	bekommen, denn, wie erwähnt, es gab – außer im Zeitraum ab Beginn 1990 bis zum Vollzug der deutsch-deutschen Wiedervereinigung – keine Arbeitslosigkeit in der DDR. Absolventen eines Studiums waren sehr gefragt und hatten dadurch oft vielfältige Möglichkeiten zur Wahl eines Arbeitsplatzes. Es wurde eine solche qualitativ hochwertige Bedarfsplanung auch für Studenten bzw. Absolventen des Studiums durchgeführt, dass es – im Gegensatz zum gemeinsamen Deutschland bzw. zur alten Bundesrepublik – keine Probleme gab, dass für einige Studienrichtungen, wie z. B. Lehrern nicht genügend qualifizierte ausgebildete Absolventen zur Verfügung stehen. Um einen Einsatz von Absolventen auch im ländlichen Bereich, beispielsweise für Lehrer, zu sichern, wurde in der DDR festgelegt, dass man bei gesellschaftlichem Erfordernis vorübergehend zum Anfang der Lehrer-Tätigkeit in ländlichen Gebieten arbeiten musste.	– auch die Möglichkeit, Preisnachlässe bzw. Rabatte zu erhalten, z. B.: - in bestimmten Läden, z. B. Bäckereien - bei zu zahlenden Versicherungsprämien, z. B. bei Hausrat-, Unfall-, Haftpflicht-Versicherungen - Führen von Girokonten (ggf. Altersbeschränkung in Abhängigkeit von gewähltem Geldinstitut) - teilweise beim Erwerb von Eintrittskarten für Sportveranstaltungen
Urlaub und Reisen	Bekam man einen Urlaubsplatz in einem Ferienheim des Freien Deutschen Gewerkschaftsbundes (FDGB) – eine FDGB-Mitgliedschaft vorausgesetzt – waren die Kosten für Übernachtung, Verpflegung und kulturelle Betreuung während des Aufenthalts in diesem FDGB-	Heutzutage hat die IG Bau Unterkünfte im In- und Ausland, nicht nur für Gewerkschaftsmitglieder, sondern auch – gegen einen geringen Aufpreis – für Nicht-Gewerkschaftsmitglieder.

	Ferienheim gering. Die Kosten für die ganze Familie lagen im Regelfall bei unter 100 DDR-Mark. Durch die Nutzung des Kultur- und Sozialfonds und des Leistungsfonds der Betriebe hatten manche Betriebe auch zusätzliche Urlaubsangebote und Ferieneinrichtungen, sowohl in der DDR und – durch Austausch mit ausländischen Betrieben – auch im ehemaligen sozialistischen Ausland ebenfalls für geringe Kosten im Angebot. Auch alleine und mit der Familie konnte man sich um Urlaubsunterkünfte kümmern.	
Wirtschaftsmethode	In der DDR herrschte die Planwirtschaft auf der Grundlage des Prinzips des „demokratischen Sozialismus" vor.	In der Bundesrepublik existiert die Marktwirtschaft, speziell die soziale Marktwirtschaft als von Ludwig Erhard entwickeltes Wirtschaftsmodell als Regulator von Angebot und Nachfrage.
Wirtschaftsziel	In der DDR bestand dieses Ziel in der Erreichung eines hohen Gewinns, der neben der Erfüllung aller staatlichen Erfordernisse insbesondere zur Gehalts- und Lohnerhöhung oder zur Aufrechterhaltung niedriger Preise und der Beibehaltung der sozialen Errungenschaften durch Subventionen und somit zur Erhöhung des Lebensstandards für alle Bürger beitragen sollte. Eine Erhöhung der Ziel-	Hier sind zwei Modelle zu unterscheiden: - Unternehmen: • erzielter Gewinn unter Beachtung der Bezahlung des Lohns bzw. Gehalts an die Arbeitnehmerinnen und Arbeitnehmer - öffentlicher Dienst:

	stellung im materiellen und finanziellen Bereich sollte in erster Linie zu einer besseren Bedürfnisbefriedigung, einschließlich des Zuwachses an Löhnen und Gehältern bzw. anderen sozialen Leistungen. Da es in der DDR nur wenige Unternehmer gab und für diese eine relativ hohe Besteuerung bestand und die Regierenden und sonstigen Verantwortlichen von Institutionen ein relativ bescheidenes Gehalt erhielten, war in deren Ergebnis kein allzu großer Unterschied in der Polarität der Vermögensunterschiede zu verzeichnen, wie es heute im gemeinsamen Deutschland und in einigen anderen Ländern üblich ist.	• gesonderte Regelungen für die Bezahlung der beschäftigten Mitarbeiterinnen und Mitarbeiter

Tabelle 3: Gegenüberstellung des Sozialismus (insbesondere der DDR) und des Kapitalismus (insbesondere der Bundesrepublik Deutschland)

Die Regelungen in der Bundesrepublik Deutschland zum Abitur nach zwölf Schuljahren, u. a. für Bayern, Niedersachsen, Nordrhein-Westfalen und Schleswig-Holstein (Stand: 2016) wurden unter Nutzung des Wikipedia-Eintrags „Abitur nach der zwölften Jahrgangsstufe" unter dem Link: https://de.wikipedia.org/wiki/Abitur_nach_der_zwölften_Jahrgangsstufe) beschrieben.

Die Beschreibung der Regelungen des BerufsAbiturs in der Bundesrepublik Deutschland und der höheren Berufsqualifikationen im Handwerk im Rahmen des Deutschen Qualifikationsrahmens (DQR) sind Bestandteil der „Fragen und Antworten zum BerufsAbitur" unter dem Link https://www.zdh.de//fachbereiche/bildung/berufsabitur/informationen-zum-berufsabitur/fragen-und-antworten-zum-berufsabtitur/) und des in der Ausgabe 6/2016 auf den Seiten 52 und 53 der Zeitschrift „Berufsbildung in Wissenschaft und Praxis" veröffentlichten Artikels „Duale Ausbildung und Abitur – Gestaltung eines doppelqualifizierenden Bildungsgangs" von Dr. Mirko Pollmer, Referatsleiter in der Abteilung berufliche Bildung beim Zentralverband des Deutschen Handwerks Berlin und Gerd Roser, Referatsleiter Berufliche Bildung, Weiterbildung und Sport im Sekretariat der Kultusministerkonferenz Berlin.

Auch in Gewerkschaftsheimen der Bundesrepublik konnte und kann man für wenig Geld bei Mitgliedschaft Urlaub machen. Eine Beschreibung der Voraussetzungen erfolgte unter Nutzung des Beitrags „Urlaub muss nicht teuer sein" aus dem „Via-Journal" unter dem Link viajournal.de/urlaub-muss-nicht-teuer sein.

Es ist jedoch zu verzeichnen gewesen, dass die Arbeitsproduktivität in den meisten Ländern, die ihr Wirtschaftssystem auf der Basis der Anwendung der Marktwirtschaft ausrichten, wesentlich höher im Vergleich lag, als in früheren sozialistischen Ländern. In der Marktwirtschaft und somit in der kapitalistischen Gesellschaft, war es bisher möglich, einen höheren Grad des Wohlstandes und der Versorgungssicherheit für die Menschen in diesen Ländern zu erreichen. Menschen, die früher in der DDR gewohnt haben, haben dies ab 1990 verspüren können. Obwohl der Kapitalismus auch in der für Deutschland angewandten Sozialen Marktwirtschaft bewiesen hat, einen höheren Wohlstand zu erzielen, hat diese Gesellschaftsordnung auch eine Reihe von Nachteilen für die Menschen und auch in einigen Belangen gegenüber der sozialistischen Gesellschaftsordnung am Beispiel der früheren DDR. Die Nachteile lagen und liegen noch insbesondere in der sozialen Unsicherheit, dem Nichtwissen, ob man einen Arbeitsplatz bekommt, in der hohen Polarität von Arm und Reich, mit den sich daraus ergebenden Folgen. In der Form, wie die Marktwirtschaft sowie die kapitalistische Gesellschaft derzeit betrieben wird, kommt das Kurzzeit-Denken erheblich zum Ausdruck. Wir haben nicht genug Ressourcen, zum Beispiel an Rohstoffen, produzieren und konsumieren auf „Teufel, komm raus!", werfen weg und erzeugen Abfälle bis zum „Geht nicht mehr!" und betreiben ohne Rücksicht auf die Zukunft einen Turbokapitalismus in schlimmster Form. Wir beachten in nicht ausreichendem Maße die enormen Herausforderungen unserer Zukunft, zu deren Lösung uns als Menschheit nur noch eine gewisse Zeit zur Verfügung steht, bevor es zu einer Klima-Katastrophe kommt und nehmen dadurch auch keine Rücksicht auf spätere Generationen. So kann es nicht weitergehen, wenn die Menschheit weiter auf unserem Globus leben will. Deshalb müssen wir in Vielem eine andere Wirtschaftsform betreiben, die besser zu den gegenwärtig bestehenden Problemen passt und auf die Herausforderungen unserer Zeit richtiger reagiert. Auch müssen die erforderlichen Voraussetzungen zur Schaffung der Ressourceneinsparung und auch die Schattenseiten des kurzfristigen Denkens bei der Wertung der gegenwärtigen Marktwirtschaft gesehen werden.

Im Abschlussbericht vom Bundesministerium des Innern, für Bau und Heimat und der Kommission „30 Jahre Friedliche Revolution und Deutsche Einheit" vom 07.12.2020 wurden u. a. nachfolgende Gesichtspunkte, bei denen es immer noch

Probleme gibt und die zukünftig für Ostdeutschland besser beachtet werden müssen, um ein besseres gemeinsames Deutschland zu erreichen, benannt. Dazu gehören u. a.:

- Die Vereinigungserfordernisse bzw. der Umbruch – bezogen auf den bisherigen Alltag – waren sehr tiefgreifend für nahezu alle Menschen der damaligen DDR und kamen für viele frühere DDR- Bürger einem Zusammenbruch gleich.

- Viele Millionen Menschen aus der damaligen DDR verloren ihre Arbeit und mussten beruflich, falls möglich, völlig neu anfangen und oftmals mehrfach neue Berufe erlernen.

- Millionen Menschen in der damaligen DDR fanden keine Arbeit und kein Auskommen.

- Millionen Menschen, besonders Diejenigen, die keine Arbeit fanden, haben ihre bisherige Heimat verlassen und versuchten in den alten Bundesländern eine neue Heimat und wieder Arbeit zu finden.

- Nicht Wenige resignierten und wurden arbeitslos. Ihr Leben war lange Zeit von Aussichtslosigkeit und Hoffnungslosigkeit geprägt ... Die Menschen in ganzen Landstrichen Ostdeutschlands sahen kaum noch eine Zukunft für sich.

Es ist unverkennbar, dass immer noch zum gegenwärtigen Zeitpunkt manche Menschen in Ostdeutschland noch sehr unzufrieden sind und geringes Vertrauen in die Demokratie und ihre Institutionen haben.

- Erhebliche Teile der ostdeutschen Gesellschaft stehen dem politischen und gesellschaftlichen System der Bundesrepublik verdrossen und entfremdet, ja sogar ablehnend gegenüber.

- Zwei Drittel aller Ostdeutschen erklären, dass sie sich im gemeinsamen Deutschland noch immer als Menschen zweiter Klasse fühlen.

- Es muss in hohem Maße als unbefriedigt angesehen werden, dass Ostdeutsche in den Führungspositionen von Verwaltung, Justiz, Wirtschaft, Wissenschaft, Medien oder Militär immer noch sehr deutlich unterpräsentiert sind.

- Es kann auch nicht befriedigen, dass Löhne, Gehälter ebenso wie Vermögen und Erbschaften im Osten Deutschlands deutlich geringer sind als im Westen.

- Menschen in Ostdeutschland haben den Eindruck, ihre besonderen Erfahrungen im radikalen Umbruchs- und Transformationsprozess der vergangen Jahre stießen in Wirtschaft, Gesellschaft und Politik auf zu wenig Interesse und Wertschätzung.

- Viele Menschen in Ostdeutschland vertreten die Auffassung, dass fehlender Respekt vor der Lebensleistung der Menschen besteht.

- Ebenfalls wird erwähnt, dass ihr Landesteil benachteiligt, missachtet, in der öffentlichen Debatte nicht angemessen berücksichtigt wird und von wichtigen Entscheidungen für Gesamt-Deutschland „abgehängt" wird.

- Der Blick auf den Vereinigungsprozess ist bei den Ostdeutschen in den vergangenen Jahren skeptischer geworden. Während im Jahr 2000 noch etwa 27 Prozent der Ostdeutschen erklärten, dass sich ihre Hoffnungen im gemeinsamen Deutschland erfüllt hätten, waren es 2020 nur 19 Prozent.

- In Ostdeutschland hatten im Ergebnis einer Erhebung aus dem Jahr 2019 lediglich 32 Prozent Vertrauen in die Handlungsfähigkeit des Staates.

- Mit dem konkreten Funktionieren der gegenwärtigen demokratischen Ordnung in Deutschland sind zwei Drittel der Westdeutschen, aber nur die Hälfte der Ostdeutschen zufrieden.

- In Ostdeutschland lehnen 18 Prozent die Demokratie als Regierungsform grundsätzlich ab, In Westdeutschland beträgt die Zahl nur 9 Prozent.

- Einen starken Staat wünschen sich in Ostdeutschland 46 Prozent der Bürgerinnen und Bürger, im Westen hingegen nur 34 Prozent.

- Nahezu vier von fünf Ostdeutschen (77 Prozent) erklären, dass die Lebensleistung der ehemaligen DDR-Bürger im vereinigten Deutschland nicht ausreichend wertgeschätzt wird.

- Frühere Ideale und der Sinn des gelebten Lebens werden von vielen Menschen, die früher in der damaligen DDR bewusst gelebt haben, in Frage gestellt. Aus sozialpsychologischer Sicht geht dies vielfach mit Beschämung und Entwertung einher. Dadurch können sich Verbitterung, Wut und Trotz ergeben.

- Auch rechtsradikale Kräfte können in den neuen Bundesländern immer wieder ihre größten Erfolge erzielen, und rassistische Übergriffe werden in überdurchschnittlicher Zahl durchgeführt.

Die Ursachen des fortbestehenden Unbehagens vieler Ostdeutschen sind vielgestaltig. Es kommt darauf an, die Zusammenhänge und Wechselwirkungen sowie die

Ursachen für diese Verhalten relativ vieler Ostdeutscher zu erkennen bzw. zu analysieren. Diese Ursachen im Prozess der Deutschen Einheit gilt es klar zu benennen, um diesen möglichst entgegenwirken zu können.

Von den Teilnehmern der Veranstaltung wurden im Ergebnis von gewonnenen persönlichen Erfahrungen u. a. vorgeschlagen, um die Einheit besser zu verwirklichen:

1. Anerkennung von Lebensleistung

2. Voneinander lernen

3. Umgang mit Herausforderungen

4. Gleichwertige Lebensleistungen

7.3. Generelle Diskriminierung von Frauen und Weiterführung der Diskriminierung durch die Folgen des Corona-Virus

Bevor ich mich zur Kreislaufwirtschaft äußere, gehe ich noch auf einige Aspekte zur Benachteiligung von Frauen ein.

Zu den Diskriminierungen, die Frauen in Deutschland bis 1945 und in der alten Bundesrepublik auch ab 1949 erleiden mussten, möchte ich aus dem Artikel „Meilensteine der Frauenemanzipation in Deutschland" der Online-Redakteurin Katja Riedel, der in „Focus Online" am 07.03.2012 unter dem https://www.focus.de/wissen/mensch/geschichte/tid-21578/zum-weltfrauentag-meilensteine-der-frauenemanzipation-in-deutschland_aid_605618.html erschien, auszugsweise zitieren:

„In Berlin hatten 1896 erstmals Mädchen nach einem dreijährigen Gymnasialkurs ein Abitur abgelegt – 1899 wurde es im übrigen Deutschland möglich, sich an Mädchenschulen der Reifeprüfung zu stellen. Wirklich gleichgestellt wurden die Mädchen- der Knabenausbildung in Preußen aber erst 1908, in der sogenannten preußischen Mädchenschulreform, die eine reguläre Ausbildung und Zulassung zum Abitur und zum Studium zur Folge hatte. Die sogenannten Höheren Mädchenschulen wurden in das System der Höheren Lehranstalten integriert. Zuvor berechtigte das Abitur Frauen nicht automatisch zur Immatrikulation an einer Universität. Bis sich das Mädchenabitur deutschlandweit flächendeckend verbreitete und auch auf dem Land die Möglichkeit bestand, dauerte es aber bis weit in die 20er Jahre – und auch da machten immer noch sehr viel weniger Mädchen als Jungen das Abitur.

In Preußen hatten sie seit 1908 die Möglichkeit, zu einem wirklichen Studium zugelassen zu werden, das ihnen auch Abschlüsse erlaubte. Habilitieren durften sie sich aber nicht. Deshalb wurden sie auch nicht als Ordinarii auf ordentliche Lehrstühle berufen. Dass Frauen auch lehren dürfen, änderte sich erst 1918. Die erste ordentliche Professorin Deutschlands war 1923 Margarete von Wrangell, Chemikerin und Professorin für Pflanzenernährung an der Universität Hohenheim.

Die erste Überlandfahrt der Automobilgeschichte unternahm eine Frau, Bertha Benz, die ihre Söhne 1888 auf das Auto lud, das ihr Mann Carl drei Jahre zuvor erfunden hatte. Sie fuhr mit ihnen von Mannheim nach Pforzheim, angeblich ohne Wissen des Mannes. Eine Fahrerlaubnis besaß aber nur ihr Mann Carl – den ersten Führerschein überhaupt, handschriftlich ausgestellt am 1. August 1888, beschränkt auf wenige Ausfahrten in einige Gemeinden im Mannheimer Raum mit seinem Patent-Motorwagen.

Für ganz Deutschland wurden reguläre Fahrprüfungen ab Mai 1909 abgenommen. Gleichzeitig wurden mit der Einführung des Reichsgesetzes über den Verkehr von Kraftwagen auch Verkehrsregeln eingeführt – und mit ihnen eine Höchstgeschwindigkeit von 15 km/h. Der Erwerb des Führerscheins war zwar an kein Geschlecht gekoppelt – trotzdem waren Frauen, die vor 1958 einen Führerschein machen wollten, darauf angewiesen, dass der Ehemann oder der Vater dies gestattete. So waren Frauen am Steuer eine absolute Ausnahme. Erst mit dem Gesetz über die Gleichberechtigung von Mann und Frau auf dem Gebiet des bürgerlichen Rechts konnten Frauen selbst darüber entscheiden, ob sie Fahrerin oder Beifahrerin sein wollten. ....

....

Bis (zum) 1. Juli 1958 hatte der Mann, wenn es ihm beliebte, den Anstellungsvertrag der Frau nach eigenem Ermessen und ohne deren Zustimmung fristlos kündigen können. In Bayern mussten Lehrerinnen zölibatär leben wie Priester – heirateten sie, mussten sie ihren Beruf aufgeben. Denn sie sollten entweder voll und ganz für die Erziehung fremder Kinder zur Verfügung stehen. Oder alle Zeit der Welt haben, um den eigenen Nachwuchs zu hegen. ....

....

Bis 1958 hatte der Ehemann auch das alleinige Bestimmungsrecht über Frau und Kinder inne. Auch wenn er seiner Frau erlaubte zu arbeiten, verwaltete er ihren Lohn. Das änderte sich erst schrittweise. Ohne Zustimmung des Mannes durften Frauen kein eigenes Bankkonto eröffnen, noch bis 1962. Erst nach 1969 wurde eine verheiratete Frau als geschäftsfähig angesehen.

Dorothea Christiane Erxleben war die erste mit höheren universitären Weihen: 1754 wurde sie an der Universität Halle immerhin promoviert. Zugleich war sie aber eine absolute Ausnahmeerscheinung. Regulär ab 1899 durften Frauen Universitäten als Gasthörerinnen besuchen.

Der Kampf gegen den Paragraphen 218 war ein langer und erbitterter. Angeführt von der Frauenrechtlerin und Publizistin Alice Schwarzer, bekannten sich am 3. Juni 1971 im Magazin „Stern“ 374 Frauen dazu, ungewollte Schwangerschaften abgebrochen zu haben. Später outeten sich Ärztinnen, dass sie Schwangerschaften abgebrochen hatten. Unterschriften wurden gesammelt, um den politischen Druck auf den Gesetzgeber zu erhöhen.

Mitte der 70er Jahre formulierte der Bundestag ein Gesetz, das straffreie Schwangerschaftsabbrüche erlaubt hätte. Das Bundesverfassungsgericht kippte die Regelung, da sie sich nicht mit dem Grundsatz des Schutzes des ungeborenen Lebens überein bringen ließ. 1992 stimmte eine überparteiliche, wenn auch knappe Mehrheit des Bundestages für das neue Schwangeren- und Familienhilfegesetz, das in seelischen Notlagen nach eingehender Beratung eine Abtreibung bis zum dritten

Monat erlaubte. Die bayerische Staatsregierung ließ das Bundesverfassungsgericht prüfen – und dies erklärte Passagen für nicht mit dem Grundgesetz vereinbar. 1995 verabschiedete der Bundestag eine Variante, die dem Schutz des Lebens deutlicher Rechnung trägt und bis heute gültig ist.

Auch wenn Ehepaare getrennt lebten, galt der Straftatbestand der Vergewaltigung nicht, auch wenn sich ein Partner gegen den Willen des Anderen körperlich an diesem verging. Sexuelle Gewalt in der Ehe war allenfalls Körperverletzung und Nötigung. Bis 1997. In einem fraktionsübergreifenden Antrag entschied der Bundestag, dass sexuelle Gewalt auch innerhalb der Ehe strafrechtlich als Vergewaltigung bestraft werden muss.

Eigentlich müsste jede Frau Karin Dorrepaal kennen. Denn die Niederländerin hat im September 2004 das geschafft, was zuvor noch keiner Frau gelungen war: In den Vorstand eines der 30 stärksten im DAX börsennotierten Unternehmen einzuziehen. Beim Pharmakonzern Schering war ihr dies gelungen. Dorrepaal sitzt nicht mehr im Schering-Vorstand.
....

Sie trug gern Hüte, am Ende stolperte sie über Illoyalität in ihrer eigenen Partei oder der zuvor verabredeten Koalition. Ihr Name: Heide Simonis, erste Ministerpräsidentin eines Bundeslandes. 12 Jahre lang, von 1993 bis 2005, stand SPD-Frau Simonis an der Spitze der Schleswig-Holsteinischen Landesregierung. Nach vier erfolglosen Wahlgängen im Landtag, bei denen je eine Stimme fehlte, weil der Abgeordnete sich der Stimme enthielt, zog Simonis nicht nur die Kandidatur zurück, sondern beendete ihre politische Karriere. Bis zu Christine Lieberknecht (von 2009 bis 2014 in Thüringen – Anmerkung des Verfassers) blieb sie die einzige Ministerpräsidentin. ....“

Inzwischen haben es auch Hannelore Kraft (2010 bis 2017 in Nordrhein-Westfalen), Marie-Luise Anna „Malu“ Dreyer (seit 2013 in Rheinland-Pfalz) und Manuela Schwesig (seit 2017 in Mecklenburg-Vorpommern) auf den Posten der Ministerpräsidentin geschafft. Alle drei Frauen gehören ebenfalls der SPD an.

Bei der Bundestags-Wahl im Jahre 2005 übernahm mit Dr. Angela Merkel zum ersten Mal eine CDU-Politikerin durch den Wahlsieg das Bundeskanzler-Amt. Als Mitbegründerin des oppositionellen „Demokratischen Aufbruchs“ in der damaligen DDR im Wende-Herbst 1989 wurde die Diplom-Physikerin und ehemalige wissenschaftliche Mitarbeiterin der Akademie der Wissenschaften der DDR in die Regierungsverantwortung berufen. Nach ihrem Ausscheiden aus der Akademie der Wissenschaften der DDR im Januar 1990 nach dem Sieg der „Allianz für Deutschland“, bestehend aus der ostdeutschen CDU, dem Demokratischen Aufbruch und weiteren Parteien wurde sie zuerst stellvertretende Regierungssprecherin der letzten DDR-Regierung, die zum allerersten und zugleich letzten Mal am 18.03.1990 demokratisch gewählt wurde. Nachdem sie ihren Wahlkreis im 1990 aus den drei DDR-Nordbezirken Rostock, Schwerin und Neubrandenburg gewonnen hatte, zog sie am 03.12.1990 in den ersten gesamtdeutschen Bundestag ein und wurde 1991 zunächst Bundesministerin für Frauen und Jugend (bis 1994) und danach bis 1998 Bundesministerin für Umwelt, Naturschutz und Reaktorsicherheit. Von 1998 war sie CDU-Generalsekretärin. 2001 löste sie den damaligen Bundeskanzler Helmut Kohl als Bundesvorsitzenden der CDU ab. 2005 wurde sie Bundeskanzlerin und bekleidet dieses Amt seitdem (Stand: Dezember 2020).

Der Architekt und „Bauhaus"-Gründer Walter Adolf Georg Gropius (1883 – 1969) war neben dem Architekten Ludwig Mies van der Rohe (1886 – 1969) und einigen weiteren Architekten einer der bedeutendsten Architekten der Moderne. Aber nicht nur Männer prägten das „Bauhaus", sondern auch Frauen. Obwohl Walter Gropius die Bauhaus-Maxime ausgab: „Jede Person soll ohne Rücksicht auf Alter, Geschlecht oder Begabung aufgenommen werden" war er sich nicht bewusst, dass sich am Anfang ab 1919 in Weimar mehr Frauen als Männer auf die freien Studienplätze u. a. in den Fachbereichen Architektur, Malerei, Weberei, Fotografie und klassisches Handwerk bewarben und versuchte, auch, weil er nur zweidimensional denken konnte, nach erfolgreichem Studienabschluss durch die Frauen, diese in ihrer beruflichen Weiterentwicklung zu beschränken.

In ihrem am 09.05.2019 in der Zeitschrift „G Pulse" unter dem Link https://g-pulse.de/bauhaus-frauen veröffentlichten Artikel „Bauhaus-Frauen: Ikonen der zweiten Reihe" stellte die Autorin Simone Orlik die fünf wichtigsten Vertreterinnen vor. In Auszügen werden diese fünf wichtigen „Bauhaus"-Vertreterinnen nachfolgend vorgestellt.

„Gunta Stölzl (1897 – 1983), die Schöpferin des farbenfrohen Textildesigns, die als 1919 als eine der ersten Studentinnen an das Bauhaus nach Weimar kam, hatte vorher an der Kunstgewerbeschule in München Kunstgeschichte, Malerei, Keramik und Glasmalerei studiert. Am Bauhaus erhielt sie, wie viele andere Frauen, nur Zugang zur Webwerkstatt.

Dort gestaltete sie farbenfrohe Teppiche, Stuhlbezüge und Wandteppiche in Form komplexer Patchworks, die aus wellenförmigen Linien bestehen. Später produzierte sie Bezüge für die Stühle ihres Kollegen Marcel Breuer (1902 – 1981). Zwischen 1926 und 1931 übernahm sie – auch nach Umzug des Bauhauses von Weimar nach Dessau (Anmerkung des Verfassers) – die Weberei.

Marianne Brandt (1893 – 1983), war eine der wenigen Frauen, die sich in der Metallwerkstatt bewährte. Vorher war Brandt bereits in den Bereichen Fotografie, Design, Malerei und Bildhauerei tätig. Unter ihrem Meister László Moholy-Nagy (1895 – 1946) entwarf sie in der Metallwerkstatt einige der wichtigsten Alltagsgegenstände der Bauhausperiode: den Aschenbecher MB 24 und das Teeextraktkännchen MT 49. Charakteristisch ist beiden Produkten ein kreuzförmiges Fußteil gemeinsam, auf dem ein halbrunder Korpus in absoluter Symmetrie ruht. 1928 übernahm Brandt die Metallwerkstatt. .... 1929 schied sie aus dem Bauhaus aus. Nach dem Krieg arbeitete sie noch als Dozentin und Gutachterin, entwarf aber weiterhin Alltagsgegenstände."

Lilly Reich (1895 – 1947) arbeitete mit ihrem Mann, dem dritten Bauhaus-Direktor Ludwig Mies van der Rohe, an vielen Projekten gemeinsam, steht jedoch in der öffentlichen Wahrnehmung in seinem Schatten. Nach ihrer Ausbildung zur Kurbelstickerin wurde Lilly Reich 1932 als Nachfolgerin von Anni Albers durch Ludwig Mies van der Rohe zur Leiterin der Weberei berufen. Nach dem Krieg arbeitete Lilly Reich als eine der Bauhaus-Frauen für Innenarchitektur und Bautheorie an der Universität der Künste Berlin und führte bis zu ihrem Tod ein eigenes Atelier.

Anni Albers (1899 – 1994), die am Bauhaus eigentlich Malerei studieren wollte, arbeitete dort als Textilkünstlerin, Weberin und Grafikerin. Unter dem Einfluss des Malers und Grafikers Paul Ernst Klee (1879 – 1940) entwickelte Anni Albers geradlinige geometrische Textilmuster. 1930 entwickelte sie einen Vorhang aus Baumwolle und Zellophan, der Schall absorbierte und Licht reflektierte, einen Vorläufer heutiger Beschallungssysteme. 1931 übernahm sie die Leitung der Weberei des Bauhauses von Gunta Stölzl.

Luise „Lou" Scheper-Berkenkamp (1901 – 1970) vertrat als weniger bekannte „Bauhaus"-Vertreterin einen künstlerischen, nicht dem typischen Bauhaus-Stil entsprechenden Ansatz, den sie in Kinderbüchern und Illustrationen verwirklichte. Zwischen 1920 und 1922 absolvierte sie unter Lyonel Feininger Charles Adrian (1871 – 1956), Paul Ernst Klee und Georg Muche (1895 – 1987) am Bauhaus eine Ausbildung, die sie nach der Heirat ihres Kommilitonen, des Gestalters Hinnerk Scheper (1897 – 1957) im Jahre 1922 jedoch abbrach. Später arbeitete sie in der Bühnenwerkstatt des Bauhauses Dessau und entwarf Kostüme und Kulissen. Nach dem Tod von Hinnerk Scheper übernahm Luise Scheper-Berkenkamp seine Aufgaben im Bereich der Farbgestaltung. Sie erstellte das ursprüngliche Farbkonzept des ab 1960 gebauten und 1963 im Berliner Stadtteil Tiergarten eingeweihten Konzerthauses „Berliner Philharmonie."

Wie bei den „Bauhaus“-Vertretern ist in den Medien immer von den „Vätern“ des Grundgesetzes die Rede. Dabei waren es nicht nur 61 Männer, die als männliche Vertreter des „Parlamentarischen Rates“ 1948 das Grundgesetz, das am 23.05.1949, dem Tag, der als „Gründungstag“ der Bundesrepublik Deutschland gilt, in den westdeutschen Besatzungszonen und West-Sektoren Berlins in Kraft treten sollte, erarbeiteten, sondern es waren auch vier Frauen an der Erarbeitung des Grundgesetzes beteiligt. Diese vier Frauen – Helene Weber von der CDU, Elisabeth Selbert und Friederike (Frieda) Nadig (beide von der SPD) und Helene Wessel – sorgten durch ihren Einfluss dafür, dass auch Frauenbelange in das Grundgesetz aufgenommen wurden.

Helene Weber (1881 – 1962) von der Zentrums-Partei und von der CDU war von 1919 bis 1962 – mit Ausnahme der Zeit des Nationalsozialismus, in der sie in der sozialen Wohlfahrtspflege arbeitete – in der Politik tätig, zunächst als Mitglied der Zentrums-Partei, als das sie maßgeblich auch an der „Weimarer Verfassung“ mitwirkte und nach dem Zweiten Weltkrieg als Mitglied der westdeutschen CDU. Als Schriftführerin im „Parlamentarischen Rat“ war sie gleichzeitig Präsidiumsmitglied. Ab 1945 reorganisierte Helene Weber die katholische Frauenbewegung. Von ihr stammt der Satz: „Der reine Männerstaat ist das Verderben der Völker.“ Frauen werden weltweit als Friedensstifterinnen geschätzt.

Die SPD-Politikerin und Juristin Elisabeth Selbert (1896 – 1986), geboren als Martha Elisabeth Rohde, sorgte als Mitglied des „Parlamentarischen Rates“ dafür, dass die Gleichberechtigung in den Grundrechte-Teil des Grundgesetzes aufgenommen wurde.

Friederike „Frieda“ Nadig (1897 – 1970) beteiligte sich nach 1945 am Wiederaufbau der SPD. Gemeinsam mit Elisabeth Selbert setzte sie – auch gegen Widerstand aus den eigenen politischen Reihen die Aufnahme des Artikels 3 Abs. 2 des Grundgesetzes „Männer und Frauen sind gleichberechtigt.“ in das bundesdeutsche Grundgesetz durch.

Helene Wessel (1898 – 1969) war zum Zeitpunkt ihrer Arbeit im „Parlamentarischen Rat“ Mitglied der Zentrums-Partei. Bei der Abstimmung am 08.05.1949 lehnte sie das Grundgesetz wegen einer ihrer Meinung nach unzureichenden Berücksichtigung christlicher Wertvorstellungen und des Fehlens betont sozialstaatlicher Grundrechte ab. Gemeinsam mit dem späteren Bundespräsidenten Gustav Heinemann (1899 – 1976) wechselte sie später zur SPD.

Unbedingt muss in der Frauenbewegung Clara Zetkin, geborene Eißner (1857 – 1933) wegen ihrer großen Bedeutung für Frauenrechte erwähnt werden. Sie wurde am 5. Juli 1857 im sächsischen Wiederau geboren. Clara Zetkin war nicht nur

Frauenrechtlerin, sondern auch Politikerin und Friedensaktivistin. Sie gehörte mit zu den Gründern der II. Internationale der sozialistischen Arbeiterbewegung. Sie gilt als die wichtigste Initiatorin des internationalen Frauentages in der II. Internationale. Eine enge Vertraute und Freundin war Rosa Luxemburg und gehörte damals zum linken Flügel der SPD. Clara Zetkin trat auf internationaler Ebene sehr für die Gleichberechtigung der Geschlechter ein und war von 1891 bis 1917 Chefredakteurin der SPD-Frauen-Zeitung „Die Gleichheit" bzw. davor der Frauen-Zeitschrift „Die Arbeiterin." Sie sagte in der Zeit, in der sie Chefredakteurin der SPD-Zeitung „Die Gleichheit“ war, u. a. nachfolgende damals sehr radikalen Worte zur Unterdrückung der Frauen, vgl. Ausführungen aus dem Internet-Lexikon "Wikipedia" unter dem Link https://de.wikipedia.org/wiki/Clara_Zetkin, die auszugsweise zitiert werden:

"Die Gleichheit" .... geht von der Überzeugung aus, dass der letzte Grund der jahrtausendalten niedrigen gesellschaftlichen Stellung des weiblichen Geschlechts nicht in der jeweils von Männern gemachten Gesetzgebung, sondern in den durch wirtschaftliche Zustände bedingten Eigentumsverhältnissen zu suchen ist. Man muss heute unsere gesamte Gesetzgebung dahin abändern, dass das weibliche Geschlecht rechtlich auf gleichem Fuß mit dem männlichen gestellt wird, so bleibt nichtsdestoweniger für die große Masse der Frauen .... die gesellschaftliche Versklavung in härtester Form weiter bestehen: ihre wirtschaftliche Abhängigkeit zu ihren Ausbeutern. ...."

Beim Gründungs-Parteitag der II. Internationale 1911 hielt sie das in Auszügen aus dem Internet-Lexikon „Wikipedia“ auszugsweise zitierte Referat über die Belange der Frauenbewegung:

„Wir erwarten unsere volle Emanzipation weder von der Zulassung der Frau zu dem, was man freie Gewerbe nennt, und von einem dem männlichen gleichen Unterricht – obwohl die Forderung dieser beiden Rechte nur natürlich und gerecht ist – noch von der Gewährung politischer Rechte. Die Länder, in denen das angeblich allgemeine, freie und direkte Wahlrecht existiert, zeigen uns, wie gering der wirkliche Wert desselben ist. Das Stimmrecht ohne ökonomische Freiheit ist nicht mehr und nicht weniger als ein Wechsel, der keinen Kurs hat. Wenn die soziale Emanzipation von den politisch Rechten abhinge, würde in den Ländern mit allgemeinem Stimmrecht keine soziale Frage existieren. Die Emanzipation der Frau wie die des ganzen Menschengeschlechts wird ausschließlich das Werk der Emanzipation der Arbeit vom Kapital sein. Nur in der sozialistischen Gesellschaft werden die Frauen wie die Arbeiter in den Vollbesitz ihrer Rechte gelangen."

Eine sehr große Bedeutung in der Frauenbewegung hatte der damalige sozialdemokratische Führer August Bebel, der 1879 das bekannte Werk für die emanzipierte Frauenbewegung „Die Frau und der Sozialismus" schrieb, das von vielen Menschen, besonders von vielen Frauen, gelesen wurde. Er hat sich sehr für Frauenrechte eingesetzt. In der von Christa Naaß, Mitglied des Landtages von Bayern, geschriebenen „Geschichte der Frauenbewegung. Ein langer Kampf der Frauen um Gleichberechtigung innerhalb der SPD und in der Gesellschaft" wurde u. a. Folgendes auch über August Bebel und seine aktive Rolle in der Frauenbewegung geschrieben, was unter dem Link https://www.asf-wuerzburg-land.de/geschichte-der-frauenbewegung/ veröffentlicht wurde:

"..

....
August Bebel war der erste Mann in Deutschland, der das Ausmaß der Frauenunterdrückung bereits 1879 offen beschreibt und die Wurzeln aufdeckt." Viele behaupten sogar, es gebe keine Frauenfrage, denn die Stellung, welche die Frau bisher eingenommen habe und auch in Zukunft einnehmen solle, sei durch ihren "Naturberuf", der sie zur Gattin und Mutter bestimme und auf die Häuslichkeit beschränke, gegeben." (Bebel schrieb, wie schon erwähnt,) das Buch „Die Frau und der Sozialismus" auch, um den eigenen Leuten, den Sozialisten, die Frauenfrage klarzumachen. Es gab nämlich innerhalb der Arbeiterbewegung eine starke und lautstarke Fraktion, die den Sozialismus als Männersache von Anfang an ansah.

1865: Auf dem 3. Vereinstag der deutschen Arbeitervereine fordern Bebel und Moritz Müller die Gründung von Arbeiterinnenvereinen und die freie Zulassung von Frauen für alle Berufe. ....

....
Bebel fordert: .... "Die Frau muss ökonomisch unabhängig sein, um es körperlich und geistig zu sein, damit sie nicht mehr von der Gnade und dem Wohlwollen des anderen Geschlechts abhängig ist." Zwei Dinge waren für Bebel wichtig!

- Erstens müssen die Frauen aufgeklärt werden über das Ausmaß ihrer Unterdrückung, sich dieses Unrechtszustandes bewusst werden.

- Zweitens müssten sie über so viel Bewegungsfreiheit, sprich Unabhängigkeit verfügen, dass sie eine Bewegung bilden können, die die alten Zustände verändert.

Diese Bebel-Idee war natürlich eine Marx-Engels-Idee, aber es war Bebel, der sie theoretisch aufgearbeitet hat und praktisch in seiner Politik von Anfang an unbeirrt vertrat.

1869: Auf dem Arbeiterkongreß in Eisenach gründen Bebel und Liebknecht die "Sozialdemokratische Arbeiterpartei Deutschlands" und fordern die Gleichberechtigung der Frauen in der Parteiorganisation mit Sitz und Stimme und das Frauenwahlrecht.

....

Bebel stellt den Antrag, unter den dringlichsten Forderungen der neuen Partei das Wahlrecht gleichermaßen für Männer wie Frauen aufzunehmen. Sein Antrag unterliegt mit 55 zu 62 Stimmen.

....

Das Emanzipationspotenzial, auf das Bebel gesetzt hatte, erwies sich als tatsächlich vorhanden. Drei Schlagworte dieser Zeit hießen:

Von Frauen vorgeschlagen!

Gemeinsam erkämpft!

Durchgesetzt!

Zahl der Erwerbstätigen:

1882: 60,57 % der männlichen Bevölkerung (im erwerbsfähigen Alter)
24,02 % der weiblichen Bevölkerung (im erwerbsfähigen Alter)

1895: 61,13 % der männlichen Bevölkerung (im erwerbsfähigen Alter)
24,96 % der weiblichen Bevölkerung (im erwerbsfähigen Alter)

1950: 31,4 % der weiblichen Bevölkerung (im erwerbsfähigen Alter)

1960: 33,4 % der weiblichen Bevölkerung (im erwerbsfähigen Alter)

1970: 30,2 % der weiblichen Bevölkerung (im erwerbsfähigen Alter)

1975: 31,1 % der weiblichen Bevölkerung (im erwerbsfähigen Alter)

1987: 39,0 % der weiblichen Bevölkerung (im erwerbsfähigen Alter)

1995: 61,0 % der weiblichen Bevölkerung (im erwerbsfähigen Alter)“

In Bezug auf den Anteil der weiblichen Erwerbstätigen im erwerbsfähigen Alter ist zu bedenken, dass unterschiedliche gesellschaftspolitische Zeitabschnitte zu berücksichtigen sind. Bis 1945 existierte, bevor auf der „Potsdamer Konferenz“ Deutschland neu aufgeteilt wurde, das Deutsche Reich. Am 27.09.1950 wurde in der DDR, also in Ostdeutschland, das „Gesetz über den Mutter- und Kinderschutz und über die Rechte der Frau“, das am 01.10.1950 in Kraft trat und mit dem Beschluss des deutsch-deutschen Einigungsvertrages am 31.08.1990 zum 03.10.1990 mit dem Beitritt der DDR zur Bundesrepublik Deutschland außer Kraft trat, beschlossen. Nach diesem Gesetz hatte jede Frau das Recht auf Arbeit. Die Erhöhung der Frauenbeschäftigungsquote in der DDR war auch notwendig, da viele Männer im

Krieg geblieben waren bzw. aus der Kriegsgefangenschaft nicht mehr zurück kehrten. Somit muss davon ausgegangen werden, dass Christa Naaß wahrscheinlich für die von ihr aufgeführten Jahre 1950, 1960, 1970, 1975 und 1987 der Anteil der in der DDR arbeitenden Frauen nicht bekannt war. Für 1995, also fünf Jahre nach Vollzug der Deutschen Einheit, ist der Anteil der arbeitenden Frauen im erwerbsfähigen Alter in Deutschland nur dadurch zu erklären, dass viele Arbeitsplätze, insbesondere in Ostdeutschland verloren gingen, besonders in Betrieben, in denen bis zu deren Abwicklung durch die Treuhand-Anstalt ein hoher Frauen-Anteil an Arbeitskräften bestand.

Nachfolgend wird aus dem bereits erwähnten Artikel von Christa Naaß weiter zitiert:

„Bebel: "Die Frauenarbeit hat somit einen solchen Umfang, eine solche Bedeutung gewonnen, die die lächerliche Hohlheit des Philistersprüchleins erweisen: Die Frau gehört ins Haus."

Die Bezahlung der Frauen ist in fast allen Bereichen erheblich niedriger als jede der Männer bei gleicher Arbeitszeit. Im allgemeinen verdient eine Frau ein Drittel oder die Hälfte des Wochenlohnes des Mannes."

....

Bebel: "Die Frauen wollen nicht bloß ihre Kräfte auf dem gewerblichen und industriellen Gebiet mit jenen des Mannes messen, sie wollen nicht nur eine freiere, unabhängige Stellung in der Familie einnehmen sie wollen auch ihre geistigen Fähigkeiten in höheren Lebensstellungen und im öffentlichen Leben verwerten."

August Bebel und alle gewählten Mitglieder der SPD lehnten das 1896 unter Führung von Bismarck beschlossene Bürgerliche Gesetzbuch ab. Die Gründe der Ablehnung durch Bebel und die anderen Mitglieder der SPD lagen daran, dass nach ihrer Meinung das damalige Bürgerliche Gesetzbuch (BGB) den bestehenden Konservatismus aufleben ließ, dem erheblichen Mangel der verwendeten Sprache und auch den mangelnden Rechten der Frauen. Das damalige BGB war auch deshalb ein Rückschritt in der weiteren Frauenbewegung, und auch deshalb musste es abgelehnt werden. Die damalige Ablehnung war dann später erfolgreich, und die veränderten Regelungen des BGB waren nicht in dem Maße, wie bisher, von der erheblichen Ungerechtigkeit bezüglich der Rolle der Frau gekennzeichnet.

Auch das heutige BGB erfüllt immer noch nicht ganz die Erfordernisse der Gleichberechtigung.

Die amerikanische Geografin und Professorin für Global Studies (Globale Studien) an der Bentley University in Boston, Joni Seager, ist eine international anerkannte Expertin für globale Strategien in der Politik. Sie berät die Vereinten Nationen. In ihrem auch in Deutschland in der 1. Auflage im Jahr 2020 erschienen Buch „Der

Frauen-Atlas. Ungleichheit verstehen. 164 Infografiken und Karten“ beschäftigt sie sich in zu Themenkomplexen zusammengefassten unterschiedlichen Themen mit der Ungleichbehandlung der Frauen gegenüber Männern.

Diskriminierungen, sowohl in unterentwickelten, als auch in Industrieländern, sind für Frauen an der Tagesordnung. Das „Übereinkommen zur Beseitigung jeder Form der Diskriminierung der Frau („Frauen-Konvention“) – englisch „Convention on the Elimination of All Forms of Discrimination Against Women“ – CEDAW – wurde am 18.12.1979 von der UN-Generalversammlung verabschiedet trat als Konvention der Vereinten Nationen am 03.09.1981 in Kraft. Bislang (Stand: 2020) haben 99 Länder diese UN-Konvention unterschrieben und 189 Länder diese ratifiziert. In Artikel 1 dieser Konvention wird Frauendiskriminierung wie folgt definiert:

> „jede mit dem Geschlecht begründete Unterscheidung, Ausschließung oder Beschränkung, die zur Folge oder zum Ziel hat, dass die auf die Gleichberechtigung von Mann und Frau gegründete Anerkennung, Inanspruchnahme oder Ausübung der Menschenrechte und Grundfreiheiten durch die Frau – ungeachtet ihres Familienstands – im politischen, wirtschaftlichen, sozialen, kulturellen, staatsbürgerlichen oder jedem sonstigen Bereich beeinträchtigt oder vereitelt wird“

Im Internet-Lexikon Wikipedia werden unter dem Link https://de.wikipedia.org/wiki/UN-Konvetion_zur_Beseitigung_jeder_Form_von_Diskriminierung_der_Frau noch weitere wichtige Punkte dieser Konvention genannt:

„Die Vertragsstaaten verurteilen jede Form von Diskriminierung der Frau. Sie kommen überein, mit allen geeigneten Mitteln unverzüglich eine Politik zur Beseitigung der Diskriminierung der Frau zu verfolgen (Artikel 2). Als Maßnahmen werden neben entsprechenden Gesetzes- und Schutzmechanismen auch Tribunale und öffentliche Institutionen genannt. Sondermaßnahmen zum Mutterschutz gelten dabei nicht als Diskriminierung (Artikel 4 Abs. 2).

....

Der UN-Ausschuss für die Beseitigung der Diskriminierung der Frau (CEDAW) besteht aus 23 Experten aus unterschiedlichen UN-Mitgliedsstaaten. Dieser Sachverständigenausschuss hat das Ziel, die Einhaltung der Konvention zu überwachen. Dazu trifft er sich zweimal im Jahr und überprüft die Berichte, die die Unterzeichner-Staaten alle vier Jahre abzugeben haben.“

Im gleichen Wikipedia-Artikel werden auch Kritikpunkte an dieser UN-Frauenrechts-Konvention benannt, die auszugsweise zitiert werden:

„CEDAW wird etwa von Seiten von Drittweltländern kritisiert, weil die Konvention liberale westliche und europäische Werte vertrete, die nichteuropäischen und nichtwestlichen Kulturen und politischen Verhältnissen nicht gerecht würden. Die Berichte würden sich auf Drittweltländer konzentrieren und stellten nichtwestliche Kulturen und ihre Traditionen in der Regel negativ dar. ....
Islamische Staaten argumentieren gegen CEDAW auch mit dem Hinweis, es sei eine Konvention, die nur auf westlichen Kulturen basiere. Sie sehen Widersprüche zwischen der Scharia (der islamischen Rechtsprechung – Anmerkung des Verfassers) und Artikel 1 der Konvention.

....

Andere Stimmen kritisieren, dass keine Sanktionsmöglichkeiten vorgesehen sind und im Vergleich mit anderen UN-Menschenrechtsorganen dem Frauenkonventionsausschuss nur geringe finanzielle Mittel zur Verfügung gestellt wurden. Die Bearbeitungszeit ist sehr lang, und viele Staaten kommen ihrer Berichtspflicht nicht nach. Ferner ist der Ausschuss formal nicht ermächtigt, Informationen von Nichtregierungsorganisationen zu nutzen.

Andere Kritiker sehen die Gefahr, dass durch CEDAW ein Doppel-Menschenrechtsstandard geschaffen wird, ein normaler Standard für Männer und ein mit spezieller Aufmerksamkeit versehener, auf Frauen gerichteter Standard.“

Die islamisch geprägten Staaten Sudan (ohne den abgespaltenen Südsudan, der dieser Konvention 2015 beigetreten ist), der Iran, Somalia sowie das pazifische – relativ katholisch geprägte – Königreich Tonga haben diese UN-Frauenrechtskonvention bis heute nicht unterzeichnet (siehe Joni Seager: „Der Frauen-Atlas. Ungleichheit verstehen. 164 Infografiken und Karten“, S. 13).

Auch hier ist wieder einmal die unterschiedliche Umsetzung der rechtlichen Stellung der Frau in der ehemaligen DDR und in der alten Bundesrepublik erkennbar. Während die DDR dieser UN-Frauenrechts-Konvention bereits 1981 beitrat, tat die Bundesrepublik Deutschland dies erst 1985, wie aus dem unter dem Link https://www.frauenrat.de/frauenrechte-sind-menschenrechte-immer-und-ueberall am 10.12.2019 veröffentlichten Artikel „Frauenrechte sind Menschenrechte – Immer und überall“ des Frauenrates hervor geht. Bereits 1982 erstellte die DDR einen ersten Bericht für die Vereinten Nationen.

Joni Seager schreibt in ihrem o. g. Buch zur Messung der Diskriminierung u. a.:

„Der vom Weltwirtschaftsforum entwickelte Globale Gendergap-Index (Index zur Messung der Größe der Lücke zur Gleichstellung von Frauen und Männern – Anmerkung des Verfassers) misst in jedem Land die Größe der Lücke zur Gleichstellung von Frauen und Männern in den Bereichen Gesundheit und

Lebenserwartung, Zugang zu Bildung, wirtschaftliche Teilnahme und Teilhabe und politische Beteiligung. Die im Ranking höchstplatzierten Länder haben den insgesamten Gendergap zu mehr als 80 Prozent geschlossen.

Der jährlich von der OECD (Organisation für wirtschaftliche Zusammenarbeit und Entwicklung – Anmerkung des Verfassers) veröffentlichte Sozialinstitutionen- und Gender-Index (SIGI) misst, wie stark Frauen aufgrund der gesellschaftlichen Verhältnisse in ihren Ländern diskriminiert werden. SIGI untersucht zivilgesellschaftliche Normen und Praktiken wie Familiengesetze, die Bevorzugung von Söhnen, Rechte auf körperliche Autonomie und Unversehrtheit sowie den Zugang zum Arbeitsmarkt, zu finanziellen Ressourcen und zu bürgerlichen Freiheiten, um zu bestimmen, in welchem Ausmaß die gesellschaftlichen Strukturen der Länder Frauen diskriminieren. ....

....

Beide Indizes verdeutlichen, dass Geschlechtergleichheit teilweise dadurch entsteht, dass Regierungen sich zu Gleichheitsprinzipien bekennen und Gleichstellungspolitik betreiben. Es ist zum Beispiel kein Zufall, dass die skandinavischen Länder in beiden Indizes weit oben stehen – in diesen Ländern sind Geschlechtergleichheit und die Stärkung der Frauen erklärte Ziele staatlicher Politik."

Frauen werden oft in die Schranken gewiesen. Frauenfeindliche Gesetze in unterschiedlichen Facetten, Mitgift-Morde, wie z. B. teilweise in Indien, „Ehrenmorde", die vorrangig in Familien muslimischen Glaubens durch männliche Familienangehörige durchgeführt werden (auch in westlich geprägten Ländern wie Deutschland leider keine Seltenheit, insbesondere in Berlin), aber auch fundamentalistisch gegen Frauen geführte Kriege insbesondere in Ländern, in denen durchaus eine nicht geringe Analphabetenrate vorherrscht, bestimmen die Einschränkungen, die Frauen in verschiedenen Ländern und Kulturen leider erfahren. Am Beispiel des heutigen Gebiets von Saudi-Arabien, dem Entstehungsgebiet des Islam durch Religionsstifter Mohammed (570 – 632), der im heutigen Saudi-Arabien im Jahr 622 von Mekka ins 450 Kilometer entfernte Medina pilgerte (die sogenannte „Hadsch" durchführte) und damit den Grundstein für heutige Pilgerfahrten von Muslimen nach Mekka legte, dem Land, in dem die Regeln des Islam besonders streng ausgelegt werden, beschreibt Joni Seager im Kapitel „Königreich der Mündel" ihres bereits genannten Buches, wie die Frauen dort in besonderem Maße in ihren Freiheitsrechten eingeschränkt werden, obwohl sich so langsam behutsam eine Lockerung vollzieht.

„In Saudi-Arabien setzt der Staat seine Macht besonders rigoros ein, um Frauen in ihre Schranken zu weisen. Das dortige Rechtssystem basiert fast völlig auf religiösen Gesetzen. Religiöse Fatwas (Rechtsgutachten der Muftis (offiziellen Erteilern von islamischen Rechtsgutachten) in arabischen Ländern, in dem festgestellt wird, ob eine

Handlung mit den Grundsätzen des islamischen Rechts (Scharia) vereinbar ist – Anmerkung des Verfassers) darüber, was Frauen tun dürfen oder nicht, sind mit staatlichen Vorschriften verknüpft, die Frauen Beschränkungen auferlegen. „Männliche Vormundschaft" ist das Kernprinzip dieses Kontrollsystems: Jede saudische Frau braucht einen männlichen Vormund. Normalerweise ist es der Vater oder der Ehemann, manchmal auch ein Bruder oder sogar ein Sohn, der die Macht hat, eine ganze Reihe wichtiger Entscheidungen für sie zu treffen.

Frauen brauchen die Erlaubnis eines männlichen Vormunds, um:

- ins Ausland zu reisen
- einen Pass zu beantragen
- zu heiraten
- mit einem Staatsstipendium im Ausland zu studieren.

Weitere Beschränkungen betreffen die die Arbeit, die Gesundheit und den Sozialstatus von Frauen:

- Private Einrichtungen/Unternehmen dürfen von einer Frau die Erlaubnis ihres männlichen Vormunds verlangen, bevor sie sie beschäftigen. Es ist zwar nicht gesetzlich vorgeschrieben, dass Frauen die Erlaubnis ihres Vormunds.
- brauchen, um zu arbeiten, doch Arbeitgeber, die eine solche Erlaubnis fordern, werden nicht bestraft.
- Von Frauen kann eine Einverständniserklärung ihres Vormunds verlangt werden, wenn sie sich medizinisch behandeln lassen wollen.
- Jüngere Gerichtsurteile unterstützten männliche Vormunde, die Frauen verboten, das Haus allein zu verlassen.
- Bei Scheidung muss die Vormundschaft des Ehemanns auf einen anderen Mann übertragen werden. Doch während des Scheidungsverfahrens der Vormund, selbst, wenn er gewalttätig war."

Lt. Joni Seager müssen verheiratete Frauen u. a. auch in Ländern wie Ägypten, Afghanistan, Bahrain, Belize, Benin, Botswana, Dschibuti, Haiti, Iran, Irak, Jordanien, Katar, Malawi, Myammar, Oman, Pakistan, Palästina und Uganda ihren Ehemännern gehorchen.

Religiös und kulturell bedingt bekommen Frauen bereits bei ihrer Geburt in vielen Ländern die Beschneidung ihrer Geburtsrechte zu spüren. Oft werden Söhne, die als Stammhalter die Familientradition weiterführen sollen, bevorzugt, z. B. in China und Indien.

In der Gesundheitspolitik werden Frauen ebenfalls benachteiligt.

Es sind oft Mädchen bzw. Frauen, die nicht nur in einigen geistig rückwärtsgewandten Ländern der westlichen Welt, sondern auch vor allem in Entwicklungsländern in der Wahrnehmung des Rechts auf (höhere) Bildung und Vernetzung behindert bzw. benachteiligt werden.

Selbst Goethes Schwester Cornelia, eigentlich Cornelia Friederica Christiana Schlosser (geb. von Goethe) (1750 – 1777), die mindestens die gleichen intellektuellen Fähigkeiten wie ihr Bruder Johann Wolfgang von Goethe (1749 – 1832) hatte, durfte wegen den damaligen Bestimmungen nicht studieren und wurde dadurch wegen ihres weiblichen Geschlechts erheblich benachteiligt. Ihr Bruder teilte ihr mit, dass es sich für eine Frau nicht zieme, hochgeistige Briefe an ihn zu schreiben und sie sich auf ihre Rolle als Frau beschränken sollte. Dies hat sie damals sehr getroffen, und auch wegen ihres Grams darüber ist sie dadurch, trotz dem sie noch nicht mal 30 Jahre war, so relativ früh gestorben. Goethes Schwester hat die mangelnde Gleichberechtigung, die damals auch in Deutschland herrschte, schon damals sehr zu spüren bekommen und war wegen dieses Verhaltens ihres Bruders sehr enttäuscht.

Während Männer meist Diejenigen sind, die am meisten besitzen, sind es meistens Frauen, die in Armut leben. Die „Macht" ist zwar durch einen weiblichen Artikel „weiblich", in der Realität aber in der Regel in der Hand von Männern. Selbst vermeintlich „progressive" westlich orientierte Länder, wie die Schweiz, haben das Frauenwahlrecht erst relativ spät eingeführt (im Schweizer Kanton Appenzell Innerrhoden – im Vergleich zu den anderen Landesteilen der Schweiz 1971 – erst 1991; siehe Artikel: „Frauenstimmrecht in der Schweiz" unter dem Link: https://www.ch.ch./de/wahlen2019/eidgenossische-wahlen-ein-blick-zuruck/frauenstimmrecht-in-der-schweiz).

In einigen Ländern gab es lt. Joni Seager Unterschiede:

- Im 19. Zusatzartikel zur Verfassung der Vereinigten Staaten von Amerika, dessen Datum des Inkrafttretens als offizielles Einführungsdatum für das freie Wahlrecht für Frauen gilt, heißt es: „Das Wahlrecht der Bürger der Vereinigten Staaten darf von den Vereinigten Staaten oder einem Einzelstaat nicht aufgrund des Geschlechts versagt oder beschränkt werden." Jedoch wurde indigenen Amerikanerinnen und Amerikanern, die in Reservaten lebten

(Indianerinnen und Indianern – Anmerkung des Verfassers), die Staatsbürgerschaft nicht anerkannt und damit bis 1924 auch nicht das Wahlrecht. In Puerto Rico, einem Außengebiet der USA, dauerte es bis 1929, bis zumindest Frauen, die lesen und schreiben konnten, wählen durften. Erst 1935 wurde das allgemeine Wahlrecht eingeführt.

- In Südafrika wurde das Wahlrecht für weiße Frauen 1930 eingeführt. Indische und „coloured“ (also „farbige“) Frauen durften erst 1984 wählen. Schwarzen Frauen wurde das Wahlrecht 1994 zugestanden.

- Das Wahlrecht für weiße Frauen wurde in Australien 1902 eingeführt. Weibliche und männliche Aborigines, die Ureinwohner Australiens, die dort seit weit längerer Zeit, als die ersten weißen Siedler, die im 18. Jahrhundert Australien besiedelten, leben, mussten bis 1962 warten, bis sie das Recht bekamen, bei Bundeswahlen wählen zu gehen.“

In der nachfolgenden Tabelle wird – basierend auf den Angaben aus dem bereits mehrfach erwähnten Buch von Joni Seager – jeweils das Jahr der Einführung des Männer-Wahlrechts aufgeführt. Interessant ist auch, dass es eine Lücke zwischen der Einführung des Wahlrechts für Männer und des Wahlrechts für Frauen in nicht wenigen Ländern gibt.

Staat	**Einführung des Männerwahlrechts (Jahr)**	**Einführung des Frauenwahlrechts (Jahr)**
Dänemark	1915	1915
Niederlande	1917	1919
Großbritannien	1918	1928
Japan	1925	1945
Italien	1919	1945
USA	1870	1920
Belgien	1893	1948
Spanien	1869	1931
Frankreich	1848	1944
Schweiz	1848	1971

Tabelle 4: Unterschiedliche Einführung des Wahlrechts von Männern und Frauen in ausgewählten Ländern (siehe: Joni Seager: „Der Frauen-Atlas. Ungleichheit verstehen. 164 Infografiken und Karten.“, S. 187)

Zusätzlich möchte ich hierzu aus meinem bereits mehrfach erwähnten 2019 geschriebenen Buch über Belange der Lebensweise zur Rolle der Frau in Deutschland auszugsweise per Zitat eingehen:

„Es ist im höchsten Maße ungerecht und einer Gesellschaft, die sich als demokratische Gesellschaft ansieht, unwürdig, wenn Arbeit nur, weil sie nicht in einem Unternehmen oder einer sonstigen Einrichtung ausgeübt wird, nicht als Erwerbstätigkeit angesehen wird.

Auch in der Nichterwerbstätigkeit werden vielfältige und gar nicht insgesamt geringer zu wertende Arbeit verrichtet. Es kann nicht sein, dass in unserer angeblich so modernen und sozialen Gesellschaft diese Arbeit überhaupt nicht vergütet wird und somit unbezahlt bleibt. Es werden deshalb vorrangig Haus-, Erziehungs– und bestimmte Pflegearbeiten dadurch unbezahlt ausgeführt. Diese Tätigkeiten werden in unserer Gesellschaft oft von Frauen ausgeübt, was nicht nur der bestehende Alltag, sondern auch Statistiken auf diesem Gebiet belegen.

Weil die alte Bundesrepublik in dieser Richtung sehr antiquiert gelebt hat und noch die Rolle von gestern und vorgestern eingenommen hat, dass nur der Ehemann erwerbstätig sein kann - oder sollte man besser sagen: darf – und die Frau nur nach seinen Wünschen handeln darf bzw. handeln musste, kann solch eine gezeigte Verfahrensweise zwischen den Geschlechtern im Sinne der Gleichberechtigung nicht befriedigen.

Selbst, wenn diese beschriebenen Handlungsweisen vor Jahrzehnten geschahen, können sie in keiner Weise akzeptiert werden. Es ist kein Ruhmesblatt für eine zu erreichende Gleichberechtigung, wenn die Ehefrau die Dominanz des Ehemannes zu ertragen hat und die mangelnde Gleichberechtigung in diesem Teil Deutschlands zu dieser Zeit noch herrschte.

Die eigentlich üblicherweise zu den Frauenrechten gehörenden Belange, wie die Ausübung der Berufstätigkeit, die Führung eines eigenen Kontos – bis vor wenigen Jahren vor der Wiedervereinigung musste die Frau ihren Mann zur Kontoeröffnung in eine Bank oder Sparkasse in der alten Bundesrepublik und Westberlin mitbringen, was in der DDR bzw. Ostdeutschland völlig undenkbar war – oder eine Fahrerlaubnis konnte sie lange Zeit in der alten Bundesrepublik nur mit Zustimmung des Ehegatten erwerben. Selbst die westdeutsche und Westberliner Studenten-Protestbewegung der 1960er Jahre, allgemein „68-er Bewegung“ genannt, war sehr egoistisch und in Bezug auf die Erreichung eigener Ziele und hielt von der Durchsetzung der Gleichberechtigung der Frau in der praktischen Umsetzung ebenfalls nicht genügend. Selbst der später bekannte Studentenführer Rudi Dutschke (1940 – 1979) musste zunächst für seine damalige Freundin und spätere Ehefrau ab 1966, die gebürtige Deutsch-Amerikanerin Gretchen Dutschke, geborene Gretchen Klotz, geb. 1942, als Vormund fungieren.

Selbst in West-Berlin, das im Vergleich zur alten Bundesrepublik für die Zeit vor der Wiedervereinigung schon relativ fortschrittlich war, wurden erst Ende der 1970er Jahre Frauen für den Polizeidienst ausgebildet und in diesen übernommen.

Die in den beiden vorangegangen Absätzen genannten Sachverhalte wurden der Sendung „Berlin – Schicksalsjahre einer Stadt“, Folge „Das Jahr 1966“ entnommen.

Auswüchse dieses in keiner Weise die Gleichberechtigung fördernden undemokratischen Verhaltens in der Anerkennung beider Geschlechter findet man leider auch noch heute. Insbesondere auf dem Gebiet der alten Bundesrepublik, trotz allen Vorankommens in der alten Bundesrepublik, und man kommt aus diesen erheblichen Versäumnissen in der Gleichberechtigung nicht so schnell mit allen auch noch heute bestehenden Problemen in der Gesamtwirkung aller darauf beruhenden Prozesse heraus.“

Dieses Vorankommen begann – wie bereits in meinem im Januar 2019 veröffentlichten Buch über die Belange der Lebensweise erwähnt wurde:

„Insbesondere ab dem Zeitpunkt, als die in ihrer jetzigen ab dem 01.12.2019 bestehenden Funktion als heutige EU-Kommissions-Präsidentin (damals) amtierende deutsche Verteidigungsministerin Ursula von der Leyen 2009 das für die Belange der Gleichberechtigung zwischen Mann und Frau zuständige Bundesministerium für Arbeit und Soziales leitete und den Widerstand der Ewiggestrigen – insbesondere in ihrer eigenen Partei (der Christdemokratischen Union Deutschlands – CDU) – hierbei erlebte und diese neue veränderte Politik durchsetzte.“

„Auch im Vereinigungsprozess hat man vor der dringend notwendigen Veränderung der nicht gleichberechtigten Rolle aller Frauen im gemeinsamen Deutschland, den ehemaligen DDR–Frauen, die ein anderes diesbezügliches Verhalten gewöhnt waren, diese nicht hinnehmbare Geschlechterrolle mit allen sich daraus ergebenden Auswirkungen, auch verbunden mit dem Abbau vieler in der DDR geschaffenen und weiter benötigten Kindereinrichtungen und Horte auferlegt. Besonders die teilweise Nichtanerkennung der Ausbildung als Kindergärtnerin mit der Verpflichtung unter Beachtung eines nur bis 1997 offerierten Angebots, bei Absolvierung einer 120-stündigen Zusatzausbildung als Kindergärtnerin arbeiten zu dürfen, ist ein in dieser Situation leider negatives Beispiel für die Missachtung der Ausbildung und der geleisteten Arbeit der Frauen. Insbesondere in Großstädten wie Berlin und insbesondere in den mittleren und Großstädten in den alten Bundesländern, aber leider auch, durch die Reduzierung der Kindertageseinrichtungen in den ostdeutschen Bundesländern seit der Wiedervereinigung, inzwischen auch dort, fehlen insbesondere Krippenplätze, aber auch Kindergartenplätze. Somit wird auch hier der seit dem 01.08.2013 gesetzlich geltende Anspruch auf einen Kindertagesstättenplatz, wenn auch noch nicht ganz so verschärft, wie in der alten Bundesrepublik, teilweise ebenfalls nicht eingehalten.

....

Gerade in Berlin mit einer sehr hohen Alleinerziehenden-Quote an Frauen, inzwischen auch verschärft durch den Zuzug von vielen arbeitslosen jungen Männern und Frauen aus Südeuropa (teilweise mit Nachwuchs) und vieler Flüchtlinge, die ihre Kinder im entsprechenden Alter ebenfalls in Kindertageseinrichtungen unterbringen müssen, müssen ausreichende Plätze in Kindertageseinrichtungen zur Verfügung gestellt werden, um zum Beispiel – im Fall der Flüchtlinge – an Integrationskursen teilnehmen zu können, sofern die gesetzlichen Voraussetzungen bestehen. (Es) ist ein besonders hoher Bedarf an Kindertageseinrichtungen zu verzeichnen, der trotz vieler bereits bestehender Angebote immer noch nicht (ausreichend) gedeckt ist.

Auch heute, drei Jahrzehnte nach dem politischen offiziellen Vollzug der deutsch-deutschen Wiedervereinigung am 03.10.1990, zeigen nachfolgende Beispiele eine zum Teil noch in der heutigen Zeit bestehende mangelnde Gleichberechtigung zwischen den Geschlechtern auf, insbesondere bedingt durch das ungenügende Verständnis in der alten Bundesrepublik für das gleichberechtigte Zusammenleben beider Geschlechter:

- Vielerorts noch bestehende Ungleichbehandlung bei der Bewerbung bzw. der möglichen Einstellung. Diese Probleme gab es in der DDR nicht, denn man hatte üblicherweise die gleiche Chance, eingestellt zu werden. Dieses andere Rollenbild in der Gesellschaft zeigt sich auch, obwohl hier auch weitere Ursachen ebenfalls zu berücksichtigen sind, dass sogar noch 1989 der Anteil der Frauen in der alten Bundesrepublik, die eine berufliche Arbeitstätigkeit ausübten, ebenfalls 1989 nur bei 50 Prozent lag.

- Vielerorts noch bestehende ungleiche Bezahlung bei gleichen Stellen zwischen den Geschlechtern, und dies hat auch erhebliche negative Auswirkungen auf eine spätere Rentenzahlung bzw. auf die Höhe des anspruchsberechtigten monatlichen Betrages einer Rente. Hierin sind durch den erheblich höheren Beschäftigungsgrad von Frauen in der DDR im Vergleich zu den Frauen in der alten Bundesrepublik wesentliche Ursachen zu sehen, dass die Renten der Frauen, die in der DDR gelebt und gearbeitet haben, in der Regel höher ausfallen, als für die Frauen in der alten Bundesrepublik.

- Mangelnde Chancen in der beruflichen Tätigkeit, insbesondere auch in technischen Berufen, vorrangig bedingt durch teilweise Voreingenommenheit bzw. ungerechtfertigte Vorurteile gegenüber den Frauen. (Es herrscht noch heute im gemeinsamen Deutschland eine) eindeutige Dominanz der Männer in diesen Berufen (vor), insbesondere deshalb, weil man jahrelang das falsche

Rollenverständnis oder Rollenbild von einer Frau auch gegenüber dem Ehemann hatte. (Man hat) damit der Nichtgleichberechtigung des weiblichen Geschlechts gegenüber dem männlichen Geschlecht Vorschub geleistet. Frauen in technischen Berufen, und weil es bei einigen Berufsgruppen für Frauen speziell keine Ausbildungsmöglichkeiten gibt, lässt man auch heute viel zu wenig zu, dass von Frauen technische Berufe ausgeübt werden können, obwohl sie manchmal auch eine bessere Eignung für die Ausübung des jeweiligen technischen Berufs haben (als Männer). (Sie haben) im Durchschnitt bessere Leistungen als Vertreter des männlichen Geschlechts im Rahmen ihrer Ausbildung bzw. ihres Studiums. Der Frauenanteil in den technischen Berufen lag in der DDR (lag) bei über 50 Prozent und (war) somit (höher) als der Anteil der Männer bei naturwissenschaftlichen Berufen. Dieser hohe Anteil ist neben den anderen genannten Gründen darin zu sehen, dass in der DDR im Rahmen der Schulausbildung wesentlich mehr als in der alten Bundesrepublik Wert auf eine naturwissenschaftlich–technische Ausbildung gelegt wurde und (in der) DDR eine praxiswirksamere Ausbildung für alle Geschlechter gleichermaßen angestrebt (wurde). (In der damaligen DDR bestanden) in keiner Weise so viele unberechtigte Vorurteile bezüglich einer Berufsergreifung einer Vertreterin des weiblichen Geschlechts zu einer Berufsausübung in einem naturwissenschaftlichen Beruf. In der DDR bestanden auch auf Grund des dort ab 1950 wirksamen gesetzlichen Rechtsanspruchs auf einen Arbeitsplatz für Frauen bei der Bewerbung oder bei der Berufsübung nicht die geschilderten Nachteile, wie in der alten Bundesrepublik bzw. im gegenwärtigen Deutschland. Auch in den ehemaligen sozialistischen Ländern Mittel- und Osteuropas war – zumindest bis zur Wende 1989 – der Frauenanteil in technischen Berufen bzw. Studiengängen prozentual höher als in der alten BRD.

…………………………………………………………………………………………

Dass heute (2020, also 30 Jahre nach politischem offiziellem Vollzug der deutschen Einheit am 03.10.1990), obwohl der Anteil Ostdeutscher mit einer naturwissenschaftlichen Berufs- bzw. Studienausbildung, also bezogen sowohl auf Männer, als auch auf Frauen, höher ist, als in der alten Bundesrepublik – Frauen insgesamt in ganz Deutschland in den MINT-Fächern – unter „MINT“ versteht man die Abkürzung für Mathematik, Ingenieurwesen, Naturwissenschaften, Technik – unterrepräsentiert sind, trotz der inzwischen von verschiedenen Netzwerkpartnern, darunter dem Bundesverband Deutscher Arbeitgeber (BDA) ins Leben gerufenen und unterstützten Kampagne „Klischeefrei“. Diese Kampagne soll dazu dienen, das jeweils andere Geschlecht für das Erlernen eines Berufs zu motivieren, dessen Berufsausübung üblicherweise dem anderen Geschlecht zugeschrieben wird (Beispiel: Männer als Heimerzieher, obwohl dieser Beruf in der Regel von Frauen ausgeübt wird). Es zeigt sich, dass die Mädchen in den Schulen in Naturwissenschaftsfächern heute teilweise benachteiligt werden und man ihre naturwissenschaftliche Begabung oft nicht ausreichend erkennt oder vielleicht auch nicht erkennen will. Dies trägt auch in diesem Bereich mit zu einem Fachkräftemangel, auch auf Grund der Entwicklung der Alterspyramide bei. Auch ein im „Handelsblatt“, in einer der führenden deutschen überregionalen Wirtschaftszeitungen, am 28.11.2018 erschienener Artikel der Journalistin Barbara Gillmann mit dem Titel „Berufsausbildung. Warum junge Frauen noch immer MINT-Berufe meiden“, aus dem nachfolgend auszugsweise zitiert wird, beschäftigt sich mit dieser Problematik:

„Lange hoffte die Welt, mehr Frauen in technische Berufe locken zu können. Doch deren Interesse ist zuletzt sogar gesunken.“

Im gleichen Artikel, in dem eine 23jährige ausgebildete Metallbauerin aus Franken (Bundesland Bayern) 19 Jahre nach der Ausrichtung des ersten sogenannten „Girls’ Days“, an dem Mädchen für das Erlernen eines ansonsten typischen Männerberufs begeistert werden sollen, das gleiche gibt es seit einigen Jahren auch als „Boys‘ Day“, der Jungs für das Erlernen typischer „Mädchen“-Berufe begeistern soll, als positives Ausnahme-Beispiel für das Ergreifen eines naturwissenschaftlichen Berufs portraitiert wird, ist Diese überzeugt: „Wenn Lehrer und Eltern Mädchen mehr ermutigen würden, würden sicher viel mehr einen technischen Beruf erlernen.“

Im genannten Artikel im „Handelsblatt“ kommt man zur ernüchternden Erkenntnis: „Unter den 20 beliebtesten Berufen ist kein einziger aus dem gewerblich-technischen Bereich – obwohl dort schon meist in der Lehre besser verdient wird.

…………………………………………………………………………………….

Im Jahr 2005 hatten immerhin noch fast sechs Prozent der Frauen zwischen 30 und 34 Prozent eine MINT-Ausbildung – 2016 waren es nach dem jüngsten MINT-Herbstreport des Instituts der Deutschen Wirtschaft (IW) (Köln – Anmerkung des Verfassers) nur noch magere 2,6 Prozent.

…………………………………………………………………………………….

Die Gesamtzahl der MINT-Facharbeiterinnen ist von 2011 bis 2016 um gut fünf Prozent auf etwas über eine Million zurück gegangen – gegenüber acht Millionen Männern.“

Leider werden – typisch für die immer noch vorherrschende Arroganz, auch in den Medienhäusern – die völlig falschen Schlussfolgerungen aus den sich daraus ergebenden Konsequenzen gezogen, wie nachfolgend zitiert wird:

„Das Desinteresse der Frauen an Berufen wie Mechatroniker, Elektroniker oder Fachinformatiker – das sind die Spitzenreiter bei den Jungs - ist umso bedenklicher, da der Mangel an Facharbeitern im MINT-Bereich mittlerweile fast doppelt so groß ist, wie bei Akademikern: Insgesamt fehlten im Oktober (2018 – Anmerkung des Verfassers) nach dem MINT-Herbstreport des IW 338.000 MINT-Fachkräfte – fast 70 Prozent davon Gesellen, Meister und Techniker und nicht mal ein Drittel Akademiker.

Andere Länder sind da schon viel weiter. Nach Angaben der OECD (der Organisation für wirtschaftliche Zusammenarbeit und Entwicklung – Organization for Economic Co-operation and Development – Anmerkung des Verfassers), die das Feld etwas anders abgrenzt, hatte Deutschland zuletzt im technischen Bereich neun Prozent weibliche Abschlüsse – in der Schweiz sind es zwölf, in Österreich 13 Prozent."

Etwas besser – bezogen auf ganz Deutschland, sieht die Quote lt. dem MINT-Herbstreport 2018 bei den MINT-Akademikerinnen aus, wie ebenfalls aus dem bereits genannten Artikel aus dem „Handelsblatt" vom 28.11.2018 entnommen wird:

„Die absolute Zahl der MINT-Akademikerinnen ist seit 2011 zwar kräftig um 30 Prozent auf 622.000 MINT-Akademikerinnen geklettert. Das jedoch ist vor allem auf die generelle Akademisierung zurück zu führen.

Ihr Anteil an der Berufsgruppe der Ingenieure/Naturwissenschaftler ist dagegen nur minimal von 20,2 Prozent auf 21,7 Prozent gestiegen – doch vor zehn Jahren (2008 – Anmerkung, des Verfassers) waren es immerhin schon mal 32 Prozent.

Und schaut man genauer hin, zeigt sich, „dass die Anteile in Biologie hoch, in der Informatik in der Elektrotechnik und im Maschinenbau aber sehr niedrig sind."

- Ehefrauen oder Frauen, die Kinder zur Welt gebracht haben und dadurch zeitweilig zu Hause geblieben sind, haben es nach Beendigung der gesetzlichen Mutterschaftsfrist äußerst schwer, beim gleichen Unternehmen wieder eingestellt oder bei einem neuen Unternehmen eingestellt zu werden. Man wirft ihnen seitens vieler Unternehmen vor, dass man eine Zeit aus dem jeweiligen Unternehmen heraus ist und man dadurch in der Erfüllung der Arbeitsaufgaben letztlich nicht auf "der Höhe der Zeit ist" und deshalb vielleicht nicht eingestellt werden kann. In der DDR hatte eine Frau, die ein Kind oder Kinder geboren hatte, auch den gesetzlichen Anspruch wieder genau auf ihre bisherige Stelle innerhalb des ersten Jahrs nach der Entbindung und ab 1976 auf 80 Prozent Lohnfortzahlung von ihrem bisherigen Lohn bzw. Gehalt für das gesamte erste Babyjahr. Solche günstigen sozialen Bestimmungen im Sinne der besonderen Rolle der Frau sind auch heute, trotz aller neuer Regelungen, die auch in der Bundesrepublik geschaffen wurden und die eine wesentliche Verbesserung gegenüber der bisherigen Verfahrensweise auf diesem Gebiet darstellen, noch immer nicht im gemeinsamen Deutschland geschaffen worden.

- Frauen, die noch jüngere Kinder haben, werden in der möglichen Einstellung in einem Unternehmen benachteiligt, weil die Unternehmer annehmen, dass sie eine höhere Ausfallquote wegen den jüngeren Kindern der möglicherweise einzustellenden Frauen haben. Die unfreundliche Haltung der Unternehmen in der möglichen Einstellung bzw. auch der nicht ausreichenden Vorsorge des Staates gegenüber jungen Müttern oder überhaupt gegenüber Frauen in diesem derzeitigen Gesellschaftssystem zeigt sich auch darin, dass man, wenn die Frauen immer noch eine wesentlich höhere Beanspruchung in der Familienarbeit als die Männer haben, dass man nicht, wie in der DDR, den monatlichen Haushaltstag für Mütter bzw. für Frauen, die über 40 Jahre alt sind, weiter bei voller Zahlung des Lohns bzw. des Gehalts für diesen Tag gewährt sowie, wenn die Unternehmen bei der gegenwärtigen Gesellschaftsstruktur dies nicht können, diese Arbeitszeit, die diese Frauen zu Hause im Interesse der Familie arbeiten, vom Staat finanziell übernommen werden kann.

- Obwohl lt. einer Studie selbst in solchen Bundesländern wie Bayern inzwischen sogar nahezu jeder fünfte Vater Elternzeit nimmt, damit die Frau in dieser Zeit arbeiten kann, ist die Äußerung eines Wunsches von Vätern, den auch für sie geltenden gesetzlichem Anspruch auf Elternzeit wahrzunehmen, in vielen konservativen Branchen, wie im Banken- und Versicherungswesen, trotz des auch hier im zunehmenden Maße eintretenden Wegfalls von Arbeitsplätzen im Rahmen der Digitalisierung und des Fachkräftemangels auch in anderen Branchen, insbesondere in Unternehmen, die ihren Unternehmenssitz in den ländlichen, strukturschwachen Gebieten der Bundesrepublik haben, immer noch gleichbedeutend mit dem Karriereaus.

- Durch die falsche und in keiner Weise die Gleichberechtigung zwischen den Geschlechtern fördernde, sogar äußerst rückständige Politik in der alten Bundesrepublik, wie schon genannt, vor der Initiative der bis zur Bundestagswahl 2013 für das Bundesministerium für Arbeit und Soziales zuständigen Ministerin Ursula von der Leyen, fehlte es insbesondere auf dem Gebiet der alten Bundesrepublik, trotz dem in der letzten Zeit viel gebaut wurde, immer noch an verfügbaren Plätzen für Kindereinrichtungen bzw. Schulhorten, zumindest für junge Schülerinnen und Schüler, die sich in den ersten Schulklassenstufen befinden, und deshalb können manche Frauen, die auf den Erhalt von Plätzen für ihre Kinder in Kinderbetreuungseinrichtungen angewiesen sind, die Möglichkeit, ein Arbeitsverhältnis aufzunehmen oder einer selbständigen Arbeit nachzugehen, deshalb nicht nutzen.

- Es müssen verstärkt Quoten eingeführt werden, damit Frauen, wenn sie eine Leitungsaufgabe in einem Unternehmen wahrnehmen wollen, auch einen gleichberechtigten Zugang zur Übernahme bzw. Besetzung von Leitungsfunktionen haben. Die Dominanz der Besetzung solcher Funktionen durch Männer ist immer noch viel zu hoch. Bei der Vereinbarkeit von Familie und Beruf, auch in Führungspositionen, sind die skandinavischen Länder – unabhängig vom Geschlecht der Führungskraft – der Bundesrepublik weit überlegen, auch, weil der jeweilige Staat auch diese Unternehmenslenker dabei unterstützt.

- Die öffentliche Ehrung bei erzielten Erfolgen ist bei Vertretern des weiblichen Geschlechts nicht gleichermaßen, wie bei Vertretern des männlichen Geschlechts.

- Frauen arbeiten oft auch neben ihrer beruflichen Arbeit im Haushalt und bei der Kindererziehung oder auch bei der Pflege von Verwandten oder Angehörigen viel mehr, als die betreffenden Ehemänner oder Lebenspartner.

- Der Mann wird von einer Reihe von Ämtern, zum Beispiel auch noch vom Finanzamt, als Familienoberhaupt oder als Familienvorsteher angesehen, obwohl offiziell die Gleichberechtigung in Deutschland vorherrscht und auch entsprechende Gesetze dazu erlassen wurden. Selbst der Blick auf die Steuerformulare, die in Deutschland auszufüllen sind, insbesondere als selbständig tätige Unternehmerin sorgen auch heute noch für blankes Entsetzen: Der Ehemann wird auch steuerrechtlich noch als Familienvorstand angesehen. Es wird im bundesdeutschen Steuerrecht immer noch so getan, als ob die Frau kein eigenes Unternehmen führen könnte. Dabei muss auch sie, wenn sie alleine selbständig ist und die Hauptverantwortung für das Unternehmen trägt, ihre unternehmerischen Angaben auf der „Männer"-Seite der Steuererklärung eintragen.

- Die Splitting–Steuerberechnung geht noch von der alten Rollenverteilung aus, dass der Mann verdient und dass die Ehefrau oder die anerkannte Lebenspartnerin nichts oder kaum etwas verdient. Die Splittingberechnung beachtet nicht die Erfordernisse der Gleichberechtigung und schreibt somit die bisherige altertümliche, nicht mehr zeitgerechte Rollenverteilung fest.

Weil die – unbeachtet der genannen Erfordernisse – immer noch trotz Gleichberechtigung vorrangig von den Frauen ausgeführten Arbeiten im Haushalt, in der Erziehung und auch in nicht vergüteten Pflegeleistungen, von der Gesellschaft nicht vergütet werden und somit unbezahlte Arbeit, also keine Erwerbsarbeit darstellen, werden sie von der Gesellschaft und damit auch von der Politik dadurch nicht genügend anerkannt.

Gisela Notz, die früher wissenschaftliche Referentin in der Friedrich–Ebert-Stiftung war, stellte zur Thematik u. a. fest:

„……………………………………………………………………………………………

Die großen Gesellschaftstheorien, die sich mit Arbeit befassen, sehen Arbeit als Tätigkeit, die der Herstellung eines Produktes dient (Produktionsarbeit). Sie ignorieren jedoch die Leistung besonders der Frauen für die Erschaffung und den Erhalt der Gesellschaft (Reproduktionsarbeit). Die Arbeiten im Haus, bei der Erziehung der Kinder, die Pflege der Alten – und Hilfsbedürftigen und in der sozialen, kulturellen und ehrenamtlichen Arbeit werden (außerhalb der Frauenforschung) nicht unter dem Begriff Arbeit subsumiert, obwohl sie gesellschaftlich auch so notwendig sind wie die Erwerbsarbeit. Sowohl im Produktionsbereich als auch im Reproduktionsbereich werden gesellschaftlich notwendige und nützliche Arbeiten verrichtet. Unter "Produktionsarbeit" ist die instrumentell gebundene und gesellschaftlich nützliche planmäßige Tätigkeit, für die körperliche Kräfte in Produktion und Dienstleistung eingesetzt werden, zu verstehen. Tätigkeiten jenseits der Lohnarbeit (oder einer anderen das Einkommen sicherstellenden Erwerbsarbeit), die zur Erhaltung der menschlichen Arbeitskraft einschließlich der Kinder notwendig sind, werden in der Soziologie als "Reproduktionseinheit" definiert. Zu den Reproduktionserfordernissen gehören sowohl die Arbeitsverhältnisse (Hausarbeit, Erziehungsarbeit, Pflegearbeit für Alte, Kranke und Behinderte) als auch die ehrenamtlichen Arbeitsverhältnisse im Sinne des bürgerlichen Engagements und freiwilliger Arbeit, ehrenamtliche politische, soziale und kulturelle Arbeit, unbezahlte Arbeit in Selbsthilfegruppen. Zu den Produktionsarbeitern gehören alle Arbeitsverhältnisse, also sowohl ungeschützte (prekäre) Erwerbsarbeitszeit als auch Teilzeitarbeitszeit, tariflich abgesicherte Erwerbsarbeit und selbständige Arbeit. In den Hausarbeitsverhältnissen, die meist privat, isoliert und unbezahlt geleistet werden und der eigenen Reproduktion, sowie der des Ehepartners, der Sorge der Erziehung und Sorge der Kinder sowie der Pflege und Betreuung kranker, behinderter und alter Familienangehörige dienen, arbeiten aufgrund der traditionellen geschlechterhierarchischen Arbeitsteilung innerhalb der kapitalistischen–patriarchalischen Gesellschaft weit überwiegend Frauen. Trotz zunehmender Erwerbsbeteiligung der Frauen ist das Privaterleben vieler Paare noch immer vom "Rollenmodell" des Mannes als Haupternährer geprägt. Danach verdienen die Männer zumeist den Familienunterhalt, Frauen übernehmen die unbezahlte Hausarbeit und verdienen bestenfalls ein bisschen dazu. Die in unbezahlter Haus- und Familiendienst erbrachten Leistungen gehen bisher nicht in die volkswirtschaftliche Gesamtrechnung ein.

Schätzungen zufolge würden sie, wenn ihr Geldwert gemessen würde, etwa ein Drittel des Sozialprodukts moderner Industriegesellschaften ausmachen. (Schmid 2004).

Hausarbeit ist noch immer Frauensache. Europaweite und deutsche Studien (z. B. Statistisches Bundesamt 2010 und Eurostart 4–2006), in denen die Anzahl von Stunden verglichen wird, die Frauen und Männer mit Erwerbsarbeit, Familienzeit und Freizeit verbringen, machen deutlich, wie schwer dieses traditionelle Modell zu überwinden ist. Berücksichtigt man die gesamte für Berufstätigkeit und Hausarbeit aufgewandte Zeit, sind die Arbeitstage der Frauen in der EU im Durchschnitt viel länger als die der Männer. Gehören Kleinkinder zum Haushalt, öffnet sich die Schere zwischen den Geschlechtern noch weiter.

Für Männer in Paarbeziehungen gilt, wenn Kinder da sind, wird für Familienpflichten mehr Zeit aufgewandt.

Doch im Gegensatz zu den Frauen steigt die für eine bezahlte Tätigkeit verwendete Zeit oder bleibt zumindest gleich.

Die Zustimmung zu dieser traditionellen Arbeitsteilung in Westdeutschland hat in den 1990er Jahren stark abgenommen. Dennoch waren im Jahre 2010 nach einer Auswertung von ALLBUS noch immer 35 Prozent aller Befragten über 18jährigen Männer und Frauen in der Bundesrepublik der Meinung, dass es für alle Beteiligten viel besser sei, wenn der Mann voll im Berufsleben stehe und die Frau zu Hause bliebe. Nach der differenzierten Auswertung von 2004 gab es keine gravierenden Unterschiede zwischen den Geschlechtern.

Deutlich niedriger lag die Zustimmung zur traditionellen Arbeitsteilung allerdings in Ostdeutschland. 40 Prozent aller Befragten (Westdeutschland) und 17 Prozent (Ostdeutschland) stimmten dieser traditionellen Arbeitsteilung zu. Nach Geschlechtern differenziert, waren es nur 19 Prozent der Männer und 16 Prozent der Frauen in Ostdeutschland sowie je 40 Prozent sowohl der Frauen als auch der Männer in Westdeutschland.

Auch stimmten weitaus mehr ältere Menschen und nicht mehr Berufstätige dieser Arbeitsteilung zu.“

Nach meiner Auffassung ist in Ostdeutschland noch stark das Rollenbild der Frau verbreitet, die viele verschiedene Dinge gleichzeitig ausüben kann: Erziehung der Kinder, Erledigung von im Haushalt anfallenden Arbeiten, berufliche Tätigkeit und ggf. nebenberufliche Weiterqualifikation und nicht das leider immer noch vielfach in den alten Bundesländern verbreitete Frauenbild, dass sie nur ihre Hausarbeit macht und mehr oder weniger allein für die Erziehung der Kinder zuständig ist und der

Ehemann oder Lebenspartner als Verdiener und Familienoberhaupt eine führende Rolle in der Familie spielt.

Dadurch werden die Frauen im erheblichen Maße von ihrem Ehemann oder Lebenspartner abhängig und können nicht genügend selbstbewusst auftreten, und damit werden nicht im ausreichenden Maße die Voraussetzungen geschaffen, dass gleichberechtigte Grundlagen zwischen den Geschlechtern bestehen.

Eine Frau, die nichts oder kaum was verdient, zumindest nicht so viel, dass sie davon leben kann, wird immer wirtschaftlich abhängig von ihrem Lebenspartner sein, und dadurch muss sie alle Handlungen, die für eine Familie nicht gerade üblich sind, ertragen.

Wenn es zu einer Scheidung von oder einem Auseinandergehen mit dem bisherigen Lebenspartner kommt, was leider nicht so selten ist, bekommt sie ihre bestehende wirtschaftliche Unmündigkeit leider zu spüren und die jahrelange Nichtausübung des Berufs, wirkt sich dahingehend sehr negativ in der gegenwärtigen Gesellschaft aus. Man hat kaum Chancen, seinen Beruf auszuüben oder wenn man schon älter ist und noch eine sehr geringe Rente bekommt und ehrlich zu sich selbst ist, muss man die Grundsicherung beantragen, um überhaupt noch seine Existenz zu sichern.

Leider streben noch relativ viele Frauen in Deutschland dieses die Gleichberechtigung nicht gerade fördernde Rollenbild an. Wenn eine Frau die Absicht hat, alles nur für die Familie bzw. auch ihren Lebenspartner zu tun, sind ihr in unserer den Individualismus, den Egoismus, die mangelnde Gemeinschaftsfähigkeit und die mangelnde Solidarität, auch zwischen den Geschlechtern, fördernden Gesellschaft erhebliche Grenzen bezüglich der Sicherheit ihrer zukünftigen Entwicklung gesetzt.

Auch die leider gezeigte Lebensweise einer nicht geringen Zahl von Menschen in unserer Gesellschaft ist vom vorherrschenden Mainstream der gegenwärtigen Lebensweise insbesondere in der westlichen Welt, der nur ungenügende Voraussetzungen für diese aufopferungsvolle Grundhaltung bietet, auch bei den Vertretern des weiblichen Geschlechts gekennzeichnet.

Gisela Notz führt weiter in ihrem genannten Beitrag dazu und auch zu anderen Fragen der bisher nicht bezahlten Arbeit an:

„Hartnäckig hält sich die traditionelle Arbeitsteilung. Das zeigt auch der siebte und bisher jüngste Familienbericht der Bundesregierung von 2006. Aus ihm geht hervor, dass Männer zur Beteiligung an den Hausarbeiten immer noch schwer zu bewegen sind, bestenfalls helfen sie mit; Mahlzeiten zuzubereiten: Wäschewaschen, Bügeln und Hausreinigen überlassen sie ebenso wie die Kindererziehung weit überwiegend den Frauen, eher übernehmen sie Reparaturen und Gartenarbeiten, und für die Kinder sind sie für Sport und Spiel zuständig. Laut Bericht sind private Pflegearbeiten zu 80 Prozent Frauensache. Die geringere Beteiligung an den Haus-, Erziehungs– und Pflegearbeiten ändert sich auch dann nicht wesentlich, wenn Männer mit berufstätigen Frauen zusammenleben. Das Gros der Hausarbeit leisten jedoch teilzeitarbeitende Frauen. Unterschiedliche Ehrenämter. In den ehrenamtlichen Arbeitsbereichen sind Männer eher zu Arbeiten bereit, die mit gesellschaftlicher Anerkennung und Einfluss, sowie mit Aufwandsentschädigungen verbunden sind. Schöffen, ehrenamtliche Richter, Leitungsfunktionen in Vereinen und Verbänden. In sozialen Feldern oder im Gesundheits- und Erziehungsbereich sowie im kirchlichen Bereich arbeiten auch nach den neuesten Studien (z. B. Dritter Freiwilligensurvey (1999 – 2009) der Bundesregierung 2009) vor allem Frauen. Insgesamt leisten Frauen ungefähr zwei Drittel dieser Arbeiten. "Sorge und Kümmerarbeiten" übernehmen sie auch zu 70 Prozent in der Selbsthilfe, in der Familienselbsthilfe sogar zu 90 Prozent (vgl. Deutsche Arbeitsgemeinschaft Selbsthilfegruppen e. V. 2006). Ohne diese unbezahlt geleisteten Arbeiten würde das System der sozialen Dienste zusammenbrechen. Die Teilung der Arbeit in bezahlte und unbezahlte Arbeit ist weder zufällig noch ohne Wirkung. Schließlich beeinflusst sie die Teilhabe von Frauen an wirtschaftlichen und gesellschaftlichen Belangen und Entscheidungen und an der Verteilung von ökonomischen Gütern, Geld und Vermögen.

Die geschlechtsspezifische Arbeitsverteilung folgt dem Vorbild der bürgerlichen Kleinfamilie, wie sie sich in der Mitte des 19. Jahrhunderts herausgebildet hat. Seit Ende des 19. Jahrhunderts wurde das traditionelle Familienbild auch für die Arbeiterklasse zum erstrebenswerten Ziel. Es blieb aber aufgrund der materiellen Lebensumstände der Lohnabhängigen für die meisten ein nicht zu realisierender Traum. Das Gros der Hausarbeit hatten jedoch auch die Arbeiterinnen, die eine Familie zu Hause hatten, zu leisten. Bezahlte und unbezahlte Arbeiten sind zwei Seiten einer Medaille: Ehegattensplitting, das alleine am Tatbestand der Ehe orientiert ist und Männer mit nicht berufstätigen Frauen begünstigt sowie die Ideologisierung der Hausversorgung von Kindern und Pflegebedürftigen tragen jedoch zur weiteren Existenz des traditionellen Ehe- und Familienbildes bei, besonders in den Zeiten, in denen es ein Überangebot an Arbeitskräften gibt. Einen ganz neuen Aspekt wirft indes die Frage auf, wie die häuslichen Versorgungssysteme erhalten werden können, wenn immer mehr Frauen einer außerhäuslichen Erwerbsarbeit nachgehen. In besser verdienenden Haushalten werden häusliche Arbeiten dann von niedrig bezahlten, meist weiblichen Haushaltshilfen erledigt. Haushaltsarbeiterinnen sind vor allem Migrantinnen, von denen die meisten aus Osteuropa, Südamerika oder aus anderen armen Regionen der Welt stammen (Lutz 2008).

Nach dem siebten Familienbericht ist der Beschäftigungssektor "Privathaushalt" derjenige mit dem höchsten Anteil an ungeschützter, nicht existenzsichernder, sogenannter prekärer Arbeit. Neuere Untersuchungen, auch unter Frauen, sind die Folge. Notwendig wird eine öffentliche Diskussion um politische Handlungsstrategien der Arbeitsteilung im Haushalt, die sich nicht mehr allein auf die Kritik an der geschlechtsspezifischen Arbeitsteilung bezieht, sondern nur auf schichtspezifische Aspekte." (Siehe Internet-Artikel „Unbezahlte Arbeit" des Bundesinstituts für politische Bildung Bonn vom 19. Oktober 2010, vgl. http://www.bpb.de/gesellschaft/gender/frauen-in-deutschland/49411/unbezahlte-arbeit).

Aus den Ausführungen geht eindeutig hervor, dass die Frauen noch den Hauptteil der Arbeit in der Familie, in der Pflege und, wenn man den Umfang und die Anzahl der Arbeiten addiert, wahrscheinlich auch in der ehrenamtlichen Tätigkeit durchführen.

Die Gesamtheit dieser Arbeiten bekommen sie nicht und im Ehrenamt sehr gering bezahlt, indem die Aufwendungen für diese Tätigkeit in gewisser Weise ausgeglichen werden.

Es ist zum einen kein Zeichen von Gerechtigkeit, wenn die Gesellschaft die Vielzahl dieser Arbeiten, die von Frauen geleistet werden, nur, weil sie nicht zur Erwerbstätigkeit gezählt werden, nicht oder, bezogen auf die ehrenamtliche Arbeit, so gut wie nicht bezahlt, obwohl diese Arbeit im Sinne der Reproduktion der Arbeitskraft, auch für Diejenigen deren Tätigkeit als Erwerbstätigkeit anerkannt wird.

Die Gesellschaft vergütet diese Arbeit der Frauen, die nicht selber durch Erwerbstätigkeit ihren Lebensunterhalt sichern können, in völlig undemokratischer und unsolidarischer Weise nicht. Man lässt sie sogar nach einer möglichen Scheidung oder dann bei der Rente im Stich.

Die zwischenzeitlich erhöhte Mütterrente ist für Diejenigen, die Mütter sind, auch in keiner Weise als ausreichender Ausgleich für die viele geleistete Arbeit von Frauen anzusehen. Damit die Betroffenen sprichwörtlich nicht verhungern und ihre Existenzsicherung nur in Armut sichern können, bietet man den in Frage kommenden Rentnerinnen als Alternative die Möglichkeit der Grundsicherung an.

Damit wird in keiner Weise die von den Nicht–Berufstätigen geleistete Arbeit, die im Sinne der diesbezüglichen Definition keine Erwerbstätigkeit darstellt, abgefunden. Leider hat der deutsche Staat bisher keine Möglichkeit gefunden, die umfangreiche Arbeit, die als Nichterwerbstätigkeit angesehen wird, durch eine Ausgleichszahlung für diese Tätigkeit und eine Rentenbepunktung anzuerkennen.

Bisher geschieht dies alles nicht, und die nicht gerechte falsche Politik wird zu Lasten der betroffenen Frauen weiter fortgesetzt.

Eine nicht zu verkennende Ursache dieser ungerechten Behandlung von in Bindung lebenden nicht berufstätigen Frauen und die damit auch in diesem Punkt nicht gegebene Gleichberechtigung ist, wie erwähnt, in der verfehlten antiquierten, für völlige Ungleichberechtigung und auch später noch zu erheblichen Benachteiligungen führende falsche langanhaltende Frauenpolitik der alten Bundesrepublik und deren weiterhin anhaltenden Folgewirkungen zu sehen. Unter dieser falschen Politik und den sich daraus ergebenden Folgewirkungen einer ungleich berechtigten Verfahrensweise zwischen den Geschlechtern haben viele Frauen, zumindest diejenigen, die in einer festen Lebenspartnerschaft leben, noch heute zu leiden.

Auch hierin sind neben allen anderen Faktoren, die noch heute die mangelnde Gleichberechtigung manifestieren und in der gegenwärtigen Mainstream-Entwicklung zu suchen, warum die Single-Haushalte immer mehr anwachsen.“

Im am 01.10.1950 in der DDR in Kraft getretenen „Gesetz über den Mutter- und Kinderschutz und über die Rechte der Frau“ wurden sowohl die Gewährung einmaliger, als auch laufender finanzieller Leistungen für kinderreiche Familien festgelegt. Dieses Gesetz sollte die in der Verfassung der DDR garantierte Gleichberechtigung zwischen Mann und Frau als Grundlage der DDR-Frauenpolitik und die staatliche Förderung von Kinderreichtum sowie die gesetzliche Grundlage bis zur Neuregelung des Schwangerschaftsabbruchs in der DDR im Jahre 1972 manifestieren.

Mit diesem Gesetz sollten die Frauen u. a. wie folgt gefördert werden (siehe den Link:
https://de.wikipedia.org/wiki/Gesetz_ueber_den_Mutter_und_Kinderschutz_und_ueber_die_Rechte_der_Frau):

- Bevorzugung alleinerziehender Mütter bei der Aufnahme ihrer Kinder in Kinderkrippen und Kindertagesstätten

- Vorgaben zur Errichtung von neuen Kinderpolikliniken, Kinder-Abteilungen in bestehenden Krankenhäusern, Kinderheimen für Kleinkinder, Kinderkrippen und Kindertagesstätten sowie Entbindungs- und Erholungsheimen

- Schaffung von durchschnittlich drei Mütter- und Kinderberatungsstellen pro Kreis in der DDR

- Gewährung von Schwangerschafts- und Wochenurlaub von fünf Wochen vor und sechs Wochen nach der Geburt sowie Zahlung einer Schwangerschafts- und Wochenhilfe durch die Sozialversicherung der DDR in Höhe eines monatlichen Durchschnittseinkommens

Außerdem wurden im unter dem o. g. Link beschriebenen Gesetz folgende weitere Regelungen festgelegt:

„Der zweite Abschnitt („Ehe und Familie", §§ 12–19) enthielt unter anderem die Festlegung, dass die Eheschließung für die Frau „keine Einschränkung oder Schmälerung ihrer Rechte" darstellte, wodurch das Alleinbestimmungsrecht des Mannes in allen Angelegenheiten des ehelichen Lebens aufgehoben und ein gemeinsames Entscheidungsrecht beider Eheleute ersetzt wurde. Der Mutter eines nichtehelichen Kindes standen die vollen elterlichen Rechte zu. Weiterführende Regelungen zum Bereich Ehe und Familie sollten in Form eines noch auszuarbeitenden Familienrechtsgesetzes beschlossen werden.

Im dritten Abschnitt („Die Frau in der Produktion und der Schutz ihrer Arbeit", §§ 19–25) war festgelegt, dass sich die Arbeit von Frauen nicht auf traditionelle Frauenberufe beschränken sollte. Darüber hinaus seien die Arbeitsbedingungen den physischen Besonderheiten der Frau anzupassen. Das Gesetz enthielt darüber hinaus das Prinzip der gleichen Bezahlung für die gleiche Arbeit sowie die Vorgabe der Förderung der Arbeit von Frauen in leitenden Stellungen. Weitere Regelungen betrafen Maßnahmen im Hinblick auf die besondere Situation von Frauen in landwirtschaftlichen Berufen sowie die Bevorzugung von alleinstehenden und kinderreichen arbeitenden Müttern bei der Vergabe von Wohnraum sowie bei der Einstellung von Arbeitskräften.

Vorgaben zur Beteiligung von Frauen an politischen und gesellschaftlichen Ämtern waren im vierten Abschnitt („Teilnahme der Frau am staatlichen und gesellschaftlichen Leben", §§ 26–29) enthalten. Dies betraf beispielsweise die Tätigkeit von Frauen und Beisitzer, Schiedsleute und Hausvertrauensleute. Die Schlussbestimmungen im fünften Abschnitt (§§ 30/31) enthielten unter anderem die Androhung einer Gefängnisstrafe für die Verletzung des Verfassungsprinzips der Gleichberechtigung der Frauen.

....

Durch die Verabschiedung eines Änderungsgesetzes am 28. Mai 1958 wurden die staatlichen Leistungen für Mütter neu geregelt, insbesondere stieg die Höhe der finanziellen Unterstützung deutlich. Weitere Änderungen des Gesetzes erfolgten durch das am 12. April 1961 beschlossene „Einführungsgesetz zum Gesetzbuch der Arbeit der Deutschen Demokratischen Republik" sowie durch das „Gesetz über die Unterbrechung der Schwangerschaft" vom 9. März 1972, mit dem eine grundlegende

Neufassung der Rechtslage zum Schwangerschaftsabbruch in Form einer Fristenlösung in Kraft trat."

Zum IX. Parteitag der Sozialistischen Einheitspartei Deutschlands (SED) im Jahre 1976 in der damaligen DDR wurde für Mütter mit zwei Kindern unter 16 Jahren die 40-Stunden-Woche eingeführt, der bezahlte Schwangerschaftsurlaub auf 20 Wochen verlängert und die Gewährung von zinslosen Krediten in Höhe von 5.000 Mark – später 7.000 Mark – an junge Ehepaare bis zur Vollendung des 27. Lebensjahres beschlossen, der mit 1.000 Mark pro Kind „abgekindert" werden konnten. Wurden drei und mehr Kinder geboren, wurde der Restbetrag des Ehekredits erlassen. Frauen mit zwei und mehr Kindern konnten Schicht- und Mehrarbeit ablehnen.

Mit der Unterzeichnung des deutsch-deutschen Einigungsvertrages zwischen der DDR und der damaligen BRD am 31.08.1990 wurde das „Gesetz über den Mutter- und Kinderschutz und über die Rechte der Frau" vom 01.10.1950 aufgehoben.

1969 gab es in der DDR in 1.172 von 9.021 Städten und Gemeinden Bürgermeisterinnen. In der Bundesrepublik amtierten in damals 14.869 Städten und Gemeinden nur 12 Bürgermeisterinnen in acht von elf Bundesländern, inklusive dem Westteil von Berlin. Für Niedersachsen, Nordrhein-Westfalen und Rheinland-Pfalz lagen damals keine Statistiken vor (siehe den Artikel: „Natürliches Maß" aus dem „Spiegel" 34/1969 vom 18.08.1969 unter dem Link: https://www.spiegel.de/print/d-45562638.html).

In den 1980er Jahren wurde jede vierte Stadt oder Gemeinde in der DDR von einer Frau regiert.

Ab den 1960er Jahren gab es für Frauen in der DDR Sonderstudiengänge, um sie höher zu qualifizieren.

Aus dem genannten „Spiegel"-Artikel „Natürliches Maß" gehen weitere interessante damalige Informationen hervor:

1969 waren in der DDR 34 Prozent der Richter Frauen, in Westdeutschland nur sechs Prozent. Von damals 500 Abgeordneten in der Volkskammer in der DDR waren 153 Abgeordnete Frauen. Im mit 518 Abgeordneten damals nur etwas mehr Abgeordnete zählenden damaligen Bundestag in Bonn waren damals nur 41 Frauen vertreten.

70 Prozent der Lehrer an den damaligen polytechnischen Oberschulen, 31,5 Prozent der Ärzte und 18,5 Prozent der Gerichtsvollzieher waren 1969 in der DDR Frauen.

Dass Frauen in der DDR traditionelle Männer-Berufe ergriffen haben, begründete der ausgebildete Tischler Walter Ulbricht lt. Zitat im erwähnten „Spiegel“-Artikel aus dem Jahr 1969 so: „Wir können den Sozialismus nicht nur mit Friseusen aufbauen.“

Außerdem waren 1969 lt. dem damaligen „Spiegel“-Artikel zwei Drittel der im Handel und im Post- und Fernmeldewesen Beschäftigten, fast jeder zweite LPG-Bauer, 41 Prozent der Arbeiter und Angestellten in der Industrie sowie zwölf Prozent der im Baugewerbe Tätigen in der DDR Frauen. 80 Prozent der Lehrlinge in der Datenverarbeitung, 60 Prozent in der chemischen Industrie und fast 50 Prozent der angehenden Fernmeldemechaniker waren damals in der DDR weiblich.

Bis heute sind Frauen in Ostdeutschland häufiger in Führungspositionen zu finden, als in Westdeutschland. Nahezu jedes dritte Unternehmen in Ostdeutschland wird durch eine Frau geführt, auch unter Beachtung der Vereinbarkeit von Familie und Beruf.

Nachfolgend werden einige Regelungen für Frauen, die sich in der DDR sozialpolitisch bewährt haben, mit ggf. heute geltenden Regelungen in Gegenüberstellung verglichen.

Sozialpolitische Regelung	**DDR**	**BRD**
Anspruch auf den gleichen Arbeitsplatz nach Rückkehr an den Arbeitsplatz nach der Schwangerschaft	Ab 1976 gab es ab Geburt des zweiten Kindes ein „Baby-Jahr“, in dem die Mütter sich im Anschluss nach den regulären 20 Wochen Schwangerschaftsurlaub bis zum Ende des ersten Lebensjahres des zweiten Kindes von ihrem Arbeitsplatz freistellen lassen konnten. Die Dauer und die Anspruchsvoraussetzungen wurden später angepasst.	Ab 1979 gab es in der Bundesrepublik eine Regelung zum Mutterschutzurlaub. Mütter, die vor der Geburt erwerbstätig waren, wurden vier Monate nach der Mutterschutzfrist (acht bzw. zwölf Wochen) gesetzlich freigestellt. Während dieser Zeit wurde ein Mutterschaftsurlaubsgeld gezahlt, das sich nach der Höhe des vorherigen Verdienstes richtete und maximal 750 DM betrug. Dieser Anspruch stand ausschließlich der Mutter zu. 1986 wurde dieses Gesetz durch das Bundeserziehungsgeld-Gesetz abgelöst, das erstmals auch Väter berücksichtigte. Zunächst wurde eine Arbeitsfreistellung für bis zu 10 Monate nach der Geburt des Kindes für er-

Ab Juni 1984 konnten ab dem dritten Kind 18 Monate Freistellung beantragt werden.
Ab 1986 konnten die Frauen bereits ab Geburt des ersten Kindes ein Babyjahr beantragen.
Während der Schwangerschaft und dem „Babyjahr“ war eine Kündigung durch den Arbeitgeber ausgeschlossen. Während dieser Zeit zahlte die Staatliche Versicherung der DDR eine so genannte „Mütter-Unterstützung“ in Höhe des üblichen Krankengeldes in Abhängigkeit von der Kinderzahl, der Verdiensthöhe und dem Versicherungsstatus zwischen 60 und 90 Prozent des Nettoentgelts.
Der Mindestsatz lag bei 250 Mark, bei zwei Kindern bei 300 Mark und ab drei Kindern bei 350 Mark.
Unabhängig vom Babyjahr genossen alle Mütter in der DDR mit Kindern bis zu einem Jahr werbstätige Eltern eingeführt, die in Stufen 1989 und 1992 auf 36 Monate angehoben wurde. Während des Erziehungsurlaubs war eine Teilzeit-Tätigkeit von zunächst 18 und ab dem 01.01.1989 19 Wochenstunden möglich. Nun konnte auch der Vater Erziehungsurlaub beantragen, sofern er mit der Mutter verheiratet war und sofern diese berufstätig, in Ausbildung oder arbeitslos war. Ein gleichzeitiger Erziehungsurlaub durch beide Elternteile war damals ausgeschlossen. Während des Erziehungsurlaubs konnte Bundeserziehungsgeld beantragt werden (bis zum Ende des 18. Lebensmonats des Kindes; für ab dem 01.01.1993 geborene Kinder bis zum Ende des zweiten Lebensjahres). Die maximale Höhe betrug 600 DM (Stand: 21.01.1992). Ab dem 7. Lebensmonat des Kindes wurde das Erziehungsgeld gekürzt, wenn eine bestimmte Jahresnettoverdienstgrenze (29.400 DM für Verheiratete, 23.700 DM für Alleinstehende gemäß § 5 Abs. 2 und 3 Bundeserziehungsgeldgesetz – Stand: 21.01.1992) überschritten wurde. Für das dritte und letzte Erziehungsjahr gab es zwar keine Bundesmittel. In einigen Bundesländern bestand jedoch die Möglichkeit, Landeserziehungsgeld zu beantragen.
Zum 01.01.2001 wurde der Begriff „Erziehungsurlaub“ durch den Begriff „Elternzeit“ ersetzt. Bei Kindern, die ab dem 01.01.2001 geboren wurden, konnten auch Väter ab Beginn der Geburt gem. § 15 des Bundeserziehungsgeld-Gesetzes in Elternzeit gehen, da beide Elternteile bis zum

	(bzw. bis zu drei Jahren bei Alleinerziehenden) einen speziellen Kündigungsschutz (vgl. § 58 Nr. b Arbeitsgesetzbuch der DDR). Für Väter gab es keine einheitlichen Regelungen.	Ende des 3. Lebensjahres des Kindes sich die Elternzeit teilen konnten. Der Antritt des Erziehungsurlaubs musste mindestens acht Wochen vorher schriftlich beim Arbeitgeber angezeigt werden, da auch ab diesem Zeitpunkt der Kündigungsschutz griff.
Haushaltstag	In der DDR wurde der Haushaltstag 1952 für verheiratete Frauen eingeführt. Ab 1965 galt er auch für unverheiratete Frauen mit Kindern unter 18 Jahren, und 1977 wurde das Anrecht auf den Haushaltstag auch unverheirateten Frauen ab 40 Jahren ohne Kinder sowie teilweise auch Männern (alleinstehend mit Kindern oder mit erkrankter Ehefrau unter bestimmten Bedingungen) zugestanden. Der Haushaltstag wurde grundsätzlich nur Vollbeschäftigten gewährt.	Der Haushaltstag galt in der alten Bundesrepublik nur für Frauen in den Bundesländern Bremen, Hamburg, Niedersachsen und Nordrhein-Westfalen. Seine Bedeutung nahm mit der Einführung der Fünf-Tage-Arbeitswoche jedoch ab. 1979 wurde der Haushaltstag für Frauen durch das Bundesverfassungsgericht wegen der Ungleichbehandlung beider Geschlechter für verfassungswidrig erklärt. Der durch die Bundesregierung vorgelegte Entwurf eines Arbeitszeitgesetzes vom 25. Mai 1987 sah in § 25 (2) vor, die entsprechenden Regelungen der Länder zum Haushaltsarbeitstag außer Kraft zu setzen, Ihre formelle Aufhebung geschah erst zum 01.07.1994 in allen Bundesländern mit Inkrafttreten des Arbeitszeitgesetzes.
Kosten der Kinderbetreuung	Die Kosten der Kinderbetreuung	Die Kosten der Kinderbetreuung sind höher als in der DDR und abhängig

	waren in der DDR geringer als in der BRD (siehe die Stichpunkte „Kindergarten“ und „Kinderkrippe“ unter Punkt 7.2.)	von der Kommune und dem Träger der Kinderbetreuung.
Lohn- bzw. Gehaltlücke zwischen Mann und Frau	In der DDR gab es sie nicht bzw. in einem nicht so hohen Maß.	In der Bundesrepublik beträgt sie derzeit bis zu 22 Prozent (je nach Branche und Bundesland).

Tabelle 5: Vergleich der sozialpolitischen Maßnahmen für Frauen in der DDR und in der BRD

Die unter dem Punkt „Anspruch auf den gleichen Arbeitsplatz nach Rückkehr an den Arbeitsplatz nach der Schwangerschaft“ gegebenen Informationen wurden aus dem von Nadin Groeben verfassten Artikel „Braucht man einen finanziellen Anreiz?“ unter dem Link https://www.fu-berlin.de/sites/gpo/pol_sys/politikfelder/Braucht-Man_einen_finanziellen_Anreiz/nadin_groeben_.pdf entnommen.

In den Ausführungen des im Auftrag der Heinrich-Böll-Stiftung im September 2016 zum Thema „Familienpolitik in Ost- und Westdeutschland und ihre langfristigen Auswirkungen“ unter dem Link https://www. boell.de/de/2016/11/09/familienpolitik-ost-und-west- von Anke Domscheit-Berg veröffentlichten Artikels sind ebenfalls wichtige Aussagen zu den wesentlichen Unterschieden der Familienpolitik in Ost- und Westdeutschland enthalten. Diese werden nachfolgend in einem bestimmten Umfang bezüglich der Stellung der Frau und der Familie in der DDR auszugsweise wiedergegeben, um auch besser über die Verhältnisse in der früheren DDR zu informieren.

„Frauen- und Familienpolitik wurden in der DDR sehr früh eng miteinander verknüpft. Mehr als ein Vierteljahrhundert nach dem Mauerfall lässt sich diese unterschiedliche Schwerpunktsetzung noch im regionalen Vergleich ablesen ....
....“

....

Zur Familienpolitik in DDR schrieb sie u. a. a: ....

....

„Leitlinie war dabei das Bild des "sozialistischen Menschen", der, egal, ob männlich oder weiblich, in jedem Fall eine "allseits gebildete" und in Vollzeit berufstätige

Person sein sollte, die zusätzlich einen Beitrag für die Gesellschaft leistete. ....

....

Die umfangreichen Rechtsansprüche von Müttern in der jungen DDR erleichterten ihnen zwar das Muttersein und damit eine Entscheidung zugunsten von Kindern, gleichzeitig dienten sie aber von Anfang an der Vereinbarkeit einer Vollzeitberufstätigkeit der Frau, auch als Mutter, selbst als Alleinerziehende. So hatten sich laut Gesetz die Öffnungszeiten von Krippen und Kitas nach den Arbeitszeiten der Frauen zu richten (§ 24 (2)) (des am 27.09.1950 beschlossenen und am 01.10.1950 in Kraft getretenen „Gesetzes über den Mutter- und Kinderschutz und die Rechte der Frau“ – Anmerkung des Verfassers), und Betriebsleiter wurden mit dem § 25 (2) (des selben Gesetzes – Anmerkung des Verfassers) sogar gesetzlich verpflichtet, alleinstehende Mütter bevorzugt einzustellen. Früh stand die Bereitstellung umfassender Kinderbetreuungseinrichtungen im Fokus, gab es Kinderkrippen für Kinder unter drei Jahren, Kindergärten für ältere Kinder, Hortbetreuung in Schulen, Kinderferienlager zur Überbrückung von Schulferien und Wochenheime, in denen Kinder von Montag bis Freitag fremd betreut werden konnten - etwa im Krankheitsfall der Mutter oder, wenn es die Art ihrer Berufstätigkeit erforderte, etwa bei Schichtarbeit. Kinderbetreuungseinrichtungen boten überall in der DDR Betreuungszeiten, die mit dem Alltag normal berufstätiger Frauen kompatibel waren. Üblich war ein Betreuungsangebot von sechs bis 18 Uhr. In größeren Betrieben waren Bildungseinrichtungen und Betriebskindergärten häufig, so dass Mitarbeiterinnen keine Extrawege hatten. Auch an höheren Bildungseinrichtungen, wie Hochschulen und Universitäten, gab es eine Kinderbetreuung vor Ort, so dass ein Studium zumindest nicht für längere Zeit unterbrochen werden musste. Familienzimmer in Studentenwohnheimen erleichterten eine frühe Familiengründung. Jung zu heiraten und Kinder zu bekommen, war üblich in der DDR. Das durchschnittliche Alter der Mütter beim ersten Kind lag 1989 bei knapp 23 Jahren. Ein Grund dafür war auch der große Wohnungsmangel. Für allein lebende junge Erwachsene waren Wohnungen kaum zugänglich. Heirat und Schwangerschaft jedoch ebneten den Weg zur ersten eigenen Wohnung. Die Einrichtung wurde jungen Familien (beide Partner unter 26 Jahre alt) seit 1972 durch einen zinslosen sogenannten Ehekredit in Höhe von 5.000, später sogar 7.000,- Mark ermöglicht, den man auch "abkindern" konnte. Für das erste Kind wurden 1.000,- Mark erlassen, für das zweite Kind 1.500,- Mark. Beim dritten Kind war der Kredit getilgt, Dies stellte einen weiteren Anreiz für frühe Mutterschaft und mehrere Kinder dar. Fast 1,4 Millionen solcher Kredite wurden im Volumen von über 9 Milliarden Mark bis 1988 ausgezahlt. Frauen in der DDR sollten jedoch über ihrer Körper frei entscheiden können. So gab es die Pille kostenlos für jede Frau und auch eine Schwangerschaftsunterbrechung war voraussetzungslos bis zur 12. Woche möglich - schon seit 1972. Die erweiterten Möglichkeiten der Familienplanung und die hohe Doppelbelastung arbeitender Mütter führte ab den 60er Jahren zu einer sinkenden

Geburtenrate, die erst nach weiteren Maßnahmen in den 70er Jahren wieder stieg, um trotz des ständigen Ausbaus von Unterstützungsleistungen zugunsten einer besseren Vereinbarkeit in den 80er Jahren wieder auf einen Wert von 1,7 Kindern pro Frau zum Zeitpunkt der Wende zu sinken. Die Akzeptanz externer Kinderbetreuung war in der DDR sehr hoch, denn die soziale Norm der Vollzeiterwerbstätigkeit galt auch für Mütter, so dass die meisten nach Ablauf des Babyjahres wieder arbeiten gingen.

Nur so war die hohe Erwerbsbeteiligung von 91 Prozent 1989 erreichbar – die höchste Quote weltweit. Im selben Jahr wurden 80 Prozent der Kinder unter drei Jahren in einer öffentlichen Einrichtung betreut, bei über Dreijährigen war der Anteil noch höher. Eine Kostenbarriere gab es nicht, da nur ein sehr geringer Verpflegungsbeitrag zu zahlen war. Das Babyjahr gab es zuerst nur für Alleinerziehende, später auch für Verheiratete beim zweiten Kind, ab 1986 für alle Mütter – bei vollem Lohnausgleich. War das Kind krank, konnten Mütter viele Tage zusätzliche bezahlte Freistellung im Jahr erhalten. Mit einer Kündigung wegen Schwangerschaft, Babyjahr oder krankem Kind musste in der DDR keine Frau rechnen. Seit 1976 hatten Mütter zusätzlich ab dem zweiten Kind Anspruch auf eine reduzierte Wochenarbeitszeit. Auch beim Übergang zur Schule gab es keine Betreuungslücke, denn Ganztagsschulen waren üblich, es gab Hortangebote, in der Regel ebenfalls bis 18 Uhr, und zahlreiche organisierte Freizeitangebote, wo Kinder in Sport, Sprach- oder anderen Interessensgruppen regelmäßige und betreute Beschäftigung am Nachmittag und im Rahmen der Schule finden konnten. So ausgeprägt die politische Unterstützung einer Angleichung des Berufslebens von Mann und Frau in der DDR waren, so wenig fand sie sich bei der Förderung der Angleichung klassischer Geschlechterrollen. So gab es zwar bedingt durch die doppelte Berufstätigkeit mehr Arbeitsteilung zwischen Männern und Frauen, aber es blieb bei der Ungleichverteilung der Doppelbelastung. Dies wurde sogar noch institutionalisiert, indem es einen monatlichen "Haushaltstag“ für Mütter und verheiratete Frauen gab, der nur in Ausnahmefällen auch Männern zustand, nämlich, wenn sie alleinerziehend waren. Da Frauen auf diese Weise 12 zusätzliche arbeitsfreie Tage zustanden, schien es gerechtfertigt, ihnen auch weiterhin den Löwenanteil der unbezahlten Arbeit zu überlassen Kinderreiche Mütter wurden dabei besonders unterstützt, sie bekamen mehr Urlaubstage, und ihre Wochenarbeitszeit war geringer - bei vollem Lohnausgleich. Für die Väter der gleichen Kinder gab es das nicht. Spätverkaufsstellen in den größeren Städten ermöglichten den Einkauf auch nach der Arbeit. Viele Kinder waren sogenannte "Schlüsselkinder", gingen schon früh allein von der Schule nach Hause und versorgten sich selbst, bis Mutter oder Vater von der Arbeit kamen. Trotz der anteiligen Ungleichbehandlung war der Anteil der Männer an hauswirtschaftlichen Tätigkeiten im Vergleich zum Westen recht hoch. Frauen in ostdeutschen Familien leisteten täglich über vier Stunden Familienarbeit, Männer knapp unter drei. Immerhin 72 Prozent der Ostmänner stimmten 1990 der Aussage zu: „Meine Partnerin soll die gleichen beruflichen

Chancen haben wie ich, Haushalt und Kinderbetreuung müssen deswegen auf Beide gleich verteilt werden." Westdeutsche Männer stimmten seinerseits nur zu 46 Prozent zu. Wenn auch sicher in beiden Landesteilen Theorie und Praxis auseinanderfielen, spielt die Grundeinstellung doch auch für das reale Leben eine große Rolle. Allerdings muss man auch berücksichtigen, dass viele Kinder außerhalb einer Ehe geboren wurden und viele Ehen wieder geschieden wurden, so dass der Anteil von Kindern, die bei alleinziehenden Müttern aufwuchsen, enorm hoch war. In diesen häufigen Konstellationen blieb die Aufgabe der Vereinbarkeit ausschließlich an den Frauen hängen. Die hohe Erwartungshaltung und die klar wahrnehmbare gesellschaftliche Norm, stets auch als Frau berufstätig zu sein, führte dazu, dass viele Frauen ihr Selbstwertgefühl wesentlich auch über ihre Berufstätigkeit definierten, stolz auf ihre Leistungen und mit großer Selbstverständlichkeit wirtschaftlich unabhängig von ihren Männern waren. Die hohen Scheidungsraten sind neben den sehr frühen und oft schnell getroffenen Entscheidungen für eine Ehe auch darauf zurückzuführen, dass Frauen selten einem ökonomischen Zwang unterlagen, in unglücklichen Beziehungen zu verbleiben. Trennungsunterhalte nach einer Ehe waren eine Ausnahme. In der Regel trennte man sich (eine Scheidung war in wenigen Wochen vollzogen) und ging anschließend seine getrennten Wege. Insgesamt trug die durch vielfältige Maßnahmen erleichterte Vereinbarkeit von Beruf und Familie in Kombination mit einem für Frauen und Männer gleichen Zugang zu höherer Bildung zu einer durchschnittlich höheren beruflichen Bildung von Frauen im Vergleich zum Westen bei, so wie mehr Frauen in Führungspositionen (wenn auch kaum in Topführungspositionen) und weniger unterbrochenen Erwerbsbiografien, was in der Folge dieser Aspekte zu einem deutlich geringeren Gehaltsunterschied zwischen Männern und Frauen führte, der sich noch Jahrzehnte später in einem marginalen Rentenunterschied niederschlägt."

Dass der Corona–Virus leider, hoffentlich nur zeitweilig, den Stand der Gleichberechtigung wegen der ungleichen Rolle, die dabei Vertreter des weiblichen gegenüber Vertreter des männlichen Geschlechts wahrnehmen müssen, erheblich zurück geführt hat, ist eine unbestrittene Tatsache. Die deutsche Soziologin Prof. Dr. Jutta Allmendinger meint sogar, dass die gegenwärtige vorherrschende Gleichberechtigung unter den Bedingungen des Corona–Virus den Stand von vor 30 Jahren und somit den Stand von 1990 erreicht hat.

Den Frauen kommen in viel höherem Maße hierbei Aufgaben zu. Wenn sie schulpflichtige Kinder haben, müssen sie mit diesen die Hausaufgaben organisieren. Oftmals müssen sie dabei die Rolle der Lehrerin in diesem Prozess übernehmen, die Kinderbetreuung durchführen, ihren Beruf ausüben, den sie im Regelfall dadurch nur im Home Office durchführen können und die Aufgaben im Haushalt wahrnehmen. Die Belastung ist unter diesen Gegebenheiten viel zu hoch und kaum noch zu erfüllen.

Jens Glüsing, Laura Höflinger, Katrin Kuntz, Anna Sophie Schneider und Maria Stöhr haben zur Gleichberechtigung in der Corona–Krise am 24.05.2020 in der Online-Angabe der Zeitschrift „Der Spiegel“ einen Beitrag geschrieben, den sie als Angriff auf die Emanzipation bezeichnen. Aus diesem Beitrag „Gleichberechtigung in der Coronakrise – Angriff auf die Emanzipation“, veröffentlicht unter dem Link: https://www.spiegel.de/politik/ausland/gleichberechtigung-in-der-corona-krise-angriff-auf-die-emanzipation-a-d4d75ac7-472c-4955-b142-49a024518379) werden nachfolgend einige wichtige Aussagen auszugsweise entnommen:

„Die Folgen der Pandemie treffen Frauen härter als Männer - und zwar überall auf der Welt. Die Krise könnte Gesellschaften um Jahre zurückwerfen. Das gilt für reiche Länder genauso wie für arme.

Es gibt kein Land auf der Welt, in dem Frauen und Männer gleichberechtigt sind. Und das Corona–Virus ist der Beweis. Auch für Männer stellt die Krise eine Katastrophe dar, für sie endet die Krankheit im Durchschnitt sogar häufiger tödlich.

Doch es werden Frauen sein, die disproportional unter den sozialen und wirtschaftlichen Folgen der Pandemie zu leiden haben. Das hat sich in den vergangenen Krisen gezeigt, sei es nach der Ebola-Epidemie oder nach der Finanzkrise. Und das zeigt sich auch jetzt - und zwar überall auf der Welt: in armen wie auch in reichen Ländern. In Deutschland genauso wie Indien, in den USA genauso wie in Brasilien.

Die Pandemie ist ein Angriff auf die Emanzipation. Sie hat das Zeug dazu, "die begrenzten Fortschritte des vergangenen Jahrzehnts wieder rückgängig zu machen", warnt ein Bericht der Vereinten Nationen über die Auswirkungen von Covid 19 auf Frauen. Die Krise schafft dabei nicht zwingend neue Ungleichheit zwischen Mann und Frau; sie legt sie in vielen Fällen bloß offen. In anderen kann das Virus aber auch Ungerechtigkeiten verstärken. ....

....

Hinzu kommt, dass die Fälle von häuslicher Gewalt in Ländern, die einen Lockdown durchgesetzt haben, in die Höhe schnellen. Viele Frauen und Mädchen sind in diesen Wochen des Eingesperrtseins Missbrauch und Misshandlungen ausgeliefert.

....

Schon Anfang April (2020 – Anmerkung des Verfassers) warnte der UNO-Generalsekretär Antonio Guterres auf Twitter:

"Ich mahne alle Regierungen, die Sicherheit von Frauen an erster Stelle zu setzen, wenn es darum geht, die Pandemie zu bekämpfen. ....

....

....

Und noch etwas zeigte sich damals: Frauen und Männer verloren zwar ähnlich häufig ihre Jobs, aber es dauerte länger, bis Frauen wieder eine neue Anstellung fanden. In vielen Fällen verdienen sie im Anschluss weniger als vorher. ....

....

Können sie - so wie jetzt während des Lockdowns - nicht arbeiten, erhalten sie auch keinen Lohn. Das wenig Ersparte ist schnell aufgebraucht.

....

Die Vereinten Nationen fürchten, dass in der Folge der Pandemie die Einkommen und der Anteil berufstätiger Frauen "langfristig sinken" könnte. ....

....

Die Folgen der Krise könnten die Gesellschaft auf jahrelange Sicht negativ prägen. Aber sie könnten auch das Gegenteil auslösen. Das Virus macht die Ungleichheit zwischen den Geschlechtern sichtbar - und damit auch die Möglichkeit und die Notwendigkeit eines gesellschaftlichen Wandels."

Zur Problematik der nicht ausreichenden Kinderzahl habe ich mich bereits in meinem 2019 veröffentlichten Buch wie folgt geäußert:

„In keiner Weise wird die notwendige Anzahl der Kinder geboren, um die einfache Reproduktion zu schaffen, die zum Fortbestand der Gesellschaft in der gleichen Anzahl der Bevölkerung ohne Zuzug von außen erforderlich ist.

Da die Verheirateten oder in einer Form einer Lebenspartnerschaft zusammenlebenden Personen mindestens zwei Personen sind, müsste allein für diese Familien die durchschnittliche Kinderanzahl bei mindestens 2 Kindern pro zugrunde zu legendes Paar liegen.

Da die Anzahl der Single–Haushalte auch von Denjenigen, die keine Kinder haben, immer mehr anwächst, müsste die Anzahl der geborenen Kinder, bezogen auf alle Haushalte, im Durchschnitt wesentlich über 2 liegen, um die einfache Reproduktion der Bevölkerung überhaupt zu sichern bzw. beizubehalten. Trotz der besseren Entwicklung in den letzten Jahren beträgt Stand 2016 die Geburtenrate je Frau immer noch 1,59, was einer ständigen Abnahme der Bevölkerung in Deutschland, trotz Flüchtlingen, immer noch gleichkommt.

Dass die Anzahl der Kinder auch von der gesicherten Entwicklung in der Gesellschaft in der verschiedensten Form abhängig ist, ist auch darin zu sehen, dass auch hierin ein erheblicher regionaler Unterschied besteht.

In Ostdeutschland, also dem Gebiet der ehemaligen DDR, wurden nur ca. die Hälfte der Geburten in den letzten Jahren registriert als in Süddeutschland.
Ein Land, in dem die Politik die entsprechenden Maßnahmen im Sinne der Gleichberechtigung für die Frauen bzw. die Familie beschlossen bzw. diesbezüglich

ausgerichtet hat, ist beispielsweise Frankreich. Frankreich weist mit 1,92 Kindern je Frau mit Abstand die Spitzenposition in Europa in dieser Beziehung auf. Da auch in Frankreich 1,92 Kinder je Frau vorhanden sind und der europäische Durchschnitt bei ca. 1,5 Kindern je Frau liegt, werden die erforderlichen Werte zur Sicherung der einfachen Reproduktion auch im gesamten europäischen Maßstab sowie in den einzelnen Ländern auch dort nicht geschafft.

Deutschland hat im Jahr 2011 das Recht jeder Familie oder auch jeder Frau, die berufstätig werden will, bei entsprechendem Bedarf dieser Familie auf einen Kindergartenplatz politisch verkündet und auch ein entsprechendes Gesetz dazu erlassen, was, wie bereits an anderer Stelle dieses Kapitels erwähnt wurde, mit Wirkung ab dem 01.08.2013 in Kraft trat.

Trotzdem fehlen, wie ebenfalls in diesem Kapitel bereits erwähnt, zur Zeit deutschlandweit insgesamt noch mindestens 300.000 Plätze für Kinder bis zu einem Alter von drei Jahren in diesen Einrichtungen. Wahrscheinlich würden noch weniger Kindergartenplätze für bis zu dreijährige Kindern fehlen, wenn man in der früheren DDR im Zuge der deutsch-deutschen Wiedervereinigung eine Reihe von Kindergartenplätzen durch falsche Bedarfseinschätzung bzw. in der Folge der früheren antiquierten Geschlechterrolle in der alten Bundesrepublik nicht mehr nutzbar gemacht bzw. anstatt diese für diese Zwecke als Kinderbetreuungseinrichtung weiterhin zu nutzen, diese Einrichtungen nicht für andere Zwecke verwendet oder abgerissen hätte, angeblich aus aus meiner Sicht völlig falschen Bedarfseinschätzungen der verantwortlichen Vertreter im gemeinsamen Deutschland.

Wegen der wesentlich besseren Entwicklung in der DDR in diesen Fragen, auch in Folge prozentual höherer Berufstätigkeit von Frauen in der DDR gegenüber den Frauen in den alten Bundesländern und der altertümlichen, in keiner Weise den Erfordernissen der Gleichberechtigung von Frauen entsprechenden Gesetzeslage in der Bundesrepublik zu diesem Thema – zumindest bis zur Zeit der deutsch-deutschen Wiedervereinigung – und den daraus resultierenden (auch politischen) Handlungsweisen in der alten Bundesrepublik, konnten im Gebiet der ehemaligen DDR, also jetzt Ostdeutschland, wesentlich bessere Ergebnisse auf diesem Gebiet erzielt werden.

Die Entwicklung auf diesem wichtigen Gebiet der Gesellschaft existiert immer noch, ein starkes Gefälle zwischen den ostdeutschen und den westdeutschen Bundesländern, trotz dem gerade in den alten Bundesländern auf westdeutschem Gebiet sehr viel getan wurde, um mehr Kindergartenplätze bereit zu stellen.

Aus der nachfolgend genannten Studie des Instituts der deutschen Wirtschaft Köln ist diese unterschiedliche Entwicklung zwischen den alten und den neuen Bundesländern sehr nachdrücklich zu sehen (IW–Kurzbericht zur Betreuung von Kleinkindern vom 17.05.2017), vgl. auch https://www.tagesschau.de/inland/fehlende–kita- plätze-101.html):

Nach dieser Studie beträgt die Quote der unter Dreijährigen, die sich in einer Kindertagesstätte in Betreuung befinden, in den ostdeutschen Bundesländern 51,3 Prozent, und in den westdeutschen Bundesländern beträgt dieser Anteil nur 28,8 Prozent. Da in den alten Bundesländern allein schon durch die Staatsfläche, die höhere Bevölkerungszahl sowie die außerdem dort noch bestehende höhere Produktivität und die damit noch verbundenen besseren Arbeitsmöglichkeiten, die in Ostdeutschland im Vergleich dazu wesentlich geringer sind und da in diesem Zusammenhang die Arbeitslosenquote in Ostdeutschland höher ist, müsste auch dieser Faktor in der nachfolgenden Übersicht mit berücksichtigt werden.

Bundesländer	**Betreuungsquote**	**Betreuungswünsche**
Sachsen-Anhalt	57,0	63,7
Mecklenburg-Vorpommern	56,0	59,1
Brandenburg	57,2	63,3
Thüringen	52, 2	59,1
Sachsen	59,6	56,2
Hamburg	42,9	50,2
Berlin	45,9	57,8
Schleswig-Holstein	30,9	45,5
Rheinland-Pfalz	29,9	45,9
Hessen	29,7	43,4
Niedersachsen	28,4	43,6
Baden-Württemberg	27,7	41,5
Saarland	28,6	40,4
Bayern	27,2	42,1
Bremen	27,0	47,2
Nordrhein-Westfalen	25,7	41,9

Tabelle 6: Betreuungsbedarf der Eltern und Betreuungsquote von Kindern unter drei Jahren (2016) nach deutschen Bundesländern in Prozent

Diese geschilderten hohen Anforderungen an Frauen in der Partnerschaft, an berufstätige oder sonstige alleinstehende Frauen mit Kindern, deren Arbeitsleistung nicht von der Gesellschaft bezahlt oder entlohnt wird, weil diese Leistungen nicht zum Erwerbseinkommen gehören, verlangen ebenfalls mit hoher Dringlichkeit ein gesellschaftliches Äquivalent einer Zahlung auch für diese mühevolle Arbeit.

Diese geschilderten hohen Anforderungen an Frauen in der Partnerschaft, an berufstätige oder sonstige alleinstehende Frauen mit Kindern, deren Arbeitsleistung nicht von der Gesellschaft bezahlt oder entlohnt wird, weil diese Leistungen nicht zum Erwerbseinkommen gehören, verlangen ebenfalls mit hoher Dringlichkeit ein gesellschaftliches Äquivalent einer Zahlung auch für diese mühevolle Arbeit.

7.4. Einige noch einzuleitende Maßnahmen bei der Rente und Probleme bzw. Nachteile bei der Rentenzahlung und Nachteile der Grundrente für die Betroffenen

Bei der Rentenversicherung ist eine höhere Gerechtigkeit zu erzielen und müssen diesbezüglich Maßnahmen, um die gegenwärtigen Ungerechtigkeiten zu beseitigen, unbedingt eingeführt werden, um auch für das Alter die soziale Sicherheit zu verwirklichen.

Zu solchen gegenwärtig bestehenden Ungerechtigkeiten gehört aus meiner Sicht im System der gesetzlichen Deutschen Rentenversicherung u. a., dass die Menschen, insbesondere Diejenigen aus den neuen Bundesländern, die immer noch derzeit wesentlich weniger Rente gegenüber den Rentnern aus der alten Bundesrepublik, bezogen auf den alten Rentenwert, bekommen und erst 2025 vorgesehen ist, diesen Unterschied zu beseitigen.

Diejenigen, die vor ihrem Rentenbezug in Ostdeutschland gelebt haben und die nicht die Voraussetzungen wegen ihrer Einkommens- und Vermögenslage hatten, private Vorsorge zu betreiben bzw. kaum die Möglichkeit hatten, eine Betriebsrente als eine weitere Möglichkeit der Altersvorsorge abzuschließen, können als Bezieher der gesetzlichen Rente im Alter oder bei Erwerbsminderung nur auf die gesetzliche Rente als einzigen Zahlungsbetrag zurück greifen.

Dies trifft auch für eine nicht geringe Zahl von Menschen in der alten Bundesrepublik zu, besonders auch für Frauen, die nicht erwerbstätig waren bzw. die nur in relativ geringem Umfang erwerbstätig sein konnten. Diese konnten nicht die Einkommens- oder Vermögensvoraussetzungen sichern, um für das Alter privat vorsorgen zu können. Besonders wegen der fehlenden Erwerbstätigkeit hatten sie ebenfalls nicht die Möglichkeit, Betriebsrenten abzuschließen.

Aus meiner Sicht sind gegenwärtig u. a. noch bestehende Mängel bei der gesetzlichen Deutschen Rentenversicherung – insbesondere bezogen auf den Gerechtigkeitsgrundsatz – zu sehen:

- Reduzierung des früher geltenden Anteils der Rentenhöhe bezogen auf das bisherige Bruttoeinkommen, auf dessen Grundlage Beiträge an die gesetzliche Deutsche Rentenversicherung abgeführt bzw. rentenrechtliche Zeiten anerkannt wurden. Begründet wurde u. a. diese Reduzierung und sogar als Ausgleichsmaßnahme dafür hingestellt mit der Einführung der Riester-Rente. Dies war in keiner Weise gerecht, da zum einen eine nicht geringe Zahl von Menschen vom Abschluss einer Riester-Rente ausgeschlossen war und eine nicht geringe Anzahl von Menschen, die die Riester-Rente abgeschlossen hat, trotz gezahlter Beiträge entsprechend der gesetzlichen Bestimmungen noch nicht einmal die Zahlung einer erst angekündigten Grundzulage bzw. Kinderzulage, trotz Rechtsanspruch, erhalten hat. Diese Grundzulagen bzw., wenn zutreffend, auch die Kinderzulagen, die erst dem jeweiligen Institut für die betreffende Riester-Rente überwiesen wurde, wurden von der Zentralen Zulagenstelle für Altersvermögen der Deutschen Rentenversicherung jedoch manchmal wieder eingezogen, und somit wurden den Riester-Rentnern oftmals keine Grundzulage bzw. auch keine Kinderzulage, trotz Versprechungen der Politik für Diejenigen, die trotz gezahlter Beiträge keine Grundzulage bzw. Kinderzulage erhalten haben, gezahlt,

- Für diejenigen Mütter, die vor 1992 Kinder bekommen haben und dafür nur einen Entgeltpunkt im Gegensatz zu den Entgeltpunkten der Mütter, die ihr Kind nach dem 01.01.1992 bekommen haben und dafür drei Entgeltpunkte als rentenrechtliche Zeit angerechnet bekommen haben, ergibt sich durch die bisherige Verfahrensweise ein Gerechtigkeitsnachteil. Deshalb wurde als ein erster Weg diesen Müttern, die vor dem 01.01.1992 ihr Kind oder ihre Kinder geboren hatten, ein weiterer Entgeltpunkt dazu gerechnet, so dass sie nunmehr 2,0 Entgeltpunkte bekamen. Dadurch bekamen sie aber immer noch 1,0 Entgeltpunkte weniger, als diejenigen Mütter, die nach dem 01.01.1992 ein Kind bekommen haben. Nunmehr ist die aktuelle Rentenänderung bezüglich der Mütterrente so geregelt, dass alle Mütter, die vor dem 01.01.1992 Kinder bekommen haben, eine einheitliche Erhöhung von 0,5 weiteren Entgeltpunkten mit Wirkung vom 01.01.2019 erhalten, so dass sie nunmehr ab 2019 2,5 Entgeltpunkte bekommen. Es ist jedoch im Sinne des Gleichberechtigungsgrundsatzes erforderlich, dass die betreffenden Frauen, die vor dem 01.01.1992 Kinder geboren haben, nach 2019 noch weitere 0,5 Entgeltpunkte erhalten, damit dann für alle Mütter für jedes geborene Kind 3,0 Entgeltpunkte als rentenrechtliche Zeit zu Grunde gelegt werden.

- Die gesetzliche Rentenversicherung sollte von Zahlungen des Staates, die nicht aus Beitragszahlungen stammen, befreit werden. Es können nicht weiter aus dem „Rententopf" rentenschädliche bzw. versicherungsschädliche Leistungen bezahlt werden. Dies hat zur Folge, dass in dem dafür gezahlten Umfang Renten nicht mehr gezahlt werden können, weil die finanziellen Mittel dazu fehlen.

- Ähnlich, wie bei der möglichen Bürgerversicherung in der gesetzlichen Krankenversicherung, sollten alle Beschäftigten mit Ausnahme der Rentner und davon nicht betroffene Behinderte oder aus ähnlichen Gründen Betroffene in die gesetzliche Rentenversicherung Beiträge einzahlen müssen. Dies sollte dann auch für Selbständige, Beamte, Politiker bzw. zum ähnlichen

Personenkreis Gehörende, die bisher noch keine Beiträge an die gesetzliche Rentenversicherung zahlen, zutreffen.

- Da die Erwerbsunfähigkeitsrenten in Deutschland im Durchschnitt sehr gering sind, sollte man für Diejenigen, die die Erwerbsunfähigkeitsrenten vor dem 01.01.2019 bekommen haben und somit Besitzstandswahrung in der Erwerbsunfähigkeitsrente haben, auch bei Diesen die jeweilige Zurechnungszeit für den Beginn der bei den Einzelnen in Frage kommenden Rente zugrunde legen. Es sollte deshalb nicht mehr nur das 62. Lebensjahr als Endzeit für die spezielle in Frage kommende Zurechnungszeit verwendet werden, wenn ein richtiger Ansatz für eine gerechte Verfahrensweise auch in dieser Beziehung erfolgt. Vor allem sollte man hierbei beachten, dass die durchschnittliche Rente der Erwerbsunfähigen im Rentendurchschnitt sehr gering liegt.

- Für Frauen, die in der DDR geschieden wurden und für die keine gesetzlichen Regelungen zum Versorgungsausgleich sowie zu Entschädigungszahlungen in der Rentenzahlung im Rentenüberleitungsgesetz getroffen wurden, ist es unbedingt erforderlich, wie Betroffene dies jahrzehntelang versucht haben und nun auch von der UNO gefordert wurde, darum zu kämpfen, dass diese betroffenen Frauen Ausgleichs- bzw. Entschädigungszahlungen oder eine rückwirkende Höherstufung bei ihrer Rentenzahlung erhalten. Im neuen Koalitionsvertrag der Bundestagsperiode ab 2017 sind endlich diesbezügliche Regelungen aufgenommen worden, die unbedingt auch baldmöglichst umgesetzt werden sollten. Dies ist bis jetzt immer noch nicht erfolgt.

Die Grundrente weist noch eine Reihe von Mängeln auf, die aus meiner Sicht insbesondere darin u. a. bestehen:

- Bei den gegenwärtigen Bestimmungen hätten viel zu wenige Bedürftige Anspruch auf eine Grundrente. Die zukünftigen Rentner, die keine 33 Jahre rentenversicherungsrechtlicher Zeiten nachweisen können, bekommen keine Grundrente. Damit bekommen alle Bedürftigen, die bei Renteneintritt weniger als 33 Jahre rentenrechtliche Zeiten nachweisen können, keine Grundrente.

- Weil ein festgelegter rentenrechtliche Einkommensbetrag von mindestens 30 Prozent vom Durchschnittseinkommen in Deutschland zugrunde gelegt wurde, bekommen Diejenigen, die diesen Betrag nicht einhalten, keine Grundrente. Dadurch bekommen viele Menschen, die ein geringes Einkommen erzielt haben, was vorrangig auch für manche Frauen zutrifft, somit keine Grundrente, obwohl sie mehr als bedürftig sind.

- Es ist bei den Regelungen zur Grundrente vorgesehen, dass Jahre der Arbeitslosigkeit, egal ob ALG 1 oder ALG 2, nicht als Anrechnungszeiten berücksichtigt werden und somit als rentenrechtliche Zeit keine Anerkennung bei einer Grundrente finden. Viele Bürger, insbesondere aus der früheren DDR und vorrangig Frauen sind oftmals unverschuldet in die Arbeitslosigkeit geraten und bekommen, weil sie die Anforderungen der rentenrechtlichen Zeit für die Zahlung einer Grundrente dadurch nicht erfüllen, keine Grundrente. Obwohl sie sich im Regelfall immer um den Erhalt von Arbeit gekümmert haben, sind sie im gemeinsamen Deutschland arbeitslos geworden. Damit erhalten sie weiterhin eine sehr geringe Rente und können oft nicht von ihrer erhaltenen Rente leben. Ich finde diese Regelung äußerst ungerecht, und diese Regelung führt aus meiner Sicht dazu, dass für die Betroffenen nichts getan wird, um die Polarität zwischen Arm und Reich zu verringern.

- Es wäre äußerst sinnvoll, dass Diejenigen, die zumindest 15 Jahre rentenrechtliche Zeiten nachweisen können, wie in manchen anderen Ländern der Welt, einen Aufwandsersatz im Sinne der Zahlung einer Mindestrente bekommen.

- Auch für Erwerbsunfähige werden bei der Grundrenten-Zahlung keine altersmäßigen Ausnahmeregelungen trotz ihrer bestehenden Behinderung getroffen.

- Man sollte auch von manchen anderen Ländern, die eine bessere Rentenpolitik als das gemeinsame Deutschland betreiben und höhere Renten für die Rentner auszahlen, lernen und sich mit deren Bestimmungen beschäftigen und daraus die richtigen Schlussfolgerungen ziehen.

7.5. Bemerkungen zu den Belangen der Kreislaufwirtschaft in Deutschland

Bereits 1990 hat der britische Wirtschaftswissenschaftler David W. Pearce als Methode des besseren Wirtschaftens die Kreislaufwirtschaft (englisch: industrial ecology) vorgeschlagen und diese soll den Ausgangspunkt für weitere Erarbeitungen bezüglich der aktuellen Erfordernisse darstellen.

Nachfolgend wird aus dem Internet-Lexikon Wikipedia über die Kreislaufwirtschaft auszugsweise zitiert (https://de.wikipedia.org/wiki/Kreislaufwirtschaft):

„Eine Kreislaufwirtschaft .... ist ein regeneratives System, in dem Ressourceneinsatz und Abfallproduktion, Emissionen und Energieverschwendung durch das Verlangsamen, Verringern und Schließen von Energie- und Materialkreisläufen minimiert werden; dies kann durch langlebige Konstruktion, Instandhaltung, Reparatur, Widerverwendung, Remanufacturing, Refurbishing und Recycling erzielt werden. Das Recycling ist dabei zumeist das Mittel letzter Wahl. ....
....
....
Bereits seit der industriellen Revolution ist das weltweite Wirtschaftssystem linear aufgebaut: Die Lebensstile sind dadurch auf den Konsum und einmalige Nutzung von Gütern ausgerichtet, woraus sich die Abfolge der Entnahme, Herstellung und Entsorgung in den Lieferketten ergibt. Das dahinterstehende Fertigungsmodell ist somit in eine Richtung gelenkt: Natürliche Ressourcen dienen als Fertigungseinsatz, der sodann für die Herstellung von Massenware genutzt wird, die gekauft und oftmals nach einmaligen Gebrauch entsorgt wird. Dieses lineare Wirtschaftsmodell der Massenproduktion und des Massenkonsums steht offensichtlich im Widerspruch zu den planetaren Grenzen und dem Gedanken der Nachhaltigkeit. Grundlage für Überlegungen zum Kreislaufprinzip ist daher die Erkenntnis, dass in einer Welt mit endlichen Ressourcen nur Produktionsverfahren mit einer wirklichen stofflichen Kreislaufwirtschaft unbeschränkt fortgeführt werden können. In einigen Jahrzehnten oder Jahrhunderten werden die bislang genutzten nichterneuerbaren Rohstoffe als Quellen aufgezehrt sein, während die zur Verfügung stehenden stofflichen Senken für Abfall- und Reststoffe ausgeschöpft sein werden. Kreislaufwirtschaft nimmt daher den Stoffkreislauf der Natur zum Vorbild und versucht, kaskadische Nutzungen ohne Abfälle und ohne Emissionen .... zu erreichen.
....
....
Daher ist die Energiewende, der Umstieg von fossilen auf erneuerbare Energien, eine wichtige Vorbedingung zum Erreichen der Kreislaufwirtschaft. ....
....

Es hat sich aus dem Konzept der industriellen Ökologie ....

....

entwickelt, das die Minimierung von Ressourcen und den Einsatz sauberer Technologie befürwortet. Bei der Kreislaufwirtschaft sollen nicht nur die Verwendung der Umwelt als Senke für Abfall- und Reststoffe der industriellen Fertigung, sondern auch der Einsatz neuer Materialien bei der Herstellung minimiert werden. Im September 1994 wurde in Deutschland das Kreislaufwirtschaftsgesetz verabschiedet, das Recycling und die sonstige stoffliche Verwertung von Abfällen fordern soll. Ende der 1990er Jahre entwickelten der deutsche Chemiker Michael Braungart und der US-amerikanische Architekt William Mc Donough das Cradle-to-Cradle-Prinzip („Von-Wiege-zu-Wiege") als Ansatz für eine durchgängige und konsequente Kreislaufwirtschaft. Das Ziel ist das Erreichen von Ökoeffektivität, also Produkten, die entweder als biologische Nährstoffe in biologische Kreisläufe zurückgeführt werden können oder als „technische Nährstoffe" kontinuierlich technischen Kreisläufen gehalten werden. Vielfach werden technologische Lösungen diskutiert, um die Einführung einer Kreislaufwirtschaft zu ermöglichen. So wird der 3-D-Druck als potenziell disruptive Technologie identifiziert, die der Kreislaufwirtschaft durch Umgestaltung der Lieferkette zum Durchbruch verhelfen könnte. So könnte diese Technologie insbesondere zur lokalen Fertigung neue Güter aus wiederverwerteten Kunststoffabfällen eingesetzt werden, wodurch sich Vorteile für die Effizienz und Effektivität des Materialkreislauf ergeben.“

Bis jetzt richtete sich in Deutschland die Kreislaufwirtschaft nur auf die Belange einer besseren Abfallnutzung, der Abfallbeseitigung und damit letztlich auf die Ressourceneinsparung, wie aus den bereits erwähnten Kreislaufwirtschaftsgesetz hervor geht. Das Kreislaufwirtschaftsgesetz ist am 07.10.1996 in Kraft getreten und beinhaktet folgende Bestandteile:

Kreislaufwirtschafts- und Abfallgesetz
(Gesetz zur Förderung der Kreislaufwirtschaft und Sicherung der umweltverträglichen Beseitigung von Abfällen)

Erster Teil:	Allgemeine Vorschriften	(§ 1 – 3a)
Zweiter Teil:	Grundsätze und Pflichten der Erzeuger und Besitze von Abfällen sowie Entsorgungsträger	(§ 4 – 21)
Dritter Teil:	Produktverantwortung	(§ 22 – 26)
Vierter Teil:	Planungsverantwortung	(§ 27 – 36d)
Fünfter Teil:	Absatzförderung	(§ 37)
Sechster Teil:	Informationspflichten	(§ 38 – 39)
Siebter Teil:	Überwachung	(§ 40 – 52)
Achter Teil:	Betriebsorganisation, Beauftragter für Abfall und Erleichterung für auditierte Unternehmensstandorte	(§ 53 – 55a)
Neunter Teil:	Schlussbestimmungen	
Anhang		

Aus meiner Sicht stellt man sich unter einem Kreislaufwirtschaftsgesetz mehr vor, als nur Regelungen, die mit Abfällen im Ressourcensinne zu tun haben. Auch ist trotz der getroffenen Regelungen zum "Gesetz zur Förderung der Kreislaufwirtschaft und Sicherung der umweltverträglichen Beseitigung von Abfällen" und auch damit verbundenen Zielstellung einen sehr hohen Grad der Verwertbarkeit von bisherigen Abfällen oder Altstoffen zu erreichen. Es kann in keiner Weise auch bezüglich der Wiederverwendung der Ressourcen akzeptiert werden, dass ein relativ hoher Anteil von Altstoffen immer noch verbrannt und nicht als Wertstoff wieder verwendet wird. Wir sollten deshalb noch intensiver untersuchen, ob man den Anteil verbrannter Altstoffe zu Gunsten der Wiederverwertbarkeit im Sinne einer weiteren Erzielung der Erhöhung der Ressourcen senken kann. Eine Erreichbarkeit der Verwertung von aktuell ca. 65 Prozent der Abfälle kann deshalb noch nicht befriedigen. Bisher wurde in nicht ausreichem Maße Festlegungen getroffen, die eine Vermeidung des Anfalles von Abfällen bewirken.

Durch das novellierte Gesetz vom 24.02.2012 wurde das Kreislaufwirtschafts- und Abfallgesetz neu erarbeitet und das betreffende Gesetz von 1994 in diesem Zusammenhang außer Kraft gesetzt.

Am 12.02.2020 wurde eine Novelle des Kreislaufwirtschaftsgesetzes erarbeitet, die zwischenzeitlich vom Bundestag als Gesetz beschlossen wurde.

Nachfolgend wird auszugsweise aus diesem Gesetzesentwurf, der von der Bundesumweltministerin Svenja Schulze vorgetragen wurde, zitiert (vgl. https://www.bmu.de/pressemitteilung/novelle-des-kreislaufwirtschaftsgesetzes):

„Die Novelle des Kreislaufwirtschaftsgesetzes legt die Grundlagen für wichtige Fortschritte auf dem Weg hin zu weniger Abfall und mehr Recycling. Mit drei zentralen Maßnahmen nehmen wir den Bund, aber auch die Hersteller und Händler stärker als bisher in die Verantwortung: Recycelte Produkte bekommen Vorrang in der öffentlichen Beschaffung. Mit der neuen "Obhutspflicht " hat der Staat in Zukunft erstmals rechtliche Handhabe gegen die Vernichtung von Neuware oder Retouren. Wer Einwegprodukte, wie To-Go-Becher oder Zigarettenkippen in Verkehr bringt, muss sich an den Reinigungskosten von Parks und Straßen beteiligen. Die neuen Regeln zur öffentlichen Beschaffung zielen darauf, die Nachfrage nach recyceltem Material zu erhöhen. Denn für sogenannte Rezyklate gibt es häufig noch keinen ausreichend großen Markt. Darum nimmt sich die Bundesregierung mit diesem Gesetzesentwurf selbst in die Pflicht. Künftig sollen die 6000 Beschaffungsstellen in Bundesbehörden sowie bundeseigene und vom Bund beherrschten Unternehmen Produkte aus Recycling gegenüber Neuanfertigungen bevorzugen. Auf Grundlage des neuen Gesetzes müssen sie - sofern keine unzumutbaren Mehrkosten entstehen - beim Einkauf Produkte bevorzugen, die rohstoffschonend, abfallarm, reparierbar, schadstoffarm und recyclingfähig sind. Ein neues Element in der Produktverantwortung ist die sogenannte „Obhutspflicht". Mit ihr nimmt die Bundesregierung Hersteller und Händler stärker in die Verantwortung. Mit der "Obhutspflicht" schafft der Bund erstmals eine gesetzliche Grundlage, um der Vernichtung von Retouren und Warenüberhängen einen Riegel vorzuschieben. Damit sind wir in der Europäischen Union die Ersten, sagte Bundesumweltminister Svenja Schulze. In den Bereichen öffentliche Beschaffung und Obhutspflichten geht die Bundesregierung damit deutlich über das hinaus, was EU-weit vereinbart wurde, Um das bisher sehr intransparente Vorgehen mancher Händler systematisch auszuleuchten. ....
Das Ziel ist klar: Wir wollen eine saubere Umwelt, in der weder Müll und noch giftige Kippen rumliegen, sagte Bundesumweltministerin Svenja Schulze."

Im EU Green Deal sind von der EU-Kommission folgende Pläne für den Umweltbereich vorgesehen, was nachfolgend auszugsweise aus einer Veröffentlichung der IHK Karlsruhe mit dem Titel „EU Green Deal: EU-Kommission konkretisiert Pläne zum Umweltbereich“ zitiert wird (siehe: https://www.karlsruhe.ihk.de/innovation/umwelt/abfall/aktuelle-informationen/eu-green-deal-eu-kommission-konkretisiert-plaene-zum-umweltbereich-4663740):

„Am 11. Dezember 2019 hat die EU-Kommission per Mitteilung erste Details zum geplanten EU Green Deal veröffentlicht. Diese betreffen u. a. die Themenfelder Kreislaufwirtschaft, Luft und Wasser. Die Mitteilung der EU-Kommission beschreibt verschiedene Maßnahmen, welche die EU-Kommission zur Umsetzung des angekündigten EU Green Deal in diversen umweltpolitischen Bereichen anstrebt.

Diese Maßnahmen umfassen u. a.:

- Vorlage eines neuen Aktionsplan Kreislaufwirtschaft bis März 2020 (Schwerpunkte Textilien, Bauprodukte, Elektrogeräte und Plastik; Fokus auf Wiederverwendung von Produkten etwa durch eine Initiative zur Förderung eines nachhaltigen Designs aller Produkte),

- Förderung von Recycling bzw. eines Sekundärrohstoffmarktes etwa durch Vorgaben zu Mindestrezyklatanteilen in den Bereichen Verpackung, Fahrzeuge Bauprodukte und Batterien,

- Maßnahmen zur Vermeidung von Verpackungsabfall,

- Entwicklung eines EU-Modells zur getrennten Abfallsammlung,

- Vorstellung eines neuen Ökodesign-Arbeitsplans in 2020,

- Vorlage einer Industriestrategie bis März 2020 zur Förderung einer nachhaltigen Kreislaufwirtschaft,

- Vorlage eines Aktionsplans Saubere Luft in 2021 (Nullverschmutzungs-Ambition), u.a. zur stärkeren Konvergenz der Luftqualitätsrichtlinien mit neuen WHO-Guidelines,

- Vorlage eines Aktionsplans Sauberes Wasser in 2021 (Nullverschmutzungs-Ambition),

- Entwicklung einer Strategie für nachhaltige Chemikalien - begleitet durch weitere Maßnahmen - bis 2021,

- Entwicklung weiterer Maßnahmen im Bereich der Einwegkunststoffe,

- Entwicklung eines Rechtsrahmens für bioabbaubare Kunststoffe,

- Reduzierung von Mikroplastikemissionen durch Autoreifen und Kosmetikprodukte,

- Förderung von Forschung und Innovation sowie

- Schwerpunktlegung auf die einheitliche Durchsetzung des Umweltrechts in den EU-Mitgliedstaaten“

Das Kreislaufwirtschaftsgesetz ist sehr halbherzig, da wichtige Erfordernisse nicht oder nicht ausreichend beachtet wurden sowie nicht wirksam werden können. Das

Kreislaufwirtschaftsgesetz kann nur richtig wirksam werden, wenn es von den Schranken der noch vorherrschenden linearen Wirtschaftsmethode konsequent befreit wird. Solange diese noch in der gegenwärtigen Form angewandt wird und ein quantitatives Wachstum und das Bruttosozialprodukt oder das jeweilige Bruttoinlandsprodukt umweltschädigende Bestandteile enthält, besteht dazu ein erheblicher diametraler Widerspruch. Wie erwähnt, können auch umweltzerstörende Maßnahmen noch zu einer Erhöhung des Bruttoinlandsprodukts sowie zu einer dadurch mit beeinflussten Wachstumserhöhung führen. Im Interesse der dringend erforderlichen erheblichen Senkung des Ressourcenverbrauchs bei nur endlichen Rostoffen müssen wir schnellstens die erforderlichen zirkularen Maßnahmen im Sinne der Kreislaufwirtschaft beginnen und vom linearen Wirtschaftsmodell weg kommen. Das lineare Wirtschaftsmodell, bei dem die Neuanfertigung mit einem Rohstoffverbrauch verbunden ist, kann bei endlichen Rohstoffen so nicht weitergeführt werden, wenn wir nicht nur den weiteren Rohstofferhalt für die Menschheit sichern, sondern auch zur dringend notwendigen Verringerung der CO_2-Emission und zur Vermeidung der sonst steigenden Erderwärmung und dadurch die katastrophalen Folgen für die Menschheit verhindern wollen. Auch sollte alles getan werden, dass die Abfallmenge nicht weiter erheblich erhöht wird, um zu vermeiden, dass wir nicht in unserem eigenen Abfall wegen dessen übergroßen Menge erstickt werden. Um dies zu erreichen, müssen wir unseren Konsumverbrauch verringern und die damit verbundene wichtige Reduzierung der CO_2-Emission, erreichen.

In Verbindung mit dem vorher Genannten können nachfolgende nicht ausreichende Regelungen des Kreislaufgesetzes von 2020, die meines Erachtens noch bestehen, benannt werden:

- nur gesetzlich bestehende Pflicht, dass nur 65 Prozent der Güter bzw. Leistungen recycelt werden müssen

- nicht konkrete und somit nicht ausreichende Regelung der Reduzierung der Abfallmenge durch Verringerung des Konsums durch geeignete Maßnahmen Einfluss zu nehmen

- keine ausreichenden konkreten Regelungen zu notwendigen Reparaturen

- unbedingt notwendige Festlegung von konkreten Regelungen zur Erhöhung der Lebensdauer sowie zur Nutzungszeit der hergestellten oder herzustellenden Güter und Leistungen und zur Einflussnahme auf die bisher zur Erhöhung des Konsums des Bruttoinlandsprodukts übliche Materialermüdung zur Erreichung von deren Verminderung

- unbedingt notwendige Verringerung des Anteils der verbrannten Abfallmenge von derzeit 1/3, um den dadurch nicht verbrannten Anteil im Interesse der

Erhöhung der Ressourcen noch verwerten zu können und nur einen wesentlich geringeren Anteil von Abfällen verbrennen zu müssen

- nicht einseitige Betrachtung von Angebot und Nachfrage als Regulator für die Festlegung der Menge von herzustellenden Produkten und Dienstleistungen und die dadurch mögliche Bestimmung des einzelnen Konsumenten, welche Produkte und Dienstleistungen man haben möchte in einer Freiheit des Wirtschaftens und Verbrauchs mit individueller Entscheidungskompetenz, ob ein neu angefertigtes Produkt recycelbar ist oder nicht, angesichts der endlichen Umweltressourcen

- kaum noch bestehende Möglichkeit der Umsetzung der notwendigen individuellen Festlegungen des Durchschnittsverbrauchs zur Erhöhung der notwendigen Senkung der CO_2-Emission und zur Eindämmung der Erhöhung der Erderwärmung im Sinne der Kreislaufwirtschaft. Bei einem weiterhin bestehenden hohen Bedarf zur möglichen Konsumerhöhung wird es zu einem damit verbundenen erhöhten individuellen Ressourcenverbrauch kommen.

- bei individuell nicht erfolgter und nicht gewollter Beschränkung in Verbindung mit einer vollständigen Sicherung der individuellen Freiheit

Wie erwähnt, ist die derzeitige Anwendung des Kreislaufwirtschaftsgesetzes in keiner Weise ausreichend. Um dieses auch als Wirtschaftsmethode anzuwenden, muss man beachten, dass das Kreislaufwirtschaftsgesetz in nicht vertretbarem Umfang vorrangig auf Abfallverbrennung basiert. Die Neuregelung ab 2020 berücksichtigt insbesondere auch die Bestimmungen einer besseren Verwendung von Ressourcen. Deshalb bedarf es weiterer Überlegungen, wenn man eine bessere Wirtschaftsmethode anstrebt, anstelle des mit erheblichen Problemen verbundenen linearen Wirtschaftsmodells, das für die aktuelle Zeit in keiner Weise aufgeht. Das lineare Wirtschaftsmodell bringt des kurzzeitigen Denkens auf einem hohen Wohlstandsniveau zum Ausdruck. Es fehlt dabei die gebotene Langfristigkeit für ein weiteres Bestehen der Menschheit.

7.6. Bemerkungen und eine kurze Darstellung zu den Bestandteilen und Vorstellungen der Quantenwirtschaft von Anders Indset

Im vom norwegischen Wirtschaftsphilosophen Anders Indset in der 3. Auflage 2019 erschienenen Buch „Quantenwirtschaft. Was kommt nach der Digitalisierung?" hat er seine Auffassungen zur Anwendung einer Wirtschaftsmethode dargelegt. Nachfolgend werden einige grundlegende Ausführungen zur Q-Econnomy von Anders Indset zitiert:

„Mein Denkvorstoß und mein Lösungsvorschlag mögen utopisch klingen, sie sind aber aus meiner Sicht realistischer als eine von oben verordnete Limitierung. Wir müssen bewusst zweigleisig fahren, also eine Parallelgesellschaft gestalten, in der aus dem absterbenden alten System ein neuer, evolutionär weiterentwickelter Kapitalismus erblüht - postmaterialistisch, nachhaltig und zirkulär. Das bedeutet, dass wir die wirtschaftliche Basis erhalten, die in den letzten hundertfünfzig Jahren so vielen Menschen Wohlstand beschert hat und gleichzeitig eine Verstandesgesellschaft vorantreiben, die auf Vernunft und besserem Verständnis unserer Handlungen basiert. In etlichen Unternehmen weltweit ist diese Transformation im vollen Gang, aber in der Quantenwirtschaft müssen sich alle Akteure der Interpedenten bewusst sein: Produkte, Materialien und unsere eigene Zukunft sind so miteinander verbunden, wie die Partikel in der Quantenwelt. Die Quantenwirtschaft wird die Gesellschaft stabilisieren und zu einer solidarischen Gemeinschaft führen. Noch herrscht lineares Denken – nur was wir berechnen können, gilt als real und werthaltig. Die Quantenwirtschaft beruht jedoch auf der Einsicht, dass die Welt nicht linear ist und nicht aus unverbundenen Teilen besteht, sondern alles mit allem verbunden ist. Und dass die materiellen Ressourcen zwar begrenzt, die Welt als Ganzes aber unendlich ist. Es gibt kein Ende, ständig geht alles unter, und Neues blüht auf. Im Kern geht es darum, weiterzumachen – das Ziel ist die Unendlichkeit."

Zur Einschätzung der gegenwärtigen Zeit schreibt Anders Indset in seinem genannten Buch u. a.:

„Die zurück liegenden dreißig Jahre waren durch materialistischen Turbokapitalismus und suchtartigen Hyperkonsumismus geprägt. Die unteren Stufen der Maslowschen Bedürfnispyramide wurden immer weiter ausgebaut, die Befriedigung von physischen und Sicherheitsbedürfnissen wurde exzessiv ausgedehnt. Dabei ging es allein um endliche Ziele, wie definierte Werte für Aktionäre, Umsatz- und Gewinnmaximierungsziele, häufig ausgerichtet an weiteren willkürlichen Konstruktionen, wie Umsatz pro Quartal oder Gewinn pro

Geschäftsjahr. Ethische Fragestellungen rückten mangels gesetzlicher Grundlage immer weiter in den Hintergrund. "Gewinner und Verlierer" wurden einzig durch Bilanzkennzahlen definiert. ....

....

....

In der Quantenwirtschaft befreien wir uns vom linearen Denken. So entsteht ein höheres individuelles Bewusstsein und institutionelles Verständnis für das "Ganze" für unseren Planeten, die Menschheit und den Humanismus als Grundlage einer menschengerechten Welt. Die Quantenwirtschaft wird die Synthese von vielen positiven Bewegungen sein, die sich bereits jetzt anbahnen und die negativen Seiten der Wirtschaft zähmen werden, denn die Quantenwirtschaft ist für den Menschen da.

....

....

In der Quotenwirtschaft immer mehr Arbeitsprozesse digitalisiert werden, wird immer wenige menschliche Arbeitskraft benötigt, wodurch die Personalkosten sinken. ....

....

....

In der Quantenwirtschaft werden wir nicht mehr die Realität ausplündern, sondern die Potenzialität ausschöpfen. Ressourcen werden nicht mehr verbraucht, sondern hundertprozentig wiederverwendet - eine echte Kreislaufwirtschaft. Das kann nur gelingen, indem die an Produktion, Verteilung, Recycling und Neugestaltung beteiligten Unternehmen eng zusammenarbeiten und die gesamte Verantwortung für das Produkt beim Hersteller liegt. ....

....

....

....

Die Komplexität chemischer Verbindungen in den verwendeten Materialien stellt die Unternehmen vor immense neue Herausforderungen, wenn es darum geht, hundertprozentige Wiederverwendbarkeit sicherzustellen. Dafür brauchen wir nicht nur neue Technologien, sondern auch ein neues Bewusstsein für die Anforderungen an Herstellung und Design. ....

....

....

....

Die Ideen der Zirkulärwirtschaft werden ein fester Bestandteil der Quantenwirtschaft. Ökonomie und Ökologie schließen sich nicht aus. ....

....

....

In der Quantenwirtschaft wird nichts mehr gekauft, sondern alles ausgeliehen. Dadurch entsteht bei den Konsumenten ein höheres Bewusstsein, und die Hersteller bekommen einen ökonomischen Anreiz, bessere Produkte zu bauen. ....

Mehr und mehr Produkte werden zu Dienstleistungen. ....

Heutige Massenproduktion bedeutet oft, dass überschüssige Ramschware hergestellt wird. In der Quantenwirtschaft gibt es dagegen maßgeschneiderte .... Fertigung ohne Überproduktion. ....

Quantenwirtschaft ist darauf ausgerichtet, Mehrwert nicht nur für die Individuen, sondern auch für die Gesellschaft zu schaffen. Social Business wird in Zukunft großgeschrieben, soziale Ungerechtigkeiten werden zu Marktlücken, nach denen Unternehmensgründer gezielt Ausschau halten. ....

In der Quantenwirtschaft wird der Wert von Unternehmen neu definiert. In der Quantenwirtschaft wird nicht mehr die Arbeitskraft, sondern der Verbrauch von Ressourcen besteuert, Außerdem muss die Gesellschaft überall dort, wo echte Wertschöpfung erfolgt, einen steuerlichen Anteil erhalten. In Zukunft wird also beispielsweise eine KI- und Robotersteuer erhoben werden. ....

Alle großen Wirtschaftstheorien, mit denen Ökonomen heute arbeiten, sind materialistisch geprägt. ....

Das materialistische Zeitalter geht unterdessen auch in den Wissenschaften rapide seinem Ende entgegen. ....

Beim Quantenwirtschaftsansatz aber akzeptieren wir, dass es sich eben nicht nur um ein lineares und kausales System handelt. ....

In der Quantenwirtschaft werden wir nicht ohne gesetzliche Regelungen auskommen. Aber ein tieferes Verständnis der Zusammenhänge wird uns ermöglichen, diese Spielregeln zu vereinfachen. Gesetze müssen für jedermann verständlich sein. ....

Diesmal können wir uns nicht darauf verlassen, dass wir durch Versuch, Irrtum und Nachbesserung zu tragfähigen Lösungen kommen werden. Die Entwicklung digitaler Superintelligenz birgt noch sehr viel apokalyptische Risiken,

.... denn diese Technologie geht buchstäblich über unseren Verstand. ....

....

Noch basiert der Erfolg vieler Unternehmen auf schnellem Konsum. Kurzlebige Produkte, die rasch verschleißen oder veralten, müssen immer wieder ersetzt werden, und daraus generieren die Anbieter Umsatz und Profit. In diversen Wirtschaftsbereichen steuern Kartelle die Lebensdauer von Produkten, die beim heutigen Technologiestand nahezu verschleißfrei sein könnten - von Rasierklingen und Glühbirnen bis hin zu Computern, Druckern und Autos. Dass diese Produkte nach einer gewissen Zeitspanne den Dienst versagen, empfinden wir als "natürlichen" Verschleiß, aber die wahre Ursache ist organisierter Betrug, auf dem unser Wirtschaftssystem in weiten Teilen beruht. Die Unternehmen haben unzählige Modelle entwickelt, um Produkte so zu gestalten, dass sie zwar "wertig" wirken, aber durch eingebaute Abnutzung die Wirtschaft am Laufen halten. Werbung und Marketing befeuern dieses System zusätzlich, indem sie bei den "Verbrauchern" Sehnsucht nach Konsum erzeugen. Je süchtiger der Kunde, desto besser für das Unternehmen. Doch die Anzeichen mehren sich, dass die Konsumsucht nachlässt wie abklingendes Fieber. Lange Zeit waren wir betäubt von der Gier nach immer mehr Produkten, nun kehrt unser Bewusstsein zurück. Uns dämmert, dass Haltbarkeit und Nutzwert der Besitztümer, die wir angehäuft haben, zweifelhaft sind, und dass wir durch besinnungslose Schnäppchenjagd nicht nur den Raubbau an der Umwelt forcieren, sondern mehr und mehr auch unsere wirtschaftliche Lebensgrundlage wegrationalisieren. ....

....

Die rasant fortschreitende Automatisierung wird schon in wenigen Jahren zu heftigen gesellschaftlichen Verwerfungen führen. Natürlich werden auch neue Jobs entstehen, zunächst werden aber Millionen bisheriger Arbeitsplätze entfallen. Also wird es jede Menge Verlierer der Robotisierung geben - auch deshalb ist es höchste Zeit, eine Gesellschaft des Verstandes zu kreieren. ....

....

....

Materialistischer Turbo-Kapitalismus und Hyperkonsum für alle - dieses Modell kann nicht funktionieren. ....

....

Der Arbeitgeber bisherigen Stils, der Arbeitsplätze für fest angestellte Arbeitnehmer einrichtet, ist möglicherweise ein Auslaufmodell. Auf jeden Fall bekommt das herkömmliche Unternehmen kräftig Konkurrenz. Der Wandel ist im vollen Gang. (Wir müssen) verstehen, dass wir in Parallelwelten, in einer Phase des Übergangs, in der alte Modelle absterben und die neuen gleichzeitig aufblühen. Erfolgreiche Unternehmen bewahren und optimieren ihr bisheriges Geschäft und kreieren parallel dazu, außerhalb der überkommenen Strukturen, ein neues Modell, das irgendwann das alte ersetzen kann. Wie für das Individuum gilt auch für die Firma der Zukunft:

Wir müssen uns alle fünf bis zehn Jahre neu erfinden - ohne dabei unsere bisherigen Stärken einzubüßen. Was uns bisher getragen hat, treiben wir weiter voran und designen gleichzeitig unsere neue Realität. ....

....

....

In der Quantenwirtschaft können Unternehmen nicht mehr durch hierarchische Kommandostrukturen, sondern einzig durch Kooperation und Dialog erfolgreich sein.

....

....

Jedoch war schon zu Beginn der industriellen Revolution nur schwer zu übersehen, dass einzig von egoistischer Gier getriebener Hyperkapitalismus auf Dauer nicht funktionieren kann. Die Gewinner sind immer mit den Verlierern verbunden, ob sie es wahrhaben wollen oder nicht. Das Konzept des schrankenlosen Individualismus kommt nicht nur durch die ökologischen Verwüstungen und die rasant wachsende soziale Spaltung an seine Grenzen, sondern wird auch durch die Erkenntnisse der Quantenforscher widerlegt: Wir sind weder absolut frei, wie es der Individualismus postuliert hat, noch sind wir nicht absolut gleich, wie es die kollektivistischen Ideologien behaupten. ....

....

Die ethische Ausrichtung der Unternehmen und das verantwortungsvolle Auftreten und Handeln von Führungskräften und Mitarbeitern werden künftig für den Unternehmenserfolg von weitaus größerer Bedeutung sein als in der linearen Wirtschaft gestern und heute. ....

....

....

Je aufmerksamer wir unsere Interdependenz wahrnehmen, je offener wir dafür sind, desto rascher entstehen - unterstützt auch durch die technische Entwicklung - neue Formen der ökonomischen Zusammenarbeit. ....

....

....

Die Quantenwirtschaft braucht Gestalter des Wandels, die es verstehen, Vertrauen zu leben und Teams zu formen, basierend auf grundlegenden Werten und philosophischen Einsichten, die umfassender sind als das Unternehmen oder Teile der Organisation. Manchmal braucht es auch Mut für eine existenzielle Wende oder zumindest dazu, außerhalb des Unternehmens etwas Neues ins Leben zu rufen, das möglicherweise in Zukunft die jetzige Firma ersetzt. ....

....

Wir müssen uns trauen, einen Schritt in Richtung einen neuen Blüte zu machen - einer Blüte aus Innovationskraft und Vertrauen, Zusammenarbeit oder Kooperation.

....

....

In der Quantenwirtschaft wird die Verantwortung für den gesamten Lebenszyklus der Produkte zum Hersteller verlagert. ....

....

....

Dass es so nicht weitergehen kann, ist offensichtlich. In der Wegwerfgesellschaft ist alles so billig zu haben, dass wir folgerichtig an unserem eigenen Müll ersticken. Einen Ausweg aus den Abfallhalden, in die wir unsere Umwelt immer rasanter verwandeln, bietet nur noch der Abschied vom Besitzdenken. ....

....

....

Die Weiterentwicklung der linearen und zirkulären Ökonomie, der Wertschöpfungs- zur Werterhaltungskette kommt also auf verschiedenen Ebenen voran, allerdings bei Weitem nicht schnell genug. In Zukunft müssen Unternehmen nicht nur durch Monetarisierung der an den Kunden ausgeliehenen Produkte Wert schaffen, sondern auch durch Maximierung der Wiederverwendbarkeit. ....

....

....

....

Das Grundprinzip (vollintegrierten Kreislaufwirtschaft) ist jedes Mal dasselbe: ausleihen, nutzen und zurückgeben statt kaufen, verbrauchen und Abfälle zu produzieren. Erste Erfahrungen mit diesen Modellen zeigen, dass sich Konsumenten entsprechend zu Anwendern oder Nutzern weiter zu entwickeln. Wer ausleiht, statt zu kaufen, bekommt ein neues Verhältnis zum Eigentum. Drehte sich im bisherigen Wirtschaftsmodell alles darum, Dinge zu besitzen, ist für die Nutzer in der Quantenwirtschaft eine Erleichterung, nichts besitzen zu müssen. In der Quantenwirtschaft erhalten die Kunden Nutzungsrechte anstatt von Besitzrechten. Wie und wieviel wir nutzen, entscheidet darüber, wie viel wir bezahlen müssen. Die Produkte werden nach unserem individuellen Bedarf optimiert: keine Konfektionsware mehr, sondern alles nach unseren Anforderungen maßgeschneidert. .... Als Nutzer übernehmen wir Mitverantwortung für die Produkte, während wir als Nutzer in der Wegwerfgesellschaft verantwortungslos waren: So werden Verbraucher zu "Gebrauchern." ....

....

....

Denn in der Quantenwirtschaft wollen die Kunden keine physischen Produkte, sondern Dienstleistung als Komplettpaket. ....

....

....

Die installierten Produkte bleiben im Besitz, unter Kontrolle und Verantwortung des Unternehmens, das für optimale Wartung, Reparatur und Ersatz .... zuständig ist. ....

....
Durch eine veränderte Sichtweise haben Kunde und Hersteller zusammen ein optimiertes und nachhaltiges Produkt entwickelt. ....
.... Alle leben nicht mehr vom Verkauf physischer Produkte, sondern von der Vermietung individualisierter Dienstleistungen, die von den Unternehmen selbst designt und optimiert werden wird. In der Leasing-Ära davor waren Vermittler und Hersteller noch getrennt und der Kunde konnte nur unter einer begrenzten Zahl vorgefertigter Produkte wählen, statt direkt mit dem Hersteller eine maßgeschneiderte Rundum-Dienstleistung zu vereinbaren. Durch das "As-a-Service"-Modell werden die Unternehmen maximal motiviert, möglichst hochwertige, haltbare Produkte herzustellen. ....
....
....
Künftig werden die Unternehmen alles daransetzen, um möglichst wenige Ersatzprodukte herstellen zu müssen und möglichst alles zu recyceln, denn neue Produkte und neue Rohstoffe werden die größten Kostentreiber sein. Die logische Folge ist, dass Qualität und Haltbarkeit der Produkte steigen. ....
....
....
Wir sind befreit von der stressauslösenden Vorstellung, möglichst viel besitzen zu müssen und von den Verpflichtungen, die mit Besitz verknüpft sind. ....
....
....
Wenn wir die Fixierung auf den Eigentumsgedanken überwinden, können wir die einzigartigen Vorteile des kapitalistischen Wohlstandsmotors weiterhin nutzen und zugleich seine gravierenden Nachteile hinter uns lassen. ....
....
....
Unendliches Wachstum kann aber bei endlichen Ressourcen kein nachhaltiges Modell sein, sondern führt über kurz oder lang zur Selbstzerstörung des Systems.
....
....
....
Ich finde diese Art der Weiterentwicklung der Kreislaufwirtschaft, die sich nicht nur auf die Belange der Abfallwirtschaft bezieht, sondern strikt mit der Wegwerfgesellschaft aufhört und eine höhere Nutzbarkeit von Produkten und Leistungen dadurch sichert, dass keine künstliche Ermüdung eingebaut wird und der Durchführung von Reparaturen die notwendige Bedeutung beimisst, gut. Dadurch, dass die in Frage kommenden Produkte und Leistungen nur gemietet und nicht mehr gekauft werden können, wird eine erhebliche Verbrauchsreduzierung von Neuprodukten eintreten und allein schon die geringere Menge wesentlich zu einer Verringerung der CO_2-Emission im Interesse der positiven Wirkung für die

Erderwärmung beitragen. Durch diese Maßnahmen wird im Interesse des Klimas auf die Verhinderung eines übergroßen Konsums durch die in der Wirtschaft führenden Länder der Welt Einfluss genommen und ebenfalls positiv zu einer Verringerung der Polarität der Vermögenswerte zwischen Arm und Reich beigetragen."

7.7. Wichtige Faktoren einer Zusammenfassung der Belange einer Quantenwirtschaft

Die Ausführungen in seinem Buch „Quantenwirtschaft. Was kommt nach der Digitalisierung?“ zu den erarbeiteten Vorschlägen des norwegischen Wirtschaftsphilosophen Anders Indset sind sehr interessant und sollten unbedingt einen Ausgangspunkt für Vorschläge zur zukünftigen Gestaltung der Gesellschaft und Wirtschaft bilden. Die weitere Modifizierung der Kreislaufwirtschaft in Form der von ihm vorgeschlagenen Quantenwirtschaft ist eine sehr wichtige Alternative für die Menschheit, da das lineare Modell des gegenwärtigen Wirtschaftens zum einen nicht nur erhebliche Mängel aufweist, sondern andererseits sich auf Dauer nicht realisieren lässt. Wegen der langfristigen Konsequenz führt es zu einer Zerstörung, nicht nur durch die Folgen der Erderwärmung, sondern allein wegen den endlichen Ressourcen in Verbindung mit dem immer weiteren quantitativen Wachstum der Produktion bzw. Herstellung. Die Quantenwirtschaft sollte sehr schnell als Wirtschaftsmethode im Interesse der Menschheit eingeführt werden. Sicherlich ist die Zeit für einige der von Anders Indset unterbreiteten Vorschläge noch nicht reif, u. a. bezüglich der Rolle der Banken und des gegenwärtigen genutzten Geldes, einer Einführung einer Krypto-Währung für Alle. Die Vorschläge sollten jedoch meines Erachtens unter Beachtung der weiteren Entwicklung der Menschheit bezüglich einer Einführung einer kritischen Überprüfung unterzogen werden. Anders Indset hat aus meiner Sicht richtig erkannt, dass die Vorschläge, u. a. zur Umverteilung oder zum Gehaltsverzicht, Eigentumsausgleich, von den Betreffenden, die dafür in Frage kommen würden, diese Vorschläge umzusetzen, wohl keine Zustimmung finden würden. Deshalb wurden von ihm andere Vorschläge unterbreitet, die in Stichpunkten nochmals in Ergänzung zu den grundlegenden Aussagen zum Gliederungspunkt 7.6. im Interesse möglicher Leser und zur besseren Übersicht zusammenfassend dargestellt werden:

- Im Sinne der Quantenwirtschaft bzw. der Kreislaufwirtschaft ist vorgesehen, dass nur noch gemietet und nicht mehr gekauft werden kann. Damit kann bei der erfolgenden Lieferung nach dieser neuen Wirtschaftsmethode kein neues Eigentum bzw. kein neuer Besitz erworben werden, da alle erforderlichen Lieferungen und Leistungen nur noch auf Mietbasis erfolgen können.

- Es geht nicht in erster Linie darum, nur ein hohes ökonomisches Ergebnis zu erreichen, wie dies für die Wirtschaftsmethode des linearen Wirtschaftens die wichtigste Zielstellung darstellt, sondern das neue noch wichtigere Ziel stellt einen hohen Grad der Wiederverwendung bzw. Ressourcenverwertung dar. Dadurch soll das leider bei der gegenwärtigen Methode noch übliche Wegwerfen nicht mehr passieren, sondern die Grundlage für solch eine Handlung entzogen werden.

- Bei der Nutzung der jeweiligen zu mietenden Güter bzw. der gewünschten Dienstleistungen ist beabsichtigt, dass eine möglichst maximale Nutzung erreicht werden kann. Alles soll getan werden, um im Sinne eines hohen Wachstums bzw. eines damit verbundenen hohen Neukaufs wirksam werdende Materialermüdung bzw. andere Maßnahmen zur Verringerung der Lebens- bzw. Nutzungszeit von Gütern und Dienstleistungen zu vermeiden.

- Alle Güter bzw. Dienstleistungen müssen nach nicht mehr gegebener Nutzbarkeit vom jeweils zuständigen Hersteller bzw. Dienstleister zum Recyceln wieder zurück genommen werden. Dem Hersteller obliegt es, die damit noch nach der Nutzung zur Verfügung stehenden Produkte bzw. Rohstoffe maximal im Sinne der Quanten- bzw. Kreislaufwirtschaft mit der Zielstellung zu verwerten, dass eine maximale weitere Nutzung erfolgt.

- Als Verbraucher haben wir durch unser Handeln einen großen Einfluss, welche Leistungen bzw. Produkte entsprechend den Bedürfnissen der Verbraucher hergestellt werden sollen. Damit bestimmt der Verbraucher, was der Hersteller produzieren soll, und man kann damit den erforderlichen Einfluss im Interesse der Umwelt geltend machen.

- Die Leistungserbringung zur Erreichung der Mietnutzung von der betreffenden Leistungsart kann zukünftig bei der möglichen Anwendung der Quantenwirtschaft bzw. der Erfordernisse der Kreislaufwirtschaft vorrangig über Dienstleistungen erfolgen.

- Bei den Bereichen, bei denen eine Wertschöpfung erreicht werden kann, soll eine Abgabe in der Wirtschaftsmethode der Quantenwirtschaft erzielt werden. Es wird in diesem Zusammenhang vorgeschlagen, Steuern, zum Beispiel für künstliche Intelligenz (KI) oder Roboter-Steuern, einzuführen.

- Die Besteuerung soll nach den Vorschlägen der Quantenwirtschaft nicht nach den erreichten Ergebnissen der jeweiligen Arbeitskräftegegebenheiten, sondern nach dem Ressourcenverbrauch erfolgen.

- Die Menschen sollten nicht ihr Glück in einem übermäßigen Konsum sehen, der nicht zu Glück führen kann, sondern unsere Produktgestaltung bzw. Produktmenge sollen sich nach dem tatsächlichen wahren individuellen Bedarf richten.

- Dadurch, dass u. a. durch die Folgen der Digitalisierung mehr Arbeitskräfte freigesetzt werden, als neue entstehen und auch zur Vermeidung von möglicher Arbeitslosigkeit oder auch möglicher Obdachlosigkeit muss eine materielle

Versorgung für die davon betroffenen Menschen gesichert werden. Dies könnte durch ein Grundeinkommen, oder wie man es sonst nennen will, erfolgen.

- Die neue Gesellschafts- und Wirtschaftsmethode soll nicht nur unsere materiellen Bedürfnisse sichern, sondern die Möglichkeit eröffnen, dass wir unsere Talente entwickeln und unsere Wünsche und Träume erreichen können.

7.8. Kurzbemerkungen zu den wirtschaftlichen Belangen des Corona-Virus und möglichen Folgen sowie erste Einschätzungen zu Wirkungen auf die Wirtschaft

Durch die nunmehr entstandene Corona-Krise sind neben den erheblichen gesundheitlichen Wirkungen für eine nicht geringe Zahl von Menschen aus wohl allen Ländern der Welt auch erhebliche wirtschaftliche Folgen eingetreten. Die wirtschaftlichen Folgen sind in differenzierter Höhe in den einzelnen Ländern unter Beachtung der Intensität der Wirkungen des Corona-Virus sehr fatal. Es ist zu verzeichnen, dass auch einige Unternehmen durch die wirtschaftlichen Folgen des Corona-Virus ihre Tätigkeit beendeten mussten oder Insolvenz anmeldeten. Auch dadurch wird sich die Anzahl und die Wirtschaftsstruktur der Unternehmen weltweit verändern. Die Auswirkungen der zweiten Welle haben aktuell dazu geführt, dass für einige Branchen nicht nur für den Monat November 2020, sondern auch für Dezember 2020 und vorerst bis zum 10. Januar 2021 ein Ausübungsverbot besteht. Das Ausübungsverbot kann sich im Ergebnis der weiteren Entwicklung der Pandemie noch weiter verlängern. Zu diesen Branchen gehören u. a.:

- Gastronomiebetriebe, Restaurants, Bars, Clubs, Diskotheken und Kneipen

- Veranstaltungen, die der Unterhaltung dienen

- Konzerthäuser, Theater, Opernhäuser, Messen, Kinos, Freizeitparks, Schwimmbäder, Saunen, Thermen und andere Freizeiteinrichtungen

- Dienstleistungsbetriebe im Bereich der Körperpflege, wie Kosmetikstudios, Massage-Praxen, Tattoo-Studios und ähnliche Betriebe aufgrund der körperlichen Nähe

- Übernachtungsangebote im Inland in Hotels und Pensionen für Touristen

Weitere Einschränkungen sowie zu aktuelle Belange gegenüber der bisherigen Verfahrensweise sind in manchen Brauchen auch für die aktuelle Zeit zu beachten.

Auf Grund der erheblichen negativen Wirkungen des Corona-Virus auf die Gesundheit und der Probleme der Ansteckungsgefahr muss bei weiter bestehender hoher Infektionsgefahr das Ausübungsverbot für die betreffenden und weitere Branchen auch, wie schon erwähnt, über Januar 2021 und weitere in Frage kommende Wintermonate in 2021 hinaus eventuell weitergeführt werden. Um die sich daraus ergebenden wirtschaftlichen Auswirkungen abzufedern, wurde für die betroffenen Unternehmen neben der Weiterführung des Kurzarbeitergeldes für die Arbeitnehmer dieser Unternehmen und der Weiterführung einer Grundsicherung bzw.

des Arbeitslosengeldes 2 für die berechtigten Unternehmer auch die Überbrückungsbeihilfe II für den Zeitraum von September 2020 bis Dezember 2020 beschlossen. Zwischenzeitlich hat man eine weitere Hilfe in Form der Überbrückungshilfe III als Nachfolge der Überbrückungshilfe I und II für besonders von den Folgen des Corona-Virus wirtschaftlich betroffene Unternehmen sowie Soloselbständige geregelt.

Die Regelungen des Insolvenzrechts werden – bezogen auf die Insolvenzvertragspflicht für betroffene Unternehmen – bis zum 31. Dezember 2020 ausgesetzt. Zudem werden nach den diesbezüglichen Regelungen der Bundesregierung Anreize geschaffen, den betroffenen Unternehmen neue Liquidität zuzuführen und die Geschäftsbeziehungen weiter aufrecht zu erhalten. Im Insolvenzrecht ist weiterhin vereinbart, dass für einen dreimonatigen Übergangszeitraum das Recht des Gläubigers eingeschränkt werden soll, die Eröffnung von Insolvenzverfahren bereits 2020 zu beantragen. Auch für Privatpersonen werden bei einer auftretenden Insolvenz bei der Restschuldbefreiung die Auswirkungen der Covid 19-Pandemie entsprechend berücksichtigt.

Der Antrag auf Überbrückungshilfe II kann ab dem 25.11.2020 bis zum 31.01.2021 gestellt werden. Die Antragstellung kann durch zu prüfende Dritte elektronisch erfolgen. Soloselbständige können bis zu einem Förderhöchstsatz von 5.000,- € unter besonderen Identifizierungspflichten, die durch ein ElsterOnline-Zertifikat nachgewiesen werden muss, eigenständig einen Direktantrag stellen. Im Antragsverfahren sind konkrete Festlegungen zu den notwendigen Voraussetzungen zum Erhalt der Überbrückungshilfe II enthalten. Erstmals ist es auch möglich, auch einen Antrag auf Überbrückungsbeihilfe II für den entgangenen Umsatz zu stellen. Basis dafür soll der im Zeitraum November 2019 erzielte Umsatz bilden.

Nach den gegenwärtigen Regelungen soll der Zuschuss für den entgangenen Umsatz 75 Prozent der Ist-Umsatzhöhe von November 2019 betragen.

Die Überbrückungshilfe III soll die Nachfolge-Regelung der Überbrückungshilfe II bilden. Es sind für ab Januar 2021 entstehende wirtschaftliche Folgen folgende wesentliche Regelungen für besonders betroffene Unternehmen, Selbständigen und Freiberufler bzw. Solo-Selbständige getroffen worden:

Die Überbrückungshilfe III schließt sich an die November-Hilfe an und wird für die laut Beschluss vom 28.Oktober 2020 von Bund und Ländern zugrunde gelegten Branchen auch für Dezember 2020 verlängert. Betroffene Betriebe erhalten auch im Dezember 2020 75 Prozent ihres Umsatzes aus dem Vorjahr. Für alle von der Schließung ab dem 16.12.2020 Betroffene gelten andere Regelungen. Dies betrifft besonders den davon betroffenen Einzelhandel und die Friseure. Diese bekommen am erzielten Umsatz orientierte Zuschüsse auf ihre jeweils in Frage kommenden Fixkosten, Die Höhe der dann in Frage kommenden Fixkosten wird vom konkreten Umsatzrückgang dieser Unternehmen abgeleitet. Bis zu 90 Prozent der Fixkosten können für diese betroffenen Unternehmen übernommen werden. Neben Personal, das keine Kurzarbeit nutzen kann, gehören auch Finanzierungskosten, die nicht umsatzabhängig sind, Miet- und Pachtkosten, Marketing- und Werbungskosten, Modernisierungs- und Renovierungskosten oder Abschreibungen von Wirtschaftsgütern bis zu einer Höhe von 50 Prozent zum erstattungsfähigen Anteil der Fixkosten. Die betreffenden Anträge sind über einen Steuerberater, Wirtschaftsprüfer, Buchprüfer oder Rechtsanwalt zu stellen. Zu den vielfältigen Maßnahmen der Bundesregierung, um Betroffenen zu helfen, gehören auch mögliche Steuerstundungen, die beinhalten, dass ein Zahlungsaufschub für Steuern bis längstens zum 30.06.2021 beantragt werden kann, der bei entsprechender Nachweisführung auch verlängert werden kann. Es wird für den möglichen Erhalt der Überbrückungshilfe III festgelegt, dass die entsprechenden betroffenen Unternehmen bereits vor dem 1. Mai 2020 am Markt tätig gewesen waren. Die Laufzeit der Überbrückungshilfe III wird vom 01.01.2021 bis zum 30.06.2021 festgelegt. Auch Solo-Selbständige und besonders betroffene Unternehmen, die bisher keine Wirtschaftshilfen erhalten haben, können Anträge auf Überbrückungshilfe III stellen, wenn sie in einem der Monate oder in beiden Monaten einen Umsatzrückgang von mindestens 40 Prozent zum Vorjahr erlitten haben. Es wurden auch Neustart-Hilfen für Unternehmen und Solo-Selbständige aufgelegt, die bislang keine Fixkosten anteilig als Überbrückungsbeihilfe erstattet bekommen haben und in deren Unternehmen besonders starke Umsatzeinbrüche zu verzeichnen sind. Wer in für die Neustart-Hilfe insbesondere als Solo-Selbständiger in Frage kommen kann und welche Bedingungen für die Bewilligung von Neustart-Hilfen gelten, ist in den entsprechenden Regelungen festgelegt. Die Neustart-Hilfe soll 2021 als Vorschuss ausgezahlt werden. Als maximale Größe für die Zielgruppe der Überbrückungshilfe III, die sich an Unternehmen, Soloselbständige sowie selbständige Freiberuflerinnen und Freiberufler richtet, wird ein maximaler jährlicher Umsatz von bis zu 500 Millionen Euro zugrunde gelegt. Die in Frage kommenden Unternehmen müssen ihren Sitz oder ihre Betriebsstätte im Inland haben. Als Umsatzrückgang für die Gewährung der Überbrückungshilfe III wird festgelegt:

Durch die Überbrückungshilfe III werden die entsprechenden Zielgruppen gefördert, die

a) entweder einen Umsatzeinbruch von mindestens 50 Prozent in zwei zusammenhängenden Monaten im Zeitraum April 2020 bis November 2020 gegenüberüber den jeweiligen Vorjahresmonaten oder
b) einen Umsatzeinbruch von mindestens 30 Prozent im Durchschnitt in den Monaten April bis Dezember 2020 gegenüber dem Vorjahreszeitraum

aufweisen.

Weitere Festlegungen zur Überbrückungshilfe III und auch zu Regelungen der in Frage kommenden Fixkosten sind für die jeweiligen Brachen getroffen worden und können im Internet konkret bei Bedarf nachgelesen werden.

Für November 2020 und Dezember 2020 wurde wegen der erheblich hohen Zahl von Corona-Infizierten und leider auch -Toten für bestimmte Personengruppen ein Kontaktverbot für Reisen beschlossen. Nur einer berechtigten und in Frage kommenden Person ist ein Besuch gestattet. Dies gilt beispielsweise für Pflegeheime, Seniorenheime, Altersheime usw. In allen anderen Fällen ist für alle Länder des Bundes ein Kontakt von maximal fünf Personen aus maximal zwei Haushalten gestattet. Für die Zeit zwischen Heiligabend 2020 und dem 2. Weihnachtsfeiertag 2020 gilt: Treffen mit bis zu vier Personen über den eigenen Hausstand hinaus (Kinder unter 14 Jahren zählen nicht mit) sind möglich. Für Silvester 2020 und den Neujahrstag 2021 wurde der mögliche und erlaubte Kontakt ebenfalls auf nur fünf Personen aus maximal zwei Haushalten begrenzt. Auch hier ist die Anzahl der Kinder unter 14 Jahren unbegrenzt.

Im November 2020 waren 2.699.000 Menschen arbeitslos. Dadurch konnte gegenüber Oktober 2020 eine weitere Senkung der Arbeitslosenzahlen um 61.000 Personen erreicht werden. Im Oktober 2020 waren noch 2,76 Millionen Menschen arbeitslos. Im Mai 2020 waren unter Beachtung der damaligen Folgen des Corona-Virus ca. 2,81 Millionen Menschen in Deutschland arbeitslos gemeldet. Gegenüber dem vergleichbaren Monat des Vorjahres im Mai 2019 ist die Arbeitslosenzahl um ca. 577.000 Personen durch die Folgen des Corona-Virus gestiegen. Im August 2020 lag die Zahl der Arbeitslosen in Deutschland noch bei 2.955.000 Personen. Die aktuelle Arbeitslosenquote des Monats November 2020 beträgt aktuell 5,9 Prozent. Im Oktober 2020 lag sie noch bei 6,0 Prozent. Zum Zeitpunkt August 2020 betrug die Arbeitslosenquote 6,4 Prozent in Deutschland.

Die Anzahl der Kurzarbeiter war in Deutschland zum Zeitpunkt April 2020 relativ hoch und betrug wegen den Folgen des Corona-Virus damals ca. 7 Millionen Menschen. Bei der Erhebung der Anzahl der Kurzarbeiter im August 2020 war noch eine Anzahl von 4.600.000 Kurzarbeitern zu verzeichnen. Die Anzahl der Kurzarbeiter betrug im September 2020 3.733.009 Personen und im Oktober 2020 3.286.457 Personen. Damit konnte die Anzahl der Kurzarbeiter weiter verringert werden. In den neuen aktuellen Regelungen zur Kurzarbeit wurde die Bezugsdauer des Erhalts der Kurzarbeit bis längstens zum 31.12.2021 ausgedehnt.

In diesem Zusammenhang wurde die zweite Kurzarbeitergeldbezugsverordnung des Bundesministeriums für Arbeit und Soziales am 12. Oktober 2020 unter Beachtung des Zeitpunkts der Veröffentlichung im Bundesgesetzblatt Teil I Nr. 46-2020 vom 19.10.2020 auf Seite 2165 geregelt.

Entsprechend dieser genannten Neuregelung ändert sich Folgendes bei der Kurzarbeit, wie aus dem genannten Gesetz zu entnehmen ist, vgl. https://www.aok.de/fk/sozial-versicherung/corona-informationen-fuer-arbeitgeber/die-haeufigsten-fragen-und-antworten :

....

- Wenn aufgrund schwieriger wirtschaftlicher Entwicklungen Aufträge ausbleiben, kann ein Betrieb Kurzarbeit anmelden, wenn mindestens 10 Prozent der Beschäftigten vom Arbeitsausfall betroffen sein könnten. Dies gilt nur, wenn die Kurzarbeit vor dem 1. April 2020 angemeldet wird. Danach gilt wieder die normale Schwelle, die vor der Pandemie bei 30 Prozent der Belegschaft lag.

- Die Laufzeit des Kurzarbeitergeldes wird auf maximal 24 Monate verlängert.

- Auf den Aufbau negativer Arbeitszeitsalden vor Zahlung des Kurzarbeitergeldes wird vollständig oder teilweise verzichtet.

- Auch Leiharbeitnehmer können Kurzarbeitergeld beziehen.

- Wenn die Nebentätigkeit schon vor Beginn der Kurzarbeit durchgeführt wurde, werden die Einkünfte hieraus nicht auf das Kurzarbeitergeld angerechnet. Wird die Nebentätigkeit während des Bezugs von Kurzarbeitergeld aufgenommen, wird das daraus erzielte Entgelt grundsätzlich auf das Kurzarbeitergeld angerechnet. Ausnahme: Das Nebeneinkommen bleibt im Zeitraum vom 1. April bis zum 31. Dezember 2020 anrechnungsfrei, soweit die Summe aus einem gegebenenfalls verbleibenden Verdienst aus der Hauptbeschäftigung (Ist-Entgelt), der Nebenbeschäftigung und dem Kurzarbeitergeld das Soll-Entgelt nicht übersteigt, das ohne Arbeitsausfall in der Hauptbeschäftigung erzielt worden wäre. Soll-Entgelt, Ist-Entgelt, Aufstockungsbetrag und das Entgelt aus der Nebenbeschäftigung sind bei der Berechnung pauschaliert in Netto-Beträge entsprechend der Nettogeldtabelle umzurechnen. Ab dem 1. Januar 2021 bis zum 31. Dezember 2021 wird nur noch das Entgelt aus einer während der Kurzarbeit aufgenommenen geringfügig entlohnten Beschäftigung (Minijob bis 450 Euro) nicht auf das Kurzarbeitergeld angerechnet.

- Die Sozialversicherungsbeiträge, die Arbeitgeber normalerweise für ihre Beschäftigten zahlen müssen, erstattet die Bundesagentur für Arbeit nun bis zum 30. Juni 2021 vollständig. Bis zum Jahresende 2021 sollen die Beiträge zur Hälfte erstattet werden, bei Weiterqualifizierung der Beschäftigten in der Kurzarbeit in voller Höhe. Voraussetzung ist, dass Kurzarbeit bis 30. Juni 2021 eingeführt wurde.

- Das Kurzarbeitergeld für Beschäftigte, deren Arbeitszeit um mindestens 50 Prozent reduziert ist, steigt ab dem vierten Monat auf 70 Prozent (77 Prozent mit Kindern) und ab dem siebten Monat auf 80 Prozent (87 Prozent mit Kindern) des Nettolohns. Dies gilt bis zum Jahresende 2021, wenn der Anspruch auf Kurzarbeitergeld vor dem 31. März 2021 entstanden ist. Vor der Pandemie lag das Kurzarbeitergeld ausschließlich bei 60 Prozent des letzten Nettolohnes oder 67 Prozent für Beschäftige mit Kindern.

- Arbeitgeber müssen die Details des Kurzarbeitergelds mit der Agentur für Arbeit klären. Das Kurzarbeitergeld muss vom Arbeitgeber bei der zuständigen Agentur für Arbeit beantragt werden. Diese prüft dann, ob die Voraussetzungen für die Leistung erfüllt sind. Erkranken Arbeitnehmer während der Kurzarbeit, erhalten sie von der Agentur für Arbeit Kurzarbeitergeld als Entgeltfortzahlung. Beginnt die Arbeitsunfähigkeit vor der Kurzarbeit, hat der Arbeitnehmer Anspruch auf Krankengeld in Höhe des jeweiligen Kurzarbeitergeldes, so lange Anspruch auf Entgeltfortzahlung besteht. Ausschlaggebend dafür, ob bei Arbeitsunfähigkeit die Krankenkasse oder die Agentur für Arbeit für die Erstattung des Kurzarbeitergeldes an den Arbeitgeber zuständig ist, ist der Beginn der Bezugsdauer des Kurzarbeitergeldes. Diese Bezugsdauer beginnt immer mit dem ersten Tag des Kalendermonats für den in einem Betrieb Kurzarbeitergeld vom Arbeitgeber gezahlt wird.

Durch das „Gesetz zur Beschäftigungssicherung in Folge der COVID-19-Pandemie“ (Beschäftigungssicherungsgesetz) vom 03.12.2020, das am 09.12.2020 im Bundesgesetzblatt Teil I Nr. 59-2020 auf den Seiten 2961 bis 2963 veröffentlicht wurde, ergeben sich nunmehr u. a. folgende Regelungen:

„106a SGB III – Erstattung bei beruflicher Weiterbildung während Kurzarbeit

(1) Dem Arbeitgeber werden von der Agentur für Arbeit auf Antrag für den jeweiligen Kalendermonat 50 Prozent der von ihm allein zu tragenden Beiträge zur Sozialversicherung in pauschalierter Form für Arbeitnehmerinnen und Arbeitnehmer erstattet, wenn diese

1. vor dem 31. Juli 2023 Kurzarbeitergeld beziehen und

2. an einer während der Kurzarbeit beginnenden beruflichen Weiterbildungsmaßnahme teilnehmen, die

   a) insgesamt mehr als 120 Stunden dauert und die Maßnahme und der Träger nach den Vorschriften des Fünften Kapitels zugelassen sind oder

   b) auf ein nach § 2 Absatz 1 des Aufstiegsfortbildungsförderungsgesetzes förderfähiges Fortbildungsziel vorbereitet und von einem für die Durchführung dieser Maßnahme nach § 2a des Aufstiegsfortbildungsförderungsgesetzes geeigneten Träger durchgeführt wird.

Die Erstattung erfolgt für die Zeit, in der die Arbeitnehmerin oder der Arbeitnehmer jeweils vom vorübergehenden Arbeitsausfall betroffen ist. Für die Pauschalisierung wird die die Sozialversicherungspauschale nach § 153 Absatz 1 Satz 2 Nr. 1 SGB III – Leistungsentgelt – abzüglich des Betrages zur Arbeitsförderung zu Grunde gelegt.

(2) Dem Arbeitgeber werden bis zum 31. Juli 2023 von der Agentur für Arbeit auf Antrag die Lehrgangskosten für Weiterbildungsmaßnahmen nach Absatz 1 Nummer 1 Satz 2 Buchstabe a für Betriebe mit weniger als 10 Beschäftigten zu 100 Prozent, mit zehn bis 249 Beschäftigten zu 50 Prozent, mit 250 und weniger als 2.500 Beschäftigten zu 25 Prozent und für Betriebe mit 2.500 oder mehr Beschäftigten zu 15 Prozent pauschal für die Zeit der Teilnahme der Arbeitnehmerin oder des Arbeitnehmers an dieser Maßnahme erstattet. Der § 82 SGB III – Förderung beschäftigter Arbeitnehmerinnen und Arbeitnehmer – ist ausgeschlossen.

(3) Ausgeschlossen von der Erstattung der Sozialversicherungsbeiträge nach Absatz 1 und der Lehrgangskosten nach Absatz 2 ist die Teilnahme an Maßnahmen, zu deren Durchführung der Arbeitgeber auf Grund von bundes- oder landesrechtlicher Regelungen verpflichtet ist.“

Durch die Anwendung der in Deutschland geltenden Kurzarbeitergeld-Regelung, die es in anderen Ländern Europas und der Welt nicht gibt, ist die Arbeitslosigkeit in Deutschland nicht so relativ hoch angestiegen, wie in anderen Ländern ohne Kurzarbeitergeld-Regelung.

Unter den Wirkungen des Corona-Virus zeigt die Arbeitslosen-Quote in den einzelnen Bundesländern in Deutschland zum Zeitpunkt der aktuellen Erfassung im November 2020 folgendes Bild:

Bundesland	Arbeitslosenquote in %
Bremen	11,3 %
Berlin	10,1%
Sachsen-Anhalt	7,3 %
Mecklenburg-Vorpommern	7,5 %
Hamburg	7,7 %
Nordrhein-Westfalen	7,6 %
Saarland	7,1 %
Brandenburg	6,0 %
Sachsen	6,0 %
Thüringen	5,8 %
Schleswig-Holstein	5,8 %
Niedersachsen	5,7 %
Hessen	5,5 %
Rheinland-Pfalz	5,1 %
Baden-Württemberg	4,2 %
Bayern	3,6 %

Tabelle 7: Arbeitslosenquote pro Bundesland in Deutschland im November 2020 lt. den Angaben der Bundesagentur für Arbeit Nürnberg

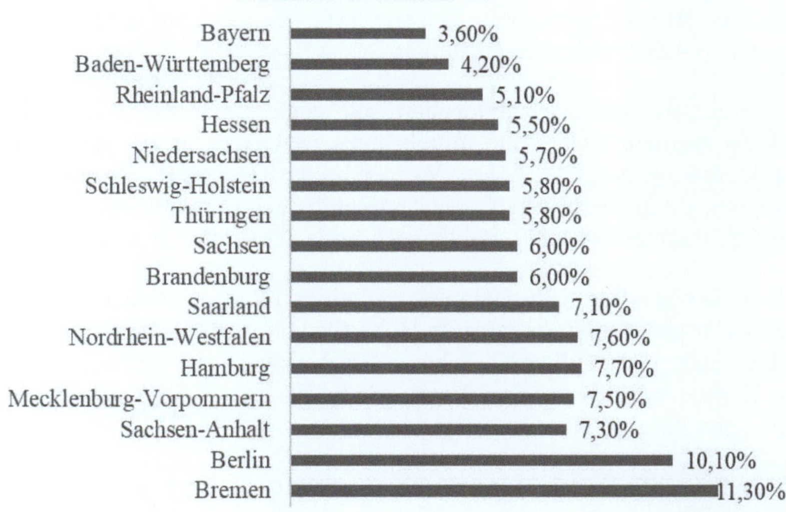

Grafik 2: Arbeitslosenquote pro Bundesland in Deutschland im November 2020 in % gemäß den Angaben der Bundesagentur für Arbeit Nürnberg

Die Anzahl der Auszubildenden bzw. der auszubildenden Unternehmen ist durch die wirtschaftlichen Folgen des Corona-Virus zurückgegangen und dadurch problematisch für die zukünftige Fachkräftesicherung, um die Wirtschaft der jeweiligen Betriebe langfristig im Laufe der nächsten Jahre anzukurbeln.

Zum Arbeitsmarkt ist aktuell Folgendes nach den Angaben der Bundesagentur für Arbeit aus dem Monat November 2020 zu bemerken

„In der Nachvermittlungszeit am Ausbildungsmarkt zu einem sofortigen Ausbildungsbeginn waren vom Oktober bis November coronabedingt 61.000 und damit rund 11.000 junge Menschen mehr auf Ausbildungsplatzsuche als im letzten Jahr. Dem standen 70.000 gemeldete betriebliche Ausbildungsstellen gegenüber. 8.000 mehr als im Vorjahr.

31.000 Bewerberinnen und Bewerber und damit gut die Hälfte waren noch unversorgt und weitere 20.000 suchten trotz Alternative weiterhin eine Ausbildungsstelle. Gleichzeitig waren 25.000 Ausbildungsstellen noch unbesetzt."

Nachfolgende Förderungen der Ausbildung wurden zum Stand 04.06.2020 geregelt:

- Ausbildungsbetriebe, die das Ausbildungs-Angebot erhöhen, erhalten eine zusätzliche Ausbildungsvergütung von 3.000,- €, wenn sie trotz des Corona-Virus einen Auszubildenden einstellen.

- Der Lernerfolg von Auszubildenden soll auch durch die Pandemie nicht gefährdet werden. Kleine und mittelständische Unternehmen (KMU), die ihr Ausbildungsangebot 2020 im Vergleich zu den drei Vorjahren nicht verringern, erhalten für jeden neu abgeschlossenen Ausbildungsvertrag eine einmalige Prämie von 2.000,- €, die nach Ende der Probezeit ausgezahlt wird.

Für Solo-Selbständige und Unternehmen mit einer relativ geringen Anzahl von Beschäftigten wurden in einer begrenzten Höhe für vorerst drei Monate (März 2020 bis Mai 2020) nicht rückzahlbare Zuschüsse für nachweisliche Aufwendungen aus Mitteln des Bundes bzw. bestimmter Bundesländer als erster Zuschuss in Folge des Corona-Virus gewährt.

Der wohl größte Teil der betroffenen bedürftigen Unternehmerinnen und Unternehmer, die einen entsprechenden Antrag auf nicht rückzahlbare Zuschüsse für ihr Unternehmen bei den in den jeweiligen Bundesländern zuständigen Fördereinrichtungen damals gestellt haben, hat die in Frage kommenden Beträge bereits bekommen. Der Bund hatte 50 Milliarden Euro für die Corona-Soforthilfe als Zuschuss für den genannten Zeitraum planmäßig zugrunde gelegt. Das Bundes-Programm hat das Programm der Länder damals unterstützt. Es wurde damals für eine Anzahl bis zu 5 Beschäftigten für drei Monate ein nicht rückzahlbarer Zuschuss als nachweisbarer Aufwendungsersatz für ein Unternehmen von maximal 9000,- € und für Unternehmen mit bis zu 10 Beschäftigten wurde für ein Unternehmen für die Corona-Soforthilfe von 15.000,- € als nicht rückzahlbarer Zuschuss als Einmalzahlung zugrunde gelegt. Weil die drei Monate für viele Unternehmen nicht gereicht haben hat man als Liquiditätshilfe Überbrückungshilfe gewährt Alle Unternehmen konnten bei Erfordernis einen Antrag auf Überbrückungsbeihilfe I stellen, wenn ihr Umsatz pro Jahr nicht 50 Millionen Euro überstieg. Auch Solo-Selbständige konnten bei Bedarf ebenfalls einen Antrag auf Überbrückungsbeihilfe I stellen. Die Höhe der Überbrückungshilfe I hing von den Fixkosten und der Höhe des Umsatzrückgangs ab. Die gewährten Zuschüsse bei der Überbrückungsbeihilfe I brauchten ebenfalls nicht zurück gezahlt werden. Die Überbrückungsbeihilfe konnten ebenfalls nicht Unternehmen beantragen, die vor März 2020 bereits in wirtschaftliche Schwierigkeiten gekommen sind. Der Umsatz musste in den Monaten April und Mai 2020 um mindestens 60 Prozent zurück gegangen sein. Privates Vermögen brauchte dafür nicht angetastet werden.

Ein gewisser Teil der Unternehmerinnen und Unternehmer hat die benötigten finanziellen Mittel aus unterschiedlichen Gründen bisher noch nicht bekommen und wartet noch dringend auf die Auszahlung des nicht rückzahlbaren Zuschusses für ihr Unternehmen.

Zu den speziellen unterstützenden aktuellen Regelungen für die betroffenen Unternehmen, die für die gegenwärtigen Monate November und Dezember 2020 in Form des Überbrückungsgeldes II und danach als Nachfolgeregelung des Überbrückungsgeldes III gelten, wurden bereits in einem bestimmten Umfang Informationen gegeben.

Dem Unternehmer wird, falls er wegen den wirtschaftlichen Folgen des Corona-Virus bedürftig ist und dann im Regelfall keine Einnahmen in der betreffenden Zeit erzielen kann, dann die Möglichkeit gegeben, dass er eine Grundsicherung in Form des ALG 2 und die Kosten der Unterkunft und Heizung gemäß § 22 des Zweiten Buches Sozialgesetzbuch (SGB II) für jeden Monat bekommen kann. In diesem speziellen Fall kann auf die Überprüfung der Vermögenshöhe verzichtet werden. Das betreffende Verfahren soll dann im konkreten Fall wesentlich einfacher gestaltet werden, als bisher. Man kann nach konkret festgelegten Prämissen, wenn das betreffende Unternehmen die Voraussetzungen dazu erfüllt, einen Kredit für das Unternehmen beantragen. Der Kredit wird dann jeweils zu 100 Prozent von der Bundesregierung bzw. de beauftragten Kreditanstalt für Wiederaufbau (KfW) verbürgt. Die Kreditbeantragung kommt bei Bedarf in erster Linie für Unternehmen insbesondere dann in Frage, wenn sie die zugrunde gelegte Anzahl an Mitarbeitern für das jeweilige Unternehmens überschreiten, für die bisher kein nicht rückzahlbarer Zuschuss gezahlt wurde.

Die Wirkungen der Corona-Krise auf Ersatzmodalitäten zur Lösung bestimmter Probleme und Notwendigkeiten, wie u. a. des Erfordernisses von Home Office, Videokonferenzen, der derzeit eingeschränkten Urlaubsmöglichkeit im Ausland, der zeitweilig nicht gegebenen Urlaubsmöglichkeit in einzelnen Bundesländern im Inland und die Auswirkungen auf Angebot und Nachfrage haben uns aufgezeigt, dass wir einzelne Branchen nicht bzw. nicht im bisherigen Umfang weiter betreiben können. Die mögliche Ansteckungsgefahr muss hierbei ebenfalls wie Klimaerfordernisse, Verbraucheranalysen und Verbraucherwünsche berücksichtigt werden.

Im Artikel „Nach der Pandemie – Bill Gates: 50 Ptozent der Geschäftsreisen werden wegfallen“ der „Frankfurter Allgemeinen“ vom 18. November 2020 unter dem Link https://faz.net/aktuell//karriere-hochschule/buero-co/bill-gates-zur-arbeitswelt-nach-corona-weniger-dienstreisen-17058242.html wird u. a. ausgeführt:

„Wie die Arbeitswelt nach der Corona-Pandemie aussehen wird, beschäftigt Unternehmen wie Angestellte gleichermaßen. Das Pro und Contra von Video-Konferenzen, Homeoffice wie auch die Notwendigkeit von Dienstreisen verschiedenster Art wird ebenso diskutiert, wie die Organisation zukünftiger Büros. Während einer Online-Konferenz der „New York Times" hat sich nun auch Bill Gates zu diesen Fragen geäußert: „Meine Prognose wäre, dass mehr als 50 Prozent der Geschäftsreisen und 30 Prozent der Bürotage wegfallen“, sagte der Microsoft-Gründer. „Wir werden ein wenig ins Büro gehen und ein paar geschäftliche Reisen unternehmen", so Gates weiter, aber „wesentlich weniger" als es vor der Pandemie der Fall gewesen sei.

Zu dieser Einschätzung passt das Ergebnis einer aktuellen Umfrage der Unternehmensberatung Deloitte: 66 Prozent der befragten Finanzvorstände erklärten auf die Frage nach den langfristigen Auswirkungen der Pandemie für ihr Unternehmen: „Wir planen, vermehrt auf Remote Working zu setzen." 37 Prozent betonen überdies, dass in der Folge auch die Büroflächen reduziert werden sollen. Gleichwohl ergeben sich daraus in den Wirtschaftszweigen, wo Homeoffice überhaupt möglich ist, diverse Herausforderungen. Nicht jeder Arbeitnehmer kann ohne Weiteres zu Hause effektiv arbeiten, mitunter mangelt es auch an technischer Ausstattung von Seiten des Arbeitgebers. Zudem müssen Unternehmen noch stärker die IT-Sicherheit in den Blick nehmen. 43 Prozent der Befragten erklärten gegenüber Deloitte entsprechend: „Wir werden unsere Cyber-Absicherung aufgrund von erhöhtem Remote-Working stark ausbauen. "

Nicht zuletzt fällt durch vermehrtes Arbeiten von zu Hause der Flurfunk in Unternehmen größtenteils weg. Auch die kreative Arbeit mit anderen und der direkte Austausch in einem Raum miteinander könne nur bedingt durch Online-Formate ersetzt werden, heißt es oft .... "

Die Wirkung der Corona-Krise und die Gefahren, die die Flugzeugnutzung in der gegenwärtigen Betreibungsweise für eine weitere Erhöhung der Erderwärmung mitbringen, haben auch zu ersthaften Problemen in der Wirtschaftlichkeit des Flugverkehrs geführt. Die Nachfrage nach Flügen ist erheblich zurück gegangen. Die Nachfragen im Flugverkehr für Starts und Landungen sanken im III. Quartal 2020 in Deutschland um ca. 70 Prozent. Es ist anzunehmen, dass im IV. Quartal 2020 die Nachfrage nach Passagierfahrten mit dem Flugzeug noch mehr zurück geht, da für die Monate November und Dezember 2020 auch Flugverbote wegen der ansteigenden Infektionsgefahr wegen den Folgen des Corona-Virus eintreten. Bisher war das Wachstum im Ergebnis der Globalisierung und auch des Tourismus von Jahr zu Jahr weiter angestiegen. Damit verbunden war ein weiterer weltweiter Anstieg der CO_2-Emission. So konnte oder so kann es auch im Luftverkehr nicht weiter gehen, wenn wir die Erderwärmung nicht über 1,5 Grad Celsius steigen lassen wollen. Die bisher geleisteten Aktivitäten wurden diesem wichtigen und primär zu sehenden Erfordernis der Menschheit nicht gerecht. Um die Anzahl der Flugpassagiere zu erhöhen hat man besonders noch Billigflüge angeboten und Subventionen für Flüge zu Grunde gelegt, um die Anzahl der Flugpassagiere noch zu erhöhen.

Die Gesetze des Marktes hatten bisher den Vorrang vor der eigentlich wichtigsten Aufgabe für die Menschheit, alles zu tun, dass die Erderwärmung nicht weiter steigt. Die billigen Preise für die Flüge in Verbindung mit den gewährten Subventionen haben auch auf negative Wirkungen auf die Wirklichkeit dieser Branche mit sich gebracht. Solange wir keinen Treibstoffausstoß haben, der klimaneutral ist, leisten wir einen Bärendienst für das Klima und für die weitere Existenz der Menschheit. Die gegenwärtig genutzte Verwendung von kerosinbetriebenen Strahlturbinen kann wegen der dabei entstehenden hohen CO_2-Emission in keiner Weise befriedigen. Es ist deshalb dringend erforderlich, eine klimaneutrale Antriebsart für die Flugzeugbetreibung zu verwenden. Deshalb ist es auch im Klimasinn unbedingt erforderlich, dass der elektrische Propellerbetrieb nicht nur diskutiert wird. Vom Umweltbundesamt werden diese im Ergebnis aktueller Studien auf Grund der geringen Energiedichte der gegenwärtigen Batteriespeicher gegenüber Kerosin jedoch für den Luftverkehr derzeit noch als ungeeignet angesehen. Laut Einschätzung des Umweltbundesamtes ist eine Marktdurchdringung von vollelektrischen Fahrzeugen nur in Zukunft für Kleinfahrzeuge zu erwarten.

Die Folgen des Corona-Virus haben besondere ungünstige Auswirkungen in wirtschaftlicher Hinsicht auf die Kreuzfahrtschiffe. Weltweit laufen bis April 2021 nach gegenwärtigem Stand keine Kreuzfahrtschiffe mehr aus. Die Erfordernisse des nicht weiteren Steigens der Erderwärmung über die Höhe von 1.5 Grad Celsius hinaus werden auch auf diese Branche erhebliche Auswirkungen haben, wenn es nicht baldmöglichst gelingt, klimaneutrale Treibstoffe zu verwenden.

Auch wegen den Wirkungen und Folgen einer aus meiner Sicht oftmals nicht richtigen Globalisierung, die besonders auch zur Zeit des Corona-Virus im besonderen Maße zur Geltung kam und auch wegen den Wirkungen des CO_2-Ausstoßes auf die steigende Erderwärmung und ihre Folgen sind diese dann wohl notwendigen Wirkungen erforderlich. Wir müssen die richtigen Schlussfolgerungen – bezogen auf unsere zukünftigen gesellschaftliche und wirtschaftliche Entwicklung – nicht nur in Deutschland, sondern auf der ganzen Welt ziehen.

Bei nachfolgenden eingeschätzten und weiteren Branchen ist eine teilweise nicht geringe Reduzierung durch die Wirkungen des Corona-Virus und die notwendigen nicht weiter verschiebbaren Maßnahmen zur Eindämmung der drohenden weiteren Erhöhung der Erderwärmung meines Erachtens zu erwarten:

- Luftverkehr
- Kreuzfahrtschifftourismus
- Autohersteller bzw. Zulieferer für die Auto-Branche
- Tourismus
- Gastronomie und Hotellerie und damit verbundene Dienstleistungen
- Reisebüros und damit im Zusammenhang stehende Unternehmen
- Handelsgewerbe
- Fertigungs- bzw. Industriebetriebe
- Kosmetik und damit im Zusammenhang stehende Unternehmen
- Messebüros
- Messeservice
- Veranstaltungsbranche

- Veranstaltungsservice
- Schausteller-Unternehmen
- Service der verschiedensten Kunstbereiche
- Dienstleistungsunternehmen in der Werbung
- Dienstleistungsunternehmen im Marketing
- Dienstleistungsunternehmen im Sportbereich
- sonstige weitere Dienstleistungsunternehmen
- manche Sport-Unternehmen
- Jugendbetreuungsunternehmen, z. B. Jugendherbergen
- Jugendklubs
- Pflegeunternehmen der Tagespflege
- Behindertenwerkstätten sowie weitere in Frage kommende Inklusions-Unternehmen, die neben Nichtbehinderten auch Behinderte beschäftigen
- Immobilienbranche
- Personalberatungsunternehmen
- Zeitarbeitsunternehmen
- Arbeitnehmerüberlassungsunternehmen
- Kohlebergbau
- Unternehmen, die Energie weiterhin auf nicht regenerative Energien erzeugen

und weitere Branchen.

Auch der Konsum wird vorrangig wegen nicht ausreichender Kaufkraft insgesamt aus meiner Sicht zurückgehen. Andere Branchen, die in dieser Aufstellung nicht genannt wurden, leiden auch zumindest zu einer noch nicht bestimmbaren Zeit an den Folgen der – durchschnittlich gesehen – nicht ausreichenden Kaufkraft. Selbst, wenn bestimmte Verbraucher noch für Anschaffungen die notwendige Kaufkraft aufweisen, wird ein Großteil der Unternehmen oder auch der sonstigen privaten Verbraucher sich zurückhalten, da sie weiterhin noch ggf. an den Folgen in wirtschaftlicher Hinsicht durch die Folgen des Corona-Virus leiden oder weitere mögliche Folgen eintreten können und sie ggf. auch aus Sicherheitsgründen keine baldigen Anschaffungen tätigen, was sich negativ auf den Umsatz auswirken kann. Die Sparquote in Deutschland ist von ca. 9 Prozent auf über 16 Prozent zum damaligen Zeitpunkt der Erhebung angestiegen. Deshalb müssen wir bei zukünftigen Prognosen auch von einem erhöhten Sicherheitsdenken der Menschen in Deutschland ausgehen und die erforderlichen Schlussfolgerungen auf die Nachfragehöhe dabei berücksichtigen.

Man sollte die eintretenden wirtschaftlichen Folgen des Corona-Virus und die daraus sich ergebenden Auswirkungen auf die sinkende Nachfrage einzelner Branchen auch als Chance für die notwendige Neuausrichtung der Wirtschaft unter Beachtung der dringend erforderlichen ökologischen Aspekte für die zukünftige weitere Sicherung der Existenz der Menschheit sehen.

Es muss jedoch beachtet werden, dass bei einer erneuten Katastrophe solchen Ausmaßes, wie die wirtschaftlichen Folgen des Corona-Virus derzeit darstellen, manche davon betroffene kleine und mittelständische, auch alteingesessene Unternehmen riesige Probleme bekommen, die zum endgültigen wirtschaftlichen Aus dieser Unternehmen führen können. Wir müssen beachten, dass wir uns nicht auf Dauer Zuschusszahlungen in Deutschland erlauben können.

Im Beitrag „Jung, motiviert und abgehängt" wurde von den Autoren Markus Dettmer, Frank Hornig, Anton Rainer, Thomas Schulz, Gerald Traufetten und Robin Wille in der Ausgabe 22/2020 der Zeitschrift „Der Spiegel" vom 23.05.2020 Nachfolgendes geschrieben:

.... Den 20-30Jährigen lagen die Unternehmen zu Füßen bis Corona kam.
Nun trifft sie die Pandemie härter als jede andere Altersgruppe, Jobs und Ausbildungsplätze fallen weg und die Generation wird Jahrzehnte brauchen, um die Einkommensverluste wieder aufzuhalten. ....
....
....
Solche Berichte sind in diesen Tagen überall von Schul- und Studienabgängern zu hören. Von der gestrichenen Ausbildung im Reisebüro. Die abgesagte Traineeposition im Eventmarketing. Von der angehenden Hotelfachfrau, die gerade keiner braucht. Der Nachwuchsingenieur, der seinen Traumjob bei der Lufthansa nicht bekommt. Von Realschulabschluss, in denen sich Panik breitmacht, weil kaum ein Schüler eine feste Ausbildungszusage hat. Im Laufe dieses Jahres machen eine

halbe Million Studenten ihren Abschluss. Sie kommen auf einen Arbeitsmarkt, "der wie eingefroren ist.", sagt Detlef Scheele, Chef der Bundesagentur für Arbeit. ....

Wie viele Plätze dann es noch geben wird. Niemand weiß es. Scheele drängt die Unternehmen, unbedingt weiter auszubilden. „Es darf 2020 keinen Jahrgang Corona geben". Doch das wird sich kaum vermeiden lassen angesichts des größten Wirtschaftseinbruchs seit dem 2. Weltkrieg. Es ist eine absurde Wendung ausgerechnet für diese Generation, aufgewachsen während eines scheinbaren nicht enden wollenden Booms, in einem goldenen Jahrzehnt der immer weiter wachsenden deutschen Wirtschaft. Mit der niedrigsten Arbeitslosigkeit der Geschichte mit Fachkräftemangel, einem Überangebot an Jobs. Was war das gerade noch für ein Leben, was für einen Ausblick nach dem Abschluss erstmal ins Ausland, um den Globus reisen, dann irgendwann mal der Job, vielleicht auch nur ein halber. Warum nicht ein Start-up gründen, was riskieren? Oder erstmal weniger verdienen oder mehr Spaß bei der Arbeit haben? Eine andere Arbeitswelt bauen, mobil, global? Vom Co-Working- Space in Schanghai aus Onlinemarketing machen. Die Welt stand offen. Das ist vorbei. Die Coronakrise trifft alle Wirtschaftsbereiche und alle Arbeitnehmer. Langfristig werden am heftigsten wohl die Jungen leiden. ...."

Das ist die gegenwärtige Situation bei vielen jungen Menschen im Ergebnis der Folgen der Corons-Virus.

Im ILO-Monitor „COVID 19 und die Welt der Arbeit (4. Auflage). Aktualisierte Schätzungen und Analyse vom 27. Mai 2020“ wurden nachfolgende Kernaussagen getroffen, die auf Deutsch von der englischsprachigen Original-Ausgabe auszugsweise genannt werden (siehe die englischsprachige Originalausgabe „ILO Monitor: COVID-19 and the world of work. Fourth edition. Updated estimates and analysis” unter dem Link https://www.ilo.org/wcmsp5/groups/public/---dgreports/---dcomm/documents/briefingnote/wcms_745963.pdf):

„Arbeitsplatzwegfall und Unternehmensschließung

94 Prozent der Arbeiter weltweit leben in Ländern mit den gleichen Gründen von Arbeitsplatzwegfall.

Mit Stichtag zum 17. Mai 2020 lebten 20 Prozent der Arbeiter weltweit in Ländern, die Arbeitsplatzwegfälle für alle außer wichtige Arbeiter angeordnet haben. Weitere 69 Prozent der Arbeiter lebten in Ländern, bei denen die Arbeit in einigen Sektoren bzw. für bestimmte Arbeitergruppen weggefallen sind und weitere 5 Prozent der Arbeiter lebten in Ländern mit empfohlenen Arbeitsplatzwegfällen.

Verlorene Arbeitsstunden in der ersten Jahreshälfte 2020 widerspiegeln harte Einflüsse auf die Arbeit

Die Aussichten für das zweite Quartal 2020 bleiben düster, da sie gemäß den neuesten Schätzungen der Internationalen Arbeits-Organisation (ILO) einen Rückgang der Arbeitsstunden um 10,7 Prozent im Vergleich zum letzten Quartal 2019 voraussagen, der 305 Millionen Arbeitsplätzen unter Zugrundelegung einer 48-Stunden-Arbeitswoche entspricht. Aus regionaler Perspektive sind Nord-, Mittel- und Südamerika mit einem Arbeitsstunden-Rückgang von 13,1 Prozent, Europa und Zentralasien mit jeweils 12,9 Prozent des Arbeitsstunden-Rückgangs am stärksten betroffen.

Der Arbeitsmarkt profitiert von Tests und Rückverfolgungen.

Nach Schätzung der Internationalen Arbeitsorganisation (ILO) können durch Tests und Rückverfolgungen den Verlust von Arbeitsstunden um 50 Prozent verringern. Der geschätzte Durchschnittsverlust von Arbeitsstunden liegt in den Ländern mit der geringsten Dichte von Testen und Rückverfolgungen bei 14 und in Ländern mit der höchsten Dichte von Testen und Rückverfolgungen bei 7 Prozent.

Junge Menschen erleiden Mehrfach-Schocks wegen der COVID-19-Krise, die zu einem Entstehen einer „Lockdown-Generation“ führen können.

Junge Menschen stellen die Hauptopfer sozialer und ökonomischer Konsequenzen der Pandemie dar, und es besteht das Risiko, dass sie ihr ganzes Arbeitsleben lang Narben davon tragen und sie zu einer Lockdown-Generation werden.

Die jüngsten Zahlen zeigen, dass junge Menschen unverhältnismäßig von der COVID-19-Krise mit Mehrfach-Schocks betroffen sind, inklusive Lernstörungen, Arbeitsplatz- und Einkommens-Verlust und größeren Schwierigkeiten, einen Arbeitsplatz zu finden.

Insgesamt 178 Millionen junge Arbeitnehmerinnen und Arbeitnehmer weltweit, 4 von 10 weltweit beschäftigten jungen Arbeitnehmerinnen und Arbeitnehmern arbeiteten in besonders hart getroffenen Wirtschaftssektoren, als die Krise begann. 77 Prozent (bzw. 328 Millionen) junge Arbeitnehmerinnen und Arbeitnehmer arbeiteten in informellen Jobs, im Vergleich zu 60 Prozent der erwachsenen Arbeitnehmerinnen und Arbeitnehmer ab einem Alter von 25 Jahren aufwärts. Die Rate an informellen Jobs für junge Arbeitnehmerinnen und Arbeitnehmer reicht von 32,9 Prozent in Europa und Zentral-Asien bis 93,4 Prozent in Afrika. Sogar vor der Krise befanden sich 267 Millionen junge Arbeitnehmerinnen und Arbeitnehmer weder in einem Arbeitsverhältnis, noch in einer Ausbildung, davon fast 68 Millionen junge Menschen.

Sowohl die technische, als auch die Berufsausbildung und Training-on-the job gehen massiv zurück. In einer jüngst gemeinsam von der Internationalen Arbeitsorganisation (ILO), der UNESCO und der Welt-Bank gemeinsam veröffentlichten Umfrage berichteten 98 Prozent Derjenigen, die geantwortet haben, dass Technik- und Berufsschulen sowie Bildungszentren geschlossen wurden. Obwohl mehr als zwei Drittel des Unterrichts inzwischen in Form von Fernunterricht erfolgt, oft online, sind einige Länder mit einem geringen Einkommen auf diese Art von Bildung umgestiegen.

Eine weitere neue globale Umfrage der Internationalen Arbeitsorganisation ILO und ihrer Partner für anständige Jobs für die Jugend geht davon aus, dass mehr als einer von sechs Jugendlichen aufgehört hat, zu arbeiten. Unter den jungen Menschen, die weiterhin in Arbeit blieben, fielen die Arbeitsstunden um 23 Prozent. Außerdem berichten die Hälfte der Studentinnen und Studenten von einer Verzögerung des Studienabschlusses, 10 Prozent erwarten, dass sie überhaupt nicht in der Lage sein werden, ihr Studium überhaupt zu beenden. Auf einer Standard-Scala zur Messung der mentalen Gesundheit haben mehr als die Hälfte der jungen Menschen, die an der Umfrage teilgenommen haben, angegeben, seit dem Anfang der Pandemie gefährdet zu sein, an Angst bzw. Depression zu erkranken.

Antworten der Politik

Die ILO ruft zu dringenden und breit angelegten politischen Antworten auf, um lang anhaltenden Schaden an jungen Menschen bezüglich der Aus- und Weiterbildung und der Aussichten auf dem Arbeitsmarkt zu vermeiden. Regierungen müssen umfassende Lösungen zu den o. g. Problemen anbieten und mit allen vier Säulen der ILO-Rahmenpolitik kombinieren, um der COVID-19-Krise zu begegnen.

Eingriffe der Politik, die auf junge Menschen abzielen, sollten mit der Einführung von umfassenden inklusiven und vorausschauenden Arbeitsmarktpolitik-Rahmenbedingungen einher gehen, inklusive der effektiven Umsetzung von Arbeits- und Fähigkeits-Garantien, mit der Verzahnung der Verbreiterung der Anreiz- und Sanierungspakete.

Die Herbeiführung und der Erhalt eines arbeitsreichen Aufschwungs wird durch weitere Tests und Rückverfolgungen von Infektionen sowie eine sorgfältige Beobachtung der Auswirkungen der Krise auf Unternehmen, Arbeiterinnen und

Arbeiter in den am meisten betroffenen Sektoren sowie in der informellen Wirtschaft erleichtert.

Auf Grund des Potentials des Wandels in der Nach-Corona-Zeit sollte die Unterstützung in Sektoren kanalisiert werden, die in der Lage sind, anständige und ertragreiche Arbeit zu liefern."

7.9. Kritische Hinweise zur Globalisierung in der Gegenwart

Auch die erfolgten tatsächlichen Wirkungen der Globalisierung haben nicht nur für Deutschland Schaden bewirkt, deren negative Seiten insbesondere durch Belange des Corona-Virus ebenfalls noch verstärkter zur Geltung gekommen sind. Die Globalisierung hat viele Schattenseiten, die insbesondere darin bestehen:

- Es erfolgt eine immer stärkere Konzentration einflussreicher und wirtschaftlich starker Konzerne, und dadurch tritt eine immer stärkere Monopolisierung dieser Wirtschaftsformen auf und somit eine Entwicklung ein, die führende damalige Regierungsvertreter bzw. Wirtschaftswissenschaftler, wie u. a. Wladimir Iljitsch Lenin (1870 – 1924) und Karl Marx (1818 – 1883), obwohl sie in früheren Jahrhunderten lebten, bereits in gewisser Weise vorausgesagt haben.

- Die Erzielung von Profit bzw. einer hohen Rendite in Verbindung mit einem hohen Einkaufsverhalten von Verbrauchern gelingt insbesondere dadurch, dass der preisgünstigste Hersteller ausgewählt wird, der produzieren soll. Deshalb kann man trotz Erzielung eines hohen Profits bzw. einer hohen Rendite, insbesondere auch bedingt durch einen hohen Konsum der Verbraucher, einen relativ geringen Preis anbieten. Er ist im besonderen Maße allein schon deshalb gefragt („Geiz ist geil“!). Der Preis für die Herstellung liegt im Regelfall wesentlich unter dem Preis, den andere Länder auf der Welt unter Beachtung ihrer Kostenstruktur erzielen würden. Oft können deshalb auch niedrige Preise erzielt werden, da Schwellenländer und andere Länder mit geringem Lebensstandard der Bevölkerung erheblich kostengünstiger produzieren können, allein schon durch vorherrschende niedrige Löhne und geringe Umweltstandards. Die Menschen dort, die letztlich erheblich ausgebeutet werden, haben dadurch oft einen sehr geringen sowie sehr bescheidenen Lebensstandard. Die Profiteure dieser Globalisierung sind die Anteilseigner der Unternehmen, die diese Produkte und Dienstleistungen vertreiben und letztlich auch die Bevölkerung der betreffenden Länder, die diese Produkte und Dienstleistungen zum angebotenen niedrigen Preis kaufen kann. Dadurch kommt es, dass oft nur wenige Länder, die relativ niedrige Produktionskosten, u. a. auch bedingt durch die bereits erwähnten niedrigen Löhne bzw. geringen Umweltstandards, aufweisen, diese Produkte sowie Dienstleistungen für alle Länder der Welt, die diese Erzeugnisse erwerben wollen, herstellen. Dadurch, dass nur wenige Länder auf der Welt auf Grund ihrer Kostenstruktur bestimmte Produkte und Dienstleistungen herstellen, ergibt sich eine sehr hohe Abhängigkeit in der Aufrechterhaltung von deren Produktion bzw. in der weltweiten Versorgungssicherung mit diesen Produkten und Dienstleistungen. Gerade durch das Eintreten der weltweiten Corona-Pandemie konnte für längere Zeit, weil die Länder und die dortige Bevölkerung auch von den Folgen der Pandemie betroffen waren, die Versorgungssicherheit, u. a. von Sauerstoffgeräten, Atemschutzmasken, anderen lebensnotwendigen Medikamenten und einer Reihe anderer Produkte und Dienstleistungen durch Herstellungs- oder logistische Probleme in Folge der Pandemie nicht oder nicht rechtzeitig gesichert werden. Auch, weil eine nicht ausreichende Versorgungssicherheit von dringend benötigten Gütern und Dienstleistungen gewährleistet war, wurde auch dadurch noch mehr, als bisher, deutlich, dass eine Globalisierung in dieser Form nicht richtig ist und wichtige menschliche Grundbedürfnisse nicht ausreichend den Versorgungserfordernissen der Menschheit gerecht werden können. Wir müssen auch daraus die richtigen Schlussfolgerungen ziehen, dass es auch in dieser Beziehung nicht so weiter gehen kann, wie bisher und wir u. a. auch eine andere Versorgungssicherheit benötigen.

- Durch die Folgen der gegenwärtigen Globalisierung sind weiter wachsende Vermögensunterschiede zwischen Arm und Reich und eine wachsende Polarität festzustellen. In deren Folge entstehen für Diejenigen, die noch eine Arbeit haben, insbesondere bei den Armen dieser Welt, oft sehr schlecht bezahlte Arbeit, Lohndumping und oft auch Kinderarbeit, um die Existenz ihrer Familien zu sichern. Eine gerechtere Bezahlung ist deshalb dringend erforderlich. Auch dies führt in Verbindung mit Kriegen, Terror und anderen Gewaltmaßnahmen und den Folgen der Klimakrise zur weiter anwachsenden weltweiten Flüchtlingsbewegung. Deshalb müssen wir unsere Rolle als Menschen mit einem höheren Lebensstandard überdenken, damit nicht mehr Menschen Armut und Hunger erleiden und auch dadurch Krankheiten bekommen oder deshalb sterben müssen. Auch deshalb ist es erforderlich, dass wir eine andere Art der Globalisierung, die auch ethische und humanistische Gesichtspunkte aller Menschen auf dieser Welt besser und wirkungsvoller beachtet, durchführen.

- Im Artikel „Reiche schädigen das Klima sehr viel stärker als Arme“ von Christoph von Eichhorn, der in der „Süddeutschen Zeitung“ vom 21. September 2020 veröffentlicht wurde, wird auf einen entsprechenden Bericht der 1942 in Oxford (Großbritannien) gegründeten und inzwischen mit Hauptsitz in Nairobi (Kenia) ansässigen Verbundes internationaler Hilfs- und Entwicklungsorganisationen verwiesen, der wenige Tage vor der Eröffnung der 75. Hauptversammlung der UNO im September 2020 veröffentlicht wurde. In diesem Oxfam-Bericht wurde festgestellt, dass Reiche das Klima sehr viel stärker als Arme schädigen. Da diese Tatsache sich auch erheblich auswirkt, werden nachfolgend einige Aussagen dazu aus dem genannten Artikel der „Süddeutschen Zeitung“ vom 21. September 2020 erwähnt (siehe Link:

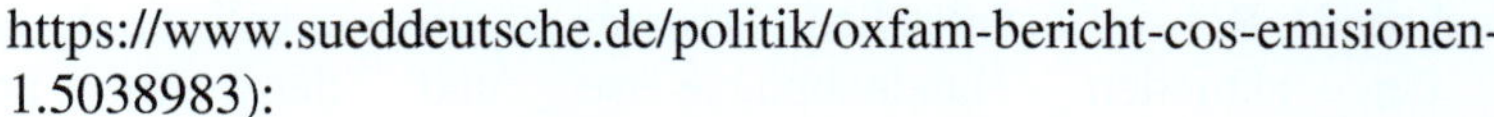
https://www.sueddeutsche.de/politik/oxfam-bericht-cos-emisionen-1.5038983):

„..
Das reichste Prozent der Weltbevölkerung ist für mehr als doppelt so viel CO_2-Emissionen verantwortlich als die ärmere Hälfte der Menschheit zusammen. Reiche schädigen das Klima also sehr viel stärker als Arme. Das geht aus einem Bericht hervor, den die Entwicklungsorganisation Oxfam .... veröffentlicht hat. Oxfam fordert als Konsequenz aus dem Bericht, den CO_2-Verbrauch der Wohlhabenden einzuschränken, mehr in öffentliche Infrastruktur zu investieren und die Wirtschaft klimagerecht umzubauen.

Der Bericht konzentriert sich auf die Jahre 1990 bis 2015. In dieser Zeit haben sich die CO_2-Emissionen weltweit verdoppelt. Die reichsten zehn Prozent der Weltbevölkerung seien in dieser Zeit für mehr als die Hälfte des CO_2-Ausstoßes verantwortlich gewesen. Das reichste Prozent allein, habe 15 Prozent der weltweiten CO_2-Emissionen zu verantworten gehabt. Die ärmere Hälfte der Menschen war nur für sieben Prozent des weltweiten CO_2-Ausstoßes verantwortlich. In Deutschland waren die reichsten zehn Prozent der Bevölkerung für 26 Prozent der deutschen CO_2-Emissionen im untersuchten Zeitraum verantwortlich. Die ärmere Hälfte der deutschen Bevölkerung ist zahlenmäßig fünfmal so groß wie die reichsten zehn Prozent, hat aber mit 29 Prozent des deutschen CO_2-Ausstoßes nur unwesentlich mehr CO_2 in die Luft geblasen. Die katastrophalen Folgen der Klimakrise seien vielerorts spürbar.

“Verantwortlich dafür ist eine Politik, die auf Konsumreize setzt, immerwährendes Wachstum verspricht und die Welt ökonomisch in Gewinner und Verlierer spaltet", sagte Ellen Ehmke, Expertin für soziale Ungleichheit bei Oxfam Deutschland. "Für den Konsumrausch einer reichen Minderheit zahlen die Ärmsten den Preis. ....“

- Die gewaltige Umweltzerstörung auf unserer Welt kann im Interesse des weiteren Erhalts der Menschheit nicht mehr hingenommen werden. Die Folgen der gegenwärtigen Art und Weise der Globalisierung wirken sich auch auf die Umweltzerstörung aus und schaffen sehr ungünstige Grundlagen zu einem notwendigen wesentlichen Sinken der CO_2-Emission sowie einem erforderlichen nicht weiteren Anwachsen der Erderwärmung über 1,5 Grad Celsius.

- Durch die gegenwärtige Art der Globalisierung entsteht ein gewaltiger Ressourcenverzehr, der unsere Rohstoffe und Bodenschätze, die nicht endlich sind, erheblich dezimiert, da in nicht gleicher Anzahl und Höhe nachwachsende Rohstoffe entstehen. Deshalb ist die Globalisierung in der Form der aktuellen Handhabungsweise und der Art unserer Wirtschaftsmethode langfristig gesehen nicht lebensfähig und wird zwangsläufig, unabhängig von den Umweltproblemen, zur Zerstörung der Menschheit führen. Nur, um den kurzzeitigen Vorteil zu haben, verhalten wir uns, im Durchschnitt gesehen, bezogen auf unsere Handlungen so wenig solidarisch und so wenig human und beachten nicht die eintretenden Folgen für zukünftig mögliche Generationen der Menschheit. Letztlich ist das Verhalten der betreffenden Menschen egoistisch und nur auf den eigenen Vorteil, unabhängig von den eintretenden Folgen für alle Menschen, ausgerichtet.

- Durch die Folgen der gegenwärtigen Globalisierung tritt oft ein Neoliberalismus auf, der auch oft u. a. zur Privatisierung öffentlicher Güter in Form von privaten Unternehmen führt. Es wäre für die Menschheit erforderlich, dass diese Unternehmen nicht privatisiert, sondern gemeinschaftlich genutzt und betrieben würden, zum Beispiel im kommunalen, öffentlichen oder genossenschaftlichen Bereich, im Interesse der Menschen und der besseren Wirkungen auf den vorhandenen Preis einer Leistungsinanspruchnahme bei der Nutzung dieser Güter. Dies betrifft auch das Gesundheitswesen, dessen negative Folgen dieser aus meiner Sicht falschen Handhabung wir in der Corona-Krise verspüren mussten. Auch auf die Wohnungswirtschaft und die auch durch die privaten Unternehmen gewaltigen veranlassten Preiserhöhungen trifft dies ebenfalls im hohen Maße zu. Andere Unternehmen, die auf gemeinnütziger, kommunaler, öffentlicher oder genossenschaftlicher Art und Weise betrieben wurden bzw. werden, haben nicht die erheblichen Preiserhöhungen, wie private Unternehmen auf diesem wichtigen lebensnotwendigen Gebiet gehabt. Dies trifft für alle Unternehmen zu, die öffentliche Güter produzieren bzw. vertreiben.

- Es sind auch erhebliche negative Folgen durch den verschärften Wettbewerb und den sich damit auch ergebenden möglichen Arbeitsplatzverlust zu verzeichnen.

- Der verschärfte Wettbewerb entsteht in erster Linie durch die sich ergebende Erhöhung des Marktes. Die Folge der Zunahme des Wettbewerbs ist, dass die wirtschaftlich Starken davon in erster Linie profitieren.

- Durch die vorgesehene Bildung von Freihandels- und Sonderwirtschaftszonen ergeben sich Nachteile vielfältigster Art.
- Durch die Zunahme der Anzahl der am Globalisierungsprozess teilnehmenden Länder nimmt die Kriminalität erheblich zu.

- Die Marktwirtschaft kann durch die hohe Marktbeherrschung der wirtschaftlich stärksten Unternehmen nicht ausreichend zur Geltung kommen. Dadurch wird auch der Wettbewerb nicht mehr gleichberechtigt und ist in seiner Wirkung gefährdet.

- Zunehmende Wirkungen von Steueroasen haben zu einer Liberalisierung der Finanzmärkte und zu erheblichen weiteren Nachteilen der Globalisierung geführt und dadurch auf den jeweiligen Sozialstaat einen negativen Einfluss, weil u. a. auch die richtige Besteuerung der betreffenden Unternehmen nicht durchgesetzt werden kann.

- Die zunehmende Vernetzung und Abhängigkeit der Banken untereinander und die Entstehung neuer Finanzprodukte wirken sich mit erheblichen Problemen auf die Finanzwelt (Finanzkrise 2008) insgesamt gesehen und auf die Globalisierung aus.

- Es besteht eine zunehmende wirtschaftliche Abhängigkeit von ärmeren zu reicheren Staaten, und dies führt zu erheblichen ökonomischen Problemen bei den betreffenden ärmeren Ländern.

- Die Gefahr von Seuchen und die Ausbreitung von Krankheiten auf die Menschen erhöht sich durch die zunehmende Globalisierung wesentlich.

usw.

Es könnten noch viele andere gravierende Nachteile der gegenwärtigen Form der Globalisierung genannt werden. Diese sollten unbedingt im Interesse der gesamten Menschheit überwunden werden.

7.10. Vorteile der Globalisierung, Hinweise zur historischen Entwicklung und Organisationsformen der gegenwärtigen Globalisierung

Die Globalisierung hat natürlich auch Vorteile und ist sicherlich notwendig für alle Länder der Welt. Es ist jedoch wichtig, die entsprechend erforderlichen Schlussfolgerungen für eine gerechtere Art des Wirksamwerdens der gegenwärtigen Globalisierung zu erreichen und Nachteile der derzeitigen Globalisierung möglichst zu beseitigen.

Nachfolgend werden aus dem Internet-Lexikon Wikipedia die Globalisierung und ihre Vorteile ebenfalls auszugsweise benannt (siehe den Link: https://de.wikipedia.org/wiki/Globalisierung):

„Der Begriff Globalisierung bezeichnet den Vorgang, dass weltweite Verflechtungen in vielen Bereichen (Wirtschaft, Politik, Kultur, Umwelt, Kommunikation) zunehmen, und zwar zwischen Individuen, Gesellschaften, Institutionen und Staaten. Der Begriff entstand wohl in den 1960er Jahren. Ab etwa 1986 erschienen zahlreiche deutschsprachige Bücher, die Globalisierung im Buchtitel verwendeten. Als wesentlichste Ursache der Globalisierung gelten:

- technische Fortschritte, Produkt- und Prozessinnovationen, insbesondere in Kommunikations- und Transporttechnologien, so u. a. das Internet, die Digitale Revolution, die Zunahme des Weltluftverkehrs und die Containerisierung des Stückguttransports, die es ermöglicht, Transport, Umschlag und Zwischenlagerung effizienter zu gestalten

- ordnungspolitische Grundorientierungen, Entscheidungen und Maßnahmen zur Liberalisierung des Welthandels

- das Bevölkerungswachstum in vielen Ländern.

Als Vorläufer der Globalisierung gilt der Kolonialismus vieler europäischer Staaten. Er begann mit der Entdeckung neuer Seewege und Länder. Hauptakteure waren jahrhundertelang Portugal und Spanien. England wurde bald nach Napoleons Ende die führende Seemacht der Welt (British Empire). Von etwa 1880 bis 1914 versuchten viele europäische Länder, Kolonien unter ihren Einfluss zu bringen bzw. zu halten (Hochphase des Imperialismus). Später folgten die USA und Japan. (.......................................). Nach dem Zweiten Weltkrieg begann die Dekolonisation. Im "Afrikanischen Jahr" 1960 erlangten 18 afrikanische Staaten die Unabhängigkeit. Die Ex-Kolonien können seitdem Handelsbeziehungen zu anderen Länder haben. Der

Fall des Eisernen Vorhangs und das Ende des Kalten Krieges haben die geopolitische Lage deutlich verändert, und dies hat die Globalisierung beeinflusst. ....
....
....

Der Begriff der Globalisierung wurde zunächst in den Sozialwissenschaften geprägt. .... 1961 taucht „Globalization“ erstmals in einem englischsprachigen Lexikon auf. Den Begriff "Globalisierung" machte der US-amerikanische Trendforscher John Naisbitt (geb. 1929) populär. In seinem Buch „Megatrends“ (1982) beschrieb er am Beispiel der Autoindustrie die Funktionsweise der Globalisierung. Naisbitt gilt als Erfinder des Begriffs. Den Begriff „Globalisierung" prägte in der Wissenschaft Theodor Levitt (1925 - 2006), ein deutscher Emigrant und ehemaliger Professor an der Harvard Business School 1983 mit dem Artikel "The Globalization of Markets" in der „Harvard Business Review“.
....
....
....

Die Globalisierung wurde schon lange, bevor es diesen Begriff gab, diskutiert. So benutzte Karl Jaspers in seiner Kulturkritik: „Die geistige Situation der Zeit" 1932 den Begriff planetarisch: „Als technisch und wirtschaftlich scheinen alle Probleme planetarisch zu werden." Mit der Vereinheitlichung des Planeten habe ein „Prozess der Nivellierung begonnen", den man mit Grauen erblickt. Jaspers erkennt ein Merkmal, hinsichtlich dessen sich die Globalisierung seiner Zeit von anderen unterscheidet: Der Erdball sei nicht nur zu einer Verflechtung seiner Wirtschaftsbeziehungen geworden, sondern der Weltkrieg sei der erste Krieg gewesen, in dem die gesamte Menschheit engagiert war. Die Kulturen verteilen sich über die Welt, aber schon schlüge der erste „Rausch der Raumerweiterung" in ein „Gefühl der Weltenge" um. ....
....

Es gibt verschiedene grundlegende statistische Daten, die als Indikatoren der wirtschaftlichen Globalisierung aufgefasst werden können:

- Wachstum des Welthandels
- Wachstum der ausländischen Direktinvestitionen
- Zunahme globaler Unternehmenskooperationen
- Zunahme der Global Player (Transnationale Konzerne, TNK)
- Globalisierung der Finanzmärkte
- Ungleichverteilung globaler Ressourcen (als eine der Ursachen des globalen Handels)

Als Dimensionen der Globalisierung werden gemäß den bereits genannten Internet-Lexikon Wikipedia zur Globalisierung angesehen:

- Globalisierung der Wirtschaft
- Mobilität von Personen
- Transport und Personenverkehr
- Kommunikation und Internet
- Globalisierung der Politik
- Ebenen der Globalisierung der Politik
- internationaler Rechtsverkehr
- internationale Organisationen, wie u.a.

  UNO (Vereinte Nationen)

  IAEO (Internationale Atomenergie-Organisation)

  IAO (Internationale Arbeitsorganisation)

  FAO (Food and Agriculture Organization – Nahrungs- und Landwirtschafts-Organisation)

  UNEP (Umweltprogramm der Vereinten Nationen bzw. "Stimme der Umwelt")

  Weltbank

  IWF (Internationale Währungsfonds)

  WTO (Welthandelsorganisation)

  OECD (Organisation für wirtschaftliche Zusammenarbeit und Entwicklung)

Als Vorteile der Globalisierung können angesehen werden, wie nachstehend auszugsweise in der Rubrik „12 brutale Vor- und Nachteile der Globalisierung“ aufgeführt wird, vgl. https://depotstudent.de/12-brutale-vor-und-nachteile-der-globalisierung/, veröffentlicht am 03.02.2019):

"

- umfangreiches Warenangebot und sinkende Preise

- Ankurbelung der weltweiten Wirtschaft

- größere Mobilität von Gütern und Personen

- Förderung der globalen Zusammenarbeit

- Die Globalisierung mehrt den Wohlstand von Industrieländern und Schwellenländern.

- Die Kulturen wachsen zusammen."

Weitere Vorteile könnten noch genannt werden.

Deutschland als größte Volkswirtschaft Europas, viertgrößte Volkswirtschaft im Weltmaßstab und recht großes Exportland kann natürlich von den Vorteilen der Globalisierung enorm profitieren.

7.11. Bemerkungen zur Weiterentwicklung der Globalisierung

Trotz dem die Globalisierung den Wohlstand in Deutschland erheblich erhöht hat, ist die Anzahl der Globalisierungskritiker in Deutschland relativ hoch.

Deshalb kann die Auffassung vertreten werden, dass die Globalisierung, wie sie derzeit weltweit betrieben wird, allein schon wegen ihrer aufgezeigten und weiteren negativen Folgen so wie bisher nicht weiter betrieben werden kann. Die Globalisierung in der gegenwärtigen Form geht, trotz der erheblichen Nachteile, insbesondere für die Zukunft der Menschheit, von einem linearen Wirtschaftsmodell, von einem weiteren quantitativen Wachstum aus. Die Erzielung eines höheren quantitativen Wachstums wird immer noch als das wichtigste Ziel des Wirtschaftens angesehen. In diesem Zusammenhang beachtet man überhaupt nicht, was produziert wird, selbst, wenn es zerstörend für die Belange der Menschheit ist und dadurch weiterhin zu einem Bruttosozialprodukt, trotz der beschriebenen erheblichen Nachteile dieser Kennziffer, im Vergleich im Weltmaßstab beiträgt.

Durch das einseitige Bestreben nach Erhöhung des quantitativen Wachstums nimmt man, wie schon bemerkt, in gewisser Form auch eine weitere Erhöhung des CO_2-Ausstoßes im Weltmaßstab trotz aller Bestrebungen bezüglich des Erreichens einer Klimaneutralität in Kauf. Das Erreichen einer Klimaneutralität bis zum Jahr 2050, was in den Zielen der UNO und Europas vorgesehen ist, kommt, wie schon erwähnt, für die Belange der Menschheit unseres Planeten viel zu spät. Bis zu diesem Zeitpunkt will man bis auf einige Abstriche, die in einem früheren Erreichen der Klimaneutralität einzelner Wirtschaftsunternehmen bestehen, den Prozess der Globalisierung in der gegenwärtig völlig unzureichenden Form – bezogen auf Menschheitsprobleme der Gegenwart und der Zukunft – so weiter fortsetzen. Dies ist egoistisch gedacht, weil man den Wohlstand um jeden Preis fortsetzen will, koste es, was es wolle. Negative Folgen für die Menschheit oder sogar ein mögliches Nicht-Weiterleben der Menschheit werden bei der Beibehaltung des Wohlstands durch die dann weiter steigende Erderwärmung offenbar lieber in Kauf genommen. Dieses durch Eigeninteressen gezeichnete kurzzeitige Denken kann in keiner Weise eine Strategie für die Gegenwart und die Zukunft der Menschheit sein. Aus meiner Sicht gesehen ist die Strategie völlig falsch, und die ethischen bzw. humanistischen Gründe können für die Menschheit damit in keiner Weise erfüllt werden. Alle Erfordernisse, der steigenden Erderwärmung rechtzeitig durch wirksame Maßnahmen entgegenzutreten, werden dadurch ad absurdum geführt.

Im Artikel „Die Klimakrise und die Lähmung der Politik“ der Ausgabe 52/2020 der Zeitschrift "Der Spiegel" vom 24.12.2020 schrieb Hans Oette über den Wachstumszwang in der Wirtschaft u. a.:

"Niemand würde ein Fahrzeug kaufen, das nur stabil ist, solange es beschleunigt und dessen Abgase die Umwelt zerstören. Doch die Menschheit sitzt in einem solchen Fahrzeug. Sein Treibstoff sind die Überschüsse des reichen Teils der Bevölkerung, die immer wieder neue lukrative Anlagemöglichkeiten benötigen. Sie würden sich sonst aus dem Geldkreislauf der Realwirtschaft eines Landes verabschieden und sie damit in eine Krise stürzen. Dieser Wachstumszwang zeigt sich z. B. bei den Luxussanierungen von Wohnraum, die Anlagemöglichkeiten für das große Geld und Arbeitsplätze schaffen. Bei dieser Dynamik der Wirtschaft standen lange Zeit die Vorteile im Vordergrund. Doch endloses Wachstum endet in Zerstörung. Eine Wachstumsgrenze zeigt sich schon bei der relativen Marktsättigung. Dabei geben die Einen nicht mehr Geld aus, weil sie schon im Überfluss leben, und die Anderen können nicht mehr Geld ausgeben, weil sie es nicht haben. In den armen Ländern wird gehungert, während in den reichen Ländern große Mengen von Lebensmitteln im Müll landen. In den armen Ländern ist umweltverträgliches Wachstum noch sinnvoll. Doch das große Geld zieht es eher dort nicht hin, weil dort keine hohe Rendite zu erwarten ist. Dies alles stellt Herausforderungen an die Politik.“

Zu den Belangen der Globalisierung schreibt Hans Oette im genannten Beitrag zum Thema "Der ganz normale Wirtschaftskrieg“ u. a.:

"Seit der Globalisierung kann man das große Geld und seine Erträge nicht mehr angemessen besteuern, weil es mitsamt den Arbeitsplätzen in andere Länder "fliehen" kann. Das führte dazu, dass sich die Länder auf dem Weltmarkt die Marktanteile und auf dem Kapitalmarkt die Investoren sich gegenseitig "abjagen". Die Waffen dabei sind technischer Vorsprung, Sozialabbau, niedrige Umweltstandards und der Steuersenkungswettbewerb. Regierungen betrachten Konzerne wie VW als ihre Schlachtschiffe auf dem Weltmarkt und erfüllen ihnen nahezu jeden Wunsch. In Brasilien kam ein Bolsonaro vor allem wegen der unsäglichen Armut an die Macht. Die internationale Finanzwelt presste das Land mit Hilfe der hohen Schulden aus, die die Militärdiktatur von 1964 - 1985 angehäuft hatte. Nun brennt der Urwald und schafft dort Arbeitsplätze und Exporterlöse. Dieser Wirtschaftskrieg muss durch internationale Zusammenarbeit ersetzt werden. Der Krieg gegen die Umwelt durch das Wirtschaftswachstum ist durch ein gezieltes Abschöpfen der Überschüsse zu beenden. Denn damit wird der Wachstumszwang aus der Wirtschaft genommen, und mit den Einnahmen kann die Armut bekämpft und eine Energiewende finanziert werden. Wachstumszwang, der sich aus der Steigerung der Produktivität ergibt, kann durch Arbeitszeitverkürzung beseitigt werden. "

Zu den Belangen der Klimakrise und zum Corona-Virus schrieb Hans Oette im genannten Artikel unter der Überschrift " Das Coronavirus und den Marsch ins Verderben stoppen“:

"Die Bemühungen um eine Rettung des Klimas werden seit über 20 Jahren ausgebremst, die Expansion der Wirtschaft bejubelt und die bösen Nebenwirkungen ignoriert. Bürgerkriege und Flüchtlingsströme prägen das Bild. Die Gesellschaft wurde gespalten und die traditionellen Parteien verloren massiv an Wählerstimmen. In der USA kam ein Präsident an die Macht, der den Klimawandel leugnet und alles Soziale in der Nähe des Kommunismus rückt. Nun wurde er sehr knapp abgewählt. Nun muss auch die veraltete wirtschaftliche Vernunft über Bord geworfen werden, die der Politik Zurückhaltung auferlegt und die unsichtbare Hand des Marktes heilig spricht. Bei der Eindämmung der Corona-Pandemie greift die Politik bereits mutig in den Lauf des Wirtschaftsmotors ein. Nun muss sie auch die größte Herausforderung ihrer Geschichte nehmen, die Wirtschaft durch Steuern und Subventionen zu steuern und damit die Zivilisation vor der drohenden Selbstzerstörung bewahren. .... "

Dieser Beitrag zeigt auch einen Teil der schwerwiegendsten Probleme unserer Zeit – auch bezogen auf die Belange der Klimakrise der Globalisierung mit den unsäglichen Folgen des Wachstumszwangs für die Menschheit - auf.

Die positiven Belange der Quantenwirtschaft, der Kreislaufwirtschaft sowie der Erreichung eines höheren Gemeinwohls, die aus meiner Sicht dringend im Interesse des nicht weiteren Anstiegs der Erderwärmung erforderlich sind, können damit nicht oder nicht rechtzeitig wirksam werden. Die dringende Einführung mancher sehr wichtiger durchzuführender Maßnahmen für das weitere Bestehen der Menschheit müssen wir unbedingt rechtzeitig einleiten. Trotz dem wir wahrscheinlich eine Reduzierung des materiellen Wohlstandes ohne die wohl zu spät kommenden ausreichenden Erträge aus der Digitalisierung kaum verhindern können und auch Arbeitsplätze mit hoher Wahrscheinlichkeit im Saldo zu neu entstehenden Arbeitsplätzen freigesetzt werden, müssen wir uns auf diese neue Situation einstellen.

Bei der Globalisierung, die auch manche gute Seiten hat und objektiv für die Menschheit weltweit erforderlich ist, kommen wir nicht umhin, diese in einer völlig anderen Form als gegenwärtig zu betreiben.

7.12. Ansatzpunkte für eine Erreichung einer anderen Form der Globalisierung

Ansatzpunkte für eine andere Betreibung oder die Erreichung einer besseren Form der Globalisierung im Interesse aller Menschen unter den gegenwärtigen Ausgangsbedingungen sehe ich in Folgendem:

- Oberstes Ziel muss es auch für eine Änderung der Form der Globalisierung sein, dass bei der weiteren Bearbeitung der Globalisierungsprozesse gesichert wird, dass alle erforderlichen Prozesse der wesentlichen Verringerung der CO_2-Emission bis spätestens 2028 abgeschlossen sein müssen. Dazu gehören alle Erfordernisse der CO_2– Einsparung, Klimaneutralität usw.

- Die bisherige Art und Weise der Wirtschaftsmethode der Globalisierung auf Basis der linearen Wirtschaftsmetode und das Bestreben, dabei ein unbedingtes Wachstum zu erreichen, müssen aus vielerlei Gründen schnellstens verändert werden. Dies ist wegen der dringenden Verringerung des CO_2–Ausstoßes sowie des nicht weiteren Anstiegs der Erderwärmung unbedingt erforderlich.

- Es sollte eine Kennziffer verwendet werden, die nicht mehr die erheblichen Mängel, wie das Bruttosozialprodukt, aufweist, weltweit gefunden und angewandt werden. Mit der Erfassung des Bruttosozialprodukts in der bisherigen Form können auch, wie schon erwähnt, umweltzerstörende oder negative Produkte und Leistungen, die nicht mehr mit den Erfordernissen der Menschheit in der heutigen Zeit vereinbar sind, abgerechnet werden.

- Eine Umstellung der Erfordernisse der Quantenwirtschaft bzw. der Kreislaufwirtschaft und der Sicherung der Gemeinwohlökonomie müssen bei einer Änderung der Form der Globalisierung bei deren notwendigen Neugestaltung für alle daraus erforderlichen Globalisierungsprozessmaßnahmen beachtet werden.

- Die Erfordernisse der Versorgungssicherheit müssen bei relevanten Branchen, in denen wichtige lebensnotwendige Produkte und Leistungen hergestellt werden, wozu auch das Gesundheitswesen zählt, unbedingt besser als bisher gesichert werden. Es sollte dabei beachtet werden, dass regionale Erfordernisse hierbei unbedingt berücksichtigt werden und deshalb auch Hersteller aus dem jeweiligen Land trotz der Kostengesichtspunkte der Globalisierung hierbei einbezogen werden müssen.

- Die damit verbundenen erheblichen Probleme, die durch nicht oder nicht rechtzeitig vorhandenen wichtigen Mittel, wie Beatmungsgeräte und Mund-

Nasenschutz-Gesichtsmasken im Rahmen der Folgen des Corona-Virus weltweit entstanden sind, haben uns die Mängel der bisherigen Verfahrensweise für uns alle sichtbar eindeutig aufgezeigt. Die Mängel und einseitige Betrachtungsweise der bisherigen Form der Globalisierung waren in diesem Zusammenhang offensichtlich.

- Es ist deshalb erforderlich, dass keine Monopolisierung sowie Konzernproduktion bei der Belieferung von wichtigen lebensnotwendigen Produkten und Leistungen erfolgt und dies nicht durch die jeweiligen Kartell-Ämter zugelassen wird.

- Im Sinne der Erfordernisse der Nutzwertanalyse, die auch für die Globalisierung gelten sollte, wird es als nicht richtig angesehen, dass einseitig in erster Linie Kostenfaktoren und Rendite-Gedanken bei der Wahl der herzustellenden und zu beliefernden Erzeugnisse und Leistungen für zu treffende Entscheidungen herangezogen werden.

- Die Liefer- und Herstellungssicherheit für uns Menschen muss hierbei eine wesentlich wichtigere Rolle als bisher im gesamten Prozess der Globalisierung spielen. Deshalb ist es auch in diesem Punkt wichtig, die sich daraus ergebenden Erfordernisse in der notwendigen Neugestaltung der Globalisierung zu beachten.

- Die Anzahl der verwendeten Lieferketten muss aus vielerlei Gründen gesenkt werden, nicht nur wegen den Belangen der Umweltwirtschaft bzw. der Klimaschutzes und der Ausbeutung.

- Umwelt- und Ressourcenstandards sollten weltweit für alle Länder gelten und nicht nur für Staaten, die einen relativ hohen Lebensstandard haben. Auch für die Schwellenländer oder die ärmeren oft unterentwickelten Länder sollten weitgehend mögliche Voraussetzungen geschaffen werden, dass die Umweltstandards auch für diese Länder gelten.

- Öffentliche Güter sollten nicht mehr über entsprechende Unternehmen in allen Ländern der Welt privatisiert werden. Für bisherige Privatisierungen der öffentlichen Güter ist eine Rekommunalisierung in den einzelnen Staaten und im Prozess der gesamten Globalisierung vorzunehmen. Diese erforderlichen Maßnahmen dienen auch der Versorgungssicherheit und der besseren Aufrechterhaltung von für die Bevölkerung der einzelnen Länder vertretbaren Preisen.

- Die gegenwärtigen Regelungen im Finanzwesen und auch die Schaffung von Steueroasen dienen in erster Linie dem reichen Teil der Bevölkerung. Die betreffenden Regelungen sollten deshalb unbedingt dahingehend verändert werden, dass sie gleichberechtigte Bedingungen für Jedermann schaffen. Es sollte nicht dazu dienen, die Polaritäten des Vermögens zwischen Arm und Reich noch weiter zu erhöhen, wie es leider bisher der Fall ist. Dann wären auch bessere Voraussetzungen geschaffen, dass Unternehmen, die keine gerechten Steuerzahlungen in den betreffenden Ländern tätigen, den Erfordernissen ihrer Steuerentrichtung in vollem Umfang nachkommen. Die Steuerbestimmungen der jeweiligen in Frage kommenden Länder sollten unbedingt dabei beachtet werden. Im Prozess der Globalisierung müssen auch diese Aufgaben entsprechend den Erfordernissen unbedingt neu gestaltet werden.

- Die erhebliche Polarität, die im Vermögen und oft im erzielten Einkommen zwischen Arm und Reich besteht, darf im gesamten Prozess der Globalisierung nicht weiter zunehmen. Sie muss unbedingt zurückdrängt bzw. geändert werden. Es entstehen durch diese bestehenden großen Unterschiede im Vermögen zwischen Arm und Reich erhebliche Probleme für die Gesellschaftsordnung der Demokratie. Dies macht sich gegenwärtig in nicht geringem Umfang bemerkbar. Allein durch die Erfordernisse der Bekämpfung der Klimakrise, die weltweit für alle Staaten gelten, ist es erforderlich, in allen Ländern der Welt die notwendigen Maßnahmen einzuleiten, damit kein weiterer Anstieg der Erderwärmung über die festgelegte Grenze von 1,5 Grad Celsius hinaus erfolgt. Wir müssen schon deshalb mehr finanzielle Mittel für die betreffenden Länder aufwenden, um allein die umweltpolitischen Verhältnisse, die u. a. durch die Dekarbonisierung und andere dringende Erfordernissen entstehen, finanzieren zu können.

- Die Beträge der im Pariser Klima-Abkommen 2015 festgelegten zu zahlenden Klima-Kosten sind immer noch nicht von allen betreffenden Länder im vollen Umfang gezahlt worden. Auch andere wichtige Festlegungen wurden durch die entsprechenden Länder ebenfalls noch nicht ausreichend umgesetzt. Es ist deshalb erforderlich, dass die finanziellen Ergebnisse der Globalisierung viel mehr und stärker als bisher den armen unterentwickelten Ländern dieser Welt und damit den Menschen zu Gute kommen.

- Trotz der erheblichen Erhöhung der Kriminalität im Weltmaßstab kann auch durch die Erhöhung der finanziellen Mittel an arme Länder in der Globalisierung mit dazu beigetragen werden, eine Verringerung der Kriminalität zu erreichen.

Weitere Maßnahmen sind notwendig, um den Erfordernissen der Globalisierung zu entsprechen und deren notwendige Neugestaltung durchführen zu können.

Infolge der notwendigen erheblichen Verringerung des CO_2-Ausstoßes müssen, wie bemerkt, auch unter Beachtung der uns nur noch zur Verfügung stehenden Zeit die erforderlichen Zielstellungen des ökologischen Fußabdrucks sowie die Klimaneutralität unbedingt erreicht werden. Dadurch muss bei der notwendigen Einsparung von Ressourcen davon ausgegangen werden, dass weltweit der materielle Wohlstand und auch die Anzahl der uns zur Verfügung stehenden Arbeitsplätze, trotz vorhandener Möglichkeiten der Arbeitszeiteinsparung, zurück gehen wird.

Auch der bereits an anderer Stelle in diesem Buch genannte und beschriebene Nachfragerückgang, der durch die Folgen des Corona-Virus entstanden ist und auch weiterhin zu einem noch nicht voraussehbaren Anteil wahrscheinlich entstehen wird, sollte hierbei unbedingt beachtet werden. Auch das aus wirtschaftlichen Gründen erfolgte Verschwinden einzelner Unternehmen vom Markt in vielen Ländern der Welt wird auch, meiner Einschätzung nach, zu einem weiteren Abbau der Arbeitsplätze führen. Die Arbeitslosigkeit wird, wie schon bemerkt, gegenüber den bisherigen Werten vor dem Corona-Virus in fast allen Ländern der Welt meines Erachtens nach steigen, und wir müssen uns rechtzeitig im Interesse aller Menschen darauf einstellen.

7.13. Notwendigkeit der Zahlung eines weltweiten Grundeinkommens für alle bedürftigen Menschen, auch in Anbetracht der Folgen von Corona

Auf Dauer können wir die zunehmenden Kosten, die aus der Arbeitslosigkeit und der u. a. in Deutschland möglichen Kurzarbeit aus den uns für die Finanzierung der Arbeitslosigkeit zur Verfügung stehenden finanziellen Mitteln aus dem Arbeitslosengeld gar nicht sichern, selbst, wenn – bezogen auf Deutschland – eine relativ bessere Situation als in manchen anderen Ländern dieser Welt besteht. Die Erhöhung der Arbeitslosigkeit tritt wegen den weltweiten Folgen des Corona-Virus mit hoher Wahrscheinlichkeit in vielen Ländern der Welt ein. Deshalb brauchen wir eine notwendige Finanzierung, da die finanziellen Mittel für die Bekämpfung der mit der Arbeitslosigkeit verbundenen sozialen negativen Folgen des Corona-Virus in einer nicht geringen Zahl von Ländern auf dieser Welt nicht ausreichend zur Verfügung stehen.

Aus diesen nur für diese Zwecke möglichen finanziellen Mitteln die Existenzsicherung für die Menschen aus den betroffenen Ländern zu erreichen, kann nicht in allen Fällen gewährleistet werden. Die zur Verfügung stehenden Mittel sind viel zu gering. Damit weltweit nicht noch mehr Hunger und auch noch zusätzliches mögliches Sterben durch die wirtschaftlichen Folgen des Corona-Virus entsteht, brauchen wir eine Grundversorgung für jedes Individuum im gesamten Weltmaßstab.

Wir müssen jedem Menschen dieser Erde ein existenzsicherndes Grundeinkommen sichern, da auch in manchen Ländern auf der Welt nicht genügend für mögliche soziale Zwecke, überhaupt für eine soziale Absicherung, getan wird und aus finanziellen Gründen getan werden kann. In manchen Ländern stehen überhaupt keine Mittel für etwaige soziale Erfordernisse zur Verfügung. Ähnliche Modelle, wie in Deutschland das ALG 2 bzw. Hartz IV sowie die Grundsicherung existieren in vielen Ländern der Welt überhaupt nicht, auch nicht in vielen Ländern Europas. Deshalb können für viele Menschen auf der Welt keine ausreichenden Mittel zu einer dauerhaften Existenzsicherung auf diese Weise aus der möglichen Finanzierung der jeweiligen Länder gegeben werden, denn nicht überall kann ein mögliches Arbeitslosengeld oder eine ähnliche soziale Entgelt-Absicherung für eine eingeschränkte Zeit in den einzelnen Ländern der Welt gezahlt werden. Deshalb müssen die Menschen, die von der Arbeitslosigkeit betroffen sind, Sozialhilfe beantragen, wenn dies in ihren Ländern überhaupt möglich ist. Nicht alle können die notwendige Sozialhilfe bekommen und sind bei diesem Prozess der Beantragung oft der Willkür von zuständigen Verantwortlichen für eine Genehmigung von Sozialgeld ausgesetzt.

Deshalb ist es gerade auch unter den Gegebenheiten und den wirtschaftlichen Folgen des Corona-Virus wichtig, allen Menschen auf der Erde zu helfen, die keine Arbeit bekommen und bisher nicht bekommen haben. Die Hilfe sollte auch an Diejenigen gezahlt werden, die von dieser Arbeit nicht leben oder diese nur ehrenamtlich ausführen können sowie andere berechtigte Gründe bestehen, dass sie ein existenzsicherndes Einkommen bekommen müssten.

Zumindest für diese Zeit müssen sie ein zeitweiliges, bis zu dem Zeitpunkt, bis zu dem die Umstände bestehen, differenziertes Grundeinkommen erhalten. Dieses Grundeinkommen darf nicht der Sozialhilfe unterliegen, um eine Existenzsicherung zu gewährleisten. Das Grundeinkommen sollte jedoch immer bezüglich der möglichen Höhe unter dem Betrag liegen, den man durch eine mögliche Arbeitsaufnahme erhalten würde.

Die Höhe des Grundeinkommens ist verständlicherweise für die betreffenden Menschen einzelner Länder unterschiedlich. Den Maßstab für das mögliche und zu gewährende Grundeinkommen in den einzelnen Ländern sollte bilden:

- die Wirtschaftskraft des jeweiligen Landes

- die Höhe des möglichen Arbeitsentgeltes bei einer Beschäftigung

- die Preise des jeweiligen Landes, um lebensnotwendige Gegenstände zum Leben finanzieren zu können

- Beachtung der erforderlichen Kosten, die für notwendige Lebensausgaben in den jeweils betreffenden Ländern gezahlt werden müssen.

Es wird in diesem Zusammenhang vorgeschlagen, dass, wenn eine gewährte Rente bei Rentnern sowie bei Rentnerinnen geringer als das mögliche jeweils differenziert für jedes Land festzulegende Grundeinkommen liegt, ein sich dann ergebender Differenzbetrag zur Sicherung des vollen Grundeinkommens gezahlt werden muss.

Für jedes Kind ist die Hälfte des jeweils von den einzelnen Ländern gezahlten Grundeinkommens an die betreffende Familie zu begleichen. So lange ein Jugendlicher über den 18. Lebensjahr noch bei der Familie lebt und kein eigenes Einkommen aus einer Arbeit bezieht und sich ebenfalls intensiv bemüht, Arbeit zu bekommen, sollte ein Grundeinkommen in Höhe von 75 Prozent des betreffenden Anspruchs des Grundeinkommens gezahlt werden.

Es muss abgesichert werden, dass im Sinne der nicht überall realisierten Gleichberechtigung zwischen den Geschlechtern auch Vertreter des weiblichen Geschlechts, auch, wenn sie zur Familie gehören, ebenfalls einen Anspruch auf ein

Grundeinkommen unter den jeweils genannten hierbei zu beachtenden Prämissen besitzen.

Das Grundeinkommen soll allen Menschen dieser Erde eine Existenzsicherung ermöglichen und ein Hungern und mögliches Sterben von Menschen, weil sie keine Mittel zur Existenzsicherung besitzen, vermeiden. Deshalb wird es als nicht ausreichend betrachtet, dass diese notwendigen Mittel zur Existenzsicherung nur den betroffenen Menschen in Deutschland sowie der EU zur Verfügung stehen sollten. Diese Mittel müssen den betroffenen Menschen auf der ganzen Welt zufließen.

Die Bildung und Weiterbildung zur Erlangung einer beruflichen Existenz sollte allen Menschen unter den jeweiligen gegebenen Möglichkeiten der einzelnen Länder ermöglicht werden. Falls Arbeitsagenturen oder ähnliche Institutionen in den betreffenden Ländern vorhanden sind oder geschaffen werden können, sollte der Schwerpunkt der Arbeit auf diese Aufgabe gerichtet werden. Für erforderliche Aus- sowie Weiterbildungen, die einer möglichen Arbeitsaufnahme dienen, sollten weltweit grundsätzlich keine Kosten dafür auferlegt werden. Es sollte in diesem Zusammenhang erreicht werden, wenn Möglichkeiten in den anderen Ländern bestehen, den Auszubildenden sowie den Studentinnen und Studenten, die in Vorbereitung zu einer späteren Arbeitstätigkeit sind, eine Ausbildung bzw. ein Studium zu ermöglichen.

In Deutschland könnten, wenn die Zahlung des Grundeinkommens erfolgen würde, unter diesen Bedingungen für die betreffende Zeit der Zahlung des Grundeinkommens, Zahlungen von Arbeitslosengeld I und Arbeitslosengeld II (Hartz IV), BAFöG, Elterngeld und Kindergeld usw. entfallen.

Die Betreffenden, die in Deutschland ein Grundeinkommen bekommen können, sollten dann auch keine Beiträge zur Kranken-, Pflege-, Arbeitslosen- und zur Unfallversicherung mehr zahlen, da diese Kosten bei der Höhe des festzulegenden Grundeinkommens bereits mit berücksichtigt werden könnten.

Allerdings wäre es, wenn diese Prämissen so zugrunde gelegt werden könnten, erforderlich, dass dann im Gegensatz zu den derzeitigen Regelungen auch in Deutschland eine Pflicht zum Bemühen auf eine Arbeitsaufnahme bestünde. Die Regelung könnte nicht mehr, wie bisher, nur auf Freiwilligkeit beruhen.

Diese Regelung sollte gemäß dem Vorschlag für alle Geschlechter gelten. Damit kann auch erreicht werden, dass geschiedene Frauen, die eine sehr niedrige Rente bekommen, durch ein Grundeinkommen, das in gleicher Höhe gezahlt wird, damit besser ihre notwendige Existenz sichern können. Man sollte nach dem Vorschlag davon ausgehen, dass eine Frau, die ein Kind geboren hat, für die ersten Jahre bis zur Schuleinführung des betreffenden Kindes ein zusätzliches Grundeinkommen bekommen kann, um auch eine Wahlmöglichkeit zu einer Teilnahme ihres Kindes bzw. ihrer Kinder am Kindergarten sichern zu können.

Wenn diese Vorschläge eingeführt werden sollten, müssen zu allen damit im Zusammenhang stehenden Fragen konkrete gesetzliche Regelungen getroffen werden.

Dadurch wird die Bedeutung der Arbeit für das menschliche Leben in den Vordergrund gestellt und das bedingungslose Grundeinkommen in der bisher genannten Form nicht mehr als Basis gesehen. Das Grundeinkommen soll nur Bedürftigen und nicht mehr Millionären und anderen erheblich Vermögenden, die darauf nicht angewiesen sind und allein deshalb nicht berechtigt sind, gezahlt werden.

Die Realisierung dieses Vorschlags kann auch, wenn die Mieterfordernisse, notwendige Nebenkosten von gemieteten Wohnungen und die Belange von Denjenigen beachtet werden, die ein eigenes Haus zur Nutzung besitzen. Wenn diese anspruchsberechtigt sind, sollte dies bei der Festlegung der Höhe des Grundeinkommens auch mit berücksichtigt werden. Es könnte bei einer möglichen Einführung des Grundeinkommens dazu führen, dass in Deutschland, wie bereits an anderer Stelle bemerkt, kein Arbeitslosengeld 2 mehr verwaltet und ausgezahlt werden muss.

Einige andere Leistungen brauchen, wie bemerkt, dann ebenfalls nicht mehr aus diesen Finanzierungsinstrumenten gezahlt werden. Es wären dann auch nicht mehr die nötigen Verwaltungskosten dafür zu tätigen bzw. auszugeben. Ein weltweites Grundeinkommen könnte aber nur gezahlt werden, wenn die notwendige Solidarität zwischen den Ländern dieser Welt besteht und die reicheren Länder den ärmeren Ländern auch möglichst notwendige Finanzmittel bereit stellen und die erforderliche Wirtschafts- und Finanzkraft zur Verfügung stünde. Auch die EU-Mittel sollten zur Finanzierung eines weltweiten Grundeinkommens ebenfalls mit einbezogen werden.

7.14. Bemerkungen zu Wirkungen und Erfordernissen der Digitalisierung

Auch die zunehmende Wirkung der Digitalisierung kann, wenn die notwendige Klimaneutralität erreicht werden kann und die Energiekosten mit CO_2-Ausstoß beträchtlich reduziert werden können, zu einer möglichen zukünftigen Wohlstandsveränderung beitragen. Die Digitalisierung wird, wenn diese richtig zum Tragen kommt, trotz neu entstehender Arbeitsplätze, aber auch nach Meinung vieler Experten und auch mancher Wissenschaftler, ebenso, wie die Wirkung der Klimakrise, dazu führen, dass mehr Arbeitsplätze wegfallen, als neue entstehen. Die Erfordernisse des nicht weiteren Anstiegs der Erderwärmung und der weiteren wissenschaftlichen Entwicklung der Menschheit, die durch die Digitalisierung notwendig ist, können zur Erhöhung der Arbeitsproduktivität und wieder zu Wohlstand führen. Wie schon erwähnt, müssen wir mit sonst eintretendem Wohlstandsverlust durch die Erfordernisse der Klimakrise, rechnen. Wir müssen hierbei beachten, dass aber in der Wirkung im Interesse des weiteren Bestehens der Menschheit leider der Klimaschutz primärer als der Verlust von Arbeitsplätzen gesehen werden muss. So schwer es für die Gesellschaft und für den Einzelnen auch ist, einen Arbeitsplatz zu verlieren bzw. nicht mehr zu haben, müssen wir rechtzeitig die notwendigen Vorkehrungen treffen, dass die erforderliche Existenzsicherung für alle Menschen auf dieser Erde gewährleistet werden kann.

Sonst entstehende erhebliche soziale Verwerfungen brauchen dann nicht mehr wirksam werden Durch das Grundeinkommen, das für alle Menschen auf der Welt gezahlt werden soll, die es wegen nicht vorhandener Erwerbsarbeit oder durch Arbeitsplatzabbau für ihre Existenzsicherung benötigen, soll diesbezüglich ein positiver wirkungsvoller Beitrag für die Menschheit geleistet werden.

Die Digitalisierung wird wegen ihres Prinzips und ihrer Vorgehensweise auch von Vielen als „künstliche Intelligenz“ bezeichnet. Die eingeleiteten sowie noch einzuleitenden Maßnahmen auf diesem Gebiet können zu einer erheblichen Produktivitäts- und Ertragssteigerung beitragen. Das in der letzten Zeit insbesondere wegen den Folgen des Corona-Virus durchgeführte Arbeiten im Home-Office und die ebenfalls erfolgten Videokonferenzen usw. gehören auch zu möglichen Maßnahmen der Digitalisierung. Wegen den vielen positiven Möglichkeiten für die Menschheit und den möglichen ökonomischen Effekten durch die zunehmende Digitalisierung müssen wir die Digitalisierung als Alternative zur sonst wahrscheinlich eintretenden materiellen Wohlstandreduzierung ansehen. Die zunehmende Digitalisierung wird dazu führen, dass nicht nur eine höhere Produktivität dadurch erreicht werden kann, sondern auch wesentliche Personalkosteneinsparungen erfolgen können.

Durch die dringend notwendige CO_2-Emission-Einsparung in den nächsten Jahren, sollten wir in unbedingt baldmöglichst in der Digitalisierung voran kommen. Diese notwendigen Maßnahmen sind unbedingt schneller, als es bisher besonders auch in Deutschland üblich war, durchführen.

Um die gewünschten Ergebnisse in der Digitalisierung zu erreichen, brauchen wir als eine wichtige Ausgangsvoraussetzung sehr viele Daten. Wir tun aus meiner Sicht in Deutschland viel zu wenig, um die erforderlichen Daten zu bekommen. Wir brauchen die Daten dringend im Interesse einer zunehmenden Anwendung der Digitalisierung. Die Daten dienen als entscheidender Treibstoff für eine Digitalisierung. Andere Länder haben ganz andere Auffassungen zur Datengewinnung und erreichen durch die mögliche Datennutzung somit dadurch wahrscheinlich viel schneller als in Deutschland steigende ökonomische Ergebnisse in der Digitalisierung. Zu den führenden Ländern in der Datennutzung und damit auch in der Digitalisierung bzw. der künstlichen Intelligenz sind China und viele andere, vorrangig asiatische Länder, wie beispielsweise Südkorea, Japan, Taiwan usw. zu zählen. Ebenfalls gute Ergebnisse in der Bereitstellung von Daten und der damit besseren Nutzung der Digitalisierung erzielen u. a. Australien, Dänemark und zum Teil auch andere skandinavische Länder. Auch bestimmte osteuropäische Länder, wie Estland, haben auf diesem Gebiet schon nicht geringe positive Ergebnisse erreicht. Wir müssen als deutsche Gesellschaft viel mehr anonymisierte Daten im Interesse der Digitalisierungsergebnisse nutzen.

In Deutschland wird bisher meiner Auffassung nach seitens des Staates zu wenig für die Digitalisierung getan. Die Digitalisierung wird vorrangig von leistungsstarken Unternehmen vorangetrieben. Die vorgesehenen bzw. teilweise bereit gestellten finanziellen Mittel in Deutschland von bisher nur 3 Milliarden Euro vor dem neuen Koalitionsbeschluss in 2020 und die nunmehr zwischenzeitlich erfolgte Erhöhung auf nunmehr 5 Milliarden Euro ist deshalb in keiner Weise ausreichend. Die Größenordnungen liegen wesentlich unter denen mancher anderer Ländern der Welt, wie beispielsweise China sowie der USA und vieler anderer Länder.

Manche noch reglementierte Datenschutzbestimmungen sind im Interesse einer hohen Datenerzeugung aus meiner Sicht kontraproduktiv, und durch manche dieser Bestimmungen können wir nicht die gewünschten und für uns so wichtigen Maßnahmen in der Digitalisierung erreichen. Derzeit haben wir diesbezüglich viele Probleme wegen einer sehr großen Vielzahl geltender Datenschutzbestimmungen, insbesondere in Deutschland. Die wirksamen Datenschutzbestimmungen stehen, wie bereits angeführt, derzeit oft im Widerspruch zu den Erfordernis einer besseren Digitalisierung. Man braucht, wie bemerkt, eine sehr große Anzahl von Daten zur Verfügung. Die erforderlichen Daten können meines Erachtens ohne Probleme anonymisiert weitergegeben werden.

Wie schwierig dies ist, sehen wir gegenwärtig in der Pandemie des Corona-Virus, indem eine schnellere Einführung der betreffenden App an vorhandenen Datenschutzbestimmungen scheiterte. Die App konnte durch aus meiner Sicht übermäßige Datenschutzbestimmungen nicht die maximal notwendigen Funktionen mit dem gewünschten Ergebnis aufweisen, die dringend durch die Folgen der Pandemie in der konkreten Verfolgung von Infektionsketten notwendig wären. Zwischenzeitlich hat man eine App programmiert und eine Nutzung ist möglich. Jedoch sind die Meinungen bezüglich der praktischen Nutzbarkeit dieser App sehr unterschiedlich. Manche Länder haben sich dabei anders verhalten, und die Belange der Eindämmung der weltweiten Pandemie haben in dieser schwierigen Situation zur Aufrechterhaltung der Gesundheit der Menschen zeitweilig Vorrang vor bestimmten geltenden Datenschutzbestimmungen in manchen Ländern gehabt.

In der „Neuen Zürcher Zeitung" vom 23.11.2020 wurde in einem Gastkommentar der Journalisten Marina Rudyak, Maximilian Mayer und Marius Meinhof im Artikel "Eindämmung statt Ausmerzung - warum den Europäern in Sachen das Lernen von Ostasien so schwer fällt", vgl. https://www.nzz.ch/meinung/unterdrueckung-statt-ausmerzung-warum-den-europaern-in-sachen-corona-das-lernen-von-ostasien-so-schwer-faellt einiges sehr Wichtiges geschrieben:

"Blickt man auf den Umgang mit der Corona-Pandemie, fällt auf, wie glücklos der Westen und wie erfolgreich Ostasien agiert.

Wie oft hat man gelesen, Europa müsste von Taiwan oder Südkorea lernen. Getan hat sich aber wenig, Wo liegen die Gründe?

"Wir müssten nicht an diesem Punkt sein", lautet das Urteil der Virologin Isabella Eckerle zum zweiten Lockdown in der deutschen Talk-Sendung "Hart aber fair". Eckerle, die das Zentrum für neuartige Viruserkrankungen am Universitätsklinikum Genf leitet, widerspricht damit all denjenigen, die betonen, man wisse noch immer nicht genau, wie man mit dieser Pandemie umgehen solle. Als sie auf die erfolgreichen Ansätze in Asien hinweist, wird sie von dem Moderator Frank Plasberg unterbrochen – da gebe es ja China, und "die halten sich mit Demokratie nicht so lange auf."

Plasbergs reflexhafter Verweis auf China ist beispielhaft für eine in Europa weitverbreitete ablehnende Haltung gegenüber den ostasiatischen Strategien im Umgang mit der Corona-Pandemie. Einmal betont man, wie in der Debatte um Masken im Frühjahr, die Andersartigkeit der asiatischen Kulturen, gerne unter Bezugnahme auf den Konfuzianismus oder dem Kollektivismus. Ein anderes Mal echauffiert man sich über den chinesischen Überwachungsstaat. Nur weiter bringt uns dieser Abwehrreflex nicht.

Zurück zur Normalität

Tatsache ist, dass ostasiatische Gesellschaften weitgehend zur Normalität zurückgekehrt sind. Am 31. Oktober (2020 – Anmerkung des Verfassers) feierten in Taiwan 130.000 Menschen Asiens größte LGBTQ - Parade Taiwan Pride.

Insgesamt sind seit Beginn der Pandemie in Taiwan 7 Menschen an Covid-19 gestorben, seit über 200 Tagen, gibt es keine Neuansteckungen.

....

.... In Vietnam, das knapp 30 Millionen mehr Einwohner als Frankreich zählt, sind nur 35 Menschen gestorben. In Frankreich sind es über 40.000. Auch China ist es, bei aller berechtigten Kritik an den Versäumnissen in der Anfangsphase, gelungen, den Ausbruch des Virus in Wuhan praktisch vollständig unter Kontrolle zu bringen. Dort finden Kongresse wieder offline statt, die Wirtschaft erholt sich rasch. ....

Ziel der massiven Grundrechtseinschränkungen im Frühjahr war es, Zeit zu gewinnen und die Infrastruktur aufzubauen, um die Pandemie danach unter Kontrolle zu halten. Warum haben dies die ostasiatischen Länder geschafft und wir nicht?

Während die ostasiatischen Regierungen sich auf das schnelle Austreten der Glutnester konzentrierten, gerieten in Europa während der sommerlichen epidemiologischen Entspannung lokale Hotspots außer Kontrolle. Dort wurde massenhaft und durch die öffentliche Hand finanziert getestet, hierzulande waren Corona-Tests nur begrenzt verfügbar und mussten teilweise privat bezahlt werden. Wo in Ostasien ein frühes und konsequentes Infektionsketten-Tracing auch mittels Big Data umgesetzt wurde, hinkt in Europa die digitale Vernetzung im Gesundheitswesen stark hinterher. Trotz der europäischen Datenschutzgrundverordnung, die den weltweit strengsten Schutz der Privatsphäre bietet, herrscht gegenüber digitalen Technologien großes Misstrauen: Lieber alle wieder in den Lockdown als eine wirksame App auf dem Handy oder die digitale Überwachung der Quarantäne einiger weniger. Auch der irrationale Skeptizismus gegenüber Gesichtsmasken besitzt kein Pendant in Ostasien.

Experten in Europa und Ostasien setzen von Anfang an auf unterschiedliche Ansätze. Nach den Erfahrungen mit Sars im Jahr 2003 verfolgten die ostasiatischen Länder das "Unterdrückungsmodell". Nach dem gleichen Fahrplan strebte Australien auf Rat seiner größten Universitäten hin danach, die Neuinfektionen möglichst vollständig zu unterbinden - mit Erfolg. In europäischen Staaten hingegen schien selbst die prinzipielle Möglichkeit der Virusausmerzung unvorstellbar oder zumindest unpraktisch. Stattdessen stellen Epidemiologinnen das bekannte "Influenzamodell", gemäß dem sich das Virus nicht stoppen lasse und letztlich eine langsame globale Durchseuchung akzeptiert werden müsse, als alternativlos dar.

Dass es überhaupt diese beiden gegensätzlichen Ansätze gibt, taucht im öffentlichen euro-amerikanischen Pandemiediskurs kaum auf. Die erfolgreichen Beispiele aus Taiwan, ..., Vietnam, China oder der Mongolei werden ausgeblendet, die großen Erfolge in der Pandemiebekämpfung pauschal mit dem Verweis auf die Insellage oder die Autokratie abgetan.

Statt einer gesunden Portion Neugier darauf, welche politischen, organisatorischen, technischen und medizinischen Maßnahmen den fulminanten Erfolg gegen Covid-19 in Asien ermöglicht haben, dominiert Ignoranz. Man müsse sich nicht wirklich mit "deren" Massnahmekatalog auseinandersetzen. So verlagert die reflexartige China-Skepsis die Debatte unversehens von einem rationalen und pragmatischen Lernprozess, wie man die Pandemie effizienter in den Griff bekommen könnte, hin zur Frage der anfänglichen Schuld oder zum erhobenen Zeigefinger der Systemkritik.

Gewiss, die Vorbehalte vom autoritären China zu lernen, sind verständlich, zumal in der gegenwärtigen aufgeladenen geopolitischen Stimmung. Doch Südkorea und Taiwan sind liberale Demokratien. Und selbst im Ein-Partei-Staat China ließen sich anpassbare Erfahrungswerte auffinden. Eine pauschale Abgrenzung von Demokratie und Autoritarismus macht ein differenziertes Verstehen der chinesischen Maßnahmen schlicht unmöglich.

Dabei gibt es europaweit in Universitäten und Think-Tanks genügend Asien-Experten, die dabei hätten helfen können, die erfolgreichen Ansätze von Taipeh bis Seoul einzuordnen. Jene mit entsprechenden Sprachkenntnissen haben den Corona-Ausbruch in Asien aufmerksam verfolgt. Nur sind sie während der Pandemie kaum angefragt wurden. Ein Blick auf die europäischen China-Twitterer im Januar (2020 – Anmerkung des Verfassers) hätte genügt, um zu erkennen, was auf Europa zukommen würde.

Die intuitive Polemik gegen das autoritäre Regierungssystem China und das hartnäckige Ausblenden der asiatischen Erfolgsmodelle lassen sich am besten mit dem Begriff des epidemischen Orientalismus erklären. Er beschreibt eine Geisteshaltung, die jegliches Lernen vom Gegenüber ausschließt, weil das orientalisch Andere als fremd und minderwertig gilt. Asien kann somit niemals als Vorbild, sondern nur als Folie für die ideologische Abgrenzung dienen. In Talkshows und in den Krisensitzungen von Bern bis Berlin fanden so weder das "Unterdrückungsmodell" noch die detaillierte epidemiologische Expertise von Wissenschaftlern aus Ostasien Gehör. Die Chance wurde vertan, ernsthaft darüber zu diskutieren, wie alternative Methoden der Kontaktversuche oder lokale Massentest im europäischen Kontext umgesetzt werden könnten.

Unser Umgang mit Covid-19 scheitert daher auch aufgrund orientalischer Vorurteile und des Habitus der Überlegenheit. Eine Haltung, die dem Selbstbild von liberalen aufgeklärten Gesellschaften eigentlich diametral entgegensteht. Denn wären nicht gerade die öffentliche Diskussion verschiedener Ansätze und die Lernfähigkeit unserer Stärke? Europäische Regierungen hätten im Frühjahr einen Dialog mit führenden ostasiatischen Fachleuten aufnehmen können. Schon damals zeichnete sich ab, dass es sich lohnt, in dieser Boom-Region noch replizierbaren Konzepten und Instrumenten zu suchen. Stattdessen befinden wir uns jetzt in einem zweiten Lockdown, dessen sichere Beendigung nicht absehbar ist. Isabella Eckerle hat schon recht: An diesem Punkt müssten wir nicht sein."

Die „Zeit Online"-Reporterin Vera Sprothen hat im Artikel „Australien und Neuseeland – Alles für die Null" aus der „Zeit Online" vom 28.11.2020 (siehe Link: https://www.zeit.de/politik/ausland/2020-11/australien-neuseeland-corona-pandemie-reisebeschraenkungen-abschottung) über die Bekämpfung des Corona-Virus in Neuseeland und Australien geschrieben.

„Auch in Australien und Neuseeland hat man große Erfolge bei der Bekämpfung des Corona-Virus erreicht. Beide Länder werden schon als coronafrei gewertet. Man hat die Coronafreiheit in diesen beiden Ländern durch die Betreibung eines rigorosen Lockdowns bzw. einer rigorosen Abschottungspolitik geschafft. Man hat hierbei die Grenzen geschlossen. Um aus Neuseeland oder Australien heraus zu kommen, bedurfte es einer Sondergenehmigung. Nur bei ausreichend vorliegenden Gründen bekommt man diese. Wenn dringende Gründe zur Einreise vorliegen, ist eine Einreise nach Neuseeland und Australien möglich. Wenn man eine Einreise erhält, ist dort Bedingung, dass Jeder sich 14 Tage lang in eine Quarantäne begibt. Die Kosten für diese Quarantäne, die relativ hoch sind, muss man als Einreisender selbst auf eigene Kosten bezahlen. Dadurch konnte die Zahl der Einreisenden erheblich reduziert werden. Weil Australien bzw. Neuseeland Inseln sind, kann man solch eine harte Inselpolitik betreiben, die bisher auch erhebliche negative wirtschaftliche Auswirkungen hatte."

Auch hier ergibt sich wieder das Problem, dass offenbar die Freiheit wieder den Vorrang genießt vor dringend notwendigen Handlungen der Menschheit in dieser gegenwärtig schwierigen Situation. Ich sehe dies ganz anders, und es ist auch in dieser Frage notwendig, dass es auch aus Vernunftgründen im Interesse der unbedingten Beachtung der Belange aller Menschen auch zu zeitweiligen Einschränkungen der Freiheit kommen kann und aus meiner Sicht auch muss. Die

Gesundheit der Menschen hat aus meiner Sicht einen höheren Stellenwert als Belange der Freiheit.

Die Länder, die sich in allen Fragen der Datenschutzbestimmungen in dieser Notsituation für die Menschheit anders verhalten und – unter Beachtung der zeitweiligen Erfordernisse – nicht das Primat in der unbedingten Einhaltung der Datenschutzbestimmungen sehen, weisen manchmal größere Erfolge in der Verfolgung von Infektionsketten auf. Dies gilt auch für die daraus abzuleitenden positiven Ergebnisse in dieser weltweiten Pandemie. Bei allen einzuführenden Maßnahmen in der Digitalisierung sollten wir auch mögliche Gefahren für die weitere Existenz der Menschen gegenüber der künstlichen Intelligenz sehen. Solche ethischen und humanistischen Grundsätze haben zu sichern, dass erreicht wird, dass nicht die künstliche Intelligenz und deren Belange den Vorrang gegenüber uns Menschen haben. Dieser Grundsatz ist bei allen zu erstellenden Programmen sowie Programmierungsleistungen unbedingt zu beachten.

Nachfolgend wird aus meinem bereits erwähnten im Januar 2019 fertig gestellten Buch zu den Problemen der Lebensweise zur Definition und zu Anwendungs- und Einsparungsmöglichkeiten der Digitalisierung zur besseren Verdeutlichung der betreffenden Belange zitiert:

„Unter Digitalisierung versteht man gemäß dem Internet-Lexikon Wikipedia Folgendes: „Im ursprünglichen Sinn (wird) das Umwandeln von analogen Werten in digitalen Formen verstanden. Die so genannten Daten lassen sich informationstechnisch-technisch verarbeiten, ein Prinzip, das allen Erscheinungsformen der Digitalen Revolution im Wirtschafts-, Gesellschafts-, Arbeits- und Privatleben zugrunde liegt. ....
Unter Digitalisierung versteht man allgemein die Aufbereitung von Informationen zur Verarbeitung und Speicherung in einem digitalen System. Die Informationen liegen dabei in beliebiger analoger Form vor und werden dann, über mehrere Stufen, in ein digitales Signal umgewandelt, das nur aus diskreten Werten besteht."

Bezüglich der historischen Entwicklung ist in diesem Beitrag des Internet-Lexikons Wikipedia aufgeführt:

„Die Digitalisierung hat eine lange Entwicklung hinter sich. Bereits vor langer Zeit wurden Universalcodes verwendet. Historisch frühe Beispiele dafür sind der Jacquard-Webstuhl (1805), die Brailleschrift (1829) und das Morsen (ab 1837). Das Grundprinzip, festgelegte Codes zur Informationsvermittlung zu benutzen, funktionierte auch bei technisch ungünstigen Bedingungen per Licht- und Tonsignal (Funktechnik, Telefon und Telegrafie). Später folgten Fernschreiber ...., Telefax und E-Mail. Die heutigen Computer verarbeiten

Informationen ausschließlich in digitaler Form. In der Wissenschaft ist Digitalisierung im Sinne der Veränderung von Prozessen und Abläufen aufgrund des Einsatzes digitaler Technologien (Digitale Revolution, Digitale Transformation), ein querschnittliches Thema in vielen Wissenschaftsdisziplinen."

Die technische Entwicklung ist dabei Kernthema in der Informatik, die wirtschaftlich-technische Entwicklung Kernthema in der Wirtschaftsinformatik. Im betreffenden Internet-Lexikon werden nachfolgende Bereiche, in denen die Anwendung der Digitalisierung derzeit in Frage kommt, genannt:

"

- Digitalisierung von Texten
- Digitalisierung von Bildern
- Digitalisierung von Druckfilmen
- Digitalisierung von Audiodaten
- Digitalisierung in der Meßtechnik
- Digitalisierung von archäologischen Objekten
- Digitalisierung im Gesundheitswesen
- Digitalisierung in der Produktionstechnik
- Digitalisierung von Verkehr und Logistik“

7.15. Anwendung bzw. möglicher Einsatz der Digitalisierung

In der Politik in den Ländern oder auch in der Bildung wurde die Digitalentwicklung vorrangig bis vor kurzem nur im Wesentlichen in Bezug auf eine bessere, schnellere oder eine störungsfreie IT-Verbindung und deren weiteren Ausbau, insbesondere auch im Rahmen der Bildung betrachtet. Auch beim oft kritisierten Verhalten der Schulen, wo Manche, auch Lehrer und nicht nur Schüler, einige zur Zeit sehr wichtige Aufgaben der aktuellen erforderlichen Kommunikation bzw. der Informationstechnik und somit der Digitalisierung nicht immer ausreichend erfüllen, ist es nicht richtig, dass die Digitalisierung, wie erwähnt, nur auf die IT-Belange bezogen wird. Besonders auffällig sind die erheblich eingetretenen negativen Belange der Nichtbeachtung der Digitalisierungserfordernisse. Beispielhaft werden einige Mängel der aktuellen Digitalisierung im Schuldienst in Deutschland genannt:

- Nicht alle Lehrer und Schüler haben Internetanschluss, und dadurch können manche Aufgaben im Schulbereich unter den gegenwärtigen Gegebenheiten nicht durchgeführt bzw. bearbeitet werden.

- Manche Lehrer haben, trotz dem es schon lange ihre Pflicht im Rahmen der Digitalisierung ist, sich nicht oder nicht ausreichend weitergebildet. Dadurch können viele wichtige Aufgaben unter den gegenwärtigen Bedingungen des Corona-Virus nicht oder nicht ausreichend erfüllt werden.

- Eine Lehrer-Fortbildung wird in einigen Bundesländern nicht oder kaum durchgeführt, was sich auch besonders unter Beachtung der Erfordernisse der Digitalisierung sehr negativ auswirkt. Im Gegensatz dazu wurde In der DDR für alle Lehrer ständig eine regelmäßige Lehrerfortbildung durchgeführt.

- Trotz dem sehr viele Mittel vom Bund an die einzelnen Bundesländer in Deutschland für die Digitalisierung für den Schuldienst gegeben wurden, werden die möglichen Mittel für die Belange der Digitalisierung im Schuldienst im völlig unzureichenden Maße abgerufen. Es werden als Ursache Organisationsprobleme der einzelnen Länder angeführt. Die Ursachen liegen meiner Erachtens nicht an objektiven Belangen, sondern an subjektiven Fehlern in der Organisation und der festgelegten übergroßen Bürokratie dieser Prozesse. So werden beispielsweise die dringend benötigten Mittel erst dann bestellt, wenn alle Schüler ihre konkreten Anforderungen an benötigten Digitalisierungsmitteln abgegeben haben. Solch eine Handhabungsweise kann im Interesse der Schulbildung unter den neuen Anforderungen an die Digitalisierung im Schuldienst nicht weitergeführt werden.

Die Bundesrepublik belegt in der Digitalisierung im Schuldienst zwischenzeitlich aufgrund dieser und weiter genannter Mängel den 27. und somit den letzten Platz aller EU–Länder.

Man muss bemerken, dass andere Länder, wie beispielsweise in Finnland, erheblich bessere Erfolge im Homeschooling bzw. in der Digitalisierung erreichen und dadurch für die betroffenen Schüler und Lehrer und überhaupt für die Belange der Schule unter den Bedingungen der Corona-Krise viel mehr getan wird.

Nachfolgend werden einige Auszüge aus dem Beitrag „Homeschooling in Berlin und Finnland - ein Vergleich“ des „Tagesspiegels“ vom 14.04.2020 aus den Ausführungen von Tanja Huutonen, der Botschaftsrätin für Presse und Kultur der finnischen Botschaft in Berlin, vgl. https://www.tagesspiegel.de/berlin/um-neun-uhr-gibt-es-den-ersten-videochat-homeschooling-in-berlin-und-finnland-ein-vergleich/25737678.html, zitiert:

„In Berlin beklagen sich viele Eltern und Schüler über den schlecht organisierten Unterricht zu Hause während der Coronakrise. Vor allem wird die mangelnde Digitalisierung kritisiert. Wie funktioniert das momentan in Finnland? Waren die Schulen dort besser auf die Schließung vorbereitet?

Diese Situation ist für alle neu. Niemand konnte sich darauf einstellen. Aber es zeigt sich nun, dass unser System insgesamt bereit war, eine Schulschließung zu bewältigen. In der Digitalisierung sind wir sehr viel weiter als Deutschland. Es gibt eine flächendeckende Internetverbindung. Und Lehrer und Schüler wissen, wie sie den Unterricht mit digitalen Mitteln gestalten können. Alle Haushalte und Schulen sind mit Geräten ausgestattet. Und Schüler, die bisher keinen eigenen Laptop oder Computer hatten, konnten sich einen von der Schule ausleihen. Digitalisierung ist in Finnland obligatorisch, die Schulen sind dazu verpflichtet, digitale Mittel anzuwenden und werden dabei finanziell unterstützt. Spontan haben auch alle Verlage gratis alle Lehrbücher und Unterrichtsmaterialien in das Netz gestellt.

Was genau läuft beim finnischen Unterricht anders?

Seit fast 20 Jahren nutzen die finnischen Lehrer und Eltern zum Beispiel eine Internetplattform, die heißt Wilma. Die gibt es auch als App, oder man loggt sich über den Computer ein. Darüber verschicken die Lehrer Hausaufgaben, schreiben Nachrichten an die Eltern oder geben Feedback zu den Arbeiten und Lernerfolgen der Kinder. Lehrer und Eltern sind darüber in regelmäßigem Kontakt.

Wie sieht der Alltag einer finnischen Lehrerin oder eines Lehrers während der Corona- Krise aus? Abgesehen von der Ferienzeit.

Die Schule beginnt auch während der Schulschließung in Finnland um neun Uhr. Damit auch tatsächlich alle gleichzeitig mit dem Unterricht anfangen, gibt es zu Beginn den ersten Videochatkontakt mit den Lehrern oder Lehrerinnen. Der Kontakt mit den Lehrern und der Klasse ist sehr wichtig für die Kinder, damit sie motiviert sind. Sie freuen sich darüber, dass sie einander sehen und miteinander sprechen können. Die Lehrerin oder der Lehrer verteilt dann die Aufgaben mit der Wilma-Plattform oder anderen Programmen. Benutzt werden auch Google Classroom, Seesaw oder andere. Darüber verschicken sie Videos, Zeichnungen und andere Materialien.

Später schicken die Schüler die Aufgaben wieder zurück, die dann von den Lehrern bewertet werden. Alle Lehrer kümmern sich um ihre Fächer. Auch Sportlehrer verschicken Aufgaben. Es kann zum Beispiel sein, dass ein Schüler draußen eine Übung machen soll und dann davon ein Video an den Lehrer schickt. Der normale Stundenplan läuft im Prinzip weiter, nur dass unsere Bildungsministerin die Lehrer extra dazu aufgefordert hat, die Kinder nicht zu überfordern. Die Schultage sind also nicht so lang, wie sonst.

Gilt das nur für die älteren Schüler oder auch für die ganz Kleinen?

Das gilt auch für die Grundschüler. Auch Erstklässler erhalten digitalen Unterricht zu allen ihren Fächern. Sie brauchen natürlich noch etwas mehr Hilfe bei den Hausaufgaben. Aber von einer befreundeten Lehrerin, die auch Mutter von zwei Kindern ist, weiß ich, dass auch ihre Tochter in der ersten Klasse etwa vier Schulstunden pro Tag Unterricht bekommt. Dazu gehört auch, dass sie Youtube-Videos von den Lehrern bekommen, die ihnen bei Matheübungen weiterhelfen oder ähnliches.

Und die Eltern, was machen die?

In Finnland sagt man, Eltern sollen keine Lehrer sein. Eltern sollten nur sehen, dass Aufgaben erledigt werden, aber sie sollten keinen Unterricht mit den Schülern machen. Die Lehrer arbeiten im Moment genauso viel wie sonst auch. Vielleicht sogar noch mehr. Die Schüler müssen täglich ihre Aufgaben schicken und die Lehrer müssen ihnen ein Feedback geben. Falls ein Kind seine Aufgaben nicht erledigt, muss die Lehrerin nachhaken. Reagiert das Kind auf drei Nachfragen nicht, werden die Eltern kontaktiert. Hilft auch das nicht, wird die Schulsozialarbeiterin eingesetzt. Dann wird geschaut, wie man die Familie unterstützen kann.

Finnland verfolgt ähnliche strikte Maßnahmen zur Eindämmung des Coronavirus wie Deutschland. Ist es allerdings richtig, dass die Kindergärten weiterhin geöffnet sind und auch Kinder bis zur dritten Klasse weiterhin die Schule besuchen dürfen?

Die Empfehlung der Regierung ist, dass alle Kinder zu Hause bleiben sollen. Die offiziellen Regelungen dazu wurden gerade zum 13. Mai (2020 – Anmerkung des Verfassers) verlängert. Allerdings gibt es für Eltern, die zum Beispiel nicht im Homeoffice arbeiten können und die wichtige Berufe haben wie Polizisten, Ärzte oder Krankenschwester, die Möglichkeit, ihre Kinder in der Kita oder in der Grundschule betreuen zu lassen. Es ist also wie in Deutschland, nur dass man auf die Vernunft der Eltern setzt. Und das funktioniert bei uns auch so.

Zum Glück sind auch viele Arbeitgeber sehr flexibel. Momentan arbeiten 75 Prozent der Finnen im Homeoffice. Sie sparen so auch die Fahrtzeit, und die meisten können ihre Arbeitszeiten und Pausen zu Hause frei einteilen. So haben sie mehr Zeit für die Kinderbetreuung. Mütter und Väter wechseln mit der Betreuung ab, vielleicht ist das auch etwas, dass in Finnland etwas besser funktioniert, weil Frauen bei uns mehr arbeiten und sich ohnehin mehr mit dem Partner abwechseln müssen. Natürlich ist wegen der Doppelbelastung die Situation für Eltern in Finnland momentan sehr anstrengend.

Ihr Nachbarland Schweden verhält sich ziemlich konträr: Dort sind Läden und Restaurants noch geöffnet. Wie finden das die Finnen?

In Finnland war man ziemlich darüber empört, als vor zwei Wochen alle Skigebiete in Finnland schließen mussten, das Skifahren in Schweden aber überall noch möglich war.

Momentan geht man davon aus, dass das keine gute Linie ist, die die Schweden gerade fahren. Man hat Angst, dass sich das Coronavirus von Schweden aus weiter ausbreitet. Im Norden wird daher gerade die Grenze dicht gemacht. Nur Berufspendler dürfen, wenn nicht anders möglich, die Grenze passieren. Alle die sonst ins Land kommen, müssen zwei Wochen in Quarantäne.

Was können die Deutschen hinsichtlich des digitalen Unterrichts von den Finnen lernen?

Ich glaube, vieles muss gesetzlich festgelegt werden. Man kann nicht allein auf die Freiwilligkeit der Lehrer setzen, bestimmte digitale Programme und Plattformen zu benutzen. Es braucht eine klare Linie von oben. Und man muss die Schulen natürlich finanziell ausstatten und die Lehrer für die Handhabung fitmachen. Wir haben viel mit den digitalen Startups zusammen gearbeitet, das könnte man in Berlin auch gut machen.

Vom Netzausbau könnte Deutschland auch etwas von den Finnen lernen. Wir bauen gerade mit Nokia das 5G-Netz aus. Dass man an irgendeinem Ort in Finnland nicht ins Netz kommt, wie an manchen anderen Orten in Berlin, das gibt es dort so nicht

Ich bin mir aber sicher, dass Finnland und Deutschland beide viel durch diese Krise lernen werden, auch was den digitalen Unterricht betrifft."

Die andere Möglichkeit der Digitalisierung und ihre Wirkungen auf die gegenwärtige sowie zukünftige Entwicklung der Produktivkräfte sowie die sich daraus ergebenden Probleme für die Gesellschaft und deren Folgewirkungen, auf die Menschen, wurden lange Zeit nicht ausreichend und auch nicht rechtzeitig berücksichtigt. Es wurden in dieser Hinsicht viel zu spät die erforderlichen prophylaktischen Maßnahmen im gesamtgesellschaftlichen Maßstab eingeleitet.

Da wir vor einer riesigen Umwälzung stehen, vergleichbar mit oder wahrscheinlich noch stärker als bei bisherigen Umbrüchen in der Industrialisierung sowie den Industrierevolutionen in der Menschheitsgeschichte stehen, hätte man sich noch viel eher mit den daraus sich ergebenden Erfordernissen beschäftigen müssen.

Neben den anderen Maßnahmen des Bereichs Digitalisierung wird es besonders durch die Digitalisierung in der Produktionstechnik, von Verkehr und Logistik, im Gesundheitswesen zu erheblichen weiteren Erfordernissen gegenüber der gegenwärtigen Entwicklung kommen.

Beispielsweise durch die Anwendung von Robotern bzw. Automaten, 3D-Druckern, und selbstfahrenden Fahrzeugen verschiedenster Art, überhaupt durch die Anwendung der künstlichen Intelligenz und viele anderer Maßnahmen der Digitalisierung werden, wie erwähnt, voraussichtlich sehr viele Arbeitsplätze wegfallen und somit Arbeitskräfte freigesetzt.

Sicher werden neue Arbeitsplätze durch die Digitalisierung entstehen, insbesondere durch die Herstellung, den Verkauf die Vermietung bzw. auch im Rahmen notwendiger Service- und Programmiermaßnahmen entstehen. Für zusätzliche Instandhaltungen und auch erforderliche neue IT-Arbeitsplätze werden ebenfalls auf diesen Gebieten und auch aus anderen Erfordernissen zusätzliche Arbeitskräfte benötigt. Durch notwendige Bildungs- und andere Maßnahmen im Rahmen der Digitalisierung wird es jedoch zu einer wesentlichen Verringerung der Arbeitszeit sowie zur sich dann ergebenden Möglichkeit der zusätzlichen Freizeit kommen. Es werden jedoch aus meiner Sicht, wenn man den nötigen Gesamtumfang möglicher und notwendiger Veränderungen sieht, wesentlich mehr Arbeitsplätze durch die Anwendung der Digitalisierung zunehmend wegfallen und somit freigesetzt werden, als neue Arbeitsplätze entstehen sowie notwendig werden.

In der „Schweriner Volkszeitung“ (SVZ) schrieb Tobias Hanraths dazu am 3. Oktober 2016, wie nachfolgend daraus auszugsweise zitiert wird:

„… und wo Menschen nichts mehr organisieren und kontrollieren müssen, da werden sie überflüssig. So sehen es zumindest verschiedene Studien.“

Das Weltwirtschaftsforum in Davos geht davon aus, dass durch die Digitalisierung weltweit 7,1 Millionen Arbeitsplätze verloren gehen, aber nur 2,1 Millionen neue entstehen. Und eine Studie der Universität Oxford aus dem Jahr 2013 sieht in den USA fast die Hälfte der Jobs in Gefahr. Neueste Ermittlungen gehen sogar von einem höheren Anteil von ca. 47 Prozent wegfallender Arbeitsplätze durch die Digitalisierung aus.

Besonders wird die Digitalisierung bei einigen Tätigkeiten im besonderen Maße Arbeitskräfte freisetzen. Dies wird insbesondere bei den Tätigkeiten der Fall sein, wo Arbeitsabläufe aus Tätigkeiten durch Algorithmen zukünftig ausgeführt werden können und entsprechende Programme für den Einsatz von beispielsweise Computer, Roboter, 3D-Drucker usw. oder andere Gerätschaften der künstlichen Intelligenz programmiert und dadurch wirksam werden können.

Zu solchen Bereichen, in denen Arbeitskräfte freigesetzt werden können, könnten gehören:

- Einfache Tätigkeiten, die keinen hohen Qualifizierungsgrad in der Ausbildung für die Ausführung dieser Tätigkeiten benötigen, werden von entsprechenden Digitalisierungs-Geräten, wie Computern, Robotern und sonstigen Automaten – überhaupt von der Roboter-Technik – übernommen bzw. ausgeführt werden können.

- Logistik-Tätigkeiten, zum Beispiel von Kraft-, Bus-, Transportfahrern, Spediteuren, Lokführern, Piloten, Schiffsführern und anderen Arbeitskräften im Logistikbereich. Dazu gehören auch die derzeit noch von den Besatzungsmitgliedern bzw. von Transport- und anderen Logistikarbeitern vor der Digitalisierung ausgeführten Tätigkeiten sowie selbst fahrenden Fahrzeuge, selbst fahrenden Züge, selbst fliegenden Flugzeuge und „autonomes Fliegen“. Die Gesamtheit der Logistikprozesse kann durch die Anwendung der entsprechenden Möglichkeiten, die die Digitalisierung bietet, automatisiert und durch Digitalisierungsprozesse übernommen werden. Dadurch wird auch in diesem Bereich eine erhebliche Anzahl von Arbeitskräften freigesetzt.

- Auch im Postbereich, der im weitesten Sinne mit zur Logistik gehört, werden durch die Digitalisierung einige der bisherigen Tätigkeiten wegfallen sowie Arbeitskräfte freigesetzt werden. Dazu gehört u. a. die Tätigkeit des Postboten, des Zeitungsausträgers. Überhaupt der gesamte Poststelldienst wird u. a. durch den Einsatz von Drohnen nicht mehr von Menschen notwendig sein.

- Bestimmte Arbeiten, die bisher im Dienstleistungs- sowie im Servicebereich angeboten bzw. ausgeführt wurden und man für die diese Tätigkeiten Algorithmisierungen ermöglichen kann. Dies führt dazu, dass auch in diesen Bereichen Arbeitskräfte freigesetzt werden können. Dazu könnten u. a. folgende Dienst– bzw. Serviceleistungen gehören:

  - vielfältige Leistungen im heutigen Bankwesen
  - vielfältige Leistungen im Versicherungsbereich
  - vielfältige Dienst– und Serviceleistungen, indem vorrangig Kontroll– und Überwachungsaufgaben bei der Realisierung sowie Ausübung dieser Tätigkeiten wahrgenommen werden. Dies betrifft u. a. auch spezielle Aufgaben im Verwaltungs- oder auch im juristischen bzw. im gerichtlichen Bereich bis bestimmte Aufgaben im Rechtsanwaltsbereich.
  - Abrechnungstätigkeiten, wie Buchhaltung, werden durch die Nutzung der Software bzw. IT-Technik nicht mehr notwendig sein. Dadurch werden weitere Arbeitskräfte freigesetzt. Auch die Arbeit des Steuerberaters wird sich verändern und sich somit die Arbeitsstundenzahl dieser Berufsgruppe wesentlich verringern.
  - Weitere Arbeitskräfte können bei bestimmten Tätigkeiten im Dienstleistungs- und Servicebereich unter Beachtung der jeweiligen Erfordernisse sowie Eignung aus dem Digitalbereich freigesetzt werden, Dazu gehören auch bestimmte Computer oder andere in Frage kommende Geräte, IT-Roboter oder andere Geräte aus dem Bereich der Automatisierung, wozu auch 3D-Drucker oder andere geeignete Geräte der künstlichen Intelligenz gehören werden.
  - Bauwirtschaft durch die gezielte Anwendung von 3D-Druckern und den damit möglichen Ausdruck von benötigten Plänen, u. a. von Wohnungen, durch Automatisierungsprozesse in diesem Bereich. Dies kann durch die damit verbundene Anwendung von Robotern oder anderen in Frage kommenden Automatisierungsgütern erfolgen.
  - Durch den Einsatz von Geräten zum digitalen Aufmaß können Arbeitsprozesse ebenfalls beschleunigt werden.
  - Durch den Einsatz von Software zur innovativen Gebäudeplanung beim gesetzlich ab 2020 wirksamen und verpflichtenden Building Information Modeling (BIM) werden Gebäudedaten digital erfasst, verarbeitet und

vernetzt. Dadurch lassen sich Gebäude von der Planungs- bis zur Ausführungsphase gestalten. Es werden dafür 3D–Drucker verwendet, und es können durch das Building Information Modeling (BIM) je nach Erfordernis vielfältige Informationen verknüpft werden, und damit kann das Gebäude wesentlich optimaler geplant werden.

- Durch die möglicherweise bestehende Zusammenarbeit mehrerer kleiner Dachdeckerunternehmen, die selbst keine derartige Unternehmensgröße aufweisen, dass sie selbst Drohnen betreiben können, können – nach erfolgter technischer und gesetzlicher Schulung bei entsprechend zertifizierten Einrichtungen – Drohnen für Dachdeckerarbeiten eingesetzt werden. Den Dachdeckerfirmen werden dann Bilder von der Beschaffenheit des zu reparierenden Daches durch in die Drohnen eingebaute Kameras geliefert. Durch diesen digitalisierten Arbeitsschritt können Dachdecker im Arbeitsprozess entlastet werden. Durch den Einsatz von (derzeit noch teuren) Drohnen wird es dann langfristig erreicht werden können, dass auch bei Dachdeckerunternehmen Arbeitsplätze freigesetzt werden.

- Auch im Bäckerhandwerk wird dann durch die zunehmende Industrialisierung sowie die industrielle Herstellung von Backwaren ein Aussterben privat betriebener Bäckereibetriebe zu verzeichnen sein. Es können durch das automatisierte Vorfertigen von Brot und sonstigen Backwaren Arbeitsprozesse teilweise entfallen. Die damit bisher verbundene Zeit und das dadurch notwendige frühe Aufstehen, um die Backwaren zum Verkauf ab dem frühen Morgen vorzubereiten, ist dann wahrscheinlich nicht mehr notwendig und könnte dadurch zeitlich verlagert werden. Es werden dadurch auch im Bäckerhandwerk – langfristig gesehen – im Rahmen der Digitalisierung Arbeitsplätze eingespart werden können.

- Bestimmte, sich immer wiederholende Arbeiten im Bauplanungs- und im Architekturbereich, zu deren Tätigkeit keine besondere Schöpferkraft erforderlich ist, brauchen durch die noch intensivere Anwendung von Computern sowie 3D-Druckern brauchen dann nicht mehr persönlich durchgeführt werden. Dadurch kann ebenfalls eine Freisetzung von Arbeitskräften in diesem Berufsbereich erfolgen.

- Von Computern, Robotern bzw. geeigneten Automaten bzw. 3D-Druckern übernehmbare Tätigkeiten im Handwerksbereich können dann erfolgen, wenn nicht speziell besondere handwerkliche Kenntnisse, Fähigkeiten und Fertigkeiten erforderlich sind. Auch dies kann ebenfalls zu einer Freisetzung von bestimmten Arbeitskräften, die vorher mit diesen Tätigkeiten beschäftigt waren, führen.

- Manche für die Anwendung der Digitalisierung geeignete Arbeiten bzw. Tätigkeiten im Gesundheitswesen, insbesondere im Pflegebereich können durch dafür in Frage kommende Digitalisierungshandlungen ersetzt werden. Einige Arbeiten im Pflegebereich, die ständig wiederholende Handlungen darstellen und bei denen es sich um keine unmittelbaren Handlungen handelt, die nicht in erster Linie empathische Handlungen durch die Pflegekräfte für die zu Pflegenden voraussetzen, können durch geeignete Roboter oder Automaten erfolgen. So können auch entsprechend der gegebenen realen Möglichkeiten auch Arbeitsplätze in diesem Bereich freigesetzt werden.

- Weil die Pflege doch eine Tätigkeit darstellt, die erhebliche Emotionen von den Pflegekräften gegenüber den zu Pflegenden verlangt, sind die Möglichkeiten der Digitalisierung auf diesem Gebiet jedoch stark eingeschränkt. Es ist davon auszugehen, dass sich der Pflegeberuf durch die Möglichkeiten der Digitalisierung wesentlich sich verändern wird.

- Auch durch die noch bessere Anwendung von für diese Arbeit geeigneten Computern und bewusstere Nutzung der Digitalisierung ist es möglich, die erforderlichen Arbeiten zur Pflegedokumentation noch effizienter zu gestalten.

- Die Anwendung der Telemedizin in der gegenwärtigen schwierigen Lage im Gesundheitswesen stellt eine weitere alternative Möglichkeit im Rahmen der Digitalisierung dar.

- Durch die Anwendung von Digitalisierungsformen in der Call-Center-Branche, zum Beispiel den zunehmenden Einsatz von Computerstimmen – nicht nur bei der Telefonauskunft – werden auch hier Veränderungen in der Gestaltung von Arbeitsprozessen eintreten, die ebenfalls die Freisetzung von Arbeitskräften zur Folge haben werden.

Viele andere Bereiche oder andere Berufsgruppen, die noch nicht in dieser Aufstellung enthalten sind, werden durch eine zunehmende Anwendung insbesondere der Computertechnik sowie der Robotik usw. ebenfalls die für sie zutreffenden Elemente der Digitalisierung nutzen.

Es werden, wie schon erwähnt, nach meiner Einschätzung noch mehr Arbeitskräfte freigesetzt werden, als bisher angenommen wurde, weil die Digitalisierung unter Beachtung der jeweils bestehenden konkreten Möglichkeiten überall im zunehmenden Maße Einzug halten wird und neben der beschriebenen Freisetzung auch für einzelne Tätigkeiten eine wesentliche Minderung der anfallenden Arbeitszeit erreicht wird.

Die neu durch die Digitalisierung in Frage kommenden zu schaffenden Arbeitsplätze stehen auch in diesen Bereichen in keinem positiven Mehrheitsverhältnis den Personalkosteneinsparungen der betreffenden Unternehmen durch die Wirkungen der Digitalisierung gegenüber.

Auch muss man beachten, dass nicht alle Arbeitskräfte trotz der Bildungs– und Qualifizierungsmaßnahmen die anstehenden Arbeitsaufgaben, die im Rahmen der Digitalisierung in Frage kommen, gemäß den sich ergebenden Erfordernissen bewältigen können. Oft wird für diese Arbeiten oft ein sehr hoher Wissensstand benötigt werden.

Die Digitalisierung wird, wie bereits erwähnt, auch als 4. Stufe der Industriellen Revolution angesehen. Es wird eine gewaltige zunehmende Produktivitätssteigerung durch die zunehmende Digitalisierung entstehen können.

Im Regelfall wird der Einsatz der speziellen Computer, der Roboter, der 3D-Drucker oder anderer Geräte dazu führen, dass eine erhebliche Freisetzung von Arbeitskräften und eine nicht geringe Steigerung der Produktivität eintreten wird.

Dadurch treten somit eine wesentliche Verbesserung sowie Erhöhung der Arbeitsproduktivität ein.

Personalkosten können je nach Branche erheblich im Verhältnis zu den Produktionsmengen reduziert werden. Unter Berücksichtigung der Tatsache, dass in vielen Branchen der Personalkostenanteil an den Gesamtkosten des jeweiligen Unternehmens 50 Prozent beträgt oder sogar noch höher liegt, werden allein dadurch begründet die Kosten erheblich verringert werden können.

Dem gegenüber steht die Erhöhung der Abschreibungen durch die im Rahmen der zunehmenden Digitalisierung weiter anzuschaffenden Anlagen, die zwar kostenmäßig zu einer möglichen Erhöhung gegenüber der bislang zugrunde gelegten Größe in der eintretenden Kostenerhöhung in dieser Position gegenüber der zunehmend eintretenden Senkung bei den Personalkosten steht. Durch die Liquiditätserhöhung wird sogar für diese Höhe der Abschreibungen ein zusätzlicher Cash flow für das betreffende Unternehmen entstehen.

Durch die Digitalisierung sowie die Wirkungen der industriellen Revolution wird für das jeweilige Unternehmen, bei dem die Digitalisierung erfolgen kann, eine beträchtliche Betriebsergebnisverbesserung und damit eine Ertragssteigerung wirksam werden.

Durch die Digitalisierung wird es – insgesamt gesehen – möglich sein, dass eine Steigerung der Produktivität und des Ertrages des betreffenden Unternehmens, u. a. auch mit begründet durch die wesentliche Senkung der Personalkosten bzw. durch die Freisetzung der betroffenen bisherigen Mitarbeiter, eintritt. ....

Es ist deshalb nicht richtig, wenn die zusätzlichen Gewinne der Digitalisierung von den betreffenden Unternehmen (weiterhin im vollem Umfang) privatisiert werden. Dadurch müssen die zusätzlichen Aufwendungen, die für den Staat (im Ergebnis der Einführung der Digitalisierung) entstehen, auch dadurch letztendlich sozialisiert werden. Es werden dann für diese und den zu erwartenden Umfang der Anzahl der freigesetzten Arbeitskräfte im erheblichen Umfang zusätzliche Steuermittel aufgewandt werden müssen.

An den Leistungen der Digitalisierung, einschließlich der künstlichen Intelligenz, haben bzw. werden nicht nur die Unternehmen einen alleinigen Anteil dazu beigetragen. Der Staat hat durch erhebliche Kosten durch die Grundlagenforschung, überhaupt durch Forschungsergebnisse sowie durch die Gewährung von Fördermitteln sowie günstiger Zinskonditionen einen nicht unwesentlichen Anteil an den sich ergebenden und zu erwartenden Ergebnissen der Digitalisierung. Deshalb ist es wichtig und gerecht, dass der Staat zumindest so viel von den Ergebnissen erhält, dass er (Steuermittel in Form einer Anlagen- oder KI- oder Roboterbesteuerung erhält, dass ihm zusätzliche Mittel zur Verfügung stehen), ein Grundeinkommen zahlen zu können.

Dadurch können wir wahrscheinlich die Voraussetzungen schaffen, dass ein Grundeinkommen für die dafür Berechtigten gezahlt werden kann. Die aktuell bereits genannte Zusage von zwischenzeitlich 5 Milliarden € für die Maßnahmen der Digitalisierung durch die Bundesregierung kann auch, trotz des bisher relativ geringen Anteils der Finanzierung der Digitalisierung durch den Staat mit dazu beitragen, dass noch schneller und wirkungsvoller weitere positive Ergebnisse in der Digitalisierung in Deutschland erreicht werden.

Weil (wie erwähnt) zu erwarten ist, dass durch die Digitalisierung .... dadurch bedingte Einkommens- und Produktivitätswirkungen) erreicht werden, sollte ein Teil der erforderlichen Mittel, die auch zur Finanzierung des .... (schon genannten) Grundeinkommens benötigt werden, von den betreffenden Unternehmen in Form einer berechtigten zusätzlichen Besteuerung dafür aufgebracht werden.

Es wird jedoch für notwendig gehalten, dass in Deutschland noch zu einem wesentlich größeren Anteil und schneller die für die Digitalisierung erforderlichen finanziellen Mittel bereitgestellt werden können. Wir sollten uns, wie erwähnt, an der führenden Weltmacht in der Digitalisierung, China, ein Beispiel nehmen. Man hat hier eine Digitalisierungsoffensive eingeleitet, die beispielgebend für alle Länder der Welt ist. Man sagt, dass China finanzielle Mittel für die Digitalisierung im Umfang von 50 Milliarden US-Dollar nur für ein Jahr bereit gestellt hat. Auch bei der Anzahl der Start-ups und der Patente werden die USA und Europa insgesamt erheblich überflügelt. Wir müssen auch auf dem Gebiet der Digitalisierung sehr viel tun, um nicht weiter international abgehängt zu werden.

Gerade, weil Deutschland ein rohstoffarmes Land ist und unser bisheriger Wohlstand neben den Wirkungen der Globalisierung insbesondere auf unseren wissenschaftlich-technischen Leistungen und unseren auch damit verbundenen hohen Exportanteil mit beruhte, sind unsere bisherigen Ergebnisse und auch der relativ geringe Mitteleinsatz für die Belange der Digitalisierung nicht zu verstehen. Deshalb kann unser Verhalten in Deutschland, dem wichtigen Gegenwarts- und Zukunftsmarkt der Digitalisierung, nicht genügen. Auf diese Weise schaffen wir nicht die Voraussetzungen des nicht weiteren Anstiegs der Temperatur bzw. der Erderwärmung über die maximale nicht mehr vermeidbare Anstiegsgröße von 1,5 Grad Celsius hinaus und können wir dadurch nicht rechtzeitig den Wohlstand erreichen.

Deshalb müssen unsere Ergebnisse zur Digitalisierung in Deutschland und auch in vielen anderen Ländern der Welt wesentlich erhöht werden. Wie weit wir in der Digitalisierung in Deutschland zurück sind, haben wir im Ergebnis der Wirkungen des Corona-Virus im hohen Maße feststellen müssen.

7.16. Wirkung der Folgen der Erderwärmung auf den Erhalt von Arbeitsplätzen

Zum Fakt, dass eine Minderung der Arbeitszeit sowie sogar Freisetzung von Arbeitsplätzen durch die Folgen der Erderwärmung für den Arbeitsprozess besteht, wurde von mir in meinem Buch über die Lebensweise Folgendes bereits 2019 geschrieben:

„Im Prozess der Erderwärmung mit seinen bereits dargestellten sehr negativen Wirkungen für den gesamten Globus, für uns Menschen, die Tiere und die Pflanzen, die die Gefahr des Fortbestands unsere Erde und aller Erdbewohner beinhalten, müssen Sofortmaßnahmen auf unserem Planeten dringend eingeleitet werden. Nur so können wir diese bedrohliche Entwicklung, die vorrangig durch uns Menschen und unsere Lebensweise verursacht wird, noch zum Stoppen bringen.

Wir müssen alles davor sehr dringend tun, damit die Erderwärmung nicht weiter ansteigt. Es kann sich bei dieser Notwendigkeit nicht darauf berufen werden, dass Arbeitsplätze verloren gehen sowie Arbeitskräfte freigesetzt werden und wir deshalb aus diesen wirtschaftlichen Gründen die erforderlichen Maßnahmen, die zu einer wesentlichen Verminderung der Treibhausgasemission führen, nicht durchführen. Unter Beachtung der erforderlichen Primatsetzung bei der Erderwärmung können wir nicht die in diesem Zusammenhang notwendigen dringenden Maßnahmen nicht durchführen, nur, weil dadurch bisherige Arbeitsplätze gefährdet sind. Wir sollten zwar alles trotz der veränderten Bedingungen tun, um Arbeitsplätze zu erhalten und mögliche neue Arbeitsplätze zu schaffen, aber wir müssen hierbei immer das bereits geschilderte Primat, die Rettung der Menschengemeinschaft insgesamt, sehen und damit mit allen uns zur Verfügung stehenden Mitteln der Klimakatastrophe zuvor kommen.

Es ist, wie bereits bemerkt, hierbei natürlich sehr wichtig, die Belange des Klimaschutzes und des Erhalts von Arbeitsplätzen in Einklang zu bringen.

Um dies zu erreichen, müssen wir die möglichen Strukturmaßnahmen und die erforderlichen Bildungsmaßnahmen durchführen sowie durch die Schaffung des Grundeinkommens dazu beitragen, dass Menschen, denen es nicht gelingt, einen Arbeitsplatz zu bekommen oder auch wieder zu bekommen oder bei denen andere Gründe, wie eine Erwerbsminderung oder Altersgründe vorliegen, nicht in Armut leben. Dies ist auch unsere soziale Verpflichtung, und wir können diese dringenden Erfordernisse nicht immer verdrängen oder auf den St. Nimmerleinstag verschieben. In den Industriezweigen bzw. Branchen, in denen trotz Nutzung von Strukturveränderungen bzw. evtl. durch neue umweltschonende Technologien die

Treibhausgasemission wesentlich minimierende Verfahrensweisen eingesetzt werden, wird es trotzdem zu verzeichnen sein, dass in bestimmten Bereichen Arbeitskräfte wegfallen.

In folgenden Bereichen muss eine Reduzierung oder ein Wegfall von bisher für diese Tätigkeiten noch genutzten bisherigen Arbeitsplätzen ermöglicht werden. Damit sollte eine Freisetzung von derzeit noch in den betreffenden Unternehmen tätigen Arbeitskräften im Interesse des nicht weiteren Anstiegs der Erderwärmung erfolgen. Nur so können wir die schwerwiegenden Folgen für unsere Erde, uns Menschen und alle weiteren dort befindlichen Lebewesen im zunehmenden Maße noch verhindern.

- im Bereich des Steinkohlen- und Braunkohlenbergbaus und bei anderen abzubauenden Rohstoffen im Bergbau, die zu einer hohen Treibstoffgasemission führen

- im Bereich der Stromerzeugung, die auf Basis von treibhausgasfördernder Erzeugung, wie dies u. a. für Kohlekraftwerke und den damit verbundenen Kohleabbau zutreffend ist, erfolgt. Diese sollte zu Gunsten einer solchen Stromerzeugung, bei der keine oder nur in sehr geringem Maße treibhausfördernde Emissionen entstehen, wie dies für die regenerative Energieerzeugung vorrangig zutreffend ist, erfolgen.

- Abkehr vom Verbrennungsmotor oder anderen Fahrzeuggasantriebarten, die in erhöhtem Umfang CO_2 bei ihrer Betreibung ausstoßen und schnellstens Zuwendung zu den Elektroautos oder anderen nicht CO_2-gebundenen Fahrzeugen. Dadurch können wir die dringende Schaffung der notwendigen Voraussetzungen zur umfassenden Verwendung und Betreibung, wie u. a. auch der besseren Aufladung von Batterien im Rahmen von Tankstellen oder anderen geeigneten Ladestellen, der Erhöhung der Fahrtkilometer dieser Fahrzeuge usw. und die Erforschung und Anwendung anderer Batteriesysteme schaffen. Die Batterien sollten nicht auf der derzeit ökologisch ungesunden Basis und den schwierigen erheblich gesundheitsgefährdenden Abbaubedingungen und der knappen Rohstoffsituation im globalen Maßstab gewonnen werden. Eine wesentliche Reduzierung des Fahrzeugaufkommens auf den Straßen sollte erreicht werden, weil das Volumen unserer dafür zur Verfügung stehenden Straßen begrenzt ist und das ständig steigende höhere Fahrzeugaufkommen zu einer sich ständig erhöhenden Versiegelung und Asphaltierung des Grundes und Bodens führt. Dies ist aus vielerlei Gründen ökologisch ungesund und auch nicht nachhaltig, weil das verwertbare Grundwasser dadurch immer geringer wird.

- Dadurch tritt ein immer weiter sinkendes Vorkommen der wichtigsten Lebensgrundlage für uns als Lebewesen auf der Erde, des Wassers, ein. Dieses Minderaufkommen an Wasser können wir uns für die gegenwärtige Welt und noch weniger für die zukünftige Weltbevölkerung und deren Anwachsen nicht erlauben. Auch die zur Verfügung stehende sehr wichtige und für die Zukunft angesichts des weiteren Anstiegs der Bevölkerung auf der Erde bebaubare landwirtschaftliche Nutzfläche wird dadurch immer geringer. Wir können uns dies zur Sicherung der Erdernährung der Weltbevölkerung sowie für den Erhalt aller Lebewesen auf der Erde ebenfalls gar nicht mehr erlauben.

- Aus allen diesen und vielen weiteren hier nicht genannten Gründen müssen wir das Aufkommen und auch die Herstellung von Fahrzeugen wesentlich verringern und durch die in Zukunft auch wirksamen selbstfahrenden Elektroautos oder andere geeignete Fahrzeuge, die kein CO_2 emittieren, ersetzen.

- Wesentliche Reduzierung des durchzuführenden Flug- und Schiffsverkehrs und auch eine andere Preisanwendung, zumindest im Flugverkehr (Abkommen von der Möglichkeit der Billigflüge), so lange durch die Nutzung der Treibstoffe usw. eine weitere Gefährdung der Menschheit insgesamt durch den höheren Treibstoffausstoß erfolgt. Dadurch wird ein Erfordernis zur Freisetzung an Arbeitskräften bzw. zur Reduzierung der Arbeitszeit aus ökologischen und in deren Auswirkung auch aus ökonomischen Gründen erforderlich sein.

- Freisetzung von Arbeitskräften oder Minderung der Arbeitszeit der Beschäftigten in der Gesamtheit der Konsumgüterwirtschaft. Im Interesse der Umwelt sollten diese Maßnahme auch insbesondere zur Vermeidung der weiteren Erderwärmung und zum notwendigen Abkommen von der Wegwerfmentalität und dem dadurch wesentlich geringeren Rohstoffverbrauch unbedingt erfolgen. Unter Beachtung der Endlichkeit sowie der Obsoleszenz und der damit entstehenden künstlichen Verkürzung der Lebenszeit der jeweiligen Waren sowie der Dienstleistungen können wir dieses Ausmaß an Konsumgüterverbrauch wie bisher nicht mehr durchführen. Wir können uns dieses im Interesse der Steigerung bzw. der weiteren Ankurbelung des Konsums entstehende Überangebot an Konsumgütern aus vielen Gründen nicht mehr erlauben. Es darf nur ein solches notwendiges Grund-Angebot angesichts des notwendigen – auch ökologisch begründeten – Wachstumsstopps in der westlichen Welt, speziell im Konsumgüterbereich, eintreten.

- Freisetzung von Arbeitskräften oder Minderung von deren Arbeitszeit unabhängig von den Wirkungen der Digitalisierung in nahezu fast allen Zweigen der Verpackungsindustrie. Diese Maßnahme muss schon deshalb erfolgen, weil sie auch aus ökologischen Gründen notwendig ist. Die notwendigen Einsparungen bei der Verpackung, wozu auch die Kunststoffindustrie und auch die Herstellung von Plastik sowie von Plastiktüten gehört, sind deshalb unbedingt zu erreichen.

- Durch das Überangebot an Nahrungsmitteln, wobei diese auch als Konsumgüter anzusehen sind und durch eine andere notwendige Ernährung (u. a. zunehmende Verringerung des Fleischkonsums) wird es auch unabhängig von den Wirkungen der Digitalisierung zu einer Verringerung des Bedarfs an Arbeitskräften und zur Arbeitszeiteinsparung kommen. In diesem Zusammenhang wird es durch die erforderliche Reduzierung des teilweise übermäßigen Überangebots an Gaststätten auch zu einer Verringerung der Anzahl der Beschäftigten in Gaststätten kommen.

- Auch aus ökologischen Gründen wird es bei den Flügen und den Kreuzfahrtschiffen einen notwendigen Rückgang sowohl des internationalen, als auch des nationalen Tourismus kommen, auch bedingt durch die Wirkungen der Corona-Pandemie.

- Es muss und wird hoffentlich zu einem Fleischrückgang kommen, und dadurch wird es auch zu Folgewirkungen auf die Landwirtschaft hinsichtlich der zwangsläufigen Folge der Freisetzung von Arbeitskräften oder der Verringerung von Arbeitszeit, besonders in den Zweigen der Tierproduktion und deren Folgewirkungen auf andere vorgelagerte Zweige der Landwirtschaft führen.

Die Erderwärmung wird mit einer hohen Dringlichkeit zur Vermeidung einer ökologischen Katastrophe noch eine höhere Freisetzung bzw. Arbeitszeitverminderung, als bisher beschrieben wurde, trotz der in Frage kommenden Maßnahmen der flankierenden diesbezüglichen Strukturveränderungen zunehmend erfordern.

Sicher werden dadurch hierbei, wie erwähnt, auch neue Arbeitsplätze entstehen, aber nach meiner Einschätzung werden, wie ebenfalls schon an anderer Stelle in diesem Buch erwähnt wurde, die neu entstehenden Arbeitsplätze in keiner Weise, bezogen auf deren Anzahl, die Anzahl der notwendigen freizusetzenden Arbeitskräfte angesichts der gewaltigen ökologischen Auswirkungen, die mit nie da gewesener Schärfe vor uns stehen, ersetzen.

Somit wird auch durch die Wirkungen der Klimaerwärmung und der anderen derzeit noch negativ wirkenden ökologischen Ergebnisse und auch durch die Probleme und Folgen der derzeitigen Pandemie eine in der Summe wesentlich höher liegende Anzahl an freizusetzenden Arbeitskräften, trotz der Gegenwirkungen neuer

Technologien, des Wirksamwerdens geeigneter Strukturmaßnahmen und eventuell veränderter, aber auch endlicher Rohstoffe, wie aufgeführt, unumgänglich sein."

Wir müssen leider davon ausgehen, dass wir nicht nur wegen des wichtigen Erfordernisses, damit nicht die Gefahr für das Weiterleben von uns Menschen eintritt, deshalb alles tun müssen, die Senkung der CO_2-Emissionen erheblich in der uns nur noch zur Verfügung stehenden Zeit zu schaffen, damit die Erderwärmung nicht über 1,5 Grad Celsius steigt.

Die Wirkungen der für uns Menschen aus ökonomischen Gründen sehr wichtigen Erfordernisse einer zunehmenden Digitalisierung und auch der gegenwärtigen Auswirkungen auf die Nachfrage, einschließlich auf die Kaufkraft sowie insbesondere die wirtschaftlichen Folgen des derzeit bestehenden Corona-Virus, werden uns noch erhebliche Probleme bereiten.

Dadurch und auch aufgrund der Erhöhung der Anzahl der auf dieser Welt lebenden Menschen werden wir leider nicht mehr in der Lage sein, für alle Menschen auf der Erde die Voraussetzungen schaffen zu können, dass alle Menschen eine entgeltliche Arbeit bekommen können. Im Interesse der materiellen Versorgung und der Existenzsicherung aller Menschen auf der Welt müssen wir den Menschen, die keine Arbeit trotz aller Versuche bekommen können oder wenn andere Gründe vorliegen, dass eine Arbeitsaufnahme nicht möglich ist, ein materielles Grundeinkommen sichern bzw. zahlen.

7.17. Notwendigkeit einer Veränderung unserer Wirtschaftsordnung

Um zu sichern, dass das wichtige Menschheitsproblem der Klimakrise noch im Interesse von uns Menschen gelöst wird und auch wegen den sich noch ergebenden Mängeln der Globalisierung müssen wir unser Gesellschafts- und Wirtschaftsmodell grundlegend weltweit und auch in Deutschland ändern. Besonders auch in der Gegenwart unter den Gegebenheiten des weltweit wirksamen Corona-Virus ist dies eindeutig, wie ein Brennglas, zu sehen. Auch dass Menschen in Ländern dieser Welt leider immer noch hungern und sterben, ist ebenfalls ein Grund, dass wir unser Gesellschafts- und Wirtschaftsmodell wirkungsvoll verändern müssen.

Erste Anhaltspunkte zu einer möglichen Veränderung unserer Wirtschaftsmethode unter den zugrunde gelegten Ausgangsgegebenheiten, dass wir die Gesellschafts- und Wirtschaftsmethode des Kapitalismus zwar beibehalten, aber dass manche Mängel des heutigen Kapitalismus für die Menschen beseitigt werden, sind in den bereits auszugsweise geschilderten Ausführungen des norwegischen Wirtschaftsphilosophen Anders Indset in seinem Buch "Quantenwirtschaft. Was kommt nach der Digitalisierung?“ enthalten. Auch die erheblichen Klimaprobleme führen dazu, dass unsere Gesellschafts- und Wirtschaftsmethode anders gestaltet werden muss.

Auch insbesondere bezüglich einer u. a. gerechteren Betreibung des Kapitalismus im 2018 bereits in der 5. Auflage in vielen Ländern der Welt im Dezember 2018 erschienenen Buch des aus Österreich stammenden Attac-Mitglieds Christian Felber zur Gemeinwohl-Ökonomie ist ebenfalls die Notwendigkeit einer Veränderung der Wirtschaftsordnung enthalten.

Das Buch „Gemeinwohl-Ökonomie“ hat auch eine sehr positive Resonanz gefunden, was in nachfolgenden, der Rückseite des Buches „Gemeinwohl-Ökonomie“ enetnommenen Wertungen zum Ausdruck kommt:

Stephane Hessel:

„Die gegenwärtige Wirtschaftsordnung ist eine Gefahr für die Demokratie, für den sozialen Frieden und die Menschenrechte. Es ist wichtig, aufzustehen und sich über die Praktiken der Finanzindustrie zu empören, über die sogenannten freien Märkte, die Ungerechtigkeit hervorrufen und über den fortschreitenden Demokratieverlust. Genauso wichtig ist sich zu engagieren für eine demokratische, solidarische und ökologische Alternative. Die Gemeinwohl-Ökonomie ist ein vollständiges Alternativmodell, das all diese Werte vereint und bereits in der Praxis Fuß fasst. Ich rufe alle Menschen, denen die Menschenwürde, die Demokratie, der blaue Planet ein Anliegen sind, auf: Engagiert euch für die Gemeinwohl- Ökonomie."

Harald Welzer:

„An der Gemeinwohl-Ökonomie ist bemerkenswert, dass sie kein Buch blieb, sondern zu einer Bewegung wurde, die immer weiter wächst. Sie hat noch eine große Zukunft vor sich."

Jacob von Uexküll:

„Christian Felber zeigt den Weg zu einer Ökonomie, in der Geld und Märkte wieder den Menschen dienen, statt umgekehrt."

Auch meine Meinung ist, dass die Missstände des gegenwärtigen Kapitalismus eindrucksvoll dargelegt und in Verbindung mit der Verfahrensweise der Gemeinwohl-Ökonomie viele Vorschläge zur Betreibung eines für die Menschheit sowie den Einzelnen besseren Kapitalismus unterbreitet wurden. Leider ist die Resonanz der Führenden, speziell auch in Deutschland, und einer Vielzahl von Konzernen, die Art und Weise der Anwendung des Kapitalismus im Sinne der Gemeinwohl-Ökonomie zu ändern, noch nicht zufriedenstellend. Die dringenden Erfordernisse, sich als Mensch im Sinne der Gemeinwohlökonomie so zu verhalten, findet nicht überall das notwendige Echo, das im Interesse der nicht weiter steigenden Höhe der Erderwärmung von allen bzw. der überwiegenden Anzahl der Menschen erforderlich wäre. Deshalb bedarf es noch einschneidenderer Maßnahmen, damit die Erfordernisse aller Menschen dahingehend erfüllt werden können, dass die Erderwärmung nicht über 1,5 Grad Celsius mit den dann entstehenden gravierenden Folgen in der uns nur noch zur Verfügung stehenden Zeit steigt.

Auch die Demokratie ist durch die Folgen der rieseigen Vermögensunterschiede, der wachsenden Ungleichheit und mancher anderer Gründe in Gefahr. Deshalb bedarf es noch entschiedener Maßnahmen zu deren zunehmenden Verringerung. Den von Anders Indset unterbreiteten Vorschlag, dass kein neues Eigentum geschaffen wird und eine Kreislaufwirtschaft betrieben werden soll, begrüße ich auch als notwendige Maßnahmen bezogen auf die Klimaerfordernisse und die dann mögliche Eindämmung zum nicht weiteren Ansteigen der Vermögensunterschiede.

Von Anders Indset wurden Grundsätze für die Einführung der Quantenwirtschaft genannt, aber es wurde von ihm nicht auf alle wichtigen Erfordernisse, die sich aus den von ihm genannten Grundsätzen ergeben, konkreter eingegangen. Diese Gesichtspunkte sollten deshalb auch in Verbindung mit einer Reihe von Vorschlägen, die in den Ausführungen der Gemeinwohl-Ökonomie von Christian Felber enthalten waren, aus meiner Sichtweise benannt werden.

7.18. Ansatzpunkte und Vorschläge zur Veränderung der Gesellschaft und der Wirtschaft

Einige weitere Vorschläge und Konkretisierungen wurden von mir ebenfalls in diesem Buch bereits unterbreitet. Die Ansatzpunkte, die nachfolgend als Vorschlag erarbeitet werden, sind unter den bestehenden Bedingungen in Deutschland von mir als mögliche Vorschläge bzw. als Denkanstoß erarbeitet worden. Sofern dies auch unter den jeweiligen Wirtschaftsgegebenheiten in anderen Ländern vom Ansatz her erfolgen kann, sollten diese Vorschläge unter den spezifischen Bedingungen der einzelnen Länder, sofern sie Beachtung finden könnten, berücksichtigt und umgesetzt werden. Die bisher bestehenden Eigentümer behalten gemäß des Vorschlags weiterhin bis zum Wirksamwerden der möglichen Änderung ihren Privatbesitz, auch unter Beachtung der Wirksamkeit der Erbschaftssteuern.

Einige Ansatzpunkte für die Vorschläge werden nachfolgend in Kurzform genannt:

Vorschlag zur Veränderung des Eigentums für Konsumgüter und der nur noch möglichen Miete der zu erwerbenden Erzeugnisse und Leistungen für Konsumerfordernisse: In Anspruch genommene Konsumgüter, egal, ob Produkte oder Leistungen, können bis auf bestimmte Ausnahmen nicht mehr im Privatbesitz bleiben.

Man kann bis auf die entsprechenden Ausnahmen nur Konsumgüter und Leistungen auf Mietbasis erwerben. Die vom jeweiligen Hersteller oder Händler erarbeiteten und festgelegten Mietpreise müssen die Kosten für die erforderliche Klimaneutralität und für freie Güter berücksichtigen. Dies geschieht auf Basis von Kalkulationen, um die jeweilige Miethöhe zu bestimmen.

Eine künstliche Verkürzung sowie eine Verringerung der Lebenszeit (Ermüdung) ist aus Ressourcengründen nicht mehr erlaubt, und auch eine künstliche Erhöhung des Wachstums durch Materialermüdung wird deshalb verboten. Eine maximale Lebens- sowie Nutzungszeit aller Konsumgüter ist auch aus Ressourcengründen zu erreichen.

Die Länge der festgelegten Mietnutzung ist bei der Miethöhe mit zu berücksichtigen. Wer länger mietet bzw. nutzt, braucht – in Relation gesehen – weniger Miete für den betreffenden Zeitraum zu bezahlen.

Alle Konsumgüter und Leistungen werden nach Beendigung der Mietnutzung an den jeweiligen Hersteller und, sofern notwendig, dem Händler in jedem Fall wieder zurückgegeben.

Wenn eine funktionsgerechte weitere Mietnutzung des jeweiligen Konsumguts sowie der Leistung noch möglich ist, kann es weitervermietet werden. Es ist dann zu beachten, dass diese Mietnutzung, wenn keine Erhöhung des Aufwandes notwendig ist, eine Verringerung des Mietpreises zur Folge hat.

Falls für das Konsumgut sowie die Leistungen eine Instandhaltung bzw. eine Instandhaltungsmaßnahme noch gegeben und möglich ist, soll diese durchgeführt werden.

Nur in Ausnahmefällen, wenn eine Instandhaltung nicht mehr möglich ist, kann bei gegebenen Voraussetzungen eine Abfallverwertung erfolgen. Dabei ist eine maximale Stoffverwertung und für die verfügbaren Ressourcen eine Rohstoffnutzung durchzuführen.

Existiert der Hersteller oder Händler, beispielsweise durch Insolvenz oder aus anderen Gründen nicht mehr, muss ein gleichwertiger Hersteller oder Händler gefunden werden, der dafür wirksam ist. Für die Bestimmung, wer dann in Frage kommt, wenn keine einvernehmliche Lösung unter den dann möglichen Beteiligten gegeben ist, hat die jeweils zuständige territoriale verantwortliche staatliche Stelle eine Entscheidung zu treffen.

Wenn wegen der Spezifik des Produkts oder der Leistung eine Wiederverwendung nicht gegeben ist oder eine Verzehrung des jeweiligen Gutes erfolgt, wird keine Vermietung, sondern, wie bisher, ein Verkauf vorgenommen. Dies kommt beispielsweise für Lebensmittel, bestimmte touristische oder gastronomische Verkaufsprodukte bzw. künstlerische Leistungen usw. in Frage. Allerdings ist eine Bedingung für diese Art des Verkaufs, dass bis spätestens 2028 für diese Produkte und Leistungen eine Klimaneutralität zwangsläufig festgeschrieben wird.

Wenn eine Abfallbearbeitung unbedingt notwendig ist, ist ein maximaler Umfang stofflich wieder zu verwenden und es gesetzlich zu untersagen, dass der hohe verwertbare Anteil als Abfall vernichtet wird. Die sich dann ergebenden Erfordernisse bezüglich der sich noch weiter ergebenden Regelungen in der Kreislauf- bzw. Recyclingwirtschaft sind unbedingt zu beachten. Neben dem Erfordernis der maximalen Nutzung bzw. Verwertung von Sekundärrohstoffen sind im Interesse einer maximalen Ressourcennutzung die in diesem Zusammenhang erforderlichen Maßnahmen einzuleiten. Der Anteil der nicht nutzbaren Verwertung ist auf ein Minimum zu begrenzen und der Anteil der möglichen Abfallverbrennung dadurch wesentlich zu senken.

Es muss alles getan werden, den Verpackungsanteil erheblich zu verringern und nur auf das dringend notwendige Maß zur Abfallvermeidung zu bringen. Nicht nur im Plastebereich sind die aktuellen Maßnahmen der EU bzw. für Deutschland als Verbot konsequent umzusetzen. Die bisherigen Marketingmaßnahmen in der Verpackungsindustrie sind deshalb erheblich in Frage zu stellen. Es sind nur noch im Interesse der optimalen Ressourcennutzung und der Zielstellung der Abfallvermeidung die unbedingt notwendigen Produktverpackungsmaßnahmen durchzuführen. Auch für diese Prozesse ist spätestens bis zur vorgegebenen Zeit die erforderliche Klimaneutralität zu erreichen.

Der Anteil der Werbung ist im Interesse einer ressourcensparenden Nutzung auch unter Beachtung der notwendigen Maßnahmen zur Erreichung einer Klimaneutralität nur auf das vertretbare Minimum zu reduzieren.

Durch die Nutzung der möglichst papierlosen Verwaltung in Verbindung mit den Erfordernissen einer zunehmenden Digitalisierung und einem Büroabbau durch eine kundenfreundliche Verwaltung sollte ebenfalls zu einer wesentlichen Papierverbrauchverringerung und somit in nicht geringem Maße zur Ressourceneinsparung beigetragen werden.

Als Gewinn darf maximal eine Höhe von 5 Prozent als Rendite für alle Produkte und Leistungen kalkuliert werden. Damit soll eine einheitliche Grundlage für die mögliche Gewinnhöhe für alle Branchen geschaffen werden, und es sollten dadurch bestimmte Branchen, wie beispielsweise die Pharmazie-, Altstoff- bzw. Sekundärwirtschaft, nicht mehr solche übervorteilten Gewinnhöhen gegenüber anderen Branchen aufweisen. Diese Maßnahme soll auch dazu dienen, dass die Preise für die Produkte und Leistungen im Interesse der einzelnen Verbraucher und somit insbesondere der Menschen nicht so hoch ausfallen. Der Unternehmensgewinn darf nicht mehr so wie bisher ins Unermessliche steigen. Dadurch soll auch die Ungleichheit zwischen Arm und Reich nicht mehr weiter in einem so erhöhten Maße bestehen.

Der erwirtschaftete Gewinn der einzelnen Unternehmer soll deshalb reduziert werden, damit nicht manche Unternehmer den bisher relativ hohen Ertrag für das Unternehmen bekommen. Damit kann auch ein gewisser Einfluss zur Verringerung der höhen Polarität zwischen Arm und Reich erreicht und die notwendigen Wirkungen auf die Preise genommen werden. Es sollte weitgehend vermieden werden, dass manche Unternehmer, die unter Umständen gar nicht mehr für das Unternehmen aktiv tätig sind, trotzdem den bisher üblicherweise zugrunde gelegten Gewinn erhalten.

Die Gehaltszahlung für die Arbeitnehmer sollte in der gleichen Höhe wie bisher unter Beachtung der festgelegten Tarifbindung erfolgen. Für jede Stunde ist mindestens der jeweilige geltende gesetzliche Mindestlohn zu zahlen.

Mitarbeiterinnen und Mitarbeiter in den systemimmanenten Berufen in der Pflege, im Gesundheitswesen und in der Lebensmittelbeschaffung usw. sollten, wie erfolgt, außer den neuen tariflichen Regeln in der Pflege ab März 2020 bis zum Zeitraum der Beschränkungen einen zusätzlichen Gehaltsbetrag bekommen.

Es ist abzusichern, dass alle Diejenigen, die auf Grund von Corona-Betreuungseinschränkungen nicht arbeiten können, für diesen Zeitraum, in dem sie dadurch keine Bezahlung für ihre Arbeit bekommen, ein Grundeinkommen erhalten. Dieses Grundeinkommen, sollte, wie erwähnt, in der Summe unter der üblichen monatlichen Vollzeit-Entlohnung für alle Berechtigten liegen. Damit soll eine Motivation zur Arbeitsaufnehme erreicht werden.

Ich schlage vor, dass gegenwärtig von der bisher nur durchgeführten Einkommensbesteuerung zu einer Ressourcenbesteuerung noch nicht übergegangen wird. Aus folgenden Gründen bin ich der Auffassung, dass dies zur Zeit noch nicht der richtige Weg ist:

- Die persönliche Ressourcenausgaben sind schwer zu bemessen. Es wird als nicht richtig angesehen, dass diese Besteuerung pauschal für Alle erfolgt, da der Anteil der Ressourceninanspruchnahme sehr unterschiedlich ist und dadurch nicht gleichgesetzt werden kann.

- Wir brauchen als Staat Steuern, um die erforderlichen Ausgaben zu finanzieren. Deshalb halte ich es nicht für richtig, dass wir die Maßnahmen der Steuerinanspruchnahme auf eine Senkung in jedem Fall ausrichten.

Deshalb wird eine Digitalsteuer bzw. Anlagenbesteuerung in Verbindung mit einer Einkommensbesteuerung für einen besseren Weg der Besteuerung gehalten. Alle, die sich nur unter den Steuergrenzen bezogen auf ihr zu versteuerndes Einkommen bewegen, brauchen, wie bisher, keine Steuern zu bezahlen.

Die Digitalsteuer bzw. Anlagenbesteuerung soll sich nach meiner Einschätzung auf den Anlageverbrauch der einzelnen Unternehmen beziehen. Ein Teil des Anlageinvestitionen besteht auch jetzt schon aus Investitionen aus der Digitalisierung und wird sich zunehmend mit dem weiteren Wirksamwerden der Digitalisierung erhöhen.

Durch die erforderliche zunehmende Digitalisierung wird sich das Steueraufkommen erhöhen, und damit stehen mehr Mittel u. a. für die Bezahlung des nach meiner Meinung ansteigenden Bedarfs an der Finanzierung des zur Existenzsicherung der bedürftigen Menschen erforderlichen Grundeinkommens in Deutschland zur Verfügung. Es ergeben sich auch dadurch Möglichkeiten der Solidarität für andere notleidende Menschen auf dieser Welt.

Von mir wird vorgeschlagen, dass 6 Prozent Digital- oder Anlagensteuer auf die jeweiligen Unternehmensanlagenbestände erhoben wird, damit ein Grundeinkommen gezahlt werden kann.

Die Höhe des Steuersatzes für die Einkommenssteuer sollte vorerst, außer den ungleichen Gegebenheiten zur Vermeidung des sogenannten Mittelstandsbauchs in der Einkommensbesteuerung, vorerst unverändert bleiben. Dies sollte auch deshalb erfolgen, weil die Beibehaltung der Höhe der Einkommenssteuer auf Grund der wirtschaftlichen Folgen der Corona-Pandemie und auch so zur Sicherung aller Aufwendungen für den Staat unumgänglich ist.

Ein Überkonsum an Massenfertigung ist nicht mehr erstrebenswert. Es sollte nur eine individuell bestellte Maßanfertigung von Produkten und Leistungen zum einen aus Ressourcengründen und zum anderen im Interesse der Verringerung des CO_2-Ausstoßes erfolgen. Außerdem kann dadurch erreicht werden, dass eine Überproduktion, die am tatsächlichen Bedarf von zu mietenden oder anderen Artikeln vorbei geht, vermieden wird.

Unser Ziel sollte nicht in der Erzeugung eines übergroßen Konsums bestehen, den wir in der Menge und auch wegen der sonstigen Erfordernisse überhaupt nicht benötigen und weil wir damit auch unseren CO_2-Ausstoß nur erhöhen. Wenn wir konsumieren, sollten wir langlebige, qualitätsgerechte Produkte bzw. Leistungen erwerben, die nicht so schnell verschleißen und keine Sättigung aufweisen.

Wir sollten Marketing- und Werbemaßnahmen als Verbraucher sehr kritisch sehen, weil durch die angebotenen Konsumgüter unter allen Umständen erreicht werden soll, dass wir den Verbrauch dieser Güter erhöhen, was auch im Interesse der Folgen für unser Klima nicht mehr angestrebt werden sollte.

Es sollten nur bei Erfordernis einzelne Güter produziert und vorrangig unter Berücksichtigung des individuellen Wunsches komplette oder komplexe Dienstleistungen angeboten werden.

Wir sollten unser Bewusstsein sowie unsere Vernunft gegenüber der hemmungslosen Gier nach neuen Produkten viel stärker einsetzen. Wir brauchen nicht immer das Allerneueste und Modernste, sondern bei Allem, was wir tun, sollten wir auch die Folgen für die Umwelt sehen.

Weitere Erfordernisse bezüglich der Änderung unserer Gesellschafts- und Wirtschaftsordnung und zu unserer Lebensweise sind, wie im Buch zum Teil an anderer Stelle schon geschrieben wurde, hierbei zu beachten.

7.19. Psychologische Nachteile der gegenwärtigen Wirtschaftsziele und der Lebensweise in der gegenwärtigen Gesellschaftsordnung in Deutschland unter Einbeziehung der Belange der Gemeinwohl-Ökonomie

Die Menschen sollen nicht, wie dies bisher oft der Fall war und leider auch noch ist, das Glück nur in einem übermäßigen Konsum sehen. Es wird dadurch mehr die Tatsache beachtet, dass nur das Vorhandensein des nur notwendigen Bedarfs für das Leben zum Glück erforderlich ist. Das Glück kann viel besser durch andere Werte und Handlungen empfunden werden und nicht nur durch einen hohen, nicht mehr vertretbaren Konsum. Wir Menschen brauchen nicht so viele materielle Dinge. Es ist oft für das Glück ausreichend, wenn wir nur die notwendigen materiellen Dinge zur Sicherung unserer Existenz besitzen. Zum Glücksempfinden gehören andere Werte als der übermäßige materielle Konsum, wie es das im Himalaja-Gebirge gelegene asiatische Land Bhutan, das materiell eines der ärmsten Länder der Welt ist, eindrucksvoll beweist. Die Schaffung des Glücks für alle Menschen besitzt dort einen sehr hohen Stellenwert.

Eine Ausbeutung anderer Länder, wie dies durch die gegenwärtige Art und Weise der gehandhabten Globalisierung erfolgt, soll im Interesse aller Menschen durch eine andere Art von Globalisierung verringert oder möglichst ganz verhindert werden.

Es kann und darf nicht sein, dass arbeitende Menschen, die weit über acht Stunden am Tag arbeiten müssen, wie Diejenigen, die z. B. in Afrika Kakao aus den Kakaobohnen produzieren, nur einen Lohn von drei Dollar pro Tag bekommen und die Kinderarbeit noch in diesem und in anderen Gebieten üblich ist, um nur etwas zur Existenz von den betreffenden Familien beizutragen. Manchmal bekommen sie noch weniger als drei Dollar pro Tag, trotz dem sie wesentlich über acht Stunden pro Tag arbeiten müssen und Kinder bekommen für ihre Arbeit viel zu spät und in noch wesentlich geringerem Umfang und manchmal auch gar keinen Lohn und müssen froh sein, wenn sie etwas zu trinken oder zu essen bekommen.

Dadurch kann – und die Möglichkeit besteht durchaus, wie dies auch die Folgen des Corona-Virus aufzeigen – sich das Gefühl der Solidarität zwischen den Menschen, auch unterschiedlichster Nationen, wesentlich stärker als bisher entwickeln. Der Geiz und der damit verbundene übergroße Stellenwert, einen niedrigen Preis immer und überall zu erzielen, soll dadurch in den Hintergrund gerückt werden.

Die Wirkungen der negativen Seiten der Globalisierung, bezogen auf die bestehende Ungleichbehandlung von Arm und Reich und die steigende Ausbeutung, können wegen den Folgen dieser ungesunden und oft ungerechten Entwicklung zu Kriegen, Terror und anderen Gewalttaten oder auch zur weltweiten Flüchtlingsbewegung führen. Deshalb müssen wir die Globalisierung anders und besser betreiben und in deren Prozess dabei solidarische und humanistische Gründe weltweit viel stärker beachten.

Die gewaltige Umweltzerstörung auf unserem Planteten und der viel zu hohe Ressourcenverbrauch bei endlichen Rohstoffen sollten erheblich reduziert werden. Das Augenmerk sollte viel mehr auf bestehende Erfordernisse zur Sicherung des Weiterlebens der Menschheit gerichtet werden. Die derzeit bestehenden Zielstellungen in der Globalisierung stehen oft im Widerspruch zu den Erfordernissen der CO_2-Emission.

Die Privatisierung öffentlicher Güter sollte im Interesse der Menschen der gesamten Welt wegen der Notwendigkeit der Versorgungssicherheit und vertretbarer Preise nicht mehr erfolgen und, soweit dies noch möglich ist, zurückgenommen werden.

Auch im Interesse aller Menschen und der weitestgehenden Vermeidung von Hunger und Sterben auf der Welt sollte, wie bereits erwähnt, weltweit die Zahlung eines Grundeinkommens unter Beachtung der konkreten Möglichkeiten der einzelnen Länder der Welt so schnell wie möglich erfolgen.

Der Wettbewerb als einer der Grundbestandteile der Marktwirtschaft ist auf eine bessere Gleichberechtigung aller Marktteilnehmer auszurichten, um in der notwendeigen Form als ein Hebel sowie Regulator im marktwirtschaftlichen Leben zu wirken.

Der Globalisierungsprozess soll durch manche derzeitigen negativen Seiten der Globalisierung nicht zu einer gewaltigen Charakterverschlechterung der einzelnen Menschen führen. Wir können dadurch unsere menschlichen Werte nicht richtig ausleben. Leider bestehen die negativen Zielstellungen im Interesse der gesamten Menschheit in einer noch immer vielfach bestehenden neoliberalen Gesellschaft zum Teil noch auf der Welt.

Wir können dadurch durch den leider geförderten Zwiespalt des Verhaltens nicht ausreichend authentisch wirken, weil die Vermögensunterschiede in erheblicher Größenordnung leider immer noch bestehen.

Christian Felber bringt in seinem Buch „Gemeinwohl-Ökonomie“ diese bestehenden Widersprüche im Verhalten zu den notwendigen Belange sehr konkret und eindrucksvoll zum Ausdruck, wie aus dem auszugsweise erfolgenden Zitat aus diesem Buch zu entnehmen ist:

".. In unseren Freundschafts- und Alltagsbeziehungen geht es uns gut, wenn wir menschliche Werte leben.

Vertrauensbildung, Ehrlichkeit, Wertschätzung, Respekt, Zuhören, Empathie, Kooperation, gegenseitige Hilfe und Teilen. Die "freie" Marktwirtschaft beruht auf den Systemspiegeln Gewinnstreben und Konkurrenz. Diese Anreizkoordinaten befördern Egoismus, Gier, Geiz, Neid, Rücksichtslosigkeit und Verantwortungslosigkeit. Dieser Widerspruch ist nicht nur ein Schönheitsfehler in einer komplexen oder multivalenten Welt, sondern ein kultureller Keil, er spaltet uns im Innersten - sowohl als Individuen als auch als Gesellschaft. Der Widerspruch ist deshalb fatal, weil Werte das Fundament des Zusammenlebens sind. Nach ihnen setzen wir unsere Lebensziele, an ihnen orientieren wir unser Handeln und verleihen diesem Sinn. Die Werte sind wie ein Leitstern, der unserem Lebensweg eine Richtung vorgibt. Aber wenn der Leitstern unseres Alltags in eine andere ethische Richtung weist - Vertrauensbildung, Kooperation, Teilen - und plötzlich in einem Teilbereich des Lebens der Marktwirtschaft, ein zweiter "Leitstern" in die exakt entgegengesetzte Richtung - Egoismus, Konkurrenz, Gier - zeigt, dann bricht in uns ein heilloser Widerspruch auf: Sollen wir uns solidarisch und kooperativ verhalten, einander helfen und stets auf das Wohl Aller achten? Oder zuerst den eigenen Vorteil im Auge haben und die anderen als RivalInnen und KonkurrentInnen kurz halten? Das Abgründige des Zwiespalts ist: Der Gesetzgeber bevorzugt den falschen Leitstern. Er setzt ihn in Recht und fördert damit Werte, unter denen wir alle leiden. Das ist nicht unbedingt sofort ersichtlich, weil in keinem Gesetz steht: Du sollst egoistisch, gierig, rücksichtlos - und verantwortungslos sein. Aber im Gesetz steht, dass wir in der Wirtschaft nach Finanzgewinn streben und einander konkurrenzieren sollten. Das steht in zahlreichen Gesetzen, Regulierungen und Abkommen der Nationalstaaten, der EU und der Welthandelsorganisation WTO. Die Folge ist das epidemische Auftreten asozialer Verhaltensweisen in der Wirtschaft. Nicht, weil der Mensch von Natur aus schlecht ist, sondern, weil die Spielregeln unsere Schwächen fördern, anstatt unsere Tugenden. Der "Imperativ", dass wir in der Wirtschaft einander konkurrieren und nach größtmöglichen persönlichen Finanzgewinn streben (= uns egoistisch verhalten) sollen, rührt aus der – eigentlich zutiefst paradoxen – Hoffnung, dass sich das Wohl aller aus dem egoistischen Verhalten des Einzelnen ergebe. ....

....

....

Adam Smith hoffte, dass eine "unsichtbare Hand" die Egoismen der Einzelakteure zum größtmöglichen Wohl aller lenken würde. ....

....

Bis heute bildet die Annahme, dass die Egoismen der Einzelakteure durch Konkurrenz zum größtmöglichen Wohl aller gelenkt würden, den Legitimationskern der kapitalistischen Marktwirtschaft. Aus meiner Sicht ist diese Annahme jedoch ein Mythos und grundlegend falsch: Konkurrenz spornt zweifellos auf ihre Weise zu Leistung an, ... aber sie richtet einen ungemein größeren Schaden an der Gesellschaft und an den Beziehungen zwischen den Menschen an. Wenn Menschen als oberstes Ziel ihren eigenen Vorteil anstreben und gegeneinander agieren, lernen sie, Andere zu übervorteilen und dies als richtig und normal zu betrachten. Wenn wir jedoch Andere übervorteilen, dann behandeln wir sie nicht als gleichwertige Menschen: Wir verletzen ihre Würde."

Das Gesellschaftsmodell der Gegenwart nimmt, wie ich dies auch sehe, Würdeverstoße bei den Menschen hin, um das jeweilige Ziel zu erreichen. Damit handeln wir, wenn wir uns als Gesellschaft weiter so verhalten, gegen Artikel 1 des Grundgesetzes, das so wichtige Gesetz in Deutschland, dass kein Würdeverlust nach diesem Gesetz erfolgen darf.

Infolge vieler Handlungen, aber auch durch die zunehmende Globalisierung, wächst die Kriminalität weltweit an. Es ist deshalb unbedingt in erster Linie durch eine gerechtere Wirtschaftsordnung erforderlich, die Ursachen der Kriminalität möglichst zu verhindern. Natürlich sollten wir durch bessere globale Vernetzung darauf unsere Wirkung rechtzeitig richten, die erforderlichen prophylaktischen Maßnahmen einzuleiten, um auf diese Weise die weltweite Kriminalität einzudämmen. Bei Eintreten krimineller Handlungen sollten wir die erforderlichen Maßnahmen, die uns rechtlich zur Verfügung stehen, einschließlich der Strafverfolgung, unbedingt durchführen.

Steueroasen dürfen weltweit nicht mehr existieren und falls diese noch zeitweilig bestehen, sind weltweit wirkungsvolle Maßnahmen gegen Steuerbetrug und Steuerhinterziehung einzuleiten. Unter den Gegebenheiten der Globalisierung sind diese Maßnahmen mit Entschiedenheit umzusetzen, damit jeder Staat seine ihm zustehenden Steuern bezahlt bekommt.

Mit Entschiedenheit sind alle erforderlichen Maßnahmen weltweit durchzuführen und durchzusetzen, die verhindern, dass eine neue Finanzkrise entsteht.

Gegen die Gefahr von Seuchen bzw. damit verbundene Krankheiten sollten weltweit die dazu erforderlichen Maßnahmen in ausreichender internationaler Vernetzung unter Leitung der WHO, die von den betreffenden Staaten finanziert werden sollten, eingeleitet werden. Alle in Frage kommenden Länder dieser Erde müssten sich an der Finanzierung der erforderlichen finanziellen Mittel für die WHO beteiligen. Eine Bereitstellung von Spenden sollte wegen der möglichen Abhängigkeit und den dann unter diesen Bedingungen nicht ausreichend gegebenen Voraussetzungen für das Treffen von objektiven Entscheidungen in keiner Art und Weise mehr erfolgen und deshalb verboten werden. Gegenwärtig wird die WHO jedoch noch zu 80 Prozent aus Spenden finanziert.

Bei Erfordernis und bestehenden Voraussetzungen bei weltweiten Seuchen und Krankheiten mit einer Ansteckungsgefahr auch für andere Menschen sollte zur

Vermeidung dramatischer Folgen auch für andere Menschen durch die bestehende Ansteckungsgefahr eine Pflichtimpfung durch die WHO beschlossen werden. Es sollten sich alle Menschen, wenn sie nicht berechtigte Gründe für eine Nichtimpfung haben, dann daran halten müssen. Dabei ist jedoch zu beachten, dass die notwendigen Prüfungen des zu verwendeten Impfstoffs erfolgen und dass dieser Impfstoff keine negativen Langzeitwirkungen hat oder die Gesundheit schadende Nebenwirkungen durch die Verwendung eines solchen Impfstoffes entstehen. Auch sollte, wie schon erwähnt, beachtet werden, dass Diejenigen, die aus gesundheitlichen Gründen im Ergebnis ärztlicher Entscheidungen nicht geimpft werden können, dann auch nicht geimpft werden brauchen.

Es ist aus aktuellem Anlass, insbesondere auch begründet durch die Folgen des Corona-Virus und da in der Vergangenheit weltweit eine nicht ausreichende Versorgungsicherheit von benötigten medizinischen Geräten, Atemschutzmasken, Medikamenten bestand, abzusichern, dass für diese und andere lebensnotwendige Güter eine ausreichende regionale Versorgung, wie bereits aufgeführt wurde, gesichert werden. Hierbei sollte keine Versorgung nur nach globalen noch geltenden gegenwärtigen wirtschaftlichen Prämissen und derzeit noch bestehenden Bestimmungen der Globalisierung erfolgen.

Die für das jeweilige Gebiet weltweit in Frage kommenden Organisationen, die eine hohe Verantwortung tragen, sollten unbedingt absichern, dass alle in Frage kommenden Staaten einen notwendigen Beitrag zur erforderlichen Finanzierung leisten.

Die Globalisierung ist ein Prozess, den wir nicht verhindern können und der nicht nur mit den genannen und anderen Nachteilen verbunden ist. Vorteile der Globalisierung können, wie zum Teil schon genannt wurde, u. a. in folgenden Punkten gesehen werden:

- Weltweite Vernetzung zwischen den Ländern. Somit können internationale Probleme der ganzen Welt besser gelöst werden und werden dadurch nicht nur aus nationaler Sicht einzelner Länder gesehen. Bei den vielen Problemen unserer heutigen Zeit, die oft erhebliche globale Auswirkungen haben, ist es wichtig, dass diese global erörtert und möglichst von den dafür verantwortlichen Gremien bzw. den Regierungsvertretern aller Ländern der Welt gelöst werden können.

- Für das erheblichste Problem der Menschheit, die mögliche Verhinderung einer weiteren steigenden Erderwärmung mit den dadurch möglichen drastischen Folgen für die Menschheit müssen weltweit bessere Voraussetzungen im internationalen Maßstab geschaffen werden. Allerdings ist der gegenwärtige weltweite Stand bezüglich der Rechtzeitigkeit der erforderlichen Handlungen und der bisher eingeleiteten Maßnahmen aus globaler Sicht als völlig unbefriedigend anzusehen.

- Vielfach gehen Länderinteressen sowie die Interessen mächtiger Bevölkerungsgruppen einzelner Länder und auch nationale Egoismen und das Verhalten einzelner Menschen noch vor den eigentlich zugrunde zu legenden Gesamtinteressen der Menschheit. Die Tragweite dieses so wichtigen Problems für die gesamte Welt wird nicht oder nicht richtig erkannt. Man kümmert sich völlig ungenügend um die Belange späterer Generationen. Man kann sich des Eindrucks nicht erwehren, dass manche Ältere völlig ungenügend handeln, weil sie leider davon ausgehen, dass diese Probleme sie aufgrund ihres Alters nicht mehr betreffen. Oder man denkt, dass man noch viel Zeit hat, die notwendigen Maßnahmen einzuleiten, oder man glaubt nicht an die steigende Erderwärmung sowie an deren Folgen.

Da die notwendige globale Revolution nur weltweit durchgeführt werden kann und die Vorteile der Digitalisierung bei deren richtiger Handhabung auch anderen Ländern der Welt und den dort lebenden Menschen nützen können, ist eine Globalisierung auch in dieser wichtigen Frage der Menschheit besonders wichtig. Diese ist auch wegen der bestehenden realen Möglichkeit zum notwendigen Wohlstand sowie zur Existenzsicherung aller Menschen auf diesem Planeten notwendig.

Im Ergebnis der Digitalisierung, in Verbindung mit den zur Digitalisierung notwendigen Handlungen und wegen der sich ergebenden Nachfragereduzierung durch die gegenwärtigen Wirkungen des Corona-Virus werden die bereits genannten Wirkungen auf einen möglichen Arbeitsplatzverlust entstehen können.

Das andere Konsumverhalten soll dazu beitragen, dass ein nicht so hoher Anstieg der Erderwärmung eintritt und wegen der Notwendigkeit, dass die Welt u. a. auch aus wirtschaftlichen Gründen anders betrieben werden muss.

Deshalb sollte allein zur Existenzsicherung Derjenigen, die kein Entgelt oder eine andere Form des Einkommens beziehen, noch derzeit in differenzierter Höhe, wie beschrieben, ein weltweites Grundeinkommen für die davon betroffenen Menschen in allen Ländern der Welt gezahlt werden.

Durch die positiven Effekte auf die Wirtschaft wird eine richtige und gerechtere Globalisierung bestehen. Wir können dann bessere Voraussetzungen für ein Grundeinkommen weltweit für alle Menschen dieser Erde, unter Beachtung der leider noch durch die unterschiedlichen Ausgangsbedingungen noch erforderlichen Differenzierung zwischen den einzelnen Ländern, erreichen.

Die Möglichkeiten des Welthandels durch die Globalisierung kann dann noch viel besser die erforderlichen logistischen und alle anderen in diesem Zusammenhang notwendigen Arbeiten beinhalten. Durch Transporttechnologien, die Containerisierung, überhaupt durch die zur Verfügung stehenden Möglichkeiten der Transport-, Umschlags- und Zwischenlagerung, kann diese Arbeit im Rahmen der Globalisierung dann in einer hohen Qualität und Quantität erfolgen. Auch dadurch werden bessere Voraussetzungen für die weltweite Sicherung der Versorgung für die Menschheit geschaffen. Überhaupt bestehen durch den technischen Fortschritt sowie die Verbesserung der Produkt- und Prozessinnovationen durch die Globalisierung viel bessere Möglichkeiten, um weltweit fungieren zu können.

In der Kommunikation bestehen durch die weltweite Internet-Verfügbarkeit und viele weitere global anwendbare Kommunikationstechnologien durch die Globalisierung sehr viele effiziente Möglichkeiten.

Neben den positiven Wirkungen der Globalisierung und den erheblichen Mängeln, die der Kapitalismus der Gegenwart noch aufweist, ist es sehr wichtig, unsere Wirtschaft viel mehr nach den Erfordernissen des Gemeinwohls im Rahmen einer notwenigen Veränderung unserer Wirtschaftsmethode auszurichten.

Die Wirtschaftsunternehmen sollten sich noch viel mehr als bisher in ihrer Unternehmenstätigkeit nach den Erfordernisse des Gemeinwohls ausrichten. Besonders betrifft dies, wie schon erwähnt, große Wirtschaftsunternehmen, die noch völlig ungenügend das Gemeinwohl in ihrer Unternehmenstätigkeit verkörpern und beachten. Diejenigen Unternehmen, die durch ihre unternehmerischen Handlungen viel stärker zum Gemeinwohl beitragen, sollen vielfältige mögliche Vorteile wegen ihres besseren Verhaltens für die Gesellschaft erhalten. Deshalb ist es wichtig, eine Gewichtung des differenzierten Gemeinwohlverhaltens durchzuführen. Dazu kann eine Gemeinwohl-Bilanz erstellt werden, um die Erfüllung des wichtigen Ziels für die Menschheit, das darin besteht, die Gemeinwohlbilanz zu messen und eine wesentliche Verbesserung des Gemeinwohlhandelns zu erreichen. Wie eine Gemeinwohl-Bilanz aussieht und welche Bestandteile sie enthält und überhaupt viele zu beachtende Belange und Vorschläge zur Betreibung eines Gemeinwohlunternehmens unter besseren kapitalistischen Verhältnissen kann aus dem Buch "Gemeinwohl-Ökonomie" von Christian Felber entnommen werden. Leider werden diese Erfordernisse in der Gegenwart bei manche Unternehmen, wie bereits erwähnt wurde, noch nicht oder noch nicht in ausreichender Form beachtet.

Die gegenwärtigen Folgen des Corona-Virus auf die Wirtschaft in Verbindung mit den nicht aufschiebbaren Maßnahmen zur rechtzeitigen und erheblichen Einsparung sowie der notwendigen Reduzierung der Treibhausgasemission, die zu erwartende Veränderung des Konsumverhaltens insgesamt sowie in Teilbereichen einzelner

Branchen werden zu erheblichen Veränderungen in der Gestaltung unserer Wirtschaft führen.

Es werden dadurch Wirkungen auf die Nachfrage und die zur Verringerung der zur Verfügung stehenden Kaufkraft und ein höheres Sicherheitsverhalten entstehen. Weil auch weiterhin mögliche Folgen des Corona-Virus nicht auszuschließen sind, werden voraussichtlich in unserer Wirtschaft eine Reihe von Strukturänderungen gegenüber der bisherigen Entwicklung eintreten müssen.

Der ökonomisch bedingte Wegfall einiger Unternehmen wird ebenfalls Auswirkungen auf die wohl zwangsläufig sich ergebenden Strukturveränderungen haben. Auch dieses Ereignis muss mit den bereits erwähnten weiter zu beachtenden Faktoren mit dazu beitragen, dass wir unser gegenwärtig vorhandenes Gesellschafts- und Wirtschaftsmodell und auch die Art unserer gegenwärtigen Demokratie so nicht beibehalten können und dringend verändern müssen.

7.20. Erläuterung des Sekundärrohstoffsystems in der früheren DDR und Aussagen zur Befindlichkeit mancher Menschen in Ostdeutschland, auch in Verbindung mit Corona

Man muss beachten, dass die DDR als rohstoffarmes Land, der Ost-Teil der seit dem 03.10.1990 wiedervereinigten Bundesrepublik Deutschland, durch die bestandenen Wirtschafts- und Umweltprobleme über noch weniger Rohstoffe verfügte, als die damalige alte Bundesrepublik. Trotz oder gerade wegen dem in keiner Weise den Erfordernissen entsprechenden Umgang mit der Umwelt und Natur und den in der DDR zugelassenen Verstößen beim sachgerechten Umgang mit der Umwelt und Natur wurde ab den 1960er Jahren ein Kreislaufwirtschaftssystem entwickelt. Dieses System gab es damals nicht bis zur Wiedervereinigung in der alten Bundesrepublik und in West-Berlin. Dessen „Nachfolger", der ab den 1990er Jahren im gemeinsamen Deutschland entwickelte „Grüne Punkt," besitzt aus meiner Sicht nicht die Qualität, dass in dieser Tiefe eine Mülltrennung erfolgen kann.

Man könnte daraus – bezogen auf die Belange der Sekundär-Rohstoff-Verwertung – auch in der Kreislaufwirtschaft im gemeinsamen Deutschland die daraus möglichen Schlussfolgerungen zu einer höheren ressourcensparenden Behandlung und Verwertung bzw. Wiederverwertungen von Rohstoffen ziehen.

Ich halte es nicht für richtig, dass man generell noch Kosten für die in Frage kommenden wiederverwertbaren Abfälle zu tragen hat. Angesicht der hohen Bedeutung der Verwertung im umweltpolitischen Sinne und der relativ hohen erzielten Gewinne von Unternehmen, die die Abfallwirtschaft im gemeinsamen Deutschland betreiben, sollten den Bürgerinnen und Bürgern, die Abfälle zur Abfallverwertungsstelle bringen, keine zusätzlichen Kosten dafür auferlegt werden. Es könnte ein wirksamer Stimulus in der Ressourcenbehandlung eingesetzt werden, dass die Ergebnisse der Verwertung den einzelnen Bürgern, die sich an der Verwertung der Rohstoffe aktiv beteiligen, auch in gewisser Weise honoriert werden.

Sicherlich müssten mögliche Preise auch den Kalkulationsmöglichkeiten der wirtschaftlichen Erfordernisse der betreffenden Abfallunternehmen entsprechen. Man könnte jedoch im Hinblick auf eine besseren Ressourcenverwertung einen wirksamen Beitrag und vielleicht auch eine bessere oder einen höheren Grad der möglichen Verwertung von Abfällen erreichen. Überhaupt sollte ein anderer Umgang und eine andere Einstellung zu Abfällen erzielt werden. Auch soziale Gesichtspunkte in der Gesellschaft und ein besseres Miteinander könnte auf vielfaltige Art und Weise damit erzielt werden, weil auch hierbei bessere Voraussetzungen bestünden.

Nachfolgend wird das System d er Sekundärrohstoffverwendung der damaligen DDR vorgestellt. ....

Das SERO- (Sekundär-Rohstoff-)Erfassungssystem existierte in der DDR seit den 1960er Jahren. Auf Grund der bereits damals – und auch heute immer noch – bestehenden Rohstoff-Knappheit diente dieses System, dass durch den früheren Betrieb, den VEB Kombinat Sekundär-Rohstofferfassung mit seinen vielen Altstoff-Annahmestellen erfolgte, insbesondere seinen nicht motorisierten Kundinnen und Kunden, wozu sowohl Kinder, als auch Erwachsene zählten, zur Abgabe von Altstoffen. Die Abgabestellen befanden sich oft in der Nähe von Wohngebieten.

Es wurden Flaschen (auf Grund der unterschiedlichen Abgabepreise sortiert nach braunen, weißen und grünen Flaschen), Gläser (Extra-Sortierung großer und kleiner Gläser auf Grund des zu erzielenden Abgabepreises), Zeitungen, Altpapier, Schulbücher mit einer veralteten nicht mehr im Schulunterricht verwendbaren Schulfachausgabe, Alttextilien, Sprayflaschen (DDR-Fachbegriff: Aerosol-Flaschen), (vorrangig Zitronen-)Plasteflaschen, für Sekt- und Weinflaschen verwendeter Kork sowie Schrott gesammelt. Der Schrott wurde entsprechend den unterschiedlichen Metallanteilen, die auch Auswirkungen auf den zu erzielenden Kilopreis bei der Abgabe hatten, bewertet. Die Sekundärrohstoff-Erfassungs-Abgabestellen, in denen die gesammelten Altstoffe abgegeben werden konnten, hatten in der Regel von Montag bis Freitag bis einschließlich 18:00 Uhr für die Bevölkerung geöffnet.

Für die einzelnen Altstoffe gab es unterschiedliche Preise (in DDR-Mark):

Altstoff	**Differenzierung**	**Preis in DDR-Mark/Stück**
Flaschen	braun (Wein)	0,05 M
	grün (Sekt)	0,05 M
	weiß (Schnaps)	0,20 M
	Aerosolflaschen (Sprayflaschen)	0,10 M
	Plasteflaschen	0,03 M
Gläser	Klein	0,05 M
	groß (z. B. für Gurken)	0,30 M

Tabelle 8: Aufstellung der in den ostdeutschen SERO-Altstoff-Annahmestellen gezahlten Stückpreise für die Abgabe von Flaschen und Gläsern in DDR-Mark bis 1990

Altstoff	Differenzierung	Preis in DDR-Mark/kg
Papiersäcke	von Lebensmitteln, Baustoffen, Düngemitteln (handentstaubt, sauber)	0,40 M
Pappe	Unsortiert Wellpappe (gebunden)	0,20 M 0,30 M
Papier	Schulhefte (ohne Umschlag, holzfrei, gebündelt) Bücher, inkl. Schulbücher (jeweils gebündelt) Zeitungen (farbige Werbung bzw. Werbeprospekte musste extra sortiert werden, ansonsten gleicher Preis bei Abgabe)	0,30 M 0,20 M 0,30 M
Alttextilien		0,50 M

Tabelle 9: Aufstellung der in den ostdeutschen Altstoff-Annahmestellen gezahlten Kilopreise für die Abgabe von Papiersäcken, Pappe, Paper und Alttextilien in DDR-Mark bis 1990

Die Angaben der Preisliste für die Abgabe von in den Tabellen 8 und 9 genannten Altstoffen in den ca. 17.000 SERO-Annahmestellen der DDR wurden aus dem Internet unter dem Link https://commons.wikimedia.org/wiki/File:Preisliste_SERO.jpg entnommen.

Schrottart	Preis in DDR-Mark/kg
Stahlschrott	0,12 M
Gussbruch	0,23 M
Aluminium	1,80 M
Zink	1,60 M
Kupfer	2,50 M
Blei	1,80 M

Tabelle 10: Aufstellung der in den ostdeutschen Altstoff-Annahmestellen gezahlten Kilopreise für die Abgabe von Schrott unterschiedlicher Beschaffenheit in DDR-Mark bis 1990

Außerdem wurden für die Abgabe alter Fotofilme 0,05 M pro Stück, für Fixierlösungen/Liter 0,40 M und pro Kilogramm Plaste 1,00 M von den Altstoff-Annahmestellen gezahlt. Diese sowie die in Tabelle 10 genannten Preise wurden dem

SERO-Taschengeld-Rechner unter dem Link https://www.ddr.center/sero.html entnommen.

Leider wurde dieses System, das dem in der Bundesrepublik zum damaligen Zeitpunkt noch nicht vorhandenen System „Grüner Punkt“ in seiner Effizienz haushoch überlegen war und immer noch ist, im Zuge des Beitritts der DDR zur (alten) Bundesrepublik Deutschland am 03.10.1990 abgeschafft, obwohl die Recycling-Expertin Prof. Susanne Hatard 1990 von der damaligen Bundesregierung im Sommer 1990 den Auftrag bekam, das SERO-System der DDR zu untersuchen und es für effizient befand. Auch der damalige Umweltminister der BRD, Prof. Dr. Klaus Töpfer (CDU) zeigte sich vom SERO-System begeistert.

Auf Grund der Tatsache, dass die Abfallentsorgungsbetriebe der DDR spätestens seit der Wirtschafts-, Währungs- und Sozialunion zum 01.07.1990 viel billiger aus der Bundesrepublik beliefert wurden und deshalb von den SERO-Annahmestellen nichts mehr annahmen, drohte das System SERO zusammenzubrechen.

Da es auch auf Grund der Währungsumstellung zwischen der DDR-Mark zur D-Mark zum 1. Juli 1990 bereits Umrechnungsschwierigkeiten gab, ließ man dieses Modell bereits zu diesem Zeitpunkt auslaufen, um nicht in die Bedrängnis der Umrechnung der Altstoff-Abgabepreise der DDR zur D-Mark zu kommen. Auch bestanden leider weitere aus meiner Sicht unberechtigte Gründe, dass man das DDR-SERO-System nicht für das gemeinsame Deutschland einführte.

Man könnte gerade bei Klassenfahrten oder anderen Ereignissen im Schülerbereich durch das gemeinsame Sammeln entgeltlicher Altstoffe, insbesondere bei alten Leuten, die aus Alters- bzw. aus gesundheitlichen Gründen ihre Altstoffe nicht mehr abgeben können, die benötigten finanziellen Mittel erarbeiten. Dadurch können die Schüler durch die gemeinsame Tätigkeit hierbei und durch das gemeinsame Anliegen viel mehr zusammenrücken und gemeinschaftliche Handlungen ausführen.

Auch die finanziell schlechter gestellten Schülerinnen und Schüler, bei denen die Eltern durch ihre geringen Einkünfte nicht die Möglichkeit aus finanziellen Gründen haben, dass ihre Kinder an Klassenfahrten nicht teilnehmen können, lernen, dass finanzielle Mittel durch das Sammeln der Altstoffe, ihnen diese finanziellen Mittel auch einen Beitrag geben können.

Dadurch, dass diese finanziellen Mittel von den Klassenkameraden bzw. Klassenkameradinnen gegeben werden können, können sie auch an der Klassenfahrt oder an anderen die Zusammengehörigkeit in der jeweiligen Klassen fördernden Maßnahmen teilnehmen. Damit wird auch ein besseres Zusammenleben zwischen Schülern, deren Eltern arm bzw. reich sind, ermöglicht werden. Die Kinder bzw. Schüler können dann, wenn sie erwachsen sind, einen ganz anderen, einen menschlichen Umgang, einen Gemeinsinn, die Empathie, ein tolerantes und nicht mehr, wie dies oft der Fall ist, ein egoistisches, rüpelhaftes oder ein empathieloses Verhalten leider oft an den Tag legen."

Im Gegensatz zu heute wurden die Schülerinnen und Schüler in den Schulen auch dazu angehalten, Schulbücher, die sie für die einzelnen Fächer nicht mehr benötigten, nachfolgenden Klassenstufen zur Verfügung zu stellen. Jedoch geschah dies unter Beachtung der jeweils gültigen Auflage eines Buches. So konnte auch hier Papier zu deren Herstellung eingespart und gleichzeitig mit dazu beigetragen werden, dass Schüler aus kinderreichen Familien Schulbücher kostenlos zur Verfügung gestellt bekommen konnten.

In der Bundesrepublik Deutschland existiert seit den 1990er Jahren das Wiederverwertungsmodell „Grüner Punkt". Um dieses Modell dem SERO-Modell der DDR gegenüberstellen zu können, wird dieses Modell des „Grünen Punkts" erklärt, siehe den Link: https://www.gruener-punkt.de/de/politik-gesellschaft/verbraucher/wie-funktioniert.html auf der Seite des „Grünen Punktes").

„Der Grüne Punkt ist ein geschütztes Markenzeichen der Der Grüne Punkt – Duales System Deutschland GmbH (DSD) und steht für eine funktionierende Kreislaufwirtschaft, also die konsequente Nutzung von Wertstoffen aus Abfällen. Mit der permanenten Weiterentwicklung des Recyclings führt der Grüne Punkt immer mehr Wert- und Rohstoffe einer Verwertung und einem neuen Nutzen zu. Das schützt endliche Ressourcen, das Klima und die Umwelt.

Ist der Grüne Punkt auf eine Verpackung gedruckt, so zeigt der Hersteller dieser Verpackung damit, dass er die Pflichten der Verpackungsverordnung erfüllt. Aber auch Verpackungen ohne Grünen Punkt dürfen in die Getrenntsammlung. Wie das funktioniert, wissen Sie sicher: Glas in die Glascontainer, Papier und Pappe in die Altpapiersammlung und Leichtverpackungen aus Kunststoff, Metall und Verbundstoffen in den Gelben Sack oder die Gelbe Tonne."

Es gibt Produkte, die gehören nach deren Verbrauch zur Wiederverwertung in den gelben Sack, und es gibt Produkte, die dort nicht reingehören. Um mehr Klarheit zu erhalten, stelle ich diese Produkte in der nachfolgenden Tabelle gegenüber.

In den gelben Sack / die gelbe Tonne gehören:	In den gelben Sack / die gelbe Tonne gehören nicht:
- Arzneimittelblister	- Altkleider
- Buttermilchbecher	- Babyflaschen
- Butterwickler	- Blechgeschirr
- Essverpackungen (Kunststoff)	- CDs und Disketten
- Getränkekartons und -kistchen	- Damenstrumpfhosen
- Joghurtbecher und -deckel	- Elektrogeräte
- Konservendosen	- Essensreste
- Menüschalen von Fertiggerichten	- Einwegrasierer
- Milchbeutel (Kunststoff)	- Faltschachteln
- Müsliriegelpapier (Kunststoff)	- Feuerzeuge
- Nudeltüten	- Filme
- Schokokusskarton	- Glas (Konservenglas, Glasflaschen)
- Schoko-Alufolie	- Holzwolle
- Senf-, Mayo, Ketchup-Eimer (Kunststoff)	- Hygieneartikel
- Shampoo-Flaschen (Kunststoff)	- Katzenstreu
- Spraydosen	- Keramiktöpfe
- Spülmittelflaschen (Kunststoff)	- Kinderspielzeug (Holz/Kunststoff/Blech)
- Speiseölflaschen (Kunststoff)	- Klarsichthüllen
- Steingutflaschen	- Kugelschreiber
- Styropor-Verpackungen (z. B. von Elektrogeräten	- Luftmatratzen/Zelte
- Suppentüten	- nicht geleerte Verpackungen
- Tierfutterdosen	- Papier
- Zahnpastatuben	- Pappe/Karton
	- Pflaster, Verbandsmaterial
	- Porzellangeschirr
	- Styroporreste (z. B. Dämmmaterial)
	- Tapetenreste
	- Taschentücher aus Papier
	- Videokassetten
	- Windeln
	- Zahnbürsten
	- Zigarettenkippen

Tabelle 11: Gegenüberstellung von Produkten, die in die gelbe Tonne bzw. den gelben Sack gehören und von Produkten, die dort nicht hinein gehören (siehe Link: https://www.gruener-punkt.de/fileadmin/layout/redaktion/Download/Der_Gruene_Punkt/Trennhilfe/2016/der-gruene-punkt-trennhilfe-web.jpg)

Wir sollten allein schon zur Verringerung des Ressourcenverbrauchs und der negativen Wirkungen auf das Klima von der Wegwerfmentalität abkommen.

Bei den Fragen von Glück, Solidarität und Freiheit sollte auch die Befindlichkeit von einem großen Teil der bis zum 02.10.1990 in der damaligen DDR, also der heute in Ostdeutschland lebenden Bevölkerung mit beachtet werden. Die Befindlichkeit war in vielen Dingen anders als in der alten Bundesrepublik und bei vielen Menschen im nunmehr gemeinsamen Deutschland. Sicherlich lag die damalige unterschiedliche Befindlichkeit von manchen Menschen in den früheren DDR auch in den in manchen Punkten unterschiedlichen Zielstellungen beider deutscher Teil-Staaten und auch in der differenzierten Verfügbarkeit von materiellen Mitteln begründet. Durch diese unterschiedlichen Voraussetzungen spielten auch das Geld und der Konsum eine in manchen Belangen andere Rolle zwischen den Menschen der damaligen zwei deutschen Staaten.

Frühere DDR-Bürger verfügten im Durchschnitt über wesentlich weniger materielle Mittel als Bürger aus dem bis zum 02.10.1990 bestandenen Teil der BRD bzw. aus West-Berlin. Die Rolle des Geldes und Konsums spielte im gemeinsamen Deutschland vor dem Ausbruch des Corona-Virus eine sehr große Rolle, und es bleibt abzuwarten, wie sich diese Rolle durch die gespürten wirtschaftlichen Folgen durch den Corona-Virus weiter entwickelt. Durch die geringere Verfügbarkeit von materiellen und finanziellen Mitteln und die bereits erwähnten großen durchschnittlichen Unterschiede zwischen Arm und Reich in den damaligen bis zum 02.10.1990 existierenden zwei deutschen Staaten, wobei die Unterschiede zwischen Arm und Reich in der DDR nicht so ausgeprägt waren, wie in der damaligen alten BRD und West-Berlin. Dadurch gab es in der damaligen DDR einen größeren Zusammenhalt zwischen den Menschen, und somit war auch in gewisser Weise ein solidarisches Verhalten stärker ausgeprägt als in der alten BRD und im nunmehr gemeinsamen Deutschland. Sicherlich hat auch die vorherrschende Mangelwirtschaft in der damaligen DDR damals zu einem Erstarken der Solidarität beigetragen. Deshalb wurde das Glück bei manchen damaligen DDR-Bürgern nicht nur im Materiellen gesehen.

Freiheit wurde von Manchen in der DDR anders als in der alten Bundesrepublik bzw. heute im wiedervereinigten Deutschland definiert, nämlich als „Einsicht in die Notwendigkeit". Nach dieser Maxime wurde in der DDR von Vielen auch das eigene

Freiheitsverhalten ausgerichtet. Zum Glück gibt es – zumindest noch in der älteren Generation von ehemaligen DDR-Bürgern – Menschen, die im nunmehr gemeinsamen Deutschland ihre Weltanschauung von Solidarität, Freiheit und Glück aus DDR-Zeiten in ihrem Handeln bis in die Gegenwart beibehalten und ihre damalige Weltanschauung nicht dem gegenwärtig vorherrschenden Mainstream geopfert haben. Hingegen hat nach fast 30 Lebensjahren im gemeinsamen Deutschland ein sehr großer Teil der Menschen aus der damaligen DDR – und dies trifft insbesondere für viele in den 1980er und nach der Wiedervereinigung ab den 1990er und 2000er Jahren in Ostdeutschland geborene Menschen zu – sich die in der alten Bundesrepublik typischen Verhaltensweisen zu eigen gemacht.

Manche, meistens jüngere Menschen, verstehen nicht, dass noch heute noch Unterschiede zwischen Ost und West und somit zwischen den neuen und den alten Bundesländern im gemeinsamen Deutschland bestehen. Sie sind der Meinung, man sollte endlich damit aufhören, nur nach Unterschieden innerhalb Deutschlands zu urteilen, da wir seit dem 03.10.1990 in einem gemeinsamen Deutschland leben.

Man muss an dieser Stelle jedoch auch erwähnen, dass die DDR im Bildungskanon insgesamt mit ca. 100 Unterrichtsstunden in der gesamten Schulzeit im Durchschnitt zumindest in Ostdeutschland noch einigermaßen im Unterricht behandelt wird. Es ist davon auszugehen, dass die Unterrichtsstunden-Anzahl, in der sich insgesamt mit der DDR beschäftigt wird, in den alten Bundesländern noch wesentlich geringer ausfällt. Dabei werden fast nur die schlechten Seiten der DDR dargestellt. Die Lehrerinnen und Lehrer sind nicht in der Lage oder – sofern sie bereits in der DDR-Zeit unterrichtet haben – trauen sich – möglicherweise aus Karriere-Gründen – oft nicht, den Schülerinnen und Schülern ein differenziertes Bild von der DDR zu vermitteln.

Erschwerend kommt hinzu, dass auch die letzte Lehrer-Generation, die entweder in der DDR oder in der Wende-Zeit ausgebildet wurde, in spätestens 10 bis 15 Jahren in Rente geht. Nachfolgende Generationen, sofern sie von ihren Familienmitgliedern keine bzw. nur eine unzureichende Vermittlung von DDR-Geschichte erhalten, werden kaum noch objektive Kenntnisse über die DDR vermittelt. Die Generation der ab Ende der 1980er Jahre Geborenen und gerade auch die Generation der ab 1990 Geborenen hat in der Schule über Themen, wie die Treuhand-Anstalt und des auf der Grundlage des am 09.08.1994 verabschiedeten „Gesetzes zur abschließenden Erfüllung der verbliebenen Aufgaben der Treuhandanstalt", oftmals allein auch schon altersbedingt nicht ausreichende Kenntnisse besitzen können (vgl. Nachfolgeorganisationen der Treuhandanstalt" den Link https://www.bundesfinanzministerium.de/Web/DE/Themen/Bundesvermoegen/Privatisierungs_und_Beteiligungspolitik/Privatisierungspolitik/Treuhand-Nachfolgeorganisationen/treuhand-nachfolgeorganisationen.html).

Obwohl gerade die Abwicklung von ehemaligen DDR-Betrieben sich auch bis in die heutige Generation von Arbeitslosen in Ostdeutschland auswirkt, wurde die Treuhand in ihrer eigentlichen Arbeitstätigkeit viel zu früh beendet und ist Manches in der Tätigkeit der Treuhand aus meiner Sicht falsch gelaufen.

Bei sensibler Betrachtung und auch durch manche individuell oder in Gemeinschaft erlebte Geschehnisse muss man im Gegensatz zur oft vorgefassten Meinung sagen, dass nicht alles in der früheren DDR schlecht und Manches sogar besser als im gemeinsamen Deutschland war.

Mehr als 4 Millionen von damals ca. 12 Millionen Erwerbstätigen zum Stichtag 03.10.1990 haben seit der Wende in Ostdeutschland ihre Arbeit verloren und auch negative Erfahrungen im gemeinsamen Deutschland empfunden sowie erlebt. Dies wirkt bei diesen Menschen noch heute nach.

Nicht nur Ältere, die die frühere DDR bewusst erlebt haben, sondern auch Jüngere, die nur kurz die frühere DDR erlebt haben, können sich auch an manches Gute aus der früheren DDR erinnern, was heute im Regelfall nicht mehr oder nur in sehr geringem Maße erwähnt wird.

Für viele Menschen, die in der alten Bundesrepublik oder im gemeinsamen Deutschland ab dem 03.10.1990 geboren wurden oder ihren Lebensmittelpunkt dort hatten, staunten und fanden es sehr gut, dass eine bessere Solidarität und auch ein anderes Freiheitsverhalten in Notständen der gesellschaftlichen Entwicklung sowie auch ein anderes Verhalten bestand. Dies trifft auch auf den oft übertriebenen Konsum zu, der bis jetzt immer in Deutschland und anderen wirtschaftlich starken Ländern der Welt oft zur Regel gehörte. Durch die Folgen des Corona-Virus wird derzeit in der Gegenwart zum Teil ein anderes Verhalten derzeit gezeigt. Man ist bei diesem oft übertriebenen Konsum zur Einsicht gekommen, dass man auf Dauer wie bisher offenbar so u. a. auch im Interesse des Klimas nicht weiterleben kann. Im zunehmenden Maße erkennen Manche in ihrer persönlichen Empfindung und auch bei einer Besinnung auf ihre persönliche Vernunft, dass sie den oft übertriebenen Konsum in dieser bisher gezeigten Form gar nicht unbedingt brauchen und eigentlich viele andere Dinge für die Menschen wichtig sind.

Die Folgen des Corona-Virus werden bei Einigen zu einer Veränderung der bisher oftmals gezeigten Lebensweise oder auch der Lebensgestaltung führen. Es könnte, wenn wir die aufgezeigten Lehren ziehen, im individuellen und in gewisser Weise auch im gesellschaftlichen Maßstab nicht nur zu einer vernünftigeren Lebensweise, sondern auch dazu führen, dass die dringend notwendigen Handlungen im ökologischen Bereich und in der Ressourceninanspruchnahme auf unserem Planeten im Interesse aller Menschen auf unserer Erde doch noch durchgeführt werden.

8. Zusammenfassende Schlussbetrachtung

In diesem Kapitel wird eine zusammenfassende Schlussbetrachtung zu diesem Buch gegeben, und es werden weitere aktuelle Gesichtspunkte dargestellt.

In den bisherigen Ausführungen wurde auch u. a. beschrieben, dass die Polaritäten zwischen Arm und Reich immer noch sehr hoch und auch trotz Corona-Virus nicht insgesamt weniger geworden sind. Diese großen Vermögensunterschiede wirken sich nicht nur, wie erwähnt, nachteilig für die Demokratie aus, sondern begünstigen, insbesondere durch den hohen Stand der Armut im Weltmaßstab, das Entstehen von Seuchen und Krankheiten bei den Menschen in der gesamten Welt. Auch die steigende Erderwärmung erhöht ebenfalls die Gefahr von Seuchen und Krankheiten. Wir werden damit auch beim Entstehen des Corona-Virus von den genannten erheblichen Vermögensunterschieden unserer nicht artgerechten und übergroßen materiellen Lebensweise, die sich in einer ständigen Steigerung des Konsums von Erzeugnissen und Leistungen äußert und deren Herstellung zu einer hohen CO_2-Emission und zu einer nicht nachhaltigen Lebensweise führt, als Menschheit bestraft. Es ist eine Tatsache, dass ärmere Menschen auf dieser Welt und auch in Deutschland viel mehr unter den Folgen des Corona-Virus zu leiden haben.

Die sehr zu kritisierenden Handlungen im Artenschutz, in der Landwirtschaft sowie das Insektensterben, unsere Verstöße gegen die Erfordernisse der Biodiversität und unser oft eintretendes ökologisches Fehlverhalten und das Verhalten auch gegenüber Tieren können ebenfalls verstärkt mit dazu beitragen, dass Seuchen für die Menschheit, wie auch das Corona-Virus entstehen. Auch durch unsere Verstöße gegen die Erfordernisse der Natur wird das Entstehen von Seuchen oder sogar Pandemien neben vielen Auswirkungen, unter denen wir als Menschen besonders leiden müssen, beeinflusst.

Diese und andere genannte Gründe müssen dazu beitragen, dass wir nicht nur die erheblichen Vermögensunterschiede schrittweise verringern sollten, sondern wir müssen unsere Lebensweise auch in Anbetracht steigender Erderwärmung und der anderen bestehenden ökologischen Probleme als Betroffene unbedingt im Interesse des weiteren Überlebens der Menschheit verändern.

Es ist sehr wichtig, dass die junge Generation im Rahmen der "Fridays for future"-Bewegung den Menschen weltweit die Richtung weist, dass es so nicht weiter gehen kann. Insgesamt gesehen machen wir im Weltmaßstab und auch in Deutschland viel zu wenig gegen das nicht weitere Ansteigen der Erderwärmung und somit für die Aufrechthaltung des weiteren Lebens für Mensch und Tier. Im Gegensatz zu manch anderen wegen ihres bisherigen Verhaltens oft zu kritisierenden Jugendlichen zeigen die betreffenden jungen Menschen, dass es auch ganz anders geht und übernehmen dadurch die Initiative und im hohen Maße mit die Verantwortung für die Belange der Zukunft der Menschheit. Ihre Forderungen sagen sie oft sehr drastisch, aber sie müssen so reagieren, da ein Großteil der begüterten Menschen ihre Bequemlichkeit und ihr bisheriges Leben so weiterleben wollen, ohne ausreichend an die Zukunft der Menschen sowie anderer Lebewesen zu denken. Gerade die jungen Menschen, die allein wegen ihres jungen Alters die Zukunft ihres Lebens noch vor sich haben und ihr Leben noch weiter gestalten wollen, sind dazu berufen, diese wichtige Aufgabe des Wachrüttelns wahrzunehmen. So kann es auf unseren Globus nicht weiter gehen. Sie müssen dies machen, weil manche von den begüterten Menschen dieser Welt sich bisher noch ungenügend oder überhaupt nicht mit dem wichtigen Menschheitsproblem, die Erderwärmung noch zum Stoppen zu bringen, beschäftigen. Es wird im Gesamtmaßstab viel zu wenig getan, dass eine geringere Treibstoffgasemission entsteht, und dadurch ist es schon nahezu zum Generationenkonflikt geworden, dass die dringend erforderlichen Maßnahmen eingeleitet werden müssen. Es wird jungen Leuten bei Demonstrationen sowie anderen Protestbewegungen oft gesagt, dass spätere Generationen dran schuld sind, wenn den jungen Menschen die Zukunft genommen wird. Ich finde den entschiedenen Widerstand der jungen Leute in weltweiten Bewegungen sehr wichtig, dass endlich die Verantwortlichen der einzelnen Länder ihre Haltung nicht nur auf dem Papier ändern, sondern wirkungsvoll im Interesse der gesamten Menschheit handeln.

Wir hatten so viel Zeit gehabt und nicht nur 30 Jahre Zeit, die erforderlichen Handlungen einzuleiten, die wegen der Klimakrise geboten waren, Die erforderlichen Maßnahmen wurden bisher nur im ungenügenden Maße getroffen und viel zu spät eingeleitet. Lieber hat man die Handlungen verdrängt oder als zukünftige Vorhaben zum Schutz des Klimas genannt, aber im ungenügenden Maße das Notwendige zur Verringerung der Treibstoffgasemission getan.

Die Menschheit hat ihre dringenden Aufgaben bzw. ihre eigentlich zu leistenden Hausaufgaben bisher nicht ausreichend bezüglich der bestehenden Erfordernisse erfüllt. Die dafür jeweils in Regierungsverantwortung Stehenden haben wegen dieses erheblichen Versäumnisses eine nicht geringe Schuld auf sich geladen und nicht so gehandelt, wie es Menschheitsinteressen erfordern. Die betreffende Gesellschaft bzw. das Volk der in Frage kommender Länder wollte jedoch immer mehr und immer ansteigenden Wohlstand bzw. Lebensstandard und in immer höherem Maße materiellen Konsum. Diese bisherige Zielstellung wurde und wird auch weiterhin von einem großen Teil der Menschheit verfolgt und leider auch danach gehandelt.

Viele sind der Auffassung, dass wir unbedingt das hohe quantitative Wachstum beibehalten müssen, um die von ihnen vertretenen Ziele eines hohen Konsums zu erreichen. Allein so zu denken, ist jedoch meines Erachtens nicht richtig. Unabhängig von den aufgezeigten Mängeln des quantitativen Wachstums über die gegenwärtige Erfassung des Bruttosozialprodukts können wir unter den derzeitigen Gegebenheiten des weiteren Anstiegs der Erderwärmung nicht weiter so wirtschaften. Die notwendigen Maßnahmen der ebenfalls dringend erforderlichen Ressourceneinsparung können damit nicht erfüllt werden.

Deshalb müssen wir sehr schnell die Klimaneutralität hinbekommen. Unter Beachtung dieses erheblichen Versäumnisses können wir uns in keiner Weise erlauben, dass wir wegen der hohen Beeinflussung für den CO_2-Gehalt in der Atmosphäre so weiter handeln, wie bisher.

Wir können uns nicht erlauben, den Abbau der Dekarbonisierung entsprechend den Festlegungen der Strukturkommission in Deutschland erst bis 2038 schaffen zu wollen oder weiter Vergaserkraftstoff als Treibstoff für alle Fahrzeuge über 2030 hinaus zu verwenden.

Es kann ebenfalls nicht zugrunde gelegt werden, dass eine mögliche vollständige Klimaneutralität für alle Erzeugnisse und Leistungen laut Pariser Klima-Abkommen, UN-, EU- und Zielstellungen für Deutschland erst 2050 geschafft werden soll. Noch dazu kommt, dass alle anderen Länder der Welt bisher keinerlei verbindlichen zeitlichen Festlegungen zum Abbau der Dekarbonisierung getroffen haben. Auch die Zielstellungen der EU vom 11.12.2020, die Treibhausgasemission bis 2030 auf 55 Prozent gegenüber dem Stand von 1990 zu reduzieren, ist aus meiner Sicht in keiner Weise ausreichend, um die Probleme der steigenden Erderwärmung und deren gravierende Folgen rechtzeitig zu beseitigen. Bisher betrug die wesentlich zu geringe Zielstellung 40 Prozent. Im „Spiegel Online" vom 11.12,2020 wird zum Thema „EU-Gipfel einigt sich auf verschärftes Klimaziel für 2030" dazu u. a. geschrieben, vgl. https://www.spiegel.de/politik/ausland/eu-gipfel-einigt-sich-auf-verschaerftes-klimaziel-fuer-2030-a-cd858758-3d55-42f-8c62-61dd40411cfa :

"Die Beratungen in Brüssel gingen die ganze Nacht. Nun hat die Europäische Union sich auf ein deutlich ambitionierteres Klimaziel für 2030 geeinigt. Um mindestens 55 Prozent soll der Ausstoß von Treibhausgasen demnach unter den Wert von 1990 sinken.

Das teilte Ratschef Charles Michel mit. Bisher galt ein Ziel von minus 40 Prozent. Mehrere EU-Staaten wollten Zusagen für finanzielle Hilfen für die Energiewende. Zum Schluss blockierte nach Angaben von Diplomaten Polen stundenlang den Gipfelbeschluss, um sich zusätzliche Gelder aus dem Modernisierungsfonds zu sichern. Eine stärkere Unterstützung für die europäische Atomindustrie schaffte es nicht in die Abschlusserklärung. Fünf osteuropäische Staaten plus Frankreich hatten kurz vor dem Gipfel darauf gedrängt. In der Nacht zum Freitag hatte Ratschef Michel entsprechende Zugeständnisse zunächst noch als Chance auf einen möglichen Kompromiss erwähnt. ....

....

Das neue Ziel soll noch vor Jahresende an die Vereinten Nationen gemeldet werden. Es ist eine Etappe auf dem Weg, die EU bis 2050 klimaneutral zu machen, also alle Treibhausgase zu vermeiden oder zu speichern. Nötig sind unter anderem eine schnelle Abkehr von Kohle, Öl und Gas, ein rascher Umstieg auf Ökostrom und Fahrzeuge ohne Abgase sowie die Renovierung von Millionen Häusern. Das bedeutet hohe Milliardeninvestitionen. Doch sehen Befürworter im Umbau der Wirtschaft auch Chancen für neue Jobs und Wohlstand. ....

....

Dafür sind Milliardentöpfe geplant: ein Modernisierungsfonds, der aus Einnahmen aus dem Emissionshandel gespeist wird; ein Fonds für gerechten Wandel; aber auch der 750 Milliarden schwere Corona-Aufbaufonds, der zu mindestens 30 Prozent zur Umsetzung der Klimaziele genutzt werden soll. ....

....

....

Das Pariser Klimaabkommen von 2015 sieht vor, dass die Erderwärmung bei unter zwei Grad gestoppt wird, möglichst sogar bei 1,5 Grad, gemessen jeweils an der vorindustriellen Zeit. Dafür reichen die bisherigen Zusagen der rund 190 Mitgliedsstaaten aber nicht. Deshalb ist im Vertrag vorgesehen, dass alle fünf Jahre nachgebessert wird. Der Umweltorganisation Greenpeace geht der EU-Beschluss nicht weit genug. "Um eine Begrenzung der Erderhitzung auf 1,5 Grad mit großer Wahrscheinlichkeit zu erreichen, wären 65 Prozent weniger Treibhausgase in der EU nötig", sagte Deutschland-Chef Martin Kaiser der Deutschen Presseagentur. Zudem rechne sich die EU das Klimaziel schön, weil erstmals auch die Klimagase einberechnet werden sollen, die in Wäldern und anderen "Senken" gespeichert werden."

Dass die aktuellen EU-Zielstellungen wegen den Erfordernissen, denen sich die Menschheit auf Grund der schwierigen derzeitigen Situation des Anstiegs der Erderwärmung stellen muss, nicht ausreichend sind, entspricht auch meiner Auffassung.

Deshalb muss nochmals darauf hingewiesen werden, dass zur Erreichung einer maximalen Temperaturerhöhung von nur 1,5 Grad Celsius wir auch diese Aufgaben und die Klimaneutralität dadurch schon bis 2028 schaffen müssen. Nur so können nicht weitere negative Folgen für unser gesamtes Klima, für die Menschen und die anderen Lebewesen erreicht werden. Dadurch, wenn wir für die Dekarbonisierung und der Klimaneutralität weiter nur die bisherigen genannten zeitlichen Abschnitte nur zugrunde legen, können wir auch in Deutschland nicht die erforderlichen Maßnahmen zu einem nicht weiteren Ansteigen der Erderwärmung über 1,5 Grad

Celsius gegenüber der vorindustriellen Zeit erzielen. Deshalb sind die festgelegten Maßnahmen des Klimaschutzgesetzes für Deutschland, allein bezogen auf die zeitlichen Erfordernisse, nicht ausreichend. Wir müssten bei der Fortschreibung des Klimaschutzgesetzes die erforderlichen zeitlichen Belange und die sich daraus ergebenden Maßnahmen des Klimaschutzgesetzes unbedingt beachten.

Aus dem sehr wichtigen Buch "Wir sind dran. Club of Rome: Was wir ändern müssen, wenn wir bleiben wollen. Eine neue Aufklärung für eine volle Welt" aus dem Monat Juni 2017 als großer Bericht des Club of Rome, der von deren Ehrenpräsidenten Prof. Dr. von Ernst Ulrich von Weizsäcker und Dr. Anders Wijkman geschrieben und veröffentlicht wurde, wird Nachfolgendes zum dringenden Erfordernis der Einleitung von Maßnahmen zur nicht weiteren Erhöhung der Erderwärmung auszugsweise zitiert:

"Seien wir ehrlich. Um eine Chance zu haben, die Pariser Ziele zu erreichen, müssen die Produktions- und Verbrauchssysteme der ganzen Welt einen raschen und gründlichen Wandel durchlaufen. Um ein Überschreiten des 2 Grad Celsius-Ziels zu vermeiden, muss die Kohlenstoffintensität der Weltwirtschaft um mindestens 6,2 % pro Jahr reduziert werden. Um das 1,5 Grad Celsius-Ziel zu erreichen, müsste die Reduktion nahezu 10 % jährlich betragen. Im Vergleich hierzu sank die globale Kohlenstoffintensität zwischen 2000 und 2017 um durchschnittlich 0,9 %.
....
....
....

Aber die Herausforderung ist kolossal - nicht zuletzt in einer freien Marktwirtschaft. Weil der Markt allein das Problem nicht löst, brauchen wir einen "Crash-Plan." Die Vermeidung des Klimawandels erfordert eine so groß angelegte schnelle Aktion, dass keine Einzeltechnologie die Lösung sein kann. Die Herausforderung besteht in einer schnellen, konzertierten Umsetzung mehrerer ausgereifter und neuer Energie- und Nicht-Energie-Technologien. Da müssen auch Regierungen handeln - nicht nur kurzfristig gepolte Märkte. Man kann natürlich sagen, dass die Gesellschaft das Wissen, das Geld und die Technologien hat, um sich rechtzeitig in Richtung einer CO_2-armen Gesellschaft zu bewegen und eine Katastrophe abzuwenden. Mit den äußerst raschen Lernkurven bei Solar- und Windenergie - und in jüngster Zeit in der Speichertechnik - gibt es keine Entschuldigung mehr, nicht massiv zu handeln. Billigere Solar- und Windenergie allein werden es nicht schaffen. All das Geld, das in Kraftwerken, Autos und Fabriken steckt, die auf fossile Brennstoffe ausgelegt sind, wehrt sich gegen seine Entwertung, die der erforderliche Strukturwandel bedeutet. Ohne eine möglichst globale CO_2-Steuer und einem Ölpreis von wenigstens 50 USD pro Fass gibt es keine echte Veränderung. Man spricht nicht gern darüber, aber die Wahrheit ist, dass, wenn es keinen "Crash-Plan" gibt oder er nicht umgesetzt wird, uns nur zwei Alternativen bleiben, die beide bezüglich der Wirksamkeit und der höchst ungewissen Ökosystemeffekte sehr fragwürdig sind: Geo-Engineering und ein groß angelegter Einsatz von negativen Emissionstechnologien. Geo-Enginering Kohlendioxid ist in der Atmosphäre langlebig und das verbleibende CO_2-Budget ist extrem eng.

Es ist daher realistisch anzunehmen, dass die "erlaubten" CO_2-Emissionen überschritten werden. Die Frage ist, um wie viel? ....

....

Wenn der Ausstieg aus Kohle und Öl zu schleppend verläuft, ist das eine Einladung zum "Geo-Engineering". Das reicht vom eher harmlosen, aber teuren CCS (Carbon Capture and Sequestration) und biogenen CCS (BECCS) bis hin zu wilden Phantasien eines Eingriffs in die Atmosphäre oder Stratosphäre oder in die Meeresoberfläche mit dem Ziel, die globalen Strahlungsmuster in Richtung Kühlung zu manipulieren. Selbst innerhalb des Club of Rome gibt es starke (verzweifelte) Stimmen zugunsten von CSS, weil das die einzige Chance sei den Klimawandel noch zu stoppen. Aber sowohl das technische Abfangen und Vergraben von CO2 als auch großflächige Pflanzen- und Bodenveränderungen, also BECCS, verlangen enorme Größenordnungen, wenn sie klimawirksam werden sollen. Zu BECCS sagt Prof. Kevin Anderson, zeitweiliger Direktor des Tyndall Centers für Klimaforschung, dass die schiere Größenordnung von BECCS im Sinne des Pariser Abkommens atemberaubend sei. Da gehe es um Jahrzehnte des Pflanzens und Erntens von Energiepflanzen auf einer Fläche so groß wie Indien oder auch dreimal so groß. Und der Biokraftstoff wandert in die Tanks von Flugzeugen, Schiffen und Autos oder als Rohstoff in die Chemieindustrie. Und die Umwidmung der Fläche geht dann von der Lebensmittelerzeugung für bald 9 Milliarden Menschen ab. Das muss schon einmal kritisch hinterfragt werden. Dazu kommen die großen Fragezeichen der Logistik, der rechtlichen Genehmigung und der öffentlichen Akzeptanz. Die Mengen an CO_2, die gespeichert werden sollen, um die Emissionen zu kompensieren, müssen riesig sein.

....

....

....

Vielleicht ein Marshall-Plan

....

Das Pariser Abkommen geht davon aus, dass die CO_2-Minderungsmaßnahmen bis 2030 nur zu einer Minderung von etwa 2 % pro Jahr führen. Wenn wir den Klimawandel als ernsthafte Bedrohung ansehen – und Paris sagt genau das - dann müsste unsere Klugheit veranlassen, sehr rasch viel stärkere Maßnahmen zu ergreifen, statt sie zu vertagen. Solche Maßnahmen laufen auf so etwas wie einen Marshall-Plan für CO_2-arme Technologien hinaus. Und technisch und wirtschaftlich ist das zum Glück machbar. Die wichtigste Hoffnung für die Umsetzung von "Paris" ruht auf ganz verschiedenen Akteuren: Regierungen, Städten, Firmen und NGOs.

Wenn Tausende die Herausforderung ernst nehmen und alles Mögliche tun, um das Klima zu schützen, dann werden sie zu Vorbildern in einer breiten Bewegung. "

Das Buch wurde zum Stand Juni 2017 geschrieben. Inzwischen sind nahezu dreieinhalb Jahre vergangen, und wir sind in vielen Fragen zum nicht weiteren Anstieg der Erderwärmung um maximal 1,5 Grad Celsius nicht weitergekommen. Bei exponentieller weiterer Entwicklung – bezogen auf den gegenwärtig erreichten in keiner Weise ausreichenden Stand der CO_2-Emission – wurde festgestellt, dass wir bis 2030 auf eine Temperaturerhöhung auf 3,0 Grad Celsius kommen. Diese Temperaturerhöhung ist eine große Gefahr für das weitere Leben der Menschheit und mancher anderer Lebewesen wegen dem zunehmenden Entstehen von Seuchen bzw. Pandemien, Überschwemmungen, Dürre, Wasserknappheit, Starkregen, Bränden, Versorgungsproblemen und vielen anderen negativen Auswirkungen auf die Biodiversität und weiteren Umweltfolgen. Auch sollte beachtet werden, dass innerhalb nur einen Jahres 11.088 Quadratkilometer Regenwald in Brasilien abgeholzt wurden. Dieser Kahlschlag an dem für unser Klima auch so wichtigen Urwald verringert auch wesentlich die Waldbestände auf unserer Erde und trägt erheblich zur Trockenheit der Wälder bei und begünstigt dadurch eine Vielzahl von Waldbränden. Auch in Deutschland machen sich die Folgen des Klimawandels an vielen Stellen spürbar bemerkbar. Wie die Zeitschrift "Der Spiegel " in ihrer Ausgabe 53/2020 vom 24.12.2020 schreibt, zeigen sich die Folgen des Klimawandels an deutschen Küsten durch zunehmende Sturmfluten und recht hohe Wasserstände an den Deichen.

Auch die Anzahl der Menschen, die nicht mehr in ihrer bisherigen Heimat leben können und die Anzahl der Erdbewohner, die dadurch zu Flüchtlingen werden, wird sich ebenfalls erheblich erhöhen. Wir müssten deshalb schnellsten die erforderlichen Maßnahmen zu einem nicht weiteren Anstieg der Erderwärmung über 1,5 Grad Celsius einleiten, denn die Gefahr der bisher unzureichenden Maßnahmen, dass wir Kipppunkte überschreiten und damit unumkehrbare Tatsachen für die Menschheit schaffen, besteht im erheblichen Maße weiterhin und nimmt ständig zu.

Der Corona-Virus hat uns eindeutig aufgezeigt, dass wir so wie bisher nicht weiterleben können. Wir müssen vom ständigen quantitativen Wachstum wegkommen und ganz andere Ziele als Menschheit haben. Unser Ziel sollte nicht auf immer höheren materiellen Wohlstand ausgerichtet sein, sondern auf die Erreichung von einem höheren Glücksempfinden und nicht, wie bisher, vorrangig auf materielle Dinge. Als Menschen müssten wir deshalb viel mehr im Einklang mit der Natur handeln und unsere Kenntnisse, unser Wissen und unsere Fertigkeiten dabei möglichst erhöhen. Auch sollten wir die zu unserer eigenen Entschleunigung notwendigen Maßnahmen mit Konsequenz durchführen. Die im Zusammenhang mit dem Corona-Virus eingetretenen Wirkungen haben Manchen von uns Denkanstöße gegeben, dass wir auch anders leben können und keinen übergroßen Konsum und nicht so viele materielle Dinge brauchen. Eigentlich brauchen wir viel weniger, als es bis jetzt vor dem Corona–Virus bei vielen Menschen in den Ländern mit einem durchschnittlich hohen Lebensstandard üblich war. Deshalb hat sich der Gedanke bei manchen Menschen stärker manifestiert, dass sie ihre bisherige Lebensgestaltung bzw. ihre Lebensweise umstellen wollen. So haben Einige festgestellt, dass sie oftmals andere Wünsche und Hoffnungen haben, im Gegensatz zur derzeitigen Lebensweise. Manche haben festgestellt, dass die Solidarität zwischen den Menschen, die helfen wollen und anderen Menschen, die Hilfe brauchen, viel wichtiger für ihr eigenes Glücksgefühl ist, als zu immer mehr materiellem Reichtum zu gelangen.

Ohne Berücksichtigung der dargelegten erheblichen zeitlichen Mängel des Klimaschutzgesetzes und der dringend notwendigen Erfordernisse auf Grund der Folgen des Corona-Virus müssten aus meiner Sicht u. a. neben vielen weiteren nicht genannten Maßnahmen nachfolgende Maßnahmen – in Kurzform aufgeführt – eingeleitet werden:

- Schaffung von Vorgaben für den Treibstoffverbrauch je Person für die in Frage kommenden Erzeugnisse und Leistungen

- schnellstmögliche Einführung, Beachtung und Umsetzung der dazu notwendigen Erfordernisse zur Schaffung der Klimaneutralität für alle herzustellenden Erzeugnisse und Leistungen

- erhebliche Reduzierung der Lieferketten für hergestellte Erzeugnisse und Leistungen (vorgesehenes Lieferkettengesetz für Deutschland erwirken)

- wesentliche Reduzierung und möglichst keine Herstellung mehr von Autos, die auf Vergaserkraftstoffen oder anderen die Treibstoffemission fördernden Technologien beruhen

- erhebliche Reduzierung des Konsums von Erzeugnissen und Leistungen, deren Herstellung und Vertrieb noch eine hohe Treibstoffgasemission beinhaltet. Dazu sind die geeigneten Maßnahmen durch die Regierungsverantwortlichen, die Unternehmen und bezüglich des Konsumverhaltens der Verbraucher zu treffen

- erheblich höhere Nutzung der Schiene gegenüber der Straße im Güterverkehr

- wesentliche Reduzierung von Schiffen bzw. im Luftverkehr und von Gütern, deren Nutzung noch zu einer Treibstoffgasemission führt (auch im Privatpersonen-Bereich)

- wesentliche Erhöhung der tatsächlichen Inanspruchnahme des Anteils an Grünen Wasserstoffen

- Wiedernutzung der bereits stillgelegten Eisenbahnschienen in Deutschland für den Personen- und Güterverkehr

- klimapolitische Festlegung und Ergänzung des Klimaschutzgesetzes in Deutschland und Beschluss der erforderlichen Maßnahmen in der Land- und Forstwirtschaft

- erhebliche Reduzierung der Verpackung und unbedingte schnellstmögliche Einhaltung der gesetzlichen Bestimmungen, die für die gesamten Länder der EU gelten und, wenn möglich, weltweit bezüglich der Plastenutzung beachtet werden sollten

- wesentliche Erhöhung der Abfallverwertung, nicht nur in Deutschland, sondern möglichst weltweit zur Erreichung der dringend erforderlichen Verringerung der Ressourceninanspruchnahme

- Bei der Lebensmittelherstellung sind mehr als bisher die erforderlichen hygienischen, ökologischen, gesundheits- und preispolitische Belange bei diesen Prozessen zu beachten.

- unbedingte bessere Beachtung der dringenden Erfordernisse des Artenschutzes, der Ökosysteme und anderer wichtiger ökologischer notwendiger Belange

- Da unser Fehlverhalten beim Artenschutz, bei den Ökosystemen und manche andere Faktoren, einschließlich der tatsächlichen Verhaltensweise der Menschen auch bestimmte Grundlagen für das Entstehen von weltweiten Pandemien, Epidemien und Krankheiten, darstellen, müssen wir unbedingt die ökologischen Erfordernisse in einem höheren Maße als bisher beachten.

- Die Erfordernisse zu einer Neugestaltung des Gesundheitswesens sind sehr schnell umzusetzen. Dazu gehören nicht nur die dringenden Erfordernisse einer höheren Versorgungssicherheit, insbesondere von Artikeln, die im hohen Maße durch die Folgen des Corona-Virus benötigt werden, sondern die Ökonomisierung des Gesundheitswesen muss beendet werden. Der Patient muss immer das Primat und seine Gesundheit muss ständig den Vorrang bei allen Gesundheitshandlungen haben. Die Privatisierung von bestimmten

Instituten des Gesundheitswesens, zum Beispiel von Krankenhäusern und anderen gleichwertigen Instituten, die zur Zeit auf privater Gesellschaftsgrundlage beruhen, müssen meines Erachtens auf der Grundlage zu erlassender Gesetze wieder in eine staatliche Trägerschaft zurückgeführt werden. Eine Privatisierung von solchen Einrichtungen bzw. Instituten sollte nicht mehr erfolgen. Ärzte und Ärztinnen oder vergleichbare Berufsgruppen, die auf privater Grundlage praktizieren und nicht in Krankenhäusern oder vergleichbaren Einrichtungen tätig sind, sollten meines Erachtens von dieser Regelung des Verbots ausgenommen werden.

Bei den Belangen wurden die Erfordernisse der Globalisierung, der Digitalisierung, des Freiheitsverhaltens, der Demokratie und der Wirtschaftsordnung noch nicht beachtet.

Wir müssen wegen den erheblichen negativen wirtschaftlichen Folgen des Corona-Virus unsere Wirtschaft und Finanzkraft wieder stärken. Manche Unternehmen haben nicht mehr genug Nachfrage und dadurch zu einem bestimmten Anteil ihre bisherige Unternehmenstätigkeit beendet. Weitere Unternehmen mussten ebenfalls ihre Geschäftstätigkeit schon mehrere Monate wegen den Folgen des Corona-Virus ebenso einstellen. Es besteht für die Folgemonate die Gefahr, dass sich diese Situation fortsetzt. Deshalb können die in Frage kommenden Unternehmen auch nicht mehr auf Dauer ihre bisherigen Arbeitnehmer beschäftigen. Dadurch gibt es auch mehr Arbeitslose, jedoch in sehr unterschiedlichem Umfang zwischen den einzelnen Ländern durch die Folgen der Corona-Krise. Wir können nicht alle Unternehmen am Leben halten und alle Arbeitnehmer durch Kurzarbeit immer weiter beschäftigen, trotz dem wir in Deutschland durch bisher freie Mittel der Bundesagentur für Arbeit bis jetzt nicht die Probleme wie andere Länder hatten, ein Kurzarbeitergeld für die betreffenden Arbeitnehmer zu zahlen. Dadurch ist die Arbeitslosigkeit in Deutschland gegenüber der Entwicklung vor der Corona-Krise zwar angestiegen, aber in keiner Weise so hoch, wie in manchen anderen Ländern der Welt. Durch die Nachfrage- und auch Kaufkraftreduzierung und das höhere Sicherheitsdenken der Menschen, um die weitere Existenz im Ergebnis der Folgen des Corona-Virus zu sichern, wird sich die Struktur der Branchen wahrscheinlich verändern müssen. Auch die Anzahl und die Art der Unternehmen muss deshalb anders gestaltet werden. Wir sollten im Ergebnis dieser veränderten Situation für viele betroffene Branchen sowie Unternehmen neue Unternehmen bilden, die den ökologischen Erfordernissen Rechnung tragen. Die Änderung der Nachfragesituation und auch das bei Vielen schon vorherrschende aus Sicherheitserfordernissen oder aus finanzieller Notwendigkeit erforderliche Sparen durch die wirtschaftlichen Folgen des Corona-Virus führen bei manchen Menschen zu erheblichen finanziellen Problemen. Bei einigen Menschen, insbesondere in bestimmten betroffenen in Frage kommenden Ländern werden nicht geringe Existenzschwierigkeiten eintreten. Manche Menschen haben kaum noch Reserven, und wenn die wirtschaftlichen Folgen und das Nicht-Ausüben ihres Geschäftsfeldes so weitergeht, haben diese trotz aller gesetzlichen Maßnahmen und damit verbundener Zuzahlungsmöglichkeiten erhebliche existenzbedingte Schwierigkeiten.

Die erheblichen Nachfragerückgänge in einigen Branchen, insbesondere durch die Folgen des Corona-Virus, die Erfordernisse einer schnelleren Digitalisierung sowie der Veränderung der Lebensweise bei Einigen werden auch wahrscheinlich zu einem wesentlichen Rückgang der angefragten Umsatzleistungen führen.

Dieses veränderte Konsumverhalten ist auch zum Teil auf die möglichen Folgen der drohenden weiteren Erderwärmung zurückzuführen. Manche Menschen sind sich auch durch die Folgen des Corona-Virus erheblich stärker der drohenden Umweltgefahren, insbesondere durch die steigende Erderwärmung, bewusst. Die anderen drohenden Gefahren von Seuchen und Krankheiten bestehen auch, nicht nur durch die Erderwärmung und können unter Umständen in noch höheren Dimensionen eventuell wirksam werden. Die Ursache ist wohl auf unser gestörtes Verhältnis zur Umwelt und Natur zurückzuführen. Dadurch ergibt sich eine immer stärkere Verdrängung der sehr wichtigen Aufgaben der Klimakrise zu Gunsten des gegenwärtig vorherrschenden Corona-Virus.

Es ist meines Erachtens zu verzeichnen, dass manche Menschen dies eher verstanden haben, dass beide sehr schwierigen Probleme für die Menschheit in einem sehr komplexen Zusammenhang stehen und mehr Menschen als vorher haben ihr Verhalten besser darauf eingerichtet.

Die Freiheitsproblematik muss in einer hohen Komplexität zu diesen beiden genannten Krisen gesehen werden. Deshalb ist es bei allen Freiheitshandlungen wichtig, die Vernunft dabei walten zu lassen und die Grenzen der Freiheit zu sehen. Es muss Alles dafür getan werden, dass unser tatsächliches Freiheitsverhalten nicht dazu führt, dass die Freiheit Anderer eingeschränkt wird. Leider erfüllen manche Menschen in ihrem Freiheitsverhalten nicht diese wichtigen Erfordernisse der Freiheit. Manche benahmen sich bisher oder benehmen sich auch noch in der Gegenwart ziemlich rücksichtslos, nur auf ihren eigenen Vorteil bedacht und interessieren sich für die Belange der Anderen viel zu wenig. Diejenigen beachten unzureichend die zeitweiligen Einschränkungen bzw. die Beschränkungen ihrer Freiheit. Einige verhalten sich nicht so, wie es die gegenwärtigen Bestimmungen der einzelnen Bundesländer Deutschlands unter den Bedingungen der Corona-Virus-Pandemie verlangen. Manche stört nicht einmal, dass sie Bußgelder wegen ihres nicht richtigen zeitgemäßen Verhaltens zahlen müssen. Auch das Verhalten leider vieler Menschen, die die Erfordernisse der steigenden Erderwärmung in keiner Weise oder nicht ausreichend beachten, zeigt, dass sie in ihrem tatsächlichen Freiheitsverhalten die Belange bzw. Notwendigkeiten der Vernunft unzureichend und teilweise überhaupt nicht beachten. Damit schaden sie nicht nur den Anderen durch ihr teilweise egoistisches, nur auf ihre Belange gerichtetes Verhalten, sondern benehmen sich in keiner Weise so, wie es das Anliegen der Freiheit verlangt. Die durch unser oftmaliges persönliches Verhalten erzeugten durchschnittlichen hohen Werte bei den Treibstoffgasverbrauchs-Emissionen zeigen, dass wir im Durchschnitt zu wenig in unserem persönlichen Verhalten die Erfordernisse der Freiheit beachten. Auch gegenüber dem Planeten müssen wir uns vernünftig in unserem Freiheitsverhalten verhalten. Das lässt aber aus meiner Sicht immer noch sehr zu wünschen übrig. Viele beachten zu wenig die Wirkungen ihrer Handlungen auf die Treibstoffgasemission sowie die notwendeigen Erfordernisse ihres oft zu hohen persönlichen ökologischen Fußabdrucks.

Viele der ostasiatischen Länder, die so gut wie keine Corona-Kranken mehr haben oder sogar einige Länder, die schon coronafrei sind, haben unabhängig, ob es Demokratien oder keine Demokratien sind, kaum solche Probleme und keine solche hohe Anzahl von Infektionen oder auch Corona-Toten wie andere Länder der Welt. In Situationen, die die Menschheit bedrohen, wie das Corona- Virus, hat man dort eine andere Strategie und auch zu diesem schwierigen Zeitpunkt eine ganz andere Auffassung zu freiheitlichen Handlungen.

In solchen schwierigen Momenten der gesellschaftlichen Entwicklung müssen wir alle zusammenhalten und ein Wir-Verhalten zeigen. Nur so können wir die schwierigen Aufgaben, die insbesondere auch durch die Corona-Krise vor uns stehen, erfüllen. Es kann nicht sein, dass ein Teil der Menschen trotz Corona ihre manchmal zügellose Freiheit intensiv ausleben und ihre eigenen individuellen Interessen vor den Interessen der Menschheit stellen. Man muss in bestimmten Situationen, wie in der Corona-Problematik, Freiheit auch manchmal als Einsicht in die Notwendigkeit sehen und nicht zu allen Zeiten nur auf Grundrechte pochen, ohne zu beachten, dass wir zur Zeit eine Pandemie haben und ein Infektionsschutzgesetz deshalb derzeit wirksam werden muss. Selbst, wenn man in der DDR, wie erwähnt, Freiheit anders definierte, sollte man nicht Vorbehalte aus ideologischen Gründen sehen, gerade in Zeiten der schwerwiegenden Folgen des Corona-Virus. Wir müssen besonders auch in dieser Zeit aus meiner Sicht in Anbetracht dieser schwierigen Situation für die Menschheit Manches anders sehen als bisher. Wir sollten nicht in erster Linie vorrangig unsere individuellen Interessen sowie die unbedingte Fortsetzung liebgewonnener Gewohnheiten sehen. Andere Gegebenheiten erfordern andere Handlungen. Dies haben leider noch nicht alle begriffen, besonders manche Menschen aus der westlichen Hemisphäre.

Der Konfuzianismus ist in fast allen ostasiatischen Ländern, nicht nur in China, sondern u. a. auch in Taiwan, Korea, Japan, Vietnam, Hongkong, Singapur usw.

verbreitet. Er stellt ein Grundmuster oder eine Kultur dar, die im Gedächtnis fast aller Menschen Ostasiens noch heute in nicht geringem Maße verankert ist. Diese unterschiedliche Kultur und das unterschiedliche Denkmuster unterscheidet Ostasien von der westlichen Welt erheblich.an:

- Mitmenschlichkeit
- Gerechtigkeit
- Respekt (u. a. vor den Eltern und den Ahnen)
- Traditionsbewusstsein

Die Menschen in Ostasien beherzigen in ihrem grundsätzlichen Verhalten diese Grundtugenden. Wenn man diese Grundtugenden beachtet, kann nach Konfuzius (551 – v. Chr. – 479 v. Chr.) jedes Individuum zu einem besseren Menschen werden und sich dann auch freiheitlich, wie es notwendig ist, verhalten. Typisch sind ein Miteinander und kein Gegeneinander, die Vermeidung von Streit und eine sehr hohe Bedeutung der Familie. Die gesellschaftliche Harmonie soll in Konsensrepubliken in den Ländern Ostasiens weiter bestehen. Das Gemeinwohl hat einen wesentlich höheren Stellenwert als das Individualwohl. In Ostasien ist das Leben der Menschen von gegenseitiger Rücksichtnahme und hoher Achtung vor den anderen Menschen gekennzeichnet.

Aus der Veröffentlichung „Chinesische und asiatische Werte – die chinesische Welt als zentraler- und Wirtschaftsraum Ostasiens“ des Trierer Universitäts-Professors Prof. Dr. Karl-Heinz Pohl aus dem Jahr 2007 werden sinngemäß einige Einschätzungen zur Lebens- und Verhaltensweise der Menschen in China und Ostasien insgesamt gegeben.

Das Leben der Menschen in Ostasien beinhaltet gegenseitige und ungeschriebene Rechte und Pflichten auf der Basis von den erwarteten Charakterzügen des Anstandes und der Moral. Der sogenannte asiatische Weg beinhaltet, dass die Sekundärtugenden wie Fleiß, Achtung, Sparsamkeit im besonderen Maße bestehen und das Beziehungswesen bezüglich der zwischenmenschlichen Verpflichtungen und das Erziehungswesen auf Gemeinsinn, Charakterbildung und die Einhaltung der Moral ausgerichtet ist.

Möglichst alle Menschen sollten die vier Grundelemente des Zusammenlebens zwischen den Menschen beachten, die in den ostasiatischen Ländern darin bestehen:

1. Vorrang der Gemeinschaft vor den Individualinteressen

2. Bewahrung der Familie als Grundelement der Gesellschaft

3. Vorrang von konsensorientierten vor konfliktorientierten Lösungsstrategien

4. Toleranz zwischen den verschiedensten Religionen und verschiedenen Menschengruppen

Damit ist auch oft verbunden, dass sich die Menschen, die noch diesem Individualismus frönen, gegenüber den üblichen Gepflogenheiten der in Ostasien lebenden Menschen überlegen fühlen. Aus meiner Sicht können die Menschen in Ostasien mit ihrer Lebensweise und ihren Vorstellungen zur Freiheit auch auf schwierige Gegebenheiten ihres Lebens viel besser reagieren, als Menschen, die in westlichen individualistisch geprägten Gesellschaftsformen mit der damit verbundenen Lebensweise leben.

Die erreichten Ergebnisse beim Corona-Virus haben uns eindrucksvoll gezeigt, dass man mit den ostasiatischen Werten, verbunden mit der Lebensweise und dem Freiheitsgedanken der Menschen in Ostasien, die vom „Wir"-Gedanken geprägt sind, erhebliche Vorteile gegenüber einer individualistisch geprägten Gesellschaftsform und den Wertevorstellungen in der westlichen Welt hat. Bezogen auf Disziplin und Freiheit wird im ostasiatischen Raum viel besser an einem Strang gezogen, und alle verhalten sich in diesen Regionen nach den bestehenden Erfordernissen, die für Alle in dieser Situation notwendig sind. Ein in individualistisch geprägten Gesellschaften typisches Verhalten ist in diesen ostasiatischen Ländern eher untypisch.

Auch die bestehenden Sicherheitserfordernisse zeigen wegen der bestehenden Kriminalität und dem damit verbundenen nicht richtigen Freiheitsverhalten Derjenigen, die die Rechtsverstöße verursachen, dass manche Personen, auch in Deutschland, sich nicht freiheitsgetreu verhalten. Dass die Freiheitsverstöße nicht geringer werden, zeigt sich an der hohen Anzahl der Gefangenen in unser Gesellschaft, auch in Deutschland. Das Strafmaß ist oftmals nicht ausreichend. Das ist auch in der relativ hohen Zahl der Einstellung von Ermittlungsverfahren trotz bestehender eigentlich zu ahnender Strafverhalten zu erkennen. Deshalb kann man auch wegen dieser Belange in keiner Weise das Freiheitsverhalten gutheißen. Sicherlich wird dieses relativ hohe kriminelle Verhalten und auch der hohe Grad des rüpelhaften und aggressiven Benehmens von Denjenigen verursacht, die die Freiheitserfordernisse nicht oder unzureichend beachten. Oftmals werden Unbeteiligte, die sich freiheitsgetreu verhalten, Opfer des nicht richtigen Freiheitsverhaltens von Anderen. Manchmal müssen die betreffenden Opfer dies mit ihren Leben, schweren traumatischen Störungen und mit bleibenden Verletzungen oder bleibenden Krankheiten bezahlen. Auch um Freiheit für Andere besser durchzusetzen, die sonst zu Opfern werden können, ist es auch im Interesse der

Durchsetzung der Freiheit erforderlich, die notwendigen Sicherheitsmaßnahmen einzuleiten. Selbst, wenn vorrangig Rechtsterroristen die Kriminalität verursachen, ist die Kriminalität in der gesamten Gesellschaft vorhanden. Allein wegen der notwendigen Prophylaxe und der Ahndung müssen die erforderlichen Sicherheitsmaßnahmen unbedingt eingeleitet werden. Nur so können wir auch die Erfordernisse des Grundgesetzes in Deutschland besser verwirklichen. Unter den Gegebenheiten des tatsächlichen Freiheitsverhaltens wird von manchen Menschen die Bedeutung der Freiheit zu hoch angesehen. Die Auffassung von manchen Wissenschaftlern auf diesem Gebiet ist so, dass sie die Freiheit wichtiger als die Sicherheit ansehen. Ich sehe dies völlig anders und die Sicherheit, das haben auch die Ereignisse des Corona-Virus und die Folgen für die Menschheit aufgezeigt, hat einen höheren Stellenwert, als die Freiheit. Es ist nicht nur wegen den Folgen des Corona-Virus und der Gefahr der steigenden Erderwärmung sehr wichtig, dass die Rolle des Staates weiter an Bedeutung gewinnt. Auch das Verhalten von Denjenigen, die – insgesamt gesehen – in ihrem Verhalten die Erfordernisse der Freiheit nicht oder ungenügend beachten, verlangt einen starken Staat. Es darf nicht sein, dass in der gegenwärtigen Lage unter Beachtung der aktuellen Herausforderungen ein weiteres Erstarken des Neoliberalismus erfolgen kann sowie zugelassen wird. Freiheit muss in erster Linie Freiheit für Alle beinhalten und es kann nicht in erster Linie nur die persönliche Befindlichkeit Grundlage für die Freiheit bilden. Der zu schnelle Ruf nach persönlicher Freiheit beachtet in nicht ausreichendem Maße die Erfordernisse der Gegenwart in Zeiten der Wirkung des Corona-Virus und der Probleme der steigenden Erderwärmung. Manche beachten diese Probleme viel zu wenig und zeigen in ihren Handlungen nicht die Verantwortung, die man als bewusster Staatsbürger eigentlich haben sollte. Lieber verhalten sich Manche so, als wenn das Alles nicht existiert und denken, sie können immer ihren gewohnten Abläufen weiterhin nachgehen. Dass die Situation völlig anders geworden ist und auch die wirtschaftlichen Folgen des Corona-Virus manches bisher Gewohnte nicht mehr zulassen, wird durch Manche nicht oder nicht ausreichend beachtet.

Weil aus meiner Sicht im Interesse Aller im üblichen Freiheitsverhalten Vieles verändert werden muss und unsere Demokratie der Gegenwart mit manchen Mängeln verbunden ist, muss insgesamt Manches geändert werden. Die Gefahr der steigenden Erderwärmung ist zum allerwichtigsten Problem der Menschheit geworden. In vielen Belangen erfüllt die derzeit angewandte Demokratie, allein, weil die erforderlichen Prozesse viel zu langsam verlaufen, nicht die notwendigen Voraussetzungen zum Stoppen der Erderwärmung und damit zum Schutz des Klimas. Auch deshalb, weil auch noch weitere Schwierigkeiten der Demokratie bestehen, die zum Teil beschrieben wurden, muss eine andere Art der Demokratiebetreibung erfolgen.

Um auch die richtigen Sachentscheidungen bei vielen Problemen für die Menschheit treffen zu können, bedarf es Führungspersönlichkeiten unter den Fähigsten, die die meisten Kenntnisse auf dem jeweiligen Gebiet haben. Sie müssen die fachlichen Voraussetzungen, ein Entscheidungsfeld auf der Grundlage von objektiven Kriterien erfüllen und damit gute Ausgangsbedingungen für die zu treffende Entscheidung besitzen.

Das gegenwärtige Demokratiemodell geht nicht immer davon aus, dass die Fähigsten, die die meisten Kenntnisse auf den jeweiligen Gebiet haben, die fachlichen Voraussetzungen für eine wichtige Grundlage der zu treffenden Entscheidung besitzen, diese Entscheidungen auch treffen dürfen. Der Anteil der Mitglieder einzelner Parteien spielt in dieser Frage bei der Bestimmung der persönlich Auszuwählenden für die einzelnen Funktionen oft die entscheidende Rolle. Manchmal werden dann Personen für einzelne Funktionen aus einzelnen Parteien bestimmt, die nicht vom jeweiligen Fach sind oder nicht die erforderlichen Fachkenntnisse besitzen. Man vertritt die Meinung, dass die für die jeweilige Funktion Auserwählten sich ja die für den jeweiligen Bereich erforderlichen Fachkenntnisse noch aneignen könnten. Ich halte die gegenwärtig zugrunde gelegte Verfahrensweise nicht für richtig. Die betreffenden Wissenschaftler, die auf dem jeweiligen Fachgebiet sehr gute Kenntnisse haben und dadurch viel besser wissen, was im konkreten Fall zu tun wäre, haben dadurch einen völlig unzureichenden Einfluss auf die aktuellen notwendigen Erfordernisse. Sie können dadurch ihre Kenntnisse bei den betreffenden Verantwortlichen nicht ausreichend wirkungsvoll darlegen. Besonders fällt dies bei den Klimaforschern auf, deren Kenntnisse und Erkenntnisse der weiter drohenden Erderwärmung oft nicht genügend beachtet werden. Dadurch werden oft nicht rechtzeitig die erforderlichen Handlungen durch die politisch Verantwortlichen durchgeführt. Auch den Fraktionszwang, der entgegen den Festlegungen des Grundgesetzes in Deutschland gehandhabt wird und Bestandteil der derzeit ausgewählten parlamentarischen oder repräsentativen Demokratie ist, entspricht aus meiner Sichtweise nicht den Erfordernissen der Gegenwart. Es müsste viel mehr erreicht werden, dass Entscheidungen nach dem Gewissen und dem Sachstand des jeweils für die Leitung und Lenkung des Staates Auserwählten getroffen werden können. Deshalb sollten mehr Elemente einer anderen Art der Demokratiehandhabung enthalten sein, um den Erfordernissen der aktuellen Zeit zu entsprechen.

Die Parteien haben aus meiner Sicht einen viel zu hohen Einfluss auf die weitere Gestaltung bei der Wahl der ausgewählten Maßnahmen. Deshalb sollten mehr Elemente einer direkten Demokratie durch ausgewählte fachlich fundierte Personen, die ein hohes Wissen haben und deren Verhalten durch Charakterstärke, Humanismus und hoher Moral gekennzeichnet ist, viel wirkungsvoller bei der Leitung und Lenkung des Staates berücksichtigt werden.

Leider haben beim größten Teil der Parteien die Wählerinteressen manchmal den Vorrang vor wichtigen zu treffenden Entscheidungen, die schnell im Interesse der gesamten Menschheit getroffen werden müssen. Die notwendigen Sachentscheidungen sollten viel mehr von unabhängigen Personen im Interesse einer höheren Qualität der jeweils zu treffenden Entscheidung und eines höheren Grades des objektiven unbeeinflussbaren Handelns getroffen werden.

Vor über 2000 Jahren hat der bekannte Philosoph des antiken Griechenland, Platon, obwohl die Herrschaftsform der Demokratie damals in vielen Punkten anders betrieben wurde, als unsere heutige Demokratie, zwei wesentliche Schwachpunkte der damaligen Herrschaftsform der Demokratie in Griechenland festgestellt. Er sagte, dass die Menschen bezüglich ihres Charakters, ihres Wesens, ihres Verhaltens, ihrer Einsicht, ihrer Kenntnisse, ihrer Fähigkeiten und Fertigkeiten oft sehr unterschiedlich sind. Aufgrund dieser großen Unterschiede hat er abgeleitet, dass die Verwendung des Mehrheitswahlrechts bzw. die Anwendung des Mehrheitswillens und das damit sich ergebende gleiche Stimmrecht der unterschiedlichen Menschen aus seiner Sicht nicht richtig sind. Diese Handhabung entspricht nach Auffassung Platons nicht der tatsächlichen Realität. Dadurch werden nach seiner Meinung oftmals nicht die richtigen notwendigen objektiven Entscheidungen getroffen. Als zweiten wesentlichen Kritikpunkt in der Demokratie hat er damals das Übermaß an individueller Freiheit gesehen. Dies führt nach Platon zum Nachteil des Staates, des Gemeinwesens sowie der Öffentlichkeit. Er hat daraus abgeleitet, dass alle Menschen in der damaligen Demokratie die gleiche Verantwortung zur Betreibung des Staates haben. Dies kann nach Auffassung von Platon nicht sein, und in seinen Ausführungen zum so genannten "Idealstaat" ist er der Auffassung, dass diese Aufgabe nur den Philosophen zukommen kann. Die Philosophen besitzen im Regelfall das notwendige charakterliche, humanitäre sowie ethische Verhalten, die Fachkenntnis, das Wissen und auch die langjährige Ausbildung. Nach seinen Vorstellungen muss man mindestens 50 Jahre alt sein und die erforderlichen Fähigkeiten und Fertigkeiten besitzen, um diese verantwortliche Funktion ausüben zu können. Er führt in seinen Ausführungen zum "Idealstaat" auf, dass neben den Philosophen die Stände der Custoden bzw. Wächter und der Erwerbstätigkeiten bestehen. Er war der Auffassung, dass die Demokratie, wie sie in der damaligen Zeit in Griechenland durchgeführt wurde, unweigerlich zur Gesellschaftsform der Tyrannei oder zur Oligarchie führt.

Die Kritikpunkte von Platon zur Demokratie im damaligen Griechenland in der Antike treffen in gewissem Maße aus meiner Sicht auch auf die Demokratie im heutigen Deutschland und auch in manchen anderen Ländern zu, die derzeit auf Basis der parlamentarischen Demokratie sowie des gegenwärtig in der Demokratie vorherrschenden Gesellschaftsmodells betrieben wird. Weil die heutige Anwendung der Demokratie noch manche Mängel aufweist, müssen meines Erachtens bestimmte

Änderungen in der Demokratie wirksam werden. Besonders in der jetzigen Zeit unter den Erfordernissen der Klimakrise und den Folgen des Corona-Virus wird uns im besonderen Maße verdeutlicht, dass sich auch unsere Demokratie verändern muss.

Die Gründe, warum aus meiner Sicht die Demokratie anders betrieben werden muss, wurden in den Abschnitten 5.6. und 5.7.benannt, und es wurden Ansatzpunkte zu einer Änderung der Betreibung der Demokratie für Deutschland als Vorschläge bzw. Denkanstöße erarbeitet.

Wie im Buch erwähnt, müssen wir alles Erdenkliche dafür tun, dass wir generell und auch wegen der steigenden Erderwärmung weltweit den Ressourcenverbrauch bei endlichen Rohstoffen erheblich verringern. Durch den Abbau und die Verwendung von Rohstoffen, die schon Millionen Jahre in der Erde als CO_2 in Form von Kohle, Erdöl usw. abgelagert wurden, setzen wir in Größenordnungen CO_2 dabei frei. Dadurch erhöht sich mit dem Abbau und der Verwendung der genannten Abbauprodukte die CO_2-Menge sowie damit die Treibhausgasemission. Damit wird insbesondere die steigende Erderwärmung verursacht.

Im Buch wurden viele nachhaltige Maßnahmen genannt und beschrieben, wozu auch alle Methoden der Anwendung der Kreislaufwirtschaft in Verbindung mit den dazu erforderlichen Handlungen der Quantenwirtschaft und der weiteren diesbezüglichen Faktoren gehören. Auf Grund der erheblichen Nachteile, die die derzeitige Verfahrensweise der Ermittlung und der Bestandteile die Anwendung der Kennziffer „Bruttosozialprodukt" weltweit mit sich bringt, sollte eine andere Kennziffer verwendet werden. Wenn eine Beibehaltung der genannten Kennziffer in einer anderen Ermittlung durchgeführt werden sollte, muss in diesem Zusammenhang gesichert werden, dass nicht Größen in die Gewichtung der Höhe eines Bruttosozialprodukts aufgenommen werden, die nicht diametral den Grundsätzen einer Erfassung aus ethischen, humanistischen und auch ökologischen Gründen entgegen stehen. Bei den Überlegungen zur Neugestaltung einer vergleichbaren Kennziffer – bezogen auf eine weltweite Anwendung sollten die erforderlichen qualitativen Betrachtungen viel mehr als bisher zur Anwendung kommen. Die Messung in der bisherigen beigemessenen Bedeutung des quantitativen Wachstums in der Anwendung der linearen Wirtschaftsmethode finde ich nicht richtig. Die lineare Wirtschaftsmethode muss auch in Anbetracht der Mängel dieses Wirtschaftssystems – bezogen auf die aktuellen Probleme der Menschheit – gesehen werden. Wir müssen alles tun, um die steigende Erderwärmung zu stoppen, und deshalb halte ich die weitere Anwendung der linearen Wirtschaftsmethode für unzeitgemäß und fragwürdig. Da im Zusammenhang mit dieser Wirtschaftsmethode und deren Zielstellung das immer steigende Wachstum zugrunde gelegt wird, wird die weitere Anwendung der linearen Wirtschaftsmethode von mir – auch bezogen auf die gegenwärtigen Erfordernisse und wichtigsten Aufgaben der Menschheit – als nicht richtig angesehen. Auch unter Beachtung der Endlichkeit der zum Gelingen des stetigen Wachstums benötigten Rohstoffe ergibt sich die Fragwürdigkeit der Nutzung der linearen Wirtschaftsmethode. Diese Wirtschaftsmethode ist vorrangig auf kurzseitige Erfolge ausgerichtet. Wenn wir so wie bisher weiterleben, brauchen wir uns nicht zu wundern, dass die Menschheit dann kaum noch Rohstoffe besitzt und die noch vorhandenen Rohstoffe zu unzumutbaren hohen Aufwands- bzw. Preisbedingungen nur noch erworben werden können.

Die lineare Wirtschaftsmethode, die in keiner Weise auf Langfristigkeit setzt, entspricht auch dadurch nicht dem Bestreben der Menschheit. Man nimmt durch diese Vorgehensweise in Kauf, dass wir als Menschheit dann wahrscheinlich kaum noch oder keine Rohstoffe mehr haben. Wir sollten deshalb viel mehr als bisher alles dafür tun, damit der Planet bzw. die Erde weiterhin existiert.

Auch deshalb und weil man eine weiter steigende Erderwärmung in Kauf nimmt und damit mit Menschheitsinteressen spielt, kann diese Art des Wirtschaftens nicht als richtig für unsere Erde angesehen werden. Weil die Menschheit auch im Interesse späterer Generationen weiter bestehen bleiben sollte, kann aufgrund der endlichen Rohstoffe und daraus sich ergebender Probleme bei der Art unseres Wirtschaftens diese derzeitige Wirtschaftsmethode nicht so bleiben. Durch den übermäßigen Konsum mit den sich daraus ergebenden Folgeproblemen und einigen anderen ebenfalls bestehenden Faktoren sollte unser Wirtschaftssystem und die damit verbundene Art des bisherigen Wirtschaftens allein schon deshalb nicht, wie bisher, so weitergeführt werden. Es ist dadurch erforderlich, dass schnellstens eine andere Art des Wirtschaftens, die mehr unseren konkreten und aktuellen dringenden Notwendigkeiten entspricht, auf unserem Planeten durchgeführt wird. Mit dem linearen Wirtschaften ist zur Erzielung eines hohen quantitativen Wachstums, was ja das Ziel der linearen Wirtschaftsmethode ist, das immer wieder neue Entstehen von oft gleichen Produkten verbunden. Beim linearen Wirtschaftsmodell wird eine Sättigung des Marktes, des Wegwerfens und der Materialermüdung nicht beachtet, und man setzt sogar darauf, dass dies im Interesse des Wachstumsanstiegs weiter besteht. Damit kann die lineare Wirtschaftsmethode keine positiven Ergebnisse für den langfristigen Erhalt der Menschheit haben. Man beachtet bei diesem Wirtschaftsmodell nicht in dem erforderlichen Maß, dass Abfall in solch einem Umfang, wie er gegenwärtig anfällt, nicht entstehen bräuchte und auch nicht entstehen darf.

Durch immer neue Wirkungen von Marketing- bzw. Werbemaßnahmen will man durch übermäßigen Konsum das Wachstum immer mehr steigern. Man will die Verbraucher immer mehr aktivieren, dass sie im Interesse der steigenden Rendite der betreffenden Hersteller sowie Vertriebsunternehmen immer mehr kaufen und ihren Konsum immer weiter erhöhen. Man nimmt bei dieser Wirtschaftsmethode in Kauf, dass sehr hohe Ergebnisse, ein hohes quantitatives Wachstum und damit ein sehr hoher Konsum erzielt wird. Der sich ergebende Ressourcenverbrauch spielt hierbei nur eine untergeordnete und damit eine sekundäre Rolle.

Im Grunde hat beim gegenwärtig ausgeübten Wirtschaftsverhalten das quantitative Wachstum immer das Primat, und der Ressourcenverbrauch wird nur sekundär gesehen. Beide Ziele stehen sich trotz der gezeigten Bemühungen, die Verpackungen zu reduzieren, diametral entgegen. Bei der Plasteverpackung ist lt. den EU-Bestimmungen und bei einigen anderen Erzeugnissen sowie Produkten die Verpackung so zu ändern, dass die Abfälle besser verwertet werden. Deshalb ist es unbedingt erforderlich, auch besonders zur Reduzierung unseres Ressourcenverbrauchs und zu einer Vermeidung der weiteren Erderwärmung, von der linearen Wirtschaftsmethode, wie erwähnt, so schnell wie möglich Abstand zu nehmen.

Deshalb muss eine andere Wirtschaftsmethode angewandt werden. Bei der Wahl der zugrunde zu legenden Gesellschaftsordnung kommen nur eine kapitalistische Gesellschaftsordnung in Form der in Deutschland angewandten Sozialen Marktwirtschaft oder eine sozialistische Gesellschaftsordnung, wie sie beispielsweise in der früheren DDR gehandhabt wurde, in Frage. Wichtige Gesichtspunkte, die aus der Sicht des Verfassers von beiden Gesellschaftssystemen typisch gewesen sind oder in speziellen Bestimmungen der betreffenden zu vergleichenden Länder gegenüber gestellt wurden, sind im Gliederungspunkt 7.2. enthalten.

Obwohl manche Gegebenheiten auch unter sozialistischen Gesellschaftsbedingungen nicht schlecht waren und der Autor dieses Buches beide Gesellschaftsordnungen auch in der Praxis und Realität kennengelernt hat und dadurch gute Voraussetzungen für zu treffende unvoreingenommene Vergleiche besitzt, muss festgestellt werden, dass beide Gesellschaftssysteme zum Ziel hatten bzw. – auf das gemeinsame Deutschland bezogen – haben, das materielle Wachstum im Interesse besserer Lebensbedingungen zu erhöhen.

Zwischen der alten Bundesrepublik und der damaligen DDR gab es viele Unterschiede, u. a.:

- in der Vermögensverteilung,
- bei den Eigentumsverhältnissen,
- in den Herrschaftsformen,
- bei den angewandten Wirtschaftsmethoden,

- bei den Sozialsystemen,
- in der Preisbildung,
- beim Einkommen,
- in der Schulbildung und beim Studium,
- in der Sicherheit,
- bei der Rolle der Frauen,
- in der Gleichberechtigung,
- bei Kinderkrippen, Kindergärten, Kinderkombinationen und in der Hortbetreuung,
- bei den Freizeitmöglichkeiten für junge Menschen und Erwachsene,
- in den Urlaubsgegebenheiten,
- im Verhalten der Menschen untereinander,

und in vielen anderen Sachverhalten.

Gerade, weil viele junge Menschen die frühere DDR allein aus Altersgründen nicht kannten und manche junge Menschen leider nur einseitig und nicht umfassend über die damalige DDR informiert wurden sowie manche Menschen aus der alten Bundesrepublik die damalige DDR nicht persönlich, sondern nur vom Hörensagen kannten, wurde diese Gegenüberstellung, wie im Abschnitt 7.2. enthalten, bezogen auf unterschiedliche Handhabungen und Verfahrensweisen sowie Sachverhalte in einigen Rubriken vorgenommen.

In der damaligen DDR wurde auch Manches aus heutiger Sicht des gemeinsamen Deutschlands sicher nicht richtig gemacht. Dazu gehören – bezogen auf den Nichtwirtschaftsbereich – u. a.:

- vielfältige Belange der hohen Bedeutung der Staatsicherheit, die u. a. manche Praktiken durchführte, die in keiner Weise akzeptabel waren. Solche Praktiken bestanden u. a. darin:

  - Aufdampfen von Briefumschlägen zur Kontrolle von Postinhalt

- Installation von Störsendern, um den Empfang von ARD, ZDF, 3sat und den 3. Fernseh-Programmen der ARD zu unterbinden

- Misshandlung von politischen Gefangenen (sowohl physisch, als auch psychisch)

- auch Misshandlung von Minderjährigen, insbesondere im Zuge von Festnahmen um den 40. Jahrestag der DDR im Jahr 1989

- Anwerbung von (teilweise bereits minderjährigen) Schülern über Lehrerinnen und Lehrer sowohl in Polytechnischen (POS), als auch Erweiterten Oberschulen (EOS) zum späteren Dienst beim Ministeriums für Staatssicherheit (MfS). Das Wachregiment des Ministeriums für Staatssicherheit wurde nach dem Errichter des sowjetischen Geheimdienstes, Feliks Edmund Dzierżyński (1877 – 1926), benannt. Seine Tätigkeit bildete unter den Besonderheiten der DDR in manchen Punkten die Voraussetzung für die Staatsicherheitsbelange.

- Auch unter (teilweiser) Umgehung der erziehungsberechtigten Eltern, die oftmals erst im Nachhinein von solchen Anwerbeversuchen erfuhren, wurden einige Schülerinnen und Schüler zur Unterschrift unter einer Verpflichtungserklärung, für das Ministerium für Staatssicherheit als „Inoffizielle Mitarbeiter" zu spionieren, unter bestimmten Bedingungen erpresst. Unter Beachtung der auch in der DDR gegoltenen alleinigen Unterschriftsberechtigung bei Abschlüssen von Verträgen ab Vollendung des 18. Lebensjahres konnten Eltern oftmals gerade noch rechtzeitig die Unterschrift unter einer Verpflichtung zum Dienst in der MfS, auch zum Schutz ihrer Kinder kraft ihrer Erziehungspflicht und damit verbundenen Unterschriftsberechtigung rückgängig machen. Diese Anwerbung von Minderjährigen durch das Ministerium für Staatssicherheit wurde leider von einigen Lehrerinnen und Lehrern billigend in Kauf genommen. Fehlentscheidungen zum Schutz ihrer eigenen Kinder konnten durch die Eltern manchmal noch rechtzeitig korrigiert werden.

- Inhaftierung von politischen Gefangenen

  - Zwang, für wenig Geld teilweise lebensgefährliche Schwerstarbeit zu verrichten, teilweise unter Missachtung von Arbeitsschutzbestimmungen

- Zwangseinweisung in Jugendwerkhöfe (Spezialheime der Jugendhilfe in der DDR) von männlichen und weiblichen Insassen im Alter von 14 bis 20 Jahren (teilweise schon ab 13 Jahren), die nicht den sozialistischen Verhaltensnormen in der DDR entsprachen, unter Anwendung von Erziehungsmethoden des sowjetischen Schriftstellers und Pädagogen Anton Semjonowitsch Makarenko (1888 – 1939), z. B. von Rechtlosigkeit auf der untersten Hierarchiestufe, auf die selbst höher gestellte Personen wieder zurück fallen konnten

- keine Rechte bei der Einweisung in einen Jugendwerkhof, statt dessen Aussetzung von Gewalt durch Erzieher

- körperlich schwere durch die Jugendlichen zu leistende Arbeit und dabei Kooperation mit Betrieben unterschiedlichster Art

- Gründung einer Reihe von Jugendwerkhöfen auf Anforderung der DDR-Industrie

- Verfolgung der westlich orientierten Jugendkulturen durch die Jugendwerkhöfe ab den 1950er Jahren

- Aufbau des Geschlossenen Jugendwerkhofs Torgau bei Leipzig ab 1964

- ab 1990 Auflösung bzw. Umwandlung der Jugendwerkhöfe in Einrichtungen nach westlichem Standard

- mangelnde Demokratiehandlungen in der Herrschaftsform der Diktatur des Proletariats

- nicht ausreichende Wahlerfordernisse in der DDR

  - Wahl der „Kandidaten der Nationalen Front“ als Einheitsliste unter Führung der Sozialistischen Einheitspartei Deutschlands (SED), ohne die Möglichkeit, einzelne Kandidaten abzuwählen

  - oft bis zu den ersten freien Wahlen in der DDR zur Volkskammer (18.03.1990) bzw. ersten und einzigen freien Kommunalwahl in der DDR (06.05.1990) Stimmabgabe mit Bleistift anstatt Kugelschreiber

  - bei der Wahl von Mitgliedern des Gruppenrats der Jung- (1. bis 3. Klasse) und Thälmann-Pioniere (4. bis 7. Klasse) der Pionierorganisation „Ernst Thälmann“ und des Rates der Freien Deutschen Jugend (FDJ) (8. bis 10. bzw. – bei der Erweiterten Oberschule (EOS) bis zur 12. Klasse bzw. in der Berufs- und Studienausbildung), des sogenannten „Freundschafts-Rats“ in Anlehnung an den FDJ-Gruß „Freundschaft“ beim Fahnen-Appell. Manchmal wurden gegen das Gesetz verstoßende Versuche durch die jeweiligen Klassenlehrerinnen bzw. -lehrer unternommen, die Schülerinnen und Schüler dazu zu zwingen, über die jeweiligen Gruppenrats- bzw. Freundschaftsrats-Mitglieder „im Block“, das heißt also, als Gruppe abzustimmen zu lassen. Obwohl dies gegen das Gesetz verstieß, das besagte, dass über jedes Gruppen- bzw. FDJ-Rats-Mitglied einzeln abzustimmen war. Gleiches galt auch für die Mitglieder der Grund-Organisations-Leitung (GOL), die sich aus den Vorsitzenden des FDJ-Freundschafts-Rats in den einzelnen Klassen einer Schule zusammensetzte, da jede Schule auch eine Grund-Organisations-Leitung der Freien Deutschen Jugend hatte, die nach bestimmten kommunistisch orientierten Persönlichkeiten benannt wurde.

- ideologische Bevormundung durch Klassenlehrerinnen und Klassenlehrer bei der Durchführung von klasseninternen Testwahlen wenige Tage vor der ersten freien Wahl in der DDR am 18.03.1990. Damit sollte indirekt ein Stimmungsbild gewonnen werden, welche Schülerinnen und Schüler welche Parteien wählen würden, um daraus auf ihre politische Gesinnung schließen zu können.

- Menschen, die eine bessere DDR wollten, wurden manchmal zu Oppositionellen erklärt.

- übertriebene militärische Anforderungen, oftmals schon in der Jugendzeit

  - Einführung des unbenoteten Unterrichtsfachs „Wehrkunde-Unterricht“ ab der 9. Klasse im Schuljahr 1978/1979 und in der 10. Klasse ab dem Schuljahr 1979/1980

    - <u>Theorie in vier Doppelstunden/Schuljahr:</u>

      - „Fragen der sozialistischen Landesverteidigung“ (militärisches und politisches Grundlagenwissen über die Nationale Volksarmee (NVA))

    - <u>Praxis:</u>

      - zweiwöchiges Wehrlager für Jungen am Ende des 9. Schuljahres entweder in Kinderferienlagern, Anlagen der Gesellschaft für Sport und Technik (GST) oder der Nationalen Volksarmee (NVA) an zwölf Ausbildungstagen zu je acht Stunden in GST-Uniform mit Betreuung durch Offiziersschüler oder NVA-Soldaten der Reserve

- Bestandteile der Wehrkunde-Ausbildung, u. a.:
  - Training im Handgranatenwurf unter Benutzung einer Attrappe einer „F1“-Handgranate
  - Bewegen und Orientieren im Gelände
  - Übungen mit Gasmasken und Schutzanzügen
  - Ausdauerläufe
  - Überwinden der Sturmbahn
  - Schießen mit Luftgewehren
  - Ordnungsübungen (z. B. „Exerzieren“)
  - von Militär-Angehörigen durchgeführter militärtheoretischer und politischer Unterricht
- zweiwöchiger Lehrgang „Zivilverteidigung“ für Schülerinnen und diejenigen Schüler, die auf Grund mangelnder gesundheitlicher Voraussetzungen nicht ins ebenfalls für zwei Wochen am Schuljahresende vorgesehene Wehrlager fahren konnten, in der 9. Klasse
  - Ausbildung in Erster Hilfe und Evakuierungsmaßnahmen meist an den Schulen und oft unter Leitung von Sportlehrerinnen und Sportlehrern (die Zeiten für Sport-Unterricht für Schülerinnen und Schüler der 10. Klassen entfielen, da diese bereits ihre Prüfungen geschrieben hatten)

In den dreiwöchigen Winterferien in der 10. Klasse wurde der Wehrkunde-Unterricht an drei „Tagen der Wehrbereitschaft“ endgültig abgeschlossen. Der Wehrunterricht sollte bei den Jungen zur Vorbereitung auf den in der DDR 18-monatigen Grundwehrdienst und zur Werbung zur Verpflichtung als Soldat auf Zeit (in der DDR: bei 4 Jahren: Offizier auf Zeit im Dienstgrad „Unterleutnant“ und Soldat auf Zeit (Umwandlung in der DDR in den 1970er Jahren in „Unteroffizier auf Zeit“ 3 Jahre mit dem Dienstgrad „Unteroffizier“; in der Volksmarine 4 Jahre mit dem Dienstgrad „Maat“) oder Berufssoldat für die NVA, die Grenztruppen der DDR, die Kasernierten Einheiten des

MdI (Ministerium des Innern der DDR) und den Dienst im Ministerium für Staatssicherheit (MfS) dienen.

Vereinzelt wurde bereits vor dem Erreichen der 9. Klasse Werbung für eine spätere Tätigkeit bei der Armee bei den Jugendlichen gemacht (teilweise auch bis zur Wende 1989 schon im Laufe der 6. Klasse, ohne, dass es den Jugendlichen vielleicht schon bewusst war) mit Versprechungen, man könnte in der Armee bei der entsprechenden Ausbildung in einem Beruf das Doppelte wie im außerhalb der Nationalen Volksarmee erlernten gleichen Beruf verdienen. Viele Schülerinnen und Schüler fielen auf diese Art von Versprechen nach Gesprächsaustausch mit ihren Eltern nicht herein.

Im Mai 1990 wurde auf Druck von Eltern, Schülerinnen und Schülern sowie Kirchen von der ersten und letzten frei gewählten Volkskammer (Parlament der DDR) sowohl der Staatsbürgerkunde-Unterricht, als auch der Wehr-Unterricht abgeschafft. 1990 fand keine Zivilverteidigung und auch kein Wehrlager mehr statt.

- Dienst als Bausoldat für Christen und Pazifisten in der DDR als einzigem sozialistischem Staat ab 1964 möglich

  - Möglichkeit der Ablehnung des Wehrdienstes aus religiösen oder ähnlichen Weltanschauen, jedoch keine Möglichkeit der Verweigerung des Dienstes bei der NVA (Dienstpflicht für 18 Monate mit dem Dienstgrad „Bausoldat“ und dem Erkennungszeichen eines Spatens an der Uniform)Einsatz beim Bau militärischer Anlagen und ab den 1980er Jahren zusätzlich im Bergbau

  - harter Drill

  - schlechte Verpflegung

  - Überwachung durch das Ministerium für Staatssicherheit

- übergroße Ideologisierung der jungen Menschen bereits im Kindergarten-, Schul- und Gesellschaftsbereich durch Lehrer und Erzieher

- oftmals nicht möglicher Besuch der Erweiterten Oberschule (EOS) in der DDR trotz guter oder sehr guter Leistungen, wenn die Eltern nicht zur Arbeiter- oder Bauern-Klasse gehörten, kirchlich engagiert waren oder – trotz dem deren Eltern ursprünglich zur Arbeiter- oder Bauern-Klasse gehörten – selbst studieren konnten bzw. sich in Opposition zur SED verhielten oder die entsprechenden Schülerinnen und Schüler nicht Mitglied der Pionierorganisation „Ernst Thälmann“ bzw. der „Freien Deutschen Jugend“ waren oder wenn die Eltern einen Ausreiseantrag nach West-Berlin oder in die Bundesrepublik stellten

- erhebliche Verstöße gegen die erforderlichen Belange der Ökologie trotz Einführung des Sekundär-Rohstoff-Erfassungssystems (SERO) ab den 1960er Jahren in der DDR

- nicht ausreichende Beachtung seelischer bzw. psychologischer Belange bei den betreffenden Menschen

- Benachteiligung (nicht nur geistig, sondern auch körperlich) behinderter Menschen in ihrer (beruflichen) Entwicklung bis zum Ende der DDR durch nicht ausreichende individuelle Förderung

    - Bei Besuch einer normalen Schule war es seitens des DDR-Staats möglich, den Schwerbehinderten-Ausweis abzuerkennen, obwohl auf Grund der gesundheitlichen Einschränkung eine Teilnahme an Ferienlagern (oft) nicht möglich war und im Schwimm- und Turn-Unterricht auf Grund gesundheitlicher Einschränkungen nur eine teilweise bzw. keine Teilnahme möglich war. Die Vorlage eines Attests war erforderlich. Einmal pro Jahr kamen Sportmediziner in die Schulen. Dann wurde entschieden, ob die betreffenden Schülerinnen und Schüler auf Grund ihrer persönlichen Einschränkungen ein Voll- oder Teil-Attest bekamen, der sie vom Sport-Unterricht und in den jeweiligen Klassenstufen (2. und 4. Klasse) auch vom Schwimm-Unterricht befreite, da die Lehrerinnen und Lehrer auch darauf achten mussten, dass den (schwer-)behinderten Schülerinnen und Schülern bei der Ausübung von Schwimmen oder Sport nichts passiert, weil sie in dem Fall, wenn im Schwimm- bzw. Sport-Unterricht weitere gesundheitliche Schäden eingetreten wären, strafrechtlich haftbar gewesen wären.

    - Teilweise Versuch der Ärztlichen Dienste der Agenturen für Arbeit (auch noch nach der Wiedervereinigung ab dem 03.10.1990 im Ostteil des wiedervereinigten Deutschlands, der bis zum 02.10.1990 das Gebiet der DDR darstellte) durch dort beschäftigte fachlich und menschlich aus meiner Sicht ungeeignete Beauftragte: Oft wurden berufliche Karrieren von Schwerbehinderten anhand von Gesundheitsakten abgeleitet und dadurch ggf. zerstört. Hierzu wollten die verantwortlichen Vertreter der Medizinischen Dienste der Agenturen für Arbeit die Behinderten bzw.

Schwerbehinderten selbst, wenn diese noch nicht volljährig waren, deren Eltern dazu zwingen, Fachärzte von der Schweigepflicht zu entbinden, um an deren Akten heranzukommen. Dies geschah oft – ohne Wissen der Behinderten bzw. Schwerbehinderten und – sofern diese noch nicht volljährig waren – auch ohne Wissen der Erziehungsberechtigten, diese Akten nach ihrem Gutdünken zu interpretieren. Oft wurde, ohne mit den Betroffenen und deren Erziehungsberechtigten vorher überhaupt gesprochen zu haben und um somit die Behinderten und Schwerbehinderten in ihrer beruflichen Entwicklung auszubremsen, diese Akteninterpretation zugrunde gelegt.

- Nach der politischen Wende war es notwendig, darum zu kämpfen, um den vor der Wende aberkannten Behindertenausweis, der im Gegensatz zum bundesdeutschen System der Grade der Behinderung in der DDR in 4 Stufen (Stufe I bis IV) eingeteilt war, wieder zurück zu bekommen. Der Wiedererhalt des alten DDR-Schwerbehindertenausweises war die Grundvoraussetzung, um einen bundesdeutschen (Schwer-)Behindertenausweis beantragen zu können.

In der Wirtschaft wurde letztlich, aus meiner Sicht, Manches in der damaligen DDR nicht richtig gemacht und führte auch mit zu späteren wirtschaftlichen Problemen in der damaligen DDR. Dazu gehörten u. a.:

- Die Nichtbeachtung der volkswirtschaftlichen Erfordernisse zwischen Akkumulation und Konsumtion mit Machtantritt von Erich Honecker (1912 – 1994) am 03.05.1971. Verbunden war der Machtantritt Erich Honeckers mit der Entmachtung seines Vorgängers Walter Ulbricht durch ihn am 26.04.1971 auf dessen Sommersitz in Groß Dölln, einem heutigen Ortsteil der Stadt Templin in der Uckermark. Die damit verbundene wirtschaftliche Entwicklung führte zu erheblichen Disproportionen in der volkswirtschaftlichen Entwicklung. Dies zeigte sich u. a. im übergroßen Anteil des Zuwachses der Konsumtion zu Lasten der Akkumulation und in den dadurch entstandenen erheblichen Verwerfungen in der volkswirtschaftlichen Entwicklung. Es wurde viel zu wenig investiert, was zur Folge hatte, dass bestimmte wichtige Erzeugnisse nicht oder viel zu spät erneuert oder ersetzt wurden. Die Folge war eine materiell schlechte Basis, die völlig überholt war und internationalen Ansprüchen in keiner Weise entsprach. Dadurch waren bestimmte wichtige Erzeugnisse nicht den Erfordernissen entsprechend nicht lange genug einsatzfähig. Bezüglich des Ansehens und der besseren Wirkung von Ost-Berlin wurde zu viel in Ost-Berlin (Hauptstadt der DDR) konsumiert und zum Teil auch investiert, vorrangig in neu errichtete Gebäude, was die volkswirtschaftlichen Erfordernisse zu diesem Zeitpunkt der wirtschaftlichen

Entwicklung nicht oder noch nicht zuließen. Durch die einseitige Bevorteilung von Ost-Berlin als „Schaufenster des Ostens“ entstanden auch erhebliche Disproportionen zur notwendigen wirtschaftlichen Entwicklung sowie zu den Erfordernissen im übrigen Teil der früheren DDR.

- Dadurch, dass vorrangig der eigene Ratiomittelbau fehlende Investitionen in der Akkumulation ersetzen sollte, damit man nicht auf Devisen anderer westlicher Länder angewiesen war, hätte die Produktion von dazu erforderlichen Ersatzteilen und Werkzeugen in viel stärkerem Umfang in der früheren DDR verbleiben müssen. Auch die Ersatzteile hätten nicht verstärkt in das westliche Ausland, nur um Devisen zu erwirtschaften, exportiert bzw. geliefert werden dürfen. Das war ein erheblicher Mangel an der Wirtschaftsstrategie der damaligen DDR.

- Deshalb konnte der Ratiomittelbau nicht genügend wirksam werden, da oft die notwendigen bzw. gebrauchten Ersatzteile, die in der früheren DDR auch hergestellt wurden, für benötigte Erfordernisse in der früheren DDR nicht oder nicht rechtzeitig zur Verfügung standen. Deshalb entstanden auch in dieser Hinsicht erhebliche Versorgungsschwierigkeiten bzw. Versorgungsprobleme, die in dem Maße, wie sie der wirtschaftlichen Entwicklung der früheren DDR geschadet haben, nicht entstehen brauchten. Dadurch wurde eine planmäßige bessere Nutzung mancher in der DDR hergestellter Ersatzteile nicht möglich. Das führte zum Beispiel zu Versorgungsproblemen in dem Zementwerk, in dem ich tätig war, dass uns die selbst durch den Zementanlagenbau Dessau hergestellten Tragrollen, die nahezu nur in die betreffenden westlichen Länder gegen Devisenerzielung geliefert wurden, nicht für dringend erforderliche Instandhaltungsarbeiten unseres Zementwerks zur Verfügung standen. Die dringend erforderliche Tragrollen-Lieferung für unser Zementwerk konnte dann nur durch Erwerb der in der damaligen DDR hergestellten Erzeugnisse über den Kauf in den betreffenden westlichen Ländern über Devisenverkauf erfolgen. Die erforderlichen benötigten Ersatzteile, wie im konkreten Fall erwähnt wurde, mussten dadurch durch den damaligen Bereich „Kommerzielle Koordinierung“ der damaligen DDR unter Führung des obersten Devisen-Beschaffers Alexander Schalck-Golodkowski erworben werden.

- Es wurden sehr viele mögliche verfügbare Erzeugnisse, Produkte bzw. Leistungen, die in der damaligen DDR oft in sehr hoher Qualität hergestellt wurden, in damalige NSW-Länder (nicht-sozialistisches Wirtschaftsgebiet) als Export-Leistung gegen Devisen geliefert. Auch dadurch kam es zu Versorgungsschwierigkeiten für die Menschen in der damaligen DDR, da in völlig unzureichendem Maße auch die im Inland bzw. in der damaligen DDR von den Menschen benötigten, oft hochwertig produzierten Erzeugnisse nicht zur Verfügung standen. Bei den Exporten in die sogenannten NSW-Länder spielte in der Regel die erzielbare Export-Rentabilität nicht die eigentlich gebührende ökonomische Rolle, die ihr zukommen musste. Im Regelfall wurden Erzeugnisse und Produkte in NSW-Länder im Rahmen des Exports geliefert, die eine negative Exportrentabilität aufwiesen. Nur wenige Erzeugnisse, die in der damaligen DDR hergestellt wurden, wiesen eine positive Exportrentabilität auf, wie beispielsweise Gartenzwerge und Kali. Die Betriebe, die eine negative Exportrentabilität erzielten, erhielten dann eine Exportförderung in Form einer Exportstützung als Ausgleich für die dadurch eingetretenen Verluste in der damaligen DDR.

- Durch die relativ hohe Exportstützung, die frühere DDR-Betriebe, die exportieren konnten, bekamen, war zu ersehen, dass die vergleichbaren Inlandspreisen der damaligen DDR im Regelfall weit über dem Weltmarktpreis lagen. Da die erhöhten Inlandspreise unter Beachtung zugrunde zu legender Kalkulationen nur auf erhöhte Inlands-Aufwendungen oder eine zu niedrige Inlandsproduktivität zurück geführt werden konnten, sind daraus nicht die erforderlichen ökonomischen Schlussfolgerungen gezogen worden, die notwendig gewesen wären.

- Es hätte alles daran gesetzt werden müssen, den Weltmarktpreis – bezogen auf den zu vergleichenden Inlandspreis – wenigstens zu erreichen bzw. zu unterbieten. Die Hauptursache der wesentlichen Überschreitung der Weltmarktpreise durch die Inlandspreise war im erheblichen Rückstand der Produktivität der Betriebe der DDR gegenüber den westlichen Unternehmen begründet. Dies konnte aus meiner Sicht darauf zurück geführt werden, dass die damalige DDR auf vielen Gebieten der Technik und Technologie wesentlich gegenüber den westlichen Ländern zurück lag. Dies ist auch zu einem bestimmten Anteil mit auf die Nichtlieferung von Produkten aus den NSW-Ländern durch die lange Zeit noch bestehende Wirksamkeit der Hallstein-Doktrin und andere Importeinschränkungen für die frühere DDR, die von einigen westlichen Ländern, vorrangig von der alten Bundesrepublik, gegenüber der damaligen DDR eingeleitet wurden, um dieser als Bestandteil des "Kalten Krieges" zu schaden. Lange Zeit hat man, obwohl die DDR schon lange existierte, diese als Zeichen der Nichtanerkennung der DDR immer noch als "Sowjetische Besatzungszone" bezeichnet.

- Es wurden von den westlichen Ländern in einer vergleichbaren Zeiteinheit wesentlich mehr Erzeugnisse bzw. Produkte hergestellt, als Betriebe in der DDR unter durchschnittlichen Bedingungen dazu unter den Bedingungen, die in der Wirtschaft der damaligen DDR herrschten, in der Lage waren. Ein weiterer Grund könnte bei einzelnen Erzeugnissen daran gelegen haben, dass in den Betrieben der damaligen DDR im Vergleich zu westlichen Ländern für die gleiche Zeit der Erzeugnisherstellung wesentlich mehr Arbeitskräfte eingesetzt wurden. Dass mehr Arbeitskräfte eingesetzt wurden, als ökonomisch vertretbar war, lag, wie bereits erwähnt, am Technologie- bzw. Technik-Rückstand oftmals veralteter Maschinen und Anlagen in der damaligen DDR und im damit verbundenen höheren Arbeitskräftebedarf begründet. Zum anderen wurden manchmal, meines Wissens zur Sicherung der Beschäftigung aller Arbeitskräfte, in der damaligen DDR nicht so harte betriebswirtschaftliche Produktivitätskriterien wie in führenden westlichen Ländern getroffen. Es bestanden auch ungleiche Ausgangsbedingungen zwischen der damaligen DDR und den alten Bundesländern, u. a.:

- Pflicht der Sowjetischen Besatzungszone bzw. ab dem 07.10.1949 der DDR zur Zahlung von 98 Prozent aller Reparationsleistungen für ganz Deutschland an die Sowjetunion

- Demontage von 30 Prozent aller damals in der Sowjetischen Besatzungszone bzw. späteren DDR bestandenen Betriebe und deren Transport in die Sowjetunion

- keine Wirksamkeit des Marshall-Plans in der Sowjetischen Besatzungszone bzw. in der DDR auf Grund der ausdrücklichen Ablehnung durch Josef Wissarionowitsch Stalin

- von 1956 bis 1969 wirksame Hallstein-Doktrin, die nach dem damaligen Staatssekretär (1951 – 1958) im Auswärtigen Amt der Bundesrepublik Deutschland, dem christdemokratischen Politiker Walter Hallstein (1901 – 1982), benannt wurde und der damit verbundene Alleinvertretungsanspruch der alten Bundesrepublik, für ganz Deutschland zu handeln und die DDR nicht anzuerkennen mit für die DDR auch im internationalen Rahmen negativen Folgen

- Die durch Verbot durch den damaligen sowjetischen Führer Leonid Breschnew mit Unterstützung von Erich Honecker ab 1970 nicht mehr mögliche Anwendung des "Neuen ökonomischen Systems der Planung und Leitung der Volkswirtschaft" in der damaligen DDR. Dieses System wurde 1964 von der DDR von den DDR-Wirtschaftsexperten Erich Apel (1917 – 1965), einem ausgebildeten Maschinenbau-Ingenieur und von 1963 bis zu seinem Selbstmord 1965 Vorsitzender der Ständigen Plankommission der DDR und Günter Mittag (1926 – 1994), einem promovierten Diplom-Wirtschaftswissenschaftler erarbeitet. Mit Unterstützung von Walter Ulbricht wurde das sogenannte "NÖSPL" auch zielgerichtet umgesetzt und mit Genehmigung des bis 1964 amtierenden sowjetischen Führers Nikita Chruschtschow (1894 – 1971) angewandt. Dieses neue System der Wirtschaft war dadurch gekennzeichnet, dass neben der Planwirtschaft auch bestimmte Elemente der Marktwirtschaft mii enthalten waren. In dieser Zeit, in der das so genannte "NÖSPL" ("Neues ökonomisches System der Planung und Leitung") angewandt werden konnte, betrug das Wirtschaftswachstum in der damaligen DDR jährlich nahezu immer ca, 5 Prozent und mehr. Erst durch Entscheidungen von Erich Honecker, die auf getroffenen Verboten von der damaligen sowjetischen Führung von Leonid Breschnew fußten, konnte das "Neue ökonomische System der Planung und Leitung der Volkswirtschaft" nicht mehr in der bisherigen Form durch den damaligen DDR-Regierungschef Walter Ulbricht und seine Wirtschaftsverantwortlichen weiter fortgesetzt werden, was sich sehr ungünstig auf die Wirtschaft der DDR auswirkte. In dieser Zeit, als Walter Ulbricht die Regierungsverantwortung hatte, wurden die erforderlichen richtigen Grundsätze der Verhältnisse der Akkumulation und Konsumtion eingehalten. Honecker hat mit zunehmendem Einfluss gegen diese wichtigen Grundsätze der Wirtschaftspolitik in der DDR aus meiner Sichtweise durch den Einfluss unter dem damaligen sowjetischen Führer Breschnew verstoßen und hatte auch einige Helfershelfer, die sich zum Teil aus meiner Sicht zu Unrecht "Wirtschaftsfachleute" nannten, wie Günter Mittag und andere, die ihn bei dieser letztlich nicht sachgerechten falschen Wirtschaftspolitik unterstützten.

- Die gewährten Preissubventionen für bestimmte Erzeugnisse und Dienstleistungen und in sozialen Bereichen und auch manche gewährte Preise waren im Umfang der gewährten Höhe für die damalige Zeit wohl aus volkswirtschaftlicher Sicht für die DDR nicht ausreichend vertretbar. Man hat dies aus meiner Sicht wohl unter Honecker gemacht, um gut bei den Werktätigen in der DDR dazustehen. Dabei wurden jedoch wichtige Grundsätze des Wirtschaftens, die unbedingt erforderlich sind, aus meiner Sichtweise missachtet. Außerdem führten sie bei einigen subventionierten Erzeugnissen und Dienstleistungen zu nicht gewünschten und zum Teil negativen Auswirkungen. Dies betraf u. a. bestimmte Lebensmittel, wie Brot und Brötchen, die teilweise auch zur Tierverfütterung verwendet wurden oder mit denen nicht sparsam und teilweise verschwenderisch umgegangen wurde. Auch die Altbauten sind u. a. durch die zu geringen Mietpreise oft verfallen und waren dadurch nicht mehr ausreichend nutzbar, was sich auch auf deren Zustand und überhaupt und auf die veraltete und teilweise verkommene Gebäudestruktur von Altbauten in der DDR sehr negativ auswirkte.

- Die nicht ausreichende Erlaubnis zur Errichtung von Privatbetrieben, u. a. auch Bau- und Handwerksbetrieben in anderen Branchen, obwohl ein erheblicher Bedarf u. a. gerade im Baugewerbe wegen der notwendigen Sanierung von Altbauten bestand, haben neben der verfehlten Akkumulations- und Investitionspolitik in der damaligen DDR zu der schlimmen Bausituation bei Altbauten geführt. Manche Altbauten mussten sogar deshalb baupolizeilich gesperrt werden und wurden, wie schon erwähnt, dem Verfall preisgegeben. Auch in anderen Wirtschaftszweigen in der damaligen DDR hat man zu wenig den Bedarf beachtet und Privatbetriebe, wenn sie auch zum Teil unternehmerisch geführt werden konnten, nicht oder nicht ausreichend zugelassen. Nur in Ausnahmefällen wurden trotz des erheblichen Bedarfs eine Gründung von Privatunternehmen genehmigt. Diese Missachtung des Bedarfs hat ebenfalls zu Problemen in der Versorgung in der DDR geführt. Man kann nicht auf Dauer, nur, weil man aus politischen Gründen keine oder kaum Privatbetriebe in der DDR haben wollte, zu Lasten des Bedarfs nur politische und nicht ausreichende ökonomische Entscheidungen treffen und somit auch die mögliche Initiative von einzeln Beschäftigten in der damaligen DDR zur Gründung von Privatunternehmen unterbinden bzw. nicht wirksam werden lassen. Es wäre, wie es auch im "NÖSPL" vorgesehen war, aus meiner Sicht richtig gewesen, neben der Planwirtschaft in der DDR auch marktwirtschaftliche Elemente in Form von manchen Privatunternehmen in der DDR zuzulassen. In dieser Beziehung ist auch Ungarn, auch im Sozialismus als sozialistisches Land einen anderen – meines Erachtens besseren – Weg für die Wirtschaft und somit für die Menschen gegangen.

- Auf Dauer erwies sich als ökonomisch ungünstig, dass nur eine Binnenwährung in der damaligen DDR bestand und eine frei konvertierbare Währung auch in der damaligen DDR aus vorrangig aus politischen Gründen nicht entstehen durfte. Dass dies sicherlich mit nicht geringen Schwierigkeiten verbunden war, aus einer Binnenwährung eine frei konvertierbare Währung zu machen und auch Auswirkungen auf die Umsetzung des politischen Systems hat, jedoch möglich ist, hat Ungarn auch zu sozialistischen Zeiten vordemonstriert. Die ungarische Währung Forint wurde in diesem Zusammenhang auch im Sozialismus schon frei konvertierbar. Eine Konvertierbarkeit der damaligen DDR-Währung hätte u. a. auch dazu führen können, dass modernere Technik und Technologien aus den westlichen Ländern in wesentlich höherem Umfang den betreffenden in Frage kommenden Kombinaten genehmigt und die in diesem Zusammenhang erforderlichen Forschungs- und Entwicklungsarbeiten in der DDR mit wesentlich besseren Ausgangsvoraussetzungen erfüllt werden konnten. Damit hätten auch bessere Ausgangsbedingungen bestanden, die notwendige höhere Produktivität in der damaligen DDR zu erreichen. In Vorbereitung der

Wiedervereinigung Deutschlands im Rahmen der vorgeschlagenen zeitweiligen Konföderation gemäß des damaligen Artikels 146 des Grundgesetzes der Bundesrepublik Deutschland wurde von der damaligen Wirtschaftsministerin der DDR-Regierung unter dem damaligen DDR-Ministerpräsidenten Dr. Hans Modrow in der Übergangsphase 1989/1990 (bis zum 17.03.1990), Frau Prof. Dr. Christa Luft, im Rahmen der möglichen Konföderation der Vorschlag unterbreitet, dass für die Währung der damaligen DDR auch eine Möglichkeit der freien Konvertierbarkeit besteht. Meiner Auffassung nach hätte die Konvertierbarkeit der damaligen DDR-Währung zu einem wesentlich früheren Zeitpunkt aus wirtschaftlichen Gründen erfolgen müssen, und die wirtschaftlichen Gründe hätten vor den politischen Gründen den Vorrang haben müssen.

Manche andere subjektive Entscheidungen, die vorrangig aus politischen Gründen in der damaligen DDR-Wirtschaft so erfolgten, zeigen auf, dass die Strategie der Wirtschaftspolitik in der DDR und in vielen anderen sozialistischen Ländern sich als verkehrt erwies und auch marktwirtschaftliche Elemente in die Planwirtschaft der DDR, wie es, wie erwähnt, Walter Ulbricht auch wollte, mit einbezogen werden mussten. Viele andere Beispiele bezüglich der Fehler in der Wirtschaftspolitik der DDR könnten noch genannt werden, aber im Rahmen der Erarbeitung dieser Thematik sollen diese Ausführungen vorerst genügen.

Wegen den Produktivitätsvorteilen der Gesellschaftsform der Sozialen Marktwirtschaft, trotz dem diese Gesellschaftsform noch viele Nachteile aufweist und die Wirtschaft im Sozialismus und in der DDR in vielen Punkten aus meiner Sicht nicht richtig betrieben wurde, wurde, weil sie uns bisher die Erfordernisse des Lebens gesichert hat, eine Beibehaltung einer kapitalistischen Gesellschaftsordnung im Buch zugrunde gelegt. Wenn die sozialistische Gesellschaftsordnung nicht die erheblichen Geburtsfehler gehabt hätte und manche Fehler im Laufe der Entwicklung nicht gemacht worden wären, die aus meiner Sicht nicht typisch für eine sozialistische Gesellschaftsordnung sind, sondern vermeidbare subjektive Fehlentwicklungen darstellten, hätte die gesellschaftliche Entwicklung sich auch anders vollziehen können. Auch die sozialistische Gesellschaftsordnung hat in manchen Punkten Vorzüge gegenüber der kapitalistischen Gesellschaftsordnung oder auch der Sozialen Markwirtschaft als eine verbesserte Gesellschaftsform im Kapitalismus. Durch die eingetretene wesentlich unterschiedliche wirtschaftliche Entwicklung, insbesondere bezogen auf die Produktivkraft beider Gesellschaftssysteme, des erheblichen Zusammenbruchs des sozialistischen Systems in vielen Ländern der Welt, insbesondere in Osteuropa, hat man die sozialistische Gesellschaftsform, auch bezogen auf die historischen Ergebnisse der Entwicklung, nicht weiter in Betracht gezogen und als nicht weiter zu betreibende Gesellschaftsordnung angesehen. Deshalb ist die Gesellschaftssystem-Frage noch nicht als abschließend geklärt zu sehen, gerade auch unter den bestehenden Gegebenheiten der zunehmenden Erderwärmung und der Klimakrise, für die eine Planwirtschaft auch manche Vorteile gegenüber einem rein kapitalistischen Gesellschaftssystem hat. Sie kann und sollte nicht auf unbegrenztem Wachstum und Rohstoffe und einer Profitmaximierung beruhen. In einer Planwirtschaft und Bilanzvorgaben auch zu den Belangen der steigenden Erderwärmung oder zu anderen wichtigen Fragen ist es viel besser möglich, das unbegrenzte Wachstum auszuschließen und sich planvoll entsprechend den gegebenen bzw. vorhandenen Möglichkeiten zu verhalten und nicht einen Raubbau nur wegen des Profit mit nur kurzzeitigen Interessen zuzulassen. Bei der gegenwärtigen Gesellschaftshandhabung in marktwirtschaftlichen Systemen wird völlig unzureichend das "Morgen" beachtet und so gut wie überhaupt nicht strategisch an eine Langfristigkeit gedacht. In der früheren DDR war das langfristige Denken durch Fünf-Jahr-Pläne, Intensivierungskonzeptionen und noch andere weitreichende Prognosen fester Bestandteil der Planung. Honeckers aus meiner Sicht falsche Wirtschaftspolitik war aber zu sehr auf kurzfristige Erfolge ausgerichtet und hat sich bezüglich der notwendigen Langfristigkeit des Denkens als falsch erwiesen. Ich bin jedoch keinesfalls der Auffassung, dass dies für den Sozialismus systemimmanent ist, sondern erhebliche subjektive Fehler unter Honecker insbesondere in der Wirtschaftspolitik gemacht wurden.

Die sozialistische Gesellschaftsordnung wird jedoch wegen den wirtschaftlichen Ergebnissen der bisherigen gesellschaftlichen Entwicklung von Vielen wegen dieser beschriebenen Gegebenheiten nicht als Alternative zur kapitalistischen Gesellschaftsordnung gesehen, was meines Erachtens nicht ausreichend bewiesen ist, weil viele subjektive Fehler im damaligen Sozialismus gemacht wurden und es auch unter Honecker zum Teil nicht zu verkennen war, dass man früher den stalinistischen Sozialismus betrieben hat. Dies konnte man auch in den letzten Jahren der DDR an solchen Aktionen, wie dem Verbot der damals in der DDR viel gelesenen sowjetischen Zeitschrift "Sputnik" entnehmen, bei dem Honecker eine unrühmliche Rolle bei dem erlassenen Verbot gespielt hat. Im Nachhinein muss es auch als großer Fehler unter Honeckers Führung gesehen werden, dass man zu wenig oder teilweise überhaupt nicht auf viele fortschrittliche Ideen in einer neuen Art des Sozialismus unter den damaligen sowjetischen Führer Michail Gorbatschow eingegangen ist.

Es war in der Vergangenheit und ist auch heute zwar in geringerem Maße als früher auch im gemeinsamen Deutschland, zu verzeichnen, dass Vertreter des weiblichen Geschlechts in gewisser Form noch gegenüber Vertretern des männlichen Geschlechts diskriminiert werden. In manchen Ländern, besonders in patriarchalisch geprägten Ländern, ist die Diskriminierung von Frauen im Regelfall noch höher. Die Frauen in der damaligen DDR haben eher Elemente einer Gleichberechtigung gespürt und in vielen Gegebenheiten anders gelebt als in der alten Bundesrepublik und im nunmehr gemeinsamen Deutschland. Der Anteil der Frauen, die einer Arbeit in der DDR nachgingen, betrug ca. 91 Prozent. Die Anzahl der Kindereinrichtungen war in der DDR unter Beachtung des Anzahl der Bevölkerung wesentlich höher als in der alten Bundesrepublik. Auch die Anzahl der Geburten war in der damaligen DDR und im nunmehr gemeinsamen Deutschland im Zeitraum der 1960er Jahre höher und betrug in dieser Zeit sogar über 2,5 geborene Kinder. Im Zeitraum 1990 ist die Geburtenziffer in Ostdeutschland sogar auf 0,8 Geburten/Frau heruntergegangen und in Westdeutschland lag sie zu dieser Zeit nur knapp unter 1,5/Frau. Sicherlich hat dieser erhebliche Rückgang der Geburtenziffer in Ostdeutschland mit den Folgen der Wende und des Entstehen des gemeinsamen Deutschlands zu tun. Derzeit liegt aktuell die Geburtenziffer im gemeinsamen Deutschland bei 1,54 und liegt in Westdeutschland und in Ostdeutschland bei ca. 1,5. Bei der erreichten Geburtenziffer von 1,54 für Gesamtdeutschland haben die Mütter mit Migrationshintergrund im Durchschnitt mit einer Geburtenziffer von 1,9 einen nicht geringen Anteil. Als erwähnenswert ist das hohe Durchschnittsalter von 30,1 Jahren, das Mütter bei der Geburt des ersten Kindes aufweisen. In der damaligen DDR lag das vergleichbare Durchschnittsalter bei der Geburt des ersten Kindes bei 23 Jahren.

Es gab noch viel mehr sozialpolitische Maßnahmen in der damaligen DDR als in der Sozialen Marktwirtschaft im gemeinsamen Deutschland, auch besonders in der Familienpolitik. Die Frauen, die in der damaligen DDR bereits gelebt haben, spüren noch stärker die wesentlichen Unterschiede in der Wahrnehmung der Gleichberechtigung. Obwohl Manches durch die sozialpolitischen Initiativen von Ursula von der Leyen und die nachfolgenden Initiativen von Manuela Schwesig als Familienministerin für das gemeinsame Deutschland in vielen Punkten besser als in der lange Zeit noch sehr rückständigen alten Bundesrepublik, können wir auch heute immer noch nicht von einer Gleichberechtigung der Geschlechter nach nunmehr über 30 Jahren Einheit in Deutschland sprechen. Die Gegebenheiten, die durch das Corona-Virus auf die Menschheit zugekommen sind, haben auch in Deutschland die Gleichberechtigung wieder weiter zurückgeworfen, da sehr viele Arbeiten in noch stärkeren Maße als vorher auf Frauen zurückfielen. Im Abschnitt 7.3. diese Buches wurde Einiges über die mangelnde noch immer nicht bestehende Gleichberechtigung zwischen den Geschlechtern und bezüglich des Rückgangs der Gleichberechtigung durch die Folgen des Corona-Virus geschrieben.

Im Abschnitt 7.4. dieses Buches wurden trotz mancher zwischenzeitlicher Verbesserungen auf diesem Gebiet in Deutschland noch bestehende Nachteile in der Rentenzahlung allgemein und bezüglich der ab dem 01.01.2021 wirksamen Grundrente in Deutschland beschrieben.

Auch deshalb muss die Herrschaftsform der Demokratie, die kapitalistische Gesellschaftsordnung und die Sozial Marktwirtschaft als eine besondere und bessere

Form des Kapitalismus von einigen wesentlichen Mängeln noch befreit werden. Eine Umwandlung zu einer Kreislaufwirtschaft, Quantenwirtschaft, auch in Verbindung mit wesentlichen Grundsätzen der Gemeinwohl- Ökonomie, muss deshalb unbedingt gesichert werden.

Die Kreislaufwirtschaft hat zur Sicherung einer besseren Ressourceninanspruchnahme, eines höheren Grades der Verwertung von Abfällen und der daraus möglichen Wiederverwendung von Rohstoffen oder anderen wichtigen Erzeugnissen und Produkten eine wichtige Bedeutung. Bisher ist aber die Kreislaufwirtschaft nur in erster Linie mit einer höheren Verwertung sowie Nutzung für die Wiederverwendung von Abfällen verbunden. Dies ist in keiner Weise ausreichend, um eine bessere Ressourceninanspruchnahme zu erreichen. Es wird noch zu wenig darauf Einfluss genommen, dass ein so hoher Umfang an Abfällen gar nicht entsteht. Auch ist kein Zusammenhang zur notwendigen Änderung des linearen Wirtschaftssystems erkennbar. Deshalb ist die Anwendung der Kreislaufwirtschaft bei all ihren Vorteilen allein nicht ausreichend, um die vor der gesamten Menschheit stehenden Frage, eine wesentlich höhere Ressourcenverwertung zu erreichen, zu lösen. Um nicht nur Abfälle in eine optimalere Ressourcennutzung einzubeziehen, muss auch erreicht werden, dass auch besser als bisher bereits prophylaktisch Einfluss genommen wird, einen sehr hohen Grad der Ressourcennutzung zu erreichen. Es muss bereits bei der Entstehung der Nutzung von benötigten Ressourcen der notwendige Einfluss genommen werden, dass so wenig wie möglich nicht wiederverwendbare Ressourcen verwandt werden. Die Erzeugnisse und Produkte sollten instandgehalten bzw. repariert und so lange wie möglich genutzt werden. Eine Materialermüdung und alle Möglichkeiten, die Lebensdauer oder die Nutzungsfähigkeit von Erzeugnissen, Produkten und Dienstleistungen zu verringern mit dem Ziel, ständig neue Güter herzustellen und zu produzieren, sollte mit Konsequenz unterbunden werden. Wichtig ist die Erreichung einer optimalen höchstmöglichen Langlebigkeit der Nutzung von Gütern sowie hergestellten Leistungen. Diese wichtige Ressourcenmaßnahme ist nicht im Sinne ein höheres quantitatives Wachstum unter Anwendung der linearen Wirtschaftsmethode zu erreichen. Weil die lineare Wirtschaftsmethode auf einen hohen Grad des Konsums orientiert und die Materialermüdung und den Kauf von bereits gesättigten Erzeugnissen und Produkten einschließt, steht sie voll im Widerspruch zum Anliegen einer maximalen Ressourceninanspruchnahme. Auf einen hohen Neukauf in Verbindung mit einer nicht ausreichenden Verwertung von nach der Nutzung entstehenden Abfällen muss eine Gegenwirkung erfolgen.

Die entsprechenden Konsumgüter, die nicht sofort verzehrt werden, wie Lebensmittel oder Dienstleistungen, die durch die Art der Nutzung sofort verbraucht werden, kann der jeweilige Verbraucher in Anspruch nehmen. Dies trifft zum Beispiel auf die Inanspruchnahme von Veranstaltungen verschiedenster Art, Restaurantbesuche usw.

zu. Man kann das jeweilige Gut als Verbraucher in diesen Fällen bei Anwendung nicht mehr besitzen sowie als persönliches Eigentum nutzen

Man kann nur noch das betreffende in Frage kommende Erzeugnis oder die Dienstleistung beim jeweiligen Vermieter mieten. Wenn man das betreffende Erzeugnis oder die betreffende Dienstleistung nicht mehr in Anspruch nehmen will, gibt man es an den jeweiligen Vermieter wieder zurück. Im Rahmen der Serviceleistungen schafft der Vermieter wieder durch die ggf. in Frage kommenden Instandhaltungs- bzw. Wartungsleistungen die in diesem Fall erforderlichen Voraussetzungen, dass das betreffende Gut die Nutzungsnotwendigkeiten erfüllt. Damit kann es vom jeweiligen Mieter wieder gemietet werden.

Der Vermieter des vermieteten Objekts sowie der Hersteller muss immer absichern, dass das jeweilige Gut wieder zurückgenommen werden kann. Dieses Erfordernis, dass der Hersteller und auch der Vermieter das jeweilige gemietete Erzeugnis oder die gemietete Dienstleistung wieder zurück nehmen muss, gilt auch für den Fall, dass das betreffende Gut durch mangelnde vorhandene Nutzungsfähigkeit nicht mehr instand gehalten werden kann. Erst in diesem Fall kann es als Abfall mit einem Höchstmaß an stofflicher Wiedernutzung im Rahmen der jeweils in Frage kommenden Verwertungsprozesse verwendet werden.

Als wichtig und für die Menschheit revolutionär ist hierbei zu beachten, dass Eigentum an Produkten und Leistungen kaum noch anfallen darf und ein zeitweiliger Besitz durch die Mietinanspruchnahme erfolgen würde. Dies hat den Vorteil, dass – allein nur bezogen auf die geringere Menge – die CO_2-Emission reduziert wird und damit wirkungsvoll ein weiteres Ansteigen der Erderwärmung verringert werden kann. Durch die Vorhaben der baldigen Klimaneutralität wird noch ein weiterer positiver Einfluss auf einen möglichen Anstieg der Erderwärmung genommen. Weil nicht mehr so viele Leistungen Eigentum werden können und auf das Übermaß der hohen Differenzen im Gehalt und in der Gewinnspanne Einfluss genommen werden soll, wird auch dazu beigetragen, dass die bisher sehr hohe Polarität zwischen Arm und Reich dadurch verringert werden kann.

Dadurch wird zu einem wesentlich höheren Grad der Ressourcennutzung beigetragen, und die Gesamtabfallmenge wird auf diese Weise erheblich reduziert. In den Abschnitten 7.6. und 7.7. sind weitere Ausführungen zur damit verbundenen Art der Quantenwirtschaft enthalten. Es wird jedoch nicht einfach, aber notwendig sein, dass alle Konsumenten bzw. Verbraucher dies ausreichend verinnerlichen, dass die jeweils dafür in Frage kommenden Erzeugnisse oder Dienstleistungen nicht mehr als Eigentum erworben, sondern nur noch gemietet werden können.

Die gegenwärtige Durchführung der Globalisierung ist mit einer Reihe von Mängeln verbunden. Auch wir Deutsche und Menschen aus vielen anderen Ländern der Welt, die von den Wirkungen des Corona-Virus betroffen waren oder noch sind, haben die negativen Auswirkungen der Globalisierung und die nur einseitige Konzentration auf ein Land in der Herstellung von Atemschutzmasken, Atemgeräten und Medikamenten in Form der nicht ausreichenden Versorgungssicherheit leider spüren müssen. Bei der Globalisierung bilden die Kosten für die Herstellung des Produkts die entscheidenden Gründe für die Auswahl des jeweiligen Lieferlandes. Weil China und Indien die günstigsten Kosten je hergestellte Erzeugniseinheit aufwiesen, wurden diese Länder vorrangig als Lieferländer ausgewählt. China musste im Weltmaßstab 80 Prozent der durchzuführenden Lieferungen von diesen betreffenden Erzeugnissen im Rahmen der bisherigen Globalisierungsvereinbarungen leisten.

Da China von den Folgen des Corona-Virus damals stark betroffen war, war es zu diesem Zeitpunkt nicht möglich, die Lieferung in der festgelegten Menge und zur vereinbarten Zeit durchzuführen. Die Folge waren ernsthafte weltweite Versorgungsprobleme mit diesen Artikeln.

Gewissenlose Geschäftemacher haben damals wegen der Notwendigkeit der Lieferung unter Berücksichtigung der dadurch entstandenen hohen Nachfrage eine Atemschutzmaske für über 40 Euro angeboten, obwohl man üblicherweise die Atemschutzmaske für einen Preis von unter 40 Cent in Deutschland kaufen konnte. Auch muss man die vorrangige Suche nach dem weltweit kostengünstigen Hersteller kritisieren, die zum Prinzip der gegenwärtigen Globalisierung gehörte. Dadurch war die regionale Versorgung bei manchen lebenswichtigen Produkten in manchen Fällen, wie bei einer Pandemie und ihren Auswirkungen, nicht ausreichend gesichert.

Bei der Auswahl werden geringe Löhne in den betreffenden Ländern und eine Ausbeutung im Interesse des wirtschaftlichen Vorteils oft in Kauf genommen. Auch ökologische Erfordernisse haben bei der zu treffenden Auswahl vielfach nicht den Stellenwert, der erforderlich wäre. Dies ist wegen der Bedrohung der Existenz der Menschheit durch die steigende Erderwärmung und anderen ökologisch wichtigen Gesichtspunkten, wie u. a. das weltweite Artensterben, nicht mehr hinnehmbar. Auch die entstehenden Belange der oft erheblichen Ressourceninanspruchnahme werden vielfach unzureichend bei der Umsetzung der Globalisierung beachtet. Die Ergebnisse und die gewählte Verfahrensweise der gegenwärtigen Globalisierung führen oft zu noch größeren Vermögensunterschieden zwischen dem armen und dem reichen Teil der Weltbevölkerung.

Dadurch wird die Polarität zwischen Arm und Reich bei der derzeit gewählten Form der Globalisierung im Weltmaßstab immer größer mit erheblichen negativen Auswirkungen für alle Menschen der Welt. Manche Menschen, besonders in den armen Ländern, erleiden Hunger oder sterben dadurch, dass sie nichts oder nicht genügend zu essen oder zu trinken haben. Auch durch die ungleichen Lebensstandardvoraussetzungen sowie – bezogen auf das Vermögen – werden Ursachen für die relativ hohe weltweite Kriminalität gesetzt. Auch dadurch und durch weitere Ursachen, wozu auch der Kampf um Rohstoffe sowie andere wichtige Bodenschätze gehört, kommt es zu Kriegen. Auch der völlig intolerante Umgang zwischen manchen Religionen ist auch oft die Ursache von Kriegen. Diese werden zwischen einzelnen Ländern, Nationen, bzw. Teilen der Bevölkerung und Religionsgemeinschaften, die gegenseitig konkurrieren, ausgeübt. Viele andere negative Erscheinungen und Auswirkungen der gegenwärtigen Form der weltweiten Globalisierung könnten noch genannt werden und sind u. a. im Gliederungspunkt 7.9. dieses Buches enthalten. Auch ein richtiger Wettbewerb kann unter diesen ungleichen Gegebenheiten nicht stattfinden. Die weltweite globale Vernetzung und besonders die mit der Globalisierung verbundene Möglichkeit des globalen Handels hat auch Vorteile für die Menschheit geschaffen. Solche Ziele bzw. mögliche Vorteile einer richtigen Art und Weise der Globalisierung bestehen u. a. in:

- der Ankurbelung der Wirtschaft,
- den besseren Voraussetzungen für die Mobilität von Wirtschaft und Gütern,
- der Förderung der globalen Zusammenarbeit,
- der Möglichkeit des Zusammenwachsens der verschiedensten Kulturen dieser Welt und
- der Ermöglichung einer gerechtere Verteilung im Weltmaßstab zur Schaffung von Wohlstand.

Wir haben es in manchen Punkten nicht geschafft, trotz höherer Erträge und der weltweit durch die Prozesse der Globalisierung entstandenen Erhöhung des Vermögens, dieses weltweite Vermögen gerechter zu verteilen und Hunger und Sterben für immer zu beseitigen. Deshalb muss die weltweite Globalisierung zum Vorteil Aller führen und darf nicht weiter unter egoistischen, nationalen Motiven, insbesondere führender Industriestaaten dieser Welt, erfolgen. Ansatzpunkte, wie die Globalisierung anders verlaufen könnte und müsste, wurden im Gliederungspunkt 7.12. dieses Buches vorgeschlagen. Auch bezogen auf das größte Problem der gegenwärtigen Menschheit, alles dafür zu tun, dass die Erderwärmung nicht über 1,5 Grad Celsius ansteigt, müssen die für den Prozess der Globalisierung gebotenen Sofortmaßnahmen möglichst bald durchgeführt werden, damit die Menschheit noch weiter bestehen kann.

Wir dürfen das Nationale und die damit verbundenen gegenwärtigen Vorteile einzelner Länder nicht mehr in den Vordergrund stellen. Das weitere Wirken der Menschheit und auch die in diesem Zusammenhang bestehenden Erfordernisse der Globalisierung verlangen ein internationales Denken und Handeln.

Die Gegenwart und Zukunft der Menschheit verlangt ein größeres Wir bzw. ein besseres Zusammenleben aller Menschen auf dieser Welt, um auch die gewaltigen vor uns als Welt stehenden Aufgaben zu einer möglichen Lösung gemeinsam in Angriff zu nehmen. Der Nationalstaat darf dabei nicht primär gesehen werden, wie es von einigen Parteien verschiedener Länder dieser Welt vorgeschlagen wird. Die nationalen Staaten sollten noch bestehen, sich jedoch den weltweit bestehenden internationalen Anforderungen unterordnen. Deshalb müssen solche Organisationen, wie die UNO und ihre weltweiten Verbände, die EU mit ihren europaweiten speziellen Organisationen und andere Organisationen der Erdteile einen wesentlich höheren Stellenwert als bisher bekommen. Da die Probleme der Menschheit weltweit und nicht nur im nationalen Rahmen bestehen, sollte hierbei auch weltweit agiert werden.

Ganz große Probleme für die Menschen aller Länder dieser Welt sind in den wirtschaftlichen Folgen des Corona-Virus zu sehen. Viele Menschen können die notwendigen Existenzbedingungen für ihr Leben nicht mehr sichern. Sicherlich sind die wirtschaftlichen Folgen unter Beachtung der Intensität der gesundheitlichen Auswirkungen, der Wirtschaftskraft und der wirtschaftlichen Möglichkeiten, der jeweiligen Rücklagen, der verschiedenartigen sozialen Bestimmungen der einzelnen Länder dieser Welt sehr unterschiedlich. Auch deshalb kommt es auf eine gemeinsame internationale Lösung an, die von Gemeinsamkeit und Solidarität weltweit getragen ist.

Deshalb sollte ein weltweites Grundeinkommen allen bedürftigen und arbeitslosen Menschen dieser Erde als Existenzsicherung gezahlt werden. Dadurch könnte dem Hunger und Sterben auch unter Berücksichtigung der auch durch die Folgen des Corona-Virus noch schwierigeren Situation für viele Menschen auf der Welt in gewisser Weise entgegengewirkt werden. Das Grundeinkommen sollte für alle Menschen dieses Planeten unter Beachtung der jeweiligen nationalen Gegebenheiten sowie der Wirtschaftskraft der einzelnen Länder für Bedürftige und Arbeitslose, die dieses Grundeinkommen unbedingt zur Existenzsicherung benötigen, gezahlt werden. Bei der Finanzierung des weltweiten Grundeinkommens sollten – bezogen auf die jeweiligen nationalen Gegebenheiten und wirtschaftlichen Möglichkeiten der einzelnen Länder – für ihr jeweiliges Land die dafür benötigten Voraussetzungen geschaffen werden. Es sind gesetzliche Regelungen und diesbezügliche Umsetzungen zu schaffen, die mit sichern, dass ein Grundeinkommen für die in Frage kommenden Menschen des jeweiligen Landes gezahlt werden kann. Hierzu sollte auch auf erforderliche und vertretbare Haushaltsplanänderungen durch entsprechende Umschichtungen, die keine sozialen Nachteile oder Versorgungsnachteile mit sich bringen, zurückgegriffen werden. Auch sollte hierbei gesichert werden, dass nicht mehr in dem bisherigen Maße der Reichtum des Landes so ungleich verteilt wird. Nur in Ausnahmefällen, wenn alle nationalen Möglichkeiten ausgeschöpft sind und das für die Menschen des betreffenden Landes jeweilige Grundeinkommen in keiner Weise und nicht im erforderlichen Umfang gezahlt werden kann, kann an die dafür Verantwortlichen der UNO ein Antrag zur Sicherung der anteiligen oder gesamten Finanzierung des Grundeinkommens für die in Frage kommenden Menschen des jeweils betreffenden Landes gestellt werden. Allein auch deshalb müssen alle Länder der Welt an die UNO noch höhere Beiträge als bisher zahlen.

Nach sorgfältiger gewissenhafter objektiver Prüfung des Antrags auf Grundeinkommen vom jeweils betreffenden Land bei der UNO und der sich ergebenden finanziellen Notwendigkeit der Übernahme von bestimmten Grundeinkommenszahlungen einzelner Länder durch die Weltgemeinschaft sollten die Voraussetzungen zur Sicherung des Grundeinkommensbedarfs einzelner Länder durch die weltweite Gemeinschaft der gemeinsamen Beteiligung an den dafür entstehenden Kosten erfolgen. Als finanzielle Mittel sind Mittel einzelner wirtschaftlich und finanziell stärkerer Länder dieser Erde, der EU, der Organisationen anderer Erdteile und der UNO und die im Rahmen des Pariser Klima-Abkommens von 2015 bereits geplante Mittelverwendung dazu mit zu nutzen. Auf diese Weise wird der notwendige Einfluss auf die mögliche Vermeidung von Hunger und Sterben von Menschen auf dieser Welt, unabhängig von ihrer Zugehörigkeit, ihres Geschlechts und der unterschiedlichen Religionen weltweit genommen. Unabhängig von der dringenden weltweiten Notwendigkeit dieser Maßnahme werden auch dadurch bessere Voraussetzungen für die weitere Umsetzung des Pariser Klima-Abkommens geschaffen. Im Gliederungspunkt 7.13. dieses Buches sind weitere Ausführungen zur möglichen und meines Erachtens notwendigen Zahlung eines weltweiten Grundeinkommens für die Menschen, die dieses Grundeinkommen in den einzelnen Ländern benötigen, genannt.

Die für die gesamte Menschheit wichtigste Maßnahme, die steigende Erderwärmung zu stoppen, kann durch die notwendige Änderung unserer Lebensweise zu einer Reduzierung des durchschnittlichen materiellen Wohlstands und zu einer im Saldo eintretenden Reduzierung von Arbeitsplätzen führen. Dies wird sich dadurch aus meiner Sicht zwangsläufig ergeben, da die erforderlichen Maßnahmen der Dekarbonisierung sowie die anderen dringend notwendigen weltweiten Maßnahmen, die zur wesentlichen Verringerung der CO_2–Emission beitragen, trotz aller vorgesehenen „grünen“ Maßnahmen dazu führen werden.

Nur durch eine bessere und umfassendere Digitalisierung, als sie bisher erst erreicht wurde, können wir die notwendigen Voraussetzungen für die Schaffung von höherem weltweiten durchschnittlichen Wohlstand durch den Prozess der Digitalisierung zur Ausführung von entgeltlicher Arbeit schaffen.

Die enormen wirtschaftlichen und technischen Möglichkeiten, die eine zunehmende Digitalisierung bezüglich der Produktivitäts- und Ertragssteigerung sowie der Aufwandssenkung für die Menschheit mit sich bringen kann, können eine große Zukunft für die Menschheit haben. Sie können zu einer Wohlstandssteigerung und zu einer wesentlichen Verringerung der Arbeitszeit und zu einer nicht geringen Erhöhung unserer Freizeit führen, die wir dann sinnvoll unter Berücksichtigung unserer Interessen und unserer Hobbys nutzen können. Es gab schon einmal unter Karl Marx Ideale für die Menschheit in seinen Überlegungen für die Gesellschaft des Kommunismus. Dort ging er davon aus, dass wir sehr viele Freizeitmöglichkeit hätten, dass wir unseren Interessen und Hobbys verstärkt nachgehen könnten und auch die Versorgungserfordernisse erfüllt werden. Jeder könnte nach seinen Bedürfnissen leben und wir bräuchten nach seiner Auffassung auch deshalb kein Geld mehr. Bei den Voraussetzungen bezüglich seiner Zukunftsprognosen für die Menschheit in seinen Überlegungen zur klassenlosen Gesellschaft ging er davon aus, dass eine solche Produktivitätssteigerung erreichbar ist. Wir könnten dann als Menschheit fast in einem Paradies leben, und man hätte dann ideale Verhältnisse. Wenn wir dann, die erforderliche Charakterbildung und Einsichten und die Solidarität zwischen den Menschen auch aufbringen würden, bräuchten wir unter diesen Gegebenheiten keine Änderung im Weltmaßstab mehr vorzunehmen- Es würden dann ideale Voraussetzungen als Menschen bestehen. Ein wichtiges Erfordernis bestünde jedoch darin, dass jeder Mensch den anderen achtet und wir auch ähnliche Ziele in der Lebensweise verfolgen und uns so verhalten würden. Karl Marx hat zwar damals nicht den Begriff „Digitalisierung“ verwendet, aber er ist von einer gewaltigen Steigerung der Produktivkräfte für die Menschheit in Form einer Automatisierung ausgegangen, die wir durchaus mit der Digitalisierung erreichen können. Ich vertrete jedoch nicht die Auffassung, dass durch mögliche relativ hohe Arbeitszeiteinsparungen und das notwendige einheitliche Handeln aller Beschäftigten für alle durch das angestrebte einheitliche Handeln keine Arbeitsplätze verloren gehen. Es wäre sehr schön, wenn dies so möglich wäre und alle die gleiche Solidarität in dieser Frage zeigen würden. Wenn dies erreicht werden könnte, hätten wir auch in den führenden westlichen Industrieländern dann wesentlich weniger oder kaum oder sogar keine Arbeitslosigkeit gehabt. Der menschliche Eigennutz, besonders unter kapitalistischen Bedingungen, lässt dieses Ideal der Menschheit kaum zu.

Der Prozess der Digitalisierung darf aber nicht so einfach gesehen werden, denn neben den technisch zu beachtenden Erfordernissen der Digitalisierung müssen wir auch zum einen beachten, dass eine zunehmende Digitalisierung auch einen Zuwachs an bereitzustellender Energie erfordert. Dieser benötigte Energiezuwachs kann und darf nicht zu einer höheren Emission von Treibstoffgasen führen, denn damit hätten wir zur Vermeidung einer Steigerung der Erderwärmung nichts beigetragen, sondern würden sogar das Gegenteil zu Lasten der Menschheit erreichen. Deshalb darf diese benötigte Energie keine hohe Treibstoffgasemission erfordern. Die Lösung kann also nur darin bestehen, dass wir auch für die Digitalisierungsprozesse erneuerbare Energien als Energieform einsetzen. Auch müssen wir wegen der Klimaproblematik bei der Durchführung der jeweiligen Prozesse und Handlungen in der Digitalisierung ein Höchstmaß an Klimaneutralität erreichen. Auch die Gewinnung einer maximalen Zahl von für Zwecke der Digitalisierung brauchbaren Daten muss im zunehmenden Maße erfolgen und ist eine wichtige Voraussetzung für die jeweils in Frage kommende Art der Digitalisierung. Ein weiteres nicht zu unterschätzendes Problem in der Digitalisierung müssen wir darin sehen, dass ein dauerndes Zusammenleben zwischen künstlicher Intelligenz und Menschen ermöglicht werden kann. Die durchaus dabei bestehenden Gefahren müssen minimiert werden und sollten möglichst überhaupt nicht entstehen. Es besteht durchaus die Möglichkeit im Rahmen der jeweiligen zugrunde zu legenden Programmierung der anzuwendenden künstlichen Existenz, dass Menschen durch Handlungen in der jeweils zum Einsatz kommenden künstlichen Intelligenz einzelne Menschen oder die gesamte Menschheit vernichten können. Damit dies nicht passiert, müssen hohe ethische Standards sowie Regelungen für die gesamten Prozesse der Digitalisierung gelten, die von allen Beteiligten einzuhalten sind.

Die mögliche und vorgesehene Produktivitätssteigerung durch die Digitalisierung wird im zunehmenden Maße – und dies sagen auch viele Wissenschaftler und Institute voraus – trotz dem für einzelne Aufgaben und auch für neu entstehende Arbeitsaufgaben Arbeitskräfte gebraucht werden, im Saldo zu der bereits genannten Verringerung der benötigten Arbeitsplätze führen.

Aus meiner Sicht wird der Saldo mit zunehmender Digitalisierung immer höher ausfallen, und es kommt zu einer immer höheren Arbeitszeiteinsparung und zu immer weniger benötigten Arbeitsplätzen. Dadurch wird sich der Bedarf und damit auch die Nachfrage nach entgeltlicher Arbeit immer mehr verringern. Wir müssen uns rechtzeitig darauf einstellen, damit es nicht zu erheblichen gesellschaftlichen Verwerfungen sowie sozialen Unruhen kommt. Deshalb müssen wir rechtzeitig die erforderlichen Vorkehrungen treffen. Dies kann, wie schon erwähnt, durch die weltweite Bezahlung des bereits genannten Grundeinkommens erfolgen. Das Grundeinkommen stellt in diesem Fall eine Entgeltersatzleistung dar, die für eine nicht mehr oder nur zu einem bestimmten Anteil noch in Frage kommende Vergütung der Arbeit gezahlt werden soll.

Dieses Grundeinkommen ist derzeit nicht bedingungslos. Die gesellschaftlichen Voraussetzungen und auch die gegenwärtig noch zur Verfügung stehende Arbeit für mögliche zum Einsatz kommende Arbeitskräfte rechtfertigen unter den vorliegenden Bedingungen noch nicht die Bezahlung eines bedingungslosen Grundeinkommens. Auch die noch vorhandenen erheblichen Vermögensunterschiede, die Existenz von Milliardären und Millionären ist ein weiterer Grund, dass – aus meiner Sicht gesehen – noch nicht die Voraussetzungen für ein bedingungsloses Grundeinkommen derzeit bestehen.

Zunehmende Anwendungsmöglichkeiten der Digitalisierung mussten viele Menschen verstärkt auch unter den Gegebenheiten des Corona-Virus, um die Arbeitsaufgaben zu erfüllen oder erforderliche Betreuungsaufgaben wahrnehmen zu können, nutzen. Viele haben gemerkt, was sie auch jetzt in der Gegenwart schon mit einer Digitalisierung zum aktuellen Stand der Entwicklung anfangen können. Manche mussten auch feststellen, wie weit sie noch in der bereits möglichen Digitalisierung der Gegenwart zurück liegen und dass es dringend erforderlich ist, die notwendigen Kenntnisse, Fähigkeiten und Fertigkeiten in der Digitalisierung überhaupt zu haben sowie zu verbessern. Auch gerade im IT-Bereich hat bei Manchen die eigentlich zur Verfügung stehende Technik gefehlt. Im Abschnitt 7.15. dieses Buches werden einige der vielen Möglichkeiten, die die Digitalisierung im immer größeren Maße zu einem gewissen Teil schon jetzt, aber in zunehmendem Maße in der Zukunft bietet, genannt. Aus dieser Übersicht ist nachzuvollziehen, welche Bedeutung eine zunehmende Digitalisierung für die Menschheit und die mögliche wesentliche Verbesserung der Produktivität der Arbeit hat. Allein schon deshalb ist es als ein objektives Erfordernis zu sehen, sich verstärkt mit der Digitalisierung zu beschäftigen. Wir haben auch gemerkt, dass wir dadurch unser Leben ganz anders gestalten können und neben dem zunehmenden Produktivitätszuwachs auch Kosten durch eine Verringerung der Dienstreisen durch die erforderlichen digitalen Maßnahmen der digitalen Übertragung sowie des Homeoffices einsparen können. Dadurch können wir auch den dienstlich genutzten Wohnraum als weitere der vielen denkbaren Kostensenkungen nutzen und damit dazu beitragen, dass die Verwaltungskosten gesenkt werden können.

Angesichts dieser objektiven Entwicklung sollten wir es nicht als Makel ansehen, keinen Arbeitsplatz mehr zu haben oder keinen mehr dadurch zu bekommen. Das bedeutet nicht, dass man keine weitere Qualifikation zur Erweiterung seines Wissens und Könnens und zur Erhöhung seiner Fähigkeiten und Fertigkeiten mehr absolviert. Man sollte sich als Mensch immer bemühen, sein Wissen zu erhöhen. Da auch neue zu vergebende Arbeitsplätze im Prozess der Digitalisierung und auch in der Ökologie durch die bessere und richtige Gestaltung von Natur und Umwelt entstehen, ist es auch möglich, dass man bei ausreichenden Kenntnissen für die jeweilige Arbeitsstelle einen Arbeitsplatz für die jeweilige konkrete Aufgabe bekommen kann. Deshalb sollte Fort- und Weiterbildung unbedingt weiter einen hohen Stellenwert besitzen und wahrgenommen werden. Wenn man trotz der Erweiterung des Wissens und der Kenntnisse keinen ausgeschriebenen Arbeitsplatz bekommt, sollte man dies nicht als Misserfolg seiner Qualifizierung ansehen, da dies nahezu als objektiv anzusehen ist. Viele Arbeitsplätze werden auch im Rahmen von Social-Media-Kanälen vergeben. Eine Tätigkeit als Unternehmer oder Freiberufler kann ebenfalls unter den bestehenden Möglichkeiten in Frage kommen. Die selbständige Tätigkeit kann als Start-up- oder als anderes Unternehmen in der gewünschten Unternehmensform bei gegebener Nachfrage und damit vorhandener Wirtschaftlichkeit auf dem jeweiligen Gebiet auch eventuell durchgeführt werden.

In Auswertung der Erkenntnisse der Digitalisierung und der ebenfalls aktuellen Erfordernisse der Globalisierung, der Erkenntnisse aus der Quantenwirtschaft von Anders Indset, der Erfordernisse der Kreislaufwirtschaft sowie weiterer Erkenntnisse aus dem Buch von Christian Felber über die Gemeinwohl-Ökonomie sowie eigener erarbeiteter konkreter Vorschläge und gezogener Schlussfolgerungen wurden von mir im Abschnitt 7.18. Ansatzpunkte zur Veränderung der Gesellschaft und der Wirtschaft erarbeitet. Diese sollten als Denkanstöße zu sehen sein und eventuell Berücksichtigung finden. Sie werden deshalb an dieser Stelle nicht noch einmal wiederholt.

Noch immer besteht zum aktuellen Zeitpunkt die hohe Anzahl von 68,5 Millionen Flüchtlingen weltweit. 53 Prozent der Flüchtlinge sind Kinder. Die Ursachen für die hohe Flüchtlingszahl sind weiterhin vorrangig:

- Kriege
- Gewalt
- Verfolgung und Vertreibung
- Folgen der Klimakrise

Noch immer versuchen Menschen über das Mittelmeer zu fliehen, trotz dem die Seenotrettung durch die Folgen der Corona-Pandemie zur Zeit nicht durchgeführt werden kann. Über 20.000 geflüchtete Menschen sind seit 2014 bei ihren Fluchtversuchen über das Mittelmeer gestorben. Die EU versucht weiterhin, alles zu unternehmen, Menschen nicht über das Mittelmeer fliehen zu lassen und unterstützt auch keine Seenotrettungen von geflüchteten Personen. Unter sehr unwürdigen und schlechten Bedingungen leben, besser gesagt, hausen zur Zeit ca. 115.000 Schutzsuchende in Griechenland. Ca. 53.000 der Flüchtlinge in Griechenland leben in Camps. Etwa 41.000 Flüchtlinge leben in Hotspots auf den Inseln und 21.000 der am meisten Schutzbedürftigen wurden in Wohnungen von einem Flüchtlingshilfswerk untergebracht. 11.000 Schutzbedürftige wurden bzw. werden zur Zeit von der griechischen Regierung aus dem Land vertrieben. Die EU wollte nur mit Geld für Griechenland die Flüchtlingsprobleme zum Zeitpunkt der Türkei-Griechenland-Krise „lösen". Unter den schutzbedürftigen Menschen in Griechenland sind viele Kinder. Es muss als völlig unzureichend angesehen werden, dass die EU damals nur eine sehr geringe Zahl von etwas über 1.000 Flüchtlings-Kindern in die betreffenden sehr wenigen Länder der EU schicken wollte oder zum Teil geschickt hat, die ihre Bereitschaft gezeigt haben, Flüchtlings-Kinder aus Griechenland aufzunehmen. Vor einigen Monaten konnten nur 47 Flüchtlingskinder aus Griechenland nach Deutschland kommen. 350 der Flüchtlingskinder aus Griechenland, die zu Denjenigen gehörten, die bereits eine Zusage aus Deutschland für einen Aufenthalt in Deutschland hatten, wurden zum damaligen Zeitpunkt noch immer nicht nach Deutschland geholt. Das war völlig unzufriedenstellend, da allein einige Kommunen in Deutschland die Bereitschaft gezeigt haben, über 5.000 der geflüchteten Kinder aus Griechenland nach Deutschland zu holen. Die bis zum Brand des Camps in Moria auf der griechischen Insel Lesbos erreichten Ergebnisse in der Bekämpfung der Flüchtlingskrise konnten bisher, speziell auch bezogen auf die Flüchtlinge, insbesondere auf die geflüchteten Kinder aus Griechenland, in keiner Weise befriedigen. Im September 2020 ist es, wie erwähnt, zu einem Brand des gesamten Flüchtlings-Camps Moria auf der griechischen Insel Lesbos gekommen. Alle Flüchtlinge haben dadurch ihre Quartiere verloren und mussten mehrere Tage auf der bloßen Erde leben und hatten an den ersten Tagen nichts oder kaum was zu essen. Man hat nunmehr Zelte errichtet. Es hatte lange gedauert, und einige Länder der EU zeigten lange Zeit keine ausreichende Initiative und nehmen noch immer grundsätzlich keine Flüchtlinge auf. Es ist sehr schlimm, bei dieser bestehenden Not der Flüchtlinge, dass nicht wenige EU-Länder so unmenschlich handeln. Nach neuestem Stand, weil immer noch keine EU-Lösung zur Aufnahme der Flüchtlinge aus Griechenland trotz der hohen menschlichen Not erreicht wurde, hat die Regierung Deutschlands nunmehr zugestimmt, ohne die bisherige EU-Regelung 1.553 Flüchtlinge aufzunehmen. Ich finde dies nicht ausreichend bei über 11.000 Flüchtlingen, die ihr Quartier damals verloren haben. Wie erwähnt, haben allein in Deutschland die betreffenden Landesregierungen der Bundesländer Deutschlands die Bereitschaft erklärt, über 5.000 Flüchtlinge aus Griechenland aufzunehmen.

In der Spiegel-Ausgabe 53/2020 vom 24.12.2029 ist nachfolgender aktueller Stand nach dem Flüchtlingselend in Moria aufgeführt:

"Nie wieder Moria. So lautete das Versprechen der EU nach dem Großbrand im Flüchtlingslager Moria auf der griechischen Insel Lesbos im September (2020 – Anmerkung des Verfassers). Tausende Menschen wurden damals über Nacht obdachlos. Die Betroffenheit war groß quer durch alle politischen Lager. SPD-Chefin Saskia Esken sprach von einer "Schande für Europa." Die Bilder aus Moria lassen niemanden kalt," sagte Österreichs Kanzler Sebastian Kurz. Für einen Moment sah es so aus, als würde sich durch diese Katastrophe von Moria etwas ändern, als würde die europäische Migrationspolitik liberaler werden, menschlicher. Knapp vier Monate später muss man feststellen, dass nichts sich verbessert im Umgang mit Geflüchteten. .... Die griechischen Behörden haben auf Lesbos ein Flüchtlingslager hochgezogen, Kara Tepe. Es liegt auf einen ehemaligen Truppenübungsplatz. Was Flüchtlinge und Helferinnen berichten, klingt dystopisch. Es gibt kein warmes Wasser, Krankheiten bereiten sich aus. Helfer fanden ein dreijähriges Mädchen blutend in einem der Waschräume Es soll vergewaltigt worden sein. Doch anders im Herbst interessierte sich .... kaum jemand mehr für das Schicksal der Geflüchteten. Deutsche, Franzosen, Österreicher sind zu sehr .... mit Corona beschäftigt, als dass sie sich für die Menschenrechtsverletzungen an den europäischen Grenzen interessierten. Der Ausnahmezustand wird in der EU-Migrationspolitik zum Normalzustand nicht nur auf Lesbos, sondern auch an der kroatisch-bosnischen Grenze. ...."

Zu den Beschlüssen der Koalition von CDU und SPD vom 03.06.2020 mit dem Titel „Corona-Folgen bekämpfen, Wohlstand sichern, Zukunftsfähigkeit stärken" hat die Koalition ein Konjunktur- und Krisenbewältigungspaket erarbeitet. Zu diesem Konjunktur- und Krisenbewältigungspaket lege ich meine Auffassungen dar:

Es wurden konkrete Maßnahmen in folgenden Bereichen festgelegt:

A) Konjunktur- und Krisenbewältigungspaket

mit folgenden Unterrubriken:

- Die Konjunktur stärken und die Wirtschaftskraft Deutschlandes entfesseln
- Länder und Kommunen stärken
- Junge Menschen und Familien unterstützen

B) Zukunftspaket

mit folgenden Unterrubriken:

- Zukunftsinvestitionen und Investitionen in Klimatechnologien
- Das Gesundheitswesen stärken und den Schutz vor Pandemien verbessern

C) Europäische und internationale Verantwortung

Der Vollständigkeit halber wird nachfolgend die Stellungnahme der Arbeitsgemeinschaft Mittelstand zu den auf Grund der Corona-Pandemie einzuleitenden Maßnahmen zitiert:

„Wertschöpfung und Beschäftigung mit dem Mittelstand stärken!

Eckpunkte der Arbeitsgemeinschaft Mittelstand für ein Konjunkturprogramm im Kontext der Corona-Pandemie

Vorbemerkungen

Die Corona-Krise hat den deutschen Mittelstand hart getroffen. Dank der schnellen staatlichen Unterstützungsmaßnahmen konnten bisher weite Teile der mittelständischen Strukturen den Shutdown und seine unmittelbaren Folgen überstehen. Dies war und ist entscheidend, denn nur mit einem starken Mittelstand können wir die Krise überwinden!

Zum angebotsseitigen Schock der Corona-Krise tritt zunehmend auch ein Nachfrageproblem. Konjunkturimpulse können hier helfen. Der Mittelstand plädiert für einen nachhaltigen und branchenübergreifenden Ansatz, um Verzerrungen des Wirtschaftsgeschehens zu vermeiden. Der in allen Regionen Deutschlands fest verankerte Mittelstand ist das tragende Fundament unserer Gesellschaft. Neue Wertschöpfung schafft Einkommen, sichert Arbeitsplätze und damit auch die wichtige Nachfrage zur Stärkung der Binnenwirtschaft.

Die Corona-Krise ist für viele Branchen alles andere als überwunden. Überbrückungshilfen sind weiter notwendig und so auszugestalten, dass Corona-bedingte Umsatzeinbußen, welche sich erst zeitverzögert in den Sommermonaten manifestieren, nicht zu einem Ausschlusskriterium für deren Inanspruchnahme werden. Anderenfalls droht eine Ungleichbehandlung bestimmter Wirtschaftsbereiche.

Der Mittelstand muss in dieser schwierigen Phase entlastet werden. Keinesfalls darf es jetzt zu zusätzlichen Belastungen der Unternehmen, beispielsweise durch die Einführung einer Vermögensabgabe kommen. Der Mittelstand betont aber auch: Eine Überlastung der öffentlichen Haushalte muss vermieden werden. Zukunftsfähiges, nachhaltiges Wachstum ist nur auf Basis tragfähiger Staatsfinanzen und durch die Schaffung wettbewerbsfähiger Rahmenbedingungen möglich.

Zum Mittelstand zählen die rund 3,5 Millionen kleinen und mittleren Unternehmen aus Handel, Handwerk, dem Dienstleistungssektor, Gastronomie und Hotellerie,

Agrar- und Ernährungswirtschaft, den Freien Berufen und der Industrie sowie, als wichtigste Finanzierungspartner der kleinen und mittleren Unternehmen, die Sparkassen und Genossenschaftsbanken. Diese Unternehmen beschäftigen sechs von zehn sozialversicherungspflichtigen Mitarbeitern (beinahe 18 Millionen), bilden insgesamt knapp 1,3 Millionen und damit vier von fünf Auszubildenden aus und stehen für nachhaltiges unternehmerisches Handeln über Generationen.

Investitionsdynamik im Mittelstand sichern und stärken!

Für Produktivitätssteigerungen und Innovationsprozesse sind unternehmerische Investitionen unverzichtbar. Sie setzen sowohl entlang der Wertschöpfungsketten als auch über positive Arbeitsplatz- und damit Einkommenseffekte wichtige Nachfrageimpulse frei.

- Die Investitionsbereitschaft des Mittelstands über alle Branchen und Bereiche hinweg erfordert neben tragfähigen wirtschaftlichen Perspektiven investitionsfreundliche Rahmenbedingungen. Hierzu zählen schlanke Planungs- und Genehmigungsverfahren wie auch auf das tatsächlich Notwendige reduzierte bürokratische Vorgaben. Unabdingbar ist zudem wirtschaftspolitische Verlässlichkeit.

- Steuerpolitisch kann und muss die betriebliche Investitionsdynamik durch deutlich verbesserte Abschreibungsbedingungen, die Wiedereinführung der degressiven AfA für bewegliche Wirtschaftsgüter und eine temporäre Sonderabschreibung für Investitionen gestärkt werden. Zudem sollte die Wertobergrenze für die Sofortabschreibung geringwertiger Wirtschaftsgüter erhöht werden. Deutlich ausgeweitete Möglichkeiten der steuerlichen Verlustverrechnung sind in Hinblick auf die nun nötige Rekapitalisierung der Unternehmen unerlässlich.

- Grundsätzlich ist es erforderlich, die Eigenkapitalbasis durch die strukturelle Modernisierung der Unternehmensbesteuerung zu stärken. Dabei sollten vor allem die Vorschläge zur Hinzurechnungsbesteuerung nach dem Außensteuergesetz und zur Thesaurierungsbegünstigung bei Personen- und Einzelunternehmen dringend umgesetzt werden. Die Unternehmen in Deutschland dürfen nicht länger stärker belastet werden als in anderen Industriestaaten. Die Höhe der deutschen Unternehmensbesteuerung muss daher möglichst zeitnah dem internationalen Besteuerungsniveau angenähert werden. Nicht zuletzt ist der Solidaritätszuschlag kurzfristig vollständig abzuschaffen.

- Öffentliche Investitionen und damit auch die öffentliche Auftragsvergabe auf allen föderalen Ebenen sind für den Neustart und darüber hinaus unverzichtbar. Soweit wie möglich sollten geplante und anstehende Investitionsvorhaben auf allen föderalen Ebenen durchgeführt werden. Aktuell muss insbesondere die Investitionsfähigkeit der kommunalen Ebene finanzpolitisch gewährleistet bleiben. Die Länder sind in der Verantwortung, die kommunalen Finanzen auch in der Krise zu sichern. Darüber hinaus muss dort jedoch auch die Vergabe- und Bauherrenkompetenz der öffentlichen Hand wieder gestärkt werden.

Potenziale der Digitalisierung erschließen und nutzen!

Die Corona-Krise zeigt die Notwendigkeit einer flächendeckenden, stabilen, sicheren und modernen digitalen Infrastruktur. Dass eine breite Digitalisierung der Bevölkerung und Wirtschaft keineswegs nur Großunternehmen beschäftigt, wurde durch die rasche Reaktion des Mittelstands auf die Krise mithilfe digitaler Mittel offensichtlich. Ein großer Teil des Mittelstands sah in der Krise eine Chance sich (weiter) zu digitalisieren. Es braucht staatliche Begleitung, um diese Dynamik zu befördern und Engpässe zu überbrücken.

- Für digitale Maßnahmen des Mittelstands, wie sie bundesweit vor und in der Krise kreativ erarbeitet wurden, braucht es spätestens jetzt einen flächendeckenden Ausbau der digitalen Infrastruktur. Sie ist Grundlage für die digitale Transformation und Digitalisierung – auch und insbesondere nach der Pandemie. Dabei müssen Klein- und Mittelstädte sowie der ländliche Raum beim Breitbandausbau Vorrang haben. Wir müssen jetzt investieren und die Ausbaubedingungen so gestalten, dass der Glasfaser- und 5G-Ausbau möglichst effektiv vorangebracht wird.

- Eine Digitalisierung bestehender Geschäftsmodelle ohne Daten ist undenkbar. Der Mittelstand muss sich in der Datenökonomie bewähren. Dafür braucht es eine gesicherte Dateninfrastruktur sowie faire Wettbewerbsbedingungen bei der Nutzbarkeit geschäftsmodellrelevanter Daten.

- Die mittelständische Wirtschaft wird immer digitaler. Auch die staatlichen Infrastrukturen müssen entsprechende moderne Arbeitsprozesse etablieren. Moderne Wirtschaft braucht modernes E-Government, welches durch durchgängig elektronische Verfahren Zeit und Aufwand spart sowie Prozesse bspw. für Gründungen vereinfacht und beschleunigt.

- Wenn wir eine breite Digitalisierung des Mittelstands wünschen, müssen wir dem Mittelstand eine leicht zugängliche, transferorientierte und für die Zielgruppe aufbereitete Möglichkeit zur Digitalisierung geben. Das bedeutet auch, die Vermittlung digitaler Fähigkeiten zu fördern, z. B. durch den Ausbau des Mittelstand 4.0-Programms oder entsprechender Förderprogramme für Bildungseinrichtungen (z. B. zum Ausbau von Lösungen zum Distanzlernen).

Belastungsmoratorium für die Wirtschaft garantieren!

Die Corona-bedingten Einschränkungen und ihre Folgen treffen vor allem auch mittelständisch geprägte Branchen wie Reisebüros, Hotels, Gastronomiebetriebe, Händler und mittelständische Industriebetriebe. Zudem stehen zusätzliche Belastungen vor der Tür, die bereits vor der Pandemie auf den Weg gebracht wurden. Die Politik sollte durch ein Belastungsmoratorium den Weg in die Normalität unterstützen.

- Hemmnis für das Wiederhochfahren der Wirtschaft sind aktuell insbesondere zusätzliche bzw. neue Berichtspflichten. Das gilt z. B. im Steuerrecht und im Hinblick auf eine nicht akzeptable Ausweitung des Anwenderkreises der zur CSR-Berichterstattung verpflichteten Unternehmen sowie für Berichtspflichten zu internationalen Wertschöpfungsketten („Lieferkettengesetz") und geht weiter mit der elektronischen Aufrüstung von Ladenkassen, die ausgerechnet jetzt in der Corona-Pandemie auf die Unternehmen zukommt. EU-Vorgaben sollten bei der Überführung in deutsches Recht grundsätzlich nicht über ein EU-seitig vorgegebenes Mindestmaß hinausgehen (kein Goldplating).

- Auch die Sozialversicherungshaushalte sind durch akute Hilfs- und Stabilisierungsmaßnahmen erheblich belastet. Da viele der betreffenden Ausgaben eine gesamtgesellschaftliche Aufgabe erfüllen, dürfen sie nicht zum Anlass künftiger Beitragsanhebungen genommen, sondern müssen ggf. aus dem Bundeshaushalt getragen werden. Die Leistungsausweitungen müssen im Rahmen der konjunkturellen Erholung zügig auslaufen. Der Gesamtsozialversicherungsbeitrag darf weiterhin die 40Prozent-Grenze nicht übersteigen.

- Akuter Entlastungsbedarf besteht zudem bei den Energiekosten. Das Mittelaufkommen aus der neuen CO2-Bepreisung sollte insbesondere zur Reduzierung der EEG-Umlage genutzt werden. Vor dem Corona-Hintergrund ist eine weitere Reduzierung der EEG-Umlage ebenso erforderlich wie die Reduzierung der Stromsteuer auf ihr europarechtliches Minimum.

- Auch besonders belastende neue Gesetze sollten unterbleiben oder zumindest aufgeschoben werden. Dazu gehört insbesondere das Verbandssanktionengesetz. Dass der Referentenentwurf für das Verbandssanktionengesetz ausgerechnet jetzt vorgelegt und zur Konsultation gestellt wird, sorgt bei vielen Unternehmen für Empörung. Das Gesetz stellt alle Unternehmen unter einen Generalverdacht und schadet mithin unmittelbar der großen Mehrheit der Unternehmen in Deutschland, die sich rechtstreu und lauter verhalten. Wenn Unternehmen wegen Corona um ihre Existenz kämpfen, haben sie andere Sorgen als sich mit einem solchen unternehmensfeindlichen Gesetzentwurf zu beschäftigen, ganz abgesehen von den inhaltlich mit dem Gesetz einhergehenden Belastungen.

Fachkräftebedarf sichern und Ausbildung stärken!

Der Mittelstand ist der Beschäftigungsmotor Deutschlands. In den letzten Jahren überstieg sein Bedarf an qualifizierten Fachkräften das verfügbare Angebot. Dies darf nicht zum Engpassfaktor des Neustarts nach der Corona-Krise wie auch weit darüber hinaus werden. Der Mittelstand ist zugleich auch das Fundament der hochqualifizierenden Berufsausbildung, die maßgeblich für die bisherige und auch die künftige Wettbewerbsfähigkeit Deutschlands ist. Ohne das Engagement der Ausbildungsbetriebe kann der Fachkräftebedarf in unserer Wirtschaft nicht gesichert werden.

- Spätestens die personellen Engpässe in der Corona-Krise zeigen die Notwendigkeit der Flexibilisierung des Arbeitsrechts: Insbesondere im Arbeitszeitgesetz durch den Übergang von einer Tages- zu einer Wochenarbeitszeit und einer Reduzierung der Vorgaben zu Ruhezeiten auf das europarechtlich vorgeschriebene Maß. Weiterhin akut bleiben die Erfordernisse für eine hinreichende Kinderbetreuung. Die Möglichkeiten zur Überlassung von Arbeitskräften im Rahmen der Kollegenhilfe sollten ausgeweitet und im Baubereich überhaupt erst ermöglicht werden. Schließlich muss Deutschland seine Stärke als attraktives Zielland für potenzielle qualifizierte Zuwanderer weiter erhöhen.

- Auch die Berufsbildung erfordert besonderes Augenmerk. Das betrifft zum einen praktische wie auch ggf. finanzielle Hilfestellungen für Unternehmen, die sonst ihr Ausbildungsengagement Corona-bedingt zurückfahren oder notfalls ganz einstellen müssen, bzw. für die, die Auszubildende aus insolventen Unternehmen übernehmen. Auch die Kooperation zwischen Schule und Wirtschaft bleibt im Hinblick auf fundierte Berufswahlentscheidungen der Jugendlichen nicht nur unverzichtbar, sondern muss weiter ausgebaut werden".

Die aktuellen Koalitionsbeschlüsse beachten viele konkrete Erfordernisse des gegenwärtigen Wirtschaftens, insbesondere auch unter den Bedingungen und wirtschaftlichen Folgen des Corona-Virus. Auch manche dringenden Erfordernisse des Umweltschutzes sowie der Digitalisierung werden mehr und besser berücksichtigt als bisher.

Besonders hervorzuheben im Sinne des Umweltschutzes ist u. a. auch die Förderung von Elektroautos mit einer Fördersumme von 6.000,- € je gekauftem Elektroauto und die Erhöhung der bereit zu stellenden staatlichen Mittel für die Digitalisierung von 3 Mrd. Euro auf 5 Mrd. Euro.

Ich finde es gut, dass ein solches gewaltiges Konjunkturprogramm von 130 Mrd. Euro zur Ankurbelung der Wirtschaft und für Zukunftsaufgaben bereit gestellt und damit das größte Konjunktur-Programm der Bundesrepublik Deutschland auferlegt wurde. Damit wurden viele Erfordernisse Deutschlands bzw. für dessen Wirtschaft berücksichtigt.

Als noch nicht oder nicht ausreichend gelöst im Konjunkturprogramm bzw. in der gesellschaftlichen und wirtschaftlichen Entwicklung sowie als mögliche Gefahren für die Wirksamkeit des Konjunkturprogramms sehe ich aus meiner Sicht, dass manche Erfordernisse nicht beachtet wurden. Nachfolgende Probleme sowie notwendige Handlungen sind u.a. in diesem Zusammenhang aufzuführen, die nicht unter den Belangen der Reihenfolge der Wichtigkeit von mir genannt werden:

- Nichtbeachtung, dass zur Vermeidung der Überschreitung der Temperatur bei der Erderwärmung bis maximal 1,5 Grad Celsius Temperaturerhöhung eine rechtzeitigere Durchführung aller Maßnahmen auf diesem wichtigen Gebiet, die zu einer wesentlichen Reduzierung der CO_2-Emission führen müssen, erfolgen muss. Dazu gehören u.a. auch die Terminfestlegungen des Klimaschutzgesetzes sowie auch Belange der Strukturkommission bezüglich der Dekarbonisierung bzw. des vollständigen Abbaus der Braunkohleförderung,

- Maßnahmen, die bereits bis spätestens 2028 in Deutschland und weltweit abgeschlossen sein müssen, sind:

    - Beschlüsse und Anforderungen des Klimaschutzgesetzes,

    - Schaffung der Klimaneutralität usw.,

- aus dieser erforderlichen Änderung des Terminziele sich zwangsläufig ergebende Erhöhung der Zielstellungen der CO_2-Emission im Klimaschutzgesetz bzw. deren Fortschreibung und damit auch verbundene Änderung der Einzelzielstellungen in der CO_2-Emission,

- weitere Fortsetzung der linearen Wirtschaftsmethode und deren nicht ausreichende Beachtung notwendiger Änderungen in der Wirtschaftsmethode zur dringenden Erreichung der Vermeidung einer höheren CO_2-Emission bzw. Erreichung der zeitlichen Erfordernisse der ebenfalls dringend notwendigen Ressourceneinsparung,

- weitere Fortsetzung der Ökonomisierung des Gesundheitswesens und wiederum nicht erfolgte Überführung des Gesundheitswesens aus der Privatisierung in den öffentlichen Bereich und der damit erforderlichen Änderung der Eigentumsformen trotz der Ereignisse im Zusammenhang mit dem Corona-Virus und der sich dadurch ergebenden Notwendigkeiten,

- Nicht ausreichende Beachtung der Erhöhung der Sparquote um nahezu 7 Prozent und des erhöhten Sicherheitsdenkens der durchschnittlichen Bevölkerung in Deutschland und deren Wirkungen auf die Nachfrage und die Kaufkraft für die Zukunft. Dies müsste noch stärker als bisher bei den möglichen wirtschaftlichen Gegebenheiten und Möglichkeiten in Verbindung mit den wirtschaftlichen Zielstellungen einzelner Branchen und bei Konjunkturprognosen bzw. im aktuellen Konjunkturprogramm beachtet werden.

- Durch die Erfahrungen und persönlichen Rückschlüsse auf die einzelnen Personen als Verbraucher durch die Ereignisse und Gegebenheiten des Corona-Virus und die sich damit ergebenden Einsichten im persönlichen Verhalten wird der persönliche Konsum verringert und sich dadurch ändern. Dies wird auch nicht geringe Auswirkungen auf einzelne Branchen und die sich ergebenden weiteren Wirkungen auf die Nachfrage sowie auf den Umsatz haben.

- Die notwendige Veränderung der Globalisierung unter Beachtung der genannten kritischen Hinweise zur Handhabung der Globalisierung wurde bisher nicht im ausreichenden Maße eingeleitet. Aus dem Konjunkturprogramm vom 03.06.2020 ist hierzu kaum etwas konkret zu sehen. Die bisher vorgesehene Verfahrensweise zur Erhöhung der Versorgungssicherheit, insbesondere auch von lebensnotwendigen Gütern, wird trotz der erfolgten wesentlichen Verbesserung gegenwärtig noch immer nicht ganz als ausreichend angesehen.

- Durch die Mehrwertsteuersenkung als Konjunkturmaßnahme vom 01.07. bis zum 31.12.2020 von 19 Prozent auf 16 Prozent und von 7 Prozent auf 5 Prozent wurde der Konsum für den Zeitraum des III. und IV. Quartals 2020 angekurbelt. Der Konsumanstieg für das III. Quartal 2020 betrug 8,5 Prozent. Dieser Zuwachs des III. Quartals 2020 ist nach Meinung des Direktors des Instituts der deutschen Wirtschaft (IW), Michael Hüther, auf die Senkung des Mehrwertsteuersatzes im zweiten Halbjahr 2020 zurückzuführen. Die Supermärkte haben fast vollständig die niedrigere Mehrwertsteuer an die Kunden in Deutschland weitergegeben. Auch bei Industriegütern wurde ebenfalls die Senkung des Mehrwertsteuersatzes durch die veränderten Preise an die Kunden zurückgegeben, was auch auf die Nahrungsmittel zutraf. Bei den Dienstleistungen traf dies nicht zu. Dort wurde die Mehrwertsteuersenkung nur zu einem Drittel weitergegeben. Auf den gesamten Warenkorb bezogen wurde ermittelt, dass die Mehrwertsteuersenkung zu 60 Prozent weitergegeben wurde. Auch im Oktober 2020 wurde ein preisbereinigter Umsatzanstieg für den Einzelhandel von 8,2 Prozent im Vergleich zum Vormonat ermittelt. Der Sachverständigenrat der Bundesregierung zieht jedoch nicht so eine gute Bilanz. Im Jahresgutachten schreibt der genannte Sachverständigungsrat: "Die Wirkung auf die Konjunktur dürfte jedoch begrenzt bleiben."

Der "Spiegel" schreibt in der Ausgabe 51/2020 vom 12.12.2020 unter dem Titel "Gebremste Turbo-Konjunktur: Die Senkung der Mehrwertsteuer scheint tatsächlich gewirkt zu haben. Ihre Rücknahme zum Jahresende könnte die Erholung allerdings belasten.": "Die fünf Wirtschaftsweisen fürchten sogar, dass die Mehrwertsteuersenkung die weitere wirtschaftliche Erholung belasten könnte. Die vorgezogenen Käufe fehlten 2021, zudem würden viele Produkte wieder teurer, manche sogar mehr, als die Rücknahme der Senkung es rechtfertigte. Viele Händler könnten der Versuchung erliegen, im Zuge ohnehin steigender Preise auch Waren und Dienste teurer zu machen, deren Preis sie zuvor gar nicht gesenkt hatten, warnen die Experten. Nicht nur wegen dieser negativen Folgewirkung fordert kaum jemand ernsthaft, die Maßnahme über das Jahresende hinaus zu verlängern.

"Konjunkturpolitik ist per Definition befristet", argumentiert Ökonom Hüther. Sie sei darauf angelegt, ein Strohfeuer zu entfachen. "Es sorgt für Wärme, wo sonst nur Kälte herrscht." ....
....
...."

Auch manche Unternehmen, die eigentlich nicht von der Mehrwertsteuersenkung profitieren sollten, haben dadurch für ihr Unternehmen Vorteile, wie beispielsweise Amazon. Es ist zu verzeichnen, dass gerade Reiche, die die Mehrwertsteuersenkung gar nicht benötigen, den Vorteil der Mehrwertsteuersenkung nutzen können. Die Menschen mit geringen Einkommen werden durch die Mehrwertsteuersenkung nicht ausreichend entlastet.

Durch die Wirkungen der Corona-Pandemie hat die Polarität zwischen Arm und Reich weiter zugenommen. Der Vermögensunterschied zwischen Reich und Arm ist weiter angewachsen. Unter diesen Gegebenheiten, auch in Deutschland, leben viele Menschen in Armut. An die Erfordernisse dieser Menschen wurde im Konjunkturprogram viel zu wenig gedacht. Von der Mehrwertsteuer-Reduzierung, die zwar für Alle wirksam wurde, haben auch die Millionäre oder Milliardäre ebenfalls den Vorteil. Für die Armen dieser Gesellschaft hat man, trotz dem sie unter den Folgen des Corona-Virus viel stärker leiden müssen, im Konjunkturprogramm viel zu wenig getan und keine Sonderregelungen getroffen. Dies wirkt sich u.a. für die Betroffenen, beispielsweise in Deutschland, wie folgt aus:

- Die „Tafeln“ können unter der Tatsache und unter den Bedingungen, dass keine Mittel dafür im aktuellen Konjunkturprogramm bereitgestellt werden, kaum noch ihre ordnungsgemäße Arbeit leisten.

- Es kann offensichtlich so gut wie keine „Suppenküchen“-Versorgung mehr durchgeführt werden, da keine Mittel dafür im aktuellen Konjunkturprogram bereit gestellt wurden.

- Für sonstige bedürftige Menschen werden durch den aktuellen Konjunkturprogramm keine Mittel bereit gestellt.

- Trotz des sehr geringen Grundsicherungs-Bezugssatzes für ALG 2- bzw. für Hartz IV-Bezieher werden trotz der erheblichen materiellen Bedürftigkeit keine weiteren finanziellen Mittel zur Reduzierung der Armut aus der aktuellen Konjunkturprogramm getroffen. Diese benötigen insbesondere Lebensmittel, und die dort vorgenommene Erhöhung der Preise wirkt sich besonders für die Betreffenden sehr ungünstig aus.

- Unter der Beachtung der bei Manchen sehr geringen Löhne, selbst unter der Beachtung von Mindestlöhnen und bei Vollzeit, kann man mit der Gewährung von Kurzarbeitergeld kaum leben und die regelmäßigen Ausgaben begleichen. Die vorhandenen Mittel, auch wenn sie erhöht worden sind, reichen oft noch nicht einmal zur Bezahlung von Lebensmitteln und der Miete aus. Viele Abgaben können von den Betreffenden dadurch derzeit nicht bezahlt werden.

- An geringfügig Beschäftigte wird kein Kurzarbeitergeld gezahlt.

- Bei nicht möglicher Bezahlung von Abgaben, wie beispielsweise, wenn man die Stromrechnung nicht bezahlen kann, kann von den Stromanbietern so rigoros gehandelt werden, wie auch trotz Corona erfolgt, dass an den Verbraucher kein Strom mehr geliefert wird. Dies hätte man auch im Rahmen des Konjunkturprogramms beachten müssen.

- Alleinstehende und überhaupt nicht gut verdienende Frauen hätten auch Mittel zur Sicherung ihrer Existenzsicherung aus den Mitteln des aktuellen Konjunkturprogram bekommen müssen. Es ist in keiner Weise ausreichend, wenn sie eine Erhöhung des steuerlichen Entlastungsbetrags für Alleinerziehende bekommen, da sie aufgrund ihrer oft sehr geringen

Einnahmen im Regelfall keine Einkommenssteuer bezahlen brauchen und sie somit nichts von der Erhöhung des steuerlichen Entlastungsbetrages für Alleinerziehende haben. Zum anderen brauchen sie aus Liquiditätserfordernissen zur Bestreitung ihrer Existenzsicherung jetzt sofort das Geld und nicht erst zu dem Zeitpunkt, an dem sie die Einkommenssteuererklärung machen können. Man muss auch bedenken, dass durch die abschließenden Regelungen zur Grundrente viele Menschen, insbesondere auch viele Frauen keine Grundrente bekommen.

- Man hätte die Finanzmittel aus dem Konjunkturprogramm an den stationären Handel geben sollen, um ein „Aussterben" des stationären Handels zu vermeiden. So können auch die E-Commerce-Unternehmen davon profitieren, und sie können ihre Vorteile noch erhöhen, weil leider die Mehrheit der Verbraucher ihre Lieferung als Konsument über den Online-Handel beziehen. Das hätte über entsprechende Geschenkgutscheine erfolgen können.

- Auch die Studentinnen und Studenten wurden, trotz ihres hohen Bedarfs, in den Festlegungen der Koalition vom 03.06.2020 nicht berücksichtigt. Man hat die BAföG-Zahlungen nicht erhöht, und die Studentinnen und Studenten sollen bei Erfordernis einen Kredit bei der Kreditanstalt für Wiederaufbau aufnehmen. Dies kann in keiner Weise genügen.

Zwischenzeitlich sind noch weitere Regelungen von den einzelnen Ministerien getroffen worden, aber die genannten aus meiner Sicht notwendigen Maßnahmen wurden bisher nicht getroffen.

Es bleibt spannend, ob dieses Konjunkturprogramm von 130 Milliarden € der große Wurf für Deutschland sein wird und ob trotz der Folgen von Corona eine hohe Nachfrage als eine wichtige Voraussetzung eintreten wird. Es bleibt auch abzuwarten, ob die erhebliche Schuldensumme, die auch insbesondere die spätere Generation abzutragen hat, rechtzeitig wieder aufgeholt bzw. die betreffenden Kredite dafür planmäßig getilgt werden können.

Derzeit wird die technische Anwendung des Grünen Wasserstoffs als Zukunftstechnologie im besonderen Maße gesehen. Wasserstoff wird als Hoffnungsträger für die Energiewende angesehen. Es ist vorgesehen, viele Fördermittel für die Technologie und die praktische Umsetzung des Grünen Wasserstoffs zu verwenden. Bei der Anwendung des Grünen Wasserstoffs als Sekundärenergieträger wird davon ausgegangen, dass nach Auffassung mancher Wissenschaftler und Konzernchefs nicht nur das Problem der Stahlindustrie, der Wärmesektor, sich dekarbonisieren lässt und verschiedenartigste Industrieprozesse, u. a. auch der Flug-, Schiffs- und Schwerlast-Auto- Verkehr sich zukünftig weltweit erheblich klimafreundlicher realisieren lassen. Es bedarf jedoch noch sehr vieler Forschungsarbeit und möglichst positiver Ergebnisse dabei, um diese Forschungszielstellungen tatsächlich baldmöglichst zum Tragen zu bringen. Sicher hat man sich durch die Ereignisse und die Folgen des Corona-Virus und der bisher nicht ausreichende Klarheit, ob man den Grünen Wasserstoff als Zukunftstechnologie anwenden kann und man in manchen Punkten noch nicht genügende Forschungsergebnisse hatte, sich nun darauf geeinigt, den Grünen Wasserstoff nunmehr als Zukunftstechnologie zu verwenden. Es soll damit zukünftig die gewünschte Klimafreundlichkeit erreicht werden. Auf die aktuell dazu getroffenen Forschungsaufgaben und auch auf die geplante Herstellung durch Unternehmen, die erneuerbare Energie herstellen, die in Afrika, speziell in Westafrika ansässig sind, hat man sich nunmehr geeinigt.

Der Grüne Wasserstoff soll im Rahmen einer Elektrolyse aus dem Wasser, durch die damit mögliche Abspaltung von Wasserstoff erzeugt werden. Man braucht jedoch große Energiemengen, um die betreffende Elektrolyse und die Abspaltung von Wasserstoff durchführen zu können. Dies kann nicht mit herkömmlichen Energieträgern, die eine hohe CO_2-Emission aufweisen, wegen der Klimaunfreundlichkeit erfolgen. Deshalb soll die notwendige Energie über erneuerbare Energie erzeugt werden. Die mögliche, dann in Deutschland zur Verfügung stehende Energie wird dazu auch mit durch die bestehenden Windenergiebestimmungen in Deutschland meines Erachtens nicht ausreichen. Deshalb ist dazu auch ein Import von erneuerbaren Energien, insbesondere aus Afrika und die Nutzung von Solarenergieanlagen wegen den relativ heißen Temperaturen dort vorgesehen. Wahrscheinlich kann man die notwendige Elektrolyse nicht gleich mit in Afrika durchführen, da dort wohl nicht im ausreichenden Maße Wasser zur Verfügung steht. Es ist auch vorgesehen, Wasserstoff für eine mögliche Anwendung von Brennstoffzellenautos zu verwenden. Der Aufwand für die Anwendung von Wasserstoff bei der Herstellung von Brennstoffzellenautos ist jedoch derzeit viel zu hoch.

Es gibt jedoch noch eine Reihe von Problemen bezüglich der Anwendung von Wasserstoff als klimafreundlicher Sekundärenergieträger. Dazu gehören u. a.:

- Noch nicht ausreichender Forschungsverlauf. Man geht derzeit davon aus, dass man die Wasserstofftechnologie im umfassenden Maße erst 2040 anwenden kann. Das wäre viel zu spät, weil maximal bis 2028 noch keine höhere Klimaerwärmung bis 1,5 Grad Celsius prognostiziert und erreichbar wäre. Bei diesem bisher zugrunde gelegten Tempo in den Forschungs- und Anwendungsverlauf würde die mögliche vollständige Anwendung der Technologie wegen den dann unausweichlichen Folgen für die Erderwärmung zu spät kommen.

- Die derzeitigen Überlegungen zur Herstellung von grünem Wasserstoff gehen noch von hohen Aufwendungen aus, um grünen Wasserstoff auch bei der erforderlichen Nutzung von erneuerbaren Energien als Energieträger herzustellen. Eine ausreichende anwendungsbereite Kalkulation ist wegen noch bestehender wesentlicher Unklarheiten für die Herstellung dieses wichtigen Sekundärenergieträgers noch nicht erfolgt. Zur Zeit betragen die Kosten zur Herstellung von grünem Wasserstoff ca. das Zehnfache von Erdgas. Es ist aber damit zu rechnen, dass sich der Herstellungspreis bei einer umfassenden Anwendung von regenerativen Energieträgern und einer hohen Herstellungsmenge weiter verringern wird.

- Die Anwendung des Wasserstoffes erfordert das Edelmetall Iridium. Weltweit sind die Iridium-Vorkommen begrenzt. Es kann nur in südafrikanischen Minen produziert werden und ist wegen des hohen Bedarfs und der geringen Vorkommen relativ teuer. Es wird eingeschätzt, dass im Jahr 2024 schon der Bedarf höher ist als das mögliche Aufkommen.

- Die getroffenen Regelungen zur Abstandsregelungen für Windenergieanlagen in Deutschland wirken sich, selbst, wenn sie von den meisten Bundesländern jetzt modifiziert werden können, für die benötigten Windenergiemengen, die zur Verfügung stehen zur Gewinnung von grünem Wasserstoff als Bestandteil der regenerativen Energie, ungünstig aus.

- Der schon im Weltmaßstab knappe Umfang an verfügbarem Wasser könnte durch die umfassende Herstellung und Anwendung des grünen Wasserstoffs und des dabei für die Elektrolyse benötigten Wassers noch weiter sinken.

- Bei der Herstellung und Anwendung bzw. Speicherung von Wasserstoff – und dies gilt auch für den grünen Wasserstoff – besteht eine Unfallgefahr. Dies muss bei der konkreten Anwendung durch entsprechende Arbeitsschutzregelungen unbedingt beachtet werden.

Wir haben auch in der Zwischenzeit notgedrungen wegen den Folgen des Corona-Virus Erfahrungen mit neuen Arbeitsformen gemacht, wie Videoübertragungen, Home Office, Online-Lehrtätigkeit und dadurch auch gemerkt, dass wir bestimmte Handhabungen in der praktischen Umsetzung vom Arbeitsablauf auch anders ausführen können, als dies bisher immer üblich war. Durch die wirtschaftlichen Folgen des Corona-Virus sind auch unsere verfügbaren Mittel für Urlaub, Reisen usw. zurückgegangen. Auch dies wird auf unser Freizeitverhalten aus meiner Sicht ebenfalls einen Einfluss haben. Wir können uns allein schon aus wirtschaftlichen Gründen bestimmte Dinge nicht mehr bzw. nicht mehr in dem bisherigen Maße erlauben, die früher bei Vielen immer zur Regel gehörten. Auch durch die

Einschränkungen und Beschränkungen durch den Corona-Virus und die Unsicherheit der weiteren Fortsetzung des Corona-Virus haben uns dazu gebracht, dass wir viel mehr als bisher auch an die Belange der Sicherheit denken müssen. Auch die höhere Sparquote in Deutschland um ca. 7 Prozent, die trotz der wirtschaftlichen Folgen durch den Corona-Virus eingetreten ist, zeigen uns ebenfalls das erhöhte Sicherheitsdenken auf. Dass führt dazu, dass wir nicht mehr, wie bisher in dem Maße Geld ausgeben und dem oft übertriebenen Konsum nicht mehr so frönen können, wie das früher der Fall war. Diese Entwicklung des hohen Sparquotenzuwachses muss auch im Zusammenhang mit den zeitweiligen Beschränkungen in der möglichen Nutzung von Geschäften in den einzelnen Bundesländern Deutschlands und des damit eintretenden Umsatzrückgangs auch gesehen werden. Es sind durch die Nachfragereduzierungen Verringerungen gegenüber den bisher gewohnten Umsätzen eingetreten. Das andere eingetretene Konsumverhalten, auch in Deutschland, muss ebenfalls erwähnt werden. Deshalb ist für alle zu vernehmen, dass Reduzierungen in der bisherigen Nachfrage vor dem Corona-Virus im Luftverkehr, im Tourismus, besonders im Auslandstourismus, generell im Reiseverkehr, im Freizeitverhalten, bei den Kreuzfahrtschiffen, im Veranstaltungsservice, auf manchen Gebieten des Handels und der Industrie, auch speziell in der Autoindustrie und den entsprechenden Zulieferbetrieben und anderen in Frage kommenden Bereichen bereits eingetreten sind oder weiter eintreten werden.

Es ist ein nicht geringer wirtschaftlicher Schaden für die Gesellschaft durch die Folgen des Corona-Virus eingetreten. Für den Einzelnen ist im Ergebnis des unterschiedlichen Einkommens bzw. der eventuell erhaltenen Einkommensersatzleistung, des differenzierten Umfangs eines Zuschusses, sofern der Zuschuss oder beantragte Kredite gewährt wurde bzw. noch gewährt wird, auch oft ein nicht geringer Verdienst- oder Einkommensausfall zu verzeichnen.

Für Manchen ist die mögliche Verhaltensänderung nicht nur wegen der gewonnenen Erkenntnisse und Erfahrungen, sondern wegen den veränderten Einsichten als sehr wichtig für die weitere Entwicklung und als wertvolle Denkanstöße für die Belange der Erderwärmung und des Corona-Virus zu sehen.

Es ist an der Zeit, unsere Lebensweise zu ändern, unsere Gesellschafts- und Wirtschaftsordnung und auch unsere Demokratie anders, zu einem Besseren für die Menschheit zu gestalten. Die erarbeiteten Vorschläge, kritischen Betrachtungen zu vielen wichtigen Fragen unserer Zeit dienen für uns Menschen dazu, alles Erdenkliche und Gebotene zu tun, um einem weiteren Ansteigen der Erderwärmung und auch des Corona-Virus wirkungsvoll und rechtzeitig entgegenzuwirken.

9. Danksagung

Bei allen Menschen, die bei der Erarbeitung dieses Buches mitgewirkt und besonders beim Verlag Books on Demand aus Norderstedt, die wesentlich dazu beigetragen haben, dass das Buch entstehen konnte, möchte ich mich recht herzlich für ihre gezeigte Einsatzbereitschaft und den großen Fleiß bei allen ihren Handlungen auch für die nunmehr 2. Auflage bedanken. Einen besonderen Dank möchte ich auch Denjenigen aussprechen, die mir immer wieder Mut gegeben haben, dieses Buch zu schreiben.

Besonders möchte ich meiner Ehefrau Elfriede Märtin für die vielfältige Hilfe für mein Wohlergehen und auch ihre erbrachten Pflegeleistungen für mich sehr danken.

Auch möchte ich meinen Sohn André für die von ihm erbrachten IT-Leistungen ebenfalls besonders danken.

Meinen Dank möchte ich auch an den Ehrenpräsidenten des „Club of Rome“, Herrn Prof. Dr. Ulrich Ernst von Weizsäcker aussprechen für seine Hinweise sowie seine auch kritischen Bemerkungen bezüglich vieler noch zu beachtender Gesichtspunkte, die ich versucht habe, entsprechend meiner Möglichkeiten in der Erarbeitung der 2. Auflage dieses Buches weitgehend zu berücksichtigen.

Ebenfalls meinen besonderen Dank möchte ich an den Theologen, Psychoanalytiker und Schriftsteller Dr. Eugen Drewermann für seine Bemerkungen zur 1. Auflage des Buches richten.

Es war auch ein einsamer Weg für mich, dieses Buch zu schreiben, und wegen der Aktualität der eingetretenen Geschehnisse, insbesondere unter den gegebenen Wirkungen des Corona-Virus, war es auch nicht einfach, alle erforderlichen Belange für dieses Buch zu beachten. Ich hoffe, dass mir dies auch im Interesse der Leser dieses Buches einigermaßen gelungen ist.

10. Anhang

10.1. Personenverzeichnis

10.2. Tabellenverzeichnis

10.3. Grafiken

10.4. Bücher

Christian Felber: „Die Gemeinwohl-Ökonomie“, 5. Aufl., 2018, Piper-Verlag München, 256 S.

Maja Göpel: „Unsere Welt neu denken. Eine Einladung“, 7. Aufl., 2020, Ullstein-Buchverlage Berlin GmbH, 208 S.

Anders Indset: „Quantenwirtschaft. Was kommt nach der Digitalisierung?“, 1. Aufl., 2019, Econ-Verlag Düsseldorf/Berlin, 366 S.

Heinz Märtin: „So kann es mit unserer Lebensweise nicht weiter gehen. Unsere westliche Lebensweise erfordert dringend Kurskorrekturen für ein Weiterbestehen unseres Planeten Erde und für uns selbst als Menschen.", 1. Aufl., Januar 2019, Verlag für Gesellschaft, Wirtschaft und Leben Bad Doberan, Herstellung: BoD - Books on Demand Norderstedt, 742 S.

Fritz Reheis: „Die Resonanzstrategie. Warum wir Nachhaltigkeit neu denken müssen“, 1. Aufl., 2019, oekom verlag GmbH München, 416 S.

Jörg Schindler: „Die Rüpel-Republik. Warum sind wir so unsozial?“ 3. Aufl., 2012, Fischer Taschenbuch Verlag Frankfurt/Main, 272 S.

Joni Seager: „Der Frauen-Atlas. Ungleichheit verstehen. 164 Infografiken und Karten“, 1. Aufl., 2020, Carl Hanser Verlag GmbH & Co. KG, München, 208 S.

Ernst Ulrich von Weizsächer, Anders Wijkman: „Wir sind dran - Was wir ändern müssen wenn wir bleiben wollen“, 5. aktualisierte Auflage 2019, Copyright 2017, Gütersloher Verlagshaus, Gütersloh, in der Verlagsgruppe Random House GmbH, 394 S.

10.5. Zeitungen

Barbara Gillmann: „Warum junge Frauen noch immer MINT-Berufe meiden" („Handelsblatt" vom 28.11.2018; siehe Link: https://www.handelsblatt.com/politik/deutschland/berufsausbildung-warum-junge-frauen-noch-immer-mint-berufe-meiden/23686108.html?ticket=ST-3195570-PmfbSY6TUZpvfugie5EX-ap6)

Gesetz zur Einführung eines Bundes-Klimaschutzgesetzes und zur Änderung weiterer Vorschriften vom 12.12.2019, veröffentlicht im Bundesanzeiger vom 17.12.2019 (BGBl. I Nr. 48-2019, S. 2513 – 2521)

Nach der Pandemie – Bill Gates: 50 Ptozent der Geschäftsreisen werden wegfallen" der „Frankfurter Allgemeinen" vom 18. November 2020

Niels Heisterhagen, Fedor Ruhose: „Deutschland ist eine Feudalgesellschaft - Die Freiheit für alle in Deutschland in der Krise. Die Herkunft bestimmt - wie in der Feudalgesellschaft - die Aufstiegschancen der Bürger" („Der Tagesspiegel" vom 24.08.2016; siehe Link: https://causa.tagesspiegel.de/gesellschaft/gibt-es-eine-krise-der-freiheit/deutschland-ist-eine-feudalgesellschaft.html)

Tanja Huutonen: „Homeschooling in Berlin und Finnland - ein Vergleich" („Tagesspiegel" vom 14.04.2020; vgl. https://www.tagesspiegel.de/berlin/um-neun-uhr-gibt-es-den-ersten-videochat-homeschooling-in-berlin-und-finnland-ein-vergleich/25737678.html)

Christian Mihatsch: „Klima: Neuer Schwung für Madrid" („Frankfurter Rundschau" vom 11.12.2019; vgl. Link https://www.fr.de/politik/klima-neuer-schwung-madrid-13289805.htm)

Hans Monath / Annette Rollmann: „Viele der heutigen Globalisierungsakteure halten Ungleichheit für eine Tugend" („Das Parlament" Nr. 3 – 4 vom 19.01.2001, siehe Link: https://de.qantara.de/inhalt/interview-viele-der-heutigen-globalisierungsakteure-halten-ungleichheit-fur-eine-tugend)

Christoph Riedweg: „Populisten: Schon Platon hat vor ihnen gewarnt - und gewusst, was Demokraten am meisten bedroht" („Neue Zürcher Zeitung" vom 29.08.2019; siehe Link: https://www.nzz.ch/feuilleton/populisten-schon-platon-hat-vor-ihnen-gewarnt-ld.1503063

Marina Rudyak, Maximilian Mayer und Marius Meinhof: „Eindämmung statt Ausmerzung - warum den Europäern in Sachen das Lernen von Ostasien so schwer fällt" (Neue Zürcher Zeitung“ vom 23.11.2020; siehe Link https://www.nzz.ch/meinung/unterdrueckung-statt-ausmerzung-warum-den-europaern-in-sachen-corona-das-lernen-von-ostasien-so-schwer-faellt)

Amartya Sen: „Das Virus liebt die Freiheit“ („Frankfurter Allgemeine“ vom 26.10.2020 Oktober 2020; siehe Link: https://blogs.faz.net/fazit/2020/10/26/das-virus-liebt-die-freiheit)

Vera Sprothen: „Australien und Neuseeland – Alles für die Null“ („Zeit Online“ vom 28.11.2020; siehe Link: https://www.zeit.de/politik/ausland/2020-11/australien-neuseeland-corona-pandemie-reisebeschraenkungen-abschottung)

Thomas Schwandt: „E-Mobilität kommt aufs Wasser“ („Norddeutsche Neueste Nachrichten“ vom 02.11.2017)

Christoph von Eichhorn: „Reiche schädigen das Klima sehr viel stärker als Arme“ („Süddeutsche Zeitung vom 21.09.2020)

André Wornowski: „Rostock wird Verkaufszentrum für E-Transporter“ („Ostsee-Zeitung vom 25.01.2019, S. 14)

10.6. Zeitschriften

„EU-Gipfel einigt sich auf verschärftes Klimaziel für 2030“, („Spiegel Online“ vom 11.12.2020; vgl. https://www.spiegel.de/politik/ausland/eu-gipfel-einigt-sich-auf-verschaerftes-klimaziel-fuer-2030-a-cd858758-3d55-42f-8c62-61dd40411cfa)

"Gebremste Turbo-Konjunktur: Die Senkung der Mehrwertsteuer scheint tatsächlich gewirkt zu haben. Ihre Rücknahme zum Jahresende könnte die Erholung allerdings belasten." („Der Spiegel“ 51/2020 vom 12.12.2020)

„Natürliches Maß“ („Der Spiegel“ 34/1969 vom 18.08.1969; siehe Link: https://www.spiegel.de/print/d-45562638.html)

„Silvester ohne Sprengstofforgie“ („Der Spiegel“ 53/2020 vom 24.12.2020)

Markus Dettmer, Frank Hornig, Anton Rainer, Thomas Schulz, Gerald Traufetten und Robin Wille: „Jung, motiviert und abgehängt“ („Der Spiegel“ vom 23.05.2020, S. 22 – 30)

Jens Glüsing, Laura Höflinger, Katrin Kuntz, Anna Sophie Schneider, Maria Stöhr: „Der Spiegel online“ vom 24.05.2020: „Gleichberechtigung in der Coronakrise – Angriff auf die Emanzipation“, siehe Link: https://www.spiegel.de/politik/ausland/gleichberechtigung-in-der-corona-krise-angriff-auf-die-emanzipation-a-d4d75ac7-472c-4955-b142-49a024518379)

Hans Oette: „Die Klimakrise und die Lähmung der Politik“ („Der Spiegel“ 52/2020 vom 24.12.2020)

Dr. Mirko Pollmer / Gerd Roser: „Duale Ausbildung und Abitur – Gestaltung eines doppelqualifizierenden Bildungsgangs“ in: „Berufsbildung in Wissenschaft und Praxis“ 6/2016, S. 52 – 53

Prof. Dr. Raimund Schwarze: „Das sind die Ergebnisse von Marrakesch“ („GEO“ vom 17.11.2016; siehe Link: https://www.geo.de/natur/nachhaltigkeit/15197-rtkl-klimapolitik-das-sind-die-ergebnisse-von-marrakesch)

Nikos Späth: „Schiffe ohne Kapitän – Ist das die Zukunft der Schifffahrt? (IHK-Zeitschrift WIR – Wirtschaft in Rostock November 2018, S. 12 – 13)